제국의 시간 식민의 공간

제국의 시간 식민의 공간

초판 1쇄 인쇄 2025년 6월 5일
초판 1쇄 발행 2025년 6월 13일

지은이   최재성
펴낸이   윤관백
펴낸곳   도서출판 선인
등 록   제5-77호(1998.11.4)
주 소   서울시 양천구 남부순환로 48길 1, 1층
전 화   02)718-6252/6257
팩 스   02)718-6253
이메일   suninbook@naver.com

ISBN   979-11-6068-976-1 93900
정가   34,000원

제국의 시간
식민의 공간

최재성

선인

책머리에

역사란 무엇인가? 라는 질문에 대해, 역사가들은 각자 그들의 답변을 내놓았다. 역사를, 자연과학에서처럼 단순 명료하게 정의하기 어렵기 때문이다. 그래서 필자 역시 자신 있게 정의 내리는 대신, 역사를 날실과 씨실로 천을 짜고, 천 위에 무늬를 더하거나 얼룩이 묻는 일에 비유해서 생각해 보곤 한다. 천은 날실 사이로 씨실을 교차하여 짠 것이다. 세로로 고정된 날실은 불변의 공간으로, 날실 사이를 교차하는 씨실은 끊임없이 흐르는 시간으로, 그리고 그 위의 무늬는 인간, 그리고 인간이 만든 사건으로 바꿔서 보면, 그렇다. 무늬는 물감으로 물들일 수도 있고, 색실로 수를 놓을 수도 있다. 무늬는 천을 더 아름답게 만들기 위해 더해진 장식이다. 이런 무늬가 있는 역사는 자랑스럽게 보일 것이다.

그러나 역사는 자랑스럽기만 한 것이 아니다. 부끄럽고 감추고 싶은 일도 많다. 얼룩 또한 그렇다. 얼룩은 천을 더럽게 한다. 천에 묻은 얼룩은 빨래를 통해 없앨 수 있으나 역사의 오점은 그렇지 않다. 역사의 오점은 영원히 지속된다는 면에서 둘 사이의 차이는 뚜렷하다. 인간은 역사의 오점을 숨기지 않고 반면교사로 삼아 그로부터 교훈을 얻게 된다. 그래서 역사에서는 영광과 오욕이 모두 의미가 있다.

시간, 공간, 인간을 중요하게 생각하는 것은 동아시아에서 오래 전부터 있었던 일이다. 지금부터 2천 300~400년 전 중국사람 맹자는 "하늘의 때(天時)는 땅의 이로움(地利)만 못하고, 땅의 이로움은 사람의 화합(人和)만 못하다"는 말을 남겼다. 세 가지 가운데 사람의 화합이 땅의 이로움, 하늘의 때보다 더 중요하다는 것을 강조한 구절이지만, 역시 시간, 공간, 인간, 이렇게 세 가지를 중요하게 본 것은 틀림없는 사실이다. 또 세종대왕이 훈민정음 창제 때 모음의 원리이자 근본 요소로 삼은 것은 천(·) 지(一), 인(丨) 3재(才)였다.

시간, 공간, 인간으로써 역사를 정의한 인물은 독립운동가이자 민족주의 역사가였던 단재 신채호이다. 그는, 시(時) 지(地) 인(人)을 사(史)의 3대 원소로 꼽고, 역사를 "인류사회의 '아(我)와 비아(非我)'의 투쟁이 시간부터 발전하며 공간부터 확대하는 심적 활동의 상태의 기록"이라는 문구로 정의했다. 여기서 아와 비아는 곧 인간이다. 단재는 아와 비아를 이렇게 구분했다. "무릇 주관적 위치에 선 자를 아라 하고 그 외에는 비아라 하나니". 주관적 위치에 선 나, 그 밖의 나 아닌 것, 이렇게 둘 사이의 투쟁이 시간과 공간 속에서 발전, 확대하는 심적 활동 상태의 기록이 역사라는 것이다.

역사 해석에서 주체(주관적 위치에 선 자)를 설정하는 일은 매우 중요한 일이다. 단재의 표현으로 말하면 아와 비아, 이를 명확히 구분해야 하는 것이다. 또 그에 못지않게 중요한 것은 사료 비판과 검증을 통한 역사의 객관화이다. 20세기 80년대부터 등장한 일본 역사 교과서 왜곡 문제와 중국의 '동북공정'은 모두 객관화를 제쳐두고 역사를 오로지 그들 주관으로만 해석함에 따라 일어난 일이다.

일본과 중국을 제쳐두더라도, 한국 안에서도 두 가지 방향으로 역사 갈등이 생겨나고 있다. 객관화 없이 오로지 주체적인 시각만 강조하는 움직임이 그 하나이고, 몰 주체적으로 다른 나라의 극우적 역사 해석을 맹종하는 태도가 그 둘이다. 전자는 허구의 사이비 역사를 그대로 사실로 믿는 현상이고, 후자는 식민지 근대화론을 추수하는 경향이다.

특히 두 번째 경향은 한국 민족주의의 과잉을 지적하다가 그 대척점에 있는 일본 군국주의로 전향했다. 일본의 군국주의는 섬나라의 배타적 국수주의가 대외 침략성과 결합하여 만들어진 것이다. 그들은 한국사 교과서 기술에 민족주의가 과도하게 투영되었다며 손가락질했으나 결국은 침략국의 역사 해석에 투항하고 말았다. 그리고 군국주의 시각으로 한국 민족주의를 '반일 종족주의'라고 비난하고 있다. '아'의 구심력에서 탈출하려다가 '비아'의 원심력 속으로 빨려 들어가고 만 것이다. 그러면서 그들은 역사 해석에서 두 가지 원칙, 주체 설정과 객관화를 잃어버렸다.

이처럼 한중일 동아시아 세 나라 상호 또는 자국 내에서 벌어지고 있는 역사분쟁은 민주사회의 건전한 시민의식에 반하는 행태이다. 군국주의 일본의 침략전쟁과 전쟁 범죄를 은폐·옹호하고 미화하는 일은, 인본주의, 인권, 인류애, 평화를 애호하고 전쟁 범죄를 증오하는 '인류 보편'의 관점에서 볼 때, 근본적 문제를 갖고 있다.

향토사로 불리던 기존의 지역사 연구도 역사의 객관화 면에서 볼 때 문제가 많았다. 전체사의 흐름과 동떨어져 그 지역만의 역사를 돌출적으로 부각하고, 아전인수식으로 해석하는 경향도 많았기 때문이었다. 역시 사료 비판과 검증을 제대로 하지 않았던 것이다. 이 책은 그 문제를 염두에 두고 극복하려는 시도로 집필되었다.

식민지기 여수의 역사를 다룬 기왕의 책으로서 다음의 세 가지를 손에 꼽을 만하다. 첫 번째와 두 번째는 편강의(片岡議)라는 일본인이 1928년과 1933년에 각각 발행한 여수발전사이다. 이 두 권의 책이 발행된 계기는 남조선철도 부설과 관련 연락선 개통을 전후로 한 시기인데, 이 두 권의 책이 발행된 목적은 이 책을 엮고 발행한 편강의의 각 서문을 통해 알 수 있다.

먼저 1927년 12월에 쓴 서문을 보면, 여수의 진가가 아직 그 반(半)도 널리 소개되지 못했는데, 이는 교통관계의 불완전과 소개기관의 결여 때문이라고 했다. 곧 남조선철도가 부설되려 하고, 일본과의 직통항로도 개통되어 장래 대발전의 기운을 만나려는 이때에 여수를 내외에 소개하는 것이 급무임을 통절히 느끼고 선배 동료들이 종용하여 여수발전사를 간행하게 되었다는 것이다.

두 번째 여수발전사는 남철연선사라는 책에 수록되었다. 남철연선사는 말 그대로 남조선철도회사가 부설한 광려선의 철도 연선, 여수를 비롯하여 순천·보성·화순·광주·남평 지역을 다루고 있다. 1933년 11월에 쓴 서문을 보면, 1930년 말 남조선철도의 개통과 여수항과 하관간 매일 연락선 왕복이 되어 급속히 두드러지게 발전되었지만 그 진가가 아직 그 절반도 널리 소개되지 못했는데, 이는 소개기관의 결여 때문이라고 했다.

이 대목에서 6년 전의 서문과 같다는 점을 알 수 있다. 추가된 부분은 남철 연선 각 군의 현상과 장래를 상술하고 이를 중외에 소개하여 널리 인물의 초래, 신사업의 계획, 신자본의 수입 등에 이바지함이 급무임을 통절히 느껴 간행했다는 것이다. 결국 자본 유치를 통한 개발이라는 경제적 목적이 이 두 책의 여수발전사 발행 목적이다. 여수의 경제 발전은 또 여수의 식민자이기도 했던 필자(편강의) 자신의 사익으로도 직결되는 문제였다. 두 권의 책 발행이 그 자신을 위한 일이기도 했던 것이다.

독자들은 이 두 권의 책 제목에서 언뜻 고대부터 여수 발전 과정을 기대할 수도 있겠지만, 실제는 그렇지 않다. 이 책들에서는 1910년 전후 일본인 이주부터 상세히 기록하고 그 이후 여수의 변화상을 다루고 있기 때문이다. 그런 면에서 일본인 이주자들의 여수 '개척'사이다. 다루는 시기는 20년 안팎이고, 우리에게는 '비아'의 역사이다. 저자가 이런 제목을 붙인 이유는, 일본인 이주로 인해 여수가 발전하기 시작했다는 의미일 수도 있고, 앞으로의 발전을 기대한다는 의미일 수도 있다. 전자든, 후자든 일제에 의한 '발전'인 것이다. 이 발전에 우리 한민족은 끼어들 여지가 없다. 여기에 함몰된 독자는 그의 의도에 빠져들게 되는 것이다.

세 번째로 김계유는 1980년대 말 여수여천발전사를 발행했다. 이 책은 그 제목에서 알 수 있듯이 편강의의 책에서 책 제목과 구성을 따온 것으로 볼 수 있다. 내용은 크게 정치, 경제, 인문, 문화 등으로 나누고 전근대부터 현대까지 다루었다. 또 딱히 집필·발행 목적은 밝히지 않고, 다만 젊은 시절부터 향토사 자료를 수집해 오다가 책을 발행하게 되었다고만 밝혔다. 김계유의 저작은 개인의 힘으로 이룬 성취이다. 오랜 세월에 걸쳐 방대한 자료를 모으고 그것을 바탕으로 묵묵히 저서를 완성했다. 그야말로 노작이고 역작으로 부르는 데 부족함이 없다.

이 책은 위 세 권의 책에 힘입은 바 크다. 그러나 위 세 권의 책은 전체 속에서의 객관화 면에서 볼 때 문제가 있다. 지역에 매몰되어 전체 역사 속에서 바라보는 시각이 부족한 것이다. 최근 지역학이란 이름으로 기존 향토사를 넘어서 지역사를 추구하는 경향이 생기고 있는 것은 바람직한 현상이라 할 것이다. 중앙-지방이라는 전통적 이분법에서 벗어나 각 지역 역사에 동등하게 중점을 두고 있다. 또 전체사 속에서 지역사를 고찰하며 역사에서 보편성과 특수성을 추구하고자 노력하고 있다.

이 책 역시 최근 지역학 연구 경향을 따라 일제 식민지기라는 시간 속에 여수라는 공간과 인간을 대상으로 고찰한 산물이다. 한 마디로 이 책은 여수의 근대사 책이라 할 수 있다. 이 책에서 필자는 앞에서 밝힌 신채호의 역사 3원소, 즉 시간, 공간, 인간에 따라 내용을 구성했다.

제1부 시간에서는 제국주의 시대의 시간과 관련된 사실들 열 가지를 추렸다. 크게 태양력과 표준시가 핵심이다. 나머지 8개는 이 두 가지에서 각각 파생된 것으로 보았다.

우리 사회에서 매년 해가 바뀔 때마다 음력 세차의 간지를 끌어다 요란하게 기리는 행태를 볼 수 있다. 이는 태양력에 반감을 갖고 있던 조선인들로 하여금 양력 새해를 음력 새해처럼 인식하도록 1912년부터 조선총독부 기관지가 시작하여 해가 갈수록 널리 확산시킨 장치 중 하나였다. 우리는 일제로부터 해방된 지 80년이 되도록 그 틀을 벗지 못하고 오히려 스스로 고착시키고 있다. 표준시 문제도 생각해 봐야 한다. 대한제국 시기부터 일제 식민지, 해방, 미군정, 정부 수립, 5·16 군사 반란을 거치는 동안 동경 127도 30분과 135도 사이에서 왔다 갔다를 반복하다가 지금은 일본의 표준시를 한국의 표준시로 사용하고 있다.

제2부 공간에서는 일제의 식민 도시 가운데 필자의 고향인 여수지역을 대상으로 삼았다. 여수를 선택한 이유는 연고 때문이다. 물론 여수보다 식민지로서의 기능이 더 발달한 대도시와 개항장들도 많았다. 그러나 일제 식민지로서의 기능, 식민성은 도시 규모와 인구 규모, 일본인 거주자 수에 따라 달라지는 것은 아니다. 여수지역도 식민지 조선의 축소판이었다고 할 수 있을 정도로 식민성을 지니고 있었다. 독자들은 여수의 사례를 통해서도 식민지 조선 사회의 보편성을 발견할 수 있을 것이다.

필자가 어렸을 때만 해도 주위에서 식민잔재를 쉽게 볼 수 있었다. 어른들은 여전히 대화중에 일본어를 섞어서 썼다. 벤또, 오뎅, 쓰메기리, 아까징끼, '하꾸'[하꼬(箱)] 등등. 또 '나래비집'이라 불리는 일본인들 집도 남아있었다. 1910년대 종포에 일본 애지현 이주어촌이 만들어질 때 열 채 이상 세워진 집들로, 길가에 한 줄로 늘어선 똑같이 생긴 구조였다. 또 바다에서는 '우다시배'[우타세; 타뢰(打瀨) 어선을 그리 불렀다.]도 쉽게 볼 수 있었다. 다른 배들과는 모양이 다르게 특이하게 생긴 배였다. 하꾸나 우다시처럼 틀린 일본어 발음은 여수에 살았던 일본 사람들로부터 배운 애지현의 방언인지, 아니면 조선인이 일본 말을 잘못 들어서 생긴 것인지는 알 수 없다.

제2부에서도 10개의 범위를 선정했다. 먼저 여수의 지역 범위를 설정하고, 공간의 확장 과정을 살펴봤다. 이어 농업·수산업·상업·공업의 산업별 토대인 농지·바다·시장·공장을 더했다. 그밖에 식민지 기능을 위해 필수적이었던 철도와 식민지 금융기관, 또 항만과 학교 등을 범주에 넣었다. 오늘날 서울과 경기 일부 도시를 제외한 대부분 지역의 지역 범위는 1914년 조선총독부가 시행한 지방행정구역 개편 결과를 그대로 이어받고 있다. 당시 일제는 100개의 군을 폐지하여 인근 군에 통합했다. 여수에서도 돌산군이 폐지되어 여수군에 통합되었다.

1995년부터 한국 정부가 추진했던 도·통 통합은 1914년의 행정구역을 원형으로 삼은 것이었다. '광복 50주년'을 맞아 일제 잔재 청산 작업의 일환으로 조선총독부 청사를 철거한 그해의 일이라 아이러니를 느낀다. 1910년대부터 여수에서 벌어진 간척 사업은 좌수영성과 여수 해운대·유왕암 등을 파괴한 과정이었다. 그 과정에서 역사성 있는 유적이 흔적도 없이 사라졌다. '개발'로 포장된 일이지만, 전통과 역사를 훼손한 일이었다.

제3부는 인간, 그리고 그 인간들이 만들어 내는 사건을 대상으로 했다. 인간과 사건은 따로따로 존재할 수 없다. 인간은 사건을 내포하며, 사건은 인간이 만들어낸 피조물이다. 인간은 사건과 유리된 자연의 존재가 아니라 사건을 일으키는 주체이다. 또 사건은 인간과 분리될 수 없고, 인간에 의해서만 의미를 갖는다. 인간 없는 사건이란 것이 존재할 수 있는가?

역시 열 가지를 골랐다. 먼저 인구 추이를 따라가 보았다. 또 당시 사회에서 주요 구성원인 농민(지주, 소작인, 자작농), 어민, 상인, 노동자, 자본가(상공인)를 주축으로 하고, 그밖에 면민들, 청년·학생을 추가했다. 아울러 일제 말 전시 총동원체제기 여러 방면에서 동원된 사람들의 모습을 살폈다.

요약하자면, 필자는 여수의 10개 공간을 날실로 하고, 주로 대한제국기부터—경우에 따라 그 이전과 이후로 시기를 확장하기도 하여—해방 때까지 시간을 씨실로 삼아 천을 직조했다. 그리고 그 위에 열 가지 범주의 인간, 그리고 그들이 만들어 낸 사건을 무늬 또는 얼룩으로 배치하여 구성한 글이 이

책의 내용이다.

필자가 이 책을 준비하는 데에는 꽤 오랜 시일이 걸렸다. 돌이켜보면 그 시작은 20여 년 전인 2001년에 여수문화원이 발행한 논문집에 여수 천일고무공장 글을 실으면서부터였다. 이후 10여 년 전에 저서 집필을 구상하고 틈틈이 자료들을 찾아 정리했으나, 의무적으로 해야 하는 다른 일 때문에 번번이 후 순위로 밀려나기 일쑤였다. 그러다가 2022년 새해 초부터 제1부 첫 꼭지 집필을 시작했다. 그리고 대체로 이 책의 목차 순으로 30개 주제의 집필을 계속했고, 2년 만인 2023년 말에 이르러 초고를 완성했다. 2024년 들어서는 틈틈이 퇴고를 거듭했다.

이렇게 마치긴 했으나 여전히 미진하고 아쉽게 느끼는 부분이 남아 있다. 어떤 내용은 좀 더 자료를 찾아보고 싶은 충동을 일으키기도 했다. 그러나 미흡한 대목의 보완은 훗날로 미루고 여기서 일단 매듭을 짓는다. 독자 여러분의 양해 있기를 바란다. 또 이 일을 마치는 동안 후배 최성일의 추동이 큰 힘이 되었음을 밝힌다.

끝으로 이 책이 세상 빛을 볼 수 있도록 해주신 선인출판사의 윤관백 대표님과 편집에 애 많이 쓰신 편집자 분들께 감사 인사를 전한다.

2025년 봄에
필자 씀

목차

책머리에⋯⋯⋯⋯⋯⋯⋯⋯ 5
일러두기⋯⋯⋯⋯⋯⋯⋯⋯14

1부 ___ 시간

01 태양력 시행⋯⋯⋯⋯⋯⋯⋯⋯19
02 연도제⋯⋯⋯⋯⋯⋯⋯⋯⋯27
03 양력과 세차의 일치⋯⋯⋯⋯36
04 기념일⋯⋯⋯⋯⋯⋯⋯⋯⋯44
05 식목일⋯⋯⋯⋯⋯⋯⋯⋯⋯49
06 양력 장날⋯⋯⋯⋯⋯⋯⋯⋯53
07 표준시⋯⋯⋯⋯⋯⋯⋯⋯⋯56
08 오포⋯⋯⋯⋯⋯⋯⋯⋯⋯⋯62
09 시간의 날⋯⋯⋯⋯⋯⋯⋯⋯68
10 시간관념⋯⋯⋯⋯⋯⋯⋯⋯71

2부 ___ 공간

01 여수의 지역 범위⋯⋯⋯⋯⋯79
02 간척, 공간의 확장⋯⋯⋯⋯ 101
03 논밭과 농업⋯⋯⋯⋯⋯⋯ 119
04 바다와 어업, 수산업⋯⋯⋯ 134
05 시장과 상업⋯⋯⋯⋯⋯⋯ 156
06 공장과 공업⋯⋯⋯⋯⋯⋯ 170
07 길, 철도와 교통⋯⋯⋯⋯⋯ 194
08 항만과 해운⋯⋯⋯⋯⋯⋯ 216
09 식민지 금융기관⋯⋯⋯⋯ 241
10 학교와 교육⋯⋯⋯⋯⋯⋯ 254

3부 ____ 인간

01 인구 ··· 287
02 농민과 농민운동 ················· 304
03 노동자와 노동운동 ············· 338
04 어민과 어민운동 ·················· 348
05 상인, 그리고 시장 쟁탈전 ········· 357
06 면민들의 투쟁 ······················ 364
07 자본가와 상공단체 ·············· 385
08 금융조합 조합원과 임원 ········ 396
09 청년·학생과 청년·학생운동 ··· 406
10 동원된 사람들 ······················ 431

책 말미에 ···································· 456
미주 ··· 458
이미지 출처 ································ 473

일러두기

1. 주석 처리는 자료 전거만 밝히는 용도로 활용하면서 아래의 원칙에 따랐다. 부연 설명이 필요한 경우는 본문 안에서 서술했다.

    가. 크게 두 가지 방식(본문의 괄호 안, 미주)으로 표기했다.

    나. 지면을 절약하기 위해 일일물인 관보류(조선왕조, 대한제국, 조선총독부, 미군정, 대한민국), 신문 기사, 일기류(승정원, 규장각, 비서원)는 본문의 괄호 안에 소개했다. 또 자료의 날짜를 나타낼 때 'O년 O월 O일' 대신 마침표(.)로 표기했다.

    다. 자료 이름은 두 가지로 표기했다. 국한문 혼용 또는 한문 자료는 한글로, 일본어 자료는 한자로 표시했다.

2. 일본 인명·지명·단체명 등은 우리말 발음으로 표기했다.

    가. 일본인 이름은 음과 뜻 두 가지로 읽을 수 있다고 한다. 그다지 중요한 비중을 차지하지 않았고, 이미 고인이 된 그들의 이름을 어떻게 표기하는 것이 그 인물 이름을 제대로 발음한 것인지 알 수 없는 경우가 많다. 설혹 그 인물의 본명을 제대로 호명하지 못한다면, 새로운 가공의 인물을 날조해 내는 결과가 될 수 있다.

    나. 당대 신문 기사 등에서 그렇게 표기했다. 재등 총독, 우원 총독, 남 총독 등의 표현이 그것이다.

    다. 당대를 살았던 분들이 그렇게 불렀다. 약 1세기 전에 태어나 식민지기를 겪고 교육받았던 주위 분들을 보면, 그분들도 우리 말 발음으로 호칭했다.

    라. 국사편찬위원회, 국립중앙도서관 등의 홈페이지에서 일본 인명을 검색할 때 일본어 발음이 아닌, 우리말 발음으로 찾아야 검색된다.

3. 당시 화폐 단위도 일본식 발음 '엔' 대신 우리말 발음 '원'으로 표기했다.

역시 당대 신문 기사 표기, 당대를 살았던 분들의 표현이 그렇다(위의 '나'와 '다'의 이유와 같다).

4. 통계표 안의 숫자 표기에서 자릿수 표기는 네 자리마다 쉼표를 넣었다.

일반적으로는 세 자리마다 쉼표가 사용되고 있다. 그런데 이는 천(thousand), 백만(million), 십억(billion), 조(trillion) 등에 따라 구분한 서양식 표기이다. 그래서 그런 표기에 익숙하지 않은 사람은 자릿수 많은 숫자를 읽을 때 '일 십 백 천 만 십만 백만 천만…' 등 손으로 짚어가며 헤아려 봐야 이해하는 경우가 많다.

그에 반해 우리말에서는 만, 억, 조마다 단위가 바뀌고 그 안에서는 일 십 백 천으로 구분되어 있어 한눈에 단위를 읽기에 편리하다. 그래서 읽기 쉽게 네 자리마다 쉼표로 표기한 것이다. 세 자리마다의 쉼표가 익숙한 독자의 양해를 구한다.

5. 출전 표시는 출판사의 편집방침에 따랐다.

필자는 일본식 표기를 피하고자 《 》로 작성했으나, 편집과정에서 『 』로 표기되었다.

제로에서 시작하는 심리학

1부

시간

01
태양력 시행

태양력은 1896년 1월 1일부터 시행되었다. 이날은 음력으로 개국 504년 을미년 11월 17일이었다. 당시 조선 정부의 공식 기록에서 음력 사용이 양력 사용으로 변화된 사실을 다음과 같이 확인할 수 있다.

공식 기록 중 첫 번째는 『비서원일기』이다. 국사편찬위원회 홈페이지 승정원일기 소개(http://sjw.history.go.kr/intro/intro.do#)에 따르면, 승정원은 이후 여러 차례 이름이 변경되었다. 그에 따라 일기 명칭도 변경되어 승선원일기, 궁내부일기, 비서감일기를 거쳐 1895년 11월부터 1905년 2월까지는 비서원일기였다.

이 일기에서는 이날부터 음력(개국504년 을미 11월 17일)과 양력 날짜(1월 1일)를 나란히 적었다. 다만 음력을 위에 적고, 양력은 아래에 표기했다. 태양력을 도입했지만, 여전히 주된 것은 음력이고, 양력은 종속된 관계라고 선언하는 것 같다. 마치 옛것이 근본이고, 새로운 것은 참작할 뿐이라는 '구본신참'의 태도를 보여주는 듯하다.

그리고 1907년 순종 즉위 이후 『규장각일기』에서는 1907년 12월 1일(음력 10월 26일)부터 양력 날짜의 위치와 음력 날짜의 위치를 변경하여 기록했다. 일기 명칭은 1905년 3월부터 1907년 10월까지 비서감일기로 되돌아갔다가, 1907년 11월부터 1910년 8월까지는 『규장각일기』였다.

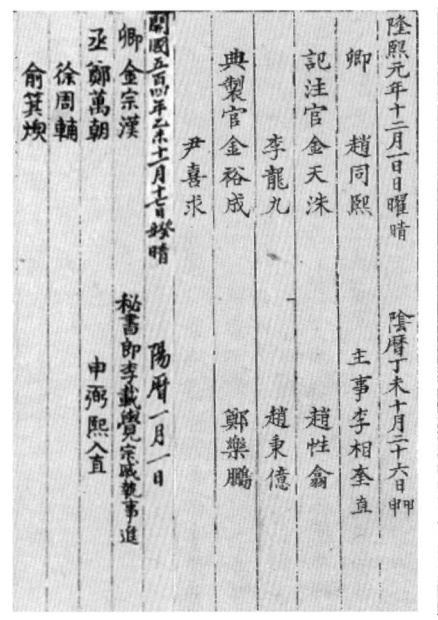
『비서원일기』·『규장각일기』

『관보』 213호·제214호

다음으로 볼 것은 내각 기록국에서 발행한 두 개의 『관보』이다. 제213호는 양력 시행 직전인 11월 15일에 발행된 것이고, 제214호는 양력 1월 4일에 발행된 것이다. 앞엣것은 개국 504년 11월이라고 되어 있고, 뒤엣것은 그보다 5일 후의 것으로 건양 원년 1월 4일로 표기되어 있다.

양력의 시행 방침은 그보다 두 달여 전인 을미년 9월 9일에 이미 조칙으로 정했다. 『고종실록』에서 그 사실을 확인할 수 있는데, "정삭(正朔)을 고쳐 태양력을 쓰되 개국(開國) 504년 11월 17일을 505년 1월 1일로 삼으라."는 기록(『고종실록』 1895.9.9; 『비서감일기』 1895.9.9.)이 그것이다.

그리고 마침내 양력 시행 이틀 전인 11월 15일에는 『관보』 호외에 양력 시행 관련 조칙과 관청사항이 게재되었다(『관보』 1895.11.15.). 개국 505년부터 연호를 세우라는 조칙, 그리고 연호를 건양으로 세운다는 내용이다. 이 호외의 날짜 표기를 보면, 504년(五百四年)이 500년(五百年)으로 잘못 기재되어 있는데, 인쇄 과정에서 '四'가 누락된 것이다.

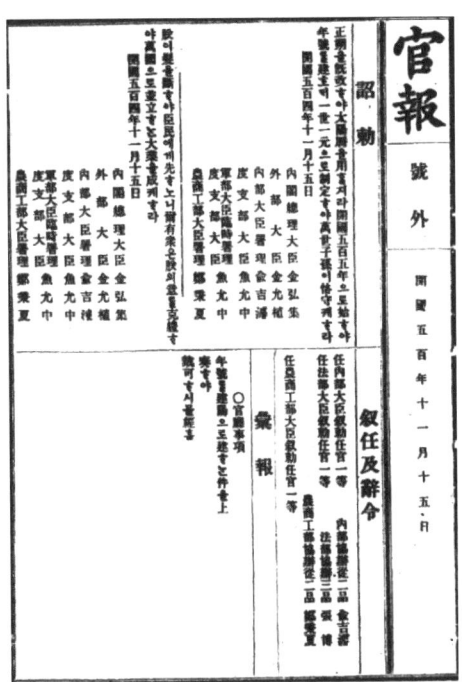

『관보』 제213호 · 제214호 사이의 호외

그 내용은 『고종실록』에도 실려 있다. 즉 "정삭을 이미 고쳐 태양력을 쓰도록 한 만큼 개국 505년부터 연호를 세우되 일세일원(一世一元)으로 정하여 만대토록 자손들이 조심하여 지키게 하라."는 조칙(『고종실록』, 1895.11.15; 『관보』, 1895.11.15.)과 내각에서 연호를 건양으로 의정했다는 기사(『고종실록』, 1895.11.15; 『관보』, 1895.11.15.)이다.

그런데 양력 시행은 단발령, 변복령과 동시에 실시되었다. 먼저 단발령은 "짐이 머리를 깎아 신하와 백성들에게 우선하니 너희들 대중은 짐의 뜻을 잘 새겨서 만국과 대등하게 서는 대업을 이룩하게 하라."는 내용(『고종실록』, 1895.11.15; 『관보』, 1895.11.15.)이다. 앞의 『관보』 호외 두 번째 조칙이 이것이다.

또 변복령은 내부 고시로 발령되었는데, 그 내용은 다음과 같다. "나라의 상사(喪事)를 당하였으니, 의관(衣冠)은 나라의 거상 기간에는 그전대로 백색을 쓴다. 망건은 폐지한다. 의복 제도는 외국 제도를 채용하여도 무방하다."(『고종실록』, 1895.11.15; 『관보』, 1896.1.4.). 『관보』 제214호의 첫 번째 고시이다.

양력 시행, 단발령, 변복령은 모두 갑오개혁 또는 을미개혁(제3차 갑오개혁)의 일환으로 실시된 조치들이다. 갑오개혁은 넓은 의미와 좁은 의미 두 가지로 사용되는 용어이다.[1] 넓은 의미로는 1894년 7월부터 1896년 2월까지 친일 내각이 실시한 일본식 근대화 개혁 조치를 가리킨다. 이것은 크게 3차로 나뉘어 실시되었다.

제1차는 1894년 12월까지의 개혁인데, 군국기무처가 주체가 되어 추진했다. 주요 내용은 신분제·연좌제를 폐지하고, 6조를 8아문으로 개편한 것 등이다. 좁은 의미로는 이 제1차 개혁만을 갑오개혁으로 부르기도 한다. 제2차는 1894년 12월 17일부터 1895년 7월까지이다. 이 시기 '김홍집(처음 이름은 김굉집-인용자)·박영효 연립내각'이 주도했던 주요 개혁 내용을 보면, 홍범14조를 선포하고, 내각 제도를 도입했으며, 8아문을 다시 7부로 개편했다. 또 지방제도는 8도를 23부로 변경했다. 1895년 7월 통제영·병영·수영·진영·진보·감목관 등 군사 시설의 폐지(『관보』, 1895.7.18.)에 따라 여수의 전라좌수영과 돌산 방답진도 폐지되었고, 각각 이듬해와 2년 후 그 자리에 돌산군과 여수군이 복구 설치되었다.

제3차 개혁은 1895년 8월 제3차 김홍집 내각 성립부터 1896년 2월 11일 아관파천까지이다. 제3차 개혁을 갑오개혁과 구분하여 따로 을미개혁으로 부르기도 하는데, 주요 개혁 내용은 앞에서 얘기했던 양력 시행, 단발령, 변복령이다.

그러나 제3차 갑오개혁(을미개혁)은 조선 민중의 거센 반발을 불렀다. 유생들은 단발령과 변복령에 거세게 저항했고, 의병은 을미개혁을 시행한 김홍집 친일내각과 그 배후에 있는 일본을 겨냥하여 봉기했다. 특히 을미의병의 주요 봉기 원인은, 왕비 시해 사건(을미사변)이었다. 조선 민중의 거센 반일 분위기 속에 고종은 러시아공사관으로 피신하면서 친일 내각이 붕괴되고 갑오·을미개혁도 시들해졌다.

양력 사용은 러일전쟁 이후 일제가 한반도에서 영향력을 발휘한 뒤에 다시 대대적으로 시행되었다. 고종 퇴위 이후 『규장각일기』에서 1907년 12월 1일(음력 10월 26일)부터 양력 날짜의 위치와 음력 날짜의 위치를 변경하여 기록한 것에서 그 변화의 상징을 확인할 수 있다.

1910년 대한제국의 멸망과 일제의 조선 통치는 양력 사용을 더욱 추동하는 계기로 작용한 사건이었다. 1912년 2월 18일은 음력 임자년의 설날이었다. 그전까지 전 한국 황실에서는 음력 설날에 성대한 축하회를 열었으나, 그 해부터는 음력 설날 축하식을 폐지(『매일신보』, 1912.2.18.)했다. 뒤에서 보듯이 일제가 1912년부터 음력 간지(세차)를 서기와 일치시키는 조치를 시행함으로써 임자년 새해는 양력 1912년 1월 1일에 시작되는 것으로 간주했기 때문이다.

을미개혁에 따른 양력 시행은 단발령, 변복령과 함께 조선 민중 사이에서 널리 시행되지 못했다. 특히 양력 시행에 강력히 반발하여 양력 1월 1일을 '왜설'이라 부르기까지 했다. 그리고 정서적 거부감을 20세기 말까지도 오랫동안 유지했다. 일제가 조선을 식민 통치하는 기간에도, 또 대한민국 정부가 수립되고 난 뒤에도 그랬다. 박정희·전두환 군부 독재정권이 '이중과세 배격'을 내걸어 신정만을 휴일로 하고 음력설은 휴일에서 제외했음에도, 민중들은 여전히 음력설을 선호했다.

1985년 '2·12 총선'을 앞둔 전두환 정권은, 직선제 개헌을 공약으로 내세운 신생 정당 신한민주당의

'돌풍'에 직면하여 민심을 자신들에게 끌어당길 '회심의 카드'로 음력설 공휴일 지정을 내세웠다. 그때부터 음력설은 휴일로 지정되었다. 그러나 이름은 어정쩡한 '민속의 날'이라 불렸다. 당시는 하루 휴일이었지만, 이후에 이틀 연휴를 거쳐 지금은 설 명절 사흘 연휴 제도가 정착되었다. 이를 통해 대중들의 의식은 위정자들의 인식이나 정부의 조치만으로 하루아침에 고쳐지는 것이 아님을 알 수 있다. 하나의 문화나 관습이 바뀌기에는 아주 오랜 시간이 필요한 것이다.

양력 도입은 근대화를 내세운 일본의 명치유신과 조선의 갑오(을미)개혁에서 공통으로 시행한 조치이다. 그러나 그 결과를 보면, 일본과 조선에서는 하늘과 땅만큼이나 서로 달랐다. 일본에서도 1940년대 후반~1950년대 전반(소화20년대)에도 일본 농촌에서 4할 가까운 비율로 음력설을 쇠는 습관이 남아 있었다고 하지만,[2] 대체로 저항 없이 양력이 정착되었다. 반면 조선에서는 양력에 대한 반감이 오랫동안 남아 있었다.

그 차이의 이유는 무엇일까. 두 가지로 생각해 볼 수 있다. 먼저 정치적 배경 차이이다. 일본의 명치유신은 일본 스스로 추진한 근대화 조치이다. 그래서 새로운 것에 대한 반감이 적었다. 그러나 조선은 그렇지 못했다. 일본의 무력이 조선 정부에 압박을 가하고 있던 상황을 배경으로 했다.

갑오년 동학농민전쟁이 일어나자 일본은 조선 정부의 요청 없이 한반도에 군대를 파병했다. 인천에 상륙한 일본군은 대원군을 앞세워 곧바로 경복궁을 점령했다. 그리고 친일 정권을 수립하고 갑오개혁을 실시하게 했다. 일본군의 경복궁 점령은 아산만에 상륙한 청나라 군과 일전을 앞두고, 배후의 안전을 꾀하며 청일전쟁의 명분을 쌓기 위한 조치였다.[3] 친일 내각을 수립하여 조선군이 일본의 뒤에서 공격할 수 있는 여지를 차단한 일본은 충청도로 남하하여 청나라와 전쟁을 시작했다. 일본군은 청나라와 싸우는 한편, '척왜'를 내세운 동학농민군을 대상으로 대대적인 살육을 벌였다.

전쟁에서 승리한 후 일본은 청나라로부터 대만과 요동반도를 할양받았다. 그러나 요동반도는 러시아가 프랑스·독일을 끌어들여 일본에 반환하도록 압력을 넣어(삼국간섭) 포기해야 했다. 그후 일본은 러시아에 가까워진 왕비를 시해(을미사변)하고, 조선 정부에 을미개혁을 강제했다.

왕궁의 침범, 농민군에 대한 무자비한 학살, 왕비의 시해 등을 목격한 조선 민중은 일본군을 배후에 둔 친일 내각이 추진한 갑오·을미개혁에 반감을 가질 수밖에 없었다. 양력이 조선 민중 사이에 널리 환영받지 못한 이유이다.

두 번째는 경제적 이유이다. 양력의 1년은 365일 더하기 약 ¼일이다. 그래서 약 ¼씩이 모여 약 1이 되는 4년마다 1일을 늘려 366일로 만드는 윤년을 둔다. 그러나 정확히 ¼일이 아니라 '약' ¼이므로 무조건 4년마다 윤년이 되는 것은 아니다. 윤년의 원칙은 상당히 복잡하다. 또 음력은 354일 더하기 약

⅓일이 1년이다. 양력과 음력의 차이는 1년에 11일 남짓이다. 그래서 3년만 지나면 음력과 양력은 33일 남짓의 차이가 생긴다. 그대로 두면 몇 십 년 후에는, 한여름에 음력 설날이 올 수도 있다. 그래서 양력 계절과 24절기를 맞추기 위해 음력으로 3년에 한 번씩 윤달 1개월을 추가한다. 그러면 3년에 37개월이 되는 것이다. 이 음력을 (순)음력이 아닌, 태양태음력이라 부른다. 태양력에 맞춰 조정된 음력이란 의미이다. 일본이 양력을 도입한 이유는 바로 음력이 3년에 37개월이 된다는 점이 중요하게 작용했다. 일본 정부는 봉급을 월급으로 지급하여 3년마다 1개월 치씩의 지출이 증가했다.

일본은 1872년(명치5) 음력 11월 9일에 양력 도입을 선언했다. 약 4주 뒤인 12월 3일을 1873년(명치6) 1월 1일로 할 것을 발표한 것이다.[4] 당시 일본은 명치유신의 여러 개혁을 위한 재정이 필요했는데, 그중 인건비가 점한 비중이 매우 컸다. 당시 일본의 참의 겸 대장경 대외중신(大隈重信)의 기록에, 윤년이 되면 그해 1년은 봉급과 여러 급여의 지출액을 모두 평년에 비해 12분의 1만큼씩 증가시켜야만 했다고 하여[5] 재정 조달의 어려움을 토로했다.

3년마다 1개월 치씩의 급여 지출 증가를 없애기 위한 조치가 음력 폐지, 양력 실시였던 것이다. 그러면 왜 하필 이때였던가. 왜 새해를 불과 한 달도 남기지 않고, 서둘러 양력을 도입했을까. 그 답은 그다음 해가 바로 음력 윤년이었기 때문이다. 명치6년은 음력 6월 다음에 윤6월이 있는 윤년이었다. 1개월 치 봉급 지출이 예정돼 있었던 것이다. 이에 전격적으로 양력 도입을 선언했다. 이 조치에 따라 1873년의 윤6월과 명치5년의 12월을 지워버림으로써 2개월 치의 인건비를 절약할 수 있었다.[6]

그러나 조선에서는 인건비를 월급으로 지급하지 않았기 때문에 양력 도입이 재정에 아무런 영향을 미치지 않았다. 그래서 일본처럼 절실하지도 않았던 것이다.

대한제국기에 대한제국의 학부에서 편찬한 교과서에서 대한제국의 국경일을 다루면서 양력 대신 음력 날짜를 기준으로 서술한 내용에서 볼 수 있는 것처럼, 양력 사용은 정부 기록을 제외하고는 대체로 유야무야되었던 것으로 보인다. 그러다가 1907년 일제가 황제 교체와 한일신협약(정미7조약) 체결로 대한제국의 행정권을 장악한 이후 다시 양력 사용에 힘을 기울였다. 앞의 『규장각일기』의 날짜 기록과 1909년 발행된 교과서에서 양력 강조의 증거를 찾을 수 있다.

이후 양력 사용을 두고 1914년 말 당시 조선인들이 어떤 생각을 가지고 있었는지를 대략 보여주는 신문 기사(『매일신보』, 1914.12.17.)가 있다. 이 기사에 따르면, '양력을 어떻게 생각하나'를 두고 크게 세 가지 부류로 분류할 수 있다. 그중 양력 사용에 적극적인 층은 관리, 학생층이다. 관리는 대개 양력은 으레 쓸 것으로 알고 또 세말에는 세찬도 타고 휴가도 있으며, 1월 1일이면 세배 다니기에 분주하여 제법 과세한 듯하다고 여겼다. 또 음력 과세에는 휴가도 없고 쓸쓸히 지나가므로 이들은 으레 양력을 쓸

걸로 알고 있는 부류였다. 학생은 양력 1월에 휴가도 있고, 학교에서 예식도 있으며, 또 1월 1일에는 선생 집에 세배도 가고 학교에서 양력 이치를 배우기도 하니까 음력 과세보다 오히려 양력 과세를 낫게 아는 층이었다.

반면에 양력 사용을 거부하고 음력 사용을 고집하는 부류이다. 유생은 양력을 쓰는 것은 크게 불가한 일이라고 했다. 으레 인월(寅月)로 정월을 삼아야 하고, 양력 사용은 오랑캐의 풍속이며, 양력으로 과세하면 조상에 차례를 지낼 수 없다고 생각했다. 농민은 "이제 달력까지 타국 것을 쓴담, 그리고 그것을 쓰면 절기가 어찌 되는지를 알아야 농사를 짓지, 그게 책력이 무슨 책력이여" 하는 반응을 보였다. 가정 부인들은 "양력이라는 것이 무엇이야, 양력 정월에는 관청 학교에서 다 노는 날인가"하고 조금도 양력 과세는 과세 같이 여기지도 않았다. 또 '귀족'(일제로부터 작위를 받은 부류-인용자) 중에서도 양력이라 하는 것은 대단히 마땅치 못하게 여기며, 전일 풍속과 같이 음력으로 과세하고, 정월 초하룻날이면 연달아 세배 손이나 들어오고 하여야만 과세한 듯하게 여기는 사람들도 있었다.

세 번째는 시류에 쫓아 양력 사용을 따르는 부류였다. 귀족 중 한 무리는 양력을 쓰는 것이 그리 좋을 것도 없고, 그리 싫을 것도 없으나 좀 탐탁치 못한 것을 그대로 대체로 좇아 양력으로 과세하는 사람들이었다. 또 실업가, 상인, 은행 회사에서는 양력 세말의 영향으로 바쁘기도 하고 셈도 청장(淸帳, 장부 청산-인용자)하여야 하겠고 1년간 영위하던 일이 이때에는 일시 정지가 되므로 대개 양력과 음력을 거의 근사하게 생각한 부류이다.

여수군은 1897년(건양2년)에 복설되었다. 조선 개국 직후 1396년 여수현이 폐현된 지 5백 년 남짓 만이고, 1895년 전라좌수영이 철폐된 지 2년 만의 일이었다. 건양2년 5월 16일 칙령 제21호(『관보』, 1897.5.18.)로 여수군 신설이 공포되어 6월 1일부터 시행되었다. 여수군 신설 공포 날짜를 『고종실록』에는 5월 15일의 일로 기록(『고종실록』, 1897.5.15.)하여 하루의 차이가 있으나, 이는 1920년대 편찬된 『고종실록』의 착오이다.

이후 5월 25일에 여수군수에 지도군수 오횡묵이 임명(『관보』, 1897.5.28.)되었다. 이렇게 정부 공식 문서에서 여수군 신설 조치가 양력으로 처리되었지만, 군수 오횡묵은 여전히 음력을 사용하고 있는 것이 주목된다. 오횡묵은 그의 『여수군총쇄록』에서 여수군수에 임명[이배(移拜)]된 날짜를 '정유 4월 25일'로 기록했다. 이 날짜는 양력으로 1897년 5월 26일(수요일)이었는데, 5월 25일 발령 사실을 하루 뒤인 이날 전달받았기 때문에 5월 26일의 음력 날짜인 4월 25일로 기록한 것으로 보인다.

음력 사용 관행은 오횡묵 한 사람의 일이라기보다는 당시 오횡묵 같은 배경을 가진 관리들의 일반적 인식이었을 것이다.

태양력 도입은 19세기 제국주의시대 '서세동점'의 산물이었다. 동아시아 사회는 태양태음력을 사용하고 있었으나, 서구 제국주의 세력이 태양력을 사용하고 있었기에, 전통적 역법을 버리고 새로이 '근대적' 역법으로서 태양력을 사용하게 되었던 것이다. 조선과 일본 모두 태양력 도입은 같으나, 일본은 주체적으로, 조선은 강제적으로 시행했다는 점에서는 큰 차이가 있다.

19세기 동아시아가 서구 제국주의 세력에 굴복하지 않았다면, 어찌 되었을까. 여전히 태양태음력을 사용하고 있을까. 아니면 그럼에도 동아시아 각국은 시대의 추세에 따라 태양력을 도입했을까, 동북아시아 3국, 적어도 조선과 청이 제국주의의 침략을 물리칠 만큼 강한 나라들이었더라도 태양력을 수용했을까. 어느 쪽을 선택했을지는 아무도 모른다. 어찌 되었건 이제 와서 양력 사용을 음력 사용으로 되돌릴 수 없는 것은 분명하다.

全羅南道麗水郡叢瑣錄
詩
丁酉四月二十五日移 拜麗水郡守

『총쇄록』

02 연도제

1. 회계연도

조선 정부의 회계연도

회계연도는 갑오개혁 시기인 1895년부터 시행되었다. 1895년 3월 30일 법률 제2호(『관보』, 1895.3.30; 『고종실록』, 1895.3.30.)로 회계법이 반포되고 4월 1일부터 시행되었다. 회계법 제5조에서는, "정부의 회계연도는 매년 1월 1일부터 시작하여 그해 12월 말에 끝난다. 회계연도에 속하는 세입, 세출의 출납에 관한 사무는 다음 해 8월 말일까지 다 완결해야 한다."라고 하여 회계연도를 규정했다.

이 시기는 갑오개혁 중 제2차 개혁기로, 1894년 12월 17일부터 1895년 7월까지이다. 주요 개혁 내용은 앞 장에서 본대로, '홍범14조'를 선포하고, 내각 제도를 도입했으며, 8아문을 다시 7부로 개편했다. 또 지방제도는 8도를 23부로 변경했다.

홍범14조 중 재정·경제 제도는 여섯 번째부터 아홉 번째에 걸쳐 열거되었다. 그 내용(『고종실록』, 1894.12.12.)을 보면, 첫 번째는 '조세법정주의'를, 두 번째는 '재정 일원화'를, 세 번째는 '비용 절약'을, 네 번째는 '예산 제도'를 명시한 것이다.[1]

홍범14조에서 명시한 재정 일원화를 위해 칙령 제54호(『고종실록』 1895.3.26.)로 탁지부 관제가 제정되고, 4월 1일부터 시행되었다. 탁지부 관제 제1조에서 "탁지부 대신은 정부의 재무를 총괄하여 회계, 출납, 조세, 국채, 화폐, 은행 등에 관한 일체의 사무를 맡아 처리하며 각 지방의 재무를 감독한다."고 하여 탁지부가 정부 재무를 총괄하고 조세 사무를 처리하는 기관임을 밝혔다. 그리고 예산 제도는 앞의 회계법에 의해 시행되었다.

회계법의 회계연도 조항(『관보』 1895.3.30.)

일본군 점령 상태에서 일본의 영향력 아래 있는 조선 정부에 의해 갑오개혁이 추진되기는 했지만, 재정·경제제도 개혁은 당시 개혁을 열망하는 백성들의 염원이 반영된 것이기도 했다. 19세기 조선 사회는 '삼정 문란'으로 백성들의 삶이 피폐해졌던 시기였다. 그에 대한 저항은 1894년 동학농민전쟁으로 절정을 맞았다. 농민들의 불만 대상이 되었던 것은 지방관들이 여러 '무명잡세'를 만들어 가혹하게 징수한 일이었다. 이에 1894년 동학농민전쟁기에도 농민들은 여러 차례 그 개선을 촉구했다.

갑오년 4월 4일부터 5월 20일경까지 제1차 농민전쟁 기간 중 농민군이 조목별로 제시한 폐정개혁 요구안 가운데 지금까지 남아 있는 기록은 모두 여섯 가지이다.[2] 이들은 통문과 원정의 형식으로 제출되었다. 이를 통해 조세 징수 과정의 폐단 개혁을 가장 절박하게 요구했음을 알 수 있다.[3] 그리고 그 요구가 갑오개혁에 반영되어 '조세법정주의'가 명시되었던 것이다.

통문과 원정의 뜻을 사전(『한국민족문화대백과사전』)에서 찾아보면 다음과 같다. 먼저 통문(通文)이란 조선시대에 민간단체나 개인이 같은 종류의 기관, 또는 관계가 있는 인사 등에게 공동의 관심사를 통지하던 문서를 말한다. 다음으로 원정(原情)은 사인(私人)이 원통한 일, 억울한 일 또는 딱한 사정을 국왕 또는 관청에 호소하는 문서이다.

한편 재정 일원화는 갑신정변 때 혁신정강 14개조 중 "모든 국가재정을 호조로 하여금 관할케 하며, 그 밖의 모든 재무 관청은 폐지할 것"[4]에도 발표되었던 것으로, 개화파의 개혁 정책이 10여 년 만에 조선 정부의 정책으로 채택되었다.

조선총독부의 회계연도 변경

1910년 9월 30일 칙령 제412호(『朝鮮總督府官報』, 1910.9.30.)로 일본의 회계법 등 9개 법률이 조선에도 시행되었는데, 그 시행기일은 10월 1일이었다. 이날은 조선총독부가 설치된 날로, 일제는 이날을 '시정(始政) 기념일'로 불렀다. 일본 회계법(1899년 법률 제4호) 제1조에는 회계연도가 규정되었는데, "정부의 회계연도는 매년 4월 1일에 비롯하여 익년 3월 31일에 끝남"이라 하여 대한제국과 달리 4월부터 이듬해 3월까지였다.

이어 같은 해 12월 조선총독부 내무부에서 총독부의 회계법을 표준하여 지방비법(『매일신보』, 1910.12.10.)을 개정 반포했다. 그리고 개정안에 의거하여 다음 연도 1월부터 동 3월까지로 회계연도를 정했다. 이 기사에 따르면, 다음 연도란 1911년도이지만, 실제로는 1910년도를 가리키는 것이었다. 당초 1910년도의 지방비 예산은 대한제국 정부 회계연도, 즉 역년으로써 편성되었지만, '합병'에 따라 조선총독부는 일본의 회계연도를 적용함으로써 1910년도의 지방비 예산에 1911년 1월부터 3월 말일까지의 추가 예산을 더하여 1910년도 예산으로 했다.[5] 실제로 지방비 세입세출표 작성 시 1910년도는 1910년 1월부터 익년 3월까지 15개월 치를 포함시켰다.[6]

회계연도는 예산 제도와 짝하는 것으로, 이후 조선의 지방제도 시행은 모두 회계연도 개시일과 일치시키는 조치가 취해졌다. 지방제도 중 첫 번째는 부제였다. 총독부는 1913년 10월 30일 『조선총독부관보』 호외를 통해 제령 제7호와 제령 제8호로써 각각 부제(府制)와 학교조합령을 개정 공포하였다.

이 시기 부제와 학교조합령의 주요 내용은 부와 학교조합을 모두 법인으로 한다는 것이다. 그리고 부제와 학교조합령은 1914년 4월 1일부터 시행되었다. 시행일을 회계연도 시작일과 맞춘 것이다.

이후 1930년에 부제, 읍면제, 도제, 학교조합령 및 학교비령 개폐가 준비되어 12월 1일 제정되고,

1931년 시행되었다. 읍면제 시행에 따라 지정면은 읍으로 명칭이 변경되었다. 아울러 부칙을 통해 시행 기일을 밝혔는데, 그에 따라 1931년 4월 1일부터 시행되었다. 역시 시행일이 회계연도 개시일과 같다.

1930년 12월 1일 제정되었던 도제는 1933년 4월 1일부터 시행되었다. 도제 시행에 맞춰 총독(宇垣)은 다음과 같이 언급했다.[7] 부제, 읍·면제, 학교조합령 및 학교비령 개정과 같이 제정되었던 도제 시행이 늦춰진 이유는, '부읍면의 제도 실시의 성적'을 본 이후 도제 시행 시기를 정하기로 했고, 그 실시의 성적이 양호하여 대개 소기의 목적에 맞으며 도제 시행의 기운이 점차 무르익었음을 인정하였고, 또 마침 각 도 평의회원의 임기 만료와 맞기 때문이라는 것이다.

이렇게 도제가 시행됨으로써 1914년부터 순차적으로 시행된 부제, 면제, 읍면제에 이어 일제의 지방제도 개편이 마무리되었다. 그 시행일은 대체로 4월 1일이었다. 회계연도 개시일에 맞추기 위한 날짜 선택이었다.

회계연도 개시일에 맞춘 시행일 선택 사례는 여수에 내려졌던 조치들에서도 찾아볼 수 있다. 먼저 1914년 3월 2일 조선총독부 전라남도령 제2호(『朝鮮總督府官報』 1914.4.7.)를 통해 여수군 관내 10개 면의 명칭과 구역이 정해지고, 1914년 4월 1일 시행되었다.

이후 1923년 2월 15일 조선총독부령 제25호 면제시행규칙 개정(『朝鮮總督府官報』 1923.2.15.)으로 여수군 여수면이 지정면으로 지정되었다. 또 여수항은 1923년 3월 28일 조선총독부령 제48호(1923년 제령 제6호 시행규칙)(『朝鮮總督府官報』 1923.3.28.)를 통해 세관 지정항으로 지정되었다. 여수면 지정면 지정, 여수항 지정항 지정 모두 일제의 회계연도 시작일인 4월 1일부터 시행되었다.

사업연도

회계연도와 짝을 이루는 또 하나의 개념은 사업연도이다. 조선총독부의 지방행정기관 외 공공기관에서 사용한 개념이다. 그 예는 금융조합에서 발견할 수 있다. 1914년 8월 4일 조선총독부령 제115호로 제정된 금융조합업무감독규정(『朝鮮總督府官報』 1914.8.4.) 제5조에서 "조합의 사업연도는 매년 4월 1일에 시작하고 익년 3월 31일에 끝남"이라고 하여 사업연도를 회계연도에 맞춘 것이다. 그에 따라 금융조합은 그 실적에서 1914년도는 1914년 1월부터 1915년도 3월까지 15개월간을 취급했고, 1915년도부터는 4월부터 이듬해 3월까지 다뤘다.

미군정의 회계연도

해방 이후 38선 이남에 주둔한 미군이 실시했던 군정은 '현상유지정책'을 취하여 조선총독부의 법령과 제도, 그리고 관리들을 그대로 유지했다. 회계연도도 마찬가지였다. 미군정 남조선과도정부의 예산연도 말은 조선총독부와 같이 그대로 이듬해 3월 말이었다(『평화일보』, 1948.3.28.).

정부 수립 이후 회계연도

정부 수립 이후 회계연도는 여러 차례 변경되었다. 1951년 재정법에서는 조선총독부·미군정의 회계연도를 계승했다. 1951년 9월 24일 법률 제217호로 제정된 재정법(『관보』, 1951.9.24.) 제2조에서는 "국가의 회계연도는 매년 4월 1일에 시작하여 익년 3월 31일에 종료한다."고 규정한 것이다.

휴전 협정 조인 이듬해인 1954년 1월 23일, 법률 제305호(재정법 개정)(『관보』, 1954.1.23.)를 통해 "매년 7월 1일에 시작하여 익년 6월 30일에 종료"하는 것으로 개정했다. 이는 미국의 회계연도를 모방한 것이었다.

이후 2년 후인 1956년 6월 27일, 법률 제387호(재정법 개정)(『관보』, 1956.6.27.)를 통해 "매년 1월 1일에 시작하여 동년 12월 31일에 종료"하는 것으로 다시 개정했다. 그리고 부칙에 "4288년의 회계연도는 7월 1일부터 시작하여 4289년 12월 31일까지"로 정하여 1955년(단기 4288년)도 회계연도는 1956년 말까지 1년 반으로 늘렸다.

1956년 6월 26일 국회에서 통과된 재정법 중 개정 법률안은 야당 의원의 표결 불참 속에 이뤄진 것이었다. 정부의 개정 이유(『동아일보』, 1956.6.27.; 『조선일보』, 1956.6.27.; 『경향신문』, 1956.6.27.)는, 미국 회계연도와 같은 현행 회계연도를 변경함으로써 미 의회에서 결정된 원조액을 정확히 반영시키고, 총선거기와 예산심의기의 중복을 회피하기 위한 것이라고 밝혔다.

그러나 야당은 개정 사유가 재정 파탄을 엄폐할 목적이라 주장(『동아일보』, 1956.6.24.)하며 반대했다. 반대 주장의 내용은, 개정 방침이 회계연도 말에 임박하여 급작하게 이뤄진 점에서 5·15 정·부통령 선거를 전후로 한 거대한 조세수입 부족액이 6월 말로써 회계연도의 끝을 맺으면 거액의 세입 결함으로 나타나게 되어 재정 파탄을 폭로케 되므로 이를 엄폐하려는 것, 5·15 선거자금과 관련하여 현 회계연도를 연말까지 연장시킴으로써 정리하려 한다는 것이었다.

야당의 반대와 표결 불참 속에 통과되어 이때 변경된 회계연도는 현재까지 유지되고 있다.

이상과 같이 회계연도는 19세기 말 조선 정부가 역년(1.1~12.31)에 맞춰 시행하였다. 이후 1910년 조선총독부 설치와 함께 일본식(4.1~3.31)으로 변경되었다. 해방 후에도 미군정과 대한민국 정부 수립 초기에는 일본식이 유지되었다. 그러다가 1954년에 미국식(7.1~6.30)으로 변경되었고, 1956년부터 조선·대한제국식(1.1~12.31)으로 환원되었다. 한국 근현대의 굴곡이 회계연도 변경 과정에도 고스란히 반영되었다고 할 수 있다.

2. 학년도

갑오개혁기

1895년 7월 23일 학부령 제1호로써 제정된 한성사범학교교칙(『관보』 1895.7.24.)에 학년이 처음 규정되었다. 학년과 학기, 수업일수, 입학 시기 등에 관한 조항은 다음과 같다.

먼저 학년은 7월 21일 시작하여 6월 15일에 끝나는 것으로 정했다. 6월 16일부터 7월 20일까지 5주간은 학년말 방학에 해당하는 기간이다. 두 번째는 학기 규정이다. 1년에 2학기, 그중 1학기는 7월에 시작하고, 2학기는 1월에 시작한다는 내용이다. 각 학기는 5개월가량이다.

세 번째는 수업일수와 교수시간 조항이다. 1년 42주 수업이니 52주 중 10주만 제외하고, 나머지는 수업을 해야 했고, 1주는 28시간으로 월~금요일 5일은 5시간, 토요일은 3시간 꼴이었다. 마지막으로 입학은 학년 처음에 하도록 하여 7월 입학이 원칙이었다.

1895년 8월 9일 학부령 제2호를 통해 공포된 성균관경학과규칙(『관보』 1895.8.12.)도 한성사범학교교칙과 대동소이하며, 학년과 학기, 수업일수, 입학 시기 등 조항도 그대로이다.

학년도 조항 『관보』

이들에 앞서 공포된 7월 19일 칙령 제145호의 소학교령과 8월 12일 학부령 제3호 소학교교칙대강에는 학년, 학기 조항이 없다. 그러나 소학교의 학년도는 한성사범학교 등과 동일했을 것으로 생각한다.

통감부 간섭 이후

1906년 8월 27일 학부령 제20호, 학부령 제21호, 학부령 제22호, 학부령 제23호를 통해 각각 사범학교령 시행규칙(『관보』 1906.9.1.), 고등학교령 시행규칙과 외국어학교령 시행규칙(이상 『관보』 1906.9.3.), 보통학교령 시행규칙(『관보』 1906.9.4.)이 공포되었다. 그 가운데 학년과 학기 조항을 보면, 네 가지 규칙 모두 동일했다. 먼저 "학년은 4월 1일에 비롯하여 익년 3월 31일에 끝남이라."하여 학년도가 변경되었다. 조선 말기와 대한제국 전기에는 7월에 시작했는데, 이때 4월로 앞당긴 것이다. 일본의 회계연도와 같은 기간이다. 통감부가 설치되어 대한제국 내정에 간섭이 심해진 시기, 일본식으로 바뀐 것이다. 이때 정해진 학년도는 일제 식민지기에도 그대로 답습되었다.

다음으로 학기제인데, "학년을 나눠 다음의 3학기로" 하고, 제1학기는 4월 1일부터 8월 31일까지, 제2학기는 9월 1일부터 12월 31일까지, 제3학기는 1월 1일부터 3월 31일까지로 나눴다.

미 군정기

미군정이 시작된 이래 미국의 제도를 모방하여 학년 초가 9월로 변경되었다. 그리고 이는 정부 수립 이후에도 답습되었다. 이에 '서울 한 교육자'라는 『동아일보』 독자가 동아일보사에 글을 투고(『동아일보』 1948.12.1.)했다. 그는, 미국에서 9월에 학기가 시작되는 이유는 미국에서는 회계연도가 7월 1일에 시작되기 때문이라 전제하고, "무릇 학년의 시작은 회계연도의 시작과 때를 같이 하는 것이 원칙"이라고 하면서, "4월부터 회계연도가 시작되는 일본은 4월에, 1월부터 시작되는 소련은 2월에 학기가 시작"된다고 소개했다. 그러면서 "4월에 회계연도가 시작되는 대한에 9월부터 학년에 시작하게 됨은 일대 희극"이라고 비판하고, "예산이 인정되는 4월은 1학기 도중"이고, "9월의 신 학년의 계획도 잘 안 되는 바"라고 일갈했다.

이 독자는, 여전히 일본식 회계연도를 사용하는 한국 정부가 기존의 학년제 대신 9월에 시작하는 미국식으로 변경함이 회계연도와 부합하지 않는다고 비판했지만, 그 자신이 일본식 학년제에 익숙하여 새로운 학년제에 불만을 느꼈는지도 모른다. 기존의 관습에 젖은 타성이 저항감을 유발했을 수도 있다.

정부 수립 후

1949년 새 교육법의 국회 통과와 함께 새 학년도 초는 4월로 되었다. 1949년 12월 31일 법률 제86호로써 제정된 교육법(국회법률정보시스템) 제151조에는 "각 학교의 학년은 4월 1일 시작하여 익년 3월 31일에 그친다."라고 규정되었다. 이 법의 시행일은 공포일과 같았으나, 부칙에 "제151조의 규정은 단기 4284년 4월 1일부터 시행한다."고 하여 예외적으로 시행일을 달리했다. 학년도제는 1951년 4월 1일부터 시행하도록 했던 것이다. 또 "단기 4282년(서기 1949년)도 학년말은 단기 4283년(1950년) 5월 31일에 그친다."라고 하여 단서 조항을 두었다.

이렇게 학년도제는 미 군정기 미국식을 거쳐 다시 일본식으로 돌아갔다. 그 이유는 당시 회계연도제는 일본식을 사용하고 있었기 때문이다. 아울러 문교부는 긴급 임시조치로써 1949학년도만은 1950년 5월 말까지로 2달 연장하고, 6월부터 신학년도가 되었다고 발표(『민주중보』 1949.12.9.)했다. 1949학년도의 제1학기는 1949년 9월부터 1950년 1월까지가 되었다.

그에 따라 서울시 학무계는 상부의 지시에 따라 시내 각 초등학교의 1949학년도를 5월말까지로 예정하여, 제1학기와 제2학기를 정하게 했다(『남조선민보』 1949.12.20.). 그 결과 제1학기는 1월 말까지로, 제

2학기는 2월 1일부터 5월 말까지로 정해졌다.

1960년대

제2공화국 수립 후 장면 정부는 4월부터 시작하던 학년도를 3월부터 시행하는 것으로 변경(『조선일보』 1961.4.15.)했다. 1961년 4월 15일의 각의에서 종래 4월 초였던 각급 학교의 학년 초를 다음 연도부터는 3월 초로 당겨 실시하고자 '교육법'을 개정키로 의결했다. 그렇게 하기로 한 이유는, ① 학기 도중의 방학을 피하며, ② 공부하기에 좋은 계절인 3월과 9월을 입학시험 및 학기말 시험에 허비하지 않고, ③ 겨울방학을 가장 추운 1, 2월에 둘 수 있다는 점에서 교육에 이롭다는 것이었다. 또 한 학년을 두 학기로 나누는 교육법 개정안에 의하면, 1학기는 3월 1일부터 8월 말까지, 2학기는 9월 1일부터 2월 말까지였다.

학년도제 변경에 대해 당시 언론은 비판적이었다. 『경향신문』의 '여적'난(『경향신문』, 1961.4.16.)에서 그 논조를 찾을 수 있다. "이미 생활화되었던 현 제도에 대하여 한 줄기 애석을 느끼지 않을 수 없다."고 하여 4월 학년도제도가 바뀌는 것에 아쉬움을 나타냈다.

이어 정부의 설명 중 ①("가장 추운 때인 1월·2월을 방학기로 하여 월동비를 절약하고 학생들의 건강을 해치지 않게 하자")에 비판을 가했다. "이처럼 자연조건을 극복하지 못하고 동장군에 패배하여 방학을 길게 해버린다는 것은 너무도 소극적이며 한심한 태도"라며 "오히려 발육기에 처한 각급 학교의 아동·생도·학생들은 동절에는 투한(鬪寒) 훈련을 적극적으로 감행해야 할 계절이다. 이러한 계절을 연료난 때문에 동면 상태로 잠자게 한다는 것은 퍽 애석한 일이다. 국가경제의 빈곤으로 국민교육이 이처럼 희생을 당하는 것이 서글픈 일이다."라고 비난했다.

또 정부 설명 ②("3월은 입학시험, 졸업 행사 따위로 빼앗겨 정상적인 수업을 할 수 없다.")에 대해서도 다음과 같은 비판을 가했다. "그러나 입학시험, 졸업 행사는 어느 달에나 반드시 완료해야 할 중요 불가결의 학사"이고, "그것으로 3월에 하는 것을 회피한다면 2월에는 반드시 완료해야 할 일"이며, "그런데 2월이야말로 월동비 절약으로 방학을 해야 할 정도로 추운 때"라고 지적했다. 아울러 "각급 학교의 입학, 졸업 행사에는 전체 가정이 참가하는 국민적 연중행사"라고 하면서, "이런 행사를 치르는 계절이야말로 좋은 때라야 할 터"이고, "그것을 2월에 당겨서 치러야 한다면 그만큼 지장이 클 것"이라고 강조했다.

교육법 개정안을 각의에서 의결한 지 한 달 만에 군사반란이 일어났다. 그에 따라 제2공화국 정부는 붕괴되고, 군사정부가 들어섰다. 군사정부는 8월 12일 법률 제680호로써 교육법 중 개정 법률(『경향신문』, 1961.8.13.; 『조선일보』, 1961.8.13.)을 공포했다. 그에 따라 151조 제1항의 학년 초 및 학년말을 매년 3월 1일에 시작하여 이듬해 2월 말로 끝나게 했다. 개정 법률은 1962년도 학년 초부터 시행하며, 1961년도의 학년은 1962년 2월 말에 끝나게 되었다.

그 결과 1962년 3월 2일 초등학교와 중·고등학교는 일제히 개학(『조선일보』 1962.3.2; 『동아일보』 1962.3.3.)했다. 학년 초의 변경으로 예년보다 한 달 빠른 것이었다.

이상에서 본 것처럼 학년도제는 19세기 말부터 20세기 중반까지 60여 년 동안 많은 변경을 겪었다. 갑오개혁기의 학년도는 7월에 시작했다. 통감부 설치 이후 일본식에 맞춰 4월로 변경했다. 해방 이후 미 군정기에는 미국식을 모방하여 9월로 바뀌었다. 정부 수립 이후 1949년에는 다시 일본식으로 되돌아갔다. 4월 혁명 이후 제2공화국 정부는 3월 학년도제를 추진하여 교육법 개정에 착수했다. 그러던 중 군사 반란이 일어나 군사정부가 교육법 개정을 마무리 지어 3월로 변경되었고, 현재에 이르고 있다.

03
양력과 세차의 일치

　을미개혁 시기 조선 정부로 하여금 태양력을 도입하게 하였으나 아관파천으로 곧 조선에서 영향력을 상실했던 일제는, 한반도에서 영향력을 '회복'하자 다시 태양력 시행에 힘을 기울였다. 러일전쟁 승리, '을사조약' 강제 체결, 통감부 설치 등을 거치면서 대한제국에서 배타적 지배권을 갖게 된 일본이 양력 시행에도 다시 간섭하였던 흔적은 1907년 12월부터 『규장각일기』에서 음력과 양력의 표기 순서를 바꾸어 양력이 위로 가게 한 것에서 찾을 수 있다.

　필자는, 1905년 11월 17일에 대한제국 외부대신 박제순과 일본 공사 임권조(林權助)가 조인한 이 '조약'을 '을사조약'으로 칭하기로 한다. 그 강제성을 드러내고자 '늑약'으로 부르는 경향도 있으나, '을사조약'만을 '늑약'으로 칭할 경우에 생기는 문제를 피하기 위해서이다. 1904년 2월 '한일의정서'를 시작으로 1910년 8월의 '한일합병조약'에 이르기까지 대한제국과 일본 사이에는 10개 이상의 각종 조약(의정서, 각서, 협약, 조약 등)이 조인, 체결되었는데, 이것들 또한 대한제국으로서는 일본의 압력에 '마지못해' 따른 것이었다. '강제성'이 있는 것으로 역시 '늑약'으로 부를만한 것들이다. 그런데 '을사조약'만 그 강제성을 부각하여 '늑약'이라 부를 경우, 10개가 넘는 나머지는 모두 그 강제성이 희석되는 문제가 있다. 이에 필자는 그 결과를 우려하여 '을사늑약' 대신 '을사조약'으로 이름붙이기로 한다. 그렇다고 의정서를 늑정서, 각서를 늑서, 협약을 늑약으로 일일이 바꾼다는 것도 이상한 일이다. 또 '을사늑약 강제 체결'이라 부를 경우에는, 같은 뜻의 말을 중복해서 사용하는 일이 된다.

이후 1910년 '합병조약'을 거쳐 대한제국을 일본의 한 지방명인 조선으로 바꾼 이후에는 양력 시행에 더 박차를 가하였다. 그래서 시작된 것이 양력 새해인 1월 1일이 되자마자 음력 새해의 간지(세차)를 양력에 갖다 붙이는 것이었다. 아직 음력 사용이 대부분이었던 한국인들의 의식 속에 양력 새해가 세차(음력 새해)의 시작이라고 주입하려는 것이었다.

그 일은 1912년부터 시작되었다. 조선총독부 기관지로서 유일하게 한글(국한문 혼용)로 발행되었던 신문인 『매일신보』 1912년 1월 1일자에는 쥐띠 해를 알리는 내용과 쥐의 정보를 소개하는 기사가 일제히 등장했다. 먼저 '성덕의 무량'이라는 제목의 기사에서는 "명치45년 임자 춘(春)을 영(迎)한지라"라고 기재했다. 그러나 1912년 1월 1일은 음력으로 신해년 11월 13일이었다. 임자년 정월 초하루가 되려면 아직 한 달하고도 보름도 더 남은 시점이었다.

'성덕의 무량'이라는 제목의 기사, 그리고 '성수 만세'라는 글과 함께 일본 '천황' 부부의 사진이 실린 『매일신보』 1월 1일자 1면

또 삽화에는 '자년'이라는 표제와 함께 쥐 세 마리를 그려 넣어 쥐띠해임을 알렸다. 그리고 '성덕의 무량'이라는 제목의 기사에서 당시 일본의 '천황'(이하에서는 '한자 독음'대로 천황이라 표기함-저자)이 '환갑'을 맞는 쥐띠 해 출생이라는 사실을 밝혔다. 아울러 '자년생의 각 궁가(宮家)', '자년생의 각 화족', '자년생의 조선귀족'이라는 제목으로 관련 인물들을 소개했다. '궁가'는 일본 '황족' 또는 그 대우를 받는 사람들인데, 그 중 '덕수궁 이태왕 전하'는 전 대한제국 태황제(고종)의 격하된 칭호이다. 1910년 8월 일제의

식민지화와 함께 대한제국 황족은 격하된 채로 일본 황족 속에 편입되었다. 고종 황제 역시 임자년은 환갑을 맞는 해였다.

또 '화족'은 작위를 받은 일본 귀족인데, 당시 조선총독이던 후작 사내정의 이름이 가장 앞에 있다. 그 뒤에 총독부 회계국장 백작 아옥수웅의 이름도 보인다.

'조선 귀족'은 일제가 한국을 '합병'하는 과정에 공로가 있어 일제로부터 귀족 작위를 받은 사람들, 매국노라고 불리던 사람들이다. 기사 명단에서 자작 이근명, 남작 남정철은 경자년, 자작 이용직, 자작 민영소, 자작 민영휘는 고종과 같은 임자년, 남작 이재극, 자작 이병무는 갑자년, 후작 윤택영은 병자년생이다. 양력에 해당하는 해는 각각 1840년, 1852년, 1864년, 1876년이다.

자년 삽화

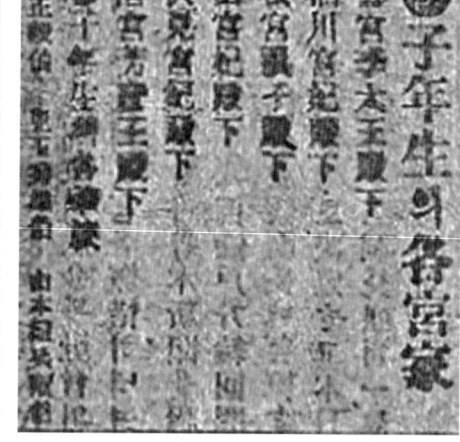

자년생의 각 궁가, 각 화족, 조선귀족

이같이 양력으로 새해가 되면, 양력 새해에 음력 간지를 대대적으로 선전하는 것은 지금도 우리에게 익숙한 모습이다. 그 해 음력 세차가 무엇이냐에 따라 그해에 해당하는 동물의 속성, 그해 세차에 해당하는 과거 역사, 그해 띠에 태어난 유명한 인물들을 소개하는 신문과 방송은 우리가 익히 봐왔다. 그 시작이 1912년이었던 것이다.

그것은 대한제국기에 발행되었던 신문들을 보아도 확인할 수 있다. 먼저 『대한매일신보』 1910년 1월 1일자 논설에서는 '융희4년'이라고만 할 뿐이다. '경술년'이라는 표현이 없다.

『대한매일신보』 1910년 1월 1일자 논설

융희4년은 순종황제 즉위 제4년, 조선왕조 창업 제519년, 단군개국 제4243년을 맞는 해임을 밝히고, 국가가 고해(苦海)에 떨어지고, 민족이 지옥에 빠진 그때, 새해는 경사스러운 해, 복된 해가 되지 않을까 국가와 민족이 바라는 해라고 하여 암울한 현실 속에서도 새해의 희망을 버리지 않는 논설이다.

같은 날짜의 『황성신문』 역시 마찬가지였다. 단군개국 4242년이 가고 4243년이 밝았다고 하고서, '경술년'이라는 표현은 쓰지 않았다. 이 사설에서는 2천만 민족이 신문명을 흡수하여 낡은 악습을 버리고 신사상, 신지식, 신덕업이 일일신하면 과거의 액운은 사라지고, 복지가 새로 올 것이라고 하면서 새해를 기렸다.

한편 이들 신문에서 음력 새해는 어떻게 취급했을까. 1910년 음력 설날은 2월 10일이었다. 이에 전날인 2월 9일 기사를 통해 대한매일신보는 당일인 10일부터 2일간, 황성신문은 10일부터 3일간 각각 휴간을 공지했다. 또 대한매일신보는 휴간 후 발행한 12일자 기사에서 단신으로 음력 설날 동정을 보도했을 뿐이다. 설날 각 황족들이 창덕궁과 덕수궁에 각각 문안했다는 내용이다.

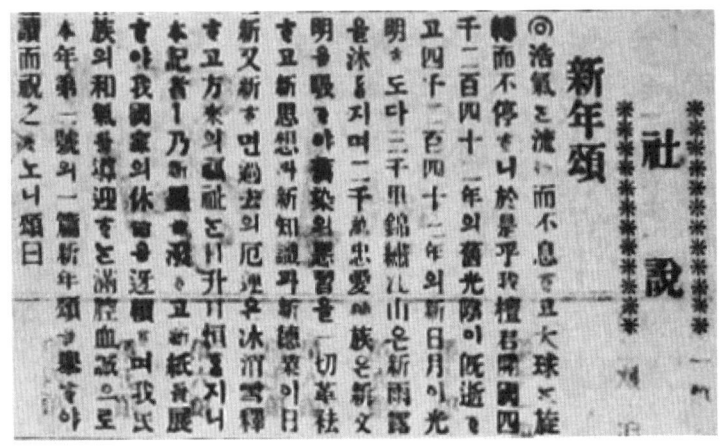

『황성신문』 1910년 1월 1일자 사설

이들 신문은 그해 '합병'과 더불어 폐간되고 말았다. 이를 통해 볼 때, 당대까지 한반도에서는 양력 새해와 음력 세차를 동일시하는 관습은 없었다.

한글 신문 폐간의 와중에 총독부 기관지로 선택되어 살아남게 된 한글 신문 『매일신보』도 합병 이듬해인 1911년 1월 1일에는 "금년 금일은 곧 명치 44년 1월 1일이라"고만 할 뿐, 신해년이니, 돼지띠해니 하는 언급이 아예 없다.

『매일신보』 1911년 1월 1일자

또 미주 지역 한인들이 발행했던 『신한민보』의 1912년 1월 1일자 '낙관적 신년'이라는 논설(『신한민보』 1912.1.1.)에서도 "오늘은 1912년의 처음 날이오"라고 해서 서기로만 표기한 것을 볼 수 있다.

그러면 『매일신보』는 왜 1911년부터가 아니라 1912년 1월 1일부터 양력 새해와 세차(음력 간지)를 일치시키는 조치를 하게 되었을까. 언뜻 1912년에 해당하는 '자년'이 12간지 가운데 첫 번째였기 때문이라 생각할 수 있다. 원래 동아시아에서는 '갑자 혁명설'이라 하여 60갑자 중 첫 번째에 해당하는 갑자년에 새로운 나라가 들어선다는 속설이 있다. 공교롭게도 박혁거세가 신라를 개국했다는 기원전 57년도 갑자년에 해당한다.

1912년 임자년은 일제가 조선을 합병하고 처음 맞는 쥐띠해이고, 마침 일본 천황의 회갑을 맞는 해였다. 그래서 60년 만에 새로 시작하는 세차와 일본 천황의 출생년에 맞춰 양력 새해와 세차(음력 간지)를 일치시키는 일을 벌인 것이라 생각할 수도 있다.

그런데 그것보다는 준비 시일의 필요 때문이 아니었을까 생각한다. 1911년 1월 1일에 맞춰 '신해년'을 대대적으로 선전하려면, 그보다 앞서 1910년부터 준비를 해야 한다. 그런데 8월 29일 합병조약 발효 후 일제는 조선총독부 설치에 몰두했다. 10월 조선총독부가 설치된 이후에는 각종 법령 제정 등으로 바빴다. 법령 제정 준비는 1911년에도 이어졌다.

그리하여 주요 법령 중 조선교육령은 1911년, 조선형사령과 조선민사령 등은 1912년에 발포되고 시행되었다. 이처럼 조선 통치에 필수적인 기관 설치와 법령 제정 등에 집중한 일제는 1910년에는 양력 새해와 세차를 일치시키는 데 신경 쓸 여력이 없었고, 1911년에야 '시간' 문제에도 눈을 돌릴 수 있었다고 봐야 할 것이다. 표준시 통일 역시 1912년 1월 1일부터였다.

1912년 『매일신보』가 시작한 양력 새해와 세차 일치화 시도는 1920년대 다른 한글 신문들에게로 확산되었다. 양력 새해와 세차 일치화가 10년 동안 조선인 언론인 사이에 이미 보편화되었음을 짐작할 수 있는 대목이다.

먼저 『조선일보』는 창간 이듬해인 1921년 1월 1일자 1면에 신유년을 뜻하는 닭 그림을 실었다. 아울러 같은 면에 닭의 덕을 칭송하는 '계덕송'과 닭의 역사인 '계사'를 게재하여 닭띠해임을 알렸다.

『조선일보』는 1920년에 친일상공인단체인 대정실업친목회의 예종석과 조진태를 각각 발행인과 사장으로 하여 창간된 신문이었다.

『조선일보』 1921.1.1.

『동아일보』 1922.1.1.

『동아일보』는 그보다 1년 뒤인 1922년에 그 대열에 합류했다. 1922년 1월 1일자 『동아일보』에서는 '사상의 임술'이라 하여 신라 지마왕 11년부터 철종 13년의 '임술민란'까지 임술년의 역사를 소개했다.

그중 지마왕 11년 내용은 삼국사기 기사를 소개한 것이다. 삼국사기 기록에 따르면, 지마왕 11년 여름 4월(양력으로는 6월에 해당하는 듯함-인용자)에 동풍이 크게 불어 나무가 꺾이고, 기와가 날렸다. 왜병 대군이 쳐들어왔다는 유언비어가 있자 사람들이 다투어 산골짜기에 숨는 일이 있었다. 그 상황을 삽화와 더불어 소개한 것이다.

『동아일보』는 1920년 4월 1일 창간되었는데, 당시 사장은 일제로부터 후작 작위를 받은 박영효, 편집감독은 유근, 편집국장은 이상협이었다. 창간 이후 9월 25일 176호까지 발행되었고, 정간되었다가 1921년 2월 21일 177호가 속간되었다.[1] 그리하여 1921년 1월 1일에는 발행 정지 중인 상태였으므로 신문 발행을 할 수 없었다. 이상협은 1910년대 매일신보의 기자, 편집국장, 발행인 겸 편집인을 역임했다. 그에게 양력 새해와 세차 일치화는 익숙한 일이었다. 이미 매일신보에서 했던 일이기 때문이다.

『매일신보』가 시작한 이 일은 조선총독부가 직접 발행한 기관지 월간 『朝鮮』으로도 옮겨갔다. 『조선일보』가 닭띠 해 기사와 삽화를 게재했던 같은 해 1921년 1월호 조선에는 조선총독부 촉탁 가등관각(加藤灌覺)이 집필한 '닭(유)해로 인한 조선의 지명과 기타 문헌'이라는 글이 실렸다. 경주의 계림(鷄林) 등 전국에 남아 있는 닭과 관련된 지명을 소개하는 내용이다.

가등관각이란 사람의 이력은 1930년 『朝鮮新聞』의 '官人 프로필'에 소개(『朝鮮新聞』 1930.9.13.)되어 있다. 1930년 61세가 된 그는 1913년부터 조선총독부 촉탁을 시작한 이래 1930년 당시에는 학무국 촉탁으로 있었는데, 일찍이 인류학을 연구한 적이 있었다고 한다.

또 1922년 1월 신년호 『朝鮮』에서는 '대정 임술의 연두'라는 표현을 써서 대정 연간 임술년의 시작으로 표기했다. 1925년이 되면 총독이 직접 나섰다. '대정 을축의 연두'를 맞아 새해 포부를 밝힌 것이다.

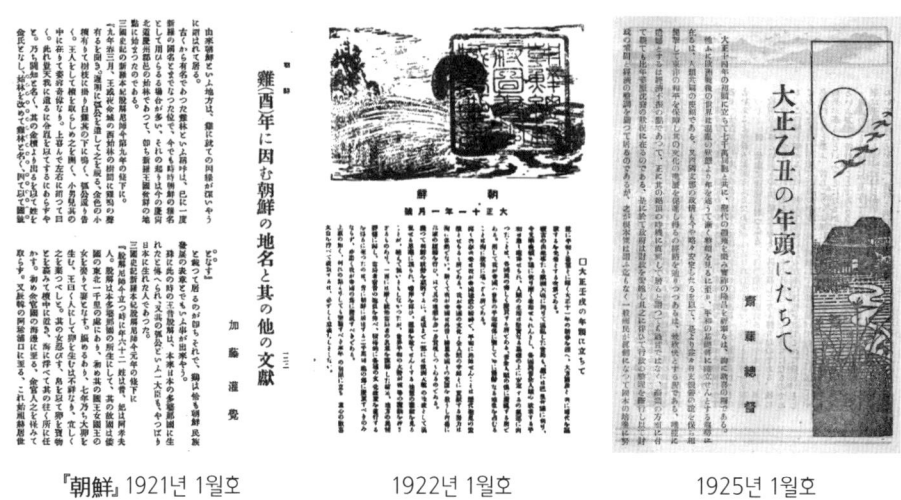

『朝鮮』 1921년 1월호   1922년 1월호   1925년 1월호

이렇게 보면, 양력 새해와 세차 일치화는 후대로 갈수록 점점 더 공식화되었다. 1912년에 총독부 기관지 매일신보를 발행하는 경성일보사가 시작한 그 일이 두 방향으로 파급되었다. 하나는 1920년대에

조선총독부가 직접 발행하는 기관지에 옮겨 붙었다고 할 것이다. 그리하여 총독부 촉탁의 기고문, 총독부 월간 기관지인 조선의 편집자 글, 나아가 조선총독의 글에까지 그 인식이 확장되어 글 표현에도 드러나게 되었다.

또 한 방향은 민간 신문으로 나아간 것이다. 1921년 『조선일보』, 1922년 『동아일보』가 『매일신보』의 일을 이어받기 시작했고, 해를 거듭하면서 공고화되었다.

해방과 정부 수립을 거친 1949년 1월 9일 『호남신문』 광고면에는 아직 오지도 않은 기축년 신춘을 경축한다는 여수군청, 여수읍사무소, 여수경찰서, 여수소방서 직원 일동의 광고가 실렸다. 이후에도 11일부터 14일까지 각 국민학교 교장 일동, 여수군농회, 여수어업조합, 면사무소, 파출소 직원 일동, 단체, 회사 명의의 축하 광고가 이어졌다.

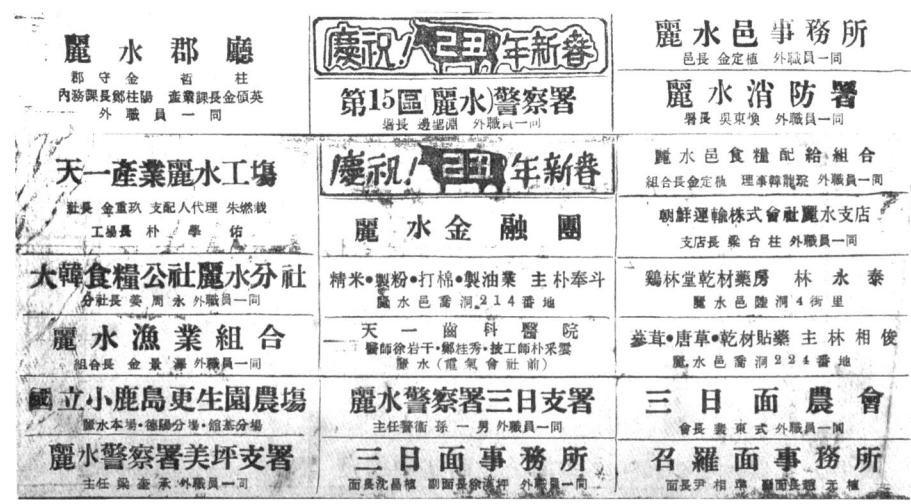

『호남신문』 1949.1.9. 광고

21세기인 오늘날 이제 그 일은 언론과 권력 기구, 관변단체 테두리 안에서만 일어나는 것이 아니다. 민간 사회에까지 만연되어 각종 기관·단체의 장, 심지어 작은 친목 모임의 대표조차도 양력 새해가 되면, 언필칭 세차를 갖다 붙인다. 더욱 가관인 것은 간지에서 색깔과 동물을 따와서 푸른 뱀, 붉은 말 등도 덧붙이는 것이다. 깃털보다도 가벼운 세태라고나 할까.

양력 새해를 세차와 일치시키는 일은 결국 일제의 잔재라고 할 것이다. 110여 년 전 제국주의 일본의 조선총독부 기관지가 앞장서서 했던 그 일을, 해방된 지 80년이 된 지금까지 청산하지는 못할망정 날로 만연시키고 있으니 안타까운 일이다. 이제 다시 우리 민족의 관습에 따라 양력 새해에는 서기 연도만 쓰고, 세차 따지는 일은 음력설에!

04 기념일

1. 조선왕조·대한제국의 기념일

태양력의 시행은 조선왕조의 국경일이라 할 수 있는 기념일에도 영향을 미쳤다. 학교에서 '기념일'을 교육하는 것은 학생들에게 그날의 의미를 인식하게 하는 일 가운데 하나이다.

그리하여 1895년 7월 23일 학부령 제1호로 공포된 한성사범학교규칙(『관보』, 1895.7.24.) 제34조에 다음과 같은 기념일에는 '휴업'하는 것으로 규정돼 있다. 개국기원절(7월 16일), 대군주폐하 탄신(7월 25일), 서고일(誓告日, 12월 12일)(『고종실록』, 1894.12.12.) 등이다. 여기서 서고일이란 1894년 음력 12월 12일에 종묘에서 '홍범14조'를 다짐하고 고한 날이다. 여기서 주목되는 것은 이들 날짜가 모두 음력 기준이라는 것이다. 태양력을 실시하기 이전에 마련된 규정이었기 때문이다.

그러다가 태양력을 시행하기로 결정한 지 100여 일 이후인 11월 3일에는 고종을 비롯한 왕실 가족의 생일을 양력으로 바꿔 반포(『고종실록』, 1895.11.3; 『비서원일기』, 1895.11.3.)하는 조치가 있었다. 만수 성절(萬壽聖節)인 임자년(1852) 7월 25일을 양력 9월 8일로, 왕태후의 경절(慶節)인 신묘년(1831) 정월 22일을 양력 3월 6일로, 왕태자의 경절인 갑술년(1874) 2월 8일을 양력 3월 25일로, 왕태자비의 탄일인 임신년

(1872) 10월 20일을 양력 11월 20일로, 종묘에 다짐하고 고한 날인 12월 12일을 양력 1월 7일로 만들어 반포한 것이다.

만수성절은 고종의 생일인데, 몇 개월 전 한성사범학교규칙의 '대군주폐하 탄신일'이 그 사이에 '만수성절'이란 명칭으로 바뀌었음을 알 수 있다. 또 왕태후는 고종의 양모인 신정왕후 조씨(조대비), 왕태자와 왕태자비는 순종과 그의 비 민씨를 가리키는 것이다. 왕후의 생일이 빠진 이유는 명성황후 민씨가 이미 그 이전에 시해되었기 때문이다.

위에서 본 것처럼 학교 휴업일을 제정하고, 왕실 가족의 생일을 양력으로 변경한 것은 앞서 일본에서 있었던 일을 모방한 것이었다. 일본이 1873년부터 태양력을 도입하면서 그 이전 축제일을 폐지하고 대신 '신무천황' 즉위일(음력 1월 1일), 천장절(음력 9월 22일)을 새로 축일(祝日)로 지정했는데, 이를 양력으로 환산하면 2월 11일(기원절), 11월 3일이었다.[1] 천장절은 당대 천황의 생일인데, 당시는 명치 천황 시대였기 때문에 명치 천황의 생일이 천장절이었다. 이후 1912년에 명치 천황이 죽고 대정 천황이 즉위한 이후에는 대정 천황의 생일이 천장절이 되고, 이전의 천장절은 명치절로 명칭이 변경되었다.

갑오개혁기 교과서에 기념일을 수록한 것은 『신정심상소학』에서부터이다. 이 책에서는 '만수성절'과 '기원절'을 단원으로 했는데, 만수성절에 대해 "9월 8일은 만수성절이라. 금상 대군주 폐하께서 탄생하신 날이니 국민들이 업(業)을 휴(休)하고 경(慶)을 하(賀)하며 문 앞에 국기를 달고 공근(恭謹)히 이 날을 봉축하나이다."[2] 라고 하여 '금상'(고종) 탄신일은 휴업하고, 경하하며, 봉축하는 날임을 밝히고 있다.

만수성절(『신정심상소학』)

또 같은 책에서 "기원절이란 것은 우리 태조 대왕이 비로소 어위(御位)에 오르신 날이라. (중략) 그날은 8월 24일이니 이 날을 기원절이라 정하며 매년 봉축하시는 격식이 되느니라. 그러므로 우리는 이 좋은 날을 당하면 그 은택의 깊은 줄을 생각하고 더욱 애국 충군하는 마음을 힘쓸 것이오이다."[3]라고 하여 조선 태조(이성계) 즉위일을 기원절로 삼았음을 보여준다.

위 두 가지 기념일에서 파악할 수 있는 것은 원래 음력 날짜를 가지고 소급하여 사건이 있었던 그 해의 양력 날짜로 환산한 다음 양력 날짜를 기념일로 정한 것이다. 고종의 출생일인 임자년 7월 25일을 양력으로 환산하면 1852년 9월 8일이다. 또 태조 즉위일인 임신년 7월 16일은 양력으로 1392년 8월 24일로 보았다. '을미개혁'으로 태양력을 도입한 직후 편찬된 교과서였기에 음력 날짜를 양력으로 환산하여 변경한 날짜를 기준으로 한 것이다.

1907년 학부 편찬 교과서에도 '개국기원절'이 기념일로 계승되었다. "우리 태조 고황제께서 비로소 개국하셨으니 오백년간에 아국을 조선이라 칭호하셨도다. 광무1년 금상 황제폐하께서는 국호를 대한이라 개칭하시고 황제위에 즉하셨느니라. 오늘은 음력 7월 16일이라. 7월 16일은 무슨 날이뇨. 우리 태조 고황제께서 즉위하시고 우리나라의 기초를 정하신 날이니라. 그런 고로 이날을 개국기원절이라 칭하느니라. 우리는 태조고황제의 덕택을 영원히 불망(不忘)하기 위하여 매년 7월 16일에는 휴업하고 축의를 표하느니라. 볼지어다. 집집에 국기를 달았도다. 일광은 국기에 빛나고 국기는 바람에 표양(飄揚)하여 상서로운 기운이 만천(滿天)하도다."라고 했다. 4)

여기서 1392년 태조 즉위 일을 '개국기원절'로 삼은 것은 계승되고 있으나, 날짜는 8월 14일에서 다시 음력 7월 16일로 환원되었음을 알 수 있다. 아관파천 이후 태양력 시행이 유야무야되고, 다시 음력을 복원하여 사용했던 사정을 반영한 것이다. 또 개국기원절에는 휴업을 하고 축의를 표하기 위해 국기를 게양하는 날이라는 대목을 추가했다.

건원절(『보통학교 국어독본 권4』)

1909년에 개정된 교과서를 보면, 황제 생일을 '건원절'로 개칭하고, 날짜도 변경되었다. 또 왼쪽 삽화도 그려 넣었다.

"3월 25일은 건원절이니 우리 대한국 황제폐하의 탄강하옵신 경사로운 날이라. 집집에 국기를 달고 학교와 각 관아에서 다 휴업하여 성수만세를 축하하느니라. 한성에서는 아국 대관과 다수한 외국인들이 예궐(詣闕)하여 대황제 폐하께 알현하고 공경하여 축하하느니라. 볼지어다. 이것은 궁성의 그림이라. 큰 국기는 궐문 전에 걸려 있고, 아름다운 대례복을 입은 사람들이 혹 말도 타고 혹 마차도 타고 혹 인력거도 타고 궐문 전에 모였으니 이것은 지금 예궐하는 사람들이라. 우리도 학교에 가서 즐겁게 노래하여 경사로운 날을 축하하리로다."5)

이때의 황제는 순종이다. 순종은 갑술년(고종11년) 2월 8일에 출생(『고종실록』, 1874.2.8.)했는데, 양력으로 환산하면 1874년 3월 25일이다. 1907년 발행된 교과서에서는 음력 기준 기념일이던 것이 2년 후인

1909년 발행 교과서에서 양력 기념일로 다시 바뀐 것은, 1907년 황제 강제 교체에 즈음하여 공식 기록에서 다시 양력 사용으로 변경되었던 사정을 반영한 것이다.

대한제국기 애국계몽운동 단체 가운데 하나인 대한국민교육회의 『초등소학』에서도 '개국기원절'에 대해, "기원절은 우리 태조 고황제께오서 어위(御位)에 나아가신 날이오이다. (중략) 전국의 백성은 다 태조 고황제의 성덕과 대업을 사모하여 이날을 기념하여 천만대에 이르기를 축하하오."[6]라고 한 다음 태조 고황제가 즉위한 날을 기원절로 하여 경향 각지에서 휴업하고 여러 행사를 한다는 내용을 서술했다.

또 같은 책에서는 1월 1일(신정)에 대해서도 '직업을 쉬는 날', 기념일을 강조하였다.[7] 그런데 신년을 경하하는 것을 두고 우리의 지혜가 장성하여 집과 나라에 복리가 되는 사업이 성함을 경하하는 것이라 한 해설이 이채롭다.

1909년 현채가 편찬한 교과서에서도 위 세 가지 기념일을 단원에 수록했다. '제30과 1년의 월일'[8] '제6과 개국기원절'[9] 그리고 '제22과 건원절'[10] 등이 그것이다. 이 교과서에서 1월 1일, 개국기원절, 건원절을 경축일로 삼고 기념하도록 한 것은 이전 교과서와 비교해 볼 때 변하지 않은 내용이다.

2. 조선총독부의 기념일

1910년 10월 1일 조선총독부가 설치된 그날 조선총독부는 조선총독부령 제20호를 통해 각급 학교의 휴업일을 개정(『朝鮮總督府官報』 1910.10.1.)하면서, 대한제국의 국경일을 폐지하고, 대신 일본 본국의 국경일로 대체했다. 대한제국에서 발령했던 보통학교령시행규칙, 사범학교령시행규칙, 고등학교령시행규칙, 고등여학교령시행규칙, 실업학교령시행규칙, 외국어학교령시행규칙에 규정되어 있던 휴업일을 개정한 것이다.

일요일, 춘계휴업(4월 1일~4월 10일), 하계휴업(7월 21일~8월 31일), 동계휴업(12월 29일~익년 1월 7일)을 제외하고 새로운 휴업일은 다음과 같았다. 사방배(四方拜), 원시제, 효명천황제, 기원절, 신무천황제, 신상제(神嘗祭), 천장절, 신상제(新嘗祭), 춘계황령제, 추계황령제.

이들 날짜는 일본에서 1873년 태양력 도입 이후 새로 축일로 설정된 것들이었다. 원시제(1월 3일), 신년연회(1월 5일), 효명천황제(1월 30일), 신무천황제(4월 3일), 신상제(神嘗祭, 10월 17일), 신상제(新嘗祭, 11월 23일), 춘·추계 황령제(춘분·추분)가 황실 제사·행사일로 설정되었던 것이다. 또 신무천황 즉위 기원(紀元), '황기(皇紀)'를 매기는 일도 시작하여 신무천황 즉위를 기원전 660년으로 보고 명치6년은 기원 2533년으로 정했다.[11]

조선총독부 설치 이후 대한제국 학부에서 편찬했던 교과서를 조선총독부에서 '정정'해서 다시 발행했다. 대한제국의 국어독본은 조선어독본으로 변경되었고, 일부 내용도 바뀌었다. 대한제국의 건원절 대신 천장절이 들어갔고, 개국기원절 대신 기원절로 교체되었다. 천장절과 기원절의 날짜는, 다음 삽화에서 보는 것과 같이 각각 8월 31일[12]과 2월 11일이었다.[13]

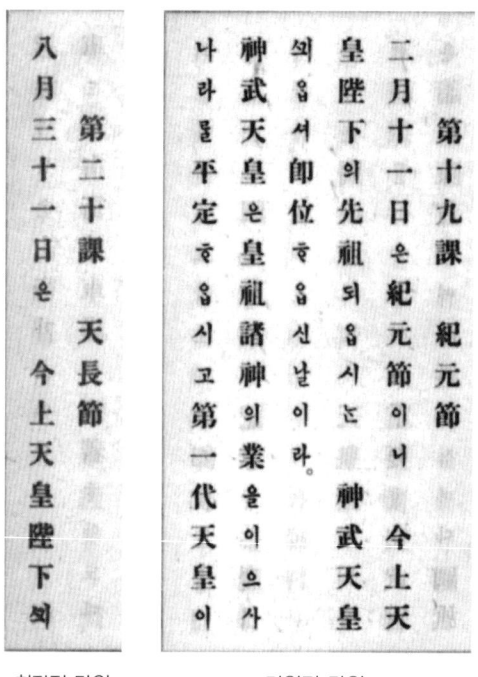

천장절 단원   기원절 단원

일본 천황의 생일은 중요 축일 가운데 하나였다. 따라서 식민지 조선에서는 성대한 행사가 베풀어졌다. 여수에서도 1919년 10월 31일에 명치절 축하회(『매일신보』 1919.11.2.)를 거행하고 조선인과 일본인 합동 운동회를 열었다. 1930년 11월 3일 명치절에도 오전 10시부터 여수소학교 강당에 관민 다수가 참석하여 배하식(『釜山日報』 1930.11.5.)을 거행했다.

한편 1926년에는 여수면사무소에 일본 국기를 게양하지 않아 면장 유국준이 '충성을 의심하지 않을 수 없다'는 의심을 받는 일(『朝鮮新聞』 1926.11.3.)도 있었다.

기념일의 날짜와 명칭이 변경된 것은 조선인에게는 세상이 바뀌었음을 실감하는 계기였을 것이다.

05
식목일

나무 심는 날도 일제의 중요 기념일 가운데 하나였다. 그래서 1911년부터 조선총독부는 4월 3일을 정해 나무심기를 실시했다. 조선 사람들에게 양력의 인식을 높이기 위해 음력 세차를 양력과 일치시키는 일을 시작하고, 조선과 일본의 표준시를 통일한 해인 1912년보다 1년 앞서 식목일을 정한 것이다.

1919년 기념식수(『朝鮮彙報地方號』, 1919.5월호)

나무 심는 날을 정하여 시행한 과정은 다음과 같다. 조선총독부의 농상공부는 식림을 장려하기 위하여 4월 3일로 시기를 정하여 전 조선의 각 관청, 학교 등에 기념식수를 행하게 하기로 결정했다. 농상공부장관은 각 도장관에게 그 뜻을 통첩하였고, 묘목은 경성, 수원, 대구, 평양, 목포, 경성(鏡城)의 6군데 묘포(苗圃)로부터 소나무류와 밤나무류 등 약 250만 그루를 각지에 배부할 계획(『매일신보』, 1911.2.8.)을 세웠던 것이다. 그런데 왜 하필 4월 3일로 정했을까. 그날은 무슨 날일까. 4월 3일은 일본이 축일 가운데 하나로 정한 신무천황제 날이었다.

조선총독부 농상공부장관의 통첩을 받은 경기도청은 '기념수 재배규정'을 제정하여 경기도 관하 부윤·군수에게 훈령을 발령하고 그 규정을 실시하게 했다. 철저히 상명하달의 과정이었다. 주요 내용(『매일신보』, 1911.2.15; 1911.2.24; 1911.3.5; 1911.3.10.)을 보면, 부윤·군수와 학교장은 매년 나무 심는 날에 부하 직원과 학교 생도로 하여금 나무 묘목을 심도록 하고, 또 부윤·군수는 공동단체, 조합과 기타 일반 인민이 부근 땅에 기념수를 심을 수 있게 장려하도록 했다.

이윽고 '제1회 기념식수' 행사(『매일신보』, 1911.4.5.)가 열렸다. 4월 3일 총독부에서는 각 부 장관과 경무총장, 지방국장, 농무과장, 그리고 총독부원 100여명이 오전 10시에 모여 나무 3백여 그루를 총독부 청사 주위에 심었다. 경기도청에서도 경무총감부와 함께 도청 및 총감부의 판임관 이상 50여 명이 오전에 인왕산에 올라 개인당 3그루에서 5그루씩(『매일신보』, 1911.4.2.)을 심기로 했다. 고양군 헌병분견소는 상등병 3명과 보조원 6명을 관내 각 면에 보내 학교 또는 황무지에 일반 인민으로 하여금 기념수 5천2백 그루(『매일신보』, 1911.4.7.)를 심게 했다. 조선 전체적으로도 각 헌병 경찰관이 '전력(專力) 권유'하여 '비상히 좋은 성적'을 거뒀는데, 총수 2백만 그루 이상(『매일신보』, 1911.5.9.)에 달했다.

헌병과 헌병 보조원이 출동하여 인민들을 다그쳐 나무를 심게 했다는 사실에서 무단 통치가 펼쳐졌던 1910년대의 실상을 확인하게 된다.

그해 여름에 '제1회 기념식수' 1차 실적이 공개(『매일신보』, 1911.7.18.)되었다. 1911년 조선의 기념식수는 전 도를 통하여 총계 465만 2천447그루였다. 도 가운데에서 함경남도의 실적이 102만 그루로 가장 많았는데, 많이 심은 나무는 버드나무류[楊柳類]였다. 반대로 가장 적은 실적을 보인 곳은 강원도로 5만 그루에 불과했다. 또 그중 헌병 경찰관이 개입하여 심도록 한 것이 2백만 그루 이상이었으니, 전체의 반 가까운 실적이었다.

한편 4월 3일에는 나무 심기만 한 것이 아니라 묘포(『매일신보』, 1911.8.11.)를 만들기도 했다. 그리하여 경기도는 첫해인 1911년 4월 3일 관내 각 군에 대해 묘목 및 종자를 송부하고 묘포의 설치를 명했다. 그 후 성적이 양호하여 백양은 높이 6척, 밤나무는 1척 5~6촌에서 2척, 상수리나무는 8~9촌, 소나무는

2~3촌이었다. 이것들은 모두 다음 해 봄에 이식할 것들이었다.

　1912년 '제2회 기념식수' 행사를 한 이후 2년간의 실적이 공표(『매일신보』 1912.11.14.)되었다. 제1회 최종 실적은 493만 4천214그루, 제2회는 천16만 4천760그루였다. 제2회는 제1회보다 523만여 그루가 증가되었다. 수종은 소나무, 상수리나무, 백양, 아카시아, 밤나무 등이었다. 많이 심은 곳은 충청남도(353만 그루), 함경남도(110만 그루)의 순이었고, 가장 적은 곳은 황해도(16만 그루), 강원도(16만 그루)였다. 도별로 차이가 나는 이유는 심어야 할 공간의 넓이 차이라고 생각한다. 또 제1회 최종 실적이 1년 전 1차에 비해 약 30만 그루 증가한 것은, 당시 집계 과정의 오류 때문일 것이다.

　매년 4월 3일을 나무 심는 날로 정해 조선 전체에서 대대적으로 행해진 것은 일제 말기까지 이어졌다. 1920년대에는 다음과 같이 보통학교 교과서에도 수록되었다.[1]

식목(교과서 삽화)

　여수에서도 1931년 4월 3일 오전 10시부터 관민이 '앵[벚꽃-인용자]의 명소' 장군도에 집합하여 성대한 기념식수(『釜山日報』 1931.4.5: 『매일신보』 1931.4.11.)를 했다. 이날 '고노대가시라' 40그루를 벚나무 사이에 심었다. 장군도가 벚꽃의 명소가 된 것은 1916년 이래의 일(『釜山日報』 1935.7.9.)이다. 기사에 따르면, 1916년에 여수재향군인분회는 벚나무 1천 그루를 심고, 충용비와 포탄탑을 세웠다.

　1932년 4월 3일 기념식수 계획(『釜山日報』 1932.3.29.)을 보면, 여수군과 여수읍의 식수는 오동도에서 행하고, 군내 각 면에서도 나무 심기를 성대하게 하려고 했다. 1935년과 1939년에는 미평 수원지 위쪽에서 나무 심기를 했다. 1935년에는 상수리나무와 편백 약 2천 그루를 심을 계획(『釜山日報』 1935.3.24.)

이었고, 1939년에는 '성전 하 제29회 기념식수'를 성대히 거행(『朝鮮時報』 1939.4.6.)했다. 오전 8시부터 여수신사 대전에 수백의 참가자가 기념행사를 마친 뒤 약 2백여 명이 자동차로 미평리 수원지로 이동하여 밤나무 등 약 3천여 그루를 심었다.

1940년은 일제가 '황기 2600년'으로 삼은 해인데, 여수에서도 기원 2600년의 기념사업으로서 1만 천 546그루를 심을 기념식수 계획(『釜山日報』 1940.3.28.)을 세웠다.

그리고 해방 후 1948년 3월 31일 조선과도입법의원은 미군정청 남조선과도정부 법률 제10호(『미군정청관보』 1948.3.31.)를 통해 4월 5일을 식목일로 제정했다. 아울러 그날을 공휴일로 했다.

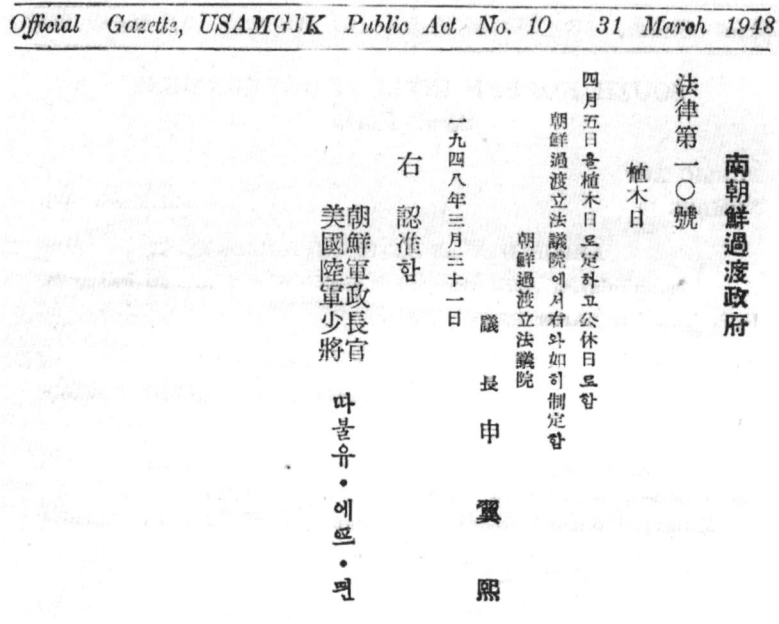

식목일 제정 미군정청관보

조선총독부는 일본의 신무천황제 날을 축일로 정해 휴업일로 하고, 그날을 기해 전 조선에서 나무 심기를 했는데, 미군정은 날짜만 2일 늦춰 그대로 휴일로 하고 나무 심는 날로 정한 것이다. 미군정이 조선총독부 통치 제도·법령·관행을 그대로 유지한 '현상 유지 정책'의 한 단면은 식목일 규정에서도 쉽게 파악할 수 있다. 그런 면에서 미군정의 식목일은 일제 '기념식수일'의 연속이었다.

미군정의 식목일은 정부 수립 이후 한국 정부에게로 이어져 오늘날까지 유지되고 있다. 조선총독부 시기부터 따지면 벌써 110년이 넘은 관행이다. 4월 초의 식목일, 과연 필요한 날일까.

06
양력 장날

1. 음력 장날

조선 후기에 전국에 걸쳐 광범위하게 세워진 장시는 주로 5일 장이 많았다. 그리고 장날은 조선의 민중 생활에 여러 면에서 영향을 주었다. 1919년 전국 각지에서 3·1운동이 대규모로 파급된 것은 장날의 영향 중 하나이다. 3·1운동을 기획한 사람들이 만세 시위 날짜와 시위 장소를 정할 때 장날과 장시를 이용한 것이 그 증거이다. 그런데 음력 장날은 조선총독부가 들어선 지 20년이 넘어서도 지속되었다. 그러다가 1938년에 이르러 조선 전체에 걸쳐 강제적으로 양력 날짜로 전환되었다.

여수군이 복설된 직후, 대한제국기에 여수군 내에 장시는 4개가 있었다. 당시의 장날은 음력 날짜로 읍장과 나지포장(羅支浦場)은 4일·9일, 석보장은 5일·10일, 성생원장은 1일·6일이었다. 1899년 발간된 읍지에 다음과 같이 기록되어 있다.[1]

읍장: 4일, 9일, 14일, 19일, 24일, 29일
석보: 5일, 10일, 15일, 20일, 25일, 30일
나지포: 4일, 9일, 14일, 19일, 24일, 29일

성생원: 1일, 6일, 11일, 16일, 21일, 26일

이후 1902년 발행된 여수읍지에는 성생원장이 없어져 세 곳의 장시만 남았는데, 남은 세 곳의 장날은 그대로이다.[2)]

조선총독부가 설치된 이후 자료를 보자. 1910년대 토지조사사업 기간에 임시토지조사국이 조선지지자료조사위원회를 만들어 전국의 지리 정보를 수집하여 자료집을 발행했다. 그중 시장 상황은 1915년 통계자료를 인용하였다.

1914년 돌산군을 통합한 여수군의 시장은 돌산장을 추가하여 다시 4곳으로 늘었다. 그리고 돌산장의 장날은 1일·6일이다. 또 종전 여수군 내 장시 가운데 석보장이 없어지고, 소라면 덕양리에 세동장이 새로 생겼다. 세동장은 사라진 두 장, 즉 성생원장과 석보장의 중간 위치에 생긴 것이다. 이를 통해 과거 두 장의 기능을 계승한 것이라 생각해 볼 수 있다. 성생원장은 1899년~1902년 사이, 석보장은 1902년~1914년 사이에 폐지되었다.

1915년 여수군의 시장 상황을 보면,[3)] 여기서 세동장은 음력 4·6일로 기록되어 있다. 5일 장은 5일 간격으로 열리는 것이므로 4와 6가운데 한 숫자는 오기이다. 1·6 또는 4·9여야 맞다. 그런데 사라진 2개 장의 장날은 성생원장의 1·6일과 석보장의 5·10일이었으므로 성생원장의 날짜를 계승한 1일, 6일이 맞을 것으로 보인다.

장날
(『전라남도여수군읍지』)

2. 장날을 양력으로

이후 1937년 말에 이르면, 이듬해인 1938년부터 양력 장날 시행을 결정했다. "수년을 두고 숙제로 내려오던 양력 실행은 명년(1938년-인용자) 1월 1일부터 전조선적으로 실시"(『동아일보』, 1937.12.23.)된 것이다. 그러면 왜 이때 와서 양력 장날을 시행하게 되었을까. 1910년 일제가 대한제국을 없애고, 조선을 식민 통치한 지 27년이나 지난 뒤에 이것을 시행한 것은 당시 총독의 성향과도 관련이 있을 것으로 보인다.

남차랑 총독은 1936년 부임하여 1942년 이임하기까지 이른바 '황국신민화' 정책을 저돌적으로 추진했다. '황국신민서사' 암송, '창씨개명', 조선어 사용 금지와 일본어 사용 강제, 지원병제 실시 등이 그

기간 '황국신민화'정책의 대표적 사례이다. '반도의 히틀러'라는 별명을 들었던 그는 자신의 '업적'을 제국의회에서 과시하기를 즐겼다. 전임자들이 하지 않았던 일들을 자신이 단행했다는 언사를 동원해서이다. 제국의회 설명자료에 그런 표현들이 많다.

예를 들면 1937년부터 1942년까지 '초등교육 확충·배가 계획' 추진을 설명하면서, 1935년까지 과거 25년간 성적에 비해 6년의 단기간에 그보다 몇 배의 숫자를 확보하려 한 것이고, 이는 조선 교육계의 미증유의 획기적인 계획이라 했다. 또 "종래 계획은 학교 수의 분포적 증가를 위주로 했으나, 새로운 계획은 그 실질적 증가에 중점을 두었다"고 자랑했다.[4]

조선인들의 삶에 밀접한 관련을 맺고 있었던 음력 장날을 조선총독부로서도 어쩌지 못하다가 남차랑이 총독이 되고, 국가총동원법이 시행되던 때에 즈음하여 결국 양력 장날 시행이 강제로 실시된 것으로 보인다.

그에 따라 여수의 장날 날짜도 음력에서 양력으로 전환되었다. 그 상황은 다음 기사(『동아일보』 1937.12.23.)와 같다.

> 전남 여수읍에서도 양력 새해 1월 1일부터 종래 음력 시일을 전 조선 일제 동일 명칭의 양력으로 변경함에 따라 전 군내 일반 시일을 모두 양력으로 실행하기로 단정하였다는데, 그 변경될 시일은 전에 음력으로 실행하여 오던 것과 같이 일자는 음력과 마찬가지로 양력도 전 시행대로 하게 되어 여수 읍내 시일은 매월 음력 4일과 9일로 하던 것을 양력으로도 4일과 9일로 실행한다는데, 만일 양력 2월 29일만은 하루를 앞당겨 28일, 말일로 실시한다.

요즘도 여수 서시장 주변에는 양력으로 매월 초·중·하순 4·9일 장날 노점상들이 좌판을 벌여 그 일대가 번잡하다.

07
표준시

1. 대한제국의 표준시

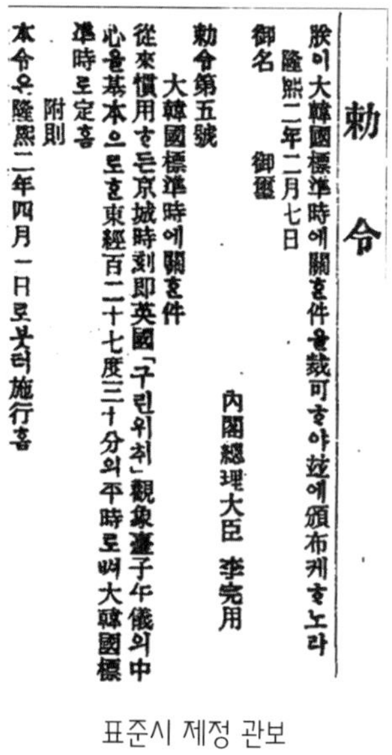

勅令

朕이 大韓國標準時에 關호件을 裁可호야 玆에 頒布케 호노라
隆熙二年二月七日
御名 御璽

勅令第五號
大韓國標準時에 關호件
從來 慣用호든 京城時刻卽 英國 「그린위치」觀象臺子午儀의 中心을 基本으로 호든 東經百二十七度三十分의 平時로써 大韓國標準時로 定喜

附則
本令은 隆熙二年四月一日로 붓터 施行喜

內閣總理大臣 李完用

표준시 제정 관보

표준시 제도는 영국 그리니치 천문대를 통과하는 자오선을 기준으로 경도를 정하고, 그 경도로써 세계 각지의 표준시를 삼는 제도로 19세기 제국주의시대에 처음 만들어진 것이다.

한국에서 표준시가 처음 시행된 것은 1908년 4월 1일이었고, 이때 기준은 동경 127도 30분이었다. 그것은 1908년 2월 7일 칙령 제5호 '대한국 표준시에 관한 건'(『관보』, 1908.2.11.)이 반포된 데 따른 것이었다.

이 칙령 내용을 보면, 종래 관용하던 경성 시각, 즉 영국 그리니치 관상대 자오의의 중심을 기본으로 한 동경 127도 30분의 평시로써 대한국 표준시로 정한다고 했다. 영국 그리니치 관상대를 기준으로 한 동경 127도 30분은 영국보다 8시간 30분 빠른 자오선이다. 경도 15도는 1시간의 차이가 있으니, 8시간 앞선 동경 120도와 9시간 빠른 135도의 중앙에 있기 때문이다. 또 '표준시'는 이때 제정되었지만, 그 이전에 비슷한 개념의 '경성 시각'이란 것도 관행적으로 사용되고 있었음을 알 수 있다.

2. 조선총독부의 표준시

이 표준시는 대한제국이 일제의 식민지가 되면서 변경되는 운명을 맞았다. 조선총독부는 1911년 11월 16일 조선총독부고시 제338호(『朝鮮總督府官報』, 1911.11.16.)를 통해 조선의 표준시는 1912년 1월 1일부터 중앙 표준시에 의한다고 발표했다.

조선총독부의 공포에 앞서 『매일신보』에 표준시 변경 움직임이 보도되었다. 먼저 표준시 변경 이유를 밝힌 내용이다. 조선의 표준 시간이 동경으로부터 약 1시간, 구주, 사국에서는 약 30분이 늦어 "중앙정부와 집무의 관계 및 전보의 발착신 기타 불편이 막심"(『매일신보』, 1911.9.24.)하기 때문에 개정하기로 결정했다는 것이다.

다음은 일본에 2개의 표준시가 있는데, 그 중 중앙 표준시를 사용한다는 내용(『매일신보』, 1911.9.26.)이다. "일본의 것은 2종의 표준시가 있으니 서부 표준시는 곧 경도 120도의 시각인데, 관동주, 대만, 팽호도, 팔중산에 한하여 이를 사용하고, 중앙 표준시는 곧 경도 135도의 시각인데 앞의 지방을 제하고 전국에서 사용함이라. 유래의 표준시(대한제국의 표준시를 말함-인용자)는 서부와 중앙 양 표준시의 중간에 있으니 서부보다 30분이 빠르고 중앙보다 30분이 늦는데, 내년 1월 1일부터 개정할 표준시는 곧 중앙 표준시라."

표준시 변경 방침이 정해짐에 따라 구체적인 방법이 제시되었다. 중앙 표준시가 현행 조선 표준시에 비해 30분 빠르므로 개정 표준시 시행일인 1월 1일을 앞둔 12월 31일 조선 표준시 밤 12시를 새로운 표준시 0시 30분으로 옮긴다는 내용이다. 이것은 1911년 12월 13일 관통첩 제375호로 정무총감이 각 부 및 소속관서 장관 앞으로 보낸 '표준시 개정에 관한 건'(『朝鮮總督府官報』, 1911.12.13; 『매일신보』, 1911.12.14.)에 나온 내용이다.

이와 같이 함에 따라 1912년 1월 1일은 하루 24시간이 아닌, 23시간 30분으로 되어 30분이 사라지게 되었다.

표준시가 변경된 것을 조선 민중에게 알리는 방법으로는 오포가 이용되

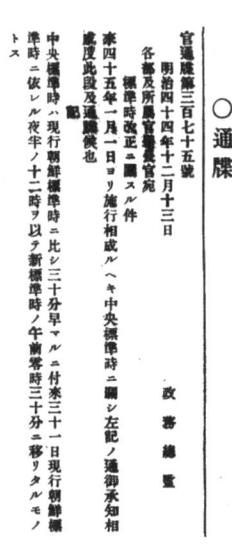

표준시 변경 관보

표준시 개정 관보

었다. 정오를 알리는 오포를 이전 조선 표준시 오전 11시 30분에 쏘기로 정한 것(『매일신보』, 1911.12.7.)이다. 또 조선총독부는 12월 27일에 표준시 변경에 따라 총독부 및 소속 관서의 집무 시간도 변경하여 1월 1일부터 실시(『매일신보』, 1911.12.28.)하기로 했다.

이렇게 표준시를 변경해 놓고, 조선총독부 관리들도 쉽게 적응이 되지 않았던 모양이다. 행사 시각을 공지해 놓고 나중에 그 시각이 잘못되어 정정하는 사례도 있기 때문이다. 그 착오도 표준시를 변경한 지 무려 4년이 지난 뒤에 발생했다.

조선총독부 정무총감은 1915년 10월 13일 관통첩 제278호로 '즉위례 당일 관청봉축순서'(『朝鮮總督府官報』, 1915.10.13.)라는 것을 통첩했다. '천황' 즉위 예식 당일인 11월 10일 오후 1시에 모든 관원은 각 관청 청사에 회동하라는 내용의 통첩이다. 1912년 명치 천황이 죽고, 대정 천황이 승계하였지만, 즉위 예식은 3년이 지난 뒤에야 치러졌다.

그날을 맞아 조선에서도 대대적인 봉축 행사를 벌였는데, 회동 시각을 착각하여 오후 1시로 공지했다가 다음 날 관보로 오후 2시의 잘못이라고 정정(『朝鮮總督府官報』, 1915.10.14.)했다. 아마 표준시 개정에 따라 조선에서 종전 12시가 12시 30분으로 30분이 늦춰진 것을 착각하여 종전 시각에 30분을 더해야 하는지, 빼야 하는지 구분하지 못해 벌어진 착오가 아닐까 짐작한다.

3. 해방 직후와 미군정의 표준시

해방은 표준시에도 영향을 미쳤다. 해방 이튿날인 1945년 8월 16일에 다시 대한제국의 동경 127도 30분을 기준으로 하는 표준시로 변경되었다. 그러나 미군정의 방침은 다시 동경 135도를 기준으로 하는 표준시를 도입하는 것이었고, 이는 1946년 4월 1일부터 시행되었다. 일제 표준시로부터 해방되어 대한제국 표준시로 돌아간 지 1년도 되지 않아 다시 일제 표준시로 돌아간 것이다.

그 이유는 1912년 표준시 변경 때의 것("중앙정부와 집무의 관계 및 전보의 발착신 기타 불편이 막심")과 비슷할 것이다. 일본에 있는 연합군사령부(GHQ)의 표준시와 한국에 있는 미군정 간의 표준시에 30분의 시차가 있어 '그들 집무'에 '불편이 막심'했을 것이고, 그것이 이유가 되어 통일하고자 했을 것이기 때문이다.

미군정의 표준시 변경 사정은 당시 신문 기사(『동아일보』, 1946.1.26.)에 상세하다. "우리나라의 시보는 8월 15일까지는 일본 동경과 인천 산수정에 있는 인천관측소 간에 직통 전선으로 동경시보를 받고 있었는데, 해방 이후는 그 관측소 크롤 미터에 준하여 표준시를 알리고 있다. 이번에 인천관측소를 국립관측소로 만들고 오늘날까지 종래대로 써오던 시간은 세계 표준 시간보다 30분이 이르고 있으므로 4월 1일부터 정확히 30분을 늦게 하여 미국 뉴욕 중앙시보대의 표준 시간을 알리기로 되었다."

시행일이 4월 1일인 것은 미국의 일광절약 시간제(서머타임) 실시와 관련이 있을 것으로 보인다. 당시 미국에서는 4월 첫째 일요일부터 10월 마지막 일요일까지 일광 절약 시간제를 실시하고 있었다. 1946년 4월의 첫 일요일은 4월 7일이고, 4월 1일은 월요일이었다. 그래서 미군정은 그들의 이 일광절약 시간제 시행에 즈음하여 표준시 변경 시점으로 삼은 것으로 보인다. 또 미군정 당시 회계연도 시작은 일제와 같은 4월 1일이었다. 일제 식민지기 각종 행정조치를 시행하는 날을 회계연도 시작과 맞추는 관행이 있었다. 미군정기 역시 그 관행에 따른 것일 수도 있다.

4. 1950년대 표준시

표준시는 정부 수립 이후 또다시 변경과 원상회복을 겪었다. 1954년 3월 21일부터 127도 30분을 기준으로 한 표준시가 시행되었다. 1954년 3월 17일 대통령령 제876호로 '표준 자오선 변경에 관한 건'(『관보』, 1954.3.17.)이 공포됨에 따른 조치였다.

이 영의 내용을 보면, 1954년(단기 4287년) 3월 21일 오전 0시 30분부터 동경 127도 30분을 표준 자오선으로 한다는 것이다. 오전 0시 30분을 0시로 한다는 것으로 이로써 그날은 하루 24시간 30분이 되어 평소보다 30분이 늘었다.

이 조치는 그해 2월부터 사전 분위기가 조성되었다. 당시 신문 기사(『동아일보』, 1954.2.7.)를 보면, 국립관상대장이 한국 표준시가 일본 명석(明石)을 통과하는 동경 135도를 기준으로 하고 있는 것이 불합리하므로 대한제국 때의 동경 127도 30분(함흥, 원산, 김화, 양평, 청주, 대전 통과)을 기준으로 해야 한다고 주장했다. 이후 3월 17일에 위의 조치가 취해진 것이다. 그리고 3월 21일부터 시행한 것은 3월 21일이 춘분이었기 때문(『조선일보』, 1954.3.21.)이다.

『관보』 1954.3.17.

5. 현행 표준시

그러나 이것도 불과 7년 만에 되돌아가게 되었다. 5·16쿠데타 직후인 1961년 8월 10일 동경 135도를 기준으로 한 표준시로 되돌린 것이다. 1961년 8월 7일 법률 제677호로써 표준 자오선 변경에 관한 법률(『관보』, 1961.8.7.)이 공포되었다.

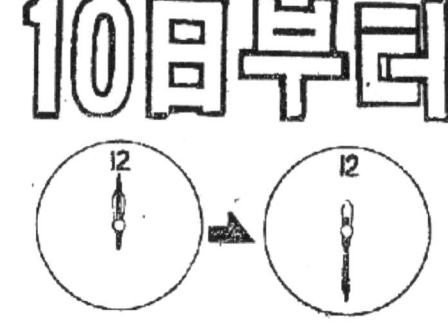

현행 표준시로의 변경 『관보』 1961.8.7.　　　　　　　　　　『동아일보』 1961.8.5.

8월 10일 0시를 0시 30분으로 한다는 내용이다. 이로써 8월 10일은 다시 하루 23시간 30분이 되었다. 군사정부가 밝힌 이때의 개정 이유(『동아일보』 1961.8.5.)를 보면 다음과 같다.

"세계 각국에서 실시하는 표준시 제도가 영국의 그리니치 천문대를 통과하는 본초자오선을 표준으로 하는 국제 표준 시간을 기준으로 하여 정수(整數)의 시차로써 정하는 것을 관례로 하고 있는데, 우리나라에서는 반정수의 시차(30분)를 채택하고 있기 때문에 항공, 항해, 기상관측 등 시간 환산에서 일어나는 혼란을 시정하기 위한 것이다."

반정수의 시차(30분) 채택으로 인한 항공, 항해, 기상관측 등 시간 환산에서 일어나는 혼란 시정이 이유이다. 미군정시기의 표준시로 돌아간 것이다. 당시 한국군 작전권을 미군이 갖고 있었고, 한국군 장교 가운데 미국에 유학 다녀온 사람들도 많았다. 이때의 표준시 변경은 군사작전의 편의와도 관련 있지 않았을까.

그러다가 정부 수립 50주년이 되는 1998년에 '시간의 광복'을 찾는 의미에서 국회의원이 127도 30분으로 원상 회복시키자는 운동을 벌이며 입법을 추진(『조선일보』 1998.8.10.)하기도 했다. 그러나 입법으로 이어지지는 않았다. 그리하여 1961년에 개정된 표준시는 60년이 넘는 지금까지도 시행되고 있다.

한편 북한에서는 2015년 8월 15일, 해방 70주년이 되는 날을 기하여 동경 127도 30분을 기준으로 하는 '평양시'를 도입했다. 남쪽과는 30분의 시차가 있게 되었다. 이후 2018년 4월 남북정상회담에서 발표된 '판문점 선언' 이후 5월 5일부터 다시 이전으로 환원했다. 이로써 남북 간 표준 시간도 '재통일'되었다.

한국의 자본가 단체에서는 일광절약 시간제 도입을 줄기차게 주장하고 있다. 미국과 유럽의 제도를 따라 4월에서 10월 사이 하루 일과를 1시간 앞당겨 시작하자는 것이다. 한국에서도 이미 시행해 본 적이 있다. 지금으로부터 최근의 일을 들자면, 80년대에 국제 스포츠 행사를 계기로 두 번 실시했던 적이 있다.

그런데 사실 우리는 1년 내내 30분 동안 일광절약 시간제를 실시하고 있는 셈이다. 일본 표준시를 따라 쓰고 있기 때문이다. 만약 일광절약 시간제를 시행하고자 한다면, 그 이전에 표준시를 127도 30분 기준으로 변경하는 것이 전제되어야 한다. 그렇지 않으면 1시간이 아닌 1시간 30분을 앞당기는 꼴이 되기 때문이다.

08
오포

1. 조선왕조

오포는 정오를 알리는 대포이다. 정오에 대포를 쏘아 시각을 알린 일은 1884년 기록에 처음 보인다. 그해(갑신년) 윤5월 20일에, 임금이 "지금부터 오정과 인정, 파루 때 금천교에서 대포를 쏘라고 친군과 삼영에 분부하라(自今爲始 午正及人定罷漏時 放大砲于禁川橋事 分付親軍三營)."(『고종실록』, 1884.윤5.20.)고 전교했다는 기록이 그것이다.

인정은 밤에 통행금지를 알리는 종이고, 파루[바라]는 새벽에 통행금지 해제를 알리기 위한 종이었으며, 금천교는 궁궐에 있는 다리 이름이다. 당시 경복궁이 정궁으로 사용되던 때이니 여기서 금천교는 경복궁의 영제교(永濟橋)를 가리키는 말일 것이다.

민요 경복궁타령에는 "남문을 열고 파루를 치니 계명산천이 밝아온다"라는 가사가 있다. 이 가사는 대포 방포 조치 이전 파루 때 종을 치던 상황을 가리키는 것이다. 그래서 조선시대에도 시간에 맞춰 종을 치던 풍습이 있었음을 유추할 수 있다.

이후 갑오개혁기인 1895년 9월 기록을 보면, 대포를 쏘는 대신 다시 종을 치는 것으로 변경되어 있는 것을 확인할 수 있다. 개국504년(1895년) 9월 29일 포달 제4호(『관보』 1895.9.29.) 내용이 그것이다.

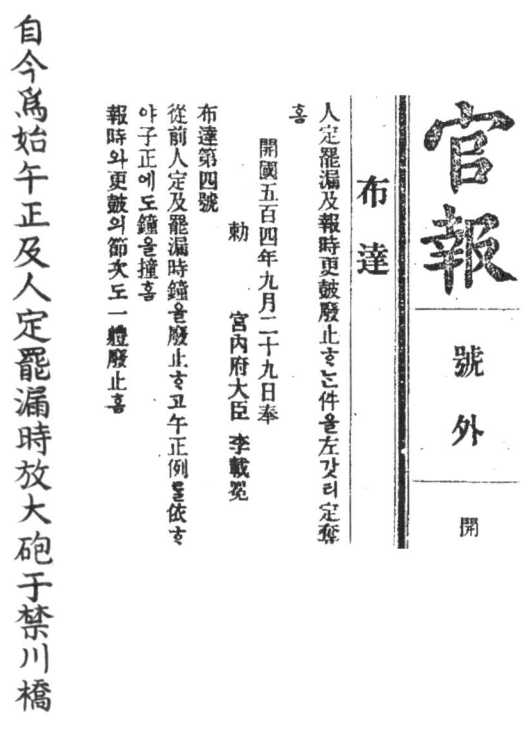

『고종실록』 1884년 윤5월 20일자 기록과 1895년 9월 29일자 『관보』

종전 인정과 파루 때의 종을 폐지하고 오정의 예에 의해 자정에도 종을 치고, 보시(報時)와 경고(更鼓)의 절차도 모두 폐지한다는 내용이다.

이 포달에서 알 수 있는 사실은 다음과 같다. 첫째 인정, 파루, 오정에 종을 쳤다고 되어 있다. 대포에서 종으로 언제 바뀌었는지는 확인할 수 없다.

대포 대신 종을 치는 것으로 변경된 이유는 아마 경비 문제가 가장 크게 작용하지 않았을까 생각한다. 오포의 경비 문제는 뒤에서 설명하겠다.

둘째 인정, 파루, 보시, 경고는 모두 폐지하고, 오정은 남겨두며 추가로 자정에 종을 치도록 했다. 여기서 보시는 시각을 알린다는 말이고, 경고는 초경에서 오경까지의 시각을 알리기 위하여 치는 북을 가리키는 말이다.

정오에 대포를 쏘는 일은 서양으로부터 들어왔을 것으로 보인다. 영국 스코틀랜드 에딘버러 성에서는 1861년부터 지금까지 오후 1시에 'One O'clock Gun'이란 이름으로 대포를 발사하는 풍습이 있다고 한다. 외항에 정박한 선박들에 시간을 알릴 목적이라 한다.[1] 이로 미루어 오포는 서양의 풍습이 일본을 거쳐 조선에 전해진 것이 아닌가 추측할 수 있다.

2. 정오에 일본군과 경성부의 대포 방포

일본군

1884년에서 1895년 사이 어느 시점에, 정오에 방포 대신 종을 치는 것으로 변경되었다. 그런데 러일전쟁 시 서울에 일본군이 주둔하고 난 뒤 정오에 대포 방포가 이뤄졌고, 일본군이 대포 발사의 주체였다.

『朝鮮總督府官報』(1922.8.15.)에 따르면, 1910년 3월 19일 공포된 군령 육제3호 위수근무령이 오포 발사의 근거이다. 이 영의 제65조(호포는 사단사령부 기타 소정의 위수지에서 위수사령관이 정한 바에 의해 정오에 이를 발하는 것으로 함)와 제66조(호포수는 위수사령관의 명을 받들어 호포에 관한 것을 관장함)에 정오에 대포를 발사하는 것이 규정돼 있다.

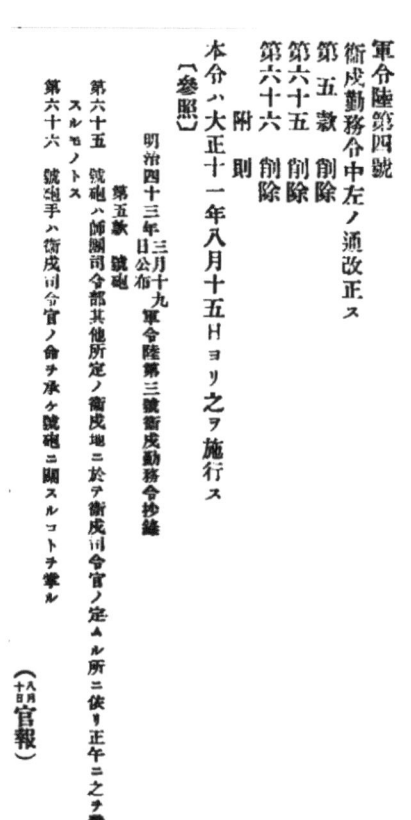

『朝鮮總督府官報』 1922.8.15.

이후 1912년 12월 26일에 용산에 있던 오포는 한양공원으로 이전하고, 이튿날인 27일 정오부터 발포했다. 그에 앞서 한양공원에 오포대 공사를 하여 25일 준공(『매일신보』 1912.12.27.)했다. 한양공원에서 발사하던 오포는 1920년 5월 선린상업학교 뒤 언덕 위(현재의 효창공원)로 이전했고, 그에 따라 5월 25일부터 29일까지 사이에는 발사를 중지(『매일신보』 1920.5.24.)했다.

날마다 오포를 발사하는 것은 비용이 많이 드는 일이었다. 1차 세계대전이 끝난 후 열강은 군비 축소 회담을 열었고, 일본도 회담에 참석하여 군비 축소 대열에 동참했다. 그 결과 1922년 8월 14일에 조선 주둔 일본군 3천 3백여 명의 제대식이 있었다.

또 군비 축소에 따라 오포도 폐지하기로 결정되었다. 조선에서는 육군 측에서 부산·대구·인천·원산·평양·군산·목포·경성의 8개소를 폐지하기로 관보로 발표(『매일신보』 1922.8.15.)했다.

경성·평양·대구는 일본군 주둔지, 나머지 부산·인천·원산·군산·목포는 개항장이다. 일본 육군의 오포 폐지는 호포(號砲)를 규정한 위수근무령 제65조와 제66조가 삭제되는 내용의 위수근무령 개정(『朝鮮總督府官報』 1922.8.15.)으로 말미암은 일이었다.

경성부

그런데 이 폐지는 완전 폐지가 아니었다. 8월 14일부로 군대에서는 폐지되었지만, 경성부에서 인계하여 다시 계속하게 되었다. 그리하여 그 후에도 날마다 용산포병대에서 포수가 출장하여 대포를 놓고 화약도 포병대에서 융통하여 쓸 수밖에 없었다. 이에 경성부의 택촌(澤村) 이사관이 군사령부와 포병대를 방문하여 대포와 시계를 인계해 달라고 교섭했다.

그 무렵 오정을 알리기 위해 매일 대포를 쏘는 일은 이미 시대에 뒤처진 일로 여겨졌다. 당시 신문 기사(『동아일보』 1922.8.19.)에 따르면, 일본 각 도시에서도 대포를 폐지하고, 증기 기적이나 압착 공기를 사용하여 기적 소리 같은 것으로 오정을 알리게 하는 곳도 있고, 또는 전기등의 불을 켜서 오정을 알리게 하는 데도 있다고 조선에 알려졌다. 그에 따라 경성부협의원 사이에 대포로 오정을 알리는 방법은 구식이라는 공론이 생겼다. 한편으로 경성전기회사에 의탁하여 오정에 전등을 일제히 켜게 할 방법을 조사 중이기도 했다.

위에서 살펴본 내용을 통해 오포를 발사하기 위해서는 상당한 조건이 따른다는 것을 알 수 있다. 먼저 육군 포병이 있어야 하고, 군대의 통제를 받아야 한다는 것이다. 그래서 오포는 당시 조선 전체에서 8개 지역에서만 발사할 수 있었다. 또 화약 비용이 상당한 부담이 되었다는 사실을 알 수 있다.

3. 오포 대용

결국 1924년에 이르면, 경성부에서도 대포 쏘는 것을 폐지하게 되었다. 대신 호적(號笛)으로 시보를 대신한 것이다.

그리고 시보 공간은 이때 용산 효창원에서 남대문 고대(高臺)로 장소를 이전했는데, 경기도 소방과 구내의 남쪽 모퉁이와 재판소 관사에 인접한 빈터에 높이 53척의 철골로 공사를 진행했다. 완성된 고대는 소방망루를 겸하였고, 그 정상에 시보기를 설치(『京城日報』 1924.4.20.)했다.

일본 동경시에서도 종래 궁성에서 오포를 발사하다가 경비와

『시대일보』 1924.6.18.
(시험을 마친 오포 대용의 기적)

음향 문제로 전기 사이렌을 시내 3개소에 설치하여 1929년 5월 1일부터 사용하는 것으로 변경(『釜山日報』 1929.4.27.)했다.

한편 오포든, 종 또는 사이렌이든 소리를 멀리서 듣는다면, 시차가 발생한다. 소리는 1초에 340미터를 가므로 그 이상 떨어진 곳에서는 그 시차를 감안해야 했다. 그래서 1921년 시의 기념일 신문 기사에서도 그 사실을 지적(『매일신보』 1921.6.10.)했다.

정오를 알리는 제도는 전시총동원체제기에는 '정오의 묵도'라는 도구로 재활용되었다. 전투 중 사망한 군인들을 위해 묵념하는 시간으로 만든 것이었다. 정오에 사이렌 소리가 나면, "방에 있던 사람은 기립하고, 거리에서 걷던 사람은 멈추어 서서 묵도를 올려 전몰장병 영령의 명복에 대하여, 전지에서 활동하는 황군 장병의 무운장구를 기원"한다는 것이다.[2]

여수에서는 1910년대부터 대포 대신 종을 쳐서 시간을 알렸다. 신문 기사(『매일신보』 1918.12.6.)에 따르면, 여수경찰서는 1918년 12월 1일부터 오종을 쳐서 일반 시민이 대환영했다고 한다. 당시 지도를 보면 경찰서는 구항 가까운 곳에 있었다. 그러면 여기서 말하는 '일반 시민'이란 그 일대 매립지에 거주하던 일본인 상인들을 가리키는 것이다.

1930년대 말 여수기상대(측후소) 설치 진정이 계속(『釜山日報』 1939.9.24.『朝鮮新聞』 1939.9.24.)되자 1942년 2월 9일 조선총독부는 조선총독부령 제31호(『朝鮮總督府官報』 1942.2.9.)를 통해 조선총독부 기상대 여수측후소를 설치했다.

『朝鮮總督府官報』 1942.2.9.

오포대(최재성 촬영)

현재 여수기상대 옆에는 '오포대'라 불리는 시설이 남아 있다. 정오에 대포를 쏜 곳으로 알려져 있지만, 위에서 언급한 대포 발사 조건을 생각할 때 쉽게 수긍되지 않는다. 여수에 일본군 육군 포병이 주둔했더라도 비용 문제가 남아 있다. 경성부, 일본 동경에서도 대포 발사 대신 기적이나 사이렌으로 대체하였는데, 당시 여수읍 재정으로 볼 때 매일 화약 비용을 지출하는 것은 불가능했을 것이다.

지금의 '오포대'도 이때 설치된 것일 텐데, 좁고 옹색한 오포대 안이나 옥상에서 대포를 쏘았다고 생각하기 어렵다. 또 대포를 발사할 때 발생하는 진동으로 벽돌 건물이 제대로 남아날 수 있을지도 의문이다. 아마 기적이나 사이렌을 울린 일을 두고 '오포를 쏘았다'고 와전된 것이 아닌가 생각한다.

필자가 어릴 때인 1970년대에도 정오에는 고소동 측후소에서 사이렌이 울렸다. 그것을 두고 '오포 분다'라고 했다. 피리를 불어서 알리는 것과 정오, 이 두 가지 상황이 합성되어 있는데, 적확한 표현은 아니다. 엄밀히 말하면 대포는 쏘는 것이고, 부는 것은 피리이며 기적이나 사이렌은 '울린다'고 표현한다.

그래서 현재의 '오포대'라는 명칭 대신 '사이렌을 울려 시각을 알렸던 곳'이란 의미로 '시보대' 등으로 변경하는 것은 어떨까. 실제로 오포를 발사한 적도 없는 곳을 두고 오포대라는 이름을 붙여 시민들을 혼동케 하기 때문이다. 설명문에는, 그곳에 간 사람들로 하여금 "이곳에서 정오에 대포를 쏘았구나"라고 오해하도록 해 놓았다.

09
시간의 날

시간관념을 고취하려는 시도는 대한제국에 이어 조선총독부에서도 이루어졌다. 1920년대부터 '시의 기념일'이라는 6월 10일에 여러 행사를 동시다발로 벌여 대중의 주의를 끌게 한 것이다.

'시의 기념일' 행사를 조선에서 벌인 최초의 기록은 1921년 신문 기사이다. 조선총독부관보, 경기도보 등 조선총독부 공식 자료에서는 관련 기록을 찾을 수 없고, 당시 신문 기사(『매일신보』 1921.6.7: 『동아일보』 1921.6.12.)에만 소개되어 있다.

일본의 생활개선동맹회가 1921년 6월 10일에 동경에서 '시의 기념일'을 거행하는 데 맞춰 조선총독부도 각 도에 그 계획안을 보내고, 선전지를 인쇄하여 보냈다는 내용이다. 총독부는 조선 내 각지에서도 동경과 같이 6월 10일 기념행사를 거행하여 일반에게 시간의 관념을 함양할 예정으로 각 도를 통해 부·군·면에 선전토록 했다. 이날은 '일본 천지 천황이 일본에서 처음으로 누각이라는 물시계를 사용하여 시각을 알린 날'을 기념한 것이라 한다.

1922년에는 경성부내 신사·사원·교회당에서 정오에 일제히 종을 치고 각 공장에서는 기적을 불며, 각 학교에서는 '시에 대한 강연'을 행할 계획(『매일신보』 1922.6.6.)을 세웠다. 경성부는 수만 장의 선전지를 자동차로 배포하고, 황금정1정목, 종로4정목, 남대문역, 황금정4정목, 본정3정목 같은 중요한 지점에는 경성부 직원이 출장하여 시에 관한 강연을 계획했다.

1937년 6월 평안남도 사회계가 준비한 행사(『매일신보』 1937.5.30.)는 다음과 같다.

1. 당일 오전 5시, 정오, 오후 6시 등 세 번 평양부내 각 기관, 공장 등과 협의하여 일제히 사이렌, 기적, 종을 통해 시각을 표준 시간으로 교정케 할 것
2. 일반 가정에서는 오전 5시 사이렌과 같이 일제히 일어나서 6시 아침 식사 때까지 1시간 동안 기념 작업에 종사케 할 것. 특히 아동들로 하여금 가옥 내외를 청소하게 하며 농촌에서는 퇴비용 풀을 베도록 할 것
3. 각 초등학교에서는 습자·작문·도화 등에서 '때'의 기념에 관계되는 것을 제재로 하여 학부형들에게 그 작품을 보여 기념 관념을 고취할 것

또 밤에는 평남도 내무부장이 라디오를 통해 강연하는 것도 계획했다.

여수에서도 비슷한 행사(『釜山日報』 1925.6.14.)가 열렸다. 1925년 6월 10일 전날 밤 9시에 전등을 끄고, 당일 정오에 경찰서와 각 사원의 종을 울렸으며, 도청과 면사무소는 시에 관한 선전 삐라를 배부했다.

그런데 조선총독부가 이렇게 '시간을 잘 지키자'고 '시의 날' 선전을 대대적으로 벌여도 일본인 읍회 의원이 시간을 제대로 지키지 않는다고 꼬집는 기사(『동아일보』 1931.6.22.)가 있다.

당시 여수 읍회 의원수는 14명, 그중 8명이 조선인이고, 일본인이 6명인데, 회의 개회 시각은 오전 10시로 3분의 2가 출석했으나, 일본인 몇 명이 지각하여 기다리느라 11시에 개회했다. 이에 기자는 총독부 시간의 선전이 종료한 지 불과 며칠 지났을 뿐인데, 더구나 읍회 의원으로 시간관념이 없다는 것은 '우이독경'이라며 비판한 것이다.

당시 일본인 읍회 의원은 전중천길(田中淺吉), 의본정일(礒本政一), 무전진일(武田眞一), 도변여삼랑(渡邊與三郞), 대총치삼랑(大塚治三郞), 송본정량(松本政良) 등이었다.

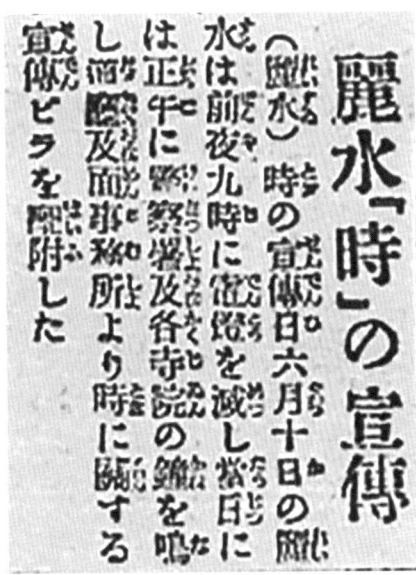

『釜山日報』 1925.6.14.

산천시계점(《麗水發展史》)

왼쪽 사진은 1930년대 초 여수의 산천시계점 모습이다. 건물은 3층이고, 위치는 여수읍 본정이었으며 점주는 일본인 산천십랑이었다. 시계점의 명칭에 맞게 각종 시계를 판매하였는데, 일본제뿐만 아니라 구미의 각종 시계도 판다고 되어 있다.

사진 속 간판과 선전 문구를 통해 볼 때, 이 가게는 그 밖에도 귀금속, 장신구, 문방구, 만년필, 안경과 망원경, 축음기와 각종 악기, 전등기구와 건전지, 액자 그림, 우산 등을 파는 곳이었다.

이곳을 지났던 여수 사람들은 이 가게 간판 밑에 내걸린 둥근 모양의 시계를 보면서 시간관념을 익혔을 것이다.

10
시간관념

1. 시간 개념 갖기

19세기 말부터 어린 학생들로 하여금 근대적 시간관념을 몸에 익히게 하기 위해 '시간'을 교육하기 시작했다. 시간관념을 익히기 위한 내용은 교과서를 통해 확인할 수 있는데, 크게 다섯 가지로 나눌 수 있다. 시간 개념 갖기, 시계 보기, 시간 준수, 시간 아끼기, 학사일정과 기념일 등이다.

그중 가장 기초가 되는 것은 시간 개념 갖기이다. 먼저 1896년 학부 편찬 교과서(『신정심상소학』)[1]에는, 시간의 기본적인 개념이 망라되어 있다. 1초가 60이 모여 1분이 되고, 60분이 1시간이 되며 24시간이 되면 1일이 된다는 것, 7일이 되면 1주일이 되고, 30일 내지 31일을 한 달이라 하는 것, 그리고 12달이 1년을 이룬다는 것 등이다. 이와 같은 시간 개념을 먼저 교육하고 난 뒤, 보다 고학년 교과서에는 시계 보는 법, 기념일 등에 관한 내용이 실렸다.

그로부터 10여 년 후인 1907년 대한제국 학부에서 발행한 교과서(『보통학교 학도용 국어독본』)에서는 교육 내용이 보다 세분화되었다. 먼저 저학년용인 권2에서는 4계절과 낮과 밤의 개념부터 단원에 수록되었다. 계절의 변화와 밤낮의 추이는 삼척동자도 뚜렷이 분간할 수 있을 정도로 분명한 것이었기에 학생들이 쉽게 이해할 수 있다는 점이 고려된 것으로 보인다.

그리하여 그 내용을 보면, 먼저 '제3과 사시'[2]라는 단원에서 4계절의 기후, 눈앞에 보이는 자연의 변화, 그리고 새 소리, 매미 소리 등으로서 계절의 변화를 표현했다. 시각, 청각, 촉각 등 인간 본능적 감각으로써 느낄 수 있는 계절의 변화를 설명한 것이다.

밤낮의 변화도 역시 인간 본능적 감각으로써 느낄 수 있는 현상이다. 그리하여 같은 교과서 '제15과 주야'[3]에서는 아침, 낮, 저녁, 밤, 정오, 오전, 오후 등 태양의 움직임에 따른 변화를 가리키는 개념들을 교육하게 한 것이다.

시간 개념 내용은 민간에서 편찬한 교과서에서도 대체로 같다. 1906년에 애국계몽운동 단체인 대한국민교육회가 발행한 『초등소학』[4]에 비슷한 내용으로 소개되었다. 하루는 낮과 밤 24시간이고, 1시간은 60분이며, 1분은 60초라는 내용을 소개하고 있다. 다만 한 번 간 시간은 다시 오지 않는다는 사실을 부연하여 시간의 소중함을 깨닫도록 했다.

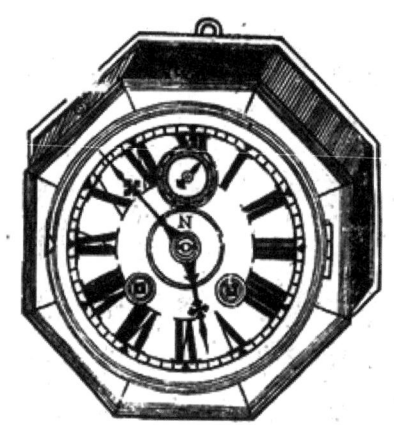

『초등소학 권2』에 실린 시계 그림

역시 애국계몽운동가 현채가 편찬한 교과서(『신찬초등소학』)에도 시간 개념 내용이 들어 있다. 먼저 권2 '제21과 시(時)'[5]에서는, 하루 24시, 시·분·초, 1주일, 1달, 1년, 상오, 하오 등을 기초 개념으로 한 것이다.

나아가 '제22과 사시'[6]에서는 4계절의 특징과 기간을 설명했다. 학부 편찬 교과서에서처럼 기후, 시각적 특징 등을 통해 봄·여름·가을·겨울의 변화를 구분토록 한 것이다.

권4에는 보다 고차원의 개념이 담겨 있다. '제4과 7요일'[7]에는, 1주일은 7일이라는 것, 그리고 7일에 각 요일 이름이 있다는 것 등이다.

'제30과 1년의 월일'[8]에는 1년 일수는 365~366일이라는 것, 2월을 제외한 나머지 달은 30~31일로 이뤄져 있다는 것, 2월은 28이라는 것, 그리고 윤년이라는 개념, 윤년에는 2월이 하루 늘어 29일이 되고, 윤년에는 1년 날수가 366일이 된다는 것 등이 수록되어 있다.

권2의 내용이 눈에 보이는 것을 설명하는 구체적인 것임에 비해 권4의 내용은 눈에 보이지 않는 추상적인 것이라 어린 학생들에게는 다소 어려운 내용일 수 있다. 그래서 추상적인 내용을 보다 고학년에서 교육한 것으로 보인다.

2. 시계 보기

시간에 대한 기초 개념을 익힌 후에는 시계 보는 방법(시계 보기 익히기)을 배우는 단계로 넘어간다. 먼저 『국민소학독본』[9]에서는, 모래시계, 물시계 등을 소개하고, 갈릴레오가 흔들리는 추를 발명한 뒤부터 시계가 나왔다는 시계의 유래를 설명했다.

『신정심상소학』[10]에서는, 구체적으로 시계 보는 법을 교시했다. 시계에 쓰인 숫자, 시침과 각침의 명칭, 그리고 각침과 시침의 위치에 따른 시간 알기 등을 예시했다.

이처럼 시계 보는 법 기술은 1907년 학부 편찬 교과서[11] 서술을 통해 '시계의 우는 수', 장침과 단침의 명칭과 그 움직임에 따른 시간의 의미 등을 알 수 있다. 특히 1896년 학부 편찬 교과서가 '정각'일 때의 시각을 아는 방법만을 제시한 데 반해, 위 서술에서는 23분, 25분, 27분 등 정각이 아닐 때의 시각을 보는 법도 예시했다. 또 장침이 한 바퀴 돌 때 1시간이 되고, 단침이 12개의 숫자 중 하나 사이에 이동할 때 1시간이 된다는 것도 이전 서술에서 볼 수 없는 내용이다.

현채의 교과서에서는 '시계를 보는 법'이란 세 개의 단원[12][13][14]에서는 장침(각침)과 단침(시침)이란 명칭, 매시 정각 때의 시각 파악하기 등을 보여주었다.

위 3가지 교과서 내용에서 시계에 있는 긴 바늘과 작은 바늘의 명칭의 변화도 눈에 띤다. 1896년 학부 편찬 교과서에서는 시침과 각침이라 했고, 1907년 학부 편찬 교과서에서는 장침과 단침이라 했는데, 현채의 교과서에서는 두 가지를 통합하여 장침(각침)과 단침(시침)이라 이름붙인 것이다.

3. 시간 준수

다음으로는 근대식 시간 규율을 강조하는 내용인데, 『국민소학독본』에서 '시간 각수(恪守)'[15]라는 단원으로, 직업에 종사하여 성취를 바라려면 시간을 지킬 것, 격무에 당하는 사람에게는 시간이 곧 금전이라는 것, 제 직업을 범연히 하는 것은 남의 시간을 방해하는 것이고 남의 재물을 뺏어가는 것이라는 내용을 소개했다.

대한국민교육회에서 발행한 『초등소학』에도 '시간을 어기지 말라'라는 제목의 단원[16]이 있다. 시간을 지켜야 기차를 탈 수 있고, 제 시각보다 늦으면 기차를 타지 못해 낭패를 당한다는 내용을 소개하여 근대식 시간에 규율토록 했다.

현채의 교과서에서는 '제26과 시간을 각수할 일'[17]에서 시간이 곧 돈이며, 남의 시간을 방해하는 것은 남의 재산을 뺏는 것과 같으므로 경계토록 했다.

위에서 언급한 내용은 일반적으로 시간을 지키자는 것이다. 그에 반해 학생으로서 시간을 지키자는 내용은 다음과 같다. 먼저 대한제국기에 학부에서 발행한 교과서[18]에서는 등교와 하교 시간을 지키고, 하교 후에는 곧장 집으로 귀가하기를 권장하는 내용을 수록했다.

아울러 '공부하는 때'를 지키고 그 시간을 허투루 보내지 말라고 경고하는 내용도 있다. 휘문의숙에서 발행한 교과서에는 '제13과 시간'[19], '제14과 근독(勤讀)'[20], '제25과 급시(及時)'[21], '제33과 계타(戒惰)'[22]에서는 모두 시기를 잃지 말고 제때 학업에 힘쓰도록 강조했다.

그중 급시(及時)' 단원에 언급된 '소년의 광음'이란 대목은 중국 송나라 유학자 주희의 권학시 '소년은 늙기 쉽고 배움은 이루기 어려우니 아주 잠깐의 시간이라도 가볍게 할 수 없다[少年易老學難成(소년이로학난성) 一寸光陰不可輕(일촌광음불가경)]'라는 구절에서 따온 서술일 것이다.

4. 시간 아끼기

또 하나는 시간을 아끼라는 내용이다. 먼저 대한국민교육회의 교과서에서는 "1일이 24시나 되어도 한 번 간 시간은 다시 오지 아니 하느니라. 공부하는 학도들아 시간을 아낄지어다."[23]라고 했다. 이는 다음과 같은 개화기 노래 가사를 연상케 한다. '권학가' 또는 '학도가'라고 전해지는 개화기의 창가이다.

> 학도야 학도야 청년 학도야 벽상의 괘종소리 들어보시오.
> 한 소리 두 소리 가고 못 오니 인생의 백년가기 주마 같도다.

이 노래에서는 시간이란 한 번 흘러가면 다시 되돌릴 수 없다는 것과 인생은 금방 지나간다는 사실을 통해 시간의 소중함을 강조하였다.

『초등수신』[24]에서는, 청년은 시간을 귀중히 여겨 짧은 시간도 아까워할 것, 남에게도 시간을 낭비하지 말도록 권고할 것을 강조하였다. 또 휘문의숙에서 발행한 교과서[25]에서는 시간을 아껴 학문에 충당하도록 강조했다.

『녀자 소학 수신서』에도 비슷한 내용의 단원[26]이 있다. 역시 시간을 허비하지 말고 공부하는 데 채우라는 내용은 같다. 거기에 더해 남의 시간을 허비하게 하는 시간 도적놈을 경계토록 했다.

이상과 같이 시간 개념, 시계 보기, 시간 준수, 시간 아끼기 교육을 통해 학생이 시간관념을 인식할 수 있게 되면 다음 단계로는 규칙적인 시간을 체득하게 하는 것이 필요하게 된다.[27] 그리하여 학생들로 하여금 근대의 규칙적인 시간을 몸소 익히게 하는 장치로 학사 일정과 여러 기념일을 기억하게 하는 것이 필요했다.

5. 학사 일정

다음은 수업 일수에 관한 내용이다. 1895년 공포된 소학교령(『관보』, 1895.7.22.) 제16조에서는 수업연한으로서 '학령'을 8개년으로 규정했다. 이는 전근대 교육제도에서 볼 수 없는 근대 특유의 제도이다.

그리하여 현채는, 매년 2백여 일 수업이 있는데, 휴가 등을 제외하고 2일에 1과를 습득하여 2년이면 자신이 쓴 교과서의 모든 내용을 배울 수 있다고 했다.[28] 여기서 1년 수업 일수와 휴일 규정, 교과 진도 등이 규칙적으로 이뤄지고 있었음을 파악할 수 있다.

또 『초등소학』에서도, "오늘은 토요일인 고로 정희가 학교에서 일찍 집에 왔소."[29]라고 하여 토요일은 일찍 하학(귀가)하는 날임을 확인할 수 있다. 이를 통해 주당 수업일과 수업 시간이 일정하게 정해져 있고, 어린 학생들로 하여금 이를 몸에 배도록 하였음을 알 수 있다.

미 군정기에 '코리안 타임'이란 말이 만들어졌다. 한국인들이 제 시간을 지키지 않는 일이 많다는 것을 비꼬는 말이다. 이 말은 이후 1980년대까지도 사람들의 입에 널리 오르내렸다. 그리고 1990년대 '시(時) 테크'니 '초(秒) 테크'니 하는 말들이 풍미하더니 '코리안 타임'은 어느 때인가 사라진 말이 되었다. 우리 사회는 이제 시간에 쫓기며 사는 사회로 변했다.

2부

공간

01
여수의 지역 범위

1. 여수현의 회복, 여수군 신설

1897년 5월 7일 여수군 신설이 승인되었다. 그 과정은 『고종실록』에 나와 있다.

내부(內部)가 돌산군의 관할 구역을 개정하는 문제에 관해 의논을 청했고, 그에 따라 의정부에서 회의를 거쳐 상주한 것에 대한 임금의 답이 그것이다. 고종은 "여수 등 네 개의 면은 옛 현(縣)들이다. 일찍이 좌수영을 설치한 것으로 인하여 이어 현을 폐지하였던 것인데 지금 이미 영을 폐지한 조건에서 현으로 회복시키는 것은 진실로 마땅하다. 지금부터 따로 여수군을 두고 위치는 전 좌수영자리에 하며 제도와 경비 같은 것은 내부에서 조정해서 아뢰게 하라."(『고종실록』 1897.5.7.)고 하였다.

여수면 등 4개의 면은 옛 여수현의 면들이고, 전라좌수영 설치에 따라 현이 폐지되었으며 좌수영이 폐지되었으니 현으로 복구하는 것이 마땅하고, 옛 좌수영 자리에 여수군을 둔다는 내용이다. 여수군이 회복된 데는 좌수영이 폐지되었으니 마땅히 옛 현을 회복해야 한다는 논리가 작용한 것이다. '좌수영 설치→여수현 폐지'였으니 '좌수영 폐지' 다음은 당연히 '여수현 회복'이라는 논리에 따른 것이다.

1897년 5월 7일자 『고종실록』 기록과 칙령 제21호 수록 『관보』(1897.5.18.)

그런데 여기서 한 가지 주목되는 점은 시기상 여수현 폐지와 좌수영 설치는 시간 순서로 볼 때 논리가 성립되지 않는 것인데, 임금은 그렇게 인식하고 있다는 점이다. 여수현 폐지는 1396년이고, 좌수영 실치는 1479년이었으니 양자 사이에는 80년 이상의 시차가 있고, 인과관계가 성립되지 않는 것이다.

그런데 이와 같은 인식은 이때가 처음은 아니었다. 1720년 여수현 복원 요청 상소가 있은 후 1722년 사헌부에서 옛 여수현 회복을 주청하면서 다음과 같이 말한 적이 있다. "전라도(全羅道)에는 예전에 여수현(麗水縣)이 있었는데, 중간에 수영(水營)을 그 지방에 설치하고, 그 현(縣)을 폐지하여 순천부(順天府)에 예속시켰습니다."(『경종실록』1722.12.21.) 이처럼 고종의 인식은 전대로부터 이어져 온 것이었다.

고종의 윤허가 있은 지 9일 후인 1897년 5월 16일 여수군 신설이 반포되었다. 1897년(건양2년) 5월 16일 칙령 제21호로 여수군을 신설하고, 6월 1일부터 시행한다는 내용이 『관보』(1897.5.18.)를 통해 공포되었다. 『고종실록』에는 이를 5월 15일의 일로 기록(『고종실록』, 1897.5.15.)하고 있으나, 『관보』 내용과는 하루의 차이가 있으며, 1920년대 편찬된 실록의 착오이다.

칙령 제21호는 전라남도 구역 내 전 좌수영에 여수군을 신설하는 일인데, 모두 3개 조로 이루어져 있다. 제1조는 전라남도 구역 내 전 좌수영에 여수군을 신설하고 순천군 율촌·여수·삼일·소라 4개 면으로 군 구역을 제정할 것, 제2조는 군등은 3등으로 정하여 인원수와 경비표를 다음과 같이 할 것, 제3조는 본령은 본년 6월 1일로 시행할 것이다.

제1조는 순천에 속해 있는 옛 여수현의 면들 4개로써 새로 여수군을 만든다는 것, 제2조는 여수군의 군등은 3등으로 한다는 것, 제3조는 6월 1일부터 시행한다는 것이다.

당시 군등은 모두 5개로 나뉘어 있었다. 그 기준은 토지 면적인 결복(結卜)이었다. 1만 결 이하는 1등 군, 7천 결 이하는 2등 군, 4천 결 이하는 3등 군, 2천 결 이하는 4등 군으로 정하고, 대정·정의군은 5등이었다. 여수는 그중 3등이라는 것이다. 1899년 자료에는 2천700여 결이라고 되어 있다.

이어 5월 25일 초대 군수로 오횡묵이 임명되었다. 오횡묵은 당시 지도 군수로 재직 중이었는데, 여수 군수 임명 소식을 듣고 지도를 떠나 함평·나주·광주·화순·보성을 거쳐 낙안 선소에서 배를 타고 여자만을 가로질러 소라면 궁항포에 상륙하여 여수에 부임했다. 광주에 들른 것은 전라남도 관찰사에게 부임 신고를 하기 위한 것으로 보인다.

이어 같은 해 6월 4일에 여수군 신설비 1천450원이 승인되었다. 이와 같은 과정을 거쳐 여수군이 신설되었다. 이를 '근대' 여수의 출발점이라고 평할 수 있다. 1396년 여수현 폐지 이후 501년 만의 일이었다. 이 일은 손쉽게 이뤄지지 않았다. 그 사이 여러 차례의 '독립' 운동이 있었기에 가능한 것이었다.[1)]

조선왕조가 들어서자 현의 지위를 박탈당하고 순천부에 속하게 된 옛 여수현 지역 백성들은 이중의 부담을 져야 했다. 행정적으로는 순천부에 속하지만, 군사적으로는 전라좌수영에 속했으므로 순천부와 좌수영 두 곳에 세금을 납부해야 했던 것이다. 그리하여 여수 지역민은 현의 회복, 복현 운동을 벌였다.

숙종 대인 1700년(숙종 26)에 유생 박시유(朴時裕) 등이 상소하여 여수의 옛 고을을 회복하고 이곳의 현령을 좌수사로 하여금 겸하게 할 것을 요청했다. 그러나 대신들의 반대로 여수현의 복현은 이루어지지 못했다. 숙종 사후인 1722년(경종 2)에는 사헌부가 여수지방의 백성들이 두 곳의 잡역과 조세 부과로 그 폐단을 감당하지 못하는 자들이 많다며 옛 현을 회복시킬 것을 요청하였다. 그러나 이 역시 실현되지 않았다.

여수가 비로소 순천부에서 벗어난 것은 영조 대의 일이다. 1725년(영조 1)에 사헌부 지평 이근(李根)은 여수 백성들이 부역으로 많은 폐단이 발생한다는 상소를 올렸다. 그러자 영조는 여수를 다시 현으로 삼고, 전라좌수사가 겸무하도록 했다. 그러나 얼마 후 조정에서는 종전대로 합하자는 건의가 나와

도로 순천에 속하게 되었다. 정조 대에도 복현 운동을 벌이다 귀양을 가기도 했다. 여수의 독립이 좌절된 것은 순천부 아전들의 방해 때문이었다. 여수가 분읍되면 그만큼 아전들의 이익이 줄어들기 때문에 여수의 독립을 방해했던 것이다. '현명한 군주'라는 평가를 받는 영조·정조조차 순천 아전들의 논리에 휘둘린 것이다.

19세기 들어 고종 즉위 직후에도 여수를 순천에서 분읍하라는 상소 운동이 있었다. 이후 1896년 돌산군이 여수군에 앞서 설치되자 여수민들은 다시 설군 운동을 벌였다. 이에 초대 돌산 군수와 관찰사가 여수군 설치를 조정에 건의했다. 그 결과 1897년 여수군이 신설된 것이다.

숙종 대부터 시작된 독립운동의 결과 200년이 다 되어 가는 시점에야 비로소 성사된 것이다. 그러나 이 분리, 독립은 유사 이래 처음 맞이한 일은 아니다. 순천에 편입되기 이전에는 엄연히 분리, 독립되어 있었기 때문이다.

그럼에도 한 가지 더 아쉬운 일은 옛 여수현에 속했던 용두면을 순천군에 그대로 남겨둔 것이었다. 1914년 조선총독부에 의해 해촌면과 용두면이 통합되어 해룡면이 될 때 기준으로 용두면에는 60개 리, 해촌면에는 25개 리가 있었다.[2] 이를 통해 해촌면에 비해 용두면의 면적이 훨씬 더 넓고, 더 많은 인구가 살고 있었다고 볼 수 있다. 용두면 60개 리 명칭은 다음과 같다.

> 상동리 죽동리 구림리 하사리 상내리 와온리 유룡리 노월리 월산리 송잠리 농주리 구동리 선학리 계당리 무룡리 율리 송정리 해창리 중흥리 도롱리 서당리 신월리 원동리 용전리 발흥리 목거리 당두리 호두리 방축리 구상리 대법리 송산리 성산리 좌야리 대가리 남가리 서가리 월전리 신흥리 학동리 낙선리 신기리 상삼리 삼동리 평화리 복성리 상비리 응봉리 봉서리 산두리 봉암리 향매리 신대리 미계리 매안리 선월리 신성리 노동리 한유리 통천리

서쪽으로는 해룡천 이동의 해창·중흥·도롱·월전리, 그리고 남가리, 북으로는 현재 성가롤로병원 이남의 복성리와 상삼리, 동으로는 광양시와의 접경지역인 평화·신대·신성리 등을 포괄하는 지역이다.

순천의 해촌면 지역은 1949년 이후 왕지, 조례, 연향 3개 리가 순천시로 편입되었고, 현재는 마산, 대안, 소안 정도가 남아 있으며, 해룡면의 나머지는 옛 용두면 구역이었다. 결국 지금의 순천 해룡면의 태반을 이루는 용두면은 여수에서 볼 때는, '지금은 남의 땅, 간도'와 같은 존재라 할 수 있다.

우승완은 최근 그의 저서에서, 여수를 다루면서 '순천에서 분리된'이라는 수식어를 붙였다.[3] 1897년 순천군에서 분리되어 여수군이 복원된 것을 가리키는 말이다. 그러나 오늘날 한국을 소개할 때 '일본으로부터 분리된'이라는 수식어를 붙일 수 있을까. 한국은 일제 식민지기를 제외하고는, 고조선 시기부터 일본과는 다른 독자적인 역사, 문화, 영토를 지켜왔다. '일본으로부터 분리된 한국'이라고 하면, 일제 식민지기 이전의 한국 역사를 모조리 부정하는 표현이 되고, 한국사는 20세기 중반부터 시작되는 결과가 된다. '순천에서 분리된 여수'라고 하면, 마찬가지로 고대부터의 여수의 역사는 사라지고, 1897년부터 시작되는 꼴이 된다.

우승완은 이에 앞서 발표한 논문에서도 여수 역사에 대한 잘못된 인식을 보여주었다.[4] "여수는 1895년 전라좌수영이 폐쇄될 때까지 독립된 행정 지위를 갖지 못했으나", "1350~1396년, 1696~1697년 등의 기간 동안 순천(또는 승주)의 관할로부터 행정구역이 분리되기도 하지만" 등에서 발견할 수 있다. 여수의 고유성을 무시하고, 독자성을 부정하는 표현이다.

전근대부터 여수는 순천과는 다른 공간이었다. 여수는 백제시기에는 원촌현, 신라시기에는 해읍현, 고려시기에는 여수현으로 별도로 존재했다.(같은 시기 돌산은 각각 돌산현, 여산현, 다시 돌산현이었다.) 1350년 여수현령이 파견되기 이전 고려시기에 순천의 속현이었던 사실을 근거로 우승완은 '행정 지위의 독립'이나 '행정구역의 분리'가 이뤄지지 못했다고 단언했으나, 수령 한 사람의 파견 여부가 그와 같은 구분의 기준이 되지 못한다. 속현이라도 엄연히 지명을 달리했고, 치소도 따로 존재했으며, 지역민들의 의식도 분리되어 있었던 것이다.(당시 광양현 역시 여수현·돌산현과 더불어 순천의 속현 가운데 하나였다.) 이 대목에서 역사의 객관화 문제를 다시 생각해 보게 된다. 고려시기에는 주현보다는 속현의 숫자가 훨씬 많았다. 다른 지역에서도 이처럼 속현의 역사를 통째로 부정하고 주현의 역사로 둔갑시키는 일이 있는지 확인해 볼 일이다.

전라좌수영에 대한 인식에도 문제가 있다. 수군절도영은 조선 정부가 각 도 단위로 설치한 것이다. 경상도와 전라도에는 특히 왜구를 경계하는 의미에서 좌·우 2개씩의 수영을 두었다. 한 도, 나아가 조선 전체를 위한 군사 기지였던 것이다.

그러나 우승완은, 전라좌수영을 "조선시대 순천도호부의 군사기지"로 격하시켰다. 전라좌수영은 순천'만'을 위한 군사기지가 아니다. 절충장군(정3품 당상관)이 임명되는 전라좌수사는 당하관인 순천부사보다 품계가 높아 전라도 동남부 일대의 5관(순천부, 보성군, 낙안군, 광양현, 흥양현)을 군사적으로 지휘하는 존재였다. 임진왜란 때의 순천부사 권준은 이순신의 부장(副將) 가운데 한 명으로 참전했고, 그 공으로 1597년 충청도 수군절도사에 임명되었다.

1396년부터 1897년까지 501년간 여수가 순천에 속했던 사실을 근거로 여수의 역사를 순천의 역사로 취급하는 일은 중국 '동북공정'의 논리 그대로이다. 21세기 들어 중국에서는 중국사상 판도가 가장 넓었던 청나라시기의 영역을 기준으로 그 영역 안에서 일어났던 모든 역사를 중국사라고 강변하면서 고구려사, 발해사를 중국사로 편입시키고 있는데, 그것을 그대로 따르는 일이다.

2. 여수군의 면 행정구역 변천

1897년 여수군이 회복될 때 여수·소라·삼일·율촌 등 4개 면이 여수군을 구성했다. 여기서 여수면의 표기는 한자로 '麗水' 또는 '呂水'였다. 앞의 실록에서 본 것처럼 공식 기록으로는 '麗水'라고 했지만, 기록에 따라 '呂水'로도 썼다. 그 이유를 생각해 보면, 아마 획수를 줄이기 위함이 아닐까 추측된다.

이어 1899년 읍지를 보면, 면의 개수는 4개 그대로인데, 이름은 변경되었다. 현내·삼일·덕안·율촌면이 그것이다. 삼일·율촌면은 그대로인데, 여수면과 소라면이 각각 현내면과 덕안면으로 바뀐 것이다. 1899년의 4개 면과 그에 속한 동·리의 이름은 다음과 같다.[5]

면이름	동 · 리
현내면 縣內面	구 여수면, 모두 30동(舊麗水面 凡三十洞) 오림 평지 양지 만흥 죽림 태성 석창 군장 입덕 반월 오만 모사 월앙 자내 내동 신죽 잉로 국포 대치 기동 소미 허문 웅천 시목 학동 용기 가곡 무선 도원 사벽(五林 平地 陽地 萬興 竹林 台星 石倉 軍長 立德 半月 五萬 毛沙 月仰 自內 內洞 新竹 芿老 菊浦 大峙 基洞 小美 許文 熊川 柿木 鶴洞 用基 嘉谷 舞仙 桃源 沙碧)
삼일면 三日面	동 30리, 모두 28동(東三十里 凡二十八洞) 화치 평사 평여 당촌 두암 토산 칠성 용성 중흥 상암 덕암 삼동 중방 대평 신성 달한 적량 당내 진례 낙포 월하 읍동 작산 덕대 월성 호명 산본 남수 (花峙 平沙 平閭 堂村 斗巖 土山 七星 龍城 中興 上巖 德巖 三洞 中方 大坪 新省 達汗 赤陽 堂內 進禮 洛浦 月下 邑洞 作山 德大 月星 虎鳴 山本 南水)
덕안면 德安面	서 30리, 구 소라면, 모두 50동(西三十里 舊召羅面 凡五十洞) 의곡 운대 고진 복촌 관기 오룡 소제 궁항 달천 마산 신흥 풍류 조산 함박 현천 죽림 차동 상금 신송 장척 사벽 장성 항도 성본 외진 성원 내리 봉정 신산 구암 신풍 산곡 중흥 장전 대포 봉두 덕양 안정 동촌 서촌 이대 옥적 원포 창무 백초 신기 나지 소장 세포 이목(蟻谷 雲黛 古津 福村 官基 五龍 蘇堤 弓項 達川 馬山 新興 風流 造山 含朴 玄川 竹林 車洞 上金 新松 長尺 沙璧 長城 項島 星本 外津 星元 內里 奉丁 新山 龜巖 新豊 山谷 中興 長田 大浦 奉斗 德良 安靜 東村 西村 利大 玉笛 遠浦 昌武 白草 新基 羅支 小壯 細浦 梨木)
율촌면 栗村面	북 60리, 모두 26동(北六十里 凡二十六洞) 삼산 금산 호산 조화 청대 봉두 화로 신대 행정 관음 신안 대소 동교 사항 평촌 가장 중산 난화 두봉 연소 학동 연화 입촌 상여 내리 반월(三山 錦山 狐山 稠禾 靑大 鳳頭 禾老 新垈 杏亭 觀音 新安 大召 東喬 沙項 平村 加長 中山 蘭化 斗奉 燕巢 鶴洞 蓮花 立村 上呂 內里 半月)

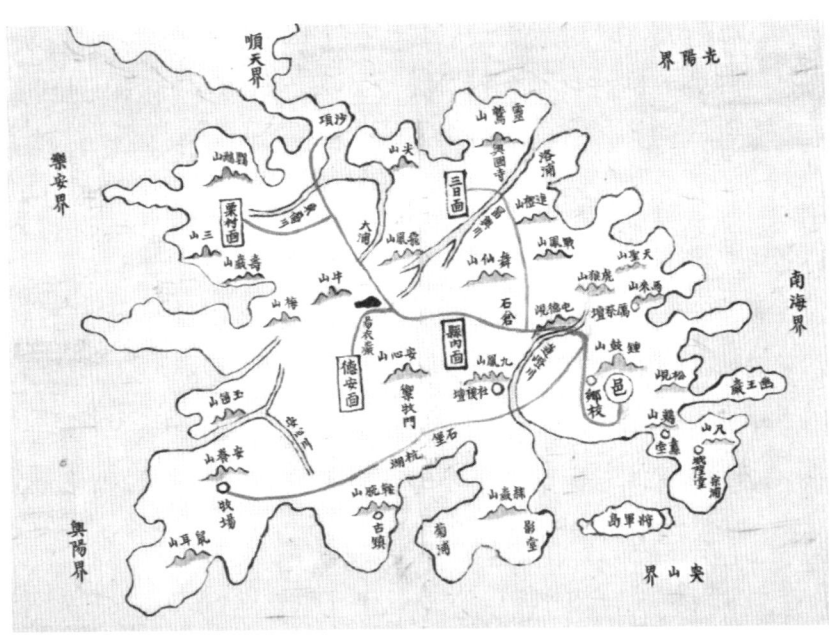

1899년 여수군 관내 지도(『전라남도 여수군읍지』)

현내면은 군청 소재지이다. 그리고 모두 30개의 동이 있다. 삼일면은 군청에서 동쪽으로 30리 떨어져 있으며, 모두 28개 동이 있다. 북쪽이 아닌 동쪽으로 표기한 것이 주목된다. 이를 통해 볼 때, 나중에 면 소재지가 되는 중흥이 아닌 상암 지역에 면의 치소가 있었던 것으로 보인다. 덕안면은 옛 소라면인데, 서쪽으로 30리에 있으며 모두 50개 동이 있다. 율촌면은 북으로 60리에 있고 모두 26개 동이 있다. 이들 4개 면의 동은 모두 134개이다. 또 이 4개 면의 지도는 위와 같다.

이어 3년 후인 1902년에 이르면, 면과 동의 개수는 늘어났다. 면의 명칭과 거리, 그리고 동의 개수는 다음과 같다.[6]

쌍봉면: 전 여수(呂水)면, 군의 동서에 있다. 모두 55동
삼북면: 전 삼일면 상도, 군의 북 30리에 있다. 모두 13동
삼동면: 전 삼일면 하도, 군의 북 30리에 있다. 모두 12동
덕안면: 전 소라면 상도, 군의 서 30리에 있다. 모두 30동
구산면: 전 소라면 하도, 군의 북 40리에 있다. 모두 25동
율촌면: 군의 북 50리에 있다. 모두 30동
화양면: 전 곡화목, 군의 남 50리에 있다. 모두 42동

위 내용을 보면, 3년간 많은 변화가 있었다. 먼저 면과 동의 개수가 대폭 늘었다. 면의 개수는 7개만 기록되어 있지만, 현내면이 누락되어 모두 8개이다. 1897년의 여수면은 1899년에 현내면으로 이름이 바뀌었고, 이후 그것이 분리되어 현내면과 쌍봉면이 된 것이다. 분리 전 현내면의 동은 30개였는데, 분리 후 쌍봉면만으로 55개 동이다. 위에서 쌍봉면이 군의 동서에 있다고 했는데, 여기서 가리키는 동쪽은 오만리, 모사리, 중천리, 용수리일 것이다.

현내면의 동은 몇 개인지 알 수 없다. 또 3년 전의 기록에는 동의 이름이 기재되었지만, 이 자료에는 생략되어 있어 구체적 내용을 확인할 수 없다.

1899년 현내면의 동 이름 가운데 훗날까지 쌍봉면의 동 이름으로 남은 곳은 대체로 석창 군장 반월 웅천 시목 학동 용기 가곡 무선 도원 등이다. 그리고 분리 후에도 현내면을 구성했던 동으로 볼 수 있는 곳은 오림 평지 양지 국포 대치 기동 소미 허문 등이다.

현내면이란 고려시대 여수현 치소가 있던 곳임을 가리키는 지명이다. 지금의 석창이 고려시기 여수현 치소로 추정되고 있다. 석창성이 포함된 곳이기에 현내면이라 한 것이고, 그 사정이 1899년 읍지 기록과 지도에 남아 있다. 그런데 이후 현내면이 현내면과 쌍봉면으로 분리되면서 현내면의 이름은 옛 좌수영성, 즉 군청이 속한 지역으로 넘어갔다. 그러다가 1914년 일제의 지방 행정구역 개편과 함께 현내면은 다시 여수면으로 변경되었다.

삼일면은 삼동면과 삼북면으로 분리되었다. 또 삼동·삼북면의 위치는 모두 북쪽 30리이다. 1899년에는 위치가 '동쪽' 30리였는데, 1902년에는 '북쪽'으로 변경되었다. 아마 면의 치소가 상암에서 중흥 쪽으로 이동한 것이거나, 아니면 앞의 기록이 착오이거나 둘 중 하나일 것이다. 또 여기서 추정해 볼 수 있는 것은 삼동면은 여수반도 동쪽의 상암을 중심으로 한 지역이고, 삼북면은 여수반도 북쪽의 중흥을 중심으로 한 지역일 가능성이다.

그리고 두 개 면의 위치가 같다는 것은 양 면의 면장을 한 사람이 겸했기 때문일 수 있다. 경기도 사례를 보더라도 1914년 면 통폐합 전까지 1명의 면장이 2개 면의 면장을 겸하는 경우가 많다. 또 동의 개수는 분리 이전에 28개였는데, 분리 이후에는 두 군데를 합쳐도 25개로 3개가 줄어들었다. 다른 지역의 상황과 비교할 때 이해하기 어려운 감소이다.

율촌면은 그대로이다. 그런데 면 소재지의 위치는 북 60리에서 북 50리로 줄어 군청 소재지에 보다 가까워졌다. 실제로 이전을 통해 가까워진 것인지, 아니면 자료에 따라 기록만 달라진 것인지 알 수 없다. 또 동의 개수는 이전 26동에서 30동으로 4개가 늘었다.

덕안면은 덕안·구산 2개 면으로 분리되었다. 덕안면은 이전과 같이 서 30리에 있지만, 구산면의 위치는 북 40리로 변경되었다. 동의 개수는 분리 전 50동이었는데, 분리된 이후에는 덕안면 30동, 구산면 25동으로 5개가 늘었다.

화양면도 새로 보이는 지명이다. 군의 남쪽 50리에 있으며 전 곡화목이고, 42개 동이 있다고 되어 있다. 화양면이 1897년의 소라면에 포함된 곳이라면, 그 소라면은 위의 덕안·구산과 함께 화양면까지 셋으로 분리(1899년의 덕안면 지역 중 현재 화양면에 속하는 곳은 안정·동촌·서촌·이대·옥적·원포·창무·백초·신기·나지·소장·세포·이목)된 것이다.

또 동의 개수는 현내면을 제외한 7개 면만으로도 207개인데, 3년 전의 134개에 비해 73개나 더 많다.

3. 1914년 지방제도 개편과 행정기구 설치

1913년 12월 29일 『朝鮮總督府官報』 호외(1913.12.29.)로 부군 통폐합이 발표되었다. 부의 개수는 12개 그대로이지만, 영역이 축소되었고, 군의 개수는 317개에서 220개[도(島) 2개를 합한 것]로 97개가 줄어든 것인데, 전체 군 가운데 ⅓정도나 되는 많은 군이 이웃 군에 합해진 것이다. 군들 사이에 면적, 인구, 세금 수입에서 편차가 크기 때문에 평준화를 위해서, 그리고 군수와 직원이 그만큼 줄어들어 인건비를 절감할 수 있다는 논리에서 그리한 것이었다.

이때의 군 통폐합에 따라 여수군과 돌산군이 여수군으로 통합되었고, 1914년 3월 1일 시행되었다. 새로 여수군의 행정구역이 된 곳은 종전의 여수군 일원과 돌산군의 두남·남·화개·옥정·삼산면, 그리고 태인면 내의 묘도였다. 그리고 종래 돌산군의 봉래면과 금산면은 고흥군에, 묘도를 제외한 태인면은 광양군에 이속되었다.

그에 앞서 1896년 2월 3일 칙령 제13호를 통해 전주부, 나주부, 남원부의 여러 섬을 나누어 완도, 돌산, 지도 3군을 두는 안건(『고종실록』 1896.2.3.)이 반포되었다. 그에 따라 돌산군은 당시 홍양, 낙안, 순천, 광양 4군에 있는 여러 섬을 구역으로 하여 설치되었다. 이후 돌산군에는 두남·남·화개·옥정·삼산·태인·봉래·금산의 8개 면을 두었다.

1914년 3월 1일 여수군과 돌산군이 여수군으로 통합된 다음 조선총독부 전라남도령 제2호(1914년 3월 2일)로써 여수군 내 면의 명칭과 구역이 정해졌다. 그리고 이는 4월 1일부터 시행(『朝鮮總督府官報』 1914.4.7.)되었다. 조선 전체적으로는 4천3백여 개 면이 1천8백 개 정도 줄어들어 2천5백여 개 면으로 되었다. 역시 면 통폐합 논리도 군 통폐합의 그것과 같았다. 이때 정해진 면의 명칭과 구역은 다음 표와 같다.

면이름	동·리
여수면	현내면 일원, 쌍봉면 오만리(五萬里) 모사리(毛沙里) 중천리(中川里) 용수리(龍水里)
쌍봉면	쌍봉면[오만리 모사리 중천리 용수리 자내리(自內里) 순풍리(順風里) 사근리(寺近里) 석정리(石亭里)를 제함], 삼일면 삼동(三洞) 오산리(五山里) 대평리(大坪里) 해지리(蟹旨里), 덕안면 장성리(長城里) 항호리(項湖里) 소제리(蘇堤里)
소라면	구산면 장전리(長田里) 신기리(新基里) 대동리(大洞里) 당촌리(堂村里) 봉두리(鳳頭里) 세동(細洞) 백수리(白水里) 풍곡리(豊谷里) 덕곡리(德谷里) 내기리(內基里) 성방리(星方里) 통천리(桶川里) 흑산리(黑山里) 가산리(佳山里), 덕안면(장성리 항호리 소제리를 제함) 일원
율촌면	율촌면 일원, 구산면(장전리 신기리 대동리 당촌리 봉두리 세동 백수리 풍곡리 덕곡리 내기리 성방리 통천리 흑산리 가산리를 제함) 일원
삼일면	삼일면(삼동 오산리 대평리 해지리를 제함) 일원, 쌍봉면 자내리 순풍리 사근리 석정리
화양면	화양면 일원
두남면	두남면 일원
남면	남면 일원
화정면	화개면 일원, 옥정면 일원
삼산면	삼산면 일원

위 표에서 각 면의 명칭과 구역을 면별로 자세히 살펴보자. 먼저 종래 현내면이란 명칭을 여수면으로 개칭했다. 또 그 구역은 현내면 일원에다가 쌍봉면의 오만리 모사리 중천리 용수리를 편입했다.

쌍봉면은 여수면에 편입된 오만리 모사리 중천리 용수리와 삼일면으로 넘어간 자내리 순풍리 사근리 석정리가 제외되었다. 대신 삼일면의 삼동 오산리 대평리 해지리, 덕안면의 장성리 항호리 소제리를 추가했다.

1902년에 현내면과 쌍봉면으로 분리될 때 잘못이 있었다. 그리고 그 잘못은 이후 여수 역사 왜곡의 한 원인이 되었다. 첫 번째는 이 둘을 분리하지 말았어야 했다. 두 지역이 하나의 정체성을 갖고 있었는데, 분리함으로써 오늘날 '여수·여천' 양 지역 주민의 배타 의식을 낳게 했다.

두 번째는 분리를 하더라도 석창성이 포함된 쌍봉면을 현내면으로, 현내면을 다른 이름으로 삼았어야 했다. 그 오류는 1914년 조선총독부도 반복했다. 현내면의 명칭을 여수면으로 복원했는데, 여수면의 이름을 복원하려면, 쌍봉면에 여수면을 붙여야 했다.

덕안면 일원과 구산면 일부는 소라면이 되었다. 덕안면 중 장성리 항호리 소제리는 쌍봉면에 편입되었기 때문에 제외되었다. 소라면에 새로 편입된 구산면의 일부는 장전리 신기리 대동리 당촌리 봉두리 세동 백수리 풍곡리 덕곡리 내기리 성방리 통천리 흑산리 가산리였다.

율촌면은 종래의 율촌면 일원과 구산면의 일부를 새로운 구역으로 했다. 구산면의 일부라 함은 구산면 가운데 소라면에 편입된 장전리 등을 제외한 나머지 동리를 가리키는 말이다.

삼일면은 쌍봉면으로 넘어간 삼동 오산리 대평리 해지리를 제외한 나머지 삼일면 일원을 바탕으로 하고, 대신 쌍봉면의 자내리 순풍리 사근리 석정리를 편입했다.

화양면은 종래의 화양면 일원이 그대로 화양면을 구성했다. 이상은 과거 여수군 관내 면들의 구역 변화이다.

과거 돌산군 내 면은 4개가 되었다. 그중 두남면, 남면, 삼산면은 모두 그 구역 그대로 유지되었다. 대신 화개면 일원과 옥정면 일원은 통합되어 화정면이 되었다. 화개면 일원은 개도를 중심으로 한 인근 도서, 옥정면 일원은 백야도 이서(以西) 도서이다. 두남면은 이후 돌산면으로 개칭되었다.

그리고 당시 각 면의 소재지는 각각 동정(여수), 덕양리(소라), 신풍리(율촌), 중흥리(삼일), 학용리(쌍봉), 나진리(화양), 군내리(두남), 우학리(남), 백야리(화정), 서도리(삼산)였다.

1914년의 면 통폐합으로 전국에서는 40%가 넘는 1천8백여 개나 되는 면이 폐지되어 인근 면에 통합되었지만, 여수군에서는 화정면 관내에서만 통폐합이 있었다. 이처럼 1914년에 형성된 여수의 지역 범위는 현재까지 그대로 유지되고 있다. 다만 여수면, 쌍봉면, 삼일면은 도시지역의 동(洞)으로 분할되었고, 나머지 7개 면은 1읍 6면으로 이어지고 있다.

1914년의 여수면은 1931년 여수읍을 거쳐 1949년 여수시가 되었다. 1902년에 비로소 보이는 여수군 쌍봉면은 1949년 여천군 쌍봉면을 거쳐 1980년대 여천시의 중심 지역이 되었다. 1998년 여수시와 여천시가 여천군과 더불어 여수시로 통합되었지만, 쌍봉을 중심으로 한 옛 여천시 주민들은 그 지역 명칭에서 여수 대신 아직도 '여천'을 선호하고 있다. 역 이름, 학교 이름, 병원 이름 등에 그 흔적이 두루 남아 있다.

여천이라는 이름은 석창 근처의 하천(내동에서 흘러 쌍봉천에 합류하는 하천)에서 유래한 것으로 보인다. 그 일대가 여천리(지금의 여천동)이다.

지금의 여천역은 1930년 건립부터 쌍봉역이었는데, 쌍봉면·삼일면 지역의 여천시 승격과 더불어 여천역으로 변경되었다.

2011년 여천역의 명칭을 여수역으로 변경하자는 움직임이 있었을 때, 옛 여수시 지역(1914년의 여수면)과 옛 여천시 지역(1914년의 쌍봉면·삼일면) 모두 반대

쌍봉면 여천리 위치(1910년대 지도)

가 있었다. 전자는 '여수'라는 이름을 뺏길 수 없다고 했고, 후자는 '여천'을 지키겠다는 이유에서였다. 이처럼 현재도 두 지역 간에는 '여수'와 '여천'이라는 명칭을 고집하고 있다. '작은 지역이기주의'가 작동하고 있는 것이다. '여수' 지명의 역사성과 정체성의 상징은 석창성을 중심으로 한 지역인데, 1세기라는 시간의 흐름이 이처럼 지역민들의 인식에 착종을 심어 놓은 것이다.

여수현 치소가 있던 이 지역을 '여천'이라 한 것은 공식적으로는 1949년 여수읍이 여수군에서 분리되어 '부'로 승격되고, 나머지 9개 면의 이름이 여천군으로 변경될 때이다. 그러나 그에 앞서 1920년 도시금융조합으로서 여수금융조합이 설립되면서, 1910년 설립되었던 여수지방금융조합은 촌락금융조합으로 구분되고, 명칭도 '여천'금융조합으로 변경되었다. 공공기관에 '여천'이란 이름을 붙인 첫 사례로 생각된다. 또 1939년에 여수읍 동정에 두 번째 조선인 소학교인 여천공립심상소학교가 개교했는데, 이때도 '여천'을 사용했다.

1910년대 초 여수군 내 면 행정 사정을 알만한 자료는 없다. 대신 같은 시기 '우량면'으로 선정된 지역의 면 사무 실태를 알 수 있다.[7] 면사무소는 면장 개인집 일부를 사용한 경우가 많았다. 경기도 관내에서는 수원군 남부면, 과천군 남면, 시흥군 서면, 김포군 검단면, 영평군 이동면, 남양군 음덕리면, 삭녕군 서면, 음죽군 남면 등이 그러하다. '우량한 면'으로 선발된 지역이 이 지경이었다. 또 면사무소에는 면장 1명과 서기 1명, 모두 2명이 사무 처리를 하는 경우가 대부분이다.

여수군의 10개 면 구역은 현재까지 큰 변화는 없다. 다만 행정구역 변화는 있었다. 여수면은 1931년 여수읍이 되었다가 1949년 8월 14일 부로 승격되었고, 이튿날인 8월 15일 다른 부들과 함께 '시'로 명칭 변경이 있었다.

나머지 9개 면 지역은 신설된 여천군 관할로 변경되었다. 이후 삼일면과 쌍봉면이 여천지구출장소를 거쳐 여천시로 승격되어 여천군은 나머지 7개 면을 관할하였다. 그리하여 여수시, 여천시, 여천군이 정립(鼎立)했다. 이후 1998년에 이들 세 개 자치단체가 여수시로 통합되어 지금에 이르고 있다.

4. 여수면·읍 지역

시가지

현내면 지역은 외곽의 10개 리를 제외하고, 1912년 10월 10일 조선총독부령 제23호(『朝鮮總督府官報』 1912.10.10.)로써 시가지로 지정되었다. 가옥세법 제1조 제3항 규정에 의해 제1조 제1항의 시가지로 지정된 것이다. 당시 여수군 현내면의 시가지 지역(33개 동)은 다음과 같다.

행(杏)동, 근(芹)동, 부(不)동, 연(蓮)동, 수(樹)동, 정(井)동, 제(齊)동, 평(平)동, 죽(竹)동, 지(枳)동, 내(內)동, 예(禮)동, 동천(銅泉), 석성(石城), 아(雅)동, 후(后)동, 소(蘇)동, 죽전(竹田), 남(南)동, 장(莊)동, 구(龜)동, 천(川)동, 상정(上井), 교(喬)동, 종(鐘)동, 탕암(宕岩), 추(秋)동, 성(城)동, 석정(石井), 포(圃)동, 연등(蓮嶝), 하정(下井), 석교(石橋)

위 동 이름을 보면, 연등(蓮嶝)을 제외하고 지금 지명에는 전혀 흔적도 남아 있지 않아, 각 지명이 구체적으로 어디였는지 알 수 없다.

동·서정

이후 1914년 3월 2일 전라남도령 제2호를 통해 여수면의 구역은 다음과 같이 2정 10리로 정해졌다.[8] 면의 이름도 이전의 현내면에서 여수면으로 바뀌었다.

동정: 수동 정동 제동 죽동 행동 지동 남동 장동 소동 죽전 후동 아동 석(石)동 예동 근동 내동 동천 석성 평동 연동 종포(21)

서정: 종동 석정 천동 포동 상정 하정 석교리 교동 추동 탕암 구동 성동 연등(13)

봉산리: 봉서리 봉강 국포리(3)

신월리: 신근리 봉양리(2)

여서리: 기동 대치리(2)

문수리: 소미리 허문리 소치리(3)

오림리: 오림리(1)

왕십리: 문치리 신죽리 일부 쌍봉면 용수리(4)

미평리: 태성리 죽림리 평지 양지리 신죽리 일부(5)

만성리: 만평리 만중리 만흥리(3)

덕충리: 덕대 와동(2)

오천리: 쌍봉면 중천리 모사리 오만리 일부(4)

위의 동정과 서정은 2년 전의 시가지와 같다. 그것이 동·서정으로 구분되었고, 동정에 종포가 추가되어 34개 동리가 되었다. 동정과 서정을 가르는 기준선은 오른쪽 약도에서 확인할 수 있다.

1927년 9월 13일 조선총독부는 여수기업주식회사가 출원하여 시행했던 여수항 매립 공사의 준공을 인가했다. 그 인가 문

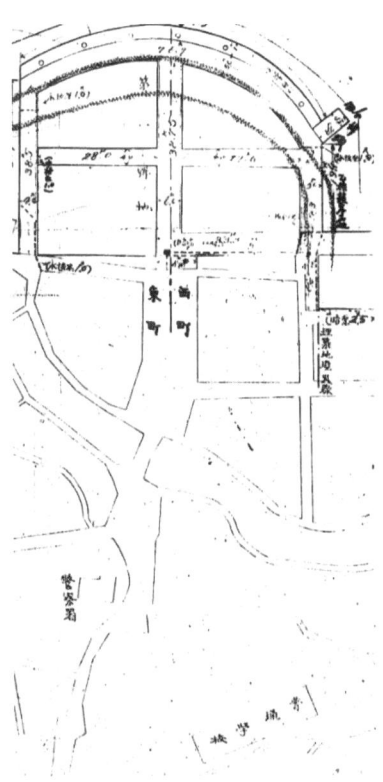

동정과 서정(매립준공도)

서에 '여수항 준설 및 매축공사 준공도'라는 약도가 첨부되어 있다.

약도 위쪽에 타원형의 곡선으로 표시된 곳(전라좌수영의 수장을 매립한 곳)은 지금의 중앙동 로터리 부근이고, 약도 아래쪽에 '보통학교'로 표시되어 있는 곳은 진남관이다. 또 그 약도를 보면, 오늘날 중앙동 로터리에서 출발하는 동문로 중간을 기준으로 동쪽을 동정, 서쪽을 서정으로 구분했다.

그리고 1912년의 부(不)동과 1914년 동정의 석(石)동만이 서로 일치하지 않는 지명인데, 뒤의 1926년 자료에 따르면, 석동이 맞다. 또 동정의 연동은 1928년 11월 2일자『동아일보』기사의 약도를 통해 파악할 수 있다. '동정'이라는 글자 오른쪽에 희미하게 표기되어 있다. 고소대가 있는 계산(鷄山)과 와우산(흙산) 사이에 위치하여 옛 동정시장 인근으로 보인다.

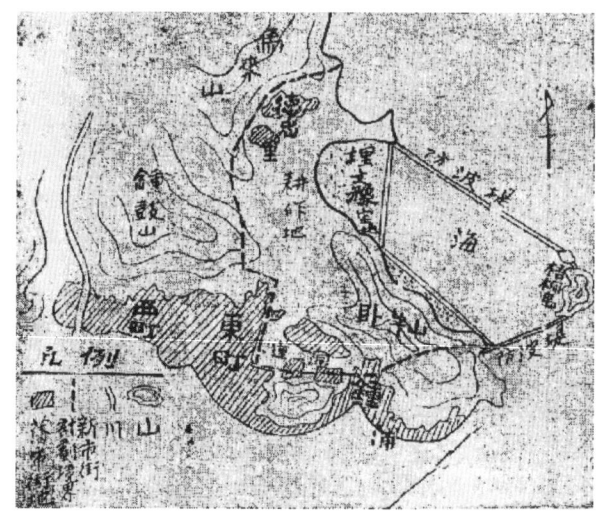

연동 표시 약도(《동아일보》)

그밖에 1916년 11월 9일 여수면사무소가 주체가 되어 '지지조서 용지'에 작성한 것을 보면, 동정과 서정의 구 동리명은 1914년의 것과 같은데, 일부 동리의 위치를 유추할 수 있는 기록이 있다.

먼저 동정에서 장동은 속칭 '수장굿(수장끝-인용자)'이라 하여 전라좌수영성 남쪽 밖에 있던 수장 인근 지역, 소동은 속칭 '고소대동'이라 하였으므로 고소대를 중심으로 한 지역이었음을 알 수 있다.

또 아동은 속칭 '이아(貳衙)동'이라 했는데, 이아는 '지방 군, 현의 수령을 보좌하던 자문 기관'이란 의미이므로 여수군의 군청 청사 일대를 가리키는 것으로 보인다. 서정의 종동은 속칭 '망매골'이며, 탕암은 속칭 '탕수바우'이다.

지정면

이후 1923년 2월 15일 조선총독부령 제25호 면제시행규칙 개정(『朝鮮總督府官報』 1923.2.15.)으로 여수군 여수면이 지정면으로 지정되었다.

지정면 지정(『朝鮮總督府官報』)

제6조의 2항이 추가되면서 협의회원의 선거를 행하는 면이 지정되었고, 이 조치는 4월 1일부터 시행되었다. 지정면은 협의회원의 선거를 행할 면으로, 지정면과 보통면의 차이는 면협의회원을 선거로 뽑느냐 임명하느냐의 차이이다. 이때 여수면과 함께 지정면으로 지정된 곳은 전남에서는 광주면, 경기도에서는 수원면, 개성군 송도면, 시흥군 영등포면 등이었다.

그에 앞서 조선총독부는 1917년 6월 9일 면제와 면제시행규칙을 공포하고 10월 1일부터 시행했다. 면제 제1조는 "면은 법령에 의하여 면에 속하게 한 사무를 처리함"이었다. 면이 처리할 사무는 면제시행규칙에 다음과 같이 규정(『매일신보』 1917.6.10.)되었다. ① 도로 교량, 도선(渡船), 하천 제방, 관개 배수, ② 시장, 조림, 농사경영 축산 기타 산업의 개량 보급, 해조충(害鳥蟲) 구제, ③ 묘지, 화장장, 도장(屠場), 상수, 하수, 전염병 예방, 오물의 처치, ④ 소방, 수방(水防).

1920년 7월 29일 면제가 개정되었다. 주요 개정 내용은 제4조에 대한 것으로 면장의 자문에 응하기 위하여 면에 협의회를 둔다는 것이었다. 협의회는 면장 및 면협의회원으로써 조직하고, 협의회원의 정원은 8인 이상 14인 이하의 범위 내에서 조선총독이 정하며 협의회는 면장으로써 의장으로 삼는다는 것이었다. 그리고 면제시행규칙도 개정(조선총독부령 제103호)되었는데, 그 내용은 협의회원의 정원에 대한 것으로서 인구 5천 미만의 면에서는 8인, 1만 미만에서는 10인, 2만 미만에서는 12인, 2만 이상에서는 14인의 협의회원을 뽑도록 했다.

지정면이 보통면에 비해 다른 점 가운데 또 하나는 지정면의 면장은 군수와 동급인 주임관 대우를 받았다는 것이다. 조선총독부는 1922년 8월 지방관관제를 개정할 때 면장 50인에 한해 주임관 대우로 할 계획을 세우고, 1923년 2월 일본인 면장 15명, 조선인 면장 31명을 주임관 대우로 했다. 여수군이 지정면이 될 당시에는 기존의 24개 지정면이 있었다.

이제 다시 1923년 여수면의 지정면 지정 문제로 돌아가 보자. 이때 여수면을 포함해 17개 면을 추가로 지정면으로 지정한 배경과 선정 기준에 대해 조선총독부 내무국장(大塚)은 다음과 같이 설명(『조선일보』 1923.2.25.)했다.

먼저 선정 기준은 ① 주로 상공업지로, 또 공공적 시설을 요함이 많은 곳, ② 적어도 호수 천5백 호 이상이고, 그중 반수 이상 집단되어 있는 곳, ③ 협의회원 선거권을 가질 자의 수가 100인 이상 될 곳, ④ 면 부과금 1호 평균 7원 이상의 부담을 감내할 만한 곳이다. 그 결과 선정된 곳은 전남 여수 외에 충북 충주, 충남 천안, 전북 정읍, 경북 상주, 안동, 경주, 경남 동래, 밀양, 황해 사리원, 평남 안주, 평북 정주, 선천, 강계, 강원 철원, 강릉, 함남 북청면이다.

여수읍

면제는 이후 읍면제로 변경되었는데, 읍면제는 1930년 12월 1일 제정되어 1931년 4월 1일부터 시행되었다. 읍면제의 개정 요지는 다음과 같다. ① 면제를 읍·면제로 고침, ② 현재의 지정면을 읍으로 하고, 또 장래 그 발달이 현저한 면은 이를 읍으로 함, ③ 읍에 읍회를 두고 의결기관으로 함, ④ 면에는 선거제도를 행함. 단 면협의회는 자문기관으로 함.[9] 면 가운데 지정면은 명칭을 읍으로 고치고, 의결기관인 읍회를 두며, 면에는 자문기관인 면협의회를 둔다는 내용이다.

1930년 12월 29일 조선총독부령 제103호로써 읍면 및 읍면장에 관한 규정(『朝鮮總督府官報』 1930.12.29.)이 제정되었다. 제1조에 읍의 명칭과 구역이 명시되었는데, 여기에 여수읍이 포함되었다. 또 1931년 4월 지정면의 명칭을 읍으로 변경하는 읍제가 시행되었을 때 40개의 다른 지정면과 함께 여수군 여수면도 여수읍으로 변경되었다.

여수면의 중심부는 동정과 서정으로만 구분되어 있었다. 읍내를 동정, 서정의 2구로 나누어 각기 1명씩의 구장을 두었다가, 호구가 매년 증가함에 따라 1926년 면 당국에서 다음과 같이 모두 8개의 구로 나누고 구장도 늘렸다(『매일신보』 1926.5.2.).

    동정 제1구   전 수(樹)동, 정(井)동, 재(齋)동, 평(平)동, 연(蓮)동
           제2구   전 내(內)동, 동(銅)동, 석(石)동, 아(雅)동의 일부, 예(禮)동, 근(芹)동, 행(杏)동, 죽(竹)동, 북(北)동
           제3구   전 아(雅)동의 일부, 후(喉)동, 남(南)동, 소(蘇)동, 장(莊)동, 신(新)동
           제4구   전 상종포(上鍾浦), 하종포

서정 제1구 전 군자(君子)동, 석정천(石井川)동, 포(圃)동, 종(鐘)동
　　제2구 전 성(城)동, 구(九)동, 추(秋)동, 탕암(宕巖), 교(喬)동, 하정(下井)
　　제3구 전 석교(石橋), 연등(蓮燈)
　　제4구 전 상정(上井), 망매(望梅)동, 수상(藪上)동

위 지명을 보면, 대체로 동정 제1구는 종고산 동쪽 평지(지금의 한려동 일대), 제2구는 좌수영성 인근, 제3구는 고소대가 있는 계산 주위인 듯하고, 제4구는 종포 일대이다. 또 서정 제1구는 종고산 남쪽 기슭, 제2구는 그 아래, 제3구는 종고산 서쪽 기슭으로 보이는데, 제4구는 특정하기 어렵다.

또 1912년과 1914년의 지명이 대체로 그대로 이어지지만, 그렇지 않은 곳도 있다. 동정 제1구의 재(齋)동은 1912년의 제(齊)동인 듯한데, 어느 한쪽이 오기로 보인다. 1926년에 새로 나온 지명은 동정 제2구 가운데 동동, 북동, 제3구의 후동, 신동, 서정 제1구의 군자동, 석정천동, 제2구의 구동, 제4구의 망매동, 수상동이다. 동정 제2구의 동동은 1912년의 동천(銅泉), 제3구의 후동은 1912년의 후(后)동에서 나온 듯하고, 서정의 석정천동은 1912년의 석정(石井)과 천(川)동이 합해진 것, 구동은 구(龜)동을 달리 표기한 것으로 보인다.

동정의 각 동 이름이 나온 1912년·1914년·1926년의 자료를 한눈에 비교해 보기 위해 표로 정리하면 다음과 같다.

1912년	1914년	1926년
杏洞, 芹洞, 不洞, 蓮洞, 樹洞, 井洞, 齊洞, 平洞, 竹洞, 枳洞, 內洞, 禮洞, 銅泉, 石城, 雅洞, 后洞, 蘇洞, 竹田, 南洞, 莊洞,	동정: 樹洞, 井洞, 齊洞, 竹洞, 杏洞, 枳洞, 南洞, 莊洞, 蘇洞, 竹田, 后洞, 雅洞, 石洞, 禮洞, 芹洞, 內洞, 銅泉, 石城, 平洞, 蓮洞, 종포	제1구: 전 樹洞, 井洞, 齋洞, 平洞, 蓮洞 제2구: 전 內洞, 銅洞, 石洞, 雅洞의 일부, 禮洞, 芹洞, 杏洞, 竹洞, 北洞 제3구: 전 雅洞의 일부, 帿洞, 南洞, 蘇洞, 莊洞, 新洞 제4구: 전 上鍾浦, 下종포
龜洞, 川洞, 上井, 喬洞, 鐘洞, 宕岩, 秋洞, 城洞, 石井, 圃洞, 蓮嶝, 下井, 石橋	서정: 鐘洞, 石井, 川洞, 圃洞, 上井, 下井, 石橋里, 喬洞, 秋洞, 宕岩, 龜洞, 城洞, 蓮嶝	제1구: 전 君子洞, 石井, 川洞, 圃洞, 鐘洞 제2구: 전 城洞, 九洞, 秋洞, 宕巖, 喬洞, 下井 제3구: 전 石橋, 蓮燈 제4구: 전 上井, 望梅洞, 藪上洞

이 표에서 세 시기의 지명을 보면, 서로 일치하지 않는 것도 있지만, 일치하는 지명이 더 많다. 또 시

간이 흐르면서 새로 생긴 지명도 보인다. 그중에서도 오늘날까지 남아 있는 지명은 동정 지역에서는 종포, 서정에서는 교동, 연등 정도이다. 그런데 1926년의 8개 구의 지명을 통해 구내에서 서로 인접한 지역은 유추할 수 있다. 예를 들면 서정 제3구는 연등과 석교로 이루어져 있으므로 석교는 연등과 이어진 곳이었음을 알 수 있다. 오늘날 연등동 인근에 석교라는 지명이 있었을 것이다.

또 같은 해인 1926년에 일본인 사이에서는 동정·서정의 분할과 정리 요구 여론(『朝鮮新聞』 1926.8.5.)이 있었다. 먼저 2개의 정으로 구분된 경위에 대해서는 "원래 여수의 정을 동서의 2정으로 구분했던 것은 왕년 토지조사 때 민간의 이편을 고려한 것이 아니고, 조졸간에 명명된 것"으로 이는 "지리의 실제로는 맞지 않고 넓이 9백 정보, 인구 내지인(일본인-인용자) 3천 인의 도회로서는 도리에 맞지 않음을 면하지 못"한다고 전제했다.

그래서 (일본인) 재주자 사이에서 구체적으로 "행정구역상의 동정을 다시 구분하여 동정, 동상정, 동문통 등의 7정으로, 서정을 중정, 영정, 서정 1, 2정목 등의 6정으로" 나누자는 제안이 나오게 되었다. 또 구분의 기준으로는 "동정을 종포 방면 동정소학교통 이남과 이북으로, 서정을 연등천 이서, 서정 상업지, 서정 고지의 6개가량으로" 제시했다.

이와 같은 구분은 실제로 실행되었던 것으로 보인다. 1941년 여수읍 10주년을 맞아 여수읍에서 발행한 공식 자료에서 그것을 확인할 수 있다.[10] 그리하여 동정과 서정은 다음과 같이 각각 18개와 14개 정으로 구분되었다.

동정: 항정, 진남정, 일출정, 문정, 소화통1·2·3정목, 송월정, 남양정, 애생정, 욱정, 동정, 본정1·2정목, 동대정, 동문정, 사정, 종산정(18)
서정: 본정1정목, 영정, 중정, 서상정, 군자정, 금정, 연등정, 행정, 서정1·2·3·4·5정목, 궁정(14)

동·서 32개 정은 당시 국민총력조선연맹의 정(町) 연맹의 단위이다. 그중 진남정은 진남관에서 유래한 듯하고, 종산정은 이전 종포를 개칭한 것으로 보인다.

그리고 위 지명은 1940년대에 갑자기 사용된 것은 아니었던 것 같다. 다음 기사를 볼 때 그 이전부터 사용되었다. 1934년에는 5월에 여수상공회 창립 준비간담회에서 창립 준비위원으로 선정된 34명 중 일본인의 주소가 다음과 같이 기재(『木浦新報』 1934.5.14.)되어 있다. 동정에는 동상정, 동정, 동대정, 욱정, 애생정이 있고, 서정에는 영정, 서정1정목, 서정2정목, 중정, 서상정이 보인다.

동정과 서정의 지명 중 공통된 지명이 하나 있다. 본정이 그것이다. 그중 서정의 본정은 로터리에서 옛 남문 근처에 이르는 극히 짧은 구간의 도로 서쪽 변에 속하는 구간을 가리키는 것으로 추정된다.

또 『여수읍십년사』에서는 동·서정 외 나머지 외곽 10개 리를 다음과 같이 30개 마을로 구분했다.(괄호 안의 숫자는 마을 개수)

봉산리 대산정, 산수정, 봉산정, 길야정(4)
신월리 봉양, 물구미, 신근 동부, 신근 서부(4)
여서리 대치, 기동(2)
문수리 허문, 소미(2)
오림리 오림, 신흥정(新興亭)(2)
왕십리 용수, 문치, 석교촌(3)
미평리 소정, 평지, 죽림, 양지, 신죽(5)
만성리 만상, 만중, 만평(3)
덕충리 마산정, 덕충정, 석천정(3)
오천리 오만, 모사(2)

위 30개 마을도 당시 국민총력조선연맹의 정(町)·부락 연맹의 단위이다. 위에서 봉산리와 덕충리에도 동정·서정과 같이 정(町)으로 변경된 마을 이름이 있었다는 것이 주목된다. 봉산리는 공장지대로 이용되었고, 덕충리는 여수역 부근이라 시가지로 취급하였기 때문으로 보인다. 그런데 위와 같은 구분은 '법정동'과 '행정동'의 차이와 같은 개념이었던 것으로 생각한다. 공문서에서의 주소는 2정 10리로 기록하고, 일상생활에서는 62개로 세분해서 사용한 것이 아닌가 하는 것이다.

구미 · 기미 · 금

위에서 신월리는 4개 마을로 구성되었는데, 1914년의 신근리·봉양리 외에 물구미가 추가되었다. 신월리 물구미(勿九味)에서 '구미'는 '바닷가나 강가의 곶이 길게 뻗고 후미지게 휘어진 곳'을 뜻하는 우리말 구미(또는 기미, 금)를 붙인 지명이다.

난중일기의 임진년 2월 19일 기록을 보면, 좌수사 이순신이 전라좌수영 관내 5관

이목구미가 있던 화양면 이목리(1910년대 지도)

5포를 순시할 때 여자만을 가로질러 고흥반도에 있는 여도진(현재 고흥군 점암면 여호리)에 가면서 이목 구미(龜尾)에서 배를 타고 출발했다고 되어 있다. 이목구미는 화양면 이목리에 있다. 앞 지도 왼쪽 위에서 중간쯤에 오른쪽으로 움푹 들어간 곳이다.

구미가 붙은 지명은 현재에도 남아 있다. 삼일동에는 석유비축시설이 있는 한구미[다음 지도에는 간(間)구미로 표기되어 있다.]가 있고, 남면 금오도에는 함구미가 있다. 한·함의 차이는 표기에서의 차이일 뿐 뜻에서의 차이는 없는 것으로 보인다. 우리말에서 '크다'의 뜻을 가진 '한'의 의미가 아닐까 짐작한다. 또 묘도 건너편 선착장 쪽에 장구미, 개도에는 여석구미가 있다.

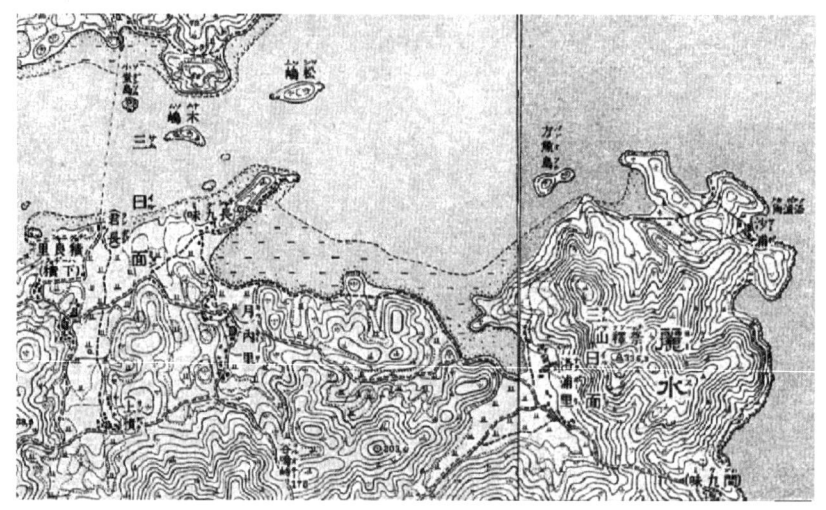

여수군 삼일면의 한(간)구미와 장구미 지도(1910년대 지도)

구미는 기미, 금 등으로 변형되어 지명에 남아 있다. 기미라는 지명으로는 오동도에서 바라다 보이는 돌산의 진목(眞木) 마을의 참남기미가 있다. 나무의 15세기 표기는 '낡'이다. 또 삼일동 낙포 쪽에는 예전에 달밭기미(이때 기미는 앞 글자 받침의 영향으로 경음화 되어 '끼미'로 발음됨)가 있었다. 낭도에는 역기미가 있다.

한 글자 '금'이 지명에 남은 곳은 오천동의 모사금과 화태도의 달밭금[월전], 낭도의 장사금, 큰사금이 있다.

'구미'는 여수에만 있었던 것은 아니다. 임진왜란 때 임진년의 부산포 해전 당시 조선 수군이 일본군 병선을 불태운 곳 중 하나인 화준구미가 있다. 또 1910년대 지도를 보면, 남해안 곳곳에 구미의 지명이 분포되어 거제도 저구리의 저구미, 완도군 완도면의 가마구미와 대구미, 보길도의 선창구미와 대구미, 해남 북평면의 활구미(현재 남성항 너머 남쪽)가 있다.

그런데 한자 표기는 약간씩 다른데, 이순신은 龜尾로, 여수의 한구미·장구미·함구미와 완도의 가마구미·선창구미는 九味로, 완도와 보길도의 대구미, 해남의 활구미는 口味로, 거제 저구미는 仇味이다. 이 차이는 한자로 옮기는 과정에서 기록한 사람이 누구냐에 따라 달라진 것일 뿐이다.

여수문화원이 1993년 발행한 마을 유래지에는 신월동의 마을 중 샘그미(샘끼미·샘그미)를 소개하고 있다.[11] 또 '생금'이라고 표기한 경우도 있는데, 이를 두고 구봉산에서 금이 생산되었다 하여 붙여진 이름이라는 주장(『뉴스탑 전남』, 2023.3.19.)도 있다.

2021년 발행된 마을 유래지에서는, 조선후기 기록인 호구총수에 천구미(泉仇味)로 기록되어 있고, 이를 우리말로 하면 샘구미가 되며, 샘구미를 다시 한자로 바꾸는 과정에서 생금(生金)으로 오기한 것으로 추정했다.[12]

필자는 이 추정이 타당하다고 생각한다. 구봉산에서 금이 생산되었다는 것은 조선시기와 근대를 통틀어 어디에도 찾아볼 수 없는 근거 없는 낭설일 뿐이다. 구봉산에서 금이 난 것이 사실이라면, 하필 그곳에만 '금'자 붙은 지명이 있을까. 구봉산 둘레 여기저기에 '금' 관련 지명이 남아 있어야 할 것이다.

고유의 우리말 지명을 1910년대 토지조사사업과 면·동·리 통폐합 당시 토지조사국 직원과 면서기들이 한자로 적는 과정에서 본뜻과는 다른 지명들이 무수히 탄생했음은 널리 알려진 사실이다. 신월동의 '생금' 마을을 두고, '구봉산 금' 운운하는 것은 결국 그들의 장단에 놀아난 꼴이 된다.

앞의 물구미(勿九味)에서 물은 우리말 물을 한자로 바꾼 것에 불과하고, 물구미는 결국 샘그미(샘끼미·샘그미), 생금과 같은 지역의 이름이다.

5. 여수부·여수시, 여천군, 그리고 다시 여수시

1923년 지정면을 거쳐 1931년 읍이 된 여수에 거주하던 조선인·일본인들은 몇 가지 숙원을 품고 있었다. 그중 하나는 여수읍이 여수부로 승격되는 것이었다. 또 다른 중요한 일은 여수항의 개항 승격이었다. 후자에 대해서는 뒤의 항만 부분에서 다루겠다.

1939년 3월 30일 여수읍회 종료 후 읍회의원들은 간담회(『釜山日報』 1939.4.1.)를 열었다. 이 자리에서 기성회를 설치하고 '부제' 실시를 비롯해 여수의 여러 현안의 실현에 매진하기로 뜻을 모았다. 그러나 활동 실적은 미미했던 모양이다.

1943년에도 부제실시촉진기성회(『매일신보』 1943.4.8.)가 결성되었다. 역시 읍회를 마친 후 간담회 자리에서였다. "부제 실시란 말이 대두됨은 의구하나 그에 대한 구체적 운동책이 없었음은 사실이며 그 추진력인 모체 결성을 요망"하던 중 송본정량의 제안에 의원 일동이 찬의를 표하여 성사되었다. 위 신문 기사는 "위에서 떨어질 날을 기대할 것이 아니라 지방인이 솔선 부제 실시 도화선에 인화(引火)의 역을 감연(敢演)해야 할 것"이라고 주문했다. 그러나 여수읍의 여수부 승격은 끝내 성사되지 않고, 해방을 맞았다.

그러다가 정부 수립 이후에 여수읍이 여수부로 승격되었다. 1949년 8월 13일 대통령령 제161호로 부의설치및군의명칭, 관할구역변경의건(『관보』 1949.8.13.)이 공포되었다.

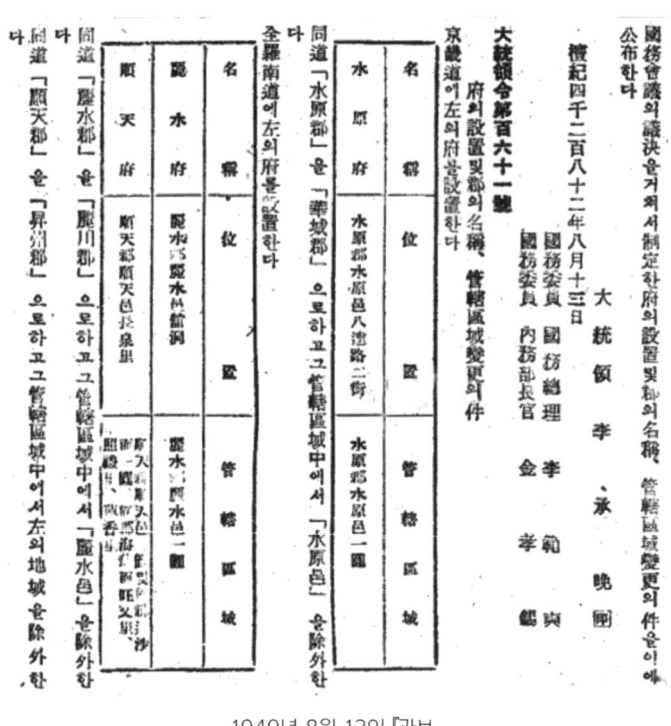

1949년 8월 13일 『관보』

이 조치는 8월 14일 시행되었다. 이 조치로 여수읍은 수원읍·순천읍·포항읍·김천읍과 함께 '부'로 승격되었다. 그리고 여수군은 여천군으로 명칭을 변경하고 그 관할구역에서 여수읍을 제외시켰다.

이어 이튿날인 8월 15일에는 '부'의 명칭을 '시'로 변경했다. 8월 13일 대통령령 제158호 지방자치법 시행령(『관보』 1949.8.13.)이 부칙에 의해 8월 15일에 시행된 데 따른 것이다. 그로 인해 여수'부'는 하루만에 여수'시'로 개칭되었다. 이후 1998년 여수시·여천시·여천군이 다시 여수시로 통합되어 오늘에 이르고 있다.

02
간척, 공간의 확장

1. 시가지 조성용 매립

1910년대

여수의 바닷가를 메워 땅으로 만드는 일은 1910년대 일본인들이 여수에 몰려오면서 시작되었다. 일본인들의 간척은 1940년대 해방 직전까지 이어졌다. 이러한 간척은 크게 세 가지 목적으로 진행되었다. 첫째 상가·주거지·도로를 위한 시가지 조성, 둘째 경지면적 확장, 셋째 보다 큰 배들이 접안할 수 있는 항만·부두 건설이 그것이다.

세 가지 가운데 먼저 첫 번째 경우를 살펴보자. 일본인들이 처음 눈독을 들인 곳은 지금 충무동·서교동 일대인 연등천 하구 유역이었다. 옛 좌수영성이 있어서 배들이 정박할 수 있었던 곳인 데다가 당시 군청·면사무소·경찰서 등이 집중된 중심지와 가까운 곳이었기 때문이다.

그리하여 1910년 8월부터 일본인들이 여수항으로부터 순천에 통하는 지구 연안에 해면 수만 평을 매립하기 위해 허가 신청을 했고, 그것이 총독부의 허가를 받음으로써 1912년 3월 1일 기공(『매일신보』 1912.3.7.)했다. 여수항이 조석으로 선박의 왕래가 끊이지 않는 반면에, 시가지는 뒤에 바로 종고산이 있어 '장래의 발전'에 큰 관계가 있으므로 시가지 확장 및 정리를 한다는 명분이었다.

그밖에 추가 매립 출원도 있었다. 3월 1일 기공식을 한 바로 그 앞면 6만여 평을 매립하려는 사업(『매일신보』 1912.3.15.)이었다. 대상 해면은 만조 때에만 겨우 범선이 통행할 수 있는 '소지(沼池)'였다. 이 허가를 받은 일본인은 여수의 상전(上田)과 동경의 실업가 백작 후등(後藤)·촌상(村上)·도변(渡邊)·내전(內田) 등인데, 이들은 자본금 10만 원의 매축회사 설립도 출원했다.

그런데 1912년에 기공한 공사는 바로 준공으로 연결되지 못한 것으로 보인다. "여수항만 내 간석 매축지 2만 6천여 평은 부산 고뢰상회에서 양수 기공하여 본년 12월 말까지에 완성할 터"라는 기사(『釜山日報』 1917.4.25.)에 따르면 공사 주체가 다른 이로 변경되어 1917년에 공사가 다시 이뤄진 듯하다.

위 기사를 보면, 부산 고뢰상회가 매립 허가를 양수받은 것으로 나온다. 아마 처음 매립 허가를 받은 이들이 공사를 진행하다가 여의치 않아 고뢰상회에 넘긴 듯하다. 그리하여 "고뢰농장은 여수항 서쪽 간석지 2만 3천여 평을 택지 목적으로 공비 5만 원으로써 매립 공사에 착수하여 현재 왕성히 작업 중이다. 매일 수백 명의 인부들이 30전 이상 60~70전까지 수입이 있다."라는 기사(『釜山日報』 1917.9.5.)에서 보듯이 1917년에 공사가 한창 진행되었다.

고뢰상회에서 진행한 공사는 1917년부터 1919년까지 이뤄져 내항 내 8만 5천8백 평방미터를 매립하였다.[1] 8만 5천8백 평방미터를 평수로 환산하면 2만 6천 평 정도이다. 김계유의 책에는 보다 구체적으로 설명되어 있는데, 1917년 5월부터 시작하여 1920년 9월 27일 준공되었다고 하며, 지금의 교동오거리부터 서시장에 이르는 곳(중무동 240필지 3만1천423평, 서교동 246필지 1만6천733평, 교동 21필지 1천191평, 광무동 26필지 989평)이라 한다.[2] 이 평수를 모두 더하면 5만 336평으로 앞의 자료에 비해 거의 2배 가까운 면적이다. 아마 매립공사가 1차에 끝나지 않고, 여러 차례 이뤄진 결과가 아닌가 짐작된다.

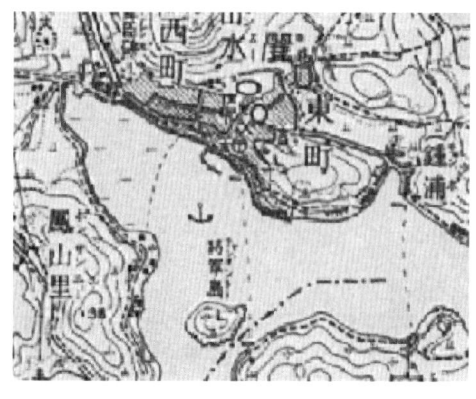

구항 주변(1910년대 지도)

연등천 하구 유역보다는 늦게 착공했지만, 먼저 준공된 지역은 종고산 아래 좌수영성 바깥 바닷가 지역이다. 역시 일본인 성전철남(成田哲男) 등 13명이 1914년 3월부터 시작하여 1916년 10월 12일에 완성했다. 면적은 중앙동 29필지 1천3백여 평, 교동 67필지 3천548평, 합 96필지 4천848평이었다.[3] 왼쪽 지도에서 구항 내 서정지역 해안선 따라 빗금 친 부분이다. 1912년에 새로 출원했던 6만여 평의 '소지' 중 일부가 아닌가 생각된다.

당시 신문 기사(『釜山日報』 1916.1.8.)는 "여수 제1기 매축 3천여 평은 최근에 준공을 고하고, 항민은 경쟁적으로 가옥의 건설에 착수한 것이 십수 채"라고 전하고 있다. 이 간척이 가옥 건설 목적이었음을 보여주는 사례이다.

1920년대

1920년대에도 구항 일대에서는 시가지 조성, 그리고 항만 건설을 위해 간척과 준설이 있었다. 1923년 6월 여수항준설기성회 회의가 열려 임원진을 선출(『동아일보』 1923.6.27.)했는데, 회장 대총치삼랑(大塚治三郎), 부회장 김한승, 간사 장재영, 김우현, 본전웅길(本田熊吉), 상원영차랑(上原永次郎) 등이 그들이었다. 조선인과 일본인이 임원의 절반 정도씩 차지한 것에서 이 사업은 조선인과 일본인이 공통의 이익을 갖고 있었다는 것을 알 수 있다.

여수항 준설 문제는 이후 현안이 되었는데, 즉시 공사에 착수하지 못한 것은 거액의 공사대금 조달 문제가 해결되지 않았기 때문이었다. 1924년 6월 17일 전라남도 내무부장, 지방과장, 토목과장이 여수항만에 출장하여 참석한 70여 명의 항민을 상대로 준설 실행 계획(『조선일보』 1924.6.24.)에 대해 설명했다.

1925년 여수기업(起業)주식회사 창립 후 인가원을 총독부에 제출했고, 6월 26일 인가를 받았다. 회사 상무취체역 목내풍지(木內豊地)는 5월 총독부를 방문하여 각 당국자를 만나고, 공사는 본사를 중국 대련에 둔 동아기업주식회사에 청부(『매일신보』 1925.7.5.)하려고 했다. 이 회사 총자본 20만 원 중 반은 총독부와 전라남도의 보조, 반은 주주들의 출자(『시대일보』 1925.10.16.)로 하고, 총독부 보조는 선박으로 하고, 전남도 보조는 4만 원(『동아일보』 1925.3.20.)으로 하기로 했다.

이어서 하내(河內)정미소 광장에서 10월 9일에 여수기업주식회사 사업으로 여수항만의 준설 및 매축공사 기공식(『매일신보』 1925.10.17.)이 열렸다. 기공식을 전후로 한 10월 6일부터 11일까지 6일간 기공식에 참가할 인사에게 교통비 할인도 있었는데, 대성상회는 광주-여수 간 자동차 승차임을 4할 인하(『매일신보』 1925.10.8.)했다 이 기사를 통해 여수의 시업가들이 여수항 준설 공사에 갖고 있었던 관심의 크기를 짐작할 수 있다.

여수기업회사가 했던 매립공사는 1927년에 준공되었다. 『朝鮮總督府官報』(1927.9.17.)에서 그 내용을 확인할 수 있다.

준공인가연월일 및 번호	개소	수면 종류	준설공사 준공면적	준공 연월일	인가받은 자의 주소 씨명	비고
1927.9.12. 임산제70	여수면 동정 및 서정 지선	해(海)	8600	1927.3.31	여수기업주식회사	1925.6.26. 토제 184호 허가분

준공인가연월일 및 번호	매립 장소	수면 종류	목적	준공면적 (민유)	매립지 취득자의 주소 씨명	비고
1927.9.13. 토제389	여수면 동정 및 서정 지선	해(海)	시가지 조성	3675.24	여수기업주식회사	1925.6.26.토제 184호 면허분

준공인가는 준설과 매립 두 공사에 대해 각각 따로 이뤄졌다. 준설공사는 조선공유수면취체규칙에 의한 처분사항으로 준공 인가를 받았고, 매립공사는 조선공유수면매립령에 의한 처분사항으로 준공 인가를 받았다.

1927년 5월 7일 조선총독부령 제47호로써 제정된 조선공유수면취체규칙 제3조의 "개항, 요항 경역 제1구선내 및 조선총독이 지정하는 항만의 공유수면에서 다음 각호의 하나에 해당하는 경우는 전조의 규정에도 불구하고 조선총독의 허가를 받을 것"이라는 규정에 의해 조선총독의 준설 공사 인가를 받은 것(『朝鮮總督府官報』 1927.5.7.)이었다.

또 조선공유수면매립령은 1923년 3월 12일 제령 제4호(『朝鮮總督府官報』 1923.3.12.)로 제정되어, 1924년 6월 24일 조선총독부령 제35호(『朝鮮總督府官報』 1924.6.24.)로써 같은 해 8월 1일부터 시행되었다. 여수항은 1918년 8월에 이미 '조선총독이 지정하는 항'으로 지정(해면 지정항)되었는데, 이 지정으로 해면 이용에 제한을 받았고, 그래서 인가 절차를 거친 것이다.

여수기업주식회사가 했던 매립공사 지역의 준공도는 다음과 같다. 이때 매립된 곳은 좌수영성의 '수장'을 포함하고 있다. 좌수영성도의 수장 표시, 그리고 매립 전후의 수장 사진을 보면 다음과 같다.

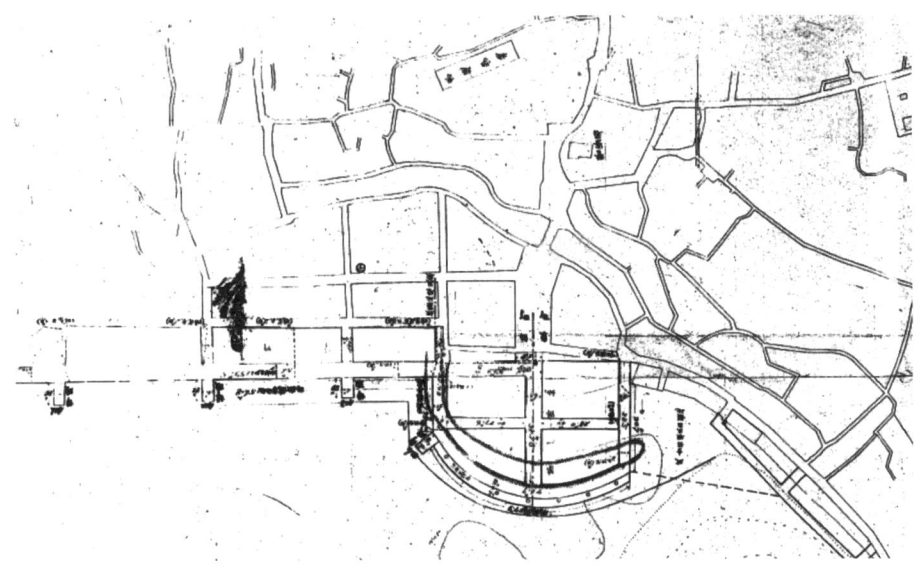
매립공사 지역의 준공도-동쪽지역(국가기록원 소장)

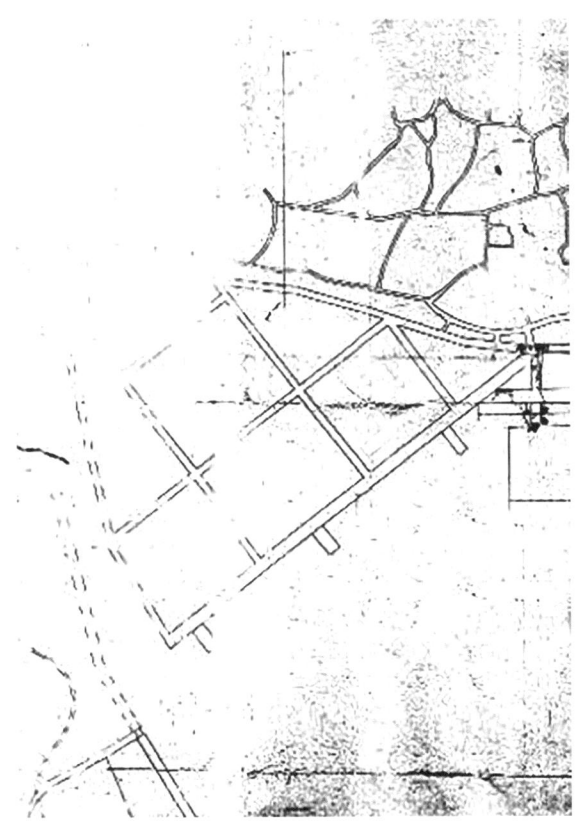
매립공사 준공도-서쪽지역(국가기록원 소장)

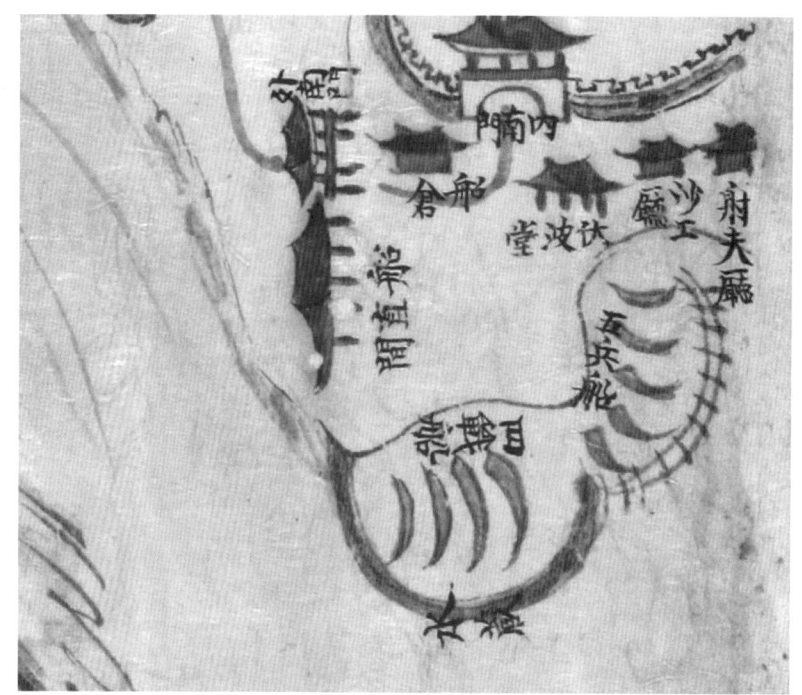

수장(『호좌수영지』)

1910년대 수장-매립 전(『여수시사』)

1920년대 수장-매립 후(『여수시사』)

여수기업회사의 매립공사 결과 늘어난 토지 면적을 김계유의 자료에서는 2만 8천여 평이라고 밝히고 있다.[4] 그 지역은 중앙동 109필지 2만 2천872평, 교동 66필지 5천397평, 합계 175필지 2만 8천269평이다. 이를 소유 주체별로 보면, 여수기업회사 101필지 2만 4천657평, 강기진태랑(岡崎眞太郎) 24필지 1천928평, 하야봉부(河野峯夫) 50필지 1천684평이다.

위 면적 2만 8천여 평은 앞의 『朝鮮總督府官報』와 비교하면 큰 차이가 난다. 앞 관보에 나오는 민유지는 3천6백여 평이라는 것으로 봐서 나머지는 관유지나 국유지로 편입된 것이 아닌가 생각된다. 관보에 실제로 물양장·부두·도로·구거·호안 석원은 국유로 한다는 단서 조항이 있다. 강기진태랑과 하야봉부의 토지 면적을 합하면 마침 3천6백여 평이 된다. 그래서 『관보』의 민유지는 이 두 사람의 토지만 수록한 것으로 짐작할 수 있다. 그리고 이 매립 면적은 시가지 조성용이라 명시되어 있다.

부두용으로는 잔교 설치 기사(『매일신보』 1927.10.8.)가 있다. 합자회사 연정회조부에서 잠정적으로 기업회사 매립지 동남쪽 모퉁이에 길이 30미터, 폭 5미터의 대잔교를 가설하기 위해 신청했다는 것이 그것이다.

공사 준공 이후 기업회사는 해산했다. 기사(『조선일보』 1927.11.1.)에 따르면, 매립지 7천여 평을 두고 처음 동경 지역 인사나 기업으로부터 10만여 원으로 매입하겠다는 교섭이 있었던 모양이다. 그러나 여수기업회사는 그 교섭을 거절하고 여수 지역 유지들이 신디케이트를 조직하여 인수하기로 결정했다. 인수액 10만 원 자본금의 7할 4푼을 식산은행에서 융통하는 것으로 했다. 신디케이트란 금융분야에서 다수의 금융기관이 연합한 차관단을 뜻하는 말이다.

이렇게 완공된 지역은 다음 지도에서 확인할 수 있는데, 진하게 표시된 부분이다.[5] 또 앞의 1918년 지도와 비교하면, 확장된 육지 부분을 식별할 수 있다.

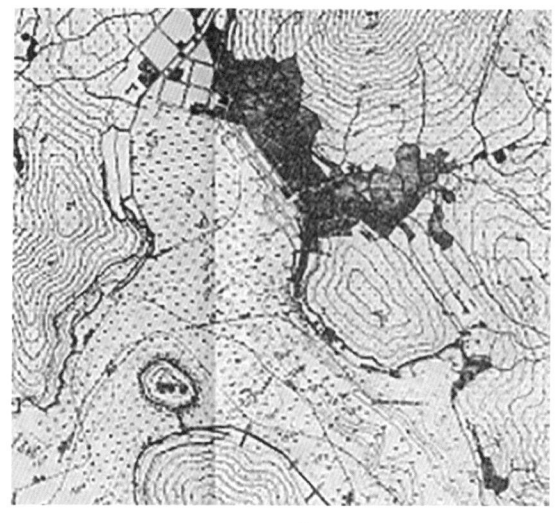

여수구항 일대 매립지(『朝鮮港灣要覽』)

2. 경작면적 확대

간척의 두 번째 목적은 경지면적 확장이다. 이것도 1910년대부터 있었고, 주체는 고뢰농장이었다. 1914년 10월 12일 여수군 연등의 대총치삼랑과 부산부의 복영정치랑이 국유미간지 처분사항으로 대부허가(『朝鮮總督府官報』 1914.10.20.)를 받았다. 기한은 1921년 12월 말일까지로 여수군 소라면 대곡촌, 신흥리 지선의 협포 간석지 52정보 남짓(52.9801정보)를 이용하여 논으로 만들기 위한 허가였다. 대상 지역은 왼쪽 지도에서 보이는 만(灣) 지역이다.

1910년대 해당 지역 지도

대총치삼랑과 복영정치랑은 각각 고뢰농장 주임과 고뢰상점 부산지점장이었다. 그들은 1915년 4월 1일 방조제 공사에 착수했다. 제방은 연장 165칸(한 칸은 6자, 1,818미터, 165칸은 약 300미터) 남짓, 부건(敷巾) 6칸, 마답(馬踏) 3칸으로, 석원(石垣)은 석두(石頭) 1척 2촌 각(角), 석장 2척 동형의 할석으로써 완성했다. 공사 총예정액은 1만 5천9백 원이었다.

같은 해 10월 1일 준공했는데, 간석 개간지 면적은 약 60정보였다. 인부는 소작인과 그 지방 주민 남녀노소를 가리지 않고 모두 채용하여 매일 인부 수백 명을 사역하여 공사에 착수했다.

소라면 협포 간척공사 이후(『釜山日報』 1916.1.29.)

제방 공사 준공 후에는 1916년도 개간 설계 제1구인 약 14정보의 시험 경작 준비를 위해 조선인 인부를 소집하여 저수지·도로·관개용 수로, 지균(地均) 및 건(巾) 12칸, 길이 5칸의 300평의 수전 구획을 장기판 모양으로 만드는 공사를 진행(『釜山日報』 1915.6.30; 1916.1.29.)했다.

고뢰농장은 이후에도 계속 간척 공사를 계속했다. 고뢰농장은 소라면에 약 600정보의 간척을 계획하여 면허를 받고 설계했는데, 1927년 봄에 300정보의 간척(『매일신보』 1927.10.14.)에 성공했다. 조선총독부 토지개량부가 조사한 자료에 따르면 고뢰농장이 진행하였던 간척 공사는 다음과 같다. 각각 1926년 12월말 현재와 1928년 3월말 현재 자료이다.

① 보조를 준 국유미간지 간석지에 대한 개인의 토지개량사업일람표(1926년 12월말 현재)[6]

사업자 씨명	사업지	지구면적	개답면적	미간지 또는 공유수면매립별	보조개시연도	적요
대총치삼랑	여수군 소라·화양면	278.6	191.0	간석지	1923	미준공

② 보조를 준 국유미간지 간석지에 대한 개인의 토지개량사업일람표(1928년 3월말 현재)[7]

기업자	사업지	지구면적	개답면적	미간지 또는 공유수면매립별	보조개시연도	준공여부
주식회사 고뢰농장	여수군 소라·화양면	286.7	200.0	간석지	1923	준공
주식회사 고뢰농장	소라 외 3개면	495.0	270.0	간석지	1927	미준공

소라면과 화양면의 간척사업은 1923년에 총독부 보조를 받기 시작했다. 이 보조는 1920년대 전개된 산미증식계획의 일환이었다. 일제는 자국 내에서 자급하지 못하는 식량을 식민지에서 도입하여 충당해야 했다. 그러한 필요에서 1920년부터 1934년에 걸쳐 조선에서 산미증식계획이 전개되었다.

산미증식계획은 크게 두 가지 방향으로 추진되었다. 첫째는 토지 개량인데, 이는 관개시설의 개선, 밭을 논으로 하는 지목(地目) 변경, 개간과 간척에 의한 논 면적의 확대를 목적으로 한 것이었다. 두 번째는 농사 개량으로 쌀의 품종 개량과 비료의 적극적인 사용을 통해 쌀의 증산을 기도한 것이었다. 총독부는 논 면적의 확대를 목표로 한 토지개량사업의 장려를 위해 보조금을 지원하였던 것이다.

대상 지역은 소라면 관기리와 화양면 창무리에 걸친 곳으로 다음 지도에서 확인할 수 있다.

1910년대 해당 지역 지도

소라·화양면의 간척 사업은 앞의 1926년 12월 말 자료에는 미준공으로 표기되었지만, 1928년 3월 말에는 준공되었다. 면적은 약 290정보, 86만 평이고, 그중 60만 평의 용도는 논이었다. 소유권은 1927년 2월 25일 대총치삼랑 등 3명에서 고뢰농장으로 양도(『朝鮮總督府官報』 1927.3.2.)되었다.

고뢰농장이 1928년 시점에 이미 1천 정보, 즉 3백만 평에 이르는 토지를 소유하였다는 기록을 볼 때,[8] 위에서 본 1928년 시점 완공 86만 평, 그리고 1910년대 간척했던 60정보(18만 평) 외에 2백만 평 정도의 토지는 기존에 있던 토지였고, 그것을 이미 매입하여 농장 소유지로 했던 것으로 보인다.

소라면 관기리 일대 간척지 86만 평 준공을 앞둔 1927년 5월 17일 주식회사 고뢰농장이 여수군 율촌면·소라면·쌍봉면·삼일면에 걸친 간석지 약 160만 평을 매립하여 논으로 만들기 위해 신청한 사업이 조선총독부로부터 허가(『朝鮮總督府官報』 1927.5.20.)되었다. 이후 1928년 3월 26일 농업을 목적으로 한 조선공유수면매립령에 의한 처분사항(『朝鮮總督府官報』 1928.3.31.)을 통해 면적을 148만 5천 평으로 축소하는 변경계획이 인가되었다. 이 지역은 다음 지도의 간석지에 해당하는 곳으로서, 현재 옛 17번 국도와 전라선 철도가 지나는 인근이다.

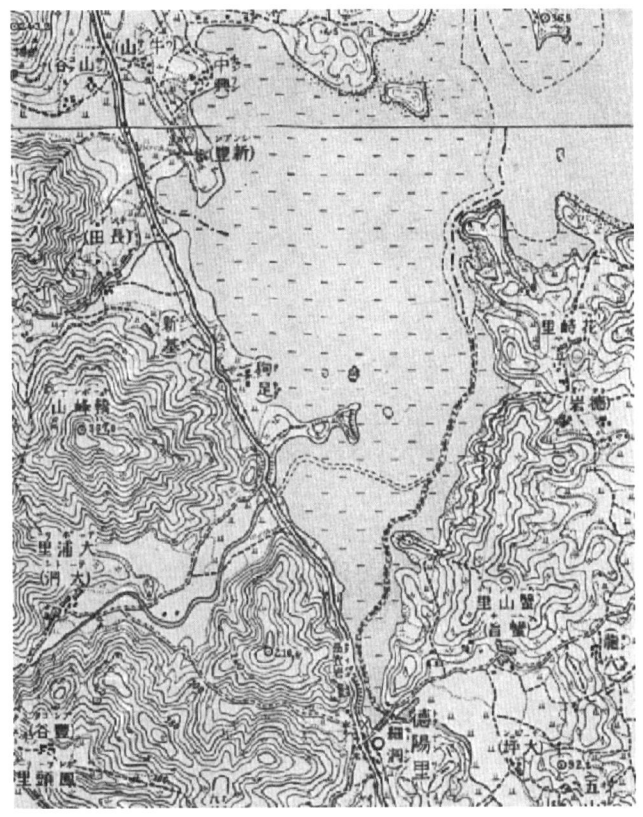

매립공사 전 1910년대 지도

고뢰농장은 약 5년의 공사 기간을 거쳐 1932년 9월 22일 매립공사 준공 인가를 받았는데, 매립 지역은 율촌면 신풍리, 소라면 대포리·덕양리, 쌍봉면 해산리, 삼일면 화치리에 걸친 곳이었고, 전체 면적은 약 147만 8천 평에 이르는 것으로 그중 논은 92만 3천여 평(『朝鮮總督府官報』 1932.9.29.)이었다.

앞에서 언급한 1927년의 매립허가(처분사항)와 1932년의 준공인가 내용을 대조하면 다음과 같다.

처분사항
조선공유수면매립령에 의한 처분사항
면허 연월일 및 번호: 1927.5.17
매립장소: 율촌소라쌍봉삼일
수면종류: 해면
면적: 160,1133평
목적: 답
착수기간: 실시설계 인가후 6개월 이내
준공기간: 1935.12.31
면허받은자: 주식회사 고뢰농장

매립공사 준공인가
준공인가연월일 및 번호: 1932.9.22 開540
매립지의소재: 율촌면 신풍리 소라면 대포리 덕양리 쌍봉면 해산리 삼일면 화치리
수면의 종류: 간석
준공인가

지목	민유	국유
답	92,3323평	
전	574	
잡종지	11,4400	
溜地	1382	
제방	1,9522	
구거	13,7319	
潮游地	17,4569	
하천		10,0912
도로	5785	
계	137,6874	10,0912

매립지 취득자의 주소 씨명: 여수읍 서정 1291 주식회사 고뢰농장
비고: 1927년 5월 17일 식전남 제299호 면허분

　이 매립 공사의 준공으로 고뢰농장의 소유 토지는 약 1천500정보(약 450만 평)로 늘어났다.

　이후에도 고뢰농장은 여수지역의 간척 사업을 활발히 추진하여 1939년 10월 삼일면 월하리·화치리 앞 해면 4만 6천200평의 매립 허가를 받아 1944년 6월 14일 준공인가(『朝鮮總督府官報』 1939.10.12;『朝鮮總督府官報』 1944.6.21.)를 받았다. 매립된 면적은 논 3만 5천614평, 잡종지 2천76평 등이었다.

　또 1941년 4월 소라면과 화양면의 해면 24만 4천245평의 매립 허가를 받았으나 공사에 착공하지 못하고, 착수 기간 연장 허가(『朝鮮總督府官報』 1941.4.19; 1941.8.13.)를 받았다. 그에 앞서 고뢰농장은 1940년 3월에도 여수군 소라면 현천·죽림·관기리와 화양면 창무·이천리에 걸친 지역의 '관개 개선[저수지 제당 숭상((堤塘嵩上)]' 공사에 대해 '토지개량 시행 인가'(『朝鮮總督府官報』 1940.3.11.)를 받았다.

3. 항만 건설

　바다를 메워 육지로 만드는 간척 사업의 목적 중 세 번째는 항만 건설이다. 1920년대 여수기업주식회사가 준설과 매립 사업을 벌인 곳은 구항 일대였다. 구항은 확장에 제한이 있었다. 그래서 항만 건

설을 추진한 이들이 주목한 곳은 신항 일대였다. 신항 건설은 남조선철도주식회사(남철)가 맡았다.

당시 광주-여수간 철도선 부설 공사를 진행하고 있던 남철은 여수 축항 계획을 세우고, 측량 설계 종료 후 1929년 2월 27일경 기공식을 거행할 준비를 마쳤다(『매일신보』 1929.1.28). 여수 축항 기공식은 2월 26일 여수읍에서 '성대히' 거행(『매일신보』 1929.2.28.)되었다.

축항 공사 내용을 보면, 해면 매축 12만 8천3백 평방미터, 안벽 465미터, 하양장 360미터, 호안 550미터, 방파제 240미터로 항내 면적 110만 평방미터이고, 이를 통해 하역 능력 1년 50만 톤을 목표로 했다. 그 외 인근에 신시가지도 백만 평방미터로 조성(『동아일보』 1929.3.5.)하고자 했다.

여수신항(『京城日報』)

위 1930년 12월 여수 신항 일대 사진(『京城日報』 1930.12.25.)을 보면, 신항 축조 공사 결과를 확인할 수 있다.

새로 조성된 신항 지역에는 바다 쪽으로 돌출된 부분이 있었다. 그곳은 옛 유왕암 터이다. 지도에서 크기는 실제보다 과장되어 그려졌다. 유왕암의 북쪽에 돌출된 지역은 지명은 표기되지 않았지만, 뒤에서 확인되는 해운대 터로 보인다.

옛 유왕암의 위치와 용도는 다음과 같다. "외항의 서안(西岸) 중앙부로부터 동쪽으로 120미터의 부두가 돌출되어 있다. 현재 여관(麗關) 연락선의 전용 계선(繫船)에 사용한다. 부두 위에 여수항역, 세관 검사소, 보세창고, 연락화물용 창고가 있다."9) 이 자리에 역사(驛舍)와 계선장, 창고 등이 있다는 것이다.

유왕암(『전라남도 여수군읍지』)

외항은 신항의 별명인데, 당시 구항-신항 호칭 대신 내항-외항으로도 불렀다.

이후 남철에서는 신항 지역 추가 매립에 나섰다. 여수항 잔교 서남쪽 해면 약 1만 평의 매립과 축항 공사를 계획하여 1935년 2월 5일 동경 본사에서 경쟁 입찰에 부쳐 청부업체로 대림조를 선정(『釜山日報』, 1935.2.16.)했다. 그리하여 같은 해 가을 완공을 목표로 1만 8천 평의 공사가 8월에 진행(『釜山日報』, 1935.8.26.)되었다.

그러나 신설된 신항에는 문제가 있었는데, 방파제 시설 부족으로 풍랑의 영향을 많이 받는다는 것이었다. 실제로 1933년 8월 태풍으로 신항 일대가 직접 타격을 받아 여수항역 역사(驛舍)와 창고, 잔교 시설들이 파괴되고 창고 안에 보관하고 있던 화물이 유실되는 피해(『조선일보』, 1933.8.5; 1933.8.8.)를 입었다.

태풍의 영향으로부터 신항을 보호하는 방법은 여수등대 인근에서 오동도까지 방파제 건설이었다. 오동도 반대편에 방파제 공사가 시작된 곳의 지명을 백당금미(白堂金未)라고 적은 기록이 있다.[10] 여기서 '금미'는 우리말 구미(또는 금)의 변형된 표기가 아닌가 생각된다.

1933년 대풍 피해로 조선총독부 예산에 여수항 방파제 설치 예산(3개년 계속사업, 170만원)이 계상되었으나 일본 내각회의에서 전액 삭감(『동아일보』, 1933.12.28.)되었다. 이에 여수에서는 1934년 1월 10일 공직자대회가 소집되고, 총독 이하 각 관계자들에게 예산 부활 청원 전보를 발송하는 등 부산을 떨었다. 또 조선인 일본인 민간 유지 측에서도 시민대회를 개최하고, 기성회를 조직하여 이우헌 외 16명 위원을 선정하고 정길신(政吉信), 김한승 등을 시민 대표로 삼아 관계 요로에 진정(『동아일보』, 1934.1.15.)케 했다.

이후 1935년 여수 등대와 오동도 사이에 방파제 설치 설계가 종료됨에 따라 방파제 부설 사업을 11월 3일 기공했는데, 4개년 계속사업으로 총공사비 2백40만 원(『조선일보』, 1935.11.9; 『동아일보』, 1935.11.11.)이었다. 이 공사의 자세한 내용은 다음 신문 기사(『木浦新報』, 1935.12.22.)에 상세하다.

여수항 방파제 부설 예산은 1934년도 제67회 제국의회에서 통과되었다. 이후 1935년 4월부터 조선총독부 내무국은 여수토목출장소에서 공사를 진행하게 했다. 축조 방파제 연장은 5백 미터이고, 위치는 여수등대 북방 돌각을 기점으로 하여 오동도로 향하여 연장하는 것이었다. 그 구조는 사석[捨石: 토목 공사에서 기초를 만들거나 수세(水勢)를 약화시키기 위해 물속에 던져 넣는 돌]으로 기초를 하고, 그 상부는 높이 7.5미터, 폭 7.3미터, 길이 12미터의 철근 혼괴(混塊, caisson: 토목건축의 기초 공사를 할 때, 압착 공기를 보내어 지하수가 솟는 것을 막으면서, 그 속에서 작업할 수 있게 철근 콘크리트로 만든 상자)를 조립하고 다시 외측에 두께 1.8미터, 내측 두께 0.8미터의 장소에 콘크리트를 채워 방파제 둑 마루 높이 5.8미터로 마무리하는 것이었다.

다음 지도는 1940년대의 것인데, 이 지도에서 신항 일대, 철도와 방파제를 확인할 수 있다. 또 여수항역 역사와 관련 연락선 부두로 사용된 유왕암의 위치도 뚜렷하다.

간척은 공간을 확장하는 것으로 당대 큰 환영을 받은 사업이었다. 그러나 부작용도 상당하다. 문화유산과 환경의 파괴가 그것이다. 개발의 뒷면은 파괴였다. 구항과 신항의 매립과 개발 과정에서 파괴된 것은 무엇인가.

첫 번째 구항 건설 과정에서 좌수영성이 사라졌다. 김계유는, 좌수영성이 철거된 것이 1930년 전후라고 추정했다. 1930년경부터 진남문, 우청, 별청, 좌청 등이 뜯겨 단체의 건물 또는 개인 집의 건축 재료 또는 집터가 되었다고 기록했다.[11]

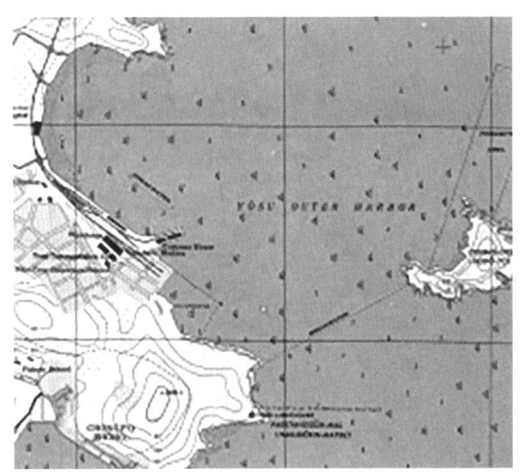

1940년대 신항 일대 지도(인터넷 자료)

그런데 이는 건물들에 대한 언급이고, 성벽에 대해서는 아무런 언급이 없다. 1899년 여수읍지에 따르면, 좌수영성의 둘레는 3천336척, 높이 13척이라고 되어 있다. 미터로 환산하면 둘레 1천10미터, 높이 3.9미터이다. 돌로 쌓은 성이니 많은 양의 돌이 있었으나, 그 돌들이 언제, 어디로 사라졌는지 아는 사람이 아무도 없다. 좌수영성의 그 많은 돌은 어디로 사라졌을까. 성벽을 허물어야 할 이유는 무엇일까. 그 이유로서 통로의 확보와 석재의 필요, 두 가지를 생각해 볼 수 있다.

먼저 통로의 확보이다. 여수군청은 1915년 4월 여수항 중정(中町) 앞 매립지에서 1월에 이미 준공된 여수 순천 간 도로와 여수항에서 종포에 이르는 3등 도로의 완성을 기념하기 위해 군청 주최로 개통식 축하대회를 개최했다. 여수항에서 종포에 이르는 3등 도로는 현재 중앙동 로터리에서 경찰서와 중앙초등학교 앞을 지나는 구간의 도로이다. 이 도로를 개설하기 위해서는 좌수영성 남문 근처와 동문 근처의 성벽을 헐어야 한다. 이때 좌수영 성벽이 일부 파괴되기 시작했다고 봐야 할 것이다.

둘째 석재의 필요이다. 그 돌이 필요한 곳은 어디였을까. 여기서 생각해 볼 수 있는 것은 구항 매립 과정에서 매립을 위해 바다 속으로 사라졌을 개연성이다. 그렇지 않다면, 그 많은 돌이 일시에 흔적도 없이 어디로 사라질 수 있을까. 그리고 그 매립 공사는 개인이 추진했던 것보다는 여수의 조선인·일본인 유력자들이 여수기업주식회사를 설립하여 거군적으로 추진했던 일에 성벽의 돌들이 투입되었다고 보는 것이 합리적 의심이지 않을까. 앞의 김계유 기록에 따르면, 이때의 총 매립 면적은 중앙동과 교동 일대 2만 8천여 평이다.

다음 신항 매립 과정에 파괴된 것을 보자. 그중 먼저 유왕암(幽王巖)을 보겠다. 유왕암은 19세기 말까지 기우제를 지내는 장소 가운데 하나였다. 1897년 5월 여수군의 초대 군수에 오횡묵이 임명되었다. 그는 1899년 8월 이임할 때까지 2년 2개월 남짓 군수 자리에 있었다. 오횡묵은 26개월 동안 여러 차례 기우제를 지냈고, 모두 13개의 기우제문이 남아 있다. 이를 통해 기우제를 지낸 장소를 파악할 수 있다. 종고산 3차, 구봉산(사직단 포함) 4차, 영취산(도솔봉, 천왕봉) 4차, 유왕암 2차이다. 세 군데의 산을 제외하고, 바닷가로는 유왕암이 유일하다.[12]

유왕암의 기록은 다음과 같이 모두 네 가지가 파악된다. 1899년 간행 읍지, 1902년 간행 읍지, 1924년과 1926년에 간행된 전남도지 중 여수군편이다. 1899년 간행 읍지에는 "동문 밖 1리 바다에 접한다. 연무각의 한 맥이 바다에 비스듬히 들어갔다. 돌의 꼭대기가 특히 솟았다. 위에 몇 개의 암석이 있다. 3면이 모두 절벽이고, 수백 길이다. 기우제단이 있다."고 기록되어 있다. 높이가 수백 길[丈]이라는 것은 과장된 표현이다. 연무각에 대해서는 "군 동쪽에 있다. 일명 장대. 무과를 시험했다."[13]는 기록이 있다. 장대는 현재 여수고등학교 구내 북쪽 모퉁이에 있었다고 전해지고 있다.

1902년 간행 읍지에는 거리가 약간 다르게 기록되어 있다. "군의 동문 밖 2리에 있다. 바다에 접한다. 3면이 모두 절벽이고, 수백 길이다. 기우제단이 있다."[14] 동문 밖 1리에서 2리로 늘어났지만, 높이가 수백 길이라는 과장은 그대로이다.

1924년과 1926년에 간행된 전남도지 중 여수군편에는 "군 동쪽에 있다. 기우단이 있다."[15]고 간략히 언급되어 있다. 1920년대 후반까지 건재했던 유왕암은 광려선 철도와 신항 축조 과정에서 원형이 파괴되었다. 유왕암 자리는 여수항역 역사와 관려연락선 부두로 사용되었다. 현재는 그 자리에 호텔이 세워졌다.

신항 지역에서 파괴된 또 하나의 유적은 해운대이다. 1902년의 여수읍지에는 해운대를 "충무공 이순신이 활을 쏘고 사냥하는 것을 보던 곳이다."라고 기록했다.[16] 또 1920년대 중반 잡지 기사에는 "명소로는 여수시가 북방에 용립한 종고산과 해수욕지로 저명한 해운대와 한산, 흥국, 석천의 명찰이 있으니"[17]라고 하여 여수 해운대가 해수욕지로 유명하다고 소개했다.

다음 사진은 『釜山日報』 1935년 7월 16일자 사진과 사진 설명이다.

여수 해운대 터(『釜山日報』 1935.7.16.)

사진 중 한 가운데 부분에서 오른쪽으로 돌출된 곳이 해운대 터이다. 그 아래쪽 건물은 여수역 역사와 부속 건물이다. 설명문에는 "여수역으로부터 동쪽으로 5정, 여수신항의 동북쪽 돌출된 끝에 있고 서쪽은 수면이 거울 같아 해수욕장에 접함. 사방의 풍광이 가절(佳絶)하여 여름철 지팡이를 끌어오는 인사가 많고, 또 낚시꾼의 좋은 곳이다."라고 기록되어 있다. 5정의 정(丁)은 일본의 거리 단위 정(町)과 같다. 1정은 60칸이고, 1칸은 6척이다. 미터로 환산하면, 1칸은 1.818미터, 1정은 109미터가량, 5정은 545미터 정도이다.

그에 앞서 1934년 8월 13일 안재홍은 위당 정인보, 석전(石顚) 박한영과 함께 이순신의 유적을 찾아 여수를 찾았다. 이튿날인 14일 청년회관을 거쳐 종고산, 충민사, 좌수영대첩비, 객사(진남관), 해운대를 답사했다. 그리고 15일 오전 9시 목포행 배를 타고 떠났다.

안재홍 일행이 여수를 찾은 것은 이충무공유적보존회가 만들어져 현충사 중건을 추진하고, 1935년 다산 100주기를 앞두고 조선학 연구가 성행하던 시기를 배경으로 했다. 이순신 종가에서 묘소를 저당 잡아 대출을 받고 상환을 하지 못해 경매에 넘어갔다는 소식이 전해지자, 대대적인 모금 운동이 벌어지고, 이충무공유적보존회가 조직되었다. 이충무공유적보존회는 동일은행에 저당 잡힌 토지를 찾고, 1931년 6월 위원회를 열어 현충사 중건을 결정(『동아일보』 1931.5.14; 『조선일보』 1931.6.20.)했다. 이런 분위기 속에 안재홍 일행이 여수를 찾은 것이다.

안재홍이 기록한 해운대 위치는 다음과 같다. "동으로 여수역의 북방 해심(海心)에 푹 들어간 작은

'고지'는 해운대요, 그의 남동으로 죽도(竹島; 오동도-인용자)의 비탈진 섬을 놓고, 그 밖으로 큰 바다에 어미섬 아이섬, 또 희미한 암초를 놓아"(『조선일보』 1934.9.12.). 1935년 『釜山日報』 사진 속 위치와 일치하는 설명이다.

안재홍은 여수 해운대를 답사하고 다음의 기록을 남겼다.

"바위 위에 털썩 앉아 공(公)의 수군 조련 당시의 영풍(英風)을 생각하고, 바위 뿌리를 조금 돌아내려 새긴 '해운대(海雲臺)' 삼자를 보니 공의 필적이 분명하고, 다시 남으로 에둘러 내려 동대(東臺) 밑에 다다르니 오륙 척 높은 곳에 천성(天成)한 암벽대로 해서(楷書)로 새긴 것은 공의 친필을 새김이라 하나 풍우에 닳고 삭아 아름아름 안 보임이 읽을 수 없고, 각행(各行)에서 오직 '영기상(嶺氣像), 백옥(白玉), 불망(不忘), 화(華), 타(他), 지어(地魚), 지야(之也)' 등 문자를 알아볼 뿐이었었다. 임진 이월 십이일 계묘에 공이 해운대에 이좌(移坐)하여 해경(海景)을 보고, 군관들은 춤을 추며, 혹은 절구를 서서 읊고 저녁에야 돌아왔다 하는 문헌이 있은즉 이 아마 공 최종의 해운대 등람(登覽)일 것이요, 국비(國碑)에 전하기를 공이 수조(水操)를 마치고 장병을 이 자리에 모아 즐기어 흥이 높은 때에 붓을 뽑아 제자(題字)하고 내려서서 기(記)를 썼다 하니 그날의 일일 것이 방불(彷佛)하다."(『조선일보』 1934.9.13.)

안재홍은 바위에 새겨진 해운대라는 세 글자는 이순신의 필적이 분명하다고 확신하고, 그 남쪽 암벽에 새겨진 해서체 글씨는 이순신의 친필이라 하나 몇 글자 외에는 읽을 수 없다고 했다.

임진년 2월 12일 난중일기 기록을 찾아보면 다음과 같다. "(전략) 해운대로 자리를 옮겨 활을 쏘았는데, 꿩 사냥 구경하기에 빠져 매우 조용했다. 군관들은 모두 일어나 춤을 추고 조이립이 절구시를 읊었다. 저녁이 되어서야 돌아왔다."[18] 안재홍의 기록과 다른 한 구절은 "혹은 절구를 서서 읊고" 부분이다. 노승석은 "조이립이 절구시를 읊었다."고 번역했다. 한자 이립(而立)의 해석 차이이다.

이처럼 1930년대 중반까지 있었던 해운대는 이후 기록에는 언급되지 않는다. 언제 사라졌는지 알 수 없다. 또 안재홍이 이순신의 필적임이 확실하다고 했던 각자, 그리고 그가 몇 글자는 판독했던 해서 글씨 각자 모두 어디로 갔는지.

이곳에 철도가 부설되고 신항이 축조되면서 여수항은 한미한 어촌에서 굴지의 항구가 되었다. 그러나 그 이면에는 파괴된 것도 이루 말할 수 없다. 유왕암, 해운대, 그리고 암벽에 새겨진 글씨, 그리고 이들 장소에 얽힌 역사가 그것이다. 그밖에 1935년 『釜山日報』 게재 사진을 통해 볼 수 있는 여수역과 해운대 사이 해수욕장도 언제인가 사라졌다. 그 자리 위에는 2012년 박람회를 앞두고 박람회 시설이 세워졌다.

개발의 환호성 속에 사라져 버린 소중한 문화유산들이다. 이제 그 역사라도 전해야 하지 않을까.

03
논밭과 농업

1. 논과 밭

제국주의가 식민지를 둔 가장 큰 이유는 땅을 필요로 해서이다. 식민지라는 말 자체가 자국민을 심은(이주시킨) 땅이라는 뜻이다. 이처럼 초기 식민지는 자국 내 사정으로 일부 국민을 이주시킬 필요에서 탄생했다. 그러다가 19세기 근대 제국주의 시대에는 식량과 원료를 위해 식민지의 땅을 필요로 했다. 식민지의 땅은 제국에 부족한 식량을 보충하여 공급하고, 또 공업 제품 생산에 필요한 원료를 제공하는 역할을 위해 반드시 필요한 것이었다. 일본 제국주의도 조선의 땅을 가장 필요로 했다. 조선의 땅은 곧 논, 밭, 산 등이다.

대한제국기 간행된 여수읍지를 보면, 경지면적 규모 정보를 대략 파악할 수 있다. 1899년 읍지에는 2천713결 23부 8속이고,[1] 1902년 읍지에는 2천942결 42부 1속으로 되어 있다.[2] 2년 만에 229결이 증가한 것이다. 이는 지세 부과 대상에서 누락되어 있던 토지를 지방관이 찾아내서 지세 대장에 새로 등록[승총(陞總)]했기 때문에 생긴 결과로 보는 것이 타당하다.

또 1899년 신문 기사(『황성신문』 1899.8.17.)를 보면, 여수군과 돌산군의 경지면적 규모 정보가 있다. 여수

3천31결 96부 3속, 돌산 911결 95부 1속이 그것이다. 읍지와 신문 기사가 같은 연도의 정보를 담고 있지만, 그 차가 300결 이상인데, 이처럼 서로 다른 이유는 게재 시점을 제외하고는 정확히 알 수 없다.

결부제는 토지의 절대 면적을 가리키는 단위가 아니다. 조선조 세종 때 이래로 토지 비옥도에 따라 6가지[전분 6등]로 나뉘었다. 결부제는 토지의 면적 단위를 '파(把: 줌)-속(束: 뭇)-부(負: 짐)-결(結)'로 나눈 것이다. 한 손으로 쥘 수 있는 분량이 한 줌이고, 열 줌이 한 뭇이며, 열 뭇은 지게 한 짐 분량이 된다. 그리고 지게 100짐 분량이 1결인 것이다. 위의 자료에서 결, 부 외에 속까지 기록했다는 것은 그만큼 국가권력이 각 지방의 수확량을 치밀하게 파악할 수 있었다는 것을 뜻한다.

농지 1결의 면적은 세종 때(1444년) 기준으로 1등전 약 3천 평~6등전 약 1만2천 평이었고, 효종 때(1653년)는 1등전 3천200여 평~6등전 1만 3천여 평이었다.[3] 두 시기 모두 가장 비옥한 1등전과 가장 척박한 6등전의 편차는 4배가량이었다.

1910년대 이전 여수와 돌산의 농지 절대 면적을 알고자 하면, 먼저 각각 몇 등전에 해당하는지를 알아야 한다. 그러나 그 정보는 구체적으로 알 수 없다. 그래서 추측할 수밖에 없다. 여수나 돌산은 벼농사에 적합한 지역이라 볼 수 없다. 논은 1등전보다는 못한 곳이 많을 것이고, 그렇다면 절대 면적은 더 넓어지게 된다. 또 일찍부터 면화 농사에 적합한 것으로 봐서 밭농사가 더 발달했을 것으로 보인다.

1911년과 1927년 기준 논밭 면적을 보자.

연도	구분	논	밭	계
1911	여수군	2582	3626.6	6208.6
	돌산군	906.7	2551.4	3458.1
	합계	3488.7	6178	9666.7
1927	여수군	4900	6700	1,1600

1911년 말 경지면적을 보면, 위 표에서 보는 것과 같이 여수군에는 논 약 2천600 정보, 밭 3천6백여 정보가 있었고, 돌산군에는 논 9백여 정보, 밭 2천5백여 정보가 있었다.[4] 그리고 그것들을 모두 합하면 약 9천700 정보 규모였다. 여수군과 돌산군 모두 논보다 밭의 비중이 더 크다는 특징이 있다.

이후 1910년대 토지조사사업과 1920년대 산미증식계획 중 토지개량으로 논 면적 확대가 이뤄지고 난 뒤인 1927년경이 되면, 여수군의 경지면적은 논 4천9백 정보, 밭 6천7백 정보가 되었다.[5] 1911년 자료와 비교할 때 논이 천4백 정보가 늘어난 것이었다.

여기서 고려해야 할 사정이 두 가지 있다. 먼저 1911년 통계수치가 과소평가되어 있다는 주장이다.

허수열에 따르면, 일제는 1910년 미곡 재배면적을 두고 1917~1919년에 걸쳐 세 차례 통계를 수정했다. 1917년판 『朝鮮總督府統計年報』에서는 82만 5천여 정보라고 했다가 1918년판에서는 112만 5천여 정보로 늘렸고, 1919년판에서는 135만 2천여 정보로 수정했다. 결과적으로 3개년 간 64%의 면적이 증가한 것인데, 이는 실제로 면적이 늘어난 것이 아니라 해를 거듭할수록 실제 면적과의 오차를 줄여갔기 때문에 생긴 결과로 봐야 한다는 것이다.[6] 그렇다면, 1911년 당시 실제 수치는 위 표에서 보는 것보다 훨씬 컸다고 유추할 수 있다.

또 하나는 1911년 돌산군에 속했던 영남면, 금산면, 태인면이 1914년에 고흥과 광양으로 각각 이속되었기 때문에 1911년의 여수군과 돌산군의 논, 밭 면적을 단순 합산하여 1927년경의 그것과 비교하는 것은, 맞지 않다. 정확한 비교를 위해서는 1911년 돌산군의 논, 밭 면적에서 다른 군으로 이속된 지역의 논, 밭을 제외해야 한다. 그러나 1914년에 고흥과 광양으로 이속된 지역의 경지면적을 정확히 알 수 없어서 얼마만큼 제외해야 하는지 모르기 때문에 이 글에서는 편의상 합산된 자료를 그대로 이용했다.

이렇게 두 가지를 고려해도 1911년의 경지면적과 1927년 경지면적 사이에 변화가 있었던 것은 명백하다. 여기에도 두 가지 사정을 고려할 필요가 있다. 첫 번째는 허수열의 과소평가 주장과 맥락을 같이 하는 것인데, 토지조사사업의 영향이다. 1910년대 토지조사사업을 거치며 측량 결과 토지들이 대거 늘어난 것이다. 실제로 토지조사사업을 시작하면서 계획을 수립할 때 276만여 정보일 것으로 예정했으나, 조사 결과 487만여 정보임을 확인했다.[7]

토지조사사업을 통해 숨어 있던 경지 파악

여기서 토지조사사업을 개관[8]하면서 단편적으로나마 여수군의 토지조사 과정을 살펴보겠다. 토지조사사업은 1910년부터 1918년까지 진행된 방대한 사업이었다. 1910년 3월 토지조사국 설치로 시작되었다. 이어 8월 토지조사법이 공포되었다. 그러나 이는 아직 일제의 식민지가 되기 전의 일이어서 일제는 다시 조직과 법령을 공포했다. 그리하여 1910년 9월 조선총독부 임시토지조사국이 설치되었고, 1912년 8월 토지조사령이 공포되었다. 1910년 토지조사법에 비해 사업에 관한 세부 원칙이 반영된 법령이었다. 또 1912년에는 조선부동산증명령과 조선부동산등기령이 각각 제정되었다.

토지사업의 결과 식민지 지주제가 성립되었다. 식민지 지주제는 식민지라는 조건을 시간적·공간적 배경으로 하고 농가의 농지 소유가 극심하게 불균등한 상황 위에 농촌에서 지주-소작 관계가 지배적인 생산관계가 된 것을 일컫는 용어이다.[9]

토지조사사업 시기 당대 최고 권력이던 조선총독부와 일부 개인이 폭력적으로 토지 소유 관계를 새로 만들었다. 그에 대해 1930년대 농업경제학자 박문규는, "소수의 수조권자와 부농이 토지 사유권을 취득한 반면에 지금까지 현실적인 토지 점유자이며 경작자인 수백만의 농민이 토지의 점유권을 상실하고 토지에서 해방됨과 동시에 토지에 대한 오직 한 가지 경작권의 보증 (생략) 까지도 상실하고, 타방에서 일어난 입회지의 사적 분할 및 국가에 의한 영유 (생략) 와 함께 완전히 추방되고 말았던 것이다."10)라고 서술했다.

박문규의 이 견해는 총독부 관리였던 구간건일(久間健一)이, 그의 저서에서 거의 그대로 인용("조선에서의 토지소유제 확립은 과거에 토지의 현실적 보유자였고 또 경작자였던 농민을 희생시키고, 당시의 수조권자를 바로 토지소유권자로 하는 방법에 의해 실시된 것으로서 소수의 수조권자와 부민(富民)이 토지를 취득하고, 대다수의 농민은 토지에서 이탈되었다.")11)하여 자신의 논거로 삼았다.

당시 역둔토 등의 국유화는 수조권과 경작권 가운데 경작권자인 농민을 배제하고, 수조권만을 소유권으로 인정하여 총독부 소유로 한 것이었다. 또 '입회지의 사적 분할 및 국가에 의한 영유'에 따라 농민이 추방된 대신에 총독부와 개인이 소유권을 갖게 되었다.

토지조사사업은 크게 토지소유권 조사, 지가 조사, 지형·지모 조사 등 세 가지를 조사하는 일이었다. 세 가지 중 먼저 토지소유권 조사는 다시 준비 조사, 일필지 조사, 분쟁지 조사, 사정, 토지대장 작성, 등기의 순으로 진행되었다. 준비 조사는 토지신고서를 배포하고, 토지 소재 지방의 경제 및 관습을 조사하는 일이었는데, 1910년 5월부터 1916년 5월에 걸쳐 진행되었다.

여수의 준비 조사는 1914년 7월 중순부터 착수하여 약 4개월간 예정으로 진행(『매일신보』 1914.6.23.)하려 했다. 이때 같이 진행하고자 한 곳은 전남 광양, 전북 고창과 순창, 황해도 해주군이었고, 측량 작업과 병행 예정이었다.

6월 27일 조선총독부고시 제243호(『朝鮮總督府官報』 1914.6.27; 『매일신보』 1914.6.28.)로 토지조사 개시가 이뤄졌다. 여수의 토지소유자는 1914년 7월 20일부터 1915년 4월 30일까지 기간 내에 신고서를 제출하도록 했다.

토지조사사업과 함께 작성된 여수면 동정 원도를 보면, 1915년 4월 20일 측도에 착수하여 9월 20일에 측도를 완성했다고 되어 있다. 그리고 1916년 10월

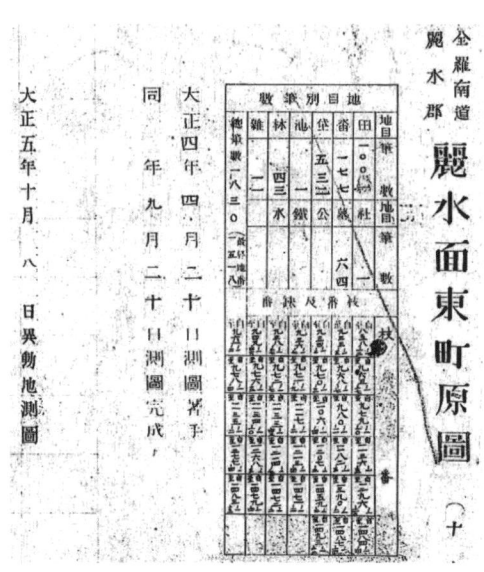

여수면 동정 원도 표지(국가기록원)

8일 이동지 측도가 이뤄졌다.

토지 측량에서 측지 제8반 반장은 감사관 일본인 곡본정행이었고, 세부 제5분반은 감사원 팔목길언, 검사원 김익준, 측도원 황병수·박해용이었으며, 제10이동 조사반은 감사원 반고치위, 부속원 황태흠, 조사원 변규환·김정구로 구성되었다.

소유권 조사의 마지막 단계인 등기제도는 토지대장이 완성되는 지역부터 순차적 시행되었다. 1912년 제정된 조선부동산등기령은 1914년 5월 1일부터 1918년 7월 1일까지 순차 시행되었다. 그 사이 1917년 2월 23일 조선총독부령 제13호로 광주지방법원 여수출장소가 신설되었다. 또 같은 날 조선총독부 고시 제42호(『朝鮮總督府官報』 1917.2.23; 『매일신보』 1917.2.23.)로써 1917년 3월 1일부터 토지대장규칙에 의해 토지에 관한 사무 취급이 시작되었다. 그때 여수군(도서지역 제외)과 함께 토지사무 취급이 시작된 곳은 전남에서는 광주군(광주면 제외), 구례군, 광양군(도서지역 제외), 화순군이었다.

산미증식계획의 토지개량사업

1911년의 경지면적과 1927년 경지면적 사이의 변화에 미친 두 번째 영향은 산미증식계획이다. 산미증식계획은 1920년부터 추진되었지만, 1926년부터 계획을 갱신하여 1934년까지 실시되었다. 이 계획은 크게 두 가지 방향으로 진행되었다. 각각 토지개량사업과 농사개량사업이 그것이다. 그중 경지면적에 변화를 가져온 것은 토지개량사업인데, 이는 주로 지목 변환, 관개시설 개선, 개간, 간척 등을 통해 이뤄졌다. 토지개량사업이란 한마디로 벼를 재배하는 논을 많이 만드는 일이다. 토지개량사업은 전 조선에서 제1차 계획(1920~26) 기간 동안 7만 천 정보, 갱신 계획 기간 내(1926~29) 약 4만 5천 정보 등 합 11만 5천 정보의 실적을 올렸다.[12]

산미증식계획의 결과 전충적 하강 분해 현상이 일어나고 쌀 생산량 증가와 이출량 격증이 이뤄졌다. 쌀의 생산과 상품화 과정에서 농민층 계층분화가 촉진되고, 농민경제가 악화되었다. 그 결과 자작농과 중소 지주가 몰락하면서 자작지가 감소하고, 소작지가 증가되었다. 그래서 농촌에서는 탈농(이농)과 이산(해외 이주) 현상도 생겼다. 반면 지주층에 유리한 차별적이고 편중된 금융 대출로 지주 경제가 강화되었다.[13]

토지개량과 농사개량을 통해 쌀 생산량은 1920~22년간 평균 1,474만 석에서 10년 후에는 1930~32년간 1,713만 석으로 평균 239만 석이 증가했다. 그러나 이출량 증가는 그것을 훨씬 웃돌았다. 같은 기간 평균 이출량 284만 석이던 것이 724만 석으로 440만 석 증가한 것이다. 생산량을 웃도는 이출로 인해 필연적으로 조선 내 쌀 소비량은 감소했다. 특히 조선인 쌀 소비량은 격감했다. 그 결과 농촌에서는 수리조합반대운동과 소작쟁의가 빈발하게 되었다.

토지개량사업 중 여수군에서는 바닷가 갯벌 간척사업이 주로 고뢰농장에 의해 진행되었다. 소라면의 간척 사업은 1928년 3월 말에 준공되었다. 면적 86만 평 중 논은 60만 평이었다. 또 율촌면 신풍리, 소라면 대포리·덕양리, 쌍봉면 해산리, 삼일면 화치리에 걸친 지역은 1932년 9월 22일 매립공사 준공인가를 받았다. 전체 면적 약 147만 8천 평 중 논은 92만 3천여 평이었다. 이렇게 산미증식계획기간 중 고뢰농장은 234만 평을 매립하였고, 그중 논은 152만여 평(500여 정보)이었다.

이제 다시 1927년의 여수군 경지면적 논 4천900정보와 밭 6천700정보, 합 1만 1천600정보를 해방 이후 면적과 비교해 보자. 1953년 말 기준 경지면적은 여수시 논 452.2정보, 밭 559.6정보, 합 1천11.8정보, 여천군 논 4천970.1정보, 밭 6천896정보, 합 1만 1천866.1정보였다.[14] 여수시와 여천군 합계는 1만 2천877.9정보이다.

연도	구분	논	밭	계
1927	여수군	4900	6700	1,1600
1953	여수시	452.2	559.6	1011.8
	여천군	4970.1	6896	1,1866.1
	합계	5422.3	7455.6	1,2877.9

위 표를 보면, 1920년대 후반에서 1950년대 전반 사이에 논은 520여 정보, 밭은 750여 정보, 합 천280여 정보 증가했다. 그러나 해방 후에 경지 면적이 늘어날 가능성은 희박했다. 여순사건과 6·25전쟁을 겪으며 경지가 황폐화된 경험이 있기 때문이다. 그렇다면 위 두 시기 경지면적 증가는 해방 전에 이뤄졌다고 봐야 할 것이다.

이웃 순천 지역과 비교해 보면, 이해가 쉽다. 1953년 말 기준 경지면적은 순천시와 승주군 합계는 1만 7천727정보였다. 이는 1935년(논 1만 3천375정보, 밭 4천725정보, 합 1만 8천100 정보)과 비교하면, 370여 정보가 줄어든 규모였다.[15]

그래서 여수의 경지면적 증가 요인으로 가장 먼저 꼽아야 할 것은 아무래도 1920년대 이래 대대적으로 전개되었던 산미증식계획의 토지개량사업이었다고 봐야 할 것이다. 그 가운데 논 면적 증가 수치는 1928년 이후 고뢰농장 간척 면적과 거의 비슷한 규모이다.

여수 지역의 논밭 면적은 여수보다 벼농사가 발달한 지역이었던 순천 지역과 비교할 때 어느 정도 규모였을까. 역시 1953년 경지면적을 기준으로 보면 논은 순천(순천시·승주군) 1만 3천219정보의 41%

수준으로 절반도 되지 않는다. 반면 밭은 순천 지역 4천507정보의 165% 수준으로 훨씬 넓어 순천보다 2천950정보 더 많았다. 전체 면적에서는 순천 1만 7천727정보의 72.6% 수준으로 약 3/4 정도이다. 순천의 경지면적이 여수의 그것보다 1/4 정도 더 컸다.

여수는 논과 밭의 비율에서 42:58의 비율을 보였다. 상대적으로 밭 면적이 더 크다. 순천은 75:25의 비율이다. 이 차이는 소작쟁의에도 미쳤다.

2. 농업

벼농사

일제는 일찍부터 한반도를 식량 및 원료 공급지로 만들고자 했다. 통감부는 1906년 설치 이래 '농산(農産) 진흥의 대안목(大眼目)'과 '4대 요강'을 통해 식량 및 농업생산물의 증산을 꾀했다. 그 방침 하에 권업모범장 등 권업기관 설치, 우량 종묘·잠종(蠶種)·종축(種畜)의 배부, 경작 또는 사육 방법의 실지 지도 등의 방법을 동원했다.[16]

통감부는 일본인 입맛에 맞는 벼 종자를 조선 농촌에 보급하기 위한 농사 개량 활동에 착수했다. 1906년 4월 통감부 농상공무부 농무과장이 경기도 수원군 서둔전 경작인 28명에게 일본 벼 4종[조신력(早神力), 근강(近江), 신주(信州), 도(都)]를 배부하여 시험 경작하게 했다. 이때 조신력은 재래종에 비해 24%의 증수를 거둬 4가지 종 가운데 가장 적합한 것으로 나타났다. 이에 매년 경작지와 재배량을 늘려가며 시험 재배했다.[17]

또 강제 합병 직전인 1910년 3월 통감부에서는 한국 농업에서 개량 증식돼야 할 것으로 미작(米作)·면작(棉作)·양잠(養蠶)·축우(畜牛) 등 '4가지 부문'을 선정하고, 이의 개량 증식이 농업정책의 기본방침임을 각 도와 권업모범장에 공포했다.[18]

2년 후인 1912년 3월에 조선총독부는 다시 미작 개량 장려를 위해 조선총독부훈령 제10호를 통해 '4대 요항(要項)'(『朝鮮總督府官報』 1912.3.12.)을 각 도와 권업모범장에 발송했다. 미작 개량에 대한 4대 요항은 우량 미종의 보급, 건조 조제의 개량, 관개수의 공급, 시비의 장려이다.

그리고 그 정책에 따라 통감부와 총독부는 각종 관제(官製) 농업 단체를 조직하고 동원하여 1906년의 '4대 요강', 1910년의 '4가지 부문', 1912년의 '4대 요항'을 일관되게 추진했다. 이때 동원된 단체가 한국중앙농회, 면작조합, 양잠조합, 축산조합, 지주회, 군(郡)농회, 그리고 지방금융조합 등이다.[19]

일본 벼 품종의 보급과 미곡 생산량 증산을 위해 일제는 그 일환으로 '농사개량' 활동을 전개했다.

농사개량에 대한 활동은 강습회 개최, 시작전(試作田)·감독전(監督田)·모범전(模範田) 등의 운영, 농사 재료의 배부, 품평회 실시 등으로 이루어졌다. 먼저 강습회에 대해서 살펴보면, 합병 직후 총독부 농상공부에서 각지 농업기술관, 각 지방금융조합원, 농공은행의 임원 등을 회동케 하여 농업 발전을 위한 협의회(『매일신보』, 1910.11.19.)를 개최하고 총독부 차원의 농사강습회를 본격적으로 추진하였다.

여수에서는 1918년 8월 농한기를 이용하여 군청에서 각 이원(吏員)을 파견하여 농사개량에 관한 환등 행사(『朝鮮時報』, 1918.8.17.)를 실시했다. 농사 개량과 기타 필요한 사항을 주지시킬 목적으로 순회한 것이다. 날짜와 대상 지역은 8월 6일 여수면, 7일 돌산면, 9일 화양면, 10일 소라면이었다.

일제의 일본 벼 품종 보급 정책에 따라 조선 전체에서 일본 벼 재배 상황은 1912년 경작 면적 3만 5천 정보, 그 수확량은 49만 석에서 4년 후인 1916년에는 45만 정보, 수확량 6백만 석으로 크게 늘었다.[20] 또 1917년 벼 품종 보급 상황 및 그 재배 성적을 보면, 수도(水稻) 53만 6천441정 8단보로 논벼 총경작 면적의 46.5%, 육도(陸稻) 2천980정 5단보로 경작 면적 18.8%이며, 수확량은 수도 696만 8천974석으로 수도 총 수확량의 57.5%, 육도 2만 6천833석으로 육도 총 수확량의 23.5%이다.[21] 1910년대 말에 이미 일본 벼 품종 중 수도 벼의 보급은 총 경지면적 가운데 절반에 가까운 46.5%로 크게 늘었던 것이다.

1920년 여수군의 벼농사 실 수확량은 3만 6천955석이었다(『매일신보』, 1921.10.2). 전남도내 수확량(184만여 석)의 2%를 차지하는 미미한 실적이다. 여수보다 수확량이 적은 곳은 제주도(6천913석), 완도(2만 9천762석)뿐이었다. 전남도에서는 나주(20만 7천812석), 광주(12만 8천46석), 순천(11만 6천274석), 고흥(10만 8천764석), 해남(10만 7천33석), 장성(10만 3천402석) 순(이상 10만 석 이상)으로 수확량이 많았다. 이를 통해 여수군은 벼농사를 많이 하는 지역이 아니었음을 확인할 수 있다.

산미증식계획의 농사개량

산미증식계획의 두 가지 사업 중 다른 하나는 농사개량 사업이었는데, 이는 쌀 품종 개량, 비료 적극 사용, 농기구 보급 등을 통해 이뤄졌다.

여수군청도 1922년 수도(水稻) 우량품종 종자갱신계획을 수립했다. 이 계획에 따라 각 면에 채종답(35정보)을 설치하고, 매년 1천166정보를 갱신하며 재배법의 개선, 시비의 증가, 건조 조제의 개선에 노력하여 1927년도에 4천664정보의 갱신을 종료했다.[22] 이는 여수군에 있는 논에 재배할 벼 품종을 새로운 것으로 교체하는 것을 의미했다.

여기서 말한 우량품종은 조신력(早神力), 중숙신력(中熟神力), 곡량도(穀良都), 다마금(多摩錦), 웅정

(雄町) 등이었는데, 그중 웅정(雄町)이 80%였다.[23] 1915년 다마금을 중시하던 행태에서 벗어나 웅정으로 품종을 변경한 것이다.

쌀 생산성은 얼마나 증가했을까. 1911년과 1941년의 자료를 통해 30년 동안의 쌀 생산성 변화 정도를 알아보자. 먼저 1911년 여수군과 돌산군의 쌀 재배면적과 수확량은 다음 표와 같다.[24]

구분	재배면적(정보)		수확량(석)		단보 당 평균 수확량(석)	
	멥쌀	찹쌀	멥쌀	찹쌀	멥쌀	찹쌀
여수군	2427.2	155	3,1341	1705	1.291	1.1
돌산군	884.2	23.5	8153	193	0.922	0.821

여수군과 돌산군을 비교해보면, 면적과 수확량뿐만 아니라 평균 수확량에서도 차이가 크다. 도서 지역이 육지에 비해 벼농사 여건이 크게 불리했음을 짐작할 수 있다.

30년의 시간이 흐른 뒤의 통계를 보자. 1941년 3월 기준 여수읍 쌀 재배면적은 545정보이고, 수확량은 만 2천500석이었다.[25] 1정보 평균 22.94석(단보로 환산하면 2.29석)의 생산량이다. 30년 만에 1단보 당 1.29석에서 2.29석으로 증가했으니 1석 정도, 그리고 거의 배 가까운 생산성 향상이라 할 수 있다. '농사개량'이란 슬로건을 내걸고 다그쳤던 조선총독부의 닦달 결과라 할 만하다.

논 면적 확대와 품종 개량을 통해 증산된 미곡 가운데 상당량이 일본으로 이출되었다. 미곡이 일본으로 이출되기 위해 반드시 곡물검사 과정을 거쳐야 했고, 여수지역에서는 여수곡물검사소가 그 기능을 담당했다. 총독부는 1915년 2월 17일 부령 제4호로써 '미곡검사규칙'을 제정 발포했다. 이에 근거하여 10월 도령(道令)으로 '검사규칙'이 발포되면서 여수곡물검사소가 1915년에 설치(『매일신보』 1915.12.12.)되었다.[26]

1915년부터 1926년까지 여수곡물검사소의 미곡 검사량 및 이반출량, 이출지를 보면,[27] 1921년까지는 현미만 검사하여 반출하였는데, 대부분이 부산으로 이출되었다. 아직 세관 지정항 지정 전이었기 때문에 부산을 거친 간접 이출이었던 것이다. 1922년 7월 미곡검사규칙의 개정으로 백미 검사업무가 추가되었다.

또 1926년에 검사한 현미 7만 4천106가마 중 7만 270가마가 외지로 반출되었는데, 일본 대판에 4만 1천730가마, 동경에 2만 3천15가마, 부산에 5천50가마, 기타 지역에 475가마였다. 또한 백미는 검사한 2천799가마 중 1천640가마가 반출되었는데, 그중 1천190가마가 오사카로 이출되었다.

1926년 실적을 세 가지로 요약할 수 있다. 첫째 미곡 검사를 거친 쌀의 대부분은 일본으로 이출되었다. 1923년 여수항이 세관 지정항으로 지정되어 여수항에서 일본으로 직접 이출할 수 있게 되었기 때문이었다.

둘째 현미와 백미 중 현미가 압도적이었다. 셋째 일본으로 이출된 현미와 백미 중 대판 지역으로 간 것이 큰 비중을 차지했다. 결과적으로 대판 중심의 일본으로 이출하기 위해 미곡 검사를 실시했다고 볼 수 있다.

산미증식계획에 따라 쌀의 생산량은 늘어났다. 그러나 같은 기간 일본 본토로의 이출은 그것을 크게 웃돌았다. 1920년대 말에서 1930년대 초에 걸쳐 여수지역 쌀이 일본으로 이출된 양을 보면 다음 표[28]와 같이 그 증가 추세가 뚜렷하다.

연도	현미	백미	계(석)
1927	2,6825	1953	2,8778
1929	4,2724	1291	4,4015
1930	6,0855	1307	6,2162
1931	6,6055	8866	7,4921

또 미곡 이출을 위한 시설로서 농업창고가 있다. 여수농업창고[29]는 1931년 12월 1일 설립된 것으로 1931년 3월 전라남도 농회에서 경영하는 농업창고 가운데 3번째 사업(1차 목포, 2차 영산포)으로 건립되었다. 장소는 여수역 구내였으며 토지 면적 1천5백 평이었는데, 1931년 7월에 기공하고 11월 말에 준공하여 12월 1일 업무를 개시했다. 장기 저장 창고로서 보관능력은 3만 2천 가마였고, 부속 사업으로 일반농가가 기탁한 벼를 현미로 조제하기 위해 조제 능력 1일 현미 2백 가마의 벼 도정 기계가 설치되었다.

미곡창고 여수지점(『부산일보』 1935.8.26.)

산미증식계획 기간 중 쌀 생산량 증가를 훨씬 웃도는 이출량으로 인해 조선인의 쌀 소비량은 많이 감소했다. 특히 1930년 봄에는 '초근목피'로 연명하는 농가가 48.3%에 달할 정도였다. 이에 조선총독부가 세울 수 있는 조선의 식량 대책으로는 만주로부터 조를, 동남아시아 쪽에서 '안남미'를 들여오는 일이었다. 이 시기 여수군에 수입된 조(粟)의 양은 매년 평균 5천6백 석(5만 8천320원)[30] 정도였다.

면화 재배와 이출

여수지역은 섬유공업의 원료가 되는 면화 생산지로 이름을 날렸다. 미곡 다음으로 일제가 관심을 기울인 분야는 육지면 보급, 재배였다. 육지면(陸地棉, upland cotton)은 1904년 일제에 의해 도입되어 남부지방에서 널리 재배되었고, 특히 전남 지역에 많이 보급되었다. 육지면은 해도면(海島棉, sea island cotton)에 상대되는 종으로 아메리카 대륙의 내륙이 원산지이다.

그 결과 1917년도 육지면 재배면적은 총 6만 3천800여 정보, 육지면 수확량은 총 5천455만 3천 665근이었다.[31] 같은 자료에서 육지면과 재래면의 재배면적 및 수확량을 1912년도부터 1917년도까지 연도별로 자세히 살펴보면 다음 표와 같다.

연도	재배면적(정보)			수확량(천근)		
	육지면	재래면	계	육지면	재래면	계
1912	6439	4,4623	5,1062	7216	2,3063	3,0279
1913	1,3967	4,3912	5,7879	3445	2,2099	2,5544
1914	2,1051	4,0457	6,1508	1,7471	1,8652	3,6123
1915	3,0324	3,4978	6,5302	2,8668	1,6740	4,5408
1916	4,7948	2,9261	7,7209	3,1331	1,4004	4,5335
1917	6,3806	2,8592	9,2398	5,4554	1,5170	6,9724

이 표에서 볼 수 있는 것처럼 육지면 재배면적은 1915년도까지 재래면 재배면적에 비해 적었으나 1916년도부터 역전되어 육지면 재배면적은 크게 늘고, 재래면 재배면적은 대폭 줄었다. 또 수확량 측면에서 볼 때는 1914년도까지 재래면 수확량이 많았으나 1915년도부터 육지면 수확량이 추월하였다. 이를 통해 육지면 생산성이 재래면의 그것보다 높았음을 확인할 수 있다.

역시 같은 자료에서 1917년도 말 기준으로 육지면 재배의 지역별 보급 상황(도별 육지면·재래면의 재배면적·수확량)을 살펴보면, 다음 표와 같다.

구분	재배면적(정보)			수확량(천근)		
	육지면	재래면	계	육지면	재래면	계
경기		1601	1601		876	876
충북	2256	1651	3907	1868	627	2495
충남	838	924	1762	540	422	962
전북	4229	433	4662	3214	183	3397
전남	3,9453	234	3,9687	3,8557	114	3,8671
경북	6047	2642	8689	3355	983	4338
경남	1,0983	751	1,1734	7020	324	7344
황해		5258	5258		3873	3873
평남		7303	7303		4997	4997
평북		5845	5845		1699	1699
강원		1923	1923		1049	1049
함남		28	28		22	22
계	6,3806	2,8593	9,2399	5,4554	1,5169	6,9723

이 표를 보면, 1917년도 말 기준으로 육지면 재배는 전라·경상·충청의 삼남지방에 한정되어 있음을 확인할 수 있다. 그 가운데서도 전남지방의 재배면적과 수확량이 삼남의 6도 가운데 각각 61.8%와 70.7%를 차지하여 압도적이다. 또 하나 지적해 둘 것은 이러한 삼남지방의 육지면 재배 보급 상황이 1930년대 남면북양(南綿北羊) 사업의 배경이 되었다는 점이다.

조선총독부는 1911년 4월 권업모범장 육지면 채종포를 설치했는데, 당시 여수군 관내 52명의 경작자가 10정보의 토지에서 재배한 것이 여수지역 면화 재배의 기원이었다. 1913년에는 면작조합이 조직되었고, 1917년과 1919년에는 각각 '육지면 증수 5년계획', '육지면 제2기 확장계획'이 세워져 면화 재배가 더욱 강조되었다.[32]

1910년대부터 여수지역에서 면화재배가 강조되었던 상황은 1915년 조선총독부가 개최한 공진회에서 여수지역 인사 7명이 금패와 은패를 수상(『朝鮮總督府官報』 1915.11.3.)했던 것을 보더라도 이해할 수 있는 일이다. 금패 수상자는 정기주, 은패 수상자는 최경명, 곽채선, 김처인, 전병간, 유국준, 김문약이다.

정기주(소라면 현천리)와 곽채선(쌍봉면 봉계리)은 1920년 4월 여천금융조합의 조합장과 감사에 각각 취임한 인물이다. 최경명은 1919년 시점에 화양면장이었고, 유국준은 1919~29년간 여수면장을 지냈다.

여수군 면작조합은 1915년 5월 27일 해군기념일을 택해 해안 매립지에서 군내 각 면에서 성적 우수한 면작조합에 대해 우승기의 수여식(『釜山日報』 1915.5.30.)을 했다. 이어 조합장은 조합에 대해 공로 있다고 인정되는 자에게 상장과 상금 수여식을 했다. 조합원 8천842명 중 출석자에 대해 우대권[주권(酒券)]을 주어 읍내 아무 주막에서나 음주할 수 있게 했다. 또 조합원 73명에 대해 상장과 상금(약 100원)을 수여한 후, 잔치['입식(立食)의 연(宴)']를 하고 여흥으로 씨름을 했다. 경품으로 1등상 소 1두, 2등상 백미 1두, 3등상 포물(布物) 1반(反), 기타 4등 이외 등외의 조합원에게도 다수의 경품도 주었다.

여수군면작조합(『朝鮮』, 1922.11월호)

면작시설 부인 경기회(『매일신보』 1925.9.9.)도 개최되었다. 1925년 "일반 부인의 근로를 고취함과 함께 능률을 증진케 하여 육지면의 품질 개량과 생산 증가를 도모코자" 각면 부인 면작 경기회를 개최한 것이다. 8월 초순부터 중경 배토(中耕培土)의 경기를 행한 후, 총 참가인원 180명 중 30명을 입상자로 결정하고, 다시 우승자를 결정하기 위해 8월 25일 쌍봉면 봉계리에 각 면 대표를 소집했다, 1등은 소라면 정순임(丁順任)으로, 3분 56초에 8평의 중경 배토를 했는데, 이는 8시간이면 3반 2무(약 1천 평-인용자)를 이룰 수 있는 실력이었다.

1910년대 여수군의 면화 재배면적과 생산량은 다음과 같다. 1911년 여수군 면화 재배면적은 699.4정보, 수확량은 7만 2천737관, 1단보 당 평균 수확량은 10.4관이다. 또 돌산군은 428.8정보, 3만 873관 수확, 평균 7.2관이다.[33]

여수군·돌산군 통합 직후인 1915년에는 면화 경작 면적 1천471정 4단보, 수확량은 198만 2천370근이고, 1916년에는 경작 면적 2천301정 6단보로 6할 이상의 증가(『釜山日報』 1916.6.10.)를 보였다. 또 1917년 여수군의 면화 재배면적은 2천301정보에서 254만 근(약 40만 원)을 생산할 것으로 예상(『釜山日報』 1917.9.7.)되었다.

여수의 면화 재배는 1920년대 들어 더욱 확대되었다. 증수 5년 계획과 제2기 확장계획 등의 추진에 따라 1926년 4천512.8 정보의 경작지에서 1만 1천86호의 경작자가 1년 425만여 근을 생산했는데, 이와 같은 실적은 경작면작에서는 여수군 전체 밭 면적 6천760.6 정보 가운데 67%에 해당하고, 경작 호수에서는 전체 농가 호수 1만 2천716호 중 87%에 달하는 것이었다.[34]

특히 쌍봉면과 삼일면에서는 100%, 율촌면, 화양면, 화정면에서는 99%의 농가가 면화 재배에 종사했다. 1927년에는 면화 생산이 5백만 근에 달했고, 그중 3백만 근이 이출되었으며, 면화를 통해 이루어진 수입을 1호당 평균했을 때 150원이 되었다. 그리하여 이 시기에는 '면화의 여수'라는 말이 생기게 되었다.

또 1920년대 연평균 생산량 약 4백만 근 가운데 일본으로 이출된 수량은 절반을 웃도는 224만여 근(금액 71만 4천여 원)에 달했다.[35] 이 역시 일본으로의 이출이 면화 재배의 목적이었음을 보여주는 것이다.

면화 공동판매 장면(『麗水發展史』)

당시 여수의 면화 재배를 이웃 순천과 비교해 보자. 순천에서는 1932년도에 재배 농가 9천125호, 밭 1천386정보에서, 생산량 180만 근의 실적을 올렸는데, 그중 판매량은 49만 2천6백여 근(금액 6만 8천170원)이었다.[36] 순천군의 면화 재배는 여수와 비교할 때 큰 차이가 난다. 여수에서는 전체 밭 면적 가운데 약 2/3가 면화 재배에 이용되었지만, 순천에서는 밭 4천7백여 정보 중 약 30%에서만 면화가 재배되었기 때문이다.

여수 고뢰농장이 육지면 재배에 선두에 서서 먼저 2정보를 시험 경작하여 소작인을 지도했다는 것으로 봐서,[37] 이 시기 여수군의 면화 재배에 고뢰농장이 큰 역할을 담당했을 것으로 보인다. 1927~8년경 고뢰농장의 소유지가 1천 정보, 소작인 3천여 명은 위 면화 재배지 면적의 1/4.5, 작인수의 약 1/4에 달하는 것이었다. 고뢰농장이 담당한 면화 재배 비중은 여수군 전체 가운데 20% 이상을 차지했다는 것을 확인할 수 있다.

이상을 통해 볼 때, 여수에서 생산된 쌀과 면화가 일본으로 대량 이출되었음을 알 수 있고, 이는 식민지가 제국에 대하여 식량과 공업 원료 공급지 역할을 담당한다는 사실을 재확인하게 되는 것이다.

면화를 제외한 나머지 작물을 대상으로 1930년대 작물별 농업생산량 연도별 추이를 보면 다음 표와 같다.[38] 단위는 곡류는 석, 채소는 관이다.

연도	쌀	보리	잡곡	콩류	채소
1931	9477	8640	405	1725	3,3278
1932	7305	8601	753	1749	2,8922
1933	7306	1,0780	753	1711	2,8922
1934	8387	1,0370	768	1535	8,6715
1935	8163	1,1721	365	386	14,2474
1936	7438	8221	365	565	14,1514
1937	1,2428	5571	744	1086	7,8060
1938	8559	6956	712	1042	8,4750
1939	5806	8025	1349	796	9,4740
1940	8492	6303	785	875	9,8580

위 표를 보면, 작물 전체적으로 연도별로 일정한 추세를 발견하기 어렵다. 해에 따라 생산량 변동이 심하다. 이는 태풍, 가뭄 등 자연재해 영향 때문이다. 또 2년 연속 같은 수치가 반복되는 것도 있는데, 이는 전년의 실적을 반복 기재한 것이 아닌지 의심스럽다.

쌀은 1937년에 가장 많은 수확을 했고, 보리는 1933년부터 1935년까지, 잡곡은 1939년에, 콩류는 1931년~1933년 사이, 채소는 1935~1936년에 수확량이 가장 많다. 특히 쌀과 보리의 생산량을 비교할 때, 쌀 생산량이 보리 생산량보다 많았던 해는 1931년, 1937년, 1938년, 1940년밖에 없다. 나머지는 보리 생산량이 쌀 생산량을 능가했다. 이는 보리 재배가 쌀 재배 못지않게 널리 행해졌음을 보여주는 것이다.

이상이 이 표를 통해 파악할 수 있는 식민지기 여수의 농업 실상이다.

04
바다와 어업, 수산업

1. 일본인들의 여수 해역 고기잡이

땅 못지않게 인간에게 식량과 원료를 공급해 주는 곳은 바다이다. 바다 역시 부식으로서의 식량과 공업 원료를 제공한다. 그래서 제국 일본은 여수의 땅은 물론 여수의 바다도 필요로 했다.

현재 여수시를 구성하는 행정구역은 크게 육지와 섬으로 구분할 수 있다. 육지는 여수반도이고, 여수반도는 4면에 만을 두었다. 동쪽은 경남 남해도와의 사이에 여수해만, 서쪽은 여자만, 남쪽은 가막만, 북쪽은 광양만이 그것이다. 보통 반도는 3면의 바다가 둘러싸고 있다고 표현하는데, 여수반도는 특이하게 동·서·남·북 4면 모두에 바다가 있는 것이다. 최근에는 화양면 남쪽 바다를 장수만으로 하여 5개의 만을 말하는 경우도 있다. 또 섬으로써만 구성된 행정구역은 모두 4개의 읍·면이다. 돌산읍·남면·화정면·삼산면이 그것이다. 이런 지리적 여건으로 여수지역은 일찍부터 어업이 발달했다. 그리고 일본인들도 오래 전부터 여수지역 바다에 눈독을 들였다.

일본인들이 여수 해역에서 고기잡이를 한 것은 15세기로 거슬러 올라간다. 대마도인들이 오늘날 여수 해역에 속하는 고도와 초도에서 어업에 종사한 기록이 있다.

세종실록을 보면, 1440년(세종22년)에 대마도주(對馬島主) 종정성(宗貞盛)이 고초도(孤草島)에서 고기잡이할 수 있도록 청하자(『세종실록』 1440.5.29.), 조선 조정에서 고초도 고기잡이 허락 여부를 논의(『세종실록』 1440.6.22.)했다. 그런 다음, 세종이 "왜인들이 여러 번 고초도에서 물고기를 잡고자 청하였다. 내 생각으로는, 이 섬에서 왜인들로 하여금 왕래하며 물고기를 잡게 하되, 그 세(稅)를 국가에 바치게 하면 저들은 모두가 기뻐할 것이요, 그 땅도 잃지 않을 것이니, 어떻게 하면 좋겠는가."(『세종실록』 1440.10.15.)라고 의견을 제시했다. 그러나 이때 대신들의 반대가 강해 결론을 내지 못했다.

그리고 1년 뒤인 1441년(세종23년) 11월에 고초도에서 왜인이 고기 잡는 것을 허락(『세종실록』 1441.11.22.)했다. 다시 이듬해인 1442년(세종24년) 6월에 종정성이 청하여 고초도의 조어에 대한 세를 감면해 주었다. 즉 예조에서 종정성의 요청에 대해 세종에게 "대선(大船) 1척에 세어(稅魚) 5백 마리이던 것을 3백 마리로 감하고, 중선(中船) 1척에 세어 4백 마리이던 것을 2백 50마리로 감하고, 소선(小船) 1척에 세어 3백 마리이던 것을 2백 마리로 감해 줄" 것을 청하였고, 세종은 예조가 제시한 안을 윤허(『세종실록』 1442.6.17.)했다.

고초도는 고도와 초도를 아울러 이르는 말인데, 삼산면의 초도나 거문도로 보기도 하고, 거문도의 서도와 동도 일대로 보기도 한다.[1] 앞의 세종실록 세종22년 5월 29일자 기사에는 고초도 위치를 "전라도 남해 가운데에 있어서 육지까지 30여 리"라고 했다. '전라도 남해 가운데'라는 위치와 육지까지의 거리에 주목하면, 현재 고흥군 도화면 남쪽 끝에서 손죽도까지 직선거리로 40리(16킬로미터)쯤 된다. 따라서 손죽도나 초도 정도의 위치로 볼 수 있고, 그러면 현재 여수시 삼산면 일대임은 틀림없다. 주철희도 초도·손죽도와 인접한 군도를 고초도로 파악했다.[2]

또 앞의 세종22년 5월 29일자 기사에서 종정성이 대마도 인민들이 "매년 혹은 40~50척, 혹은 70~80척씩 고초도에 가서 고기를 낚아 자급"하고 있다고 말한 것으로 보아 조선의 허가가 있기 이전에 이미 고초도에서 고기잡이를 하고 있었다.

고초도의 어세는 계해약조에서 상세히 알 수 있다. 계해약조는 계해년, 즉 세종25년(1443년)에 대마도주와 세견선(歲遣船) 등 무역에 관해 맺은 약조이다. 고초도에서 고기잡이하는 자는 지세포 만호(知世浦萬戶)의 문인(文引)을 받고 와서 어세(漁稅)를 내야 한다는 조항이 그것이다. 지세포는 거제도에 있는 지명이고, 문인은 통행이나 여행을 허가하는 인증서이다.

이상을 정리하면, 고초도 어세는 1441년 왜인의 고기잡이를 허락하면서부터 징수했고, 1년 후에 대마도주가 어세 부담 경감을 요청하자 조선 조정이 어세를 경감했으며, 다시 1년 뒤인 계해년의 '계해약조'에 어세 징수 규정도 포함시켰던 것이다. 이 계해약조가 체결된 때는 세종이 훈민정음을 창제했던 해(반포는 3년 후인 1446년)이기도 하다.

일본인들이 조선 해역에서 어로 활동을 중단하게 된 것은 1510년(중종5)에 일어난 삼포왜란 때문이라고 한다. 그러다가 이후 한반도 근해에서 일본인 어민들이 고기잡이를 재개한 것은 440~450년 만의 일이다. 기사(『매일신보』 1913.1.19.)에 따르면, 19세기 중반인 1850~60년대 시작했고, 특히 러일전쟁 시기인 1904~1905년 전후에 왕성해져서, 1905년 전라남도 근해의 일본 어선 수만 해도 약 7백 척에 달했다.

2. 어업

1904년 러일전쟁이 개전한 지 반 년이 지난 8월, 제1차 한일협약이 체결되었다. 내용은 한국정부에서 일본이 추천하는 재정고문과 외교고문을 초빙 고용한다는 것이었다. 그에 따라 곧 재정고문으로 일본 대장성 관리 목하전종태랑(目賀田種太郎)이 부임했다.

목하전이 수장으로 있던 한국정부 재정고문부는 일본 어민을 위해 수산 행정에 관해서 해야 할 시설의 요령을 제시했다.[3] 명분은 "일본 어민을 한국 연해 도처의 어업근거지에 이주시키고 영구한 설비를 하여 한국 식민업의 선봉이 됨으로써 한국 어민의 모범이 되어 그들을 유도 부액할 것"이었다. 한국에 이주시킨 일본 어민이 한국 어민의 모범이 되어 한국 어민을 이끌고 부축한다는 말로 포장하여 한국 어민을 위한 일인 것처럼 호도했지만, 한국 식민업의 선봉이 되게 하겠다는 속셈도 감추지 않았다.

그리고 "이를 위해서는 근본적으로 구시대의 무역장정, 통어규칙 내지 관세율을 개정하여 현재의 한일 관계에 적응할 새 법규를 창정함을 요한다"고 하면서 "수산 경영 직접의 설비로서 연해 추요지에 일정한 지구를 한하여 어업 근거지를 설정하고 일본 어선의 정박과 계류에 편하게 하고 연해 적당한 곳에 이주할 편의를 주어"야 한다고 강조했다. 새로운 법규 제정, 주요 지역에 어업 근거지 설치 등 실천 방안을 내세운 것이다.

그 첫 번째 시설 사항으로 "일본 어민을 이주시키고 계속적 어업을 영위케 하기 위해 토지의 사용, 기타 어민에 필요한 제반의 설비를 할 것을 공인케 할 것"을 제시했다. 토지와 설비라는 실제적 요구를 내세운 것이다.

통감부가 들어서고, 한일신협약이 체결된 이후 1908년 10월 31일 조인된 한일양국신민의 어업에 관한 협정서가 1908년 11월 13일 내각고시 제23호(『관보』 1908.11.13.)로 공포되었다. 한국과 일본의 어민이 상대국에서 어업 활동을 할 수 있도록 하는 것을 규정하여 언뜻 동등한 조치로 보이지만, 당시 한국 어민들의 어업 방법과 어선의 규모로 볼 때 그들이 일본 연해에 가서 어업에 종사할 수 없는 형편이었다. 게다가 일본 연해 어족 자원이 부족하여 일본 어민들이 한국 연해까지 침범하여 어업 활동을 한

지 반백 년이 지난 시점에 한국 어민들이 일본 연해에서 어로에 종사한다는 것은 어불성설이었다.

위 협정서가 조인된 지 1주일 후인 1908년 11월 7일에 법률 제29호(『관보』 1908.11.11.)로 어업법이 제정, 공포되었다. 그러나 바로 시행된 것은 아니었다. 1909년 2월 23일 칙령 제22호(『관보』 1909.2.27.)로써 어업법 시행기일에 관한 건이 공포되었는데, 어업법은 1909년 4월 1일부터 시행한다는 내용이었다.

이 어업법은 제1조에 어업과 어업권의 정의를 명시하고, 이하 조문에서 어업의 종류를 크게 면허어업, 허가어업, 신고어업의 3가지로 분류하여 규정했다. 그중 면허어업은 농상공부대신의 면허를 받아야만 할 수 있는 것으로 제1종부터 제5종까지 다섯 종류가 있었다. 다음으로 허가어업도 농상공부대신의 허가를 받아야만 하는 것인데, 역시 다섯 종류였다. 마지막으로 신고어업은 신고 주체가 한국인인지, 일본인인지에 따라 두 가지로 구분되었다. 신고자는 감찰(鑑札)을 받아야 했는데, 감찰 발급 주체는 한국인에게는 부윤과 군수, 일본인에게는 통감부 이사청 이사관이었다. 감찰이란 허가의 표시로 관청에서 발급하는 증표를 말한다.

이영학은, 어업법 시행의 의미를 다음과 같이 설명했다.[4] 일본 어민들도 조선 내에서 어업권을 확보할 수 있었고, 통감부에서 어업권의 면허제도를 빌미로 조선 어업제도를 재편해갈 수 있는 제도적 장치를 확보했다. 궁내부 소유 또는 한국인에게 소유되지 않은 어장에는 먼저 신청한 어민에게 어업권이 부여되어 이주하거나 통어하는 일본 어민들이 어업권을 신청하면 어업권을 부여했다. 이미 어장을 소유하고 있었던 한국인도 자신의 소유임을 증명하는 서류를 제출해야 했다. 허가어업과 면허어업 부문에서 일본인의 건수가 한국인에 비해 압도적으로 많았다. 한국인은 새로운 제도의 정보에 어두웠고, 일본인은 잘 인지하여 신청하였기 때문이었다.

조선총독부가 설치된 이후 1911년 6월 3일 제령 제6호(『朝鮮總督府官報』 1911.6.3.)로 어업령이 공포되었다. 어업령 제정의 의미를 총독부 측은 이렇게 설명했다. "일면으로 어업의 질서를 한층 확실히 하여 조선 어민의 생업을 안고히 하고, 내지 어민의 토착 이주를 장려하여 유리(遺利)의 개발에 노력함으로써 어업의 발전을 꾀하고 어촌의 유지를 공고히 한다."[5]

어업령 제정 이유 중 하나가 분명히 제시되어 있다. 일본 어민의 토착 이주 장려를 목적으로 했다고 밝힌 부분이 그것이다. 또 '어업 질서 확실', '조선 어민 생업 안고', '어촌의 유지 공고' 등의 수사도 나름대로 의미 있는 것이었다. 식민지 조선의 어촌 경제가 붕괴되고, 조선 어민이 어촌에서 이탈하는 것도 총독부 측으로서는 바라는 바가 아니었다. 그들이 사라진다면 어촌에서 식량·원료 공급과 일본 상품 소비를 담당할 주체가 없어지기 때문이다.

어업령 내용은 1908년 제정 어업법과 유사하지만, 그보다 상세해졌다. 예를 들어 두 법령의 제1조를 대조해보면 다음과 같다.

어업법	어업령
본법에 어업이라 칭함은 영리의 목적으로 수산 동식물을 채포 또는 양식하는 업. 어업권이라 칭함은 제2조를 의하여 면허를 받은 어업을 하는 권리	어업이라고 칭하는 것은 공공의 용(用)에 공(供)하는 수면에서 영리 목적으로써 수산 동식물을 채포하거나 또는 양식하는 업. 어업권이라 칭하는 것은 조선총독의 면허를 받아 어업을 하는 권리. 어업자라고 칭하는 것은 어업을 하는 자 및 어업권을 가진 자를 말함

어업령에서는 어업과 어업권 정의 외에 어업자의 정의도 추가되었다. 또 어업의 정의에서도 '공공의 용에 공하는 수면에서'라는 장소성도 더하여 규정되었다.

어업령 공포와 같은 날 조선총독부령 제67호로 어업령시행규칙(『朝鮮總督府官報』 1911.6.3.)도 공포되었다. 어업령과 시행규칙은 1912년 4월 1일부터 시행(『朝鮮總督府官報』 1912.2.23.)되었다. 어업령과 어업령시행규칙에서도 어업의 종류를 세 가지로 분류, 규정하였다. 면허어업, 허가어업, 계출어업이 그것이다. 어업법의 신고어업이 일본어 계출어업으로 바뀐 것이다. 각 어업의 종류는 어업법에 비해 늘어났다. 면허어업은 6종, 허가어업은 9종, 계출어업은 3종이 되었다. 또 면허나 허가의 주체는 농상공부대신에서 조선총독 또는 지방장관으로 변경되었다.

또 어업령이 어업법에 비해 달라진 점은 크게 '수면을 전용하여 어업을 하는 권리'(전용어업권)가 신설되고, 어업권의 재산권적 성질을 강화하기 위한 보호구역이 설정되었으며, 어업조합과 수산조합을 설립할 수 있게 되었다는 점이다.[6]

1904년 한국정부 재정고문부는 한국의 중요 어업근거지를 조사했는데, 그중 여수지역에 해당하는 것은 다음 표와 같다.[7] 당시 한국의 중요 어업근거지를 조사한 이유는 일본 어민들의 이주 어촌 건설을 위한 준비의 일환이었다.

지역	내용
거문도	어족 풍요, 땔감과 물의 공급 풍부, 장래 어업근거지에 적당
부도	안도의 서면에 있는 작은 섬. 일본 어선의 중요한 근거지
안도	조승의 집합지. 항만 양호 선박 출입에 편함
금오도	섬 남쪽 안도와 상대하는 곳은 일본 어선의 정박 근거지
돌산도	항내 물이 깊어 이 방면 유수의 투묘지
경도	일본 어선의 미끼 매입장

지역	내용
국포	일본 어선의 중요한 미끼 공급장
여수읍	상업 번성하여 일본 어업 어획물 판매장
송도	묘도 서쪽 3리. 어선의 중요한 미끼 공급장
도남포	일본 어선의 중요한 미끼 공급장
묘도	어선의 미끼 공급장

위 표를 보면, 먼저 당시 일본 어선의 중요 근거지 역할을 하는 지역이 있고, 장래 어업근거지로 적당하다고 지목된 지역이 있다. 안도(부도), 금오도, 거문도 등 섬 지역이 그러하다. 두 번째는 일본 어선의 미끼 공급지이다. 국포와 경도의 가막만 연안, 송도와 묘도 등 여수반도 북부 섬 지역이 그렇다. 세 번째는 일본 어선 어획물 판매시장인데, 여수읍이 해당된다.

재정고문부가 위에서 '장래 어업근거지에 적당'하다고 했던 거문도에는 과연 일본인 이주어촌이 건설되었다.[8] 첫 번째 이주자는 목촌충태랑(木村忠太郎) 가족이었고, 그 시기는 1906년 4월(그보다 늦다는 기록도 있음)이었다. 이후 1909년에서 1910년 사이에 목촌충태랑 여동생들의 가족도 거문도에 이주했다.

여수반도에서 일본인 이주어촌 형성은, 1912년 9월 부산을 근거로 하던 애지(愛知)현 타뢰(打瀨)망 업자 평야좌시(平野佐市), 안등목지조(安藤牧之助), 광뢰화장(廣瀨花藏), 평야호치(平野虎治), 조거금장(鳥居金藏), 도변여삼랑의 여섯 가족 26명이 6척의 배에 나누어 타고 여수로 이주한 것이 효시였다. 당시 여수항에 거주하던 일본인은 100호가 되지 않은 정도였는데, 주로 관리, 잡화상 경영자였고, 수산업 종사자는 3호에 불과했으나 이들의 이주로 수산업 인구가 부쩍 늘어나게 되었다.[9]

이후 1915년 8월 여수 거주 애지현 어업종사자 33명이 여수에 어업근거지를 건설할 것을 애지현의 지사와 수산조합연합회장에 청원했다. 이에 일본의 수산조합연합회는 1916년 애지현비를 보조받아 여수면 동정 종포의 토지 433평을 매수하고 1917년 10월 건축에 착수하여 1918년 5월에 준공식을 거행하고 24호를 수용했다. 그리하여 이들 이외 종포에 거주하고 있던 애지현 어업자의 지역을 합하여 애지현 이주어촌이라 불리게 되었다.[10]

1916년에 광도현(廣島縣)은 50호의 이주어촌을, 애지현은 30호의 이주어촌을 신설할 목적으로 준비 중(『釜山日報』 1916.6.8.)이었다. 광도 출신 전판연차(田坂延次)도 1915년에 이주어촌 설치 필요를 느껴 1916년 광도현 당국에 교섭하였다. 그 결과 동정에 14호, 봉산리에 8호 등 광도현 이주어촌도 형성되었다.[11]

1918년 기준으로 일본인 이주어촌의 가족 수는 남자 26명, 여자 44명, 어선 수 30척이었으나, 1927

년에는 남자 106인, 여자 86인, 어선 58척으로 늘었다.[12]

물고기잡이

어업의 종류는 크게 물고기잡이, 조개류 채취, 해조류 채취 등이 있다. 물고기잡이는 그물로써 하는 것과 낚시로써 하는 것이 있는데, 타뢰망(打瀨網), 연승(延繩), 수조망(手繰網), 유망(流網) 등은 그물로써 하는 것이고, 일본조(一本釣: 외바늘 낚시)는 낚시로써 하는 것이다.

여수 근해에서 일본인이 고기잡이한 것은 1902년도 통계부터 보인다.[13] 이때 여수 근해에서 주로 잡힌 어종은 새우(鰕)와 장어(鱧)이고, 거문도는 다랑어(鮪), 거문도·안도는 상어(鱶)이며, 그물 종류는 여수반도 근해는 수조망, 안도 안팎은 유망(流網)이었다. 새우잡이는 1902년에는 가막양(가막만-인용자)과 여자만(그밖에 광양만과 마도해 근해)에서 일본 배 5척, 12명이 조업했으나, 1905년에는 98척 333명까지 늘었다. 장어잡이는 여수반도를 비롯해 진해만 내, 거제도 남서 근해에서 1902년 7척 18명이, 1905년에 18척 93명으로 증가했다.

또 섬 지역에도 1900년대 초부터 도미·삼치 등의 값비싼 어류가 잡힌 것을 알고 일본 어업자가 자기 소유의 구식 일본 배를 타고 건너와서 어업에 종사하고 이들 어획물은 전부 염장하여 일본 시장에 내놓았다. 그 횟수는 1년에 1회 내지 2회였다.[14]

타뢰망 어선(『京城日報』 1936.10.7)

1910년대 초의 기록을 보면, 일본 어업자로서 여수 읍내에 정주하는 자는 없지만, 봄가을 두 철에 일본 어선의 출입이 자못 빈번하여 하루 평균 5~6척 이상이고, 그 어장은 여수만, 가막양, 돌산도 및 그 부속 제도의 연해이다. 또 어선의 종별은 봄에는 풍승(鱧繩), 하망(鰕網), 춘류망(鰆流網), 가을에는

하망과 조승(鯛繩) 등이었다.[15]

1917년 조선수산조합 여수출장소의 보고(『釜山日報』1917.12.13.)를 통해 1910년대 후반 여수 근해 어업의 종류와 어선의 수, 그리고 어획량을 개관해 보자. 당시 여수 근해 어업은 타뢰망, 도미 연승, 일본조, 키조개 잠수기, 수조망 등의 어업이 있었다. 그중 타뢰망 어업은 남해도 앞바다를 어장으로 하여 약 50척의 출어선이 있는데, 1척 평균 250원의 어획물이 있다. 도미 연승 어업은 안도 부근을 중심으로 하여 약 35척의 출어가 있고, 1척 평균 약 150원의 어획이 있다. 일본조 및 수조망 어업은 여수만을 어장으로 하여 전자는 약 30척의 출어선이 있어 평균 35원, 후자는 약 10척의 출어선이 있어 평균 40원의 어획이 있다. 키조개 잠수기 어업은 1대 평균 200원의 채취량이다.

다음으로 1910년대 중후반 고기잡이 상황을 보자. 1915년 산구현(山口縣) 선해(鮮海)어업조합장 등 30여 명은 숭어 8천 마리를 잡아 여수수산회사에 1마리당 13전 8리의 가격으로 방매(『朝鮮時報』1915.3.25.)했다. 총금액은 1천104원에 달한다. 또 1916년 여수항의 타뢰망 어선은 120척(『釜山日報』1916.9.3.)에 달했다. 1918년 3월 중 여수수산의 어획고는 1만 3천 원으로 창립 이래의 기록을 돌파했다. 시장으로부터 종포에 걸쳐 타뢰망선이 80척이 있고, 이들 수입은 1척에 월 500원 이상이었다(『朝鮮時報』1918.4.28.).

이제 1920년대 중반 상황을 보자. 다음은 1925년 여수군 수산업의 개요이다.[16]

수산업자			수산 생산액		어선수			
업별	일본인	조선인	생산별	금액	관내거주자분		관외통어자분	
					조선인	일본인	조선인	일본인
전업	236	1026	어획	220,4839	1683	275	941	768
겸업	147	2751	제조	100,6870				
종업	390	1510	양식	4,5655	계 1958		계 1709	
계	773	5287	계	325,7364				
비고	전 호수의 4할		총생산액의 3할 5푼		합계 3667			

위 표에서 1925년 여수의 수산업 개황을 보면, 수산업자는 조선인 5천287호, 일본인 773호, 합계 6천60호로 여수군 전체 호수의 40%에 달했다. 전업자는 오로지 어업만 하는 호수이고, 겸업자는 다른 산업(대부분 농업)을 겸하는 호수이며, 종업자는 남에게 고용되어 어업 활동에 종사하는 호수이다. 조선인은 겸업이 가장 많고, 전업 호수가 가장 적다.

또 수산업을 통한 수입은 약 326만 원으로 여수군 전체 생산액의 35%에 달하는 규모였다. 그중 어획을 통한 생산액이 가장 많고, 제조액은 어획에 비해 절반에도 미치지 못하며, 양식액은 미미했다.

여수 근해에서 조업하는 어선 수는 모두 약 3천7백 척이었다. 관내 거주자가 소유한 어선수는 약 2천 척이었음에 비해 관외 통어자의 어선수는 1천7백여 척으로 크게 차이가 나지 않은 것이 눈에 띈다. 민족별로 보면, 조선인은 관내 거주자 소유 어선수가 많고, 일본인은 관외 거주자의 어선수가 월등히 많다. 이는 당시 조선인이 소유한 어선은 노나 돛을 동력으로 하는 전통 어선이 대다수였던 반면, 일본인 어선은 발동선이 많았기에 관외에서 여수 근해까지 멀리 이동할 수 있는 능력이 있었던 사정도 반영된 것으로 보인다.

이후 1933년 자료에 따르면,[17] 수산업자와 수산 생산액이 크게 늘었다. 호수는 8천285호로 2천225호가 늘었고, 생산액은 460만 원에 달하여 130여만 원 증가했다. 생산액을 종류별로 나눠 살펴보면, 어획은 3백만 9천6백 원인데, 그중 청어(鯖)가 84만 4천여 원, 멸치(鱸) 36만여 원, 가오리(鱝) 24만 3천여 원, 풀가사리(海蘿) 15만 5천여 원, 도미(鯛) 13만여 원, 전갱이(鰺) 10만 5천여 원의 순이었다.

어업별 어획량은 청어 기선 건착망의 93만 2천여 원을 최고로 하여 타뢰망 58만 8천여 원, 잠수기 17만 6천여 원, 연승 14만 9천여 원, 안강망 13만 3천여 원, 소수(蛸壽) 10만 5천여 원, 도미 연승 9만 5천 원의 순이었다.

제조 가공업의 액수는 161만 9천850원이다. 1925년에 비해 8년 만에 60% 이상 증가한 금액이다. 종류별로 보면, 염간 조기 43만 2천여 원, 소금간 청어 24만 8천여 원, 쪄서 말린 멸치 약 30만 원, 도미의 화앵간기권(花櫻干磯卷) 14만 천여 원, 해조류 12만 천여 원, 홍합(貽貝) 11만 3천여 원의 순이다.

양식 면적은 김 양식 약 345만 평, 굴 양식 2만 5천여 평이고, 염전은 면적 약 2만 3천 평, 제조 수량은 56만 2천 근, 제조 가액은 2만 1천6백여 원이다. 또 출어하는 어선 수는 3천233척으로 1925년에 비해서는 약간 줄었다.

일본인들이 조선의 바다에 들어와 고기잡이하면서 어족 자원의 고갈 문제에 직면했다. 다이너마이트와 수중포를 이용한 불법적 방법으로 치어까지 남획한 결과였다. 남해안에서 다이너마이트를 사용해서 고기잡이하다가 체포된 일(『매일신보』 1912.1.26.)은 일찍이 1912년 1월에 있었다. 통영경찰서가 1월 12일 거제도 장승포에서 웅본현 사람 5명, 16일에 거제도 도암포에서 대분현 사람 4명을 체포했다.

어획량 증대라는 눈앞의 이익에 사로잡혀 황금알을 낳는 거위의 배를 갈라버린 셈이었다. 어족 자원 고갈 문제에 직면한 일제 당국이 내놓은 대책은 금어 기간 설정과 불법 어업 단속, 어업 면허증 발급이었다.

금어 기간 설정은 1930년 여자만 일대 새우 잡이를 대상으로 한 사례(『조선일보』 1930.9.30.)가 있다. 화정면 여자도 부근 연안에 거주하는 어민들이 9월 초순부터 각지 관할 경찰관서에 매일 수십 명씩 소환

되어 조사받았다. 9월 1일 이후 출어하라는 규정 기한 이전에 새우를 잡았다는 이유에서였다. 어민들로서는 규정을 인지하지 못하고 종전대로 출어하다가 생긴 일이었다.

불법 어업 단속은 다음의 사례가 있다. 먼저 1923년 2월 14일 오후 2시에 여수 앞바다에서 전남·전북·경기 3도에서 파견한 경비함 3척이 부정 어업선 4척을 발견하고 체포하려 할 때 어선들이 총을 발사하며 저항했다(『조선일보』, 1923.2.21.). 어선들이 총을 발사했던 것으로 봐서 어로 작업 중 사용하기 위한 용도에서 가지고 있던 총으로 보인다. 또 하나는 1930년 10월 27일의 사례(『조선일보』, 1930.11.3.)이다. 이 날 전남 고흥서와 여수서는 경비선으로 하여 여자만 해안 일대를 수색했다. 일본인 어부들이 여자만 해안에서 수중포(水中砲)를 사용하여 어류를 포획한다는 제보 때문이었다.

여수 근해에서 어족 자원이 고갈되자 나타난 현상은 다른 지역으로 이동하여 어로 작업을 하는 일이었다. 1929년 9월 부산과 울산 연안에서 물고기를 잡았다가 처벌된 사례(『매일신보』, 1929.9.21.)가 있다. 여수군 삼산면 거문리 대야영작(大野榮作) 외 15명의 어부가 공모하여 경남의 어업 허가증 없이 발동선 2척[제3, 제5 진첩환進捷丸)]을 이용하여 15일에 부산 목도(牧島, 영도-인용자)와 울산 연안에서 각종 생선 240상자를 어획하고, 17일 아침 남빈(南濱) 어시장에서 4백 원에 매각하려다가 수상(水上) 경찰서원에 발각되어 무면허 어업자 죄명으로 18일 검사국에 송치되었다.

1943년에는 중국 연해까지 가서 어업을 하는 일도 있었다. 여수 타뢰망 어선단 13척이 도변여삼랑(渡邊與三郎)을 단장으로 하여 황해와 발해로 4개월 동안 출어하기 위해 4월 15일 출발 예정(『매일신보』, 1943.4.10.)이었다. 행선지는 신의주, 대련, 산동성 지부(芝罘) 등이었다.

이후 4월 22일 타뢰망어선단 12척이 출범(『매일신보』, 1943.4.26.)했다. 계획보다 날짜는 1주일 늦춰지고, 선단이 1척이 줄어 12척이 되었으며, 도변여삼랑 대신 식촌덕일(植村德一)이 선단을 지휘했다. 아마 단장 도변여삼랑에게 문제가 생겨 일정과 계획이 변경된 것으로 보인다. 출발일인 22일 오전 8시 종포 진도(津島)신사 앞에서 도 수산과 기수가 참석한 가운데 경찰서장과 읍장 이하 관민 다수가 참석하여 출범식을 열었다. 1반 4척씩, 3개 반으로 나눴다. 전년에는 초행이라 경험도 없었고 시기를 놓쳐 예기의 성적을 거두지 못했기에, 각오가 남달랐다. 1척 어획고 4만 원을 목표로 했다. 여기서 전년인 1942년에도 시도가 있었음을 알 수 있다.

당시 신문 기사는, '원양어업', '바다의 증산 전사', '수산 여수의 사명', '해중 보물 증산의 장도' 등의 수사를 동원하여 이 일을 높게 평가했는데, 전시 총동원체제기 '증산'에 몰두했던 시대 분위기를 엿볼 수 있다.

조개류 채취

다음은 조개류 채취 어업을 살펴보자. 여수와 남해 사이 여수반도 동쪽 여수해만에서 대량의 키조개를 발견한 것은 1913년의 일이다. 그 사정은 신문 기사(『매일신보』 1914.7.10.)에 상세하다. 키조개를 발견한 것은 수산 교사 소천제(小川濟)였다. 이에 총독부는 창포(菖蒲) 기사로 하여 그 서식 상태와 기타 상세를 조사하게 했다.

창포 기사는 잠수기를 이용하여 해저 1평씩을 구획하여 평뜨기를 했다. 그 결과 가장 밀집한 부분은 1평에 273개, 중간은 150개, 가장 적은 부분은 90개가 서식하여 평균 1평에 대하여 170개의 번식이고, 번식 구역 면적은 64평방해리였다. 개체 1개당 1전씩만 잡아도 1억 원에 달할 것으로 예상되었다. 이 예상은 전남도 수산계의 '대복음'이라 평가될 정도였다.

또 다른 기록(『여수읍십년사』)에 따르면,[18] 애지현 수산기수 소천제는 1906년 4월부터 1913년까지 7년간 애지현 수산시험장이 추진했던 조선해 타뢰망어업 경영 적지 조사를 위해 경상북도 연안으로부터 전라북도 앞바다에 걸쳐 연해를 조사했고, 그 과정에서 여수해만 키조개 어장을 발견했다. 이에 전라남도는 1914년 소천제를 전라남도 교사로 임명하고, 여수군 근무를 명했다. 또 총독부 수산과도 창포 기사로 하여 잠수기 어선 2척을 사용하여 번식 실황과 이용 방법의 실지 실험을 위해 만성리 해안에 헛간을 만들고 조사를 개시했다. 그 결과 평당 2백 개, 30평방해리에 서식하고 있음을 확인했다.

김계유도 대동소이한 기록을 남겼다.[19] 세 가지 기록을 비교하면, 차이도 있다. 먼저 대상 해역이다. 『여수읍십년사』는 여수해만, 『매일신보』는 여수군 근해 및 남해군 근해 일부라고 했다. 여수해만은 여수와 남해 사이의 바다이니 『매일신보』 기사도 여수해만을 가리키는 것으로 봐도 무방할 것이다. 다만 김계유는 '여수해역'이라고 표기했다. 아마 『여수읍십년사』의 여수해만을 여수해역으로 오독한 것이 아닌가 생각한다.

다음은 서식 면적의 차이이다. 『매일신보』는 64평방해리, 『여수읍십년사』는 30평방해리로 큰 차이를 보인다. 아마 해역의 전체 면적은 64평방해리, 그중 서식 면적은 30평방해리가 아닐까 생각한다.

이후 키조개 채취 작업이 활발하게 이뤄졌다. 당시 신문 기사(『釜山日報』 1915.7.9.)에 따르면, 여수해만의 키조개는 처음 여수항 종포리의 양패(養貝) 회사가 은어 낚시 비슷한 어구를 사용했는데, 이후 강영(江永) 상회가 잠수기를 사용하여 이 어업을 하려고 청원하여 1914년 10월 8일부로써 여수해만은 잠수기 어업의 특별구역으로 지정되고, 잠수기 30명의 제한을 설정했다. 그중 강영상회는 12대 사용 허가를 얻고, 또 양패회사도 같은 잠수기를 사용하게 되었다. 1915년 4월에는 다시 경성의 태양(太洋) 상회도 남해에 근거를 두고 채취를 개시했다. 잠수기 어업은 어업령과 시행규칙에서 정한 제3종 허가

어업에 속하는 것이었다.

그러나 여수해만의 키조개 채취는 오래가지 않았다. 여수해만 키조개 개체수가 크게 감소하자 1916년에 전남도청은 기수를 파견하여 탐험 중이었는데, 여수군 화양면의 연안 여자만의 남부 일대에 무수한 키조개 서식을 발견했다. 그 면적은 약 6평방해리에 걸쳐 밀집돼 있었다. 당국에서는 이 연안 일대에서 지예망 및 타뢰망 등을 금지하여 보호 번식의 길을 강구할 것(『釜山日報』1916.10.7.)이라 했다.

여수해만의 키조개 집단 폐사를 두고 김계유는, 1919~1920년 8월의 태풍과 해일, 그리고 섬진강물이 가막만으로 밀고 내려와 '여수 해역'을 뒤집어서 키조개가 죽어버린 것이라고 했다.[20] 이를『여수읍십년사』의 기록과 비교해 볼 때, 시기는 그대로인데, 설명은 차이가 있다.『여수읍십년사』에서는 1919년 8월과 1920년 8월 '희유의' 태풍이 바다 바닥을 긁고, 섬진강이 범람하여 진흙이 키조개 서식지를 뒤덮었기 때문이라 했다.[21] 바다 바닥의 파헤쳐짐과 뒤덮은 진흙이 원인이라는 것이다. 그러나 김계유는 강물이 원인이라고 했다. 물론 바닷물에 사는 생물에 민물이 더해져 바닷물 농도가 옅어지면 바다 생물은 살 수 없게 된다. 둘 다 키조개의 서식에 영향을 미치는 원인이 되겠지만,『여수읍십년사』의 기록이 더 정확한 서술이라고 봐야 타당할 것이다.

또 김계유는 섬진강물이 밀고 내려온 것이 '가막만'이라고 했다. 이는『여수읍십년사』에 없는 내용이다. 섬진강물이 내려오면 본류는 곧바로 '여수해만'으로 직진하고, 일부는 양옆으로 흩어져 서쪽으로는 광양만으로, 또 동쪽으로는 노량해협을 지나 남해도 동쪽 바다에 이르게 된다. 여수해만으로 내려온 강물은 돌산도 동쪽, 남해도 남쪽 바다로 직진하고, 일부는 종포 앞(당시 표현으로는 '여수해협'-필자)과 좁은 당머리를 지나 가막만으로 흘러가게 된다. 즉 섬진강물이 가막만에 이르는 비중은 상당히 미미하다고 봐야 할 것이다.

김계유가 가막만을 언급한 것은 앞에서 여수해만 대신 여수해역이라 표기한 일과 관련된 것으로 보인다. 아마 김계유는 키조개 대량 서식지를 여수해만 대신 여수반도 남쪽 가막만으로 상정했던 것이 아닐까. 김계유의 책이 출판된 1980년대에 가막만은 키조개 등 패류의 대량 서식지였다.

앞의『釜山日報』는 1916년에 이미 키조개 개체수의 큰 감소로 대체 어장을 탐험했다는 보도를 했고, 여수읍과 김계유는 1919~1920년의 일이라 했다. 어떤 것이 맞는 것일까. 당시 기상 정보에서 확인해 보자.『朝鮮總督府官報』나 월간 기관지에는 여수 근방 태풍 정보를 수록하고 있지 않다. 그러면 대신 당시 신문 기사를 찾을 수밖에 없다. 여수를 중심으로 전남과 남해안 일대의 폭풍우와 태풍을 표로 정리하면 다음과 같다.

구분	내용
1914년 7월 폭풍우	여수: 7월 27일 이래의 폭풍은 28일 오전 1시부터 한층 격렬하여 근래에 희유한 참상을 보였다가 정오 후에 겨우 종식. 조선 범선 2척이 좌초하고, 조선인 가옥 수십 호가 전몰 혹은 반파. 그 외 해안도로 수백 칸이 붕괴, 항내 정박한 배도 계류하기 어려워 기타 도로 및 농작물 피해가 큼
1915년 8월 폭풍	23일부터 24일에 걸쳐 폭풍우로 진해만 부근에 출어 중인 어선 40여 척은 크게 낭패, 24일 저녁 마산항에 입항. 조우기선 거제환은 24일 오후 2시 부산항에 입항할 예정이었으나 25일 아침 9시에 입항
1915년 9월 폭풍우	9월 6일 이래 해상 풍파로 조우회사 포항선 및 울릉도선 취항선은 모두 피항. 진남포로부터 문사로 향하는 도중 6일 오후 입항한 진남포 중촌조의 신우환 등은 아직 피난해 있어 출항 불능. 7일부터는 풍파가 한층 심해져 기타 각 항로도 두절/ 8일 입항할 부산-여수선의 거제환 및 같은 날 출항할 같은 선의 통영환은 모두 착발하지 않은 모양. 니기기선의 수길환은 인천방면으로부터 귀항 도중 통영에 피난해 있다는 전보/ 유구 방면에서 일어난 태풍은 구주를 거쳐 7일 밤 이래로 구주지방을 엄습하고 각지에 피해/ 지난번 홍수로 침수된 진주군의 지면은 2천 6백 정보 남짓, 수확 손해 약 1만석/ 8일 북서의 폭풍우로 삼천포 부근 농작물 중 도작 손해 예상
1916년 6월	섬진강은 13척이 증수되어 각지 간에 교통 두절
1918년 7월 폭풍우	여수: 7월 26일 오전 8시부터 동남의 폭풍우가 전남에 습래하여 11시부터 풍세 더욱 거칠어짐. 오후 6시 마침 만조로 여수항내에 정박 중인 발동선 5척, 범선 35척, 어선 70석도 다른 곳으로 피난. 피해로서는 조선 어선 10척, 전마선 4척 유실, 기타 선구의 유실 다대
1919년 8월	14일 이래의 부산지방 폭풍은 15일 밤부터 대폭풍우. 16일 아침에 더욱 격렬, 시중 가로 통행 두절, 실로 처참, 연락선 두절
1920년 7월 섬진강	18일부터 하루 밤낮을 쉼 없이 퍼부어오던 큰비는 21일 오후 2시경에 31척까지 증수되었는데, 과거 신축(1901)년 이후 초유의 홍수로 가옥과 가축의 표류는 일대 참상. 하동군 읍내 부근 피해는 가옥 침수가 2백여 중 유실 20호, 전파 130호, 농작물 기타의 피해가 십수 만원
1920년 8월	7일 밤 이래 8일 오후 5시까지 진주에 폭풍우가 왔는데, 아직 증수치 않음

위 표를 보면, 1914년 7월(《매일신보》 1914.8.1.),

1915년 8월(《釜山日報》 1915.8.26; 《釜山日報》 1915.8.27.)과 9월(《釜山日報》 1915.9.9; 《매일신보》 1915.9.9; 《釜山日報》 1915.9.10; 《釜山日報》 1915.9.14.),

1916년 6월(『매일신보』 1916.6.17.),

1918년 7월(『朝鮮時報』 1918.8.1.),

1919년 8월(『매일신보』 1919.8.18.),

1920년 7월(『동아일보』 1920.7.29.)과 8월(『매일신보』 1920.8.10.)에 폭풍우와 태풍으로 남해안 일대에 피해가 컸던 것으로 보인다.

『釜山日報』보도와 여수읍의 기록을 두루 고려할 때, 여수해만의 키조개 개체 수 격감은 1915년 8~9월의 폭풍과 1920년 7월 섬진강의 홍수가 복합적으로 작용한 것이 아닐까 생각한다.

이후 1930년대에 들어 이번에는 피조개 서식지가 발견(『조선일보』 1935.4.21.)되었다. 장소는 고흥군 나로도 연해, 여근도를 중심으로 여수군 돌산도·소리도·손죽도에 걸친 지역이었다. 1935년 3월 말부터 항타망(桁打網) 어선 60척이 출어하여 매일 석유 상자로 100상자 정도 채취했다.

3. 수산업

쌀 이출을 위해 미곡검사소가 있었던 것처럼 수산물이 이출되는 과정에 거쳐야 할 곳이 수산제품검사소였다. 이는 1918년 '수산제품검사규칙'이 제정됨에 따라 수이출 수산제품의 검사를 실시하기 위해 설치된 것으로, 식용 건제품, 식용 통조림, 수산 비료 및 해조 등이 검사 대상이었다.

여수수산제품검사소가 만들어진 과정은 다음과 같다. 먼저 1918년 5월 22일 조선총독부고시 제135호(『朝鮮總督府官報』 1918.5.22.)에 따라 목포세관지서가 해조 및 수산 제조품의 검사를 행하는 검사소 위치 세 군데 중 하나로 여수군 여수면이 지정되었다. 다른 두 군데는 목포부와 제주도 정의면이었다.

그에 앞서 『朝鮮時報』 기사(1918.4.18.)는 여수 검사소 신설 움직임을 다음과 같이 전했다. 여수 근해에서 산출된 해조류를 그 전 해까지는 부산 또는 목포에 반출하여 이출 검사를 받은 후 일본에 이출해 왔지만, 그해부터 여수에도 해조 이출검사소를 설치하기로 하고 부산세관 해조검사소 주임이 4월 8일 여수에 와서 검사장 후보지와 기타 조사 시찰을 했다. 검사소는 서정에 신설하고 검사 개시기는 5월 1일이었다.

그런데, 실지로 검사를 개시한 것은 예정보다 두 달 뒤인 7월 1일부터였다. 기사(『매일신보』 1918.7.10.)에 따르면, 여수해조검사소는 그 장소와 기타 설비에 대하여 협의 중이다가 고목(高木)상회 소유 상점 인접지에 창고와 사무소를 완료하여 7월 1일부터 검사를 개시했다. 또 이 기사에서는 종래 부산과 목포에 이출하여 검사치 못하면 직접 일본으로 이출치 못함으로써 일본 상인은 검사지(부산·목포)에서 해초류를 매입했는데, 여수에 검사소가 신설되어 앞으로는 여수에서 거래를 행하여 발송할 수 있게 되어 여수산 해조 거래에 대단히 편익을 줄 것으로 기대했다.

이후 1924년 12월 25일 조선총독부고시 제278호(『朝鮮總督府官報』 1924.12.25.)를 통해 16곳의 수산제품검사소의 명칭과 위치가 새로 정해졌다. 이때 여수수산제품검사소도 부산세관 산하로 설치되었다. 1918년의 검사소와 비교할 때 검사 주체 면에서 차이가 있다. 1918년에는 검사 주체는 목포세관지서였고, 여수 검사소는 '검사를 행하는 장소'의 의미였다. 그런데 1924년에는 검사 주체와 명칭이 부산세관 여수수산제품검사소로 바뀐 것이다.

이후 1937년에는 해조 검사를 직접 도에서 하게 되어 그 검사소는 본소를 완도에 두고, 지소를 목포·여수·제주에 설치(『조선일보』 1937.6.26.)했다. 1938년에는 '희유의 산지 부작(産地不作)'과 가격 저하로 해조의 시장 거래 수량과 판매 금액이 모두 예년에 비해 40% 감소했다. 10월 말 현재 전남 도내 실적(『조선일보』 1938.11.29.)을 보면, 105만 7천 231근에 금액은 41만 5천 277원이었다. 위 4개 검사소 별로 볼 때 수량과 금액 면에서 여수는 목포·완도에 이어 세 번째로 많았다. 수량은 28만 2천여 근, 금액은 약 12만 6백 원으로 각각 26.7%, 금액은 29%를 차지하는 실적이었다.

수산회사

수산회사 중 많은 부분은 여수 인근에서 잡은 어류를 일본으로 이출하는 운송회사이다. 당시 신문에 단편적 기사들이 실렸다. 그 내용을 보면, 1910년대 중반 여수 인근에서 어획한 수산물은 산신조와 임겸조를 통해 반출되었다(『釜山日報』 1916.9.3.).

이후 '여수 대표적 사업가' 산신조는 일본수산주식회사에 합병되어 여수에 출장소를 두고 사업을 확장하여 수척의 기선과 발동기선으로써 여수항 부근에서 왕성히 생어를 매수하여 일본에 이출했다. 이에 어선이 모여들어 당시 200~300척의 어선이 여수 근해에 출몰(『釜山日報』 1917.9.7.)했다. 이후 1918년 2월 이래 일본수산과 산신조로 분리(『朝鮮時報』 1918.4.28.)되었다.

또 다른 기록에 따르면, 여수군 관내 선어의 판매 운반은 1909년 산신조로부터 비롯되었다가 이후 1917년 산신조는 일본수산주식회사의 경영으로 옮겨졌다.[22] 또 같은 기록을 보면, 어획물에 대한 운반업을 가장 조직적, 기업적으로 한 것은 1917년 하관(下關)에서 창립된 일본수산주식회사였다. 이 회사는 그후 따로 주식회사 일선조(日鮮組)를 설립하여 남선지방의 운반업을 이 회사에 인계했다.

그후 주식회사 일선조는 여수에 본점을 두고 홍양수산주식회사를 조직하여 그 사업의 전부를 인계했다.[23] 홍양수산주식회사는 1926년 8월 30일 설립되었는데, 자본금은 2십만 원(전부 불입)이었다. 본점은 여수읍 동정에 두고, 출장소를 호전(戶畑), 나로도, 남해도, 거문도에 두었으며, 선박 계류소는 경남과 전남의 각 어장에 두었다.[24]

흥양수산주식회사(『麗水發展史』)   전남수산주식회사(『麗水發展史』)

　1924년에는 여수어시장이 종래의 조합조직을 변경(『조선일보』 1924.11.30.)하여 전남수산주식회사라고 개칭하여 전남도로부터 허가받았으나, 영업에는 이전과 달라진 것은 없었다.

　조선인 중개업자들은 해류산 물품 위탁판매 객주조합을 조직하였으나 대공황기에 '경제적 파멸'을 맞아 1930년 5월 27일경에 총대회를 개최하고 객주조합을 문옥(問屋)조합으로 변경(『조선일보』 1930.6.4.) 했다.

4. 어업조합

어업조합의 설립

　20세기 전반 식민지 조선은 일제의 식량·원료 생산지, 상품 소비지로서 기능했다. 일제는 식량·원료를 농업·광업 분야에서 주로 조달했지만, 어업 분야도 예외가 아니었다. 그리하여 일제는 한국 식민지화 전후 시기에 한반도 동·남·서쪽 연안의 수산자원 확보, 어촌과 어민의 통제를 위해 법안 제정, 단체 설립을 추진했다. 그에 따라 만들어진 수산단체 가운데 하나가 어업조합이었다. 1912년부터 조직되기 시작한 어업조합은 1942년에는 200여 개로 늘었고, 15만 6천여 명의 조합원을 확보했다.[25]

어업조합 설립과정

　일제는 한반도의 수산자원 확보와 어촌·어민의 통제, 이주 일본 어민의 보호와 장려를 위해 법안 제정에 나섰다. 통감부를 통해 대한제국 정부로 하여금 1908년 어업법을 제정토록 했고, 식민지화 직후 어업령(제령 제6호), 수산조합규칙(조선총독부령 제13호), 어업조합규칙(조선총독부령 제14호)을 잇달아 제정·공포했다.[26] 어업조합규칙(『朝鮮總督府官報』 1912.2.23.)은 1912년 2월 23일 제정, 공포되었고, 시행은 어업령 시행일과 동시에 하도록 했다.

이어 1912년 10월 1일 조선총독부 정무총감이 각 도장관 앞으로 관통첩(제79호, 『朝鮮總督府官報』 1912.10.1.)을 발하여 어업조합규약례와 경비예산방식을 시달하여 조합 설립 시 준거토록 했다. 그 결과 최초로 설립된 어업조합은 거제어업조합이었다.[27] 이후 1940년대에 이르면 200여 개의 어업조합이 설립되었다. 반면 수산조합은 1940년경 20여 개가 조직되었다.[28]

이후 도 단위 연합회가 조직되었는데, 전라남도어업조합연합회(전남어련)는 1931년 1월 6일 도내 26개의 어업조합을 소속 조합으로 하여 창립되어 주된 사무소를 광주에 두고, 목포, 여수, 완도, 제주도에 출장소를 설치했다.[29] 또 중앙기구로서 사단법인 조선어업조합중앙회가 1937년 5월 29일 설립되었다.

1930년 기준 여수의 어업조합은 다음과 같다(『朝鮮總督府官報』 해당 일자).

명칭	인가일	조합 구역	관보 날짜
연도	1918.3.5	남면 연도리	3.14
안도	1918.3.20	남면 안도리	3.29
거문도	1918.3.24	삼산면 거문도	3.28
심장리	1919.3.21	남면 심장리	3.26
옥정	1919.3.25	화정면 낭도 · 백야 · 상화 · 하화리	3.31
여수	1924.11.19	여수면 동정, 서정, 봉산리, 신월리, 덕충리	11.24
의진	1930.4.30	삼산면 초도리 의성 진막	6.4
금오도		남면 금오도(심장리 제외)	
경호		돌산면 경호리 대경도, 소경도	
삼일		삼일면 신덕 · 적량 · 월내 · 낙포 · 상암 · 묘도리	
돌산		돌산면(경호리 제외)	
손죽		삼산면 손죽리	
상도		남면 두라 · 횡간 · 화태	
대동		삼산면 초도리 대동	
화양		화양면 용주 · 안포 · 장수 · 옥적 · 이목 · 이천 · 나진리	

앞 표를 보면, 1918년부터 1930년 4월까지 여수지역에서는 모두 15개의 어업조합이 확인된다. 그중 남면 연도리의 연도어업조합이 가장 먼저 설립되었다. 남면 전체적으로 보면, 연도·안도·심장리·금오

도·상도 등 5개 조합이 설립되어 면들 가운데 가장 많은 수를 차지한다. 다음으로 삼산면은 4개 조합으로 거문도·의진·손죽·대동어업조합인데, 초도에 2개 조합이 있었다. 다음은 돌산면에 2개, 여수면, 삼일면, 화양면, 화정면에 각 1개씩의 어업조합이 설치되었다.

이후 1942년 7월 7일 기준 여수지역 어업조합은 다음 표와 같다.[30]

명칭	조합 구역	비고
연도	남면 연도리	
안도	남면 안도리 일원, 안도 주위 2리	1929 지정조합
거문도	삼산면 거문도	
심장리	남면 금오도 심장리 일원	1929 지정조합
옥정	화정면 백야 · 상화 · 하화 · 낭도 · 조발 · 적금 · 여자리	
화월	화정면 개도 · 월호도 · 자봉도 · 제도	1920.3 인가, 1932 지정
여수	여수읍 오천 · 만성 · 덕충리, 동정, 서정, 봉산 · 신월리	
남면	남면 우학 · 두모 · 유송 · 화태 · 두라 · 횡간리	금오도 · 상도 합병
돌산	돌산면(경호리 제외)	
화양	화양면 용주 · 안포 · 장수 · 옥적 · 이목 · 이천 · 나진리	
경호	돌산면 경호리 대경도 · 소경도	

위 2개의 표를 통해서 볼 때 여수지역에는 모두 16개의 어업조합 설립이 확인된다. 앞 표의 15개와 『관보』를 통해 확인하지는 못했지만, 뒤 표에 보이는 1920년 3월 설립된 화월어업조합을 합한 수치이다. 또 쌍봉면(송현~송소 사이), 소라면, 율촌면 관내 지역 어업조합은 설립 여부가 확인되지 않는다. 그런데 그 16개가 1940년대에 와서 11개로 줄었다. 그 이유는 합병을 통한 규모 확대 때문이었다. 1933년 7월 22일 금오도어업조합과 상도어업조합이 남면어업조합으로 합병된 것이 그 예이다.

이처럼 합병을 통해 규모를 확대한 것은 어업조합 설립 시 면 단위 조합와 동·리 단위 조합이란 2종 조합으로 출발했던 사정을 바탕으로 한다. 그것은 어업조합규약례를 통해 확인해 볼 수 있는데, 이 규약례는 갑, 을 2종이 있었다. 이 둘을 구분하면 다음과 같다.

구분	갑	을
조합 지구	동 · 리	면
역원	조합장 및 감사 1인	조합장, 이사, 감사 각 1인
회의	조합원 총회	조합원 총회 대신 총대회

위 표를 보면, 두 조합의 차이가 뚜렷하다. 전자는 후자보다 소규모이다 보니 역원에서도 이사가 없고, 회의도 조합원 총회를 열도록 했다. 또 '조합장 고장 있을 때 이를 대리'할 자로 전자는 감사, 후자는 이사였다. 여수지역에서는 '심장리' 어업조합을 비롯하여 '리' 단위를 구역으로 하는 어업조합들은 갑종 어업조합으로 분류되었을 것이다. 그러다가 통합을 통해 을종으로 승격되었다. 그 승격이란 지정 어업조합이 되는 것이었다.

지정 어업조합에는 도지사가 이사를 임명했고, 보조금이 교부되었다. 보조금 교부는 어업조합보조규칙에 그 법적 근거가 있었다. 보조금 교부를 받을 어업조합은 다음 4가지 요건(① 조합원수 100명 이상, ② 조합원 1년 어획량 2만 원에 달하거나 달할 것 예상, ③ 조합원 총어획량 2/3 이상을 공동판매에 부침, ④ 이사 급료가 연 1천80원 이상, 『朝鮮總督府官報』 1922.4.27.) 중 하나에 해당해야 했다.

어업조합의 활동

어업권 행사

어업조합 사업 중 가장 중요한 것은 어업권 취득 또는 대부였다고 할 수 있다. 조합원인 어업자가 조합 구역 내 어장에서 어로행위를 할 수 있느냐 없느냐 하는 문제와 직결되었기 때문이다. 그래서 어업조합규약례 제1조에 관련 규정을 명시토록 했다. 즉 '어업권을 취득 또는 어업권의 대부를 받아 조합원의 어업에 관한 공동의 시설을 함을 목적으로 함'이 그것이다.

여수어업조합의 어업권 사례는 2개가 있다. 하나(『木浦新報』 1935.10.29.)는 굴[모려(牡蠣)] 양식 사업을 위해 봉산리 수면 5만 2천150평에 양식어업 면허를 가지고 여수수산학교에 시험을 위촉했다. 또 하나(『朝鮮總督府官報』 1937.3.19.)는 여수어업조합이 1937년에 받은 어업면허가 있다. 그 내용은 다음과 같다.

- 면허 종류: 전용어업면허 제11176호
- 어업 종류: 전용어업
- 어장 위치: 여수군 여수읍 만성리 수면

어업 방법	종류	어업시기
간권취(竿捲取)	미역	3.1~11.30
맨손	풀가사리류, 자루 풀가사리	3.1~9.30
	김 종류	9.1~익5.31
나잠(裸潛)	우뭇가사리	5.1~10.31

- 어업권 기간: 20년
- 제한·조건: 본 어장 내에서는 본 어업권의 채포물과 다른 수산 동식물을 목적으로 한 어업을 면허할 수 없음
- 면허 연월일: 1937.3.16
- 면허를 받은 자의 명칭 및 주소: 여수군 여수읍 동정 여수어업조합

위 어업 방법 중 간권취는 장대로 말아서 수확하는 방법인 듯하고, 나잠은 옷 벗고 잠수하는 것을 뜻한다.

어업권은 조선인 어민과 어촌을 통제하는 데 매우 효과적인 수단이었다. 영세한 조선인 어업자로서는 단독으로 어업권 면허를 신청하는 것도, 더구나 면허를 받는 것도 매우 어려운 일이었기에 어업에 종사하기 위해서는 어업권을 갖고 있는 어업조합 테두리 안으로 들어가는 것이 유리하였기 때문이다.

위탁판매

1929년 12월 조선어업조합규칙 제정에 따라 1931년 4월 4일부터 어업조합의 수산물 위탁판매소 지정제도가 실시되면서 수산물 위탁판매사업이 강화되었다.[31] 여수어업조합은 1935년부터 어시장에서 위탁판매를 시작(『木浦新報』 1935.10.29.)했다. 종래 어시장 영업은 전남수산주식회사가 경영했으나, 이때 위임계약 만기로 여수어업조합이 어시장을 경영하게 된 것이었다.

여수어업조합의 위탁판매(『조선일보』 1935.5.11.)는 주로 일반 어획물의 선어를 시장에 공급 판매하는 것이었는데, 소속 중매인 20명이 경매 방법으로 매수인을 결정했다. 여수어업조합의 1개년 위탁판매액은 3백만 원에 달하고, 주로 일본의 경도, 대판, 신호 등의 중앙시장에 매출했다. 그중 활어 50만 원, 해조 50만 원 등이었다.

다음은 1937년도부터 1940년도까지 여수어업조합 위탁판매 실적이다.[32]

종별	위탁자별	1937년도	1938년도	1939년도	1940년도
선어	조합원	14,4825	24,8147	37,7336	57,3959
	비조합원	32,0653	36,3144	51,2800	100,9104
	일본위탁			3,1902	4,5645
	계	46,5478	61,1291	92,2038	162,8708

종별	위탁자별	1937년도	1938년도	1939년도	1940년도
활어	조합원	1358			971
	비조합원	2457	672	3066	
	계	3815	672	3066	971
패류	조합원	8180	5329	7800	2,8174
	비조합원				
	계	8180	5329	7800	2,8174
해조류	조합원	1694	581	437	
	비조합원				
	계	1694	581	437	
합계		47,9167	61,7875	93,3341	165,7853

위 표를 보면, 선어 위탁판매 실적이 전체 실적 가운데 매년 97% 이상을 차지하여 압도적임을 알 수 있다. 매년 급증하는 추세에 있으며, 조합원보다 비조합원의 위탁이 거의 2배 가까이 이른다는 특징도 있다. 이 선어는 대체로 조선 내 70%, 만주와 중국 북부 20%, 일본 10% 정도의 비율로 공급되었다.

공동구입

다음으로 조합원이 필요한 물자를 어업조합을 통해 공동 구입한 사례를 보자. 남면어업조합에서는 전남도어련을 통해 해태 양식과 그 제조에 필요한 물자를 중심으로 일반 어업용 물자까지 공동 구입했다.[33] 돌산어업조합에서는 종래 해태 양식에 필요한 홍죽류(筼竹類) 상재(箱材) 등에 한정되었지만, 어업의 발전과 전시체제기 어업용 물자 통제 강화에 따라 모든 물자를 조합을 통해 조합원에 배부했는데, 주된 구입 물자는 면연사(綿撚糸), 어망, 로프류, 염료류, 대나무류 등으로 취급액은 1년 4만 원 남짓이었다.[34]

금융

옥정어업조합은 1934년도에 2만 5천 원의 어업자금을 대부했고, 1941년말 경에도 2만 원의 융통자금을 대부했는데, 용도는 조합원들이 해태양식업, 연승(延繩) 및 새우 조망업(漕網業)에 충당하려는 것이었다.[35] 돌산어업조합에서도 재해 어선 건조 자금, 어업자금 등에 충당할 목적으로 신용 정도가 양호한 조합원에 대부했다.[36] 이들 어업조합이 조합원에 대부한 자금은 전남어업조합연합회로부터 차입한 것이었다.

당시 조선인 어민들이 어업 및 생활자금을 융통하기는 매우 어려웠다. 그래서 가까이 있는 개인 고리대업자로부터 차금하는 경향이 많았다.[37]

공동시설

마지막으로는 공동시설에 대한 것이다. 그 사례를 보면, 여수어업조합에서는 갱생 부락 설치, 방파제 수축, 어선 음료수 무료공급, 어업 및 상업 시찰원 파견 등이다.[38] 갱생 부락 설치는 1930년대 조선총독부 차원에서 대대적으로 전개한 '농·산·어촌진흥운동'의 일환이었다.

또 남면어업조합에서는 건해태 제조용수 우물 4개, 동 우물 개수 8개, 선류장(船溜場) 3개, 선양장(船揚場) 2개 등의 실적이 있다.[39]

또 어족 자원 고갈 대책 중 하나로 어부림(魚附林) 조성 계획(『조선일보』 1939.7.21.)을 세웠다. 어부림은 물고기 떼를 끌어들일 목적으로, 간만의 차가 적은 해안에 나무를 심어 조성한 숲이다. 1939년 5월 초부터 여수군 임업계와 수산계 직원이 공동으로 어부림 조성 계획의 실지조사를 하여 어부림 면적 678정보, 신규 조림을 요하는 면적은 245정보라는 결과를 얻었다. 소나무 39만 그루 등 모두 62만 1천 그루를 1939년도부터 5개년 계획으로 실시하려 했다. 대상지는 어업조합이 이미 설립된 여수·화양·돌산·남·화정·삼산 등 6개 면이었다.

일제는 식민지 조선에서 수산자원의 확보, 일본인 어민의 이주 장려와 보호, 조선 어촌과 어민의 통제를 위해 어업조합을 설립했다. 어민들을 어업조합의 테두리 안으로 들어오게 하는 데는 어업조합의 어업권 확보, 조합원에 대한 자금 융통, 그리고 위탁판매, 공동구입, 공동시설 등이 중요한 역할을 했다.

그리고 그들은 소기의 성과를 거둘 수 있었다. 어업조합을 통해 조선의 수산자원이 일제의 자본과 기술에 포섭되어 상품화되었고, 그 과정에서 어촌지역과 조선인 어민들의 생활은 일제의 통치 기구와 자본의 통제에 종속되었다. 결국 어업조합은 어촌에서 일제가 식량과 원료를 위해 농업·수산 자원을 확보하고, 일본인 이주를 보호·장려하며, 지역과 조선인에 대한 통제를 강화하는 데 유용한 수단으로서 작용했다.

05
시장과 상업

1. 장시

조선 후기에 이르러 상품 화폐 경제의 발달과 함께 전국적으로 많은 장시가 개설되었다. 그 장시들은 대체로 5일장이 많았고, 여수도 마찬가지였다. 1899년 자료를 보면, 여수군의 장시는 다음과 같이 네 군데에 있었고, 장날은 각각 다음과 같다.[1]

- 읍장: 4일, 9일, 14일, 19일, 24일, 29일
- 석보: 5일, 10일, 15일, 20일, 25일, 30일
- 나지포: 4일, 9일, 14일, 19일, 24일, 29일
- 성생원: 1일, 6일, 11일, 16일, 21일, 26일

이 가운데 읍장은 좌수영성 남문 밖에 있었다. 1913년의 자료에 "시장은 진남문 밖으로부터 해안에 이르는 일대의 가로"라고 되어 있다.[2] 이 시장의 존재는 1880년 김윤식의 시에도 나온다. 당시 순천부사였던 김윤식이 '좌수영을 지나며(過左水營)'라는 시를 지었는데, 그 시구 중 "어시장의 시끄러운 소리

저녁 성곽까지 통한다(魚市喧譁通暮郭)"가 있다.[3)]

1924년에 조선총독부가 출판한 자료(조사 시점은 1915년 무렵)는 여수군 읍장의 연혁을 다음과 같이 소개했다.[4)] 먼저 3백 년 전 남문 밖과 동문 밖 2개소에 장시를 두어 전자는 4일 시, 후자는 9일 시로 부르다가 교통 불편으로 20년 전 후자를 4일 시에 합병한 것이 현 시장이라는 내용이다. 17세기 전반기 좌수영성 남문과 동문 밖에 2개의 장시가 읍내 시의 시초라고 했는데, 조선 후기 전국적으로 장시가 널리 보급되었던 상황과 맞다.

또 양자는 각각 열흘마다 열리는 장시였는데, 둘을 합하면 5일장 기능이 된다. 이후 1890년대 들어 동문 밖 장시 이용에 불편을 느껴 동문 밖 장시를 남문 밖 장시에 합했다. 장시 날짜는 4일과 9일이었음을 위의 1899년 자료에서 확인할 수 있다.

석보장의 위치를, 1902년 자료에는 군청으로부터 서쪽 20리라고 했다.[5)] 1860~70년대 기록인 '호좌영사례책'에는 여수면의 거리가 좌수영으로부터 20리[6)]라고 되어 있어 두 기록에서 거리가 일치한다. 장시는 대체로 행정 중심지 부근에 형성, 발달하였기 때문에 여수면 소재지 인근에 석보장이 있었을 것으로 보인다. 그리고 1910년대 조선총독부 임시토지조사국에서 발행한 자료에서 보면, 석보장은 쌍봉면 선소리에 있었다.[7)] 그리고 같은 자료에서 석보의 위치는 용기라고 적시되어 있다.[8)]

석보장의 위치는 그동안 석창성에 있었던 것으로 잘못 알려졌다. 석창성은 한때 여수 석보라는 이름으로 불렸고, 지금도 국가유산청 홈페이지(국가유산청 국가유산포털)에서 여수 석보를 검색하면 다음과 같은 설명이 나온다. "처음에는 군사적인 방어 위주의 석보(石堡·돌로 쌓은 성)에서 출발하여 점차 관청용 물자비축의 창고(倉庫)와 장시(場市·시장) 기능으로 활용되는 등 다양한 성격을 보여주고 있어 더욱 주목되는 유적이다." 이는 석보와 석창성을 같은 것으로 혼동했기 때문에 생긴 오류이다.

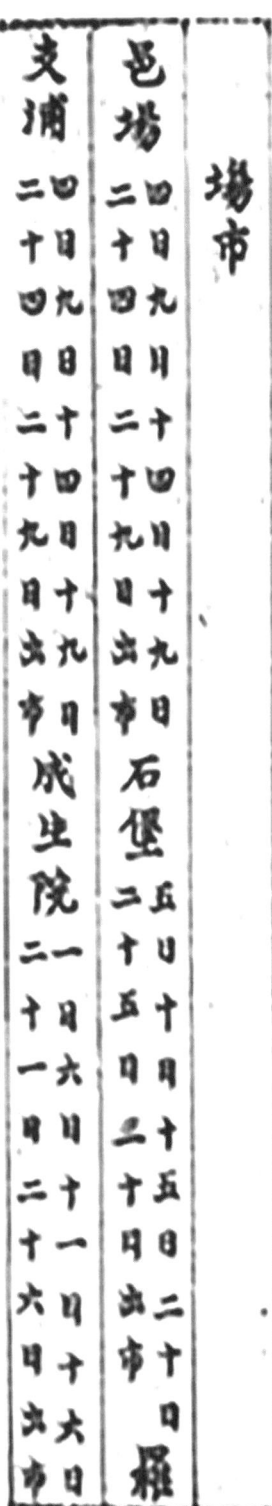

장시(『여수군읍지』)

석보 위치(『여수군읍지』)

석보와 석창이 다른 것임은 1899년 여수읍지의 지도와 1910년대 조선총독부 임시토지조사국 기록에서 확인할 수 있다. 먼저 1899년 지도에서 석창은, 현재와 같이 둔덕 고개를 넘어 순천 방면으로 가다가 오른쪽 삼일면 방면으로 가는 도로를 지나 서쪽 내륙에 있음을 볼 수 있다. 그와 달리 석보는 그 남쪽 바닷가에 있다.

다음으로 임시토지조사국 기록에는 '여수의 성보(城堡)'에서 석창성과 석보 두 가지를 소개했다. 위치는 각각 석창성은 '반월리(전 여수읍 구지)', 석보는 용기로 되어 있다.[9] 용기는 현재 학동 여수시 청사 뒤 용기공원에 그 지명이 남아 있다.

나지포장의 위치는 화양면 나진이다. 성생원은 율촌면에 있었고, 이후 1902년 발행된 여수지에는 위 4개의 장시 중 성생원장이 없어져 세 곳의 장시만 남았는데, 세 곳의 장날은 그대로이다.[10]

2. 시장

조선 전통의 장시는 대한제국기에 들어 명칭이 시장으로 통일되었다. 이후 조선총독부는 1914년 9월 12일에 조선총독부령 제136호로 시장규칙(『朝鮮總督府官報』 1914.9.12.)을 제정했다. 시장규칙 제1조에서 시장을 3개로 구분(1호~3호 시장)하여 정의했다.

1호 시장은, 상설시장, 정기시장을 가리지 않고 조선인이 이용하던 모든 재래시장을 가리키는 것이었다. 허영란은, 이는 당시 조선인이 이용하던 시장의 90%가 정기시장이었으므로 상설시장을 별도로 구분할 필요가 없었기 때문에 1호 시장으로 묶어서 분류한 것이라고 밝혔다.[11]

시장규칙 제2조는 "시장은 공공단체 또는 이에 준할 것이 아니면 이를 경영함을 할 수 없음."이고, 제3조는 "시장을 설치코자 하는 때는 다음의 사항을 기재한 원서를 도장관에게 제출하여 허가를 받아야 함"이다. 이를 통해 시장은 공설로 경영해야 하고, 도장관의 허가를 받아야 설치할 수 있도록 했음을 알 수 있다.

한편 1914년에 조선총독부는 317개 군을 220개 군·도(島)로 통폐합했다. 그에 따라 돌산군이 여수군에 통합되었다. 그 사실을 반영하여 돌산장이 포함된 1915년 여수군 시장 상황은 다음과 같다.[12]

소재지	명칭	1년간 거래액	주요 상품	개시 정일
여수면 서정, 동정	여수읍내	5168	생어, 누룩, 쌀, 견포, 염어	음력 4, 9일
소라면 덕양리	세동	429	쌀, 생어, 견포, 보리, 종이	음력 4, 6일
화양면 나진리	나진	329	견포, 면포, 누룩, 모시, 종이	음력 4, 9일
돌산면 군내리	돌산	317	생어, 면포, 짚신, 명태어, 과일	음력 1, 6일

여수읍내장의 1년간 거래액은 5천168원이다. 그 금액은 나머지 세 곳 장시의 거래액에 비해 10배 이상이고, 나머지 세 장의 거래액을 모두 합해도 여수읍장 거래액의 1/5 정도이다. 또 위 표에서 주요 상품을 보면, 대체로 농산물과 수산물이 대부분이다. 농산물로는 쌀과 보리, 과일이 있고, 수산물은 생어, 염어, 명태어가 있다. 다음으로 면포와 견포, 모시 등 옷감은 네 군데 장시에서 모두 거래되었다. 그밖의 것은 누룩, 종이와 짚신 정도이다.

위 표를 보면, 이전의 석보장이 없어지고, 대신 소라면 덕양리의 세동장이 신설되었다. 덕양은 조선시기 덕양역이 있던 전통적 교통 요지이고, 현재도 면사무소 소재지로서 면 행정 중심지이기도 하다. 그런데, 장날은 4일·6일로 되어 있지만, 이는 1일, 6일 또는 4일, 9일을 잘못 인쇄한 것으로 보인다. 만약 4일·9일이 옳은 것이면, 여수반도 세 곳의 장날이 모두 같은 날이 되기 때문에 1일·6일이 맞을 것으로 보인다. 그러면 그곳에서 가까운 곳에 있다가 없어진 성생원장의 장날인 1일·6일을 계승한 것이 된다. 또 여수군 세 곳의 장날을 한 날로 통일했을 것으로 보이지 않는다.

나진리는 화양면 면소재지이다. 또 돌산장이 있는 돌산면 군내리는 조선시기 방답진이 설치되었던 곳이고, 방답진 폐영 직후 1896년 돌산군이 설치되어 돌산 군청이 있던 지역이다.

시장에는 시장세가 부과되었다. 1906년 12월 29일 칙령 제81호로 지방세규칙(「관보」 1907.1.1.)이 제정되어 1907년 1월 1일부터 시행되었다. 그리고 제2조에 여러 지방세가 규정되었는데, 시장세는 제1호에 열거되어 있다. 이후 1911년 4월 1일 조선총독부령 제35호로 지방비부과금징수규칙(「朝鮮總督府官報」 1911.4.1.)이 제정되었다. 그중 제4조에 "시장 관리자는 장부를 만들어 시장세의 징수 방법 및 납입에 관한 사항을 기재할 것"이라고 하여 시장세 징수를 규정했다.

1914년 10월 13일 조선총독부령 제155호로 지방비부과금징수규칙이 개정(「朝鮮總督府官報」 1914.10.13.)되었는데, 제2조에 "부·면이 경영하는 시장에서 시장세는 부·면에서 징수할 것"을 추가했다. 그 전 달의 시장규칙 제정으로 시장은 공설을 원칙으로 했고, 공설시장 경영 주체인 공공단체는 부·면이었기 때문에 시장세 부과 주체도 부·면으로 규정한 것이다.

여수군 여수 읍내시의 시장세 징수방법을 알 수 있는 자료가 있다. 1923년 기준 조사 자료이다.[13] 그에 따르면, "시장보조원 1명을 선정하여 매시 개점 초에 즈음하여 거래 물품의 수량 및 가액의 개산(槪算)을 조사하여 오후 1시부터 징수에 착수하여 해질 때까지 미치나 탈세자 적지 않음"이라 했다. 이를 통해 시장보조원 1명이 조사하여 징수했음을 알 수 있다.

1920년대 초 여수군 시장 분포(1922년 12월 말)는 다음과 같다.[14] 이 자료는 1924년 7월에 각 부와 지정면 소재 시장과 연간 50만 원 이상인 보통시장(장시), 연간 거래 1만 두 이상인 우시장 소재지 면의 시장 상황을 수록한 것이다.[15] 여수군 여수면이 1923년 4월에 지정면이 되었기 때문에 여수군의 시장이 조사되어 수록된 것이다.

조사 결과 여수군 내에는 1호 시장으로서 읍내시, 우시장, 돌산읍내시, 세동시, 이렇게 모두 4개의 시장이 있었다. 1915년의 자료에서 화양면의 나진시장이 제외되고, 대신 여수면의 우시장이 추가되었음을 확인할 수 있다. 다만 우시장의 거래 규모는 알 수 없다. 모두 공설시장이었으므로 시장규칙에 따라 운영주체는 여수면·돌산면·소라면이었을 것이다. 그밖에 3호 사설시장으로서 어시장이 있었다.

여수 읍내장

1910년대 초 여수 읍장에 대한 기록에서 판매된 물품과 그 수량을 알 수 있는데, 내용은 다음과 같다.[16] 판매품은 목면, 마포로서 목면은 11월부터 다음 해 5월까지를 시기로 하여 하루 장날 매상 평균은 300반, 또 마포는 계절 없이 장날마다 30반에 불과하고, 이외 소금, 건어, 곡류 등이 거래되고 있다고 했다. 반(反)은 일본의 피륙 길이 단위로서 1반은 2장(丈) 6척(尺), 약 9.8미터라고 한다.

또 1924년에 조선총독부가 출판한 '10년 전의 시장'에서 여수군 읍내시의 정보를 다음과 같이 수록했다.[17]

시장명	여수군 읍내시
개시일	4, 9일
매상액	5168(신고액), 7232(실 매매액)
화물 수요구역	여수면, 쌍봉면, 삼일면, 두남면
화물 공급구역	여수면, 쌍봉면, 삼일면, 두남면, 순천읍내, 광양읍내
출장 상인수	최다 200, 최소 100, 보통 150
출장 구매자	최다 1000, 최소 400, 보통 700
부지의 관사별	국유

여기서 '10년 전'이라 함은 다른 사정을 참조하면 1915년 전후이다. 매상액은 두 가지로 파악되었는

데, 신고액과 실 매매액이 그것이다. 실 매매액보다 신고액이 낮은 것은 동서고금의 공통된 현상이다. 여수읍내장의 1년간 거래액 5천168원은 앞에서 소개한 자료의 신고액과 일치하여 같은 조사 자료를 인용했음을 알 수 있다. 또 여수 읍내시는 여수면 뿐만 아니라 쌍봉면, 삼일면, 두남면(돌산면)의 주민들까지 이용하는 시장이었음을 확인할 수 있다. 상품도 이들 지역 외에 순천, 광양의 생산품까지 공급되었다. 그리고 장날이면 많게는 200명의 상인과 천 명의 구매자가 몰리고, 보통은 상인 150명, 구매자 700명 정도가 장을 찾았다.

그밖에 출장 상인들이 공동으로 청소부 1명을 두어 매월 장 전날 노점을 만들고 익일 이를 철거하며 그 흔적을 청소한다고 했다.

여수읍장에 대해 1918년의 자료에는 '인가는 조밀하며 상업이 성하여 전라남도 연안 유수의 화물 탄토장(吞吐場)', '부근 각 군으로부터 조선인이 끊임없이 이어져 와서 모여 시황이 성하다.'[18]라고 하여 시장으로서 기능이 활발하다고 소개했다.

상업 활동이 활발해지자 공간 문제가 생겼다. 남문 밖 시장이 좁아 1917년 7월 27일 장날(음력 6월 9일)부터 삼베, 연초, 짚신, 땔감(薪草) 4가게는 당분간 동문 밖 우시장으로 이전(『매일신보』 1917.8.8.)하고, 공사를 진행하여 약 90% 낙성됨에 따라 1918년 6월 6일에 준공식과 개장식을 거행(『매일신보』 1918.5.24.)하기로 했다. 거의 10개월 만의 일이다. 이해 6월 6일은 음력 4월 28일로 장날(4일, 9일)은 아니고, 장날 하루 전이다. 또 이 공사는 기존 여수 읍장이 아닌, 위 임시 시장의 확장 공사였던 것으로 보인다. 1925년 기사에 남문 밖 시장을 '구' 시장으로 지칭하고 있기 때문이다.

다시 1923년 시장 상황을 보면, 여수군 여수면의 읍내 시장은 다음과 같다.[19] 명칭은 여수읍내시장, 공설이며, 소재지는 여수면 동정, 평수는 2천130평, 개시일은 4, 9일이다. 평수 2천130평은 상당히 대규모로 1910년대 말 확장 공사를 통해 확보한 면적이었다. 시장 주요 거래품은 농산물(미곡)이고, 1923년 중 거래액은 1만 8천 원이었다.

1915년에 비해 3배 이상 증가한 규모이지만, 조선 전체적으로 보면, 미미한 실적이었다. 같은 시기 시장규칙 제1조 제1호 시장은 조선 전체 1천233개였고, 1923년 1개년의 매매 거래액은 1억 998만 1천 원이었다.[20]

또 여수면 읍내 시장의 상인은 중매 100명, 소매 500명 정도였고, 매매 방법은 도소매였다. 중개 수수료를 보면, 해산물(문어, 해의, 미역류), 생마, 미곡은 기래 가격의 100분의 3이고, 소는 1두 50전이었다. 여기서 '해의(海衣)'는 김·해태(海苔)의 다른 말이다.

거래 방법은 현매(懸賣, 외상거래로 보임-인용자)가 약 50%인데, 지불 기한은 최단 익일, 최장 10일, 평균 3

일간이고, 금리는 없으며, 만약 지불 기한이 경과하면 금리를 계산하는 예가 있었다(이 경우 연 3%의 이자).

시장금융에 대한 이자는 최고 1할 2푼, 최저 5푼, 보통 6푼이었다. 또 시장 사용료는 건평 1평의 가게 하나에 평균 2전이었다. 시장 이용 범위를 보면, 팔러 오는 사람은 10리 이상 16~7리로부터 오지만, 주요 매출은 5리 이내로부터 오는 자가 다수였다. 여기서 주의할 점은 일본의 1리는 조선의 10리라는 것이다. 그래서 멀리 순천, 광양 등 100리 이상 거리에서 팔기 위해 오는 상인도 있지만, 여수면을 비롯하여 여수면 반경 50리 이내의 쌍봉면, 화양면, 소라면, 삼일면, 돌산면 등지에서 오는 사람들이 주거래 고객이었음을 알 수 있다.

시장의 감독 및 단속 방법을 보면, 면서기가 현장에 출장하여 징세 감독을 행하고, 또는 개시 익일마다 시장 구내 청소를 행하게 했다.

또 같은 자료의 시장 단속을 보면, 다음과 같다. 여수경찰서 관내 여수시장과 어시장이 경찰의 단속 대상이었다.[21] 여수시장에 일정히 정해진 상인으로서는 6, 7명에 불과하지만, 개시 당일에는 관내 각 상인 및 농부 등이 출장하는데 계절에 따라 그 수에 증감이 있고, 통상 약 550명가량이었다. 일반적으로 조선인의 일용품이 많고, 채소, 기타 농작물은 농부 등의 자작품으로서 구매자는 약 1천200명가량 출장했다.

3호 시장으로서 사설 시장이었던 어시장은 매일 2회, 오전 7시부터 10시까지, 오후 2시부터 4시까지 거래가 행해졌다. 어시장 출장 상인은 1일 평균 60명가량이었다. 경매 방법으로 각 어상에게 판매하고, 어상은 다시 시장 또는 행상에 의해 판매하며 일본 혹은 다른 방면으로 반출하는 일은 없었.

1930년 12월에는 공설시장이 설치(『동아일보』 1930.12.19.)되었다. 전남수산회사는 생어경매시장 부근에 공설시장으로 10여 호의 건물을 건축하여 12월 17일 완성하고, 점포 임차 희망자를 모집했다. 매매 물품은 어류, 채소, 육류, 과실 등이다.

여수읍 동·서 시장

1930년대에는 동정과 서정에 시장이 있었다. 종래 '동정과 서정 중앙'인 남문 밖에 있었는데, '시가지의 정돈과 지방 발전상' 수년 전 이를 동정으로 이전하고 면의 관할로 운영(『동아일보』 1929.2.20.)되고 있었다. 또 "현 시가지 본정에서 동정 종포통인 현 시장까지의 도로 확대케 하여 정거장행 신설 도로와 연락"이란 기사(『조선일보』 1930.6.23.)를 볼 때, 이때의 동정 시장은 본정에서 종포통으로 이어지는 도로변에 있었고, 이곳은 1990년대에도 있었던 동시장 위치였을 것이다.

이후 남조선철도에서 이 일대를 매수하여 이전하게 되었다. 이에 1931년에 3년 기한으로 개인 토지를 빌려 서정으로 임시 이전(『동아일보』 1932.3.9.; 『조선일보』 1932.3.25.; 1932.4.7.)했다. 이후 동정 주민들은 시장을 다시 동정으로 이전할 것을 촉구하고, 서정 주민들은 그대로 서정에 있기를 주장하여 시장 '쟁탈전'이 있었다. 여수읍 당국은 동정과 서정에 두 개의 시장을 두는 것으로 결정(『조선일보』 1933.2.21.)했다.

1932년 서정시장에서는 세금(貰金) 징수로 논란(『동아일보』 1932.3.9.)이 일었다. 90개소의 상점(1개소 4평 균일)에서 위치에 따라 1개소에 장날마다 15전에서 28전까지 세를 거두는데, 이도 인하한 금액이었다. 또 무료 제공 기지에 각자 비용으로 1칸씩의 건물을 구조하여 간신히 노점 허가를 얻은 음식물 판매자 수십 명에까지 장날마다 1칸에 평균 28전씩의 기지세를 징수했다. '텃세'이다. 무료 제공 기지에 기지세를 거두는 것은 불합리한 것이라고 기자는 비판했다. 또 시장 청소 인부 3명을 두고 '소제 요금'이란 명칭으로 상인 1명 당 1전씩 징수했다.

이후 1933년 8월 20일 신 시장이 개장되고, 이를 기념하여 운동경기(『조선일보』 1933.7.31; 『동아일보』 1933.8.16.)가 열렸는데, 이때의 신 시장은 동정 시장(『동아일보』 1933.8.16.)이다. 이때의 새로운 동정시장은 덕충리 남철 소유지 1천 평이었고, 한여름에 하루 부역자 2백 명이 출역하여 공사를 수행(『釜山日報』 1933.7.23.)했다. 그 위치는 구 화장장 아래 소학교 공사 인접지(『釜山日報』 1933.7.18.)였다. 1938년 신문 기사(『동아일보』 1938.5.4.)에 동정 공설시장 부근(동정 982의 1번지)에서 화재가 있었다고 되어 있으므로 기사의 번지가 현재 어떻게 변경되었는지를 찾아보면, 동정시장 위치를 확인할 수 있을 것이다.

이어 1941년 당시 여수읍의 시장과 화물 집산 가격은 다음과 같다.[22]

명칭	면적(평)	장옥(동)	건평(평)	화물 집산 가격(원)
동정상설시장	810	7	275	3,1500
서정시장	1815	18	360	3,3000
어시장	600	2	200	8,1900
계	3225	26	835	14,6700

위 표를 보면, 명칭에서 동정은 상설시장이란 이름을 달고 있고, 서정은 그 표시가 없다. 또 면적에서도 동정시장은 1923년 2천130평에서 810평으로 대폭 줄어들었는데, 위치를 덕충리로 옮기고, 우시장 면적을 제외했기 때문에 그런 것이다. 대신 서정시장은 면적이 그 배 이상이다.

화물 집산 가격을 보면, 어시장의 것이 전체의 절반 이상을 차지한다. 그다음 서정시장, 동정시장의 순서이다. 면적이나 장옥의 동수, 건평에서는 서정시장의 그것이 가장 크다. 그럼에도 불구하고 화물 집산 가격이 동정시장과 크게 차이나지 않는 이유는, 서정시장은 5일장이라 상설시장에 비해 개장 일수에서 큰 차이가 나기 때문이다.

어시장(《麗水發展史》)

3. 상점

여수에 일본인 상점이 들어선 것은 1907년 봄이고, 업종은 잡화 상점이었다. 소천(小泉), 서천(西村), 금천(今川) 등 3명이 석유·성냥·냄비·철물·도기·색가루 등을 조선인에게 판매했다. 이어 장원선수(長元善秀)도 잡화점을 개업했다. 또 길삼경차랑(吉森耕次郎)은 요리점 및 여관업을, 중원직길(中原直吉)은 약종 상점을 개업했다.[23]

이후 1915년에는 일본인 여관 4호, 요리점 6호가 있고, 그 외 잡화상, 이발점, 청물점(靑物店), 나막신(下駄) 상점, 무력직(武力職) 등이 있어 "일상 필요한 상고(商賈)는 대략 완비"(『釜山日報』 1915.2.27.)되었다.

이후 1933년 편강의의 〈여수발전사〉 본문과 광고면에서 1930년대 여수읍내 상점을 추출하여 살펴보자.[24] 『여수읍십년사』 자료에서 분류한 지명을 기준으로[25] 지역별로 살펴보겠다.

서정-본정

상호	취급 품목
근강옥 오복점	옷감
산천 시계점	우산·문방구·건전지·악기류·축음기·안경류·귀금속·시계
부사옥 호텔, 부사옥 자동차부, 부사옥 총포점	숙박, 자동차 운송, 총포 판매
사립이발학 강습소	강습

상호	취급 품목
약림당	서적 잡지 · 사무용 문구 등
촌전양품점	양품
영성당 약방	약품

근강옥 오복점

산천시계점

부사옥호텔, 자동차부, 총포점

촌전양품점, 영성당 약방

서정-서정

상호	취급 품목
송촌총태랑 약포	약품
대판 본다 상점 여수지점	석유발동기 · 선박용 발동기 · 발전기 및 전동기 · 정미기 및 정맥기 등 판매 · 수리
편강면영업소	종이류 · 봉투 · 잉크 · 복사지 · 지도 등
실복장 상점	어망 · 로프 · 어구 · 석유 · 선구 · 도료 · 기계유 등

상호	취급 품목
하기장유 양조장	잡화 · 완구
판본호길 상점	양품
부산상선조 여수출장소, 대판상선주식회사 · 조선우선주식회사 여수대리점	상선 출장소, 대리점

송촌총태랑약포

본다상점 여수지점

편강인쇄소

대판상선 대리점

서정–중정, 영정

지역	상호	취급 품목
중정	무전진일금물점	철물
영정	통구상점 여수출장소	면사포 · 비료

무전진일 철물점

통구 상점 여수출장소

동정

지역	상호	취급 품목
동정	아옥군일 상점	일본석유회사 특약
	의본행조 상점	어망 · 로프 · 석유 · 선구 · 카바이트 · 시멘트 등
	마루타옥 상점	제과 · 식료품 등
여수역앞	여항운수주식회사	관려연락선 취급, 천기기선주식회사 여수대리점, 조선운송주식회사 여수거래점

여항운수주식회사(『釜山日報』 1935.8.26.)

장소 미상

상호	취급 품목
소산치태랑 상점	해산부/잡화부
상원영차랑 상점	주류 · 연초 · 당분 · 통조림 · 식료품 등
일하장길 상점	해산물 · 염간어 등
본전효일 상점	광산유 · 석탄 도매상
영정상점	해산물 매매 · 제과 도매 · 일본 잡화 등

소산치태랑 상점   상원영차랑 상점   영정상점

위 상점 중 1932년 연초 『朝鮮新聞』 신년 축하 광고란(『朝鮮新聞』 1932.1.3.)에 산천시계점의 주소는 중정, 상원영차랑 상점의 주소는 서정으로 되어 있다. 또 위 표를 보면, 일본인 상점은 주로 서정 지역에 몰려 있었다. 서정 지역이 주요 상점가였음을 알 수 있다. 특히 영성당 약방에 대해서는 3층 건물이고, "약점으로서는 여수 유일의 대상점"이라는 설명이 붙어 있다.

여수 상점들은 연말 '연합 대매출'(『釜山日報』 1930.12.16.) 행사를 벌였다. '여수 상점계의 연중행사로서 매년 성대히 봉사하는 대경품부 세말 연합 대매출'은 1930년 12월 15일부터 30일까지 개시했다.

가맹점은 암미 이물점, 이세옥 상점, 금목 상점, 원 상점, 도모에야 지점, 대곡 상점, 강전 이물점, 대판옥 상점, 귀옥 과자포, 길전 상점, 전중 상점, (본정)진전 상점, 영정 상점, 촌전 상점, 상원 상점, 식본 상점, 유하 상점, 산본 도기점, 마루타옥 상점, 심전 상점, 유촌 이물점, 산양당, 목촌 상점, 기포 상점, 하촌 오복점, 동옥 상점, 삼 상점, 전 상점의 28 상점이다. 경품은 1등 이부자리를 비롯하여 7등 소독저(380개)까지 있었다. 추첨권은 연합 각 점에 현금으로 1원 이상 매상 구매객에 1매씩 증정하는 것으로 했다.

이와는 별도로 '여수의 은좌가'에 있는 소산 백화점은 단독으로 경품 매출을 15일부터 개시(『釜山日報』 1930.12.17.)했는데, 경품은 1등 백미 3가마였다. 여기서 말하는 '여수의 은좌가'는 가장 번화한 거리라는 뜻에서 일본 동경의 은좌(銀座)에서 따온 말일 것이다.

다만 1939년 기사(『동아일보』 1939.11.29)에서 "여수 본정에 있는 그전 소산상점"이란 표현이 있는 것을 볼 때, 여수 본정을 지칭하는 것으로 짐작할 수 있다. 그리고 이 기사에서는 경성에 본점을 둔 동아부인상회가 여수에 지점을 신설하게 되었고, 그 위치는 이전 소산상점 양품부이며 그 자리에 개축하고 점포 내부도 설비하여 12월 10일까지는 개업한다고 소개했다.

4. 야시

야시는 1914년 경성 태평통에서 처음 열렸고, 1916년에는 종로에도 야시가 개설되었다고 한다. 이후 서울의 다른 지역, 지방 도시로 야시가 확산되었다.[26] 1917년 1월부터 『매일신보』에 연재된 소설 '무정'에서 이광수는 당시 종로의 야시 풍경을 생생히 묘사(『매일신보』 1917.2.7.)하기도 했다.

여수에서는 1925년 8월 20일부터 여수농사공려회가 '구'시장의 중앙에 분재, 과일, 여러 꽃, 기타 각종 일용품을 파는 야시점(『朝鮮時報』 1925.8.16; 『동아일보』 1925.8.27.)을 열었다. 이듬해에는 여수농민단이 본정 광장에 수십의 전등을 밝히고 채소, 과일 등을 파는 야시를 경영(『朝鮮新聞』 1926.8.8.)했다. 파는 사람, 사는 사람, 눈요기하는 사람들이 있었다.

1927년에는 일본인 영업자로 조직된 여수농사공려회(회장 廣谷金藏)가 예년대로 7월 1일부터 9월 말일까지 3개월간 본정 광장에 야시(『朝鮮新聞』 1927.7.2.)를 열었다. 1928년 야시(『朝鮮新聞』 1928.7.17; 『매일신보』 1928.7.20.)는 예년과 같이 '여수의 중심지'인 부사옥 여관 앞에서 7월 15일부터 열렸다. 1929년에는 비로 지연되어 7월 17일부터 본정 광장에서 개설(『朝鮮新聞』 1929.7.20.)되었다.

1930년대에는 야시의 위치가 이전되었다. 1931년 8월 1일부터 2개월 간 서정 시장부터 선일여관 부근까지 약 백여 칸 거리에 야시장을 설치(『동아일보』 1931.8.2.)했다.

일제 식민지기 조선인 상인이 주로 활동하는 공간은 시장이었다. 반면 일본인 상인은 별도의 상점을 열고 영업했다. 그런 점에서 판매자 측면에서는 상권이 서로 분리되었다. 이 구분은 제국과 식민지 사이의 상업 관행에서 비롯된 것이었다고 말할 수 있다. 그러나 구매자 측면에서 볼 때 민족별로 상권이 분리된 것은 아니었다. 제3부에서 확인하듯이, 일본인 상점은 조선인 구매자도 유혹하는 상업 공간이었기 때문이었다.

06 공장과 공업

1. 식품 가공업

식민지기 여수군 내 공장은 주로 여수면에 세워졌다. 여수면을 벗어난 것은 제빙 공장이 삼산면 거문도에 세워진 정도이다. 아래에서는 여수에서 생산된 1차 산업 생산물을 원료로 사용하여 가공하는 공업으로 식품 가공업과 섬유공업, 여수의 대표적 2차 산업이었던 고무공업과 천일고무공장, 여수에서 생산된 1차 산업의 생산물의 상품 가치를 높이기 위한 업종으로 제빙업을 살펴보고자 한다.

공장제 공업이 발달하는 초기에는 먼저 식품 가공업이 발달하게 된다. 원료를 손쉽게 얻을 수 있기 때문이다. 식품 가공업은 대체로 정미업과 양조업을 가리킨다. 위 두 가지 외에 여수는 바닷가에 위치한 특성에 따라 수산물 가공업도 일찍 발달하였다.

식민지기 공장 건설, 공업 발전의 한계와 계기로서 각각 회사령의 제정과 폐지가 일정하게 작용했다. 회사령은 1910년 12월 29일 제령 제13호(『朝鮮總督府官報』 1910.12.30.)로써 제정되었다. 회사령의 주요 내용은 다음과 같다. 먼저 제1조는 "회사의 설립은 조선총독부의 허가를 받음이 가함."이라 하여 회사 설립은 허가제임을 명시했다. 이어 제5조에서 "회사가 본령이나 혹 본령에 의거하여 발하는 명령과 허가의 조건에 위반하거나 또는 공공질서 및 선량한 풍속에 반하는 행위를 하는 때는 조선총독은 사업의 정지와 지점의 폐쇄 또는 회사의 해산을 명함을 할 수 있음"이라고 하여 조선총독이 사업의 정지, 지점의 폐쇄, 회사의 해산을 명할 수 있게 했다. 결국 회사령의 요체는 회사 설립과 운영에 엄격한 통제를 가한다는 내용이다.

회사령의 적용을 받는 것은 1910년대 조선에서 활동한 조선인, 일본인 자본가(기업주)였다. 그런데 회사령의 제정 목적을 두고 이 영이 조선인에게만 적용된 듯이 한정하는 해석이 있다. 다음과 같이 21세기 발행된 고등학교 교과서에서 그 흔적을 찾을 수 있다.

① "한국인의 기업 활동과 자본 축적을 억제함으로써 산업구조를 일제의 의도에 따라 재편하기 위한 것이었다."[1]
② "조선인의 기업 활동을 억제할 목적으로 제정하였다. 조선인 자본이든 일본인 자본이든 모두 회사 설립 때에 조선총독부의 허가를 받게 함으로써, 조선의 산업을 일본 자본주의의 요구에 맞춰 식민지 산업체제로 재편하는 데 그 궁극적인 목적이 있었다."[2] ②의 이 대목은 앞뒤 문장이 서로 상반되는 내용을 담고 있다.
③ "일제는 한국인 기업의 설립을 통제하고 일본 기업의 한국 진출을 선별적으로 지원하기 위하여 회사령을 공포하였다."[3]

일제의 식민지가 된 조선은 제국 일본을 위해 식량, 원료의 공급지로서, 그리고 일본에서 생산된 공업제품의 소비지로서 그 역할을 해야 했다. 그런데 조선에 공장을 세움으로써 일본에 제공되어야 할 원료를 중간에서 소모한다든지, 또는 조선에서 공산품을 생산함으로써 일본 공업제품의 조선 내 소비를 감소시킨다든지 하는 일은 제국을 위한 식민지의 기능에 반하는 일이 된다.

회사령 제정 목적은 이 지점에 있었다. 한국인(조선인)의 기업 활동과 '민족 자본' 축적 억제, 한국인 기업 설립 통제가 회사령의 목적이 아니라는 것이다. 식민지 기능을 방해하는 주체가 있다면, 조선인이든, 일본인이든 묻지 않고 통제 대상으로 삼겠다는 것이 회사령이다. 그래서 ②의 두 번째 문장과 ④ "조선 기업들의 활동을 억제하기 위한 것이었다."[4]와 같이 민족 구분을 배제하는 것이 타당한 해석이다.

그러나 회사령이 시행되었던 1910년대에도 조선에 세워진 공장은 있었다. 조선으로 하여 식민지의 기능을 충실히 수행하게 하는 데 도움이 되는 분야에서 그렇다. 그 분야는 일본으로 쌀을 이출하는 데 필요한 정미업, 그리고 면직공업원료 조달을 위한 조면공장이 대표적이다.

1920년 4월 1일 제령 제7호(『朝鮮總督府官報』 1920.4.1.)를 통해 회사령이 폐지되고, 공포일부터 시행되었다. 회사령이 폐지된 데에는 사정이 있었다. 1차대전기에 일본은 큰 호황을 누렸다. 그러나 전쟁의 종결과 함께 일본에는 '전후 반동 공황'이 찾아왔다. 많은 공장 설비들은 유휴 시설이 되었다. 이번에는 과잉 유휴 시설을 일본 내에서 제거하여 식민지로 이전하는 것이 일본 제국주의에 필요해졌다. 그러나 회사령의 존재는 유휴 시설의 이전을 방해했다. 그 결과 조선 내 공장 설립 촉진을 위해 회사령이 폐지되었던 것이다.

정미업

먼저 정미업부터 살펴보자. 1910년대 일본인 이주와 함께 여수에는 다음과 같이 2개의 정미 공장이 세워졌다.[5] 산야정미소와 하내정미소가 그것이다.

공장명		山野정미소	河内정미소
창립년월		1913.10	1915.2
공장건평수		80	21
자본금		2,7000	3000
종업자	일본인	6	2
	조선인	여 46, 유 6, 남 26	여 14, 유 3, 남 7
	계	84	26
생산물	종류	동	정미
	단위	동	석
	수량	4,0000	3000
	금액	40,0000	3,4500
원동력	기관수	1	1
	마력	20	8

1913년 10월에 창립된 산야정미소를 예로 설명을 해보면, 공장 면적은 80평이었고, 자본금은 2만 7천 원이었다. 종업자를 보면 일본인 6명에 조선인 다수가 있었는데, 조선인 가운데 여성 46명, 유년 노동자 6명, 성인 남성 26명, 조선인 합 78명, 일본인을 합하여 84명이었다. 1년에 4만 석, 40만 원의 가공을 했다. 20마력짜리 기계 한 대가 있었다. 하내정미소는 1915년에 창립되었는데, 자본금이나 가공 실적은 산야정미소의 1/10 정도 규모였다.

1920년 2월 5일에 합자회사 산야(山野)상점이 설립되었는데,[6] 이는 산야정미소가 합자회사로 회사

형태를 변경한 것으로 보인다. 본점은 여수군 여수면 동정 1109번지에 두었고, 자본금은 30만 원으로 10배 이상 증액되었다. 사업 목적은 정미업 외에 양조업, 농업 물품판매업으로 업종을 확장했다. 합자회사 사원으로 무한 책임사원과 유한 책임사원으로 구성되었는데, 소야학송(小野鶴松)이 65%의 지분(19만 5천 원 무한)으로 참여했고, 이어 금목무일랑(今木武一郎)이 1/6의 지분(5만 원 무한)이었다. 다음으로 임호길(林虎吉, 1만 5천 원 무한), 삼목소일(三木素一, 1만 5천 원 무한), 무전안추(武田安秋, 1만 원 유한) 외 2명이 출자했다.

이후 1919년 10월에 여수면 동정 해안통에 본전(本田) 정미소가 세워졌는데, 이는 앞 두 개의 정미소보다 규모가 훨씬 커서 1년 생산량이 약 10만 석에 달했고, 대부분은 일본 대판이나 동경 등지에 이출되었다.[7]

본전정미소(《麗水發展史》)

1920년대 정미소를 보자. 당시 신문 기사(『동아일보』 1927.4.13.)는 여수 공업을 다음과 같이 평가했다. 자본주 측의 공업 사상 결핍으로 아직 공산품으로서 볼만한 것이 없다. 공장수 34개, 생산액 약 320만 원이다. 공장 중 동포 경영의 것으로 굴지할 만한 것은 조면공장 1개, 정미공장 3개, 합 4개소이다.

정미소 셋 중 첫째 정영선 정미소는 본정(종포)에 있는 대규모 공장이고, 35마력의 기계를 이용했다. 주소의 '본정(종포)'는 '동정(종포)' 또는 '본정'의 오기로 보인다. 둘째 공성정미소의 이우헌은 읍내 일본인 경영 정미공장에서 다년간 견습한 후, 1926년 가을 서정 매립지에 공장을 설치, 경영했다. 셋째 여순정미소는 1926년 가을부터 경영한 소규모 공장으로, 율촌면 조화리에 있고, 주임은 박승문이었다.

1930년 12월 광주 여수간 철도가 개통된 후 철도 연선에는 정미업이 발흥(『釜山日報』 1932.5.27.)했다. 그 결과 여수에 3개소를 비롯하여 이양에 1개소, 보성에 2개소, 벌교에 5개소, 순천에 5개소의 정미소가 새로 생겼다. 또 여수와 순천에 각 1개소의 대규모 정미소 신설 움직임이 있었다.

양조업

식품 가공업의 두 번째 업종은 양조업이다. 1930년대 말 여수의 양조회사는 다음과 같이 2개가 있었다.[8] 여수국자주식회사와 합자회사 종산상회이다. 둘 다 동정에 주소를 두었다.

회사명	주요 사업	설립년월	대표자	공칭자본 (불입자본)
여수국자(麴子)주식회사 (여수읍 동정)	누룩[麴子] 제조판매 주조원료 판매알선 및 부대업	1932.1	趙千燮	2,5000
합자회사 종산(鍾山)상회 (여수읍 동정 840)	탁주 및 약주의 제조판매	1937.7	山本謙三	3,0000

이어 1942년의 양조회사 역시 그대로 2개이다.[9]

회사명	주요 사업	설립년월	대표자	공칭자본 (불입자본)
여수국자주식회사 (여수읍 동정 1319)	누룩 제조판매, 주조원료 또는 주조에 필요한 기구기 계의 판매알선 및 부대업	1932.1	礒本政一	2,5000 (1,2500)
합자회사 종산상회 (여수읍 동정 840)	탁주 및 약주의 제조판매	1937.7	山本謙三	3,0000

둘 사이의 변화라면, 여수국자주식회사의 대표자가 조선인 조천섭에서 일본인 의본정일로 변경되었다는 것이다. 또 주요 사업 중 주조원료 판매 알선 외에 주조에 필요한 기구 기계의 판매알선이 추가되었다.

송원양조장(《麗水發展史》)

수산물 가공업

1910년대 여수의 수산물 가공 공장은 다음의 것이 있었다.[10]

공장명		아도 양패(兒島養貝)주식회사 여수출장소
창립년월		1913.1
공장건평수		120
자본금		5,0000
종업자	일본인	5
	조선인	여 10, 유 2, 남 13
	계	30
생산물	종류	키조개 통조림
	단위	상자
	수량	1800
	금액	1,4400

이 공장은 당시 여수해만(여수와 남해 사이 바다)에서 대량 서식이 발견된 키조개를 원료로 하여 통조림으로 가공하는 공장이었다. 본점은 일본에 있고, 여수에는 출장소 형태로 세워진 것이었는데, 1913년 1월, 여수해만에서 가까운 여수면 종포에 120평의 공장이 들어선 것이다. 종업원은 조선인 25명(남성 13명, 여성 10명, 유년 2명), 일본인 5명, 합 30명이었다.

이후 1940년대 초 수산물 가공 공업회사는 다음과 같이 2개이다.[11]

회사명	주요 사업	설립년월	대표자	공칭자본 (불입자본)
유한회사 대화식품공장 (여수읍 서정 431-3)	수산 가공품의 제조판매 물엿 제조 판매	1941.12	內御堂謙二	3,5000
남선물산가공주식회사 (여수읍 서정 840)	농산해산물의 가공 및 판매 전분 제조 및 판매	1942.4	山本謙三	19,5000

둘 다 위치는 서정이고, 설립 시기도 1940년대 초이며, 대표자도 둘 다 일본인이다. 수산물 가공 이외에 대화식품공장은 물엿 제조, 남선물산가공주식회사는 전분 제조를 추가로 했다. 자본금 규모 면에서 볼 때 남선물산가공주식회사는 대화식품공장의 5배 이상 규모이다.

2. 섬유공업

조면공장

섬유공업은 원료 가공 단계에 따라 크게 먼저 원료를 이용하여 실을 만드는 과정(방적), 그 실을 이용하여 옷감을 만드는 과정(방직), 방직된 옷감으로 옷을 만드는 과정(제복)으로 구분할 수 있다. 그런데 면화를 원료로 면제품을 생산하는 면직물업에서는 방적에 앞서서 하나의 단계가 더 필요했다. 목화에서 솜을 빼내는 과정이 그것이다. 그것을 조면(繰綿)이라 한다. 식민지기 여수에는 조면 공장이 일찍부터 세워졌다.

1910년대 여수에는 산본(山本) 조면공장이 있었다.[12] 이 공장의 당시 사정은 다음 표를 통해 자세히 알 수 있다.

공장명		산본조면공장
창립년월		1914.5
공장건평수		402
자본금		25,0000
종업자	일본인	5
	조선인	여 20, 유 50, 남 60
	계	135
생산물	종류	조면
	단위	근
	수량	75,0000
	금액	25,0000
원동력	기관수	1
	마력	50

산본조면공장은 1914년 5월, 자본금 25만 원으로 설립되었다. 공장은 402평으로 1910년대 여수의 공장 가운데 최대 규모였다. 또 종업원수도 135명으로 최대였다. 50마력의 기계 하나로 1915년에 75만 근, 25만 원의 조면 실적을 보였다.

1915년 목화 추수 이후 1916년 1월 초까지 산본조면공장이 매입한 면화는 230만 근(『釜山日報』 1916.1.8.)에 달했다. 1915년 여수군 면화 재배면적은 1천471.4정보였고, 수확량은 198만 2천370근이었으며, 1916년 재배면적은 2천301.6정보로 830정보, '6할 이상의 증가'였다. 군내 재배면적 격증은

1915년 봄 창시한 '산본조면공장의 존재가 널리 각 군에 알려진 결과'였다. 또 산본조면공장에서 매수한 실면은 251만 8천196근으로 그중 군내 매수 198만 2천370근을 공제한 잔액 63만 5천820근은 부근 각 군으로부터 들어온 것(『釜山日報』 1916.6.10.)이었다.

1917년은 지정 판매를 폐하고 군청에서 경매(『釜山日報』 1917.9.7.)를 행했다. 여수군내 면화재배조합은 9개소로서 1 조합이 5일마다 견본에 의거하여 입찰로써 판매했다. 그해는 품질이 좋아 구매자가 많았다.

1918년부터는 여수군 조면업에 변동(『釜山日報』 1918.10.20.)이 생겼다. 여수에 산본공장만 있었는데, 그해 산본공장은 일본의 삼정(三井) 물산에 매각되었고, 영목(鈴木) 상점과 조선면화회사가 여수에 공장을 두었다. 그해 수확 예상은 320만 근이었다.

이들 세 공장의 건설 모습은 1918년 9월 신문 기사(『朝鮮時報』 1918.9.2.)에 상세하다. 영목상회 공장은 12동으로 그 평수 600여 평이고 4동 상량을 마치고 10월 하순까지 준공할 예정이었다. 조선면화회사의 공장은 7동 건평 460여 평인데, 땅 고르기, 재료 수집, 공장의 목재·철재 등을 기둥이나 들보에 짜맞추기 위해 필요한 형태로 만드는 일이 진행 중이었고, 역시 10월 하순에 준공할 계획이었다. 삼정물산 공장은 종포에 있는 공장부지 매수를 끝내고 그 후 준비에 착수했다. 이들 세 공장 건축을 위해 여수에 체재하는 목수, 미장이 등이 50명 이상이었다. 그밖에도 산본공장 창고 건축과 여수소학교 증축 등으로 당시 여수 건축계는 비상한 활기를 띠었다.

그 후 한 달여가 지난 10월 상순에 기사(『釜山日報』 1918.10.15.) 작성자가 여수를 찾았을 때, 시가의 동쪽 끝 여러 동의 공장과 창고에 삼정의 마크가 새롭게 칠해져 있었고, 서단의 매립지에는 영목상점[본점 일본 신호(神戶)] 조면공장이 거의 준공되었다.

이후 1919년도부터 1920년까지 여수항 3공장에 집중된 면화는 300만 근 남짓이었다. 그중 여수에서 생산한 것은 약 60만 근에 불과했다. 1919년은 실면에 비해 면화가 고가라서 수확량의 반수 정도는 다른 방면에 수출되었기 때문(『매일신보』 1920.7.21.)이었다.

1920년대 여수군의 면화 생산량은 증가했지만, 조면 공장 가동은 오히려 감소한 것으로 보인다. 면화 생산량에 대한 1929년 기사(『매일신보』 1929.11.22.)를 보면, 여수군은 남북 면화의 집산지로서, 실 수확 예상량은 5백만 근으로 예년 대비 2할 6푼의 증수였다. 그중 1백30만 근은 자가용으로 제외하고, 3백70만 근이 공동 판매되었다.

반면 조면 공장은 타지로 이전되었다. 1925년 조선면업회사 여수 조면공장은 폐지되어 건물은 목포 본사에 이동하기로 하고 파괴 중(『시대일보』 1925.7.26.)이었다. 또 다른 기사(『매일신보』 1925.8.4.)에 따르면,

조선면화회사 여수조면공장은 오래 휴지 중이었는데, 전북 이리로 이전하게 되어 전북에서도 조면업이 개시될 것이었다. 기계와 건물 전부를 이전하기로 했다. 건물 이동 위치를 두고 두 기사 내용이 서로 다르다. 어느 것이 정확한지는 알 수 없지만, 일반적으로 시기상 나중 기사가 맞을 것으로 보인다.

이후 신문 기사(『동아일보』, 1927.4.13.)를 통해 1920년대 후반 여수의 조선인 섬유공업과 조면공장을 보자. 당시 '가정적 공업'(가내 수공업을 말함-인용자)으로 면포, 마포, 새끼 가마니 등이 군내 도처에서 다수 생산되며, 그 산액이 20여만 원이다. 그중 마포는 여수군 고래의 명산으로 세인은 '좌수영 마포'라 하면 크게 숭배했다. 공장 중 조선인이 경영하는 조면공장이 1개 있었다. 그것은 김(金)조면공장인데, 경영주는 김재성으로 서정 연등천변에 있었다. 10마력 후동기(後動機)에 4대의 조면기를 거치, 운영했다. 여기서 후동기란 발동기의 오기가 아닌지 의심된다.

1930년대 본전(本田) 조면공장

1930년대에는 다시 여수에서 조면공장이 왕성히 가동되었다. 본전조면공장은 천일고무공장과 함께 1930년대 여수의 대표적 공업회사였다. 이들 두 회사의 설립은 1930년대 여수 공업화의 상징과도 같은 것이었다. 그에 대해서는 다음의 신문 기사(『동아일보』, 1932.1.24.)가 그 사정을 말해준다.

> 지난(1932년 1월-인용자) 19일에는 작년 가을부터 공사에 착수하여 나오든 10만여 원의 자본으로 본전(本田)씨의 경영인 시내 동정(東町) 조면(造綿)공장과 6만여 원의 자본으로 김영준(金英俊)씨의 경영인 시내 서정(西町) 고무[護謨]공장이 각각 설비가 완성되어 동일에 기계 시전(機械試轉)을 하였다는바 조면은 목포(木浦)와 경쟁이 될 것이며 고무는 부산(釜山)과 경쟁이 될 것인 만큼 생산자와 수용자들에게는 막대한 이익이 있으리라 한다.

본전조면공장(《麗水發展史》)

본전공장(『釜山日報』 1935.8.26)

여수 본전조면공장의 소유주 본전안오랑(本田安五郎)은 원래 마산조면공장(마산부 상남동)의 주인인데, 그는 1930년 11월 현재 조선공업협회 정회원이자 평의원이었다.[13] 그의 마산 조면공장은 1931년 현재 조선 내 주요 공장 중의 하나로 82명의 직공이 있었고,[14] 1934년 12월 공칭자본과 불입자본 각각 50만 원의 주식회사 마산조면공장으로 변경되었다.[15]

10만 원의 자본으로 출발한 여수의 본전조면공장은 처음 본전안오랑이 개인 경영하다가 1935년 7월 자본금 50만 원(불입금 25만 원)의 주식회사 본전조면공장으로 전환되었다.[16] 이 회사의 취체역은 대판시에 주소를 둔 본전안오랑, 산본중장(山本重藏), 후등구길(後藤久吉), 서종차랑(西宗次郎)과 유일하게 여수에 주소를 둔 산본겸삼(山本謙三)(『朝鮮總督府官報』 1935.8.6.)이었다.

이후 1940년 8월에는 본전안오랑이 사장, 산본겸삼이 상무 취체역이었고, 당시 대주주는 전체 주식 1만 주 중 각각 3천4백 주씩을 소유한 본전안오랑과 산본면화상점이었다.[17] 본전조면공장은 1942년 통계에서는 사라지고 없다. 이는 1942년 남북면업주식회사와 합병하여 6월 1일 해산(『朝鮮總督府官報』 1942.7.25.)하였기 때문이다.

남북면업주식회사는 1913년 10월 8일 자본금 25만 원으로 설립되었는데, 사업 확대에 따라 1918년 3월 자본금 50만 원으로, 7월에 다시 2백만 원으로 확대되어 1929년 3월 자본금 2백만 원, 불입금 132만 5천 원이었다. 대주주는 4만 주 중 3만 7천313주를 소유한 일본면화회사였다. 1929년 당시 목포에 5개소의 공장이 있었고, 나주군 남평, 광주, 마산, 여수, 해남 우수영에 사업소를, 대판에 출장소를 두고 있었다.

앞의 기사에서 여수의 본전조면공장과 경쟁이 될 것이라고 했던 목포의 조면공장은 어떤 것이 있었을까. 먼저 조선면화주식회사[목포부 수정(壽町)]가 있었다.[18] 또 본전 조면공장과 비슷한 시기인 1933년 10월에 설립된 전남면화주식회사[목포부 금정(錦町)]가 있다.[19] 전남면화주식회사는 1940년 8월 자본금 150만 원, 불입금 37만 5천 원이고, 대주주는 3만 주 중 8천472주를 가진 내곡만평(內谷萬平)이었다. 이들 두 회사의 자본금 규모는 여수의 본전 조면공장과는 비교할 수 없을 정도로 크다. 경쟁 운운의 기사는 다소 과장이나 희망이 섞여 있다고 봐야 할 것이다.

그렇다면 이 시기 여수에 조면공장이 세워지게 된 이유는 무엇일까. 그것은 여수의 면화 농업과 관련이 있다. 1920~30년대 여수는 '전조선 굴지의 면화 생산지'로 불리며 연간 4백만 근 정도의 육지면을 생산했다. 1934년 4월 조사(『동아일보』 1934.4.19.)에 따르면, 면화 생산량은 415만 3천375근(가격 36만 6천204원)이고, 그보다 10년 전인 1923~4년에 425만 3천832근이었다고 한다.

이어 1937년 작황이 좋아 1938년 1월 말일까지의 공동판매 물량이 4백만 1천197근으로 '과거 30년 이래에 처음 보는 대풍작'을 구가하여 여수 군청에서는 1938년에 7백만 근 증산 계획(『동아일보』 1938.2.8.)을 세울 정도였다. 또 1939년에는 봄부터 오랜 기간 가뭄이 지속되어 면화 작황에 불리한 영향을 주었음에도 그해 수확량을 4백만 근으로 예상할 정도(『동아일보』 1939.10.24.)였다.

그러면 전조선 굴지의 면화 생산지로 불리게 된 여수의 면화 생산량이 전남도, 나아가 조선 전체에서 어느 정도의 규모였는지를 확인해 보자. 다음 표는 1920년대 중반 이후 도별 육지면 생산량(단위: 근)이다.[20] 편의상 1927년부터 1942년까지 5년 간격으로 추세를 살펴보았다.

구분	1927	1932	1937	1942
경기	11,2825	19,0733	1099,9178	2455,8816
충북	1009,1198	554,9770	1234,3962	1455,1740
충남	1144,6539	874,2558	1919,7516	1704,6650
전북	834,1900	744,3220	1380,2233	1574,5687
전남	5204,2425	5267,6189	7080,7693	3976,5009
경북	1097,4349	989,9169	2947,5447	2123,7802
경남	1469,0423	2719,2050	4030,5840	1853,9430
황해	544	5,5223	83,5201	3412,5392
평남	–	–	5865	1693,1982
평북	–	1,9071	3,2222	199,2519
강원	1,7413	14,1151	261,5135	552,0133
함남	95	30	–	26,3947
총수	1,0771,7711	1,1190,9164	2,0042,0292	2,1027,9107

위 표를 보면, 13개 도 가운데 함북이 없다. 생산량이 전무하기 때문에 표에서 제외한 것이다. 총수량을 보면, 1927년과 1932년에는 1억 1천 근 전후였는데, 1937년 이후는 2억 근을 넘긴 실적을 보였다.

또 조사 전 기간에 걸쳐 전남 지방의 육지면 생산량이 전 조선을 통틀어 수위에 있음을 알 수 있다. 1927~1932년간에는 절반가량이고, 1937년에는 1/3 정도이며, 1942년에는 1/4가량이다. 추세로는 그 비중이 작아지고 있다. 전남 외 삼남지역을 제쳐두고도, 경기·황해, 평남북 등의 생산량이 격증한 탓이 크다.

전남 내에서 차지하는 여수의 면화 생산량 비중은 최대 1/10 정도였던 것으로 보인다. 여수에서는 화양면, 소라면, 삼일면, 돌산면, 쌍봉면이 면화 산출이 많은 지역(『동아일보』 1938.2.8.)이었다. 이를 읍면별로 자세히 살펴보면, 여수읍 38만 1천665근, 쌍봉면 45만 5천761근, 삼일면 50만 6천481근, 소라면

71만 1천391근, 율촌면 36만 1천157근, 화양면 82만 6천54근, 돌산면 49만 2천740근, 화정면 17만 5천332근, 남면 9만 615근이다.

여수의 조면 공장은 여수지역의 생산량만을 겨냥한 것은 아니었을 것이다. 1920년대 말 광주와 여수를 잇는 철도가 착공될 때 장래 전망(『동아일보』 1929.3.5.)에서는, 광주에서 화순, 보성, 순천을 거쳐 여수에 이르는 과정에 연간 약 2천만 근의 면화가 수송될 것으로 예상되었다. 2천만 근이면 전남 면화 생산량의 절반에 육박하는 수치이다. 이렇게 볼 때 여수에 조면 공장이 설립된 이유가 수긍이 된다.

직물회사

이처럼 여수에 집중되는 면화를 원료로 여수에는 면화공업 기업이 연달아 설립되었다. 1933년 김정평이 자본금 5만 원으로 직물공업사를 창설했다. 1934년 김정평이 경영하는 여수직물공업사는 진전(津田) 식 직조기 30대를 설치했다. 이 직조기에서 생산하는 직물은 인조견, 교직, 본견, 우이중(羽二重), 저마포 등 직물 일반인데, 여수직물공업사는 당분간 인조견, 교직을 생산하며, 각지에서 조회와 주문이 쇄도하여 장래 발전에 따라 기계를 증설(『동아일보』 1934.4.19.)하고자 했다.

1935년에는 인조견, 교직 등을 연산 1만 8천9백여 필 생산하여 10만 2천4백여 원의 매상액을 돌파했다. '우리의 옷감을 직접으로 제조하는 만치 일반의 기대가 높다'고 기사(『조선중앙일보』 1935.9.16.)는 전하고 있다.

주식회사 본전조면공장 설립과 비슷한 시기인 1935년 11월 17일에 김영준과 김정평이 각각 3만 원, 2만 원을 투자해 합명회사 조일직물공업사(대표 김영준, 본점 여수읍 서정 578)를 설립(『朝鮮總督府官報』 1936.1.7.)했다. 이 회사는 이후 1937년 4월에는 지분이 사원 김한영(1만 원, 대표), 김정평(2만 원), 김종혜(2만 원)로 변경되어 있다.[21] 김영준의 지분이 김한영, 김종혜에게 양도된 것으로 보인다. 김한영과 김정평은 부자 관계이다.

또 1939년 11월 18일 설립된 여수면포주식회사(대표 김영준, 본점 여수읍 서정 338)가 있다.[22] 이 회사의 1940년 8월 자본금은 16만 원, 불입금도 16만 원이다. 대표 취체역 사장은 김영준이고, 대표 전무취체역은 최재형이며, 취체역은 이치헌·연창희·박정래·정봉진·박홍근이다. 대주주는 3천 2백 주 중 700주를 소유한 김영준, 각 300주씩을 소유한 최재형·이치헌·연창희이다.

1942년 6월 남북면업주식회사에 합병된 본전조면공장뿐만 아니라 면방직과 관련되는 기업의 존재는 이와 같이 여수의 면화 생산을 배경으로 한 것이었다.

3. 고무공업과 천일고무공장

천일 고무공장은 1932년 1월에 본전조면공장과 동시에 설비가 완성되었다. 기사(『동아일보』, 1930.1.10.)에 따르면, 소유주 김영준은 23세 때인 1922년경 일본 신호(神戶)의 도변(渡邊)고무공업소에 취직하였다가, 1920년대 후반 부산에서 도변 고무공장을 운영한 경험이 있었다. 김영준이 신호의 고무공장에 취직한 것은, 이 시기 신호의 상인들이 신발 제조용 알루미늄 틀을 주조하고, 조선인용 고무신을 만들어 조선에 수출하였던 사정[23]이 반영된 듯하다.

앞에서 소개한 기사에 따르면, 일본에서 고무공장 직공으로 5년간 일했던 김영준은, 1926년 부산부 수정정 43번지에 도변고무공장을 설립하고, 운영했다. 1928년 12월 현재 김영준의 도변고무공장의 영업세액은 46원 80전이었다.[24] 1920년대는 조선에서 고무신 수요가 매년 크게 늘었던 시기였다. 다음 표는 1920~1933년간 조선내 고무신 수급 상황을 나타낸 것인데, 단위는 천 원, 천 켤레이다.[25]

년도	1920	21	22	23	24	25	26	27	28	29	30	31	32	33
생산액	4	171	936	1409	1934	2504	3196	3089	4515	5522	4204	4361	4783	5311
이입액	50	45	2554	4538	5668	6472	6645	5733	5594	4220	3324	1599	1322	906
수출액	–	–	–	–	–	–	–	407	413	737	419	162	324	836
수량	–	–	–	–	–	–	–	450	469	952	578	456	887	2446
소비액								8415	9696	9005	7109	5798	5781	5381

이를 보면, 조선에서의 생산액과 일본으로부터의 이입액이 해마다 급격히 늘어난 것을 확인할 수 있다. 김영준이 부산에 고무공장을 세운 지 3년 후인 1929년에 조선 내 고무신 생산액이 일본으로부터의 이입액보다 많아지기 시작했고, 이후 그 격차를 벌려갔다.

1929년에 김영준은 도변직일(渡邊直一)과 합자회사를 조직했는데, 그 회사는 1930년 당시 남녀 직공 200여 명이었으며 1년 7십만 켤레를 생산하는 규모(『동아일보』, 1930.1.10.)였다. 그러나 부산에 설립된 김영준의 도변고무제조합자회사는 1931년 3월 해산(『朝鮮總督府官報』, 1931.4.25.)되었다.[26] 이 해산은 김영준이 환대(丸大)고무공장으로부터 유사상표 사용 혐의로 제소되어 문제 해결을 위해 공장을 환대고무공장에 합병시키고 자신은 전무취체역에 취임하였기 때문이었다.[27]

1931년 3월 부산의 고무회사를 해산한 김영준은 그해 가을 위에서 본 것처럼 여수에 천일고무공장을 세웠다. 이 천일고무는 1933년 4월 10일 천일고무합자회사로 변경되었다. 이때의 합자회사 설립은 대표사원 정근모를 비롯한 7명의 5만 원 출자에 따른 것이었다. 이때의 등기(『朝鮮總督府官報』

1933.5.25.) 내용은 다음과 같다.

> 본점: 여수읍 봉산리 1번지, 지점: 전주군 전주읍 대화정 825번지
> 목적: 고무신 기타 고무 제품의 제조 판매 및 이에 부대하는 일체 업무
> 사원: 여수읍 봉산리 265번지 금3천 원 무한 정근모, 여수읍 봉산리 1번지 금1만 5천 원 유한 김경준, 여수읍 봉산리 1번지 금1만 원 유한 김성준, 여수읍 봉산리 1번지 금1만 원 유한 김재준, 청도군 대성면 고수리 11번지 금4천 원 유한 이동인, 부산부 초량정 43번지 금5천 원 유한 갑맹조장(甲猛朝藏), 보성군 벌교면 벌교리 9번지 금3천 원 유한 김순환

합자회사 설립 시에 김영준의 존재는 보이지 않는다. 이후 1934년 3월 15일 등기변경을 통해 김영준이 대표사원으로서 전면에 나서게 되었다. 변경등기(『朝鮮總督府官報』 1934.4.20.) 내용은 다음과 같다.

> 사원 김경준은 1934년 3월 15일 그 책임을 유한으로 변경하고, 사원 김순환은 동일 지분금 중 2천 원을 이종덕에게, 동 금1천 원을 김영준에게 양도하고 퇴사함. 이종덕, 김영준은 이를 양수하고 또 김영준은 금5만 원을 출자하고 동일 입사함. 여수읍 봉산리 1번지의 2 금 5만 1천 원 무한 김영준. 동군 동읍 서정 1279번지 금 2천 원 이종덕. 대표사원 김경준은 1934년 3월 15일 사임하고, 사원 김영준 총사원의 동의로 동일 대표사원에 선임됨.

그런데 이 과정에 등장하는 김경준이란 인물이 눈에 띈다. 그는 1933년 4월 합자회사 변경 시 7명 중 가장 많은 1만 5천 원을 출자하고, 1934년 3월 김영준이 대표사원이 되기 직전 대표사원으로 있다가 그 자리를 김영준에게 넘겨준 인물이다. 김경준은 결국 김영준의 등장을 위한 조연 역할을 했던 셈인데, 그 이유는 그가 바로 김영준의 동생이었기 때문이다. 김영준은 1931년 가을부터 1932년 1월까지 여수에 천일고무공장을 건설할 때 환대고무공장 전무인 자신 대신에 그 동생 김경준을 내세웠던 것이다.[28]

김경준 말고 김재준과 김성준도 주목되는 인물이다. 김재준은 김영준의 형이다.[29] 1948년 10월 여순사건 당시 김영준은 자신의 형 김재준의 회갑연에 참석 차 여수에 왔다가 여순사건을 만나 인민재판을 거쳐 살해되었다. 김성준도 김영준과 형제 사이일 가능성이 높다. 김재준, 김경준, 김성준 모두 주소(여수읍 봉산리 1번지)가 같고, 이름 끝 자가 '준'으로 같아 돌림자를 같이하는 사이로 보인다. 그렇다면 결국 1933년 합자회사 설립 시 출자금 5만 원 중 김씨 형제 지분이 3만 5천 원으로 다수였던 셈이다.

천일고무합자회사는 1935년 5월 25일에 해산(『朝鮮總督府官報』 1935.7.6.)되었다. 해산 당시 자본은 8만

2천 원이었고, 그사이 영업 내용에는 고무신, 기타고무제품의 제조판매 외에 인견류의 염직 판매가 추가되었다.[30]

이후 1937년 1월 1일 천일고무주식회사가 설립되었다. 주식회사 설립 등기(『朝鮮總督府官報』 1937.3.18.) 내용을 보면, 본점은 여수읍 봉산리 1-2번지이고, 부산, 이리, 대구에 지점을 두었으며, 자본금은 50만 원(불입금 25만 원), 대표 취체역 김영준, 취체역 김봉구('여(余)봉구'로 표기된 자료도 있음-인용자), 이종진, 감사역 김경준이다.

그러나 1938년 7월 12일 천일고무주식회사도 주주총회의 결의로 해산(『朝鮮總督府官報』 1938.8.9.)되었다. 이 해산은 원료난에 따른 조업 중단의 결과였던 것 같다. 이후 주식회사 천일고무는 통계에서 보이지 않는다. 이상이 등기 내용을 통해 살펴본 천일고무의 설립과 해산이다.

1932년 3월 만주국이 성립된 이후 일었던 만주 붐에 따라 고무신 업계도 호황을 보여 고무공업 공장이 대폭 늘어났다. 그러나 곧바로 만주 안동(安東)에 고무공장이 증설되어 고무신 수출이 장애에 부딪혔다(『매일신보』 1932.11.30). 공장 난립과 수출 부진으로 공급과잉이 발생하자 1933년 초에 일본의 독점자본인 삼정(三井)이 환대 공장을 중심으로 부산, 대구, 목포, 여수 등 조선 남부 일대의 공장들을 통제하여 생산의 제한과 판매의 통제에 나섰다. 그 내용(『동아일보』 1933.3.30.)을 보면, 삼정은 고무 원료를 독점하여 판매권을 독점하고, 각 공장의 생산량을 반으로 줄이며 생산된 고무신은 삼정이 관리·판매한다는 것이었다.

이때 여수의 천일고무는 삼정재벌의 통제에 반대했다. 다음 기사들을 통해 삼정재벌의 통제에 대한 천일고무와 김영준의 대응을 살필 수 있다.

① "작년(1932년-인용자) 9월경부터 남조선 일대의 25 고무공장에 대하여 합동 생산과 판매권 양보를 각각 교섭한 결과 다른 공장은 모두 찬의를 표하고 승낙하였으나, 김영준씨 경영의 여수 천일고무공장만은 굳게 반대하고 합동을 거절"(『동아일보』 1933.2.15.)

② "삼정물산회사(三井物産會社)가 중심이 되어 남선고무공장에 대부분 합동함에도 불구하고 여수의 천일(天一)공장만은 합동을 반대하고 수개월 동안 맹렬한 항쟁을 계속하여 오던 중 근일에 와서는 공장의 기초를 일층 견고히 하기 위하여 전 공장주 김영준(金英俊) 씨와는 관계를 끊고 여수의 유력자들이 모여 천일고무합자회사(天一護謨合資會社)를 조직"(『동아일보』 1933.5.27.)

③-1 "남조선고무합동회사를 조직코자 삼정물산이 중심으로 부산에 있는 환대고무주식회사의 4공장이 발기가 되어 대 활동을 개시하고 불참가 공장으로 문제되던 여수 천일고무공장에 참가를 권고하였으나, 천일공장 측은 합동 후에 공장 노동자 처치와 가격 인상 등을 고려하고 단연 거절"(『동아일보』

1934.5.29.)

③-2 "우리 공장은 이대로 진행한다면 많은 이익은 없지만 별 손해 없이 4백여 명 직공들과 재미있게 경영할 수 있습니다."(『동아일보』, 1934.5.29.)

④ "고무원료 수입에 있어서도 이제부터는 총독의 허가를 요하게 되었으며 조선에서는 수일 전 삼정회사에만 허가가 부여됨에 따라 (중략) 남조선 고무동업조합에서는 거월 하순 총독부에 동 조합에도 수입권을 허가하여 달라고 진정한 바 있었는데, 지난 1일에는 또다시 동 조합장 김영준 씨를 비롯하여 부산, 목포, 대구, 여수 등 각지에 흩어져 있는 조합 간부가 동총원(총동원의 오식-인용자)하여 총독부를 방문하는 동시 재차 진정키로 상경"(『동아일보』, 1937.11.6.)

위 기사들을 보면, 여수의 천일고무(회사)는 삼정재벌 주도의 통제와 독점에 일관성을 있게 반대 태도를 취했다. 다만 김영준은 ②기사에서는 상반된 모습을 보인다. 그와 관련해서 이승렬은, 당시 조선인 경영 10개 공장이 1933년 4월 8일 통제협정을 조인할 때 여수의 천일공장도 참여했고, 그 이유는 김영준이 1930년부터 1934년까지 환대공장의 전무로 근무하고 있었기 때문이라고 한다.[31]

그러나 이해되지 않은 점이 있다. 김영준이 1933년 2월까지는 통제와 독점을 굳게 반대하다가 불과 두 달도 안 되어 찬성(4월 협정 조인 참여)으로 돌아섰고, 1년여 뒤인 1934년 5월에는 다시 반대쪽으로 돌아선 것인데, 이처럼 짧은 기간에 정반대의 태도를 두 번이나 거듭한 것이 과연 사실일까 하는 의문이 든다.

또 삼정의 주도로 조선 남부의 고무신 제조공장들이 생산의 제한과 판매의 통제를 위한 협정을 체결하자 여수의 유력자들이 김영준과 관계를 끊고 천일고무합자회사를 설립하였다고 했는데, 이 회사를 설립할 때 출자자 가운데 김영준의 형제로 보이는 세 사람이 70%의 자본을 내놓았던 점에 비춰볼 때 김영준과의 관계가 끊어졌다고 볼 수 있는가 하는 점이다.

여수의 천일고무는 등기상으로는 1933년 4월 10일부터 1935년 5월 25일까지, 1937년 7월 1일부터 1938년 7월 12일까지 등 약 3년 남짓 운영되었던 것으로 되어 있다. 그러나 회사 해산 이후에도 조업은 계속되었던 것으로 보인다. 그 이유는 다음과 같다.

먼저 합자회사 해산 이후인 1935년 8월에 직공들의 보건과 병 치료를 위해 공장에 의료실을 설치(『동아일보』, 1935.8.14.)했다. 해산으로 공장 문을 닫았다면 있을 수 없는 조치이다. 조업은 계속되었음을 강력히 시사하는 대목이다.

그리고 주식회사 해산 이후인 1938년 11월 고무 원료 통제에 따라 부산의 각 고무신 제조업체들이 경남도 당국으로부터 고무신 제조량을 허가받을 때 천일공장은 11만 켤레로, 보생 22만 5천 켤레와 삼화의 18만 켤레에 이어 세 번째였으며 총 72만 8천 790켤레에 비해서는 15.1%를 차지하는 수치였다.[32]

또 1939년 1월 고무원료 통제에 따른 고무 원료 소비량의 경우 여수의 천일고무는 301.1톤으로 삼화(三和)의 410.4톤에 이어 두 번째로 많은 양이었으며, 조선 남부 전체 1천91톤에 비해 27.6%를 차지하는 수치였다.[33] 그리고 이후에도 여전히 김영준은 천일고무 공장주로 신문기사에 등장하였다.

천일고무 여수공장의 규모는 얼마나 되었을까. 당시의 신문 기사에 따르면, 직공은 약 오륙백 명이었던 것으로 보인다. 1935년 4월 천일고무공장 주최로 육상경기대운동회를 열 때 직공이 6백여 명(『동아일보』 1935.5.3.)이었다고 하며, 8월에는 5백여 명(『동아일보』 1935.8.14.)이었다고 한다. 1933년 말 조선 전체에서 종업원 2백 명 이상인 조선인 공장이 모두 8개였음을 비춰볼 때 천일고무공장의 규모는 상당했다고 생각된다.[34] 여기서 8개 가운데 4개가 고무공장으로 고무공업의 노동집약적 성격을 알 수 있다.

그럼 앞의 신문 기사에서 여수의 천일고무와 경쟁이 될 것이라고 했던 당시 부산의 고무공업 기업 실태는 어떠했을까. 먼저 일본 고무회사 지점으로 호테이 고무(ホテイ護謨) 주식회사와 환대고무(丸大護謨) 공업주식회사가 있었다. 전자는 1930년 2월 28일 설립된 것으로 자본금 50만 원(불입금 27만 5천 원)이었고, 대표 취체역은 삼목준작(三木準作), 취체역은 삼륜시태랑(三輪市太郎), 율산가일(栗山嘉一), 부산 지배인은 율산가일이었다.[35]

후자는 1926년 4월 1일 설립된 것으로 자본금 50만 원(불입금 20만 원)이었고, 대표 취체역은 미창청삼랑(米倉淸三郎), 미창청차랑(米倉淸次郎), 취체역은 지전유마키(池田ユマキ), 감사역은 미창청태랑(米倉淸太郎), 대주주는 1만 주 중 5천 주를 소유한 미창청삼랑이었다.[36] 두 회사 모두 자본금 규모 면에서 볼 때 1933년 당시 여수의 천일고무합자회사와는 상대되지 않는 대기업이었다. 특히 후자는 김영준이 상표권 분쟁을 겪으며 악연을 맺은 곳이기도 했다.

그밖에 조선인 기업으로는 1932년 3월 설립된 남선고무공업주식회사가 있었는데, 자본금은 10만 원(불입금 2만 5천 원), 대표취체역 정학선, 취체역 이종하 서길정 강위종이었다.[37]

이 시기 여수에 천일고무공장이 세워진 이유는 김영준이 부산을 떠나 활로를 모색하는 과정에서 눈에 띄었기 때문이 아닐까 생각된다. 가장 큰 배경은 광주 여수간 철도 개통과 일본 하관과 여수간의 직항로 개설이었다. 직항로를 통해 일본으로부터 고무 원료를 직접 수입하는 것이 가능하고, 그 고무 원료로 만들어진 생산품의 판매를 위해 전남 내륙을 지나는 철도를 통해 시장을 개척할 수 있기 때문이었을 것이다.

그러나 여수의 천일고무를 비롯해 고무공업은 1930년대 이후 원료난으로 인해 조업 활동이 위축되었다. 1930년대 중반 이후 고무공업의 원료인 생고무 이입량이 계속 줄어드는 것을 다음 표를 통해 확인할 수 있다. 다음은 1930년대 생고무 이입량(단위: 근)을 나타낸 표이다.[38]

구분	1933	1934	1935	1937	1938	1939
합계	784,6559	1114,0364	1056,1117	724,2833	441,4085	202,9862
일본	756,8902	1103,8591	1039,7725	714,1151	75,2221	51,2303
기타	27,7657	10,1773	16,3392	10,1682	366,1864	151,7559

1933년은 조선으로의 고무신 이입액이 크게 줄고, 수출액이 대폭 증가한 시기였다. 생고무 이입량은 1934년에 절정을 이루고 이후 매년 감소했다. 특히 1938년에는 일본으로부터의 이입이 전해에 비해 거의 1/10 수준으로 크게 줄고, 대신 기타지역으로부터의 이입이 증가했다. 일본으로부터의 이입이 격감한 것은 전시통제경제 때문이었다.

원료난은 1940년대 일본이 동남아시아를 침략하고 점령하면서 다소 해소되었는데, 1942년 2월 싱가폴 함락 이후 전국의 모든 국민학생에게는 고무공이 배급되었다.[39] 남방 고무자원지대를 점령했다는 명목이었다. 1942년 4월 여수서정국민학교 4학년생이었던 필자의 선친도 고무공 하나를 지급 받았다고 한다.

설립과 조직변경, 그리고 해산을 거듭했던 천일고무와 그 기업주 김영준의 고무공업 경영 과정을 이승렬의 시기 구분을 빌어 정리하면 다음과 같다. 이승렬은, 조선인 고무공업자본의 형성(1920~26), 조선인 고무공업자본의 발전(1927~32), 삼정의 통제 기도와 조선인 고무공업자본의 반독점운동(1933~37), 조선인 고무공업자본의 전시체제로의 편입(1938~45) 등으로 시기 구분하였다

김영준이 일본에서 돌아와 부산에 고무공장을 세웠던 1926년은 조선인 고무공업자본의 형성기(1920~26)였다. 그러다가 1931년 가을부터 여수에 천일고무공장을 세운 것은 조선인 고무공업자본의 발전기(1927~32)에 해당한다. 삼정의 통제 기도와 조선인 고무공업자본의 반독점운동기(1933~37)에는 1933년 4월 10일 천일고무합자회사를 설립했고, 1934년 3월 15일 증자와 함께 김영준이 대표사원으로 취임했다가 1935년 5월 25일 회사를 해산했다. 이어 1937년 7월 1일에는 천일고무주식회사를 설립했다. 조선인 고무공업자본의 전시체제로의 편입기(1938~45)에 속하는 1938년 7월 12일에는 이 회사가 해산되었다.

그리고 보면, 김영준의 고무공업 경영과 천일고무 여수공장의 가동은 식민지기 조선인 고무공업자본의 활동 양상을 시기별로 정확히 반영했던 것이다.

4. 제빙업

본전조면공장이 여수와 인근에서 생산된 농업 생산물을 원료로 하는 공업회사의 대표이고, 천일고무가 일본에서 이입된 생고무를 원료로 하는 제조업 회사의 상징이라면, 여수에서 생산한 1차 생산물의 상품 가치를 높이기 위해 필요한 산업의 간판은 제빙업이다. 1930년대 말~1940년대 초 여수의 제빙 공장은 다음의 것이 있었다.

시기	회사명	주요 사업	설립년월	대표자	공칭자본(불입자본)
1939년[40]	전남제빙주식회사 (여수읍 동정)	빙 제조판매 및 냉장 보험대리	1927.12	政吉信	10,0000 (7,5000)
1942년[41]	전남제빙주식회사 (여수읍 동정 1520)	빙 제조판매 냉장	1927.12	兄部謙輔	10,0000

전남제빙주식회사(《麗水發展史》)

위 표에서 보는 것처럼, 여수의 대표적인 제빙회사는 1927년에 설립된 전남제빙주식회사(여수면 동정)(『朝鮮總督府官報』 1928.3.5.)였다. 이 회사는 일본 복강현 문사시(福岡縣 門司市) 인사들과 여수의 정길신(政吉信) 등이 출자하여 자본금 10만 원으로 설립한 것으로 대총장평(大塚庄平)과 정길신이 회사의 대표 취체역이었다.

이 회사 설립을 주도한 정길신은 일본 녹아도현(鹿兒島縣) 사람으로 수산업에 종사하다가 1923년 4월 조선에 건너왔고, 이어 1924년부터 여수에 거주하면서 전남수산주식회사, 흥양수산주식회사 등 수산업 회사 설립에 관련을 맺었다.[42] 1939년 시점까지는 정길신이 대표자였으나 1940년대 들어 형부겸보(兄部謙輔)로 대표자가 변경되었다.

전남제빙주식회사는 설립 시 불입자본이 5만 원이었으나[43] 1934년 2월(『朝鮮總督府官報』 1934.4.18.)과 1939년 2월[44]에 각각 2만 5천 원을 추가 불입함으로써 불입자본금이 공칭자본금과 같은 10만 원이 되었다. 이 회사의 최대 주주는 자본금 중 70%(1천400주)를 소유한 일본수산회사였다.[45]

전남제빙주식회사 외에 거문도제빙주식회사(본점 여수군 삼산면 거문리)(『朝鮮總督府官報』 1930.7.1.)가 있었다. 1930년 5월 11일 자본금 5만 원(불입금 5만 원)으로 설립된 이 회사는 거문리에 주소를 둔 목촌충태랑(木村忠太郞)과 조선, 일본 각지의 일본인 7명이 출자한 것이었다. 이 회사의 대표취체역은 목촌충태랑이었고, 전무취체역은 구부언태랑(溝部彦太郞)이었다.[46]

대총장평(『麗水發展史』)

거문도는 여수항과 제주도 중간 거리에 위치하는 섬으로 수산업을 경영하는 일본인들의 근거지였다. 거문도 인근 바다에서 어획한 수산물을 여수항이나 일본까지 운반하는 과정에서 신선도를 유지하지 못해 상품 가치가 떨어질 염려가 있었는데, 이것이 거문도에 제빙회사를 설립하고, 제빙공장을 세운 배경이 되었을 것이다.

1930년대 이들 제빙회사의 생산량이 얼마나 되었는지 알려주는 자료는 없다. 다만 도별 생산량을 통해 유추할 수 있을 뿐이다. 다음은 1930년대 도별 얼음 생산량을 알 수 있는 표이다. (단위: 톤)[47]

구분	1933	1934	1935	1937	1938	1939
경기	244	6649	1,0361	3,1806	3,2146	3,6780
충남	–	762	850	1000	900	530
전북	2100	2122	1000	3600	6211	4564
전남	7428	1,0371	1,0631	1,3618	1,4598	1,3066
경북	2484	3719	6156	5648	5055	4273
경남	2,1919	1,8593	3,0846	4,1842	5,5543	3,5899
평남	–	–	5251	5969	8921	9088
평북	–	–	–	–	1519	1570
강원	600	500	882	–	–	–
함남	1260	2419	2376	750	7713	4000
함북	–	–	–	3293	8480	8777
합계	3,6035	4,5135	6,8353	10,7526	14,1086	11,8547

위 표를 보면, 초기에는 경남의 비중이 압도적으로 높다가 이후 전남의 비중이 높아지기 시작하고, 1938년경에 이르면 경기도의 비중이 급격히 증가하다가 1940년에 이르면 경남을 제치고 1위 자리에 오르는 것을 볼 수 있다. 이를 통해 1930년대 초까지 수산업이 경남을 구심점으로 하여 남해안(경남, 전남)을 중심으로 이루어지다가 후반으로 가면서 서해안(전북, 경기, 평남)과 동해안(경북, 함남, 함북)으로 확산되었음을 알 수 있다.

여수의 전남제빙주식회사는 초기 공장 설립 시 1만 톤 이상을 제조 생산할 수 있도록 건립했다고 하지만,[48] 위 통계를 볼 때 최대한 가동되지는 않은 것으로 보인다. 전남에는 여수를 제외하고도 목포와 제주 등의 어업중심지가 있었고, 위 통계에는 이들 지역 제빙공장의 생산량도 합산되어 있기 때문에 여수지역 제빙회사 생산량은 위 통계보다는 훨씬 적을 것이다.

식민지기 여수에 제빙공장이 설립된 것은 여수 근해에서 수확한 수산물의 상품 가치를 높이려는 의도에 따른 것이었다. 어획된 수산물 중 상당량이 일본으로 이출되었으므로, 유통과정에서 상품 손상을 막기 위해서는 냉장이 필수적이었기 때문이다.

5. 1930년대 여수지역의 공업화 실태

1930년대 전후 여수지역에 일어난 변화의 한 축은 공업화이다. 공업화의 배경으로는 조선총독부의 조선공업화정책이 자리 잡고 있다.

1930년대 들어 조선총독부는 '농공병진정책'을 표방하면서 조선공업화를 추진했다. 그것은 병참기지화를 위한 정책으로서 1930년대, 특히 후반에 일제의 침략전쟁을 위한 군수산업 발전에 중점이 두어졌다. 1942년도 조선 전체 공업 부문의 설비투자 중 74%가 일본 독점자본에 의한 것이었으며, 이 투자는 전기, 화학, 경금속, 철강업, 광업 등 군수산업에 집중적으로 이루어졌다. 반면 조선인은 주로 경공업과 상업 부문에 진출하였다.[49]

1930년대 이루어진 공업화의 결과 1938년 말 현재 공업회사는 1천 500여 개, 공칭자본 4억여 원, 불입자본 2억 4천여 원을 헤아리게 되었다. 1939년 경성상공회의소에서는 공업회사를 11개 업종으로 나누고, 공칭자본과 불입자본 현황을 조사하여 발표했다. 1930년대 말 조선의 업종별 공업회사수와 자본 규모를 표로 나타내면 다음과 같다.[50] 불입자본 중 오른쪽 난은 1회사당 평균 금액으로 소수점 아래에서 반올림했다.

구분	회사수	공칭자본	불입자본	
방직	76	4313,8150	2917,8150	38,3923
금속기계기구	153	5032,7434	2550,6684	16,6710
양조 및 동 원료	449	5197,2005	2582,6800	5,7521
제약	58	644,3980	261,0980	4,5017
요업 및 동제품	52	2740,9500	1622,3000	31,1981
정곡 및 제분	164	1859,5138	1238,6951	7,5530
식료품	92	1217,1060	983,8560	10,6941
제재 및 목제품	101	2076,5289	1114,7464	11,0371
인쇄	86	475,2550	208,6350	2,4260
화학공업	112	1,5800,7450	1,0369,0025	92,5804
기타공업	201	1241,9015	642,3765	3,1959
합계	1544	4,0600,1571	2,4491,8729	15,8626

위 표를 보면, 양조 및 동 원료 회사수가 449개로 전체 1천544개 가운데 29%에 이른다. 거의 열 개 중 세 개꼴인 셈이다. 그러나 1회사 당 평균 불입자본 규모로 보면, 화학공업이 약 92만 6천으로 가장 크고, 이어서 방직업, 요업, 금속기계업 순이다. 이는 1930년대 조선공업화 정책의 중점이 중화학공업 육성에 편중되었던 사정을 정확히 반영한 것이다.

그러면 당시 여수의 사정을 살펴보자. 같은 자료에서 1938년 말 여수의 공업회사는 다음 표에서 보는 것처럼 5개였다. 기업수로 보면 매우 미미한 실적이다.

회사명	주요 사업	설립년월	대표자	공칭자본 (불입자본)
주식회사 本田繰綿공장 (여수읍 동정 777-3)	면화의 매매 및 조면업 동종사업에 대한 투자	1935.7	本田安五郞	50,0000
합명회사 朝日직물공업사 (여수읍 서정 578)	각종직물의 제조 및 판매 타 회사제품 원료 및 재료의 중개매매 및 무역	1935.11	金漢永	5,0000
여수국자주식회사 (여수읍 동정)	누룩 조판매 주조원료 판매알선 및 부대업	1932.1	趙千燮	2,5000
합자회사 종산상회 (여수읍 동정 840)	탁주 및 약주의 제조판매	1937.7	山本謙三	3,0000
전남제빙주식회사 (여수읍 동정)	얼음 제조판매 및 냉장 보험대리	1927.12	政吉信	10,0000 (7,5000)

앞의 공업회사를 구분하면 방직업 2개, 양조업 2개, 기타 공업 1개이다. 방직 공장이 2개나 있는 것은, 당시 조선 내에서 근대적 방직공장이 설치된 지역이 주로 경기, 전남, 경남[51]이었는데, 여수지역도 그 권역 안에 있었기 때문으로 생각된다. 그리고 전남제빙을 제외하면, 모두 1930년대에 설립된 기업들이다. 또 1930년대 여수의 대표적인 공업회사 가운데 하나였던 천일고무가 보이지 않는 점이 눈에 띈다. 이는 앞에서 본 것처럼 1938년에 해산했기 때문이다.

그리고 1930년대 일제가 조선공업화를 추진하면서 중점을 두었던 중화학공업 계통이 하나도 없는 점이 주목된다. 이는 당시 여수가 조선 내 6대 공업지대(남선, 호남, 경인, 삼척, 서선, 북선 공업지대)[52]에 속하지 않은 지역이었다는 사정을 반영한 것이다.

다시 1942년 9월 여수지역의 공업회사를 살펴보면 다음 표와 같다.[53]

회사명	주요 사업	설립년월	대표자	공칭자본 (불입자본)
합명회사 朝日직물공업사 (여수읍 서정 578)	각종직물의 제조 및 판매 타회사 제품원료 및 재료의 중개매매 및 무역	1935.11	金漢永	5,0000
여수면포주식회사 (여수읍 서정 338)	견면포의 가공업, 판매 일용 제잡화 판매	1939.11	金谷英俊 (김영준)	16,0000
丸山섬유유한회사 (여수읍 서정 406)	울라샤布 故섬유를 주체로 하는 섬유의 제조판매	1941.10	丸島行夫	3,0000
유한회사 대화식품공장 (여수읍 서정 431-3)	水飴 제조 판매 수산가공품의 제조판매	1941.12	內御堂謙二	3,5000
유한회사 여수조선철공소 (여수읍 동정 766)	木鋼선박의 건조 및 수리 陸舶用 기기기관의 제작판매 및 수리	1941.12	內御堂謙二	11,5000
남선물산가공주식회사 (여수읍 서정 840)	澱粉의 제조 및 판매 농산해산물의 가공 및 판매	1942.4	山本謙三	19,5000
여수국자주식회사 (여수읍 동정 1319)	누룩 제조판매, 주조원료 또는 주조에 필요한 기구기계의 판매알선 및 부대업	1932.1	礒本政一	2,5000 (1,2500)
합자회사 종산상회 (여수읍 동정 840)	탁주 및 약주의 제조판매	1937.7	山本謙三	3,0000
전남제빙주식회사 (여수읍 동정 1520)	빙 제조판매 냉장	1927.12	兄部謙輔	10,0000

위 두 표를 비교해 볼 때 가장 눈에 띄는 것은 다음과 같다. 먼저 주식회사 본전조면공장이 보이지 않는데 그 이유는 합병과 해산 때문이다. 경성부 명치정의 남북면업주식회사에 합병되어 1942년 6월

1일 해산(6월 13일 등기, 『朝鮮總督府官報』 1942.7.25.)되었다.

둘째 방직 등 섬유공업 기업이 3개로 늘었다. 셋째 환산섬유유한회사 등 1940년대 들어 설립된 기업도 4개나 된다. 넷째 나무와 강철(木鋼)을 재료로 한 선박을 건조하고, 선박의 엔진(기관)을 제작하여 중공업분야로 분류할 수 있는 여수조선철공소가 생겼다. 다섯째 일본인이 대표인 기업이 다수이다.

07
길, 철도와 교통

1. 도로와 육상 교통

1900년 전후 무렵까지 여수반도의 주요 길은 다음 지도(1899년 여수군읍지 지도)에 그어진 굵은 실선이다. 종고산 아래 '읍'으로 표시된 여수군 행정 중심지[여수군청]에서 순천 경계 근처인 사항[모래목]까지의 길이 주 간선로의 하나였다.

또 다른 주 간선로는 둔덕현[둔덕고개] 남쪽에서 연등천을 건너 석보[용기], 안심산 아래 항호[항도와 소호]를 지나고, 안심산과 안탈산 사이 고개를 넘어 안양산 남쪽 목장에 이르는 길이다. 나머지는 여수-사항 간 주 간선로 중간에서 삼일면·덕안면·율촌면의 각 면 소재지까지 이어지는 지선 길이다.

여수-전주 간 도로(전려도로) 공사

여수에서 도로를 확장, 개선하려는 시도는 여수-순천 간 도로에서 시작되었다. 1910년 여름 여수군 인민이 군수의 보조 찬동을 얻어 여수-순천 간 도로를 수축(『황성신문』 1910.7.20.)하기로 하고, 경비 중 일부를 모았다. 이후 조선총독부는 1911년 7월 25일 조선총독부고시 제236호(『朝鮮總督府官報』 1911.7.25; 『매일신보』 1911.7.26.)로 1등 도로 및 2등 도로를 정했다.

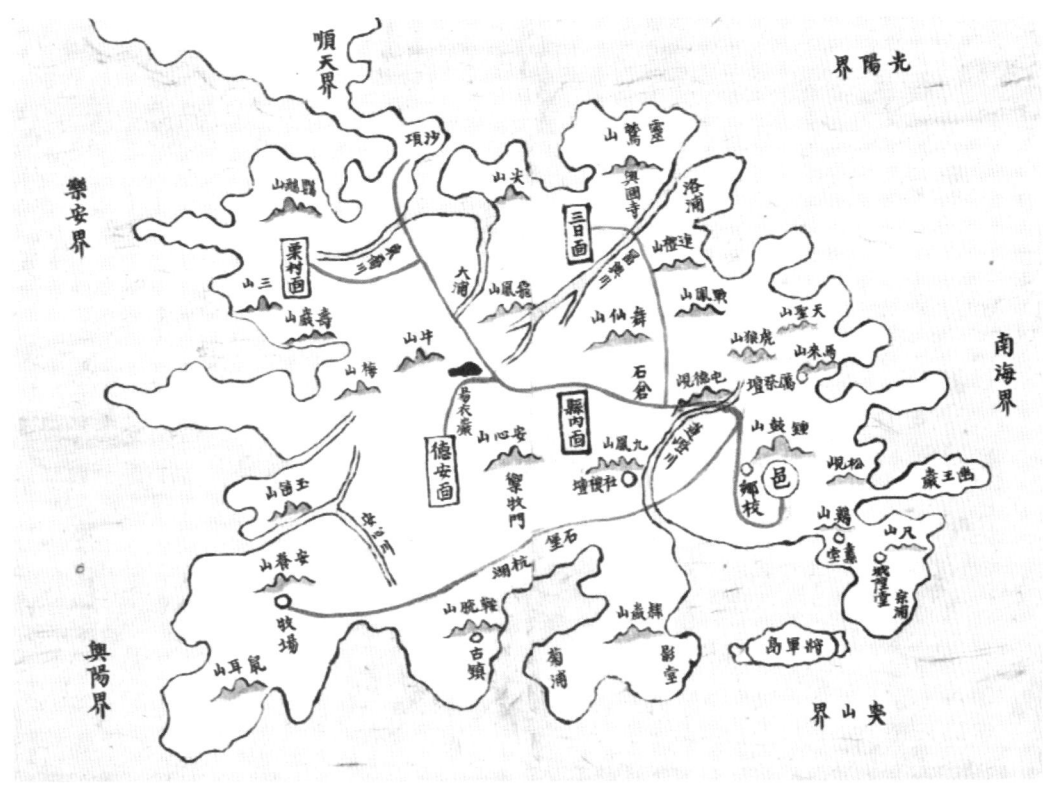

20세기 초 여수의 주요 길(『여수군읍지』)

    이때의 여러 도로 중 전주-여수 간(주요 경과지 남원, 순천) 노선은 2등도로의 하나였다. 전주-여수 간 도로공사는 조선총독부 직할 사업에 속한 치도공사였는데, 총독부는 전 조선 가장 중요한 도로 36선로를 선택하여 제1기 사업으로 진행(『매일신보』 1914.1.18.)했다.

    전려 도로는 1910년 가을부터 전주 남문 밖에서 기공했다가, 그 후 그 계획을 다소 변경(『매일신보』 1911.8.4.)하여 남원, 구례, 순천을 거쳐 여수항에서 해로에 연락케 하는 것이었고, 총독부는 이 도로의 속성을 기도한다고 밝혔다. 이 도로 공사는 1912년 여름 수해로 제1공구(전주), 제2공구(임실) 구간의 피해(『매일신보』 1912.8.1.)가 있기도 했지만, 그해 8월 중 전주공영소의 관할에 관계된 분은 전주 기점 약 7리(여기서의 1리는 일본의 거리 단위로서 조선의 10리에 해당함) 지점까지 공사가 진척되었고, 순천공영소에 속한 분은 순천 기점 북으로 7리 24정(1정은 60칸)까지 공사 중(『매일신보』 1912.8.24.)이었다.

    이후 전주-순천 간(32리)은 길이 33.3리, 폭 3칸(1칸은 6척, 1.818미터, 3칸은 약 5.5미터), 공사비 35만 1천여 원을 들여 1913년 9월 준공되었고, 순천-여수 간 8리 거리의 도로도 폭 3칸으로, 공사비 3만 6천 원을 들여 1915년 1월 준공되었다.[1] 여수-순천 간 도로는 1914년 5월 중순부터 착수(『매일신보』 1914.7.9.)되었던 것이다.

1917년 10월에 이르러 조선총독부는 1911년도부터 7개년 간 지속된 '제1기 치도 완성'(『매일신보』 1917.10.7.)을 선언했다. 그 결과 34개 노선, 685리의 개수를 감행했고, 1, 2등도로의 총연장 이수는 1천 285리에 달한다고 발표했다. 그 가운데 전주-여수 간 도로가 포함된 것은 군산-전주 간 12.03리, 전주-남원 간 15.2리, 남원-순천 간 18.3리, 순천-여수 간 10리, 계 55.35리였다. 다음 약도는 제1기 치도 공사로 완성된 도로를 나타낸 것이다. 여수-전주 간 도로도 표시되어 있다.

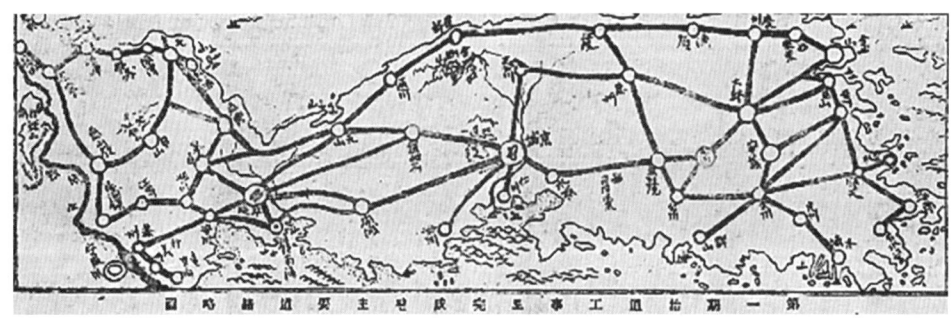

제1기 치도공사 완성 주요 도로 약도(『매일신보』)

여수군내 도로 확장

여수군내 도로로 먼저 공사에 착수한 것은 여수항과 종포를 연결하는 도로였다. 이 도로는 여수항에서 종포에 이르는 3등 도로로 현재 중앙동로터리에서 경찰서와 중앙초등학교 앞을 지나는 구간이고, 1915년 4월에 개통되었다.

여수군청은 1월에 이미 준공된 여수 순천 간 도로와 여수항에서 종포에 이르는 3등도로의 완성을 기념하기 위해 군청 주최로 4월 24일 여수항 중정(中町) 앞 매립지에서 개통식 축하대회(『釜山日報』 1915.4.27.)를 개최했다. 그날 이 공사에 대한 공헌자와 기타 조·일인 도합 250명을 초대하여 오후 1시 개통식을 거행했다. 축하연으로 옮겨 여흥으로서 격검(擊劍), 씨름, 자전거 경주가 있었고, 여수항 각 요정의 예작부(藝酌婦)가 총출동하여 춤을 공연했다. 야간에는 일반인 연극도 개최했다.

3년 후인 1918년에 다시 여수항에서 종포에 이르는 해안 도로 개설에 착수했다. 동정으로부터 종포에 통하는 도로는 암석이 많아 어려운 공사였으나 산본조면공장의 출자로 착수, 개착하기로 확정(『釜山日報』 1917.4.25.)했다. 1918년 봄부터 시작하여 10월에도 공사 중(『朝鮮時報』 1918.4.17; 『釜山日報』 1918.10.15.)이었다. 해안도로가 개통되면, 여수항 서쪽에서 동쪽으로 길이가 18정(町) 반 리의 거리가 될 것으로 예측되었다. 1정은 60칸으로 109미터 남짓이므로 18.5정은 2킬로미터 남짓의 거리였다.

또 1917년에 여수항 내 서정으로부터 봉산리를 거쳐 국포리까지 3등 도로를 수선(『매일신보』 1917.5.4.)했다. 1918년에는 여수군 돌산면 도로가 개수(『매일신보』 1918.3.1.)되었다. 이 공사는 전라남도에서 1915년도 이래로 진행한 '치도 3년 계획'의 일환이었다. 이 연도 공사는 3월 말로써 종료 예정이었고, 전남 도내 3등도로 연장은 모두 37개 노선, 길이 188리였다.

1920년대 말과 1930년대 초에 걸쳐 경찰서 앞에서 여수역에 이르는 도로가 개설되었다. 새로 들어설 여수역과 신항을 여수면(읍) 중심지와 연결하기 위한 도로였다.

여수 신시가지 도로공사 현장(『釜山日報』 1931.4.20.)

1940년대 초에는 여수의 '시가지계획령'(『매일신보』 1941.1.30.)에 따라 '남해의 신흥도시로 머지않아 부제를 실시하게 될' 여수읍의 계획구역을 지정하고, 도로 신설과 구획정리를 할 계획이었다. 이 계획은 4월 1일부터 실시되며 여수읍의 일부를 제한 7백55만 6천여 평을 대상으로 한 것이었고, 신설도로는 12미터 이상 28미터로 하며, 여수 역전 덕충리 부근을 비롯하여 15곳에 광장도 신설하고자 한 것이었다.

육로 교통

1910년대 초까지도 여수와 순천 사이에는 마차가 운행(『매일신보』 1912.1.6.)되고 있었다. 그러다가 1915년 1월 여수 순천 간 도로가 개통되자, 여수의 인사들은 여수와 순천, 양 지역 간 교통을 신속하게 하기 위해 자동차의 정기 운전을 출원하기로 결정(『朝鮮時報』 1915.3.3.)하고 출자자를 접촉했다. 한편 여수 순천 간에 광주 가등(加藤) 자동차부에서 자동차 개통 운전 권리를 갖고 1915년부터 2, 3회 운전(『釜山日報』 1916.10.13.)을 했지만, 계속 운전을 하지 않았다.

이에 1916년에는 여수 순천 간 자동차 운행을 위해 양 지역 유지들이 협의(『釜山日報』 1916.9.16.)하여 자동차 구입을 위해 자금 약 4천 원을 갹출하여 공동 경영하기로 결정하고, 출원을 준비했다. 자동차는 동경시 세루부레자 상회로부터 구입하기로 하고 거래를 교섭했다. 그 결과 여수 측 발기인이 2/3, 순천 측 발기인이 1/3의 자본을 분담 지출할 것을 결의했다. 또 자동차 운전 출원을 하고, 여수 측 발기자 상전재헌(上田載憲)은 10월 9일 자동차, 기계, 기타 구입을 위해 경성에 출장(『釜山日報』 1916.10.13.)했다.

여수 순천간 자동차는 1918년 7월 18일부터 운전을 개시(『매일신보』 1917.7.24.)했다. 산전청(山田淸)의 경영으로 여수 순천 간을 1인, 1원 80전으로 매일 오전 9시 순천 출발, 10시 반 여수에 도착하고, 오후 1시 여수 출발, 2시 반에 순천 도착하는 정기 운전을 했다. 여수에서 오후 1시에 출발한 이유(『釜山日報』 1917.9.5.)는 조선우선주식회사가 운행하는 부산-여수 간 기선을 타고 여수에 입항한 승객을 싣기 위한 것이었다.

1923년에는 매일 오전 7시와 오후 3시 두 차례에 걸쳐 여수에서 순천, 광양, 구례, 남원, 곡성, 동복, 화순, 광천, 광주, 벌교, 보성, 고흥, 장흥 등지에 향하는 자동차 편(『동아일보』 1923.2.3.)이 있었다. 또 같은 해 11월 10일부터 여수와 광주 간 직통 자동차(『동아일보』 1923.11.15.)가 운행되었다. 이는 광주 공영상회 자동차부가 광주 순천 간 운행하던 노선을 여수까지 연장한 것이었다. 그 이전에는 여수에서 전남도청이 있는 광주를 가려면 중간에 환승하는 불편이 있었으나, 이때부터 환승하지 않고도 광주에 갈 수 있게 된 것이다.

1927년에는 여천상회 사주 김한승이 여수 순천 간 노선 면허를 받아 자동차 3대로서 5월 30일부터 운행을 개시(『동아일보』 1927.6.4.)했다. 이어 1930년 12월 광주 여수 간 철도가 개통된 후 여수역에서 여수 구시가까지 정기 자동차 운행이 없어 불편과 경제상 손실이 막대하다는 의견(『동아일보』 1931.2.27.)이 제시되었다.

이후 1932년 2월 1일부터 남조선철도회사가 순천자동차회사와 협력하여 순천 읍내 및 여수역 간의 자동차 연락을 개시했다.[2] 이는 여수역-읍내간 연락 도로가 완성됨에 따라 여수 부사옥자동차부를 더하여 철도를 이용하여 순천-여수 각 읍내 간의 자동차 연락을 협정한 것이었다. 연락 개시에 따라 순천-여수간의 여객은 각 읍내의 자동차 정류소에서 표를 구입하면, 기차 삯은 25% 인하하여, 왕복(자동차임 가산) 2등 2원 8전, 3등 1원 32전이었다.

자동차 운행은 새로운 사회 현상을 낳았다. 교통사고가 그것이다. 여수군 내 자동차 교통사고 기록은 1921년 6월 신문 기사(『동아일보』 1921.6.9.)에 처음 나온다. 6월 3일 순천에서 출발하여 승객 5명을 싣고 여수로 향하던 자동차가 소라면 세동 부근에서 행인과 충돌하여 행인 1명은 즉사하고, 승객 3명이 중경상을 당했다.

2. 철도

철도는 식민지에서 제국주의 침략의 첨병 역할을 했기 때문에 제국주의의 상징으로 평가받는다. 식민지에서 생산된 식량과 원료가 철도를 통해 항구에 집중되어 제국으로 나가고, 제국에서 생산된 공업제품이 식민지 항구에 들어와 철도를 통해 식민지 각처에 수송되기 때문이다. 이와 같은 경제적 역할만 한 것이 아니라 철도를 통해 군대 병력 수송이 신속히 이뤄지기도 해서 군사적으로도 유용하게 활용되었고, 특히 조선에서는 전시총동원체제기에 강제동원의 통로로도 이용되었다.

식민도시로서의 여수의 활용 가치가 높아짐에 따라 여수를 연결하는 철도가 1930년 말에 개통되었다. 1930년 12월 25일 여수와 광주 간 철도가 남조선철도주식회사의 사설철도로 개통(『동아일보』 1930.10.25; 『동아일보』 1930.12.7; 『동아일보』 1931.3.23.)되었다. 거리는 150.5킬로미터, 소요시간은 5시간가량이었다.

여수 연결 철도 부설 시도

여수를 연결하려는 철도 부설 시도는 1920년부터 있었다. 그 시점에 조선에 이미 부설된 주요 철도는 경인선, 경부선, 경의선, 경원선, 호남선 등이 있었다. 식민지 조선을 남북으로 관통하는 주요 간선철도는 원산에서 함경북도를 연결하는 철도만 남아 있었다. 이 시점에 나주와 여수를 연결하는 사설철도 부설 청원이 있었던 것이다.

경성의 소림등우위문(小林藤右衛門) 등이 전남철도주식회사를 설립하여 철도를 부설하겠다는 청원을 출원했다. 그 계획(『매일신보』 1920.7.9.)을 보면, 자본금 1천5백만 원이고, 부설 선로는 나주역을 기점으로 장흥, 보성, 순천, 광양, 하동에 이르고, 다시 순천으로부터 분기하여 여수에 이르는 노선이었다. 본선 95마일, 지선 23.5마일이며, 증기 기관차 견인에 의한 광궤 4피트 8.5인치였다. 결과적으로 이 계획은 실행되지 않았다. 그러나 여수를 연결하는 철도 노선을 최초로 구상한 계획이었다는 점에 의의가 있다. 당시는 남만주철도주식회사가 조선철도를 경영하던 시기(1917~1925)였다. 1917년 7월 31일 조선총독부 철도국과 남만주철도주식회사는 국유조선철도위탁계약을 체결하고, 8월 1일부터 시행했다.[3]

5년 후인 1925년 조선총독부 대촌(大村) 철도국장 순시를 기회로 9월 22일 여수면장과 학교조합 관리자 등 일행(『매일신보』 1925.9.25.)이 자동차를 타고 순천으로 향했다. 철도를 조속히 부설해달라는 진정을 하기 위해서였다. 이어 여수 연결 철도의 부설이 본격화된 것은, 1926년 10월에 촌전의수(村田義穗), 관원통경(菅原通敬) 등이 철도국에 설립 허가 신청을 제출(『동아일보』 1926.10.14.)하면서부터였다. 계획에 따르면, 섬진강의 상류와 보성강에서 수력발전을 하여 그 전기를 동력으로 광려선(광주로부터 화순·동복·순천을 거쳐 여수에 이름)과 영산선(영산으로부터 영암·강진·장흥·보성·벌교를 거쳐 순천에 이름)을 부설, 운행한다는 것이었다.

또 비슷한 시기에 영산포-여수선 철도 부설 기성회(회장 黑住猪太)까지 조직되어 그 실현 운동(『매일신보』 1926.12.29; 『중외일보』 1926.12.30.)을 벌였다. 이 노선이 부설되면 영산포-여수 간 연로(순천, 낙안, 보성, 구례, 화순, 능주 등) 발전과 번영이 있을 것이라고 선전했다.

이에 철도 출발 기점을 목포로 하자는 목포 주민들의 주장이 제기되어 서로 다투게 되었다. 영산포-여수선 철도 부설 운동자들은, 목포를 기점으로 하면 고하도[신문 기사의 표기는 고아도(孤兒島)]를 건너야 하고, 영암, 강진, 해남 등을 거치게 되어 영산포를 기점으로 하는 것에 비해 '그 발전 번영이 하늘과 땅의 차'라며 반발했다.

1925년 이후 철도 부설 운동이 경쟁적으로 벌어진 것은 조선 철도 운영 주체가 남만주철도주식회사에서 조선총독부로 환원된 것과 조선철도12년계획의 추진이 크게 작용했다. 1925년 3월 조선총독부와 남만주철도주식회사는 위탁해제계약서와 동 부속 협정서를 조인하고, 4월 1일부터 시행했다.[4] 또 조선총독부는 조선철도12년계획을 수립했다. 향후 12년 동안 총 3억 2천만 원의 자본을 투입하여 1천 60여 마일의 국유철도를 건설하고, 210마일의 사설 철도를 매수하여 표준궤로 개축 혹은 복선화할 계획이었다.[5]

조선철도12년계획 추진에 따라 5개 노선 계획이 결정되었다.[6] 5개 노선은 도문선(웅기-동관진; 97마일), 혜산선(성진-혜산 88마일), 만포선(평남 순천-만포진 178마일), 동해선(원산-포항, 울산-부산; 341마일), 경전선(진주-전주, 원촌-담양; 156마일)이었다. 특히 경전선의 목적은 쌀·면화의 반출, 전라남북도와 경상남도의 곡창지대와 부산과의 연결, 또 여수항을 통한 일본과의 연락이었다.

1927년 초까지 광주 및 여수선 및 목포 대안(對岸)선의 부설에 관해 4개 회사가 총독부 철도국에 청원을 제출(『조선일보』 1927.3.6; 『동아일보』 1927.3.6.)했다. 철도국은 4사 중 1사만 인가할 시 '장래 지방 개발상 지장을 일으킬 염려'에서 '4사의 타협'을 희망했다. 회사 신설과 부설 노선 청원 네 가지 내용은 다음과 같다.

회사	계획 요지
남선철도	자본금 1천 5백만 원, 동력 전기, 대표자 촌전의웅(村田義雄), 예정선 광주로부터 순천을 거쳐 여수에 이름. 영산포로부터 성전(城田)을 거쳐 순천에 이름. 계 161마일
선남철도	자본금 1천 2백만 원, 동력 증기. 대표자 대촌백장(大村百藏), 예정선 순천으로부터 목포 대안(對岸). 84마일
남조선철도	자본금 1천 8백만 원, 동력 증기, 대표자 별부축태랑(別府丑太郎), 예정선 여수로부터 순천을 거쳐 목포에 이르는 대안 및 용소(龍沼)로부터 영산포에 이르는 132마일
남선전기철도	자본금 1천만 원, 동력 전기, 대표자 무화삼랑(武和三郎), 예정선 순천으로부터 목포 대안 및 광주로부터 순천을 거쳐 보성에 이르는 143마일

위 표에서 첫 번째 청원은 앞의 촌전의수(村田義穗), 관원통경(菅原通敬)의 신청과 같은 것인 듯하다. 또 촌전의수(村田義穗)는 촌전의웅(村田義雄)의 오기일 것이다. 여기서 성전은 강진군 성전면 성전리를 가리키는 것으로 보인다.

그리고 위 네 가지 청원 중 두 번째 청원은 영산포-여수선 철도 부설 기성회에 맞선 목포 주민들의 요구를 반영한 노선이다. 이것을 제외한 나머지 세 가지 청원은 영산포-여수선 철도 부설 기성회의 희망과 목포 주민들의 요구를 절충한 노선이다. 또 여수를 포함시킨 것은 첫 번째와 세 번째의 두 가지 청원이다. 전남 서부 일본인들이 여수에 철도를 연결하고자 한 이유는, 목포항에 비해 여수항이 일본과 가까워 항로가 단축되기 때문이었다. 항로 단축은 곧 수송비의 절감을 의미하는 것이다.

철도 부설 면허

위 4가지 계획을 놓고 결국 세 번째 남조선철도의 출원이 사설철도 부설 면허를 받게 되었다. 허가(『朝鮮總督府官報』 1927.4.25: 『朝鮮總督府官報』 1927.8.23.)는 다음과 같이 1927년 4월과 8월, 두 차례로 나뉘 이뤄졌다.

허가일	구간 및 거리	자본금
4월 5일	순천–용당간(84마일), 여수–순천 간(24마일), 용소–삼영리 간(25마일)	1천8백만 원
8월 16일	보성군 보성–광주군 광주(35.7마일)	565만 7천 원

위 두 차례 면허의 구간을 종합해 보면, 앞의 네 가지 청원을 두루 만족시키려고 결정한 노선이라는 것을 알 수 있다. 면허를 받지 못하고 탈락한 청원자들의 불만을 잠재울 수 있는 결정이었다. 그리고 결과적으로 실제로 부설된 노선은 첫 번째 청원의 두 노선 중 첫 번째 노선이었다. 면허의 경영자는

네 청원 중 가장 거물급 인물로 평가할 만한 사람에게, 그리고 노선은 네 청원을 두루 만족시킬만한 구간으로 정해서 내린 결정이었던 셈이다.

4월 5일의 면허를 놓고, 철도국장은 "여수로부터 목포에 이르는 남조선철도 103마일의 부설 출원은 장래 계획으로 보아 사철에 양함이 득책이므로 허가한 것이다."(『중외일보』, 1927.4.11.)라고 밝혔다. 이 구간은 철도국의 국철보다는 사철이 더 합당하다는 말이었다.

또 남조선철도가 면허를 받게 된 배경을 짐작케 하는 기사도 있다. 정무총감과 철도국장이 동경 체재 중에 미농부준길(美濃部俊吉) 등을 만났고, 그 결과 '일본 일류의 조선 관계 실업가를 배경으로 한' 남조선철도 발기자에게 인가한 모양이라는 기사(『조선일보』, 1927.3.31.)이다. 기사는 네 청원 중 가장 거물급으로 평가할 만한 인사의 청원이 수용되었음을 암시하고 있다.

4월 5일 면허의 경영자는 남조선철도주식회사 설립 발기인 근진가일랑(根津嘉一郎) 외 8명이었고, 구간은 대체로 앞의 청원대로이다. 근진가일랑은 당대 재벌로서 1937년 기준 직계회사로 철도 26사, 화학 6사, 보험 4사, 가스 3사 등과 방계회사도 여럿 거느린 기업가였고, 조선철도12년계획의 심의위원을 지냈다.[7] 당시 용당은 목포 건너편 영암군 곤일종면(현재 삼호읍) 용당리, 용소는 영암군 곤이시면(현재 학산면) 용소리, 삼영리는 영산포에서 영산강 북쪽이었다.

8월 16일 면허의 경영자는 남조선철도주식회사 설립 발기인 근진가일랑 외 8명이고, 대표자는 별부축태랑이다. 구간은 보성군 보성에서 광주군 광주까지이다. 동력은 두 면허 모두 증기였다. 8월 16일의 면허는 남조선철도회사 발기인들의 당초 청원에 포함되지 않았고, 첫 번째와 네 번째의 청원에 포함된 것이었으나, 남조선철도회사 발기인들이 새로 허가를 받은 점이 주목된다. 그리고 결국 실제로 부설된 구간은 4월 5일과 8월 16일의 두 가지 면허가 절충된 여수-광주선이었다.

이 대목에서 짚어볼 것이 있다. 김계유는, 광려선의 부설이 정길신(政吉新)과 여수 유지들의 유치 운동 결과라고 했다.[8] 여수의 정길신이 광주 출장 중 남조선철도의 부설계획에서 삼천포(정안기는 김계유의 기록을 직접 인용했는데, 김계유의 삼천포를 삼영포로 오독했다.[9])선이 1차 계획에 들어있고, 여수-광주선이 '3차 계획'으로 밀려나 있는 것을 우연히 알게 되어 여수에 돌아와 여수 유지들을 조직하여 동경의 근진을 만나 여수-광주선을 1차 계획으로 변경시키는 데 성공했다고 기록한 것이다.

이는 『여수읍십년사』의 서술과 대동소이하다. 이 기록에 따르면, 정길신이 마침

철도부설면허 관보

광주에 있다가 근진가일랑에게 발령(면허-인용자)된 것을 들었는데, 여수-광주선이 '제3기 공사'에 있는 것을 유감으로 여겨 김한승과 함께 활동하여 여수를 기점으로 하는 여수-광주를 '제1기선'으로 올려 시공하는 일에 성공했다고 한다.[10] 김계유의 기록과 차이는 삼천포 부분이다. 정길신이 광주에 갔다가 근진가일랑에게 면허된 것을 들었다는 것이 사실이라면, 그것은 4월의 면허 때일 것이다.

그러나 앞의 4가지 청원과 2가지 면허 중 삼천포가 포함된 것은 없다. 전라남도를 관통하는 철도 노선에 굳이 경상남도 삼천포를 넣어 연결할 이유가 없는 것이다. 삼천포를 철도로 연결하는 일은 경부선이 지나는 경북 김천과의 사이에 김삼선을 목표로 조선철도회사가 1928년 4월 인가 신청을 계획(『조선일보』1928.4.8.)하고 있었다. 김계유가 영산포 삼영리를 삼천포로 잘못 기재한 것이다.

다음은 영산포 삼영리의 위치를 보여주는 지도이다. 영산강 물줄기를 중심으로 남쪽에는 영산포가, 그리고 북쪽에는 삼영리가 있다.

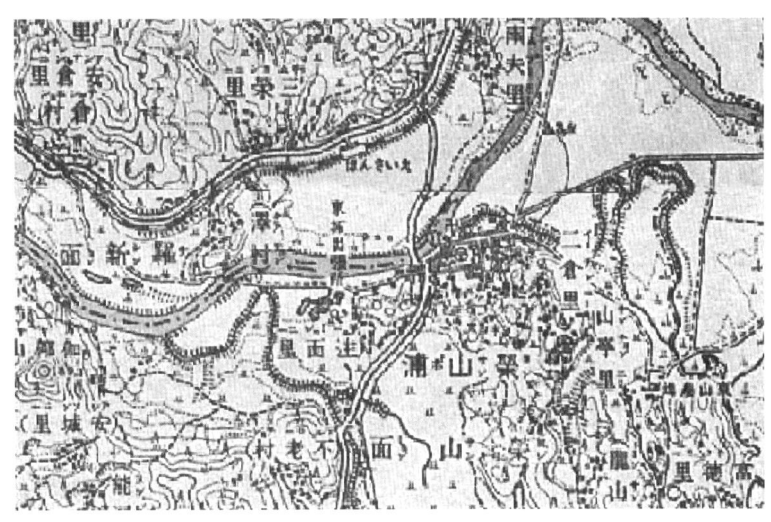

영산포 삼영리 지도(1910년대 지도)

또 위 두 기록에서 보이는 정길신, 김한승 등의 로비 활동은 이해되지 않은 부분이 많다. 4월 5일의 면허에 여수-순천-용당 간, 용소-삼영리 간 구간이 포함되었고, '여수-광주선'이라는 면허는 없다. 보성-광주 구간이 8월 16일 면허에 있을 뿐이다. 그리고 제1기선, 제3기선 등은 구분되지도 않았다. 굳이 구분하자면, 4월 5일의 면허에서 여수-순천 간이 구간 중 두 번째로 나열되어 있을 뿐이다.

그런데 정길신의 역할을 내세운 것은 부산일보 기사(『釜山日報』1931.4.20.)가 그 근원이다. '남철의 개통과 여수 그 연혁과 공로 현저한 영원히 기념할 은인'이란 제목의 기사에서 전 정무총감 하강충치를 비롯하여 몇 명을 소개하면서 정길신의 일을 보도했다. 기사에 따르면, 당시 남철회사는 목포 대안 용당을 탄토항(吞吐港)으로 하는 계획으로 하고 여수는 제3기선으로 되어 있어 정길신 등의 '분기(奮起)'로 여수를 제1기선으로 하고, 또 탄토항으로 하는 건설 방침으로 변경되었다는 것이다. 그 분기에 따라 전남도 토목과장이 정길신, 김한승 등과 함께 동경의 근진 사장을 만난 것이 1927년 4월경이라고 했다.

그런데 시기가 맞지 않다. 정길신 등이 동경에 가기 이전에 1927년 3월 초까지 4개 회사가 총독부 철도국에 제출한 청원 가운데 남조선철도회사는 여수로부터 순천을 거쳐 목포에 이르는 대안 및 용소(龍沼)로부터 영산포에 이르는 132마일을 이미 예정선으로 하고 있었다. 또 4월 5일에 총독부가 허가한 면허에도 여수-순천 간(24마일), 순천-용당간(84마일), 용소-삼영리 간(25마일) 노선이 들어 있다. 정길신이 광주에 갔다가 근진가일랑에게 발령된 것을 들었다는 것은 4월 5일 이후여야 맞다. 이미 이렇게 되어 있는 마당에 정길신 등이 뒤늦게 동경에 가서 무엇을 변경하게 했다는 것인지 알 수 없다.

두 가지 면허에 따르면 여수에서 출발한 기차는 순천, 보성, 장흥, 강진, 영암을 거쳐 목포항 건너편 용당리에 이르는 첫 번째 경로, 그 경로 중 영암군 용소에서 분기한 후 영산포 삼영리를 지나는 호남선 철도와 연결되는 두 번째 경로, 그리고 다시 보성에서 화순을 거쳐 광주에 이르는 세 번째 경로 등 모두 세 가지 경로를 지나게 된다.

그런데 실제로는 세 번째 경로의 철도만 부설된 것이다. 근진가일랑 등 남조선철도 발기인들이 면허 내용을 변경하여 철도를 부설하기로 결정한 시점은 1927년 8월의 두 번째 면허와 1928년 3월 남조선철도 사장 일행의 선로 답사 시기 사이이다. 변경 결과는 여수-보성 간은 변함이 없고, 보성-용당 간, 용소-삼영리 간 대신 보성-광주선으로의 변경이다.

1차 면허 중 여수-보성 간과 2차 면허의 보성-광주 간이 부설되었다. 그러면 정길신 등의 로비가 없었다면 여수는 철도 부설에서 제외되었을까. 목포와 영산포 등 전남 서부 일본인들은 저마다 여수항 연결 철도를 원하고 있었고, 여수 철도 연결은 1차 면허에 이미 포함되었기에 남조선철도회사가 부설 계획에서 제외했을 가능성은 적다. 용당-순천 간, 영산포 삼영리-용소 간, 광주-보성 간은 모두 순천-여수 간 연결을 전제로 한 것들이다. 순천-여수 간이 제외된다면 굳이 그 구간만의 철도를 부설할 필요성이 떨어진다. 그렇다면, 정길신, 김한승 등의 로비 활동은 실제보다 과장되었을 개연성이 있다.

또 1928년 9월에 정길신이 김한승과 함께 동경에 가서 남조선철도회사 사장을 만났다는 기사(『동아일보』 1928.9.16.)도 있다. 당시 남조선철도회사는 철도 부설과 함께 여수 신시가지 조성 계획을 세워 30만 평에 달하는 토지 매수를 진행하고 있었다. 그러나 토지 보상 가격이 너무 낮다는 이유로 땅 주인들이 대대적으로 반대하자, 남철회사는 철도 건설 중단을 선언했다. 이에 여수 관민 유지 10여 명이 사장에게 직접 담판하려고 동경으로 건너가서 9월 11일에 사장과 회견하고 회사의 요구 조건을 상당히 수용한 내용으로 타협하여 철도 부설 공사를 곧 다시 착수하기로 했다.

정길신·김한승 등이 남철 사장과 타협한 것은 철도 공사 재개를 위한 '공익'으로 포장되어 있지만, 내실은 그들 자신의 경제적 이권과도 결부되는 일이었다. 그들이 남조선철도회사의 주주였기 때문에 철도건설의 성공 여부는 투자수익 실현 여하에 직결되었다. 이후에도 정길신·김한승은 지역의 토지소유자와 철도회사의 이익이 충돌될 때마다 '알선위원'으로서 철저히 회사 측 이익을 위해 노력했다.

이여성·김세용의 기록에 1930년 12월 1일 기준 조선철도 일람에서 사설철도로서 미개업선으로 남조선철도회사선으로는 광려선 외에 영산포-용소 간(40.5㎞), 보성-용당 간(81.4㎞)[11]이 포함돼 있는 것을 볼 때, 광려선 개통 무렵에도 이 두 가지 노선은 취소되지 않고 남아 있었다.

광려선 철도 부설

4월 5일 출원 허가 직후 조선철도회사 발기인 근진가일랑은 철로 부설 연선을 시찰했다. 그는 시찰 후 경성에 들러 장래 철도회사 설립과 철로 부설 공사 계획(『중외일보』 1927.5.25.)을 밝혔다. 8월 말까지 회사 창립총회를 마치고, 9월경부터 공사 기공을 준비하여 제1로 순천-여수 구간 20마일 공사에 당분간 전력을 다하겠다고 했다. 그리하여 그들은 늦어도 1928년 말이나 1929년 1월까지 준공하고자 했다.

1928년부터 회사 설립과 공사 준비가 바쁘게 시작되었다. 1월 14일에 남조선철도 창립총회를 개최하여 약간의 정관 변경이 결의되고, 사장에 근진가일랑, 전무 취체역에 별부축태랑이 취임(『朝鮮時報』 1928.1.30.)했다. 여기서 우리가 확인할 수 있는 것은 기존 철도회사가 철도 노선 부설을 청원하는 것이 아니라 철도 노선 부설 허가가 난 이후에 주주를 모아 회사를 창립한다는 사실이다. 요즘 용어로 하면 '프로젝트 파이낸싱' 방법과 유사한 것이다. 이후 남철회사는 1927년 10월 시점에 주식을 모집하는 중이었고, 10월 중에 주식 모집을 마감할 계획(『朝鮮新聞』 1927.10.5.)이었다.

1928년 1월 14일 설립된 남조선철도주식회사의 1933년 정보를 보면, 다음과 같다. 자본금 2천만 원(불입금 8백만 원), 사장은 근진가일랑, 취체역은 별부축태랑, 대교신태랑(大橋新太郎), 문야중구랑(門野重九郎), 도전승태랑(稻田勝太郎), 원방조(原邦造), 삼본구팔랑(杉本九八郎), 현준호(玄俊鎬), 취체역 지배인은 좌죽차랑(佐竹次郎), 감사는 전전청사(前田靑莎), 대촌백장(大村百藏), 송하영(松下榮), 그리고 본점은 동경시 국정구에 있었다.[12] 감사 중 대촌백장은 앞의 4가지 청원 중 두 번째(선남철도회사) 청원의 대표자였다. 앞에서 본 철도국의 청원 4사 타협 희망이 반영된 임원 구성임을 알 수 있다. 또 조선인으로 광주의 현준호가 유일하게 들어있다.

3월에는 남조선철도 사장, 전무, 기사장, 철도 기감(技監) 일행이 조선에 건너왔다. 조선에 온 목적(『매일신보』 1928.3.11.)은 여수-광주 간 1기선의 시찰 등이었다. 그들은 여수-광주 간 90마일의 공사비는 1마일 당 7만 원으로 예정했다. 그런데 여수-광주 간 공사는 앞의 면허 내용과 다르다. 첫 번째 면허에는 여수에서 목포 대안으로 연결한다는 것이었으나, 목포 대안에서 광주로 노선이 변경된 것이다.

이후 4월 23일 동경 본사에서 기사장 이하 측량 대원 17명이 와서 24일부터 각 구역의 측량을 시작(『중외일보』 1928.4.29.)했다. 광주 여수간 92마일은 여수, 보성, 벌교, 순천, 광주의 5구역으로 나눠 실측을 마치고 연말 내로 측량 사무 일체를 마칠 작정이었다. 당시 광주-능주 간 노선이 문제 되었는데, 남평을 경유할 것인지 또는 화순을 경유할 것인지의 문제였고, 그들은 양쪽을 상세 실측한 뒤에 결정하기로 했다.

측량 시작 약 3개월이 지난 7월에 여수 광주 간 제1기선 92마일의 측량을 약 반 정도 마친 상태(『중외일보』 1928.7.22.)였다. 남조선철도회사는 1928년에는 측량만은 완료하기로 하고, 용지를 매수하고, 기술원도 파견했다. 그밖에 여수의 항만 설비도 준비하여 여수 외항(신항) 부근 약 33~34만 평의 밭에 일대 시가 건설 계획을 세웠다.

여기서 우리는 남조선철도회사가 여수 철도 부설에 눈독을 들인 이유 중 하나를 알 수 있는데 그것은, 철도 부설 외에 신시가지 개발이었다. 신시가지 개발 과정에서 지가 상승을 통해 막대한 시세 차익을 올릴 수 있기 때문이다.

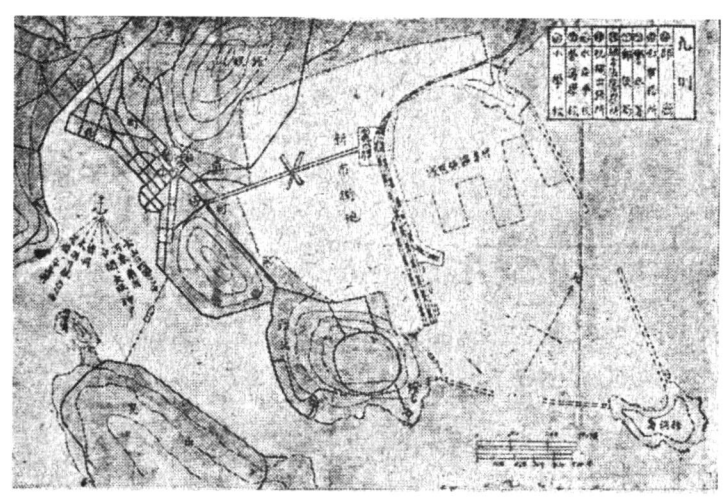

신시가지 위치 약도(『매일신보』 1930.10.3.)

측량이 한창 진행되고 있던 시기 남조선철도 전무 별부축태랑은 부산에서 여수로 향하는 도중에 기자들에게 보다 장기 계획(『매일신보』 1928.10.2; 『조선일보』 1928.10.2.)을 밝혔다. 건설비 2천만 원을 들여 여수-

광주 간 및 목포-고성(高城) 간 철도 부설 계획이 그것이다. 여기서 고성(高城)은 보성(寶城)의 오기로 보인다. 이어 여수-광주 간의 실측은 11월 말 종료 예정이고, 즉시 설계, 다음 해부터 공사에 착수하여 1930년까지 완성할 예정인데, 그 공사비는 1천2백만 원이라 했다. 또 그 완성을 전후하여 여수 축항의 개수 공사도 종료할 것인데, 축항 공사는 3백만 원가량을 계획한다는 것이었다. 이어 제2기로 목포-보성 간 약 70마일은 8백만 원으로 기공할 계획이라 했다.

측량, 설계, 용지 매수 등에 대한 조사가 1928년 연말에 대개 종료되고, 여수·순천·보성·화순·광주 각 군의 정거장 부지 기부 및 용지 매수를 위해 철도 속성위원들이 선정되어 공사 착수를 위해 해빙만 기다리는 상황(『조선일보』 1929.1.9; 『매일신보』 1929.1.12.)이었다. 그런데 보성군 득량면 오봉리로부터 화순군 도림면(현재의 이양면-인용자) 매정리에 이르는 약 6리 10정의 제4공구가 가장 난공사였고, 그 때문에 다른 구간보다 이른 2월 25일 착공하여 1930년 9월 10일경 준공 목표였다. 이에 남조선철도회사는 분할 공사 시행 인가를 (1928년-인용자) 7월 중에 전남도 토목과에 제출했고, 도에서는 도로, 하천 관계를 조사하여 총독부 철도국에 송달하기 위해 준비 중이었다.

이후 여수-광주 간 98마일을 5구간으로 나눠 공사 준비에 나섰다. 5구간 중 4개 구간은 여수-율촌 간 30마일, 율촌-원창 간 23마일, 원창-득림 간 33마일, 득림-도림 간 25마일이다. 여기서 득림은 득량의 오기로 보인다. 그중 제4공구 득량-도림 간의 노반 공사는 1929년 1월 22일 남조선철도주식회사 동경 본사에서 지명 청부에 부쳐 일본의 가등조(加藤組)와 청부 계약을 체결하기로 결정(『조선일보』 1929.2.1.)했다. 5구간 중 남은 구간은 도림-광주 간이다.

이후 기공 시점에는 5개 공구를 다시 6개 공구로 세분하였다. 1929년 2월에 기공식이 보성과 여수 양쪽에서 준비(『매일신보』 1929.2.21; 『조선일보』 1929.2.21.)되었다. 여수의 기공식은 남조선철도주식회사 사장 근진가일랑이 참석한 가운데 2월 26일에는 여수 읍내에서(『동아일보』 1929.3.1.), 보성의 철도 기공식은 27일 보성읍에서(『매일신보』 1929.2.28.) 성대히 거행되었다. 기공식 후 근진 사장은, 철도 계획은 99마일인데, 이를 6공구로 나눠 제4공구에 속한 보성구간 16마일은 이미 입찰에 부쳐 27일에 기공식까지 거행했고, 그 외 잔여 구간도 4, 5월경에는 모두 착수하여 이듬해 9월경 개통 예정이라고 밝혔다. 이어 남은 5개 공구 83마일은 청부 교섭 중(『동아일보』 1929.3.5.)이었고, 이후 10월 초쯤에는 철도 부설 공사가 4할 가량 종료(『매일신보』 1929.10.8.)되었다.

그로부터 1년 후, 공사는 거의 완성을 고하여 관련 차(공사용, 시운전)는 약 100마일 노선에 90마일 이상을 통행하고 있었다. 제4공구에 속한 보성 안치 터널 공사가 지질 및 다량의 생수 관계로 여러 차례 도중에 고장이 속출하여 그 회사 고문 도원(稻垣) 박사가 임검한 결과 계획을 변경(『매일신보』 1930.10.15.)하기도 했다.

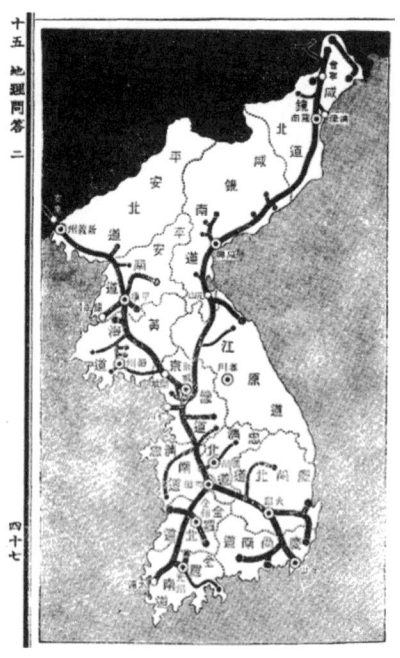

『보통학교 조선어독본』삽화

철도는 보성터널의 완전 개통과 레일 부설을 완성하여 12월 23, 4일 양일에 시운전을 행하여 철도국으로부터 검사를 무사 종료하고, 25일의 '길일을 택하여' 영업을 개시(『釜山日報』 1930.12.23; 『釜山日報』 1930.12.28; 『조선일보』 1930.12.28.)했다.

기차 운행은 여수 발, 광주 발 모두 9회씩(『釜山日報』 1930.12.27.)이었고, 여수-광주 간 철도 운임은 국유철도와 동률로 2등 4원 48전, 3등 2원 48전(『釜山日報』 1930.12.24.)이었다. 왼쪽 지도는 광려선 철도가 표시된 1930년대 중반 교과서(『4년제 보통학교 조선어독본 권3』) 삽화이다. 국유철도는 굵은 선, 사설 철도는 가는 선으로 표시되었다.

철도역은 여수항·여수·미평·덕양·남촌·율촌·순천·원창·벌교·조성리·전(傳)득량·보성·명봉·이양·능주·화순·남평·신광주·광주 등 19개였다.[13] 위 역 이름은 이후 남촌은 신풍으로, 전(傳)득량은 득량으로 바뀌었다.

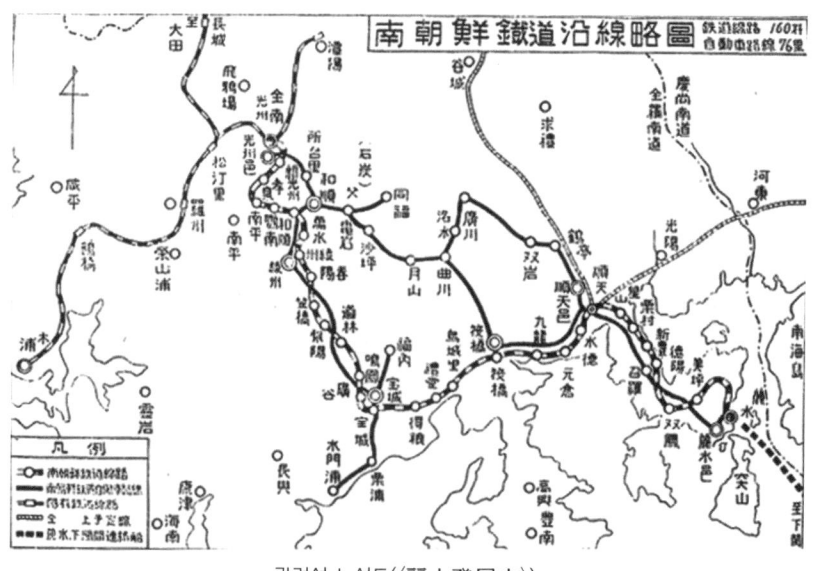

광려선 노선도(《麗水發展史》)

철도 종착역은 여수항역이었는데, 이 역은 여수역으로부터 동쪽으로 200미터쯤 떨어진 곳에 있었다. 과거 유왕암 자리였다. 여수항역은 1930년에 최초로 축조되었는데, 1933년 8월 태풍으로 인한 폭풍우로 모두 궤멸되어 다시 1934년 12월 재건축에 착수하여 1935년 3월 준공되었다.[14]

여수항역(『釜山日報』 1935.8.26). 바로 앞에 관려연락선이 접안해 있다.

광주역에서 여수역까지는 5시간 20분이 소요(『朝鮮時報』 1930.12.24.)되었다. 광주역에서 오전 10시 10분 출발하여 오후 12시 30분에 보성에 도착하고, 벌교역에는 1시 30분, 순천역에는 2시 5분에 도착하였으며 여수역에는 3시 30분에 도착했다.

광주와 여수간 철도 개통은 먼저 경제적인 면에서 조선의 식민성을 강화시켰다. 호남 내륙에서 생산된 식량 및 원료가 일본으로 이출되는 데 이 철도가 끼치는 영향력은 커졌다. 두 번째는 군사적인 면에서 유사시 일본 군대의 수송에 기여(『동아일보』 1930.12.28.)할 수 있게 되었다.

이여성·김세용은 철도 부설의 의의를 세 가지로 제시했다.[15] 경제적, 정치적, 군사적 의의가 그것이다. 첫째 경제적 의의로 "철도는 자본주의의 강철제 혈관"이라 규정하고 다음과 같이 설명했다. "자본주의적 국가 경제나 개인 경제는 이 혈관을 통해서 그 발전 요소를 가장 많이 흡수할 수 있는 까닭에 철도와 자본주의는 거의 같이 성장한다. 철도는 농촌에 상품과 화폐를 운반하고 도시에 원료와 노동과 이윤을 가져다주는 고로 자본주의를 촉진 발육시키는 데 가장 효과적인 산파역을 맡으며, 또 선진국은 철도로서 후진국에 막대한 금리와 이권을 거둬들이고 그곳을 자본주의화시킴으로써 자국의 금융자본과 상품 수출의 판로를 개척 확장한다. 고로 철도는 자본주의의 혈관 그 물건이다." 국내와 국제로 나눠서 경제적 영향을 설명했다. 또 선진국은 제국, 후진국은 식민지를 가리키는 의미이다.

두 번째 정치적 의의로는 "현대국가의 중앙집권적 통치에는 영토의 철저적 거리 축소가 무엇보다도 필요하였다. 행정사무와 경찰사무의 신속화는 '문명국'의 자격을 부여하는 것이었다. 또 선진국은 철도를 후진국으로 가지고 들어가 정치적 교섭의 첫 막을 열고 그것을 점차로 발전시켜 그 나라에 대한 정치적 간섭을 시도한다."라고 하였다. 역시 국내 면과 국제 면으로 나눠서 설명했다.

제국이 식민지에 철도를 부설하는 것은, 첫째 식민지를 자본주의 경제로 만든 다음 제국의 금융자본과 상품 수출의 판로를 확장하는 것, 두 번째 정치적 간섭을 위해서라고 명시했다.

이어 세 번째 군사적 의의는 다음과 같다. "평시에는 모두 산업철도요, 전시에는 모두 군사철도 아님이 없다. 이는 자본주의의 산업 관계와 그 전쟁 관계가 시간적으로 연쇄적 관계를 가지고 있는 까닭이다. 그러나 지리적 특수 관계에서 어떤 것은 산업선(유람선이라는 것은 극히 적다)이라 하며, 어떤 것은 군사선이라 부르는 것인바 이는 시간적 전체적으로 보아 엄밀한 구분이 아닌 것은 물론이다. 따라서 철도는 비록 산업철도라 명명하는 것이라 할지라도 그 일면으로는 전부 군사철도의 기능을 가지는 것이다." 철도는 하나인데, 평시에는 산업철도로, 전시에는 군사철도로 이용된다는 것으로, 이는 두 가지 측면이 동전과 양면과 같다는 지적이다.

광려선 개통을 군사 면에서 보면, 윤치호는 '만주사변' 발발 직후 그의 일기(1931년 10월 31일 토요일)에서 광주-여수 간 철도를 통해 일본군이 만주에 급파되었다는 소문을 소개했다.[16] 일기 내용은 다음과 같다. "5천~6천 명의 일본군이 전라남도와 시모노세키 간 정규항로의 개설과 함께 새로 개통된 슈스이센(州水線) 철도를 이용해 만주로 급파되었다는 소문이 나돌고 있다." 개설된 전라남도와 시모노세키 간 정규항로는 관려연락선 개통, 슈스이센은 광주-여수 간 철도노선을 가리킨다.

철도 부설 과정에 생긴 문제

한편 철도 공사에는 쿨리라고 불리는 저임금(연봉 50원)의 중국인 노동자들이 대거 투입되었다. 그 내용을 다음 기사(『중외일보』, 1930.1.30.)에서 확인할 수 있다. 철도공사를 청부한 가등조는 중국인 노동자 대략 2천 명을 연급 1인당 50원에 책정하고 여수와 보성 사이 철도공사에 사용하여 전남에 일대 문제가 되었다. 중국인 노동자들은 1930년 음력 세말이 박두하여 가등조에서 임금 9만 원의 현금을 받아 가지고 1월 20일 오후 8시경 도(都)감독 최예당(崔禮堂)의 인솔 하에 신농환(信農丸, 6천150톤)이라는 배로 대련으로 출발했고, 설 명절을 보낸 후 다시 공사에 착수한다는 기사이다. '전남에 일대 문제'가 되었다는 것은 조선인 노동자의 일자리를 빼앗아 조선인 노동자들의 불만이 고조되었음을 지적한 표현이다.

공사 과정에는 사고도 빈발(『매일신보』, 1930.2.10.)했다. 예를 들면, 1930년 11월 30일 오후 8시 30분 여수역을 출발한 건축 열차는 건축자재를 가득 실은 화차 8량을 연결했는데, 쌍봉면 선원리를 지나다가 4량이 탈선하여 전복(『조선일보』, 1930.12.4.)되었다. 이 사고로 2명이 죽고, 그 차를 타고 덕양역에 일하러

가던 공부 6명이 차에 치어 중상을 입었다.

또 여수면 오림리 철도공사장 길전조(吉田組)의 조선인 공부 수명이 바윗돌을 뗴 내는 작업 중 일대 폭음과 함께 암석이 폭파되어 6명이 중상(『조선일보』 1930.12.20.)을 입기도 했다. 원인은 암석을 상하로 뚫다가 상부에서 화약을 재어 폭파하려던 중 옆에서 뚫는 정 끝이 화약 재인 데까지 관통하여 폭발을 일으킨 것이었다.

다음으로 노동자들의 파업도 있었는데, 공사 인부들의 임금을 지불하지 않아서였다. 1930년 5월 보성 길전공업부 소속 노동자 5백여 명은 3개월 치 임금이 지급되지 않아 임금 지불을 요구하며 한 차례 실력 행사를 했다가 청부업자 길전(吉田)으로부터 임금 지불을 약속받고 해산했다. 그러나 길전이 보성 읍내 근방 일부 노동자에게만 임금을 지급하고 여수로 도피하자, 5백여 명은 5월 7일 다시 길전공업부 앞에 모여 경찰과 대치(『조선일보』 1930.5.14.)했다. 또 철도 원래 개통일은 12월 20일이었으나 25일로 5일 연기된 것도 노동자들의 파업 때문(『동아일보』 1930.12.12.; 『조선일보』 1930.12.20.)이었다.

광려선 개통 결과

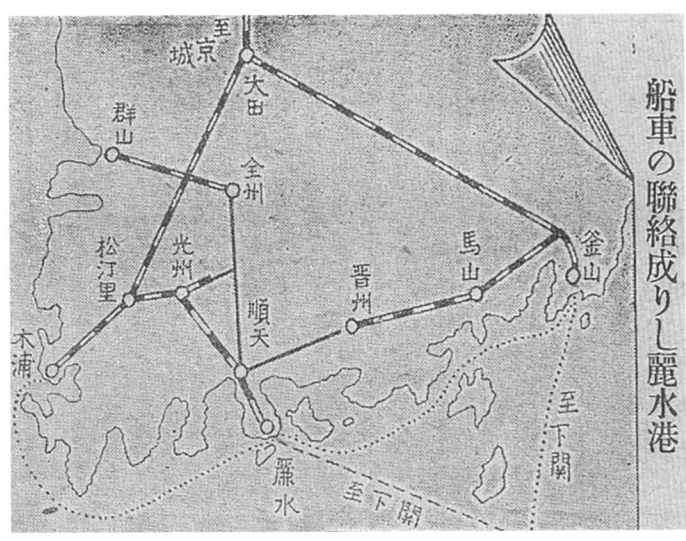

광려선과 관련연락선 연결 약도(『京城日報』 1930.12.25.)

한편 철도 개통에 즈음하여 일본 하관까지의 연락선도 천기기선회사 경영으로 운행(『조선일보』 1930.12.28.)하게 되었다. 3천 톤급의 경운환(慶雲丸), 창복환(昌福丸) 두 기선이 연락 운항을 개시했다. 이 두 연락선은 역과 역 사이, 즉 광려선의 여수항역과 일본 본토의 하관항역 사이를 운항하는 선박이었다. 앞의 사진에서 본 것처럼 여수항역을 나서면 그 앞 부두에서 바로 연락선을 환승할 수 있었다.

1930년 12월 25일 개업 당일 여수역의 성적(『朝鮮新聞』 1930.12.30.)은, 승차 인원 1천380명, 화물 115톤, 수입금 1천300여 원, 개업 첫날로서는 좋은 성적이었다. 또 당일 광주 지역 승객 숫자와 수입(『동아일보』 1930.12.31.)을 보면, 다음과 같다.

구분	승차 인원	하차 인원	승객 수입
광주역	198	153	212원 38전
신광주역	140	156	138원 94전

여수까지의 철도 개통 효과를 극명하게 보여주는 것으로는, "어제 잡은 선어가 오늘 경성에"(『朝鮮新聞』 1930.12.30.)라는 신문 기사 제목이 있다. 기사는 오후 1시 25분 여수 출발 기차에 실린 선어가 송정리역에서 환적되어 다음날 아침 경성의 시장에서 거래됨으로써 수요·공급 양자 모두 편의를 주었다는 내용이다.

개통 직후인 1930년 12월 말일 기준 남조선철도회사의 면허선은 282.4㎞, 자본금 2천만 원 중 불입 자본금 8백만 원, 차입금은 260만 원이었다.[17]

개통 1년 후인 1931년 12월 중 광려선 수입(『매일신보』 1932.1.17.)을 보면, 다음과 같다. 운수수입 중 여객 수입은 3만 174원, 화물 수입은 1만 천55원, 합계 4만 1천229원이다. 11월 중의 그것에 비하면 여객 4천633원, 화물 596원의 증액이었고, 광려선 각역 중에는 순천역이 여객·화물 수입 모두 단연 그 수위를 점했다. 구례·곡성·광양 쪽 승객과 화물이 순천역에 집중되었기 때문일 것이다.

이후 1933년도 말 통계(『동아일보』 1934.4.19.)에 따르면, 여수와 광주 간 철도는 매일 10여 회 왕복하였는데, 1년간 여수역의 승차 인원은 4만 8천836인, 하차 인원은 5만 2천954인으로 내륙에서 여수로 나온 사람의 숫자가 많았다. 그것은 '관려 여객선'을 통해 일본에서 여수로 온 사람 숫자보다 여수에서 일본으로 간 사람의 숫자가 더 많았다는 통계와도 일치한다.

국유 이관과 전라선 개통

여수와 광주 간 철도노선은 1936년 3월 1일부터 국유철도로 이관되었고, 광주역에서 송정리역까지 연장하여 송려선(『동아일보』 1936.1.31.)이라 부르게 되었다.

또 여수에서 광주역을 거쳐 송정리역의 호남선에 연결되던 것을 거리 단축을 위해 순천과 곡성, 남원, 전주를 거쳐 이리에 이르는 철도를 건설(『동아일보』 1935.4.18.)했다. 이리에서 여수항까지 198.8킬로미터이고, 정거장은 35개였다. 그리고 순천-송정리 간은 경전 서부선으로 개칭되었다. 그동안 단절되어 있던 구간의 곡성-순천 간 52㎞ 철도 부설 공사는 1936년 12월 16일에 개통(『조선일보』 1936.12.5.)되었다. 이의 완공과 함께 이리-여수 간을 전라선으로 개칭하게 되었던 것이다.

전라선의 개통에 따라 여수-대전 간 소요 시간은 2시간 단축(『조선일보』 1936.11.20.)되었다. 여수에서 이리에 이르는 노선은 조선철도망 12년 계획 중 1927년부터 진행되는 제2기 계획(『조선일보』 1927.4.5.)의 하나로 총독부 철도국이 추진한 것이었다.

1939년부터는 경성-여수 간 직통열차도 개통되었다. 그에 앞서 전라선 개통 무렵 여수지역에서는 이리역에서의 환승 대신 경성까지의 직통을 꾸준히 요구했다. 이에 조선총독부 철도국은 1937년부터 그 실행 방안을 모색했다. 철도국의 검토는 두 가지 상황 변화(『조선일보』 1939.6.7.) 때문이었다. 하나는 일본에서 하관(下關)-문사(門司) 사이 해저 터널이 뚫려 그 터널로 기차가 통행하면, 구주(九州)의 박다항(博多港)에서 동경으로 바로 가는 열차가 내왕하게 될 것이라는 점, 둘째 여수-박다 간 직항로 개설이 추진되고 있다는 점이다.

10월 31일부터 밤 10시 20분 경성역 출발 제601 열차가 이리역에서 차량을 분리하여 각각 목포역과 여수역으로 나눠 도착하는 방식(『동아일보』 1939.10.25; 『조선일보』 1939.10.25.)이었다. 또 여수역에서는 11월 1일부터 오전 10시 출발(『동아일보』 1939.10.22.)이었다. 역시 목포역에서 출발한 기차와 이리역에서 만나 결합하는 방식이었을 것이다. 이렇게 1일 1회 왕복이었다. 오늘날 KTX의 일부 열차도 이 방식으로 운행되고 있다. 용산역에서 출발할 때 목포행과 여수행 열차가 연결되었다가 익산역에서 분리되어 각각 행선지로 향한다. 그 반대 방향 열차는 익산에서 결합하여 서울로 향한다.

전라선 개통 후 여수역을 통해 조선인 노동자들이 함경북도로 이동하기도 했다. 1939년 5월 7일 경남 남해군에서 북조선행 노동자를 모집하여, 일꾼 165명, 동반 가족 9명 등 174명이 여수항을 경유하여 오전 11시 반 여수역발 기차로 함북 청진 일본제철 공사장으로 출발(『동아일보』 1939.5.9.)했다. 전시 총동원체제기 모집 형식을 차용한 노동력 강제 동원이었다.

철도를 둘러싼 후대의 인식

1930년 광려선 개통 당시 설치되어 영업을 개시한 역사(驛舍)의 설명문에는 사실과 다른 부분이 있다. 순천역사 앞에 서 있는 안내판에는 순천역이 1930년 '순천 광주 간, 순천 여수 간 철도 동시 개통'과 함께 세워졌다고 쓰여 있다.

'광려선 개통' 대신 이렇게 표현한 것이다. 그런데 '광려선 개통'이란 간결한 문구 대신, 굳이 이렇게 장황하게 '순천 광주 간, 순천 여수 간 철도 동시 개통'이라고 표기할 이유가 있을까. 여수엑스포역사 앞 안내판에는 '여수 순천 간'으로만 되어 있다. 있었던 사실을 단순히 설명해야 하는 설명문에 과도한 주관을 개입시키면 설명문을 읽는 사람들에게 혼란을 주게 된다. 여수에서 광주까지 바로 연결되지 않고, 순천에서 끊어졌던 것으로 오해하기 쉬운 표현이다.

1904년 개통된 경부선 역사 중 군포역(당시 이름은 군포장), 안양역에서도 '경부선 개통' 대신 이렇게 '군포(또는 안양) 서울 간, 군포(또는 안양) 부산 간 동시 개통'이라고 설명하는지 모르겠다. 나아가 경부선 주요 역인 대구, 대전, 수원 같은 대도시 지역에 있는 역사에도 이런 표현이 있는지 확인해 볼 필요가 있다.

그리고 순천역의 설명 방식대로라면, 벌교·보성·화순역 등 당시 광려선 주요 역사에도 같은 설명문이 붙어 있어야 한다. 예를 들면, '벌교 광주 간, 벌교 여수 간'. 왜 여수엑스포역과 순천역만 이렇게 다른 방식으로 설명하는 것인지.

또 벌교역·득량역 등의 안내판에는 1930년 '경전선 개통'과 함께 역사가 세워졌다고 한다. 한 걸음 더 나아가 벌교에서는 일제강점기에 벌교 인근에서 나는 물자가 경전선을 통해 부산까지 운반되어 일본으로 수탈되었다고 설명하기도 한다. 이 역시 사실과 다른 설명이다.

경전선이라는 명칭은 철도12년계획에서 전주로부터 순천을 거쳐 진주에 이어지는 노선을 가리키는 용어로 처음 쓰였다. 1936년 여수-이리 간 전라선 개통 이후 종전의 송려선 구간 중 순천-송정리 구간은 경전 서부선으로 개칭되었다. 또 삼랑진-진주간은 경전 남부선으로 명명되었다. 따라서 1930년에 개통되지도 않은 경전선이 개통되면서 역사를 설치했다는 것은 사실이 아니다. 이들 역사는 광려선 개통과 함께 설치된 것이다. 굳이 경전선을 넣고 싶으면, '광려선(현재의 경전선)'으로 사실관계를 명확히 하는 것이 좋다.

경전선 노선 중 진주-순천 구간은 오랫동안 연결되지 않고 있었다. 그러다 경전선이 완전 연결된 것은 1960년대 말이었다. 먼저 1967년 2월 21일 순천-광양 간 9.1㎞, 진주-유수 간 10㎞ 일부 개통식(『동아일보』 1967.2.21; 『경향신문』 1967.2.21.)이 있었다. 이듬해인 1968년 2월 7일에는 광양-유수 간 61.4㎞의 구간이 개통되면서, 송정리-삼랑진 간 323㎞의 경전선이 완전 개통(『경향신문』 1968.2.7; 『동아일보』 1968.2.8.)되었다. 따라서 일제강점기에 이미 벌교에서 부산으로 연결되었다는 설명은 사실 왜곡이다.

또 경부선과 호남선 철도 부설과 관련해서 다음과 같은 말들도 있다. 공주 쪽 사람들은 경부선 철도 노선이 놓일 때 '공주 양반'들이 반대해서 대전을 지나게 되었다고 한다. 그 결과 공주에 있던 충남도청도 대전으로 이전해 가고, 대전이 크게 발전한 반면, 공주는 정체되었다고 덧붙인다.

그런데 1904년 러일전쟁기에 부설된 경부선의 노선은 러일전쟁 직전 최종 결정되었다. 전쟁을 위한 노선이었으므로 부산에서 서울까지 열차 운행 시간을 최대한 단축하고 공사비를 절약하기 위한 노선 결정이었다.[18] 거기에 공주 양반들의 반대가 끼어들 여지가 없었다. 그 이전인 1899년 경부철도주식회사 주도로 철도 노선 답사(제3차 답사)를 할 때 경제적 목적을 위해 공주를 지나는 노선을 상정한 적이 있기는 하다.

전주 사람들도 비슷한 말을 한다. 1914년 대전에서 목포까지 개통된 호남선 부설 때 '전주 양반'들이 철도가 전주에 들어오는 것을 막아 익산에서 김제로 돌아가게 되었다고 주장한다. 그런데 호남선이 개통된 1914년 바로 그해에 전주와 익산을 잇는 경편철도 노선도 개통되었다. 왜 호남선이 지나는 것은 막고, 경편철도가 놓이는 것은 막지 않았을까. 참으로 해괴한 일이다. 공주나 전주의 양반들이 철도 노선을 바꿀 그런 힘이 있었다면, 아예 이 땅에 일본군이 발을 붙이지 못하도록 하는 것이 낫지 않았을까.

이처럼 근거 없는 전설이 마치 사실인 양 널리 유포되어 있는데, 이런 '가짜뉴스'에는 '팩트체크(사실확인)'가 필요하다.

08
항만과 해운

1. 항만

여수항은 1923년 조선총독부의 세관 지정항 지정을 통해 무역항이 되었고, 1949년 국무회의에서 개항으로 승격 결정되었으며, 1951년 8월 15일 시행되었다. 이하에서 그 과정을 살펴보겠다.

해면 지정항

지정항의 종류에는 해면 지정항과 세관 지정항의 두 가지가 있는데, 여수항은 둘 다 지정되었다. 조선총독부는 해면 지정항을 그냥 '지정항'으로만 표기하였으나, 필자는 세관 지정항과의 차이를 분명히 드러내고자 수식어 '해면'을 넣어 사용한다.

먼저 해면 지정항 지정 과정을 살펴보자. 1918년 8월 16일 조선총독부고시 제189호로 '1914년 부령 제47호 단서 규정에

여수 개항 지정 공포 『관보』(1949.6.29.)

의한 지정항'(『朝鮮總督府官報』, 1918.8.16.)이 지정되었다. 이때 지정된 항은 모두 8개인데, 여수항을 비롯하여 경북 포항항, 경남 삼천포항, 황해 겸이포항, 강원 장전항, 함남 서호진항·신포항, 함북 웅기항이다. 시행일 규정은 없어서 공포일이 시행일로 보인다.

1914년 조선총독부령 제47호(『朝鮮總督府官報』, 1914.4.27.)는 1914년 4월 27일에 제정된 것인데, 이는 발포일로부터 시행되었다.

내용은 "항만 기타 공공의 용(用)에 공(供)할 수면 및 그 부지의 취체에 관하여는 하천취체규칙(조선총독부령 제46호-인용자, 『朝鮮總督府官報』, 1914.4.27.)의 규정을 준용함. 단, 해면에 관하여 허가를 받을 사항은 모두 조선총독의 허가를 받을 것"이다.

이후 1918년 8월 16일에는 조선총독부령 제82호(『朝鮮總督府官報』, 1918.8.16.)를 통해 1914년 조선총독부령 제47호 단서가 개정되었다. 이 개정의 골자는 항만에 따라 허가의 주체를 조선총독과 도지사로 구분한 점에 있다. 시행은 발포와 동시에 이루어졌다.

해면 지정항의 시행일은 규정되지 않았지만, 해면 지정항 지정 행위의 법적 근거가 되었던 1918년 8월 16일 조선총독부령 제82호의 시행일이 공포일인 8월 16일이었으므로 해면 지정항의 시행일도 8월 16일로 봐야 할 것이다.

한편 김계유는 조선총독부가 1918년 8월 1일 여수항을 '지정항으로 승격'했다고 기술했다. 또 지정항의 요건으로 전국 어항의 근거지가 될 수 있어야 하고, 어선 수가 일정 수에 달해야 한다고 했다.[1] 그런데 1918년 7~8월 발행된 『朝鮮總督府官報』, 월간 기관지 『조선휘보』에서는 여수를 포함해 어느 곳도 '어업' 지정항으로 지정했다는 기사를 찾을 수 없다.

8월 16일의 해면 지정항 지정을 어업 지정항으로 오해했을 개연성은 있다. 김계유는 해면 지정항 지정 사실을 아예 언급하지 않았기 때문이다. 그러나 해면 지정항은 '어업'과는 아무런 관련이 없다. 해면 지정항으로 지정될 경우 그 지역에서 어업 활동이 불가능해진다는 면에서 관련성을 찾을 수 있겠지만, 김계유가 설명한 지정항은 어업 활동을 촉진하는 성격이고, 해면 지정항은 그 활동을 제한하는 성격이라 두 가지가 서로 상반되는 것이다.

다만 여수군 여수면이 1918년 5월 22일 조선총독부고시 제135호에 따라, 목포세관지서가 해조 및 수산 제조품의 검사를 행할 검사소 위치 세 군데(목포부와 제주도 정의면과 더불어) 중 하나로 지정된 적이 있다. 그 조치에 따라 7월 1일부터 검사를 개시했다. 이를 두고 김계유가 '지정항 승격'이라 판단했는지 모를 일이다. 그런데 당시 검사 주체는 목포세관지서였고, 여수 검사소는 '검사를 행하는 장소'의 의미였을 뿐이다. 여수면에서도 수산제품 검사를 했다는 정도의 의미이다. 이후 1924년에 이르러 검사 주체와 명칭이 부산세관 여수수산제품검사소로 바뀌었다.

조선총독부가 발행한 『조선의 항만』이라는 자료를 보면, 먼저 1923년 발행된 자료에서는 항의 종류를 단지 개항과 지방항으로만 구분하였다. 지정항 구분은 없다. 그리고 지방항으로 전남에 법성포·벌교·여수·추자·안도·청산도·성산포·서귀포·별도(別刀)·위도·어란진, 이렇게 11개를 열거했다. 그중 추자만 '어항으로서 국고 보조를 받아 일부의 수축을 한 것'에 속했다.[2] 조선 전체에서는 전북의 어청도, 경북의 강구, 강원 정라진, 옹진(강원도로 표기되었지만, 황해도의 오기-인용자) 등이 전남의 추자항과 같은 성격의 항이었다. 여수항은 그에 속하지 않았다.

또 1925년 발행 자료에서는 개항, 지정항, 지방항으로 분류했다. 그중 지방항에 '어항 포함'이란 단서를 두고, 전라남도의 지방항으로 완도·벌교·안도·거문도·추자·어란진·위도·청산도·서귀포·별도 등을 나열했다.[3] 그런데 그중 '어항'이 어디인지는 표시하지 않았다. 지방항은 조선 전체 59항이 있고, 전남에는 그중 10항이 있었다. 여수군 관내에는 안도와 거문도 2항이 있다. 여수항이 지방항에서 빠진 이유는 지정항으로 분류되었기 때문이다.

1914년 조선총독부령 제47호 단서 규정은 1920년 4월 1일에 조선총독부령 제41호(『朝鮮總督府官報』 1920.4.1.)로써 다시 개정되었다. 2년 전의 개정에서 보이는 허가 주체의 구분뿐만 아니라 더 나아가 해면 이용 행위에 따른 구분이 추가된 것이 주목된다. 지금까지 파악한 대로 1914년 4월 27일 제정된 조선총독부령 제47호의 내용과 이후 단서 조항의 개정 내용을 일목요연하게 보기 위해 표로 정리하면 다음과 같다.

시기	내용
1914년 4월 27일 제정 조선총독부령 제47호	단, 해면에 관하여 허가를 받을 사항은 모두 조선총독의 허가를 받을 것
1918년 8월 16일 개정 조선총독부령 제82호	단, 해면에 관하여는 다음 구분에 의해 조선총독 또는 도장관의 허가를 받을 것 1. 개항, 군항, 요항, 조선총독이 지정하는 항만에서는 조선총독 2. 전호에 열거한 항만 이외의 해면에서는 도장관 또는 조선총독
1920년 4월 1일 개정 조선총독부령 제41호	단, 해면에 관하여는 다음 구분에 의해 조선총독 또는 도장관의 허가를 받을 것 1. 개항, 군항, 요항 및 조선총독이 지정하는 항만에서는 면적 100평, 기간 1년을 넘지 않는 수면 혹은 부지의 점용 또는 200입평(立坪)을 넘지 않는 토석, 사리의 채취는 도지사, 기타사항은 조선총독 2. 전호에 열거한 항만 이외의 해면에서는 호안, 도진장(渡津場), 하양장(荷揚場), 잔교의 신축, 변경 혹은 제각(除却), 수면 혹은 그 부지의 점용 또는 200입평을 넘지 않는 토석의 채취는 도지사, 기타사항은 조선총독

1918년 8월 16일 조선총독부고시 제189호를 통해 '1914년 부령 제47호 단서 규정에 의한 지정항'으로 지정되었다는 것은, 같은 날 조선총독부령 제82호로 개정된 "단, 해면에 관하여는 다음 구분에 의해 조선총독 또는 도장관의 허가를 받을 것. 1. 개항, 군항, 요항, 조선총독이 지정하는 항만에서는 조선총독, 2. 전호에 열거한 항만 이외의 해면에서는 도장관 또는 조선총독"에서 말하는 항만이라는 의미이고, 그것은 위에서 본 것처럼 여수항 등 8개 항만이었다.

7년이 지난 1925년 1월 16일에는 1918년 조선총독부고시 제189호가 폐지되고, 조선총독부고시 제3호로 '1920년 조선총독부령 제41호 단서 규정에 의한 지정항만'(『朝鮮總督府官報』 1925.1.16.) 지정이 있었다. 새로 지정된 해면 지정항은 모두 20개 항이었다. 전남 법성포항, **여수항**, 제주항, 성산포항, 경북 감포항, 구룡포항, **포항항**, 도동항, 경남 마산항, 행암항, 방어진항, 통영항, **삼천포항**, 황해 용당포항, 강원 **장전항**, 주문진항, 함남 **신포항**, **서호진항**, 함북 나진항, 서수라항(굵은 글씨는 1918년 지정항과 중복된 항-인용자).

1918년의 지정항 지정과 1925년의 조치를 비교하면, 먼저 지정항의 갯수는 8개에서 20개로 12개가 증가했다. 그중 위 굵은 글씨의 6개 항만은 변화가 없고 나머지 2개항 즉 황해 겸이포항과 함북 웅기항이 제외되었다. 웅기항의 제외는 웅기항이 1921년에 개항으로 지정되었기 때문이다. 6개 항을 제외한 14개 항은 새로 지정된 지정항이다.

또 이때 이르러 해면 지정항의 각 항만 항계가 새로 규정되었다. 예를 들면, 여수항의 항계는 '봉산리 돌단(突端)으로부터 동쪽 돌산도에 이르는 일선(一線)과 여수등대로부터 남쪽 돌산도에 이르는 일선 이내'였다. 오늘날 돌산대교가 놓인 당머리로부터 구(舊) 등대에 이르는 여수반도의 해안과 돌산도로 둘러싸인 해역으로서 현재 구항과 종포(종화동) 일대였다.

구항(『조선』, 1930년 9월호)

구항(『釜山日報』 1935.8.26.)

그러다가 1927년 5월 7일에는 조선총독부고시 제142호(『朝鮮總督府官報』1927.5.7.)를 통해 해면 지정항의 재지정 조치가 있었고, 1927년 6월 1일부터 시행되었다. 이때 재지정으로 항만의 숫자나 개별 항만의 지정에 변화가 있었던 것은 아니다. 1925년의 20개 항이 하나도 빠짐없이 그대로 재지정된 것이다.

차이는 지정 행위의 법적 근거 변화에서 비롯되었다. '1920년 조선총독부령 제41호 단서 규정에 의한 지정항만'에서 '조선공유수면취체규칙 제3조에 규정한 항만'으로 변경되었을 뿐이다. 기존에는 하천취체규칙을 준용하여 단속하도록 했던 것을 이때 조선공유수면취체규칙을 제정하여 그 법령을 적용토록 하였다.

이 법령은 1927년 5월 7일 조선총독부령 제47호(『朝鮮總督府官報』1927.5.7.)로써 제정되었다. 이는 본문 13개 조와 부칙으로 구성되어 있다. 그리고 해면 지정항을 지정하는 근거는 제3조 "개항, 요항 경역 제1구선 내 및 조선총독이 지정하는 항만의 공유수면에서 다음 각호의 하나에 해당하는 경우는 전조의 규정에도 불구하고 조선총독의 허가를 받을 것"이라는 규정에 있다.

이후 여수항만의 항계에 변화가 생긴 것은 1928년 9월 20일 조선총독부고시 제359호(『朝鮮總督府官報』1928.9.20.)를 통해서였다. 1927년 조선총독부고시 제142호 중 개정으로 여수항만 경계가 조정되었다. 항계가 '마래산정으로부터 오동도 동단을 거쳐 우두산정에 이르는 일선과 우두산정으로부터 봉산리 돌단에 이르는 일선 이내'로 조정되면서 구항 구역에 신항 구역이 추가되었다. 이는 1930년 철도 부설과 신항의 항만 조성을 앞둔 시점에 신항 구역을 여수항만에 미리 편입시켜 여수항의 항계를 구항 외에 신항 구역까지 추가, 확대한 것이다.

세관 지정항

세관 지정항이라는 용어도 법령에서는 수식어 없이 그냥 '지정항'으로만 표기되어 있으나, 조선총독부 발행 다른 자료에서는 '세관'이라는 수식어를 넣어 표기하고 있다. 해면 지정항과 구별하기 위해서이다. 여수항은 1923년 3월 28일 조선총독부령 제48호(1923년 제령 제6호 시행규칙)를 통해 세관 지정항으로 지정되었다. 이 조치는 제령 제6호 시행일부터 시행하도록 해서 4월 1일부터 시행(『朝鮮總督府官報』1923.3.28.)되었다.

세관 지정항 지정의 법적 근거인 1923년 제령 제6호 시행규칙 제3조("1923년 제령 제6호 제4조 및 제5조의 규정에 의해 지정한 항")에 지정항이 나열되어 있다. 이때 여수항 이외에 지정항으로 지정된 나머지 18개 항만은 여수군의 거문도항을 포함하여 장생포·방어진·마산포·진해·장승포·통영·삼천포·미조리·성산포·감포·구룡포·포항·도동·주문진·장전·서호진·신포항이다.

세관 지정항 지정 조치 근거는 조선총독부령 제48호(1923년 제령 제6호 시행규칙)이고, 그것의 모법은

1923년의 제령 제6호[조선과 내지(일본-인용자), 대만, 화태(사할린-인용자) 또는 남양군도와의 사이에 선박 및 화물의 출입에 관한 건](『朝鮮總督府官報』 1923.3.27.)이다. 그중 제4조와 제5조의 내용은 각각 다음과 같다. "다음에 열거한 물품의 이출은 개항 또는 조선총독이 지정한 항을 통해서 이를 할 것.", "다음에 열거한 물품의 이입은 개항 또는 조선총독이 지정한 항을 통해서 이를 할 것. 단 해난, 기타 이미 어쩔 수 없는 사고 있는 때는 이 제한에 있지 않음." 일본 영토와의 화물 이출입은 개항과 세관 지정항을 통해서만 가능하다는 규정이다.

거문도항(『麗水發展史』)

요컨대 1923년 4월 1일부터 발효된 19개 항만에 대한 세관 지정항 지정은, 같은 해의 제령 제6호 제4와 제5조에 규정한 '조선총독이 지정한 항'에 법적 근거를 두고, 제령 제6호의 시행규칙인 조선총독부령 제48호의 제3조를 통해 이루어진 조치였다.

이 19개 항만은 1년 후인 1924년에 마산, 행암, 여수, 성산포, 포항, 도동(울릉도), 통영, 방어진, 서호진, 신포 등 10개로 줄었다. 1년 만에 세관 지정항에서 제외된 곳은 감포·거문도 등 9개 항만이다.[4] 불과 1년 만에 9개 항만을 세관 지정항에서 제외한 이유는 알 수 없다. 그리고 9개 항 중 장생포, 장승포, 미조리, 거문도 등 4개 항은 지방항으로 분류되었다. 감포 등 나머지 5개 항은 왜 지방항 목록에도 없는지 알 수 없다.

세관 지정항 조치에 수반된 조치는 세관 출장소 설치(『朝鮮總督府官報』 1923.3.30.)이다. 이전에는 여수세관감시서가 설치되어 있었는데, 이는 1911년 7월 조선총독부령 제85호(『朝鮮總督府官報』 1911.7.8.)로써 설치되었던 것이다. 그리하여 1923년 3월 30일 조선총독부령 제56호를 통해 여수세관감시서는 삭제되고, 같은 날 조선총독부령 제55호를 통해 4월 1일부터 여수군 여수면 서정에 여수세관출장소가 설치되었다. 아울러 삼산면 거문리에도 거문세관출장소가 설치되었다. 세관 지정항이 됨으로써 세관 감시서가 세관출장소로 '승격'되었다고 볼 수 있다. 한편 세관 지정항이 개항으로 '승격'되면 세관출장소도 세관지서로 승격되었다.

그런데 이때 설치된 세관출장소 중 '신포세관출장소 이하의 세관출장소'에서는 1923년 제령 제6호 제4조 및 제5조에 의해 이출 또는 이입하는 화물에 관한 관세 사무에 한하여 행하고, 진해·마산세관출장소는 관세법 제39조에 의해 운송하는 수출입 화물 및 수입 우편물에 관한 세관사무를 행하게 했다.

여기서 '신포세관출장소 이하의 세관출장소'는 모두 19개소인데, 이 19개소는 1923년 3월 28일 조선총독부령 제48호로 지정된 세관 지정항 19개 항과 일치한다. 그것은 곧 세관 출장소 설치는 세관 지정항 지정에 동반되는 조치임을 의미한다. 그리고 진해·마산 2항과 나머지 17개 지정항을 구분한 의미는, 진해·마산 2항은 개항과 마찬가지로 관세법 제39조에 따라 일본을 제외한 외국과의 수출입 무역이 가능하다는 것이고, 17개 항은 일본 본토와 식민지·점령지 지역만을 대상으로 이출입 무역만을 할 수 있고, 외국과의 수출입 무역을 할 수 없다는 것이다. 이것이 진해·마산항과 나머지 17개 지정항과의 차이점이다.

세관출장소 설치에 뒤따른 조치는 화물 저장 장소(창고) 지정이었다. 1923년 7월 1일 부산세관장이 1923년 부령 제48호 제3조에 의한 부산세관 관내 지정항에서 1923년 제령 제6호 제4조 및 제5조의 화물 장치(藏置) 장소를 지정(『朝鮮總督府官報』 1923.7.17.)하였는데, 여수군에서는 여수항과 거문도항에 각각 화물 저장 장소가 지정되었다.

여수세관출장소 설치 이후 사무소의 확장 이전과 창고 신축이 이어졌다. 종전의 감시서는 사무소도 좁고, 위치도 적당하지 않다는 이유에서였다. 이에 동정에서 서정으로 이전하기로 하여 부지 150평, 건평 37평을 신축하고, 다시 1926년 8월 건평 15평의 가치장(假置場) 창고를 건축했다.[5]

다음으로는 수산제품검사소가 설치되었다. 1924년 12월 25일 조선총독부고시 제278호(『朝鮮總督府官報』 1924.12.25.)를 통해 16곳의 수산제품검사소의 명칭과 위치가 새로 정해졌는데, 이때 여수수산제품검사소도 부산세관 산하로 설치되었다. 그에 앞서 1918년에 여수에 해조 및 수산제조품의 검사소가 설치되었다. 1918년 신문 기사(『매일신보』 1918.7.10.)에 따르면, 여수해조검사소는 고목(高木)상회 소유 상점 인접지에 창고 및 사무소를 마련하여 7월 1일부터 검사를 개시하였다.

1924년의 수산제품검사소 설치와 1918년의 조선총독부고시 제135호(『朝鮮總督府官報』 1918.5.22.)를 비교할 때 명칭(해조 및 수산제조품의 검사를 행할 세관 및 검사소)에서 차이가 있는데, 1918년에는 목포세관지서가 '주체'이고, 여수는 검사를 행하는 '장소'의 의미이다. 그러다가 세관 지정항이 되고, 목포세관지서 여수세관감시서가 여수세관출장소로 격상되면서 여수수산제품검사소가 신설된 것이다. 장소에서 주체로 변경된 것이다.

이상을 통해 살펴본 해면 지정항과 세관 지정항을 시기별로 구분하고, 1924년 현재 세관 지정항과 1925년 해면 지정항 중 중복된 항만을 한눈에 볼 수 있게 표로 나타내면 다음과 같다.

구분	항명
해면 지정항	(1918) 여수, 포항, 삼천포, 겸이포, 장전, 서호진, 신포, 웅기(8)
	(1925) 법성포, 여수, 제주, 성산포, 감포, 구룡포, 포항, 도동, 마산, 행암, 방어진, 통영, 삼천포, 용당포, 장전, 주문진, 신포, 서호진, 나진, 서수라(20)
세관 지정항	(1923) 장생포, 방어진, 마산포, 진해, 장승포, 통영, 삼천포, 미조리, 여수, 거문도, 성산포, 감포, 구룡포, 포항, 도동, 주문진, 장전, 서호진, 신포(19)
	(1924) 마산, 행암, 여수, 성산포, 포항, 도동, 통영, 방어진, 서호진, 신포(10)
공통(1924/1925)	여수, 성산포, 포항, 도동, 마산, 행암, 통영, 방어진, 서호진, 신포(10)

여수세관의 관세 징수

여수항 세관 지정항 지정은 왜 하필 4월 1일을 시행일로 했을까. 그 답은 일제의 회계연도와 관련이 있다. 일본의 회계연도는 4월 1일부터 이듬해 3월 31일까지이다. 또 일본정부와 조선총독부의 회계는 조세 징수를 전제로 하는 것이고, 세관에서 징수하는 관세도 조세의 일부이다. 여수항이 1923년 4월 1일부터 세관 지정항으로 지정된 것은, 일본과의 이출입 무역 과정에서 관세의 징수가 발생하게 되고, 그래서 회계연도 시작 일과 시행일을 맞춘 것이다.

이 대목에서 1910~20년대 조선총독부의 관세제도가 어떻게 변화했는지 그 과정을 볼 필요가 있다. 먼저 1910년대에는 종전의 관세가 '특례'로 유지되었고,[6] 만 10년이 지난 1920년 8월 29일에 일본은 조선으로부터의 이입세를 철폐했으나, 조선은 재정 사정으로 이입세를 존속시켰으며,[7] 1923년에는 '동남쪽의 여러 항'의 지정항도 개항과 마찬가지로 일본과의 무역을 허가했다는 내용이다.[8]

따라서 여수항의 세관은 이입세를 징수하게 되었다. 여수세관이 징수한 또 다른 무역 관련 세금은 출항세이다. 출항세는 1920년 8월 제령 제21호로 제정된 조선출항세령(『朝鮮總督府官報』 1920.8.26.)에 근거하여 징수하는 세금이었다. 조선출항세령 제1조에는 "조선으로부터 일본, 대만 또는 사할린으로 이출하는 물품"에 출항세를 부과하도록 했다.

한편 여수항이 세관 지정항으로 지정되어 지정항 기능이 시행된 날과 같은 날인 1923년 4월 1일 여수면은 지정면으로 지정되었다. 보통면에서 지정면으로 '승격'된 셈이다. 역시 조선총독부 회계연도 개시일에 맞춘 조치였다.

식민지 무역항

1923년 세관 지정항 지정으로 여수항도 식민지 무역 항구 기능을 하게 되었다. 이때의 여수항은 구항이었다. 그러다가 1930년대에는 신항도 무역항 기능을 분담하게 되었다.

여수 신항(『釜山日報』 1935.8.26.)

식민지는 식민 본국에 대해 식량·원료 생산지(공급지), 식민 본국의 상품을 소비하는 소비시장, 그리고 식민 본국의 여유 자금이 투자되는 투자처 기능을 한다. 식민지 항구 기능은 식민지와 식민 본국을 연결하는 통로로서 식량·원료가 이출되고, 상품과 자본이 이입되는 관문이다.

이때 여수항 역시 쌀 등 식량과 면화 등 공업 원료를 일본으로 보내고, 일본 공장에서 생산된 공업제품이 들어오는 데 통로 기능을 한 것이다. 이후 1930년 12월 광려선(광주-여수간) 철도 개통과 여수-하관 간 연락선 운행으로 일본과 직접 연결되는 관문 역할을 했다. 전시체제기에는 징용, 정신대 등 노동력과 지하자원의 강제동원 과정에서도 여수항이 그 통로 역할을 했다. 일본 제국주의의 이익에 철저히 부합하는 기능을 했던 것이다. 식민지기 일본과 가까운 남해안 항구라는 지정학적 이유에 겪었던 일로 자발적으로 나서서 했던 일은 아니지만, 자랑스럽게 내세울 일도 아니다.

여수항 개항장 승격 전망과 운동

1934년 조선총독부 토목과는 제2차 항만개수 계획을 입안하고 8월 총독부 재무국에서 심의했다. 이 계획(『조선일보』 1934.8.26.)에 따르면, 부산·인천·군산·여수 4개 항만을 개수하려고 했다. 그리고 4항 중 유일하게 개항이 아닌 여수항은 개수 완료 후에 지방항에서 개항장으로 승격할 예정이었다.

이후 1939년 3월 7일 조선무역협회 임시총회(『조선일보』 1939.3.17.)에서 해주항과 여수항의 개항 촉진을 발표했다. 총독부 식산국은 그중 해주항에 기사를 파견하여 개항 허가 조건을 면밀히 조사하게 했다. 그리고 1940년 8월에 황해도 해주항이 개항되었다.

여수에서는 1940년 4월 28일 여수항 개항장 지정과 역부두 개방의 기성 운동대회가 개최(『京城日報』 1940.5.2.)되었다. 이 대회에는 읍, 상공회, 해운구락부, 그리고 여러 상인조합 관계자가 참석했다.

1941년 7월 11일 여수를 방문한 총독부 내무국장(上瀧)은 다음과 같이 말(『매일신보』, 1941.7.14.)했다. "여수는 현재 관려 항로도 있고 머지않아 축항도 완성될 터이므로 (중략) 항만 시설이 완성되는 데 따라 여수의 개항 문제도 고려될 것이다. 그리고 여수의 부제 시행은 지금 언명할 수 없지만, 유력한 후보로는 생각한다." 그 전해 기성 운동대회를 벌였던 사람들, 여수항 개항장 승격과 여수읍 부 승격을 갈망하는 여수 지역민들은 이 발언으로 크게 고무되었을 것이다.

그러나 해방 이전에 둘 다 이뤄지지 않았다. 개항장 승격에 실패한 여수의 인사들은 이제 미군정을 상대로 승격 운동을 벌였다. 1947년 2월 여수읍에 조직된 번영회가 개항 허가와 그에 따른 시제 실시를 요망하는 진정서를 군정 당국에 제출(『한성일보』, 1947.2.19.)했다. 이 무렵 여수항은 중국과 필리핀을 상대로 한 '진출기지'로 평가되었다.

그해 11월 여수 군수와 읍장, 상공회의소 관계자 등이 전남도지사와 함께 상경하여 미군정 남조선과도정부를 상대로 설득에 나섰다(『동아일보』, 1947.11.18; 『공업신문』, 1947.11.18). 이에 과도정부의 운수·재무·상무 3부는 공동 체제를 갖추어 여수항 개항을 추진(『조선일보』, 1947.11.20; 『수산경제신문』, 1947.11.20; 『민중일보』, 1947.11.21.)하기로 했다. 이어 바로 이듬해인 1948년 초에 개항될 것으로 전망(『민주중보』, 1948.1.16; 『우리신문』, 1948.1.16; 『독립신보』, 1948.1.17; 『수산경제신문』, 1948.1.17.)되었지만, 끝내 이뤄지지 않았다.

가까운 장래로 전망되었지만, 끝내 개항으로 지정되지 못한 이유는 무엇일까. 그 단서는 다음 기사에서 찾을 수 있다. "명년 1월 달에 미군 선박이 여수항 일대를 소해(掃海)한 후라야 될 것"(『공업신문』, 1947.11.22.)이란 기사이다. 여기서 소해는 말 그대로 바다를 청소하는 것인데, 항해에 지장이 되는 위험물(기뢰 등)을 제거하는 일이다.

당시 미군정 당국은 여수항 주변 항로가 위험하다고 인식했던 것으로 보인다. 신월리에 일본군의 시설이 있었기 때문에 그 주변에 기뢰 등이 설치되어 있다고 생각했던 모양이다. 그런데 그 소해 작업은 뜻대로 이뤄지지 않은 듯하다. 그래서 여수항 개항 지정이 계속 늦춰지게 된 것으로 보인다. 이듬해인 1948년 6월 시점(『무역신문』, 1948.6.10)에도 여전히 소해 작업이 진행되지 않고 있었다.

여수항의 개항 지정은 대한민국 정부의 과제로 넘겨졌다. 그러나 정부 수립 얼마 후인 10월에 여순사건이 일어나 개항 지정 조치는 미뤄졌을 것이다.

개항

여수항은 대한민국 정부 수립과 여순사건 이듬해인 1949년 5월 3일 국무회의 의결사항(『국무회의 회의록』 1949.5.3.) 중 하나로 개항으로 지정되었다. 여순사건 때 미 군함이 여수항 주변에 통행했기 때문에 여수항 소해 문제는 그때 해결된 셈이었다.

회의록에 따르면, 국무회의 의결사항 중 열 번째 사항(여수·마산 개항 지정에 관한 건)으로 의결되었다.

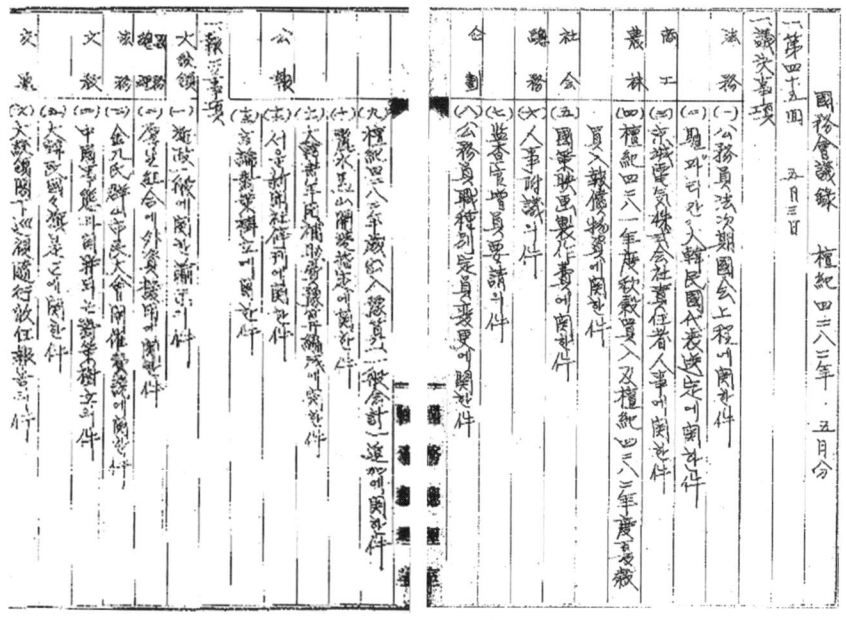

여수 개항 지정 국무회의 회의록(국가기록원)

이어 같은 해 6월 29일 대통령령 제139호(『관보』 1949.6.29.)로 개항 지정이 공포되었다. 그러나 부칙에 시행기일은 별도 대통령령으로 정한다고 하여 곧바로 시행하지는 않았다.

그러다가 개항 시행기일은 해를 두 번이나 넘겨서 1951년 8월 24일 대통령령 제526호(『관보』 1951.8.24.)로써 대통령령 제139호(1949.6.29.)의 여수와 마산의 개항 시행기일을 8월 15일로 공포하였다. 그 내용은 다음 왼쪽 『관보』를 통해 확인할 수 있다.

여수개항 시행 관보

대한민국 정부에 의해 여수항이 개항됨으로써 외국 선박의 입출항이 가능해졌고, 그에 따라 외국과의 무역도 이뤄졌다. 특히 1960년대 정유회사와 중화학공업단지 건설로 수출입 화물의 이동은 비약적으로 늘어나서 여수항은 국내에서 손꼽히는 무역항이 되었다.

한편 1961년 12월 30일 법률 제918호(『관보』 1961.12.30.)로 개항질서법이 공포·시행되었다. 개항질서법의 시행령은 1962년 3월 29일 각령 제609호(『관보』 1962.3.29.)로 공포되었는데, 이 시행령 제2조는 인천·군산·목포·마산·부산·묵호·제주항과 함께 여수항 등 8개 항만의 개항 명시와 항계 규정 조항인데, 여수항의 항계는 신항과 구항으로 구분되어 있다. 여수항의 항계는 개항 이전에는 조선총독부고시에 규정되었으나, 개항 이후에는 다른 7개 항과 함께 개항질서법 시행령에 규정된 것이다. 이후 개항질서법과 개항질서법 시행령은 2015년 8월 4일에 폐지되었다.

식민지기 사건을 기리는 자세

우리가 일제 식민지기 사건을 기억하거나 기념하는 경우는 철저하게 우리 민족을 주체로 했던 경우에 한정해서이다. 먼저 우리 민족이 일제에 저항했던 항일의 역사를 우리는 기념한다. 예를 들면 3·1운동, 봉오동·청산리전투, 광주학생운동 등이 있다. 3·1운동, 봉오동·청산리전투는 얼마 전에 대대적으로 100주년 기념행사를 치른 적이 있다. 100주년이 아니더라도 매년 기념행사를 한다.

둘째, 치욕을 잊지 않는다는 의미에서 기억하고자 했던 행사도 있었다. 1910년 나라의 치욕, '경술국치' 일제에 주권을 빼앗겼던 날에 즈음해서 지난 2010년 100주년 학술행사를 하기도 했다. 셋째, 위 두 가지 경우를 섞어 치욕의 날을 항일을 위한 날로 치환하고 기억하는 경우도 있다. 임시정부에서는 을사조약이 체결되었던 날을 '순국선열의 날'로 기억하기도 했다. 그리고 그것은 지금도 계승되고 있다. 이 모든 것은 우리 민족을 주체로 설정한 바탕 위에서 진행한 일들이다.

여수시는 2023년 4월 1일, 여수 세관지정항 지정일 100주년을 맞아 '개항 100주년 기념' 행사를 요란하게 치렀다.

여수 개항 100주년 기념공원(최재성 촬영)

지정항을 개항으로 둔갑시킨 것도 잘못이지만, 식민지 항구 역할을 자랑스럽게 생각하는 것은 더 큰 잘못이다.

여수가 개항으로 지정된 것은, 앞에서 서술한 대로 정부 수립 이후의 일이다. 1949년에 개항으로 지정되고, 1951년에 시행되었다. 따라서 여수항 '개항'을 기념하려면 '시행'에 맞춰 1951년을 기준으로 해야 하는 것이다. 지난 2021년 8월 '개항 70주년' 행사를 했더라면 됐을 일이다.

그런데 여수시는 단지 숫자 '100'에 집착하여 일제 식민지 지정항 지정을 축하하는 행사를 했다. 1919년의 대한민국 임시정부 수립, 1948년의 정부 수립을 기념하는 대신, 단지 시기가 더 오래됐다는 이유만으로 조선총독부 설치(1910년)를 기념하는 것과 같은 꼴이다. 여수항 개항 지정 시점을 끌어 올려서 얻고자 하는 이점은 무엇일까.

또 여수 사람들이 생각하는 것처럼 1923년 지정항 지정이 여수항 개항이라면, 1940년대 여수인들이 총독부와 미군정을 상대로 벌인 '개항 승격' 운동은 무엇이란 말인가.

2. 해운

연안 해운

여수항에 화물·여객 증기선이 처음 기항한 것은 1897년이었다. 당시 세창양행의 신문 광고(『독립신문』 1897.3.30.)를 보면, "화륜선 현익호가 4월 초2일쯤 군산, 법성, 목포, 제주, 좌수영(여수-인용자), 삼천포, 통영, 마산포, 부산, 염포, 포항, 원산, 서호, 신포, 신창, 차호, 성진, 명천, 경성으로 갈 터이니 선객들과 짐 보낼 이들은 속히 제물포 세창양행으로 와서 미리 마치"라고 했다.

화륜선은 증기선을 가리키던 당대의 표현인데, 4월 2일 제물포를 출발하기로 했던 현익호가 군산, 법성포, 목포, 제주를 거쳐 며칠 만에 여수항에 입항했는지는 알 수 없다. 항해 일정이 순조로웠다면, 기관으로 운행하는 상업용 화객선이 처음 옛 좌수영 성 밖 항구에 기항한 것이다. 현익호는 12월 27일에도 제물포를 출발하여 같은 경로를 통해 여수에 기항할 예정이었다(『독립신문』 1897.12.21). 그밖에

『독립신문』 1897.3.30. 광고

창룡호도 각각 8월 29일과 10월 10일에 제물포를 출발하여 같은 경로를 운항할 계획이었다(『독립신문』 1897.8.26; 1897.10.5.).

1908년에는 대한제국 정부가 한남기선회사에 보조금을 주어 부산을 중심으로 한 연안 항로를 운행하게 했다. 그리고 부산 목포 간 항로 중 마산, 통영, 삼천포, 좌수영, 완도, 나로도, 벽파진, 목포, 소안도, 제주, 우도, 거문도, 안도, 욕지도, 장승포에 기항할 것을 요구했다(『황성신문』 1908.7.30.).

세 번째로 부산기선회사에서 경영하는 남안 항로는 대한제국기인 1909년에 3만 원의 보조를 받아 1년여 실험을 거쳤다. 이후 선객의 왕래와 하물 출입이 빈번하여 식민지화 직후인 1910년 9월에 부산-좌수영(여수)간 기선 1척을 증가하여 매월 6회 이상의 항해(『매일신보』 1910.9.22.)를 하게 했다.

또 종래 연안 항로 보조에 관한 명령은 농상공부 대신의 소관이었는데, 1910년 '합병조약'의 결과로 그 명령을 통감부에서 발하기로 변경되어 통감은 부산기선주식회사에 대하여 새로 명령을 발하고, 종래 규정을 변경(『매일신보』 1910.9.23.)했다. 변경 내용은 부산과 좌수영 간에는 총톤수는 170톤, 속력은 7해리로 했다. 종래 조건 중에서 점차 보조금을 반납케 할 것과 기항의 지정과 왕복 항해 횟수와 우편물을 무료로 할 규정은 종전과 달라진 것이었다.

1910년 12월에는 부산-좌수영(여수)간에 기선 2척을 증가하여 매일 항행(『매일신보』 1910.12.1.)하게 했다. 9월에 비해 기선 1척이 더 증가했고, 운항 일수도 매월 6회에서 매일 1회로 늘어났다. 1911년 6월 1일부터 부산기선회사는 부산-목포 간의 연안 항로를 개시하고, 여수, 나로도, 홍양 및 해남 등지에 기항하기로 결정(『매일신보』 1911.6.16.)했다.

1911년 9월에 부산 상선조(商船組)는 부산기선회사에 대하여 경쟁 항로를 개설하고, 11일부터 부산 여수 간 항로의 첫 항해를 개시(『매일신보』 1911.9.21.)했다. 표면은 상선조의 경영이라 칭했지만, 실은 대판(大阪)상선회사가 장래의 계획상 시험적으로 경영한 것이다. 이로써 2개 회사의 경쟁 운행이 시작되었다. 그 이유는 이 노선이 충분히 경쟁할 여지가 있었기 때문(『매일신보』 1911.10.7.)이었다.

1912년 7월부터 조선우선회사는 배선을 변경(『매일신보』 1912.6.9.)했는데, 그중 여수까지의 항로는 다음과 같다.

운행 구간	항로 구분	선명
부산-여수	명령항로	해국환, 용윤환, 경보환
목포-여수	명령항로	순천환
목포-제주 및 목포-여수	자유 항로	광양환

위 표에서 부산과 여수, 여수와 목포간 선로는 명령항로였고, 목포-제주 및 목포-여수 구간은 자유항로였다. 후자는 신규 취항한 것이었다.

1913년에 들어 조선우선회사 전무(吉田)는, 조선우선회사의 남선 연안 부산-여수 선은 부산을 기점으로 하는데, 회사가 후일 조선을 중심으로 일본과 북중국 연안에 항로를 여는 경우에는 부산, 목포, 군산, 인천 외에 통영, 여수, 제주의 3개소는 기항지로 반드시 편입해야 한다고 강조(『매일신보』 1913.8.16.)했다. 통영과 여수는 모두 인구 2만 이상을 갖고, 통영, 여수, 제주의 중요 물산인 해산물을 북중국에 수출할 것이 많으며, 또 북중국 방면 산출품의 이입도 적지 않을 것이라는 이유에서였다. 당시 부산, 목포, 군산, 인천은 모두 개항지였는데, 이들 개항지 외에 개항을 보조할 남해안 항구의 필요성을 인식한 것이다.

이후 1914년 연말 조선우선주식회사 부산지점의 기선출범 광고(『釜山日報』 1914.12.9.)를 보면, 여수에 운행하는 노선으로 부산 기점의 내회선과 외회선이 있고, 여수 기점 순천 벌교선이 있었다. 이를 자세히 보면 다음과 같다.

구분	내용
내회선(內廻線), 매일 오후 출발	통영환(統營丸) 12월 11일 오후 1시, 거제환(巨濟丸) 12월 9일 오후 1시, 해주환(海州丸) 12월 10일 오후 1시 현동(縣洞), 마산, 통영, 삼천포, 선진(船津), 진교(辰橋), 노량진(露梁津), 여수행 12월 7일 출범 해주환 8일 오후 여수에서 나로도, 흥양, 완도, 우수영, 목포행 순천환에 접속함
외회선 (월 8회)	장승포, 미조도, 여수, 거문도, 우도, 조천, 산지(山地), 추자도, 목포행 창평환(昌平丸) 12월 16일 오후 4시, 양양환(襄陽丸) 12월 12일 오후 4시
여수 기점 순천 벌교선(曳船)	삼성환(三省丸) 여수발 각 2일째 발 부산 출하 매일 화물 접수 동회(東廻) 여수, 서호동(西湖洞), 낙포각(洛浦角), 삼일면, 광양, 순천, 노량진행 오전 7시 서회(西廻) 돌산, 벌교행 오전 7시 여수에서 예선 범선에 환적 범선을 바로 벌교 장에 들여 하역할 수 있음. 선임을 절감할 수 있어 편리함.

내회선은 매일 오후에 부산에서 출발하여 남해안 연안을 거쳐 여수에 이르는데, 통영환·거제환·해주환이 3일간 번갈아 운행하였다. 그중 해주환은 여수에서 목포행 순천환과 접속할 수 있었다. 외회선은 창평환과 양양환 2척이 번갈아 월 8회 운행했는데, 거제도와 남해도를 돌아 여수를 거친 후 다시 거문도에 나가 제주에 들렀다가 목포에 이르렀다.

여수 기점 순천 벌교선은 여수항 기준 동쪽과 서쪽 두 방면으로 운항했다. 여수해만을 지나는 동쪽

우회선은 여수반도 북쪽 삼일면을 거쳐 광양만에 면한 광양과 순천에 머문 뒤 하동 노량까지 갔다. 서쪽 우회 예인선은 돌산을 거쳐 벌교에 이르렀다.

1915년 9월부터 50일 가량 동안 서울에서 '공진회'라 불리는 일종의 박람회가 개최되었다. 조선총독부가 5년간의 '통치 실적'을 선전 과시하는 자리였다. 이때 조선 각지에서 관람단이 모여들었다. 여수군 관람단도 내회선을 타고 부산에 가서 경부선 기차를 갈아타고 서울로 향했다. 그 사정은 당시 신문 기사(『釜山日報』 1915.10.13.)에서 확인할 수 있다. 여수군 관람단 165명은 여수군수의 인솔로 10월 12일 오후 2시 입항한 해주환으로 부산에 가서 상업회의소에서 다과 접대를 받고 시중 시찰 후 밤 11시 출발 기차로 경성에 갔다. 이처럼 내회선은 서울로 가는 여수 사람들이 이용할 만한 경로였다.

이후 1936년에 이르면, 여수의 연안 항로는 다음과 같이 대폭 늘어났다.[9]

조선기선(發動機船) 여수-부산선 (발착 모두 매일 조석 2회 정기)
   기항지: 여수·노량진·삼천포·통영·부산

조선기선(발동기선) 부산·여수·목포선 (매일 발착 각 1회 정기)
   기항지: 부산·진해·마산·구마산·통영·삼천포·선진·진교·남해·노량진·여수·나로도·풍남·녹동·율포·수문·회진·완도·목포

광본(光本)기선(발동기선) 여수-부산선 (매일 발착 각 1회 정기)
   기항지: 여수·노량진·삼천포·통영·부산

흥양수산(발동기선) 부산·여수·제주선 (월 15회 발착 정기)
   기항지: 부산·여수·나로도·초도·거문도·성산포·제주·한림·서귀포

광본기선(발동기선) 부산·여수·제주선 (월 6회 발착 정기)
   기항지: 부산·여수·거문도·제주도 일원

제주해운(발동 汽船) 제주·여수·부산선 (월 6회 발착 정기)
   기항지: 제주도 일원·거문도·여수·부산

남선운수(발동기선) 여수-소리도선 (발착 모두 매일 2회 정기)
   기항지: 화양·화정·돌산·우학리·안도·부도·서고지·소리도

남선운수(발동기선) 여수-남해 동회선 (발착 모두 매일 2회 정기)
   기항지: 여수·선구·석교·곡포·양포·상주·미조

영남순항(발동기선) 여수-남해 서회선 (발착 모두 매일 2회 정기)
   기항지: 여수·서상·평산·덕월

벌교환(발동기선) 여수-고흥선 (매일 1회 발착)
   기항지: 여수·나진·백야·조발·적금·선암·사도·포두·길두·상포

주길환(住吉丸)(발동기선) 여수-하동선 (월 6회 정기)
　기항지: 여수·태인도·망덕·하동
주길환(발동기선) 여수-화정선 (월 24회 정기)
　기항지: 여수·나진·백야·화정·개도

또 화물 전용 정기항로는 다음과 같았다.

부산·여수·벌교선	부정기항로	10척 가량(소형 발동선)
부산·여수선	동	10척 가량(소형 발동선)
연안 각지-여수선	동	20척 가량(범선)

1930년대 노선이 늘어나면서 경쟁이 치열해지자, 짬짜미 사례(『매일신보』 1930.9.10.)도 나타났다. 부산 여수 간의 조선기선 대 광본기선의 경쟁 문제는 '양자 간 원만한 해결'을 보아 9월 1일부터 선임 2월 20전으로 타협 조정했다.

부산-여수 간 운행 대안환(《麗水發展史》)

일본과의 연락선, 관려 연락선

먼저 여수와 하관 간 연락선의 취항이다. 연락선이란 철도역과 철도역 사이를 오가는 배를 의미한다. 관려 연락선을 통해 광려선(또는 송려선, 전라선)의 종착역인 여수항역과 일본 하관항역을 기점으로 하는 일본 내 철도 노선이 연결되었다. 여수 광주 간 철도 개통에 때맞추어 일본의 천기(川崎)기선주식회사는 '관려 연락선'을 계획하여 1930년 12월 20일에 개통시켰다.

관려 연락선 개통 과정은 다음과 같다. 남조선철도 전무 별부축태랑은 1930년 3월 7일 경성에 가서 철도국, 체신국, 조선우선회사를 방문했다. 남조선철도회사는 여수항 철도 개통 후 여수-관문(關門) 연락항로를 개시할 계획을 갖고 있었는데, 체신국 방문은 그 항로에 대해 국고보조를 교부해 달라는 것이 목적이었다. 남조선철도회사는, 당시 관부 연락선 1년 승객이 70여만 명이고, 그중 2할은 전남북 재류민인데, 그들이 새로운 항로를 이용한다면 1년에 14, 5만 명에 달하여 충분한 채산성(『매일신보』 1930.3.11.)이 있다고 보았다.

남조선철도회사는 철도 부설과 신항 축조 공사가 한창이던 1930년 여름, 그해 철도 개통을 기회로 매일 2천 톤의 기선을 사용하여 하관 여수 간 1왕복을 개시하기로 결정하고, 이를 하관시 당국에 통지했으며, 하관시에서는 여수와 협의에 나섰다. 이 계획이 성사되면 부산항에는 상당한 타격이 예상되었으나, 종래 관부선으로만 혼잡을 이루던 여객에게는 큰 편리가 있을 것(『매일신보』 1930.7.29.)으로 예측되었다.

8월 7일 남조선철도회사는 동경 본사에서 제5회 정기총회(『매일신보』 1930.8.12.)를 개최했다. 이 자리에서 정기 연락항로 개시는 최근 천기(川崎)기선회사와 계약이 성립됐음을 보고했다. 천기기선회사는 남선철도회사와 연락운수협정을 체결(『매일신보』 1930.8.30.)하고, 11월 25일에 정기항로를 개시하며, 창복환, 경운환 두 척을 취항하기로 결정했다.

이어 10월에 남조선철도 사장과 같이 전라남도에 온 신호(神戶)의 천기기선회사 취체역[삼포숙흥(三浦夙興)]은 다음과 같이 운항 계획(『매일신보』 1930.10.21.)을 밝혔다. 경운환(2천480톤)의 수용 승객은 1등 12인, 2등 24인, 3

창복환과 경운환(『매일신보』1930.12.26)

등 100인이고, 창복환(2천600톤)은 1등 10인, 2등 30인, 3등 150인이다. 이 기선은 이 회사의 근해 항로 우수선인데, 발착 시간은 오후 5시 반 하관을 출발하여 다음 날 오전 9시 반에 여수에 도착하고, 남철 급행 송정리 연락은 오후 2시에 출발하며 호남선 목포발 6시 20분의 급행 대전행에 접속할 수 있다.

또 오후 5시 반 여수를 출발하여 오전 다음 날 9시 반에 하관에 도착하고, 하관에서 일본 철도성 노선 각등 급행에 접속되는 것이다. 4월부터 10월까지는 날씨가 양호하여 항해 소요 시간은 15시간 정도로 예상되나, 11월부터 3월까지는 서풍을 받게 되어 난항일 것이라는 내용이다.

같은 자리에서 남조선철도 사장도 이렇게 말했다. 천기기선회사도 관부연락선과 동등한 화물의 하양에는 하양임을 받지 않고, 운임도 극히 저가로 할 것이며, 총독부 철도국에 대하여 환승 없이 여수로부터 송정리까지, 송정리로부터 여수까지 직통하고, 운임도 다른 사철과 같이 간선과 같은 조건으로 직통열차를 신청 중이라는 취지였다.

남조선철도 광주-여수 간 운전 개시에 따라 하관-여수 간에 2천 톤급의 객선 본위의 대형선을 배치하여 매일 정기 신항로를 개설(『동아일보』 1930.12.20.)했다.[10] 일본 측의 대리점은 삼릉창고의 문사지점, 조선 측은 여항운수회사였다. 취항선은 당분간 경운환(2천480톤, 1등객 12명, 2등객 24명, 3등객 100명), 창복환(2천600톤, 1등객 10명, 2등객 30명, 3등객 150명)의 2척이었다.

발착시간은 여수 출범은 매일 오후 4시 30분, 다음 날 오전 10시 30분 하관 도착, 하관 출범은 매일 오후 5시 30분, 다음 날 오전 11시 30분 여수 도착하여 모두 일본 철도성선 및 남조선철도에 접속하여 화물과 승객의 연락을 했다.

하관 측의 발착지는 신축 중인 문사세관 하관출장소의 세관 안벽을 사용하고, 항해 시간은 편도 약 18시간(운임은 1등 9원, 2등 6원 50전, 3등 3원 50전)이었다. 『동아일보』 기사에서는 경운환을 경복환으로 오기했다.

12월 20일 여수항에서 하관으로 출발하기 위해 그 전날인 19일에 여수항에 경운환이 모습을 드러냈다. 그때로부터 이튿날인 20일에 여수항을 출발하고, 21일에 창복환이 여수항에 입항하기까지의 사정은 신문 기사(『釜山日報』 1930.12.23.)에 상세하다. 부산일보가 관심을 기울인 것은, 관려 연락선 취항이 부산에 위협이 될 것으로 보았기 때문으로 보인다. 실제로 이 기사에서는 '관부연락선에 대항'이라는 표현으로 경계를 드러냈다.

기사에 따르면, 천기기선회사는 19일 오후 경운환(총톤수 1천921.35톤, 중량톤수 2천585톤)을 여수항에 입항시켰다. 경운환은 오후 5시 반 여수항에 입항할 뜻의 무선 전신을 항해 도중에 목포 무전국에 발신 경유하여 천기기선의 대리점 여항운수회사에 보냈다. 짙은 안개로 입항 시간이 지연되어 항 밖 죽도(오동도-인용자) 앞바다에 모습을 보였지만, 정해진 오후 5시 30분 여수 축항에 입항하여 안벽(岸壁) 앞바다에 닻을 내리고 1박했다.

경운환은 20일 오전 11시 지나 축항 제1돌제에 접안했다. 여수항 관민 유지와 철도회사의 전무를 비롯하여, 축항 기사장 등 철도 및 천기기선 간부는 이른 아침부터 '희열이 만면'한 모습으로 안벽에 나와 있었다. 이 배는 하역을 마치고 '정기 제1회 관려연락 항로'에 취항하여 여수 축항을 뒤로 하고 하관을 향해 출발했다. 같은 시각에는 자매선인 창복환이 하관항 안벽을 출발하여 '상호 완전히 관려연락이 개시'되었다.

여수항에 접안한 경운환(『釜山日報』 1930.12.23.)

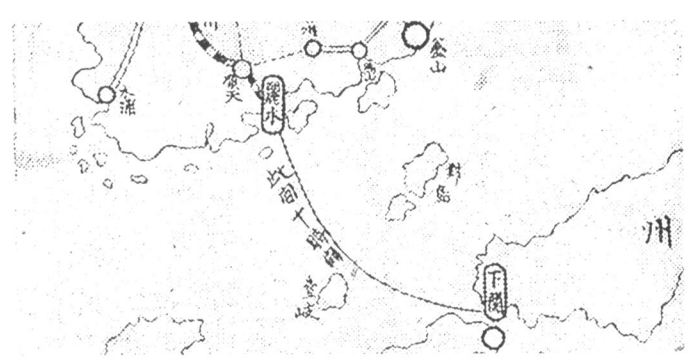

관려연락선 항로 약도(『釜山日報』 1931.4.20.)

20일 오후 출범한 경운환에 여수항으로부터의 승객은 10명이고(3등 표로써 1, 2등으로 우대), 화물은 흥양수산회사로부터 하관, 대판, 구주 방면에 보내는 선어 160상자와 기타였다. 제2일인 21일에는 창복환이 오전 11시 반 무사히 입항했다. 창복환은 20일 오후 5시 반에 하관을 출발한 것이다.

경운환이 처음 여수항에 도착한 19일 오후 환영행사(『매일신보』 1930.12.26.)도 있었다. 19일 오후 5시 30분 경운환이 입항하여 여수 축항에 닻을 내리자 환영하기 위하여 군수, 서장, 관리자, 실업회장, 면장, 면협의원, 신문기자가 배에 승선하여 선장에게 환영사를 말한 후 상전주조장의 명주(銘酒) 여천(麗泉) 한 동이와 생어를 선장에게 증여했다.

상전주조장(『麗水發展史』)

여수와 하관 간 연락선의 중요성은 1934년 7월 하순 관부연락선의 역할을 대체(『동아일보』 1934.7.27.)하면서 새삼 부각되었다. 당시 삼남지방의 대홍수로 인해 경부선이 불통되자 철도국에서는 관부연락선을 부산항 대신 여수항에 기항케 하고, 승객들로 하여금 여수 광주 간 철도를 경유하여 호남선을 이용토록 했다. 이 조치로 여수항에는 하관행 연락선을 타려고 경성방면에서 온 여객들이 일시 1천여 명에 이르러 대 혼잡을 겪기도 했다.

관려여객선의 취항에 따라 여수항을 통해 일본을 왕래하는 사람의 숫자는 해마다 크게 늘었다. 1932년 1년 동안 관려연락선을 통해 일본으로 간 사람이 1만 1천728명이고, 돌아온 사람이 8천 87명(『동아일보』 1933.3.21.)이었는데, 1933년에는 각각 2만 6천289명, 1만 9천217명(『동아일보』 1934.1.15.)으로 늘었다.

또 여수와 하관 간 직항 개통 역시 광주와 여수 간 철도 개통과 마찬가지로 경제적, 군사적인 면에서 일본 제국주의에 기여했다. 여수와 하관간 항로는 부산-하관간 항로와 비교하여 거리, 운임, 운항회수 면에서 큰 차이가 없었다. 그러나 호남선을 통한 목포와 일본 간 항로에 비해서는 거리 단축과 운임 절감의 효과를 보게 되어 '조선의 미곡 부고(富庫)인 호남 일대와 일본 간의 거리는 만 1일의 단촉(短促)'(『동아일보』 1930.12.28.)이 생겨 경제적으로 이득이었다.

호남선 각역으로부터 여수 또는 부산를 경유하여 하관까지 가는 데 드는 비용을 비교한 기사(『朝鮮新聞』 1932.11.1.)도 있다. 충청남도 강경으로부터 전라북도와 전라남도의 각 역에서는 모두 부산항을 경유하는 것보다 여수항을 경유하는 것이 비용 절감효과가 있었다. 각 역 이름과 비용 대비는 다음과 같다.

강경 8.27/8.90, 이리 7.85/9.31, 군산 8.20/9.68, 전주 8.24/9.68, 김제 7.57/9.60, 정읍 7.17/10.00, 장성 6.61/10.56, 송정리 6.27/10.89, 나주 6.50/11.12, 영산포 6.55/11.17, 목포 7.37/11.99, 광주 6.03/11.12.

예를 들면 강경역에서 여수항을 거쳐 하관에 가는 것은 8.27원인데, 부산항을 경유하면 8.9원이었다. 이 경우에는 비용 차이가 크지 않지만, 광주에서는 차이가 가장 커서 약 2배에 이르렀다. 광주에서는 기차로 송정리-대전을 거쳐 부산에 가야 하기 때문이다.

여수 주재 기자는 광주-여수 간 철도 개통과 여수-하관 간 직항 개설을 자랑스럽게 생각한 듯하다. 이들로 인해 여수는, '빈약한 일한(一寒) 어촌이 일약 조선 중에 굴지할만한 양항(良港)'(『동아일보』 1933.1.22.)이 되었다고 표현했기 때문이다.

반면 다른 지역 기자는 여수를 경계하는 논조의 기사를 썼다. 앞의 『釜山日報』도 그렇고, 다음의 군산일보도 그렇다. "목포·군산을 고목(尻目)하고 일약 남선의 웅항(雄港)으로서 두각을 나타낼 날이 가깝다."(『群山日報』 1935.7.18.)는 표현에서 그것을 엿볼 수 있다. 고목은 일본어인데, '곁눈질하다, 무시하는 태도를 취하다'라는 뜻이다.

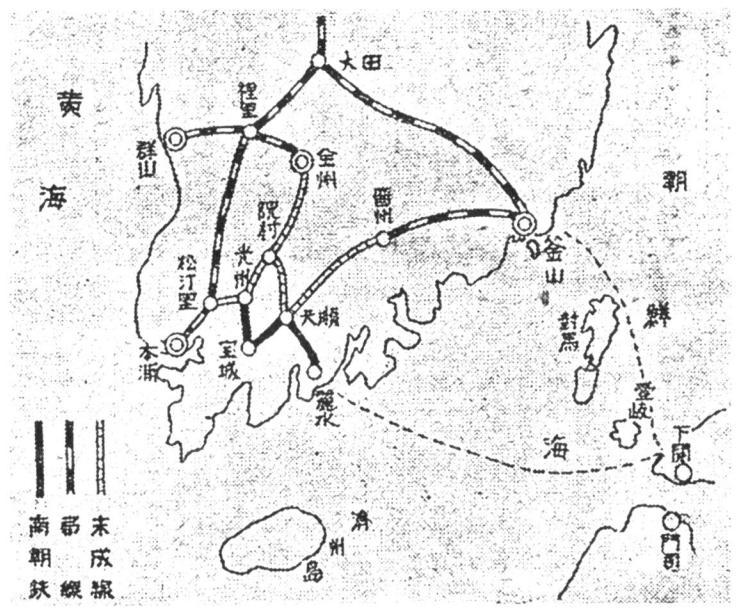

광려선 철도와 관려연락선 노선 약도(『매일신보』 1931.4.20.)

여수-대판·신호 항로

천기기선회사는 1931년 12월에 여수와 대판·신호 간에 화물선을 취항시켰다. 그 내용은 다음과 같다.[11] 천기기선회사는 일반 하주의 편리를 꾀할 여수-판신 간에 항로를 개시하여 12월 15일부터 취항했다. 이는 화물 전문으로 운임은 극히 싸고, 담양·송정리 방면으로부터 수송하여 차 하나에 약 10.5원 가량 싼 것이며, 남철 연선 부근의 곡물업자에게는 다대한 편리를 주는 것이었다. 또 이 회사는 여수-판신 간에 직행 전용선을 1척 취항시키고, 기타 기선은 인천·군산·목포 등에 기항하여 그 방면의 화물을 흡인하여 매월 6,7회 취항할 예정이었다.

위의 조선총독부 자료에서는 12월 15일부터 취항했다고 밝혔지만, 기사에 따르면, 12월 21일(『매일신보』, 1931.12.20.) 또는 22일(『매일신보』 1931.12.24.)부터라고 한다. 또 이 기사에서는 남선철도를 이용하여 전남지방의 쌀 기타 화물은 이 항로를 이용하면, 목포 등지는 상당한 타격이 있을 것으로 예상했다.

당시 식산은행이 취급하는 여수의 하환 실적이 4만원을 상하하는 정도로 부진했는데, 판신까지 항로를 연장하면 다소 증가할 것으로 전망(『매일신보』 1931.12.24.)했다. 여수-대판·신호 항로 개설을 낙관적으로 바라본 것이다.

1936년 기준 배선 항로, 배선 회수 및 선회사명을 보면 다음 표와 같은데, 여수 판신 간 항로를 운영하는 회사는 3개 회사로 늘었다.[12]

선회사명	정기 종류	항로명	항해 회수
천기(川崎)기선주식회사	자유 정기	관려선	1일 1회
동화(東和)기선주식회사	자유 정기	판신(阪神)-여수선	미정
조선우선(郵船)주식회사	동	신의주-대판(大阪)선	미정
대판(大阪)상선주식회사	동	판신-여수선	월 5회 이상
반야(飯野)기선주식회사	동	동	미정
니기(尼崎)기선부	동	대판-인천선	미정

대판상선회사의 명뢰환(〈麗水發展史〉)

여수-박다 항로 개설 계획

여수와 일본 구주의 박다(博多)항까지의 직항로 요구도 빗발쳤다. 여수-하관 간은 280여 킬로미터이나, 여수-박다 간은 240킬로미터로 단축(『조선일보』 1939.9.21.)되기 때문이었다.

이에 총독부도 그의 실현에 착수했다. 그 사정을 다음 기사(『매일신보』 1941.9.19.)에서 확인할 수 있다. '대륙 루트의 증강'으로 박다-여수 사이의 정기항로에 관하여 수년간 두 곳 주민들의 맹렬한 운동이 있었다. 관문 해저 터널 공사의 완성을 앞두고 그 문제는 구체화되었다. 박다역의 이전과 인입선 공사 등이 잘 진행되어 총독부 측과 철도성도 속히 정기 취항할 방침 아래 준비 중이었다. 천산환(天山丸)이 머지않아 진수하게 되면 1942년도부터 먼저 하루걸러 취항하게 될 터라는 내용이다.

이후 1941년 11월 20일 여수읍장과 여수상공회의소 회두(김영준) 등 일행 5명은 박다상공회의소를 방문하고 여수-박다 항로 개설 문제를 협의(『釜山日報』 1941.11.22.)했다. 그러나 이 계획이 실행되었는지 여부는 자료가 없어 확인할 수 없다.

3. 무역

직항로를 통해 왕래 인원 외에 무역도 증가했다. 1931년 여수항의 무역총액은 1천249만 6천789원(『동아일보』 1934.4.19.)이었는데, 그중 이출이 597만 8천930원, 이입이 651만 7천859원으로 이입 초과였다.

이출품에는 화순탄광의 무연탄도 큰 비중을 차지했다. 1932년도에 4천60톤을 반출(『釜山日報』 1933.12.5.)했는데, 여수항 부두를 거쳐 대판, 신호, 명고옥, 동경 등지로 수송되었다.

1930년부터 1934년까지 5년간 여수항 무역상황을 보면, 다음 표와 같다.[13]

연도	이출	이입	계	목포
1930	104,8473	185,4644	290,3117	2927,2299
1931	333,4691	164,8655	498,3346	2304,2335
1932	581,1551	175,7263	756,8814	2490,6878
1933	903,9165	229,2802	1133,1967	2852,9046
1934	1170,4310	401,9034	1572,3344	3419,5216

목포와 비교하면, 약 1/10 수준에서 출발하여 5년 만에 46% 정도 수준까지 따라잡았지만, 여전히 절반 이하 수준이었다. 같은 시기인 1934과 1935년 주요 항 무역규모를 보면 다음 표와 같다.

항별	무역액	항별	무역액
인천	1,6034,0000	원산	2445,0935
진남포	1,1494,9090	마산(1935)	1434,9053
군산(1935)	8939,1063	해주	1343,1605

항별	무역액	항별	무역액
신의주	5582,8000	성진	811,6686
목포	3419,5216	포항	651,2668

앞의 자료에는 신의주, 진남포, 해주, 인천, 군산, 목포, 여수, 마산, 부산, 포항, 원산, 성진, 청진, 나진, 웅기 등 15개 항의 무역 실적이 있다. 여수항과의 직접 비교를 위해 금액 기준으로 작성된 항을 추출하여 표를 작성했고, 수량 기준으로 된 항구(부산·청진·나진·웅기)의 실적은 제외했다. 자료 중 신의주·인천의 무역액은 천원 단위인 것을 원 단위로 맞춘 것이다. 위 무역액 순위 1~3위 인천, 진남포, 군산에다가 부산항을 더한 것이 4대 무역항이었다. 여수는 해주·마산과 비슷한 수준이다.

이후 1937년 기사(『동아일보』 1937.12.16.)에 따르면, '남조선에서 제2부산으로 자타가 공인하는' 여수항의 11월 총 무역액은 161만 7천57원으로 전년 동기 대비 68만 7천200여 원의 증가를 보였다. 그중 이수출액은 109만 2천670여 원, 이수입액은 52만 4천387원이었다. 이수출액이 이수입액의 2배를 웃돌아 1931년의 이입초과와는 판이한 현상을 보였다.

1936년 자료에서는 향후 다음과 같은 예측이 있었다.[14] 여수항의 무역 상황은 최근 4,5년래 현저히 증가하여 1천500만 원 이상에 달했다. 광주에 신설된 종연방적회사의 여러 공장이 완성되어 그 모든 기능을 발휘함에 이르면, 동 공장만의 이출입 화물에서도 이입 면화 및 기타 재료 연액 1천600만 원, 이출 제품 1천400만 원 합계 3천만 원을 내려가지 않을 것이다. 그러면 여수항의 무역액은 일약 5천만 원을 돌파함에 이를 것이고, 신의주항 정도의 수준에 달하리라는 내용이다. 그러나 이듬해 중일전쟁이 발발하고, 태평양전쟁으로 이어져 전시체제기 해상운송의 어려움으로 그 전망은 이뤄지지 않았을 것으로 추정된다.

여수항은 1923년 세관 지정항 지정과 1930년 관련연락선 개통 이래 일본 본토와의 직항로 개설로 무역량이 증가 추세에 있었다. 이것은 식민지 항구로 기능했기 때문에 이뤄진 일이다. 일본의 패전으로 일본과의 연락이 두절된 이후 여수항의 무역도 어느 기간까지는 침체 상태에 놓였다. 식민지 항구의 숙명이었다.

09 식민지 금융기관

1. 식민지 금융기관

제국주의가 식민지를 경영하는 데 중요한 요소인 토지와 철도를 앞에서 살펴보았다. 이들과 함께 또 중추 요소를 이루는 것은 금융이다. 일반적으로 토지, 철도, 금융을 식민지 경영의 3대 요소라고 일컫는다.

식민지 조선의 금융기관으로는 조선은행, 조선식산은행(그 이전에는 농공은행), 동양척식주식회사(동척) 금융부, 금융조합, 그리고 일본 은행의 지점, 신탁회사, 보험회사, 무진회사 등을 꼽을 수 있다. 여수의 식민지 금융기관으로는 1910년 설립된 여수지방금융조합을 비롯하여 1912년 설치된 광주농공은행(1918년 조선식산은행으로 합병) 여수지점, 1935년 설치된 조선은행 여수지점 등이 있었다.

조선식산은행과 금융조합은 각각 1906년과 1907년부터 설립되었던 농공은행과 지방금융조합의 후신이다. 농공은행과 지방금융조합은, 1904년 8월에 대한제국과 일본 사이에 체결된 '제1차 한일협약'에 따라 대한제국 재정고문으로 일본 대장성 주세국장 목하전종태랑(目賀田種太郞)이 부임하여 이른바 '목하전 개혁'을 강제하면서 설립되었다.

'목하전 개혁'은 재정 정리, 화폐 정리, 식민지적 금융기관 설립을 골자로 했고, 그 목적은 한국의 경제구조를 일본의 그것에 맞게 뜯어고치는 것이었다. 그 과정에 조선의 전통적인 금융기구를 대신할 식민지적 금융기관으로서 농공은행과 지방금융조합이 설립되었던 것이다.[1]

이후 1918년에 기존 6개의 농공은행이 하나로 합병되어 조선식산은행이 설립되었고, 지방금융조합은 '지방'이란 용어가 삭제된 금융조합으로 개칭되었다. 농공은행과 지방금융조합, 조선식산은행과 금융조합은 각각 1930년대 전반까지 주로 농업금융을 담당하면서 농업 분야에서의 식민지적 발달을 추구했다. 그러나 1937년 중일전쟁 이후 전시체제기에 이르러 조선식산은행은 공업금융기구로 전환했고, 금융조합은 강제 저축과 대출 억제를 통해 전비 조달 창구 역할을 했다.

조선은행은 1909년 대한제국의 중앙은행으로서 설립된 한국은행이 일제의 식민지화에 따라 변경된 이름이다. 조선은행 여수지점은 1935년 8월 개점했는데, 7월 4일부로 지점 설치 인가(『동아일보』 1935.7.7.)를 받았다. 이어 8월 1일에 개업했고, 개업 첫날 영업 실적은 대출은 없고, 예금 44구에 14만 4천 원(『조선일보』 1935.8.3.)이었다.

조선은행 여수지점 개설 과정(『조선일보』 1935.6.2; 『동아일보』 1935.6.2.)을 보면 다음과 같다. 먼저 조선은행은 '총독부의 희망에 의해' 처음에는 목포지점의 출장소 형식으로 출장소를 설치하려 했다가 곧 지점으로 변경하여 설치했다. 그 변경 배경에는 '총독부의 희망'이 강하게 작동되었던 것으로 보인다. 다음으로 설치 이유를 보자. 사철인 남조선철도를 총독부가 매수하여 철도국선으로 고치기로 한 것과 여수항이 여수-박다(博多) 연락선의 발착점이 되어 일본은행권과 조선은행권의 환업무 수요가 '상당히' 있었기 때문이라 한다. 여기서 '여수-박다 연락선'은 '여수-하관 연락선'의 오기로 보인다.

이후 1940년대 초 여수지역에는 조선은행 여수지점, 조선식산은행 여수지점, 그리고 4개의 금융조합이 있었고, 그밖에 조선중앙무진주식회사 여수지점이 활동하고 있었다. 그중 1930년대 조선은행 여수지점과 조선식산은행 여수지점의 금융 활동 실적을 보면 다음 표와 같다(단위: 천원).[2] 당시 회계연도는 4월 1일부터 3월 말일까지였으므로 여기서 각 연도 말이란 것은 다음 해 3월 말일을 가리킨다.

구분	조선은행 여수지점		조선식산은행 여수지점	
	예입	대출	예입	대출
1931			7464	3405
1932			7581	3684
1933			9385	4714
1934			1,3706	7951

구분	조선은행 여수지점		조선식산은행 여수지점	
	예입	대출	예입	대출
1935	1978	846	1,4045	8652
1936	5633	1710	1,3711	1,4392
1937	1,3738	2516	1,3974	1,3614
1938	2,7118	1199	2,2443	1,7956
1939	2,2163	997	4,1593	2,4217
1940	1,1287	1155	5,2268	2,5339

이 자료에는 여수금융조합과 여천금융조합의 실적도 있으나, 이들 금융조합에 대해서는 뒤에 자세히 설명하기 위해 생략했다. 또 1939년 8월 개점한 조선중앙무진주식회사 여수지점 실적도 있으나, 너무 미미하여 생략했다.

2. 지방금융조합의 설립과 변천, 그리고 성격

1904년 8월 '제1차 한일협약' 체결에 따라 목하전이 부임하여 한국경제 구조를 일본의 그것에 맞춰 변화시킨 것을 시작으로 1910년대에 걸친 시기를 식민체제 기반 구축기라 부를 수 있다. 식민체제 기반 구축기에 지방금융조합이 순천과 여수에, 광주농공은행 지점이 여수에 설치되어 식민지 금융기관으로서 활동을 시작했다.

먼저 여수 지역민은 1907년 설립된 순천지방금융조합에서 대출을 받으면서 식민지 금융기관을 최초로 이용했다. 순천지방금융조합이 탁지부로부터 설립 인가를 받은 것은 1907년 7월 15일이었는데, 이날까지 설립 인가를 받은 지방금융조합은 모두 5개였다.[3] 이 5개는 광주·순천·영암·제주·나주 등으로 모두 전남 지역에 위치했다는 공통점을 갖고 있다.

1907년 순천지방금융조합은 순천, 낙안, 흥양, 여수, 광양 5군의 광대한 구역으로써 창립되었다.[4] 조선왕조시기 전라좌수영의 5관 중 보성군만 제외된 구역이었다. 이는 1907년 당시 지방금융조합 설립 방침과 관련이 있는데, 그 방침은 세무관 주재지인 전국 주요 각 군 50개소를 1차 조합 설립 후보지로 택한 것이었다.[5]

1906년 10월 27일 탁지부령 제23호로 반포, 시행되고, 1907년 7월 2일 탁지부령 제26호로 개정되어 8월 1일부터 시행된 관세관위치및관할구역(『관보』, 1907.7.11.)에는 전라남도 세무감부 순천세무서와 4개의 세무분서(광양, 흥양, 낙안, 여수)의 관할구역이 정해져 있는데, 1907년 설립된 순천지방금융조합의 조합

구역은 순천세무서(세무관 주재지)의 관할구역과 그대로 일치한다.

당시 지방금융조합의 활동 내용을 확인할 수 있는 자료로는 대부금순보가 남아 있다. 순보는 열흘마다 제출한 보고서이다. 각 지방금융조합 이사는 대부금순보를 작성하여 관할 재무감독국을 경유하여 탁지부 이재국 감독과 앞으로 제출하였다. 제출된 대부금순보는 과장 공람을 받았다. 이 과정에서 탁지부 이재국 감독과의 업무지도를 받았다. 그와 관련한 내용이 대부금순보 상에 남아 있으며, 그 내용은 다시 각 지방금융조합 이사 앞으로 통보되었다.

순천지방금융조합 이사(土屋泰助)가 작성한 대부금순보[6]자료에서 건당 대출 내용을 파악할 수 있는 실적은 1908년 3월 6일부터 7월 20일 사이에 이루어진 98건, 2천842원이다.[7] 전체 대출 기간이 '보릿고개'로 불리는 봄부터 초여름에 이르는 시기에 집중되어 있다는 특징이 있다. 대출이 이루어진 시기가 농촌에서 자금 수요가 가장 많은 때였음을 보여주는 것이다.

또 98건 중 여수군은 장인옥(張仁玉) 등 13건, 순천군은 김종현(金宗鉉) 등 75건, 낙안군은 나봉집(羅鳳集) 등 10건이다. 여수군에 주소를 둔 사람 13명의 주소를 보면, 현내면 12명, 율산면(세동) 1명이다. 그런데 당시 율산면이라는 지명은 없었다. '율촌면'과 '구산면'에서 한 글자씩 따서 만든 조어인 듯한데, 이 문서를 기재한 이사의 착오로 보인다. 또 '세동'은 덕안면 소재지에 속하는 지역이었다. 덕안면이란 이름은 1899년 옛 소라면이 이름을 바꾼 것이고, 1902년에는 덕안면이 덕안·구산면으로 분할되었으며, 1914년에는 다시 소라면(덕안면의 장성리 등 3개리는 쌍봉면 이속)으로 합쳐졌다. 세동은 당시 구산면 내 있었으므로 율산면은 구산면의 오기일 것이다. 당시 지방금융조합은 이사가 출장 대부도 행했으므로, 현내면 12명 대출은 출장 대부였던 것으로 보인다.

순천지방금융조합의 대출실적 98건의 건당 대출금액은 평균 약 30원이었다. 여수 13명의 대출금 사용 목적을 보면, 상업 5건, 농업 7건, 납세 1건이었다. 농업 중에서는 농구(農具) 5건, 농우(農牛) 2건이다. 지방금융조합 설립 목적이 농업 금융을 주로 하고자 했던 것에 비하면, 여수의 조합원 13명은 농업자금과 비농업 자금이 거의 반반으로 비농업 자금의 비율이 높다고 할 수 있다.

또 대출 이자율은 모두 일보(日步) 6전인데, 이는 당시 대금업자의 이자율과 비교할 때 상당히 낮은 것이었다. 일보 6전은 100원에 대해 하루 6전의 이자라는 뜻이다. 30일이면 1원 80전이니 한 달 1.8%이고, 1년(360일로 가정할 때) 21.6%의 이자율인 셈이다. 또 1908년 전국 12개 지역(한성, 인천, 진남포, 평양, 개성, 목포, 군산, 마산, 부산, 대구, 원산, 함흥)의 대금업자 평균 이자율은 1개월에 6.5~11.8%였다.[8] 즉 지방금융조합의 조합원으로 가입하여 대출을 받게 되면, 대금업자보다 저리로 차입할 수 있어 경제적으로 상당한 이득이 되었던 것이다.

순천지방금융조합의 대출실적 98건은 모두 부동산 담보였다. 이 대부금순보에는 조합원이 담보로 제공했던 부동산의 평가액이 기재되어 있어 조합원의 자산상태를 간접적으로 알 수 있다.

지방금융조합 설립을 위한 각종 법적, 행정적 조치가 취해지고, 전남 지역에 5개 지방금융조합의 설립이 인가된 시기는, 대한제국 정세 변화(1907년 5월 이완용 내각 성립 이후 황제 교체, 정미7조약 체결, 군대 해산 등)의 한복판에 있었던 때로서 대금업자보다 저리의 지방금융조합 대출 이자율은 조합원들의 반일 감정을 누그러뜨리는 계기가 될 수 있었을 것으로 보인다.

이후 1910년 9월에 여수에 지방금융조합이 설립되면서 순천지방금융조합 조합구역에서 분리되었다. 그에 앞서 같은 해 5월 대한제국 탁지부는 지방금융조합 30개소를 신설할 방침을 결정했다. 30개소 중 전남에는 여수를 비롯하여 목포, 진도, 능주, 담양 등 5개가 신설될 계획(『대한매일신보』 1910.5.11.)이었다. 아울러 일본의 동양협회 전문학교, 장기(長崎), 신호(神戶) 등지 고등상업학교 졸업생 등으로 이사 후보자를 선택(『황성신문』 1910.5.11.) 중이었다.

여수지방금융조합은 합병 직후인 1910년 9월 10일 설립 인가되어 1911년 1월 4일부터 업무를 개시했다. 당시 조합원은 405명이었고, 조합장은 여수의 유력자 김한승이었다.[9] 당시 법인등기(『朝鮮總督府官報』 1912.7.24.)를 보면, 여수지방금융조합의 소재지는 여수군 현내면 석정동이었고, 설립일은 1910년 9월 10일이며, 조합장은 현내면 상정동 1통 10호 김한승이었다.

1918년 10월 지방금융조합령 개정에 따라 '지방금융조합'의 명칭이 '금융조합'으로 변경되었으며, 기존의 지방금융조합이 '촌락금융조합'이 되고, 부와 면(시가지)에 '도시금융조합'이 신설되었다. 그에 따라 1920년 여수군 여수면에 여수금융조합이 설립되었다. 여수면에 도시금융조합이 만들어지면서, 기존의 여수지방금융조합은 촌락금융조합으로 구분되어 조합 이름 앞에 붙인 지역명을 신설 도시금융조합에 내주고, 여천금융조합으로 개칭되었다. 1926년에는 돌산금융조합이 만들어졌다. 이로써 여수에는 '1군 3조합'이 설치되었다.

1936년에는 여천금융조합 세동지소가 소라금융조합으로 승격되었다. 그리하여 1940년 기준으로 여수군에는 여수읍에 여수금융조합(도시)과 여천금융조합(촌락)이 있었고, 돌산

1920년대 여수금융조합(『麗水發展史』)

면과 소라면에 각각 돌산금융조합, 소라금융조합이 있었다. 이처럼 금융조합이 여수군 지역을 분할하여 관할하면서 촘촘한 그물과 같은 조직망을 갖추게 되었다.

금융조합은 금융(기관)과 (협동)조합을 합쳐놓은 성격을 갖고 있었다. 금융기관이란 수신과 여신, 즉 예금과 대출업무를 담당하는 기관을 말하며, 협동조합은 사전적 의미로는 '상품생산 조직 하에서 대기업의 경제적 압박과 중간상인의 농간을 배제하고 자신의 경제적 지위를 향상시키기 위해 소생산자 또는 소비자들이 모여 경제적 민주주의 원칙 하에 조직한 지역적 자유조합'[10]을 의미한다. 협동조합으로서의 활동은 공동구입, 위탁판매를 골자로 한다. 금융조합은 조합원을 대상으로 하는 금융 업무를 중심에 두고, 관제 협동조합으로서의 활동은 시기에 따라 강화되거나 폐지되는 부침의 과정을 겪었다.

3. 산미증식계획과 조선식산은행 여수지점

조선식산은행의 자금지원

조선식산은행의 대출에서 1910년대까지 상업금융의 비중이 컸으나 1920년대부터 1930년대 중반까지는 농업금융의 비중이 상업금융의 비중을 능가했다. 이는 일제의 산미증식계획 추진에 따라 식산은행의 융통 자금이 토지개량조합과 수리조합을 거쳐 대지주에게 제공되었기 때문이다.[11]

조선식산은행 여수지점은 1912년 9월 1일 개설된 광주농공은행 여수지점의 후신이다. 1918년 10월 1일 6개의 농공은행을 조선식산은행으로 개편할 때 조선식산은행 여수지점으로 개편되었다.[12]

조선식산은행 여수지점은 1919년 8월 15일 여수군 여수면 서정 1265번지로 이전(『朝鮮總督府官報』 1919.8.28.)했다. 그에 앞서 광주농공은행 여수지점의 주소는 서정 359번지의 9였다. 이는 1917년 3월 1일 지번 설정(『朝鮮總督府官報』 1917.6.28.)으로 인한 것이었다. 토지조사사업 기간에 지번 설정이 새로 이뤄진 때문이었다.

광주농공은행 여수지점으로 설립된 이래 1933년 6월말까지의 활동을 예금과 대출을 중심으로 살펴보면 다음과 같다.[13]

연도	예금	대출	연도	예금	대출
1912	1,5956	3,4080	1922	19,4410	77,6639
1913	2,1037	8,0098	1923	21,4873	57,2668
1914	2,5770	7,5869	1924	24,5088	72,9382
1915	4,8691	8,7327	1925	26,6037	67,5047

연도	예금	대출	연도	예금	대출
1916	14,4623	16,4472	1926	34,0293	84,0167
1917	13,0471	35,0132	−	−	−
1918	19,9554	41,3278	1930	45,5295	157,0488
1919	17,1714	52,8181	1931	51,0655	170,5094
1920	11,2939	50,4422	1932	51,0670	185,5704
1921	13,3925	69,5840	1933.6말	49,2104	172,5635

위 표를 보면, 먼저 지점 설치 첫해부터 일관되게 대출 초과현상을 보임을 알 수 있다. 이는 식민지 금융기관의 특성에서 나온 것으로 '척식사업'을 위한 대출이 주요 활동이었음을 보여주는 것이다.

식산은행 대출 사례는 여수의 고뢰농장 매립공사 자금에서 확인되는데, 전체 공사비 가운데 보조금을 제외한 금액을 대장성 예금부 자금과 반씩 분담했다. 식산은행이 분담한 대출액은 1927년도 7천 원, 1928년도 9만 원, 1929년도 9만 원 등이었는데, 1931년 4월에는 1931년도 자금 소요액으로 5만 원, 총사업비로 61만 원이 예상되었다.

이를 보다 자세히 살펴보면 다음과 같다. 1929년 6월 8일 조선총독부 재무국장이 대장성 예금부장에게 보낸 문서 중 조선산미증식계획에 기(基)한 토지개량

1920년대 조선식산은행 여수지점(『麗水發展史』)

사업실적에서는 1926년도부터 1928년도까지 3년간의 고뢰농장 토지개량사업에 투입된 자금이 다음과 같이 기재돼 있다.[14]

구분	1926년도분	1927년도분	1928년도분
공사구분		신규공사	계속공사
착수면적(정보)		270	
공사비	1,7849	1,6889	16,0600
보조금	5369	5066	4,8180

구분		1926년도분	1927년도분	1928년도분
자금융통액	예금부 자금		7000	9,0000
	식산은행 자금		7000	9,0000
	계		1,4000	18,0000

위 표에서 1927년도분 270정보의 신규공사는 고뢰농장이 1927년 5월 간석지 매립 허가를 받은 공사이다. 1926년도분 공사비는 이 공사를 위한 준비 성격의 공사 또는 다른 지역의 공사에 투입된 비용이 아닌가 한다.

조선총독부 재무국장이 대장성 예금부장에게 제출한 문서는 1929년 5월 14일 조선총독부 토지개량부장이 재무국장에게 보낸 1929년도 산미증식자금에 관한 건을 토대로 재작성된 것인데, 이 문서에는 고뢰농장의 간척사업은 실경(實耕) 면적 270정보이고, 1929년도 시공공사비는 30만 원이 예상되어, 보조금과 대장성 자금으로 각각 15만 원씩 지원해 주도록 요청했다.[15]

이후 1929년 10월 말 현재 대부 명세(산미증식토지개량저리자금대부명세표)[16]를 보면, 아래 표와 같다.

대부액		대부년도	기한
당초	현재		
13,5000	13,5000	1928.9	1945.5.25
7000	6379.9	1927	1942.6.15

1942년 만기로 이루어진 1927년도 대출금은 당초 7천 원이었다가 6천379.9원이었는데, 그 차액 620.1원은 상환된 것으로 보인다. 또 1928년도와 1929년도에 이루어진 대출은 1945년 만기로 모두 13만 5천 원임을 알 수 있다.

이후 1930년 4월 7일 작성된 1929년도 산미증식토지개량자금대출실적조에는 고뢰농장 토지개량사업의 몽리면적 495정보, 1929년도 중 기채 대부액 4만 5천 원으로 되어 있다.[17]

또 1931년 4월 28일 토지개량부장이 재무국장에게 보낸 1931년도 토지개량사업 저리자금 취입에 관한 건의 별책으로 1931년도 토지개량자금 대출계획서(조선총독부 토지개량부)가 첨부되어 있는데, 고뢰농장에 대한 것으로 조선식산은행에서 취급하고 있는 '개인사업'부문의 '계속사업'조항에서 면적 270정보, 총사업비 61만 원, 1931년도 자금 소요액 5만 원으로 되어 있다.[18]

그리고 1930년도 토지개량자금 대출실적조(토지개량부, 1931년 3월 말일조)[19]에는 고뢰농장 자금 할당액은 1만 5천 원이다.[20] 자금 대출액 0, 거래 잔액이 1만 5천 원이었는데, 자금 대출액이 0으로 표시된 것은 대출 수속이 지연되어 이 문서 작성 시점에 아직 실제 대출이 이뤄지지 않은 사정이 반영된 것이다.

이상이 현재 남아 있는 자료를 토대로 고뢰농장이 1927년 이래 여수지역 간척사업을 추진한 과정에, 조선식산은행이 자금을 융통했던 상황이다. 당시 금융조합은 거액이 투입되는 대규모 토지개량자금을 융통할 수 없었고, 대규모 토지개량 자금 융통은 조선식산은행이나 동양척식주식회사 자금부가 담당했다. 여수지역에는 동척 지점이 설치되지 않았기에 동척 자금 융통 실적은 보이지 않고, 식산은행 자금 융통 실적만 있다.

1930년대 조선식산은행 여수지점
(《麗水發展史》)

고뢰농장의 간척사업 추진

여수에서는 주식회사 고뢰농장이 조선식산은행으로부터 토지개량을 위한 저리자금을 융통받아 대규모 간척 사업을 실시했다. 주식회사 고뢰농장은 1911년 4월 고뢰합명회사 여수지점으로 창설되었다가 1927년 1월 여수지점만을 분리, 독립해서 설립되었다. 고뢰농장은 주식회사로 분리·독립한 직후인 1928년 시점에 이미 1천 정보, 즉 3백만 평에 이르는 밭[畑]을 소유하고 있었고, 소작인도 3천여 명을 거느리는 대농장이었다.[21] 소작인 1호당 평균 1천 평 정도의 토지를 소작하고 있었던 셈이다. 또 시가지 조성 목적으로 여수항내 3만 2천여 평을 매립한 경험도 있었다.[22]

옛 식산은행 여수지점 건물의 최근 모습(최재성 촬영)

주식회사 고뢰농장이 여수군 율촌면·소라면·쌍봉면·삼일면에 걸친 간석지 약 160만 평을 매립하여 논으로 만들기 위해 제출한 사업이 1927년 5월 17일 조선총독부로부터 허가(『朝鮮總督府官報』, 1927.5.20.)되었다. 이후 1928년 3월 26일 농업을 목적으로 한 조선공유수면매립령에 의한 처분사항(『朝鮮總督府官報』, 1928.3.31.)을 통해 면적을 148만 5천 평으로 축소하는 변경 계획이 인가되었다.

고뢰농장은 약 5년의 공사 기간을 거쳐 1932년 9월 22일 매립공사 준공 인가(『朝鮮總督府官報』, 1932.9.29.)를 받았는데, 매립지역은 율촌면 신풍리, 소라면 대포리·덕양리, 쌍봉면 해산리, 삼일면 화치리에 걸친 곳이었고, 전체 면적은 약 147만 8천 평에 이르는 것으로 그 중 논은 92만 3천여 평이었다.

이 지역은 현재 여수공항 인근지역으로서 여수와 순천을 잇는 17번 국도와 전라선 철도가 지나는 곳이다. 이 매립공사의 준공으로 고뢰농장의 소유 토지는 약 1천500정보(약 450만 평)로 늘어났다.

4. '농촌진흥운동'과 여수지역 금융조합

금융조합의 지도 부락 경영

대출 활동 이외에도 금융조합은 지도 부락, 갱생 부락을 매개로 농촌진흥운동에 참여했는데, 그 방식은 직접, 간접을 합쳐 세 가지였다. 먼저 직접 방식은 금융조합 자체의 지도 부락을 경영하는 것이고, 간접 방식은 금융조합 담당의 갱생부락(총독부의 갱생 부락을 금융조합 스스로 계획을 세워 그 담당자로 하여 단일적 지도를 주는 것), 갱생 부락에 대한 금융조합의 협력(갱생 부락에 대한 각 기관의 종합지도, 금융조합이 이에 참가 협력) 등이었다.[23]

먼저 금융조합에서는 '농촌갱생운동과 보조를 합하여 다시 급속히 하기 위하여'라는 명목으로 조합 지도 방침을 결정(『동아일보』, 1933.12.10.)했다.

1934년 1월 현재 여수에는 3개의 금융조합 지도 부락이 있었다.[24] 이후 1935년 12월 현재 지도 부락(금융조합 자체의 지도 부락 경영)의 실적은 다음과 같다.[25] (단위: 명, 단보, 원)

조합	부락명	소재지	조합원수	경작지		순자산		수지과부족		저금		기본재산
				논	밭	설립	현재	당시	현재	당시	현재	
여천	왕십리	여수읍 왕십리	43	348	169	1,9717	2,3507	1643	1803	9	260	1590
돌산	예교동	돌산면 신복리	26	95	117	2,0075	2,4160	749	777	25	111	403
소라	해산리	쌍봉면 해산리	60	746	257	1,9030	2,8901	1530	5942	63	4070	1770

위 지도 부락 가운데 해산리의 실적이 가장 좋다. 순자산 증가도 약 1만 원에 육박하고, 저금도 약 4천 원이 증가했으며 수지도 약 4천4백여 원 늘었다. 이는 경작지가 가장 많다는 점이 작용한 듯하다. 여수군 해산리에는 김한승 소유 토지가 많았는데, 농촌진흥운동기 조선총독부 명령으로 김한승의 토지를 10년 상환 조건으로 자작 농지로 전환했다고 한다.[26]

김한승은 1910년 설립된 여수지방금융조합의 초대 조합장을 지내다가 1920년 도시금융조합인 여수금융조합 설립 이후 역시 조합장을 역임했으며, 1930년대 조선총독부 중추원 참의를 지냈다. 그가 조선총독부 명을 따를 수밖에 없었던 것은 이러한 그의 경력이 있었기 때문이었을 것으로 보인다. 해산리의 논과 밭을 합하면 100.3정보로 조합원 60명으로 나누면 1인당 평균 1.67정보이다. 논만 하더라도 1.24정보(약 3천7백 평)인데, 이는 당시 조선 전체 농민의 경작지 평균에 비하면 상당히 넓은 편이다. 이와 같은 여건이 지도 부락 실적에도 반영된 것으로 보인다.

이들 3개 부락은 금융조합 자체의 지도 부락 경영 방식에 해당되는데, 모두 공동 경작지를 마련하여 공동으로 경작하고, 수익금을 저축하는 방식이었다.

중심인물을 통한 농촌진흥

농촌진흥운동 추진 과정에 금융조합을 매개로 하여 우수한 실적을 올린 자들에 대한 표창이 이루어졌는데, 여수에도 1명의 사례가 있다. 여천갱생부락 농촌진흥실행조합장 황왈성(37세)의 사례이다.[27]

조선총독부는 1932년 쌍봉면을 농촌진흥 지정면으로, 여천리를 지정 부락으로 지정했다. 황왈성이 그 중심인물이었다. 황왈성은 이후 상암주조장과 여천도정공장을 운영한 기업가로 성장했다.[28] 여천리는 총 호수 59호 중 5,6호를 제외하고 순 소작 또는 무작 노동자로 구성되었는데, 부채는 수십 년 전의 원금만 2천907원으로 이자까지 계산하면 수만 원에 달했다. 그에 따라 농산물은 추수기에 채권자가 강제 집행하는 실정이었다.

이에 군, 면, 금융조합, 경찰 등과 연락하고 각 채권자와 교섭하여 채권을 감액 또는 봉인(말소)하여 총액 1천508원으로 정리하고, 금융조합 저리채로 부채를 인수하여 끝맺음했다. 또 가마니 짜기 부업을 장려하고, 여천금융조합에서는 저리자금으로써 자작 농지 논 4단보, 밭 1단보를 창정했다.

금융조합이 농촌진흥운동 추진과정에서 보인 활동은 지도 부락, 갱생 부락 운영과 함께 양계조합과 소규모 단체 조직을 통한 부업과 저축, 부채 정리 등에 금융조합이 지원하거나 개입하는 방식이었다. 또 중심인물을 선정하여 지원하는 것이었다. 같은 시기 금융조합 지도 부락에 선정된 충북 제천군 비봉면 신리 주민들은 처음 지도 부락 선정 자체를 반대하다가 '조합의 명령에 복종'해야 한다고 의식 변화를 일으켰다고 하는데,[29] 이를 통해 금융조합 지도 부락 경영의 파급효과를 짐작할 수 있다.

농촌진흥운동기 금융조합의 이러한 활동으로 인해 '농촌진흥운동이야말로 금융조합 사업과는 표리일체가 되는 중요한 사업'이었다는 평가[30]가 나오게 되었다.

5. 전시체제기 금융조합의 강제 저축을 통한 전쟁 비용 조달

다음 표들을 통해 1940년대 전시체제기 여수지역 금융조합의 활동을 살펴보자.[31] 다음 2개의 표는 각각 1940년대 전반 여수지역 도시금융조합(여수금융조합)과 촌락금융조합(여천금융조합)의 금융 활동 실적이다.

연도	여수금융조합				
	차입금	예금		대출금	예치금
		조합원	조합원외		
1940	2,1515	82,6101	36,1618	57,4023	72,6018
1941	2,4324	117,0038	74,2853	64,1332	141,5669
1942	2,6032	148,4681	87,6083	101,1504	151,0662
1943	2,2518		295,1664	100,7472	209,1104
1944	1,9253		445,2697	74,8777	386,8042

연도	여천금융조합				
	차입금	예금		대출금	예치금
		조합원	조합원외		
1940	26,0065	10,6318	51,2089	45,2882	40,5700
1941	25,7883	15,5637	76,5392	48,7652	70,2002
1942	74,3670	20,4171	84,3119	58,3146	125,0137
1943	4,6382		144,1503	61,7026	94,8070
1944	4,4114		218,2908	49,5480	185,6338

먼저 대출 재원이 되는 차입금을 보면, 여수금융조합은 약 2만 원을 전후하여 큰 변동을 보이지 않고, 여천금융조합의 차입금 감소 폭이 현저하다.

다음으로 예금 증가 추이를 보면, 양쪽 모두 매년 현저한 증가 상황을 보여준다. 예금의 급속한 증가는 전쟁 수행을 위한 도구로서 정책적으로 실시된 저축 장려 운동에 의한 것이었다.

그 시작은 1938년 5월 저축 장려에 관한 정무총감의 통첩(『동아일보』 1938.5.22.)이 각 도지사에게 시달되면서부터였다. 이에 따라 1938년 6월 14일 조선금융조합연합회(조금련)에서는 회장 명의로 '금융조합 예금장려 계획 목표 및 실행 방책에 관한 건'을 도지부장에게 통달했다.[32]

'국민저축운동'의 실시와 금융조합의 적극 참여에 힘입어 1938년도 말(1939년 3월말) 무렵 금융조합 예금은 2억 2천만 원에 달했는데, 이는 당시 조선 전체 금융기관의 실적(예금 10억 7천4백만 원)의 약 20%에 해당하는 금액(『동아일보』, 1939.4.7.)이었다.

이어 1941년 11월 '조선국민저축조합령' 실시와 함께 금융조합은 양곡 매상대금 지불 시 천인[天引(先除)]저금을 실시하였다.[33] 금융조합에서 농민의 양곡을 매입하면서 그 대금 가운데 일정 비율의 금액을 천인저금이라 하여 강제 저축하고 나머지만 지급했던 것이다. 이에 따라 미곡에 대해서 벼 1가마 당 1원 70전, 현미와 백미는 2원 70전을 저축해야 했는데, 공판하는 경우와 농가에 가서 사는 경우[정선매부(庭先買付)] 두 가지로 나누어 전자는 영수증을 발행한 후 예금통장을 교부하고 일부분을 보국채권으로써 저금하게 하였고, 후자는 원칙적으로 보국채권을 교부하는 방식이었다.[34]

이 시기 조선식산은행도 강제저축을 통해 예금 증대에 심혈을 기울였기 때문에,[35] 식산은행 여수지점 역시 예금 증대를 위한 다양한 활동을 벌였을 것으로 생각되나 그 활동을 알려주는 자료는 찾을 수 없다.

예금의 증가와 그 궤를 같이하는 것은 예치금의 증가이다. 예치금은 주로 금융조합의 중앙기관인 조선금융조합연합회에 예치되는 것으로 대출 억제와 저축 장려의 방침에 따른 것이었다. 이렇게 증가된 예치금은 국공채 매입을 통해 전쟁비용으로 지출되었다.

예금과 예치금의 급격한 증대에 반해 대출은 증가 폭이 예금의 그것보다 작거나 일정한 범위 안에서 늘어났다가 다시 줄어들곤 했다.

조금련에서는 예금 등으로 조달한 재원으로 국공채와 주식 등 유가증권 매입에 다액을 투자했는데, 1945년 3월 통계로 그 비중이 83%에 이르렀고, 해방 당시 금융조합 보유 유가증권 액은 약 15억 원에 달했다. 일선 조합에서도 저축채권, 보국채권 등을 구입하여 조합원에게 매각했다. 금융조합이 구입한 국공채 대금은 일제의 전쟁 비용으로 이용되었다.[36]

앞에서 본 것처럼, 식민지 금융기관은 철저히 제국의 이해에 따라 작동된 기구였다. 여수지역의 금융기관을 통해 그것을 여실히 확인할 수 있다.

10
학교와 교육

1. 갑오개혁기~대한제국기

갑오개혁기

갑오개혁 기간 을미년(개국 504년, 1895년) 2월에 고종은 교육입국조서(『고종실록』, 1895.2.2.)를 내렸는데, 교육하는 강기(綱紀)로 덕양(德養)·체양(體養)·지양(智養)을 들었다. 이어서 신민으로 하여금 "충군 애국하는 심성으로 덕·체·지를 기르라"고 하고, 왕실의 안전과 국가의 부강이 교육에 있다고 했다. 또 "학교를 광설(廣設)하고 인재를 양성함은 신민의 학식으로 국가의 중흥 대공(大功)을 찬성하기 위함"이라 천명했다. 교육의 목적을 왕실의 안전과 국가의 부강, 국가 중흥의 찬성이라 명시하여 '국가주의적' 교육을 표방한 것이다.[1]

교육입국조서는 일본의 교육칙어를 모방한 것으로 '구본신참'의 원칙에서 작성된 것이었다. 그런데 차이점도 있는데, 일본의 '칙어'에서는 '지능(智能) 계발, 덕기(德器) 성취'로 지·덕 두 가지만을 내세운 데 반해, 대한제국의 '교육입국조서'에서는 덕·체·지 등 '세 가지 기름[養]'을 강조했다. 일본의 두 가지와 조선의 세 가지에서 큰 차이가 있다.

두 번째 차이는 나열된 순서이다. 대한제국의 덕·체·지 순서는 전통 유학 교육에서 강조하는 6예[藝: 예악사어서수(禮樂射御書數)]를 그대로 대체(예악→덕, 사어→체, 서수→지)한 것으로 보인다. 그리하여 대한제국은 '덕'을 맨 앞에 내세운 반면, 일본은 '지'를 첫 번째로 꼽았다. 일제 식민지기를 거치는 과정에 한국에서도 일본과 같은 순서로 '지·덕·체' 순으로 변했다. 일제 '교육칙어 봉독' 교육의 영향으로 추측된다.

'덕·체·지' 3육의 강조는 1920년대에도 이어져 각지에서 우후죽순 격으로 조직된 청년단체에는 이 3육을 담당하는 부장을 두는 사례가 많았다. 여수군도 마찬가지였는데, 3·1운동 이듬해인 1920년 7월 24일에 향교 명륜당에서 여수청년회 창립총회(『매일신보』 1920.8.6.)가 열렸고, 이 청년회의 목적은 덕·지·체 3육의 발전 향상이었다. 임원 선거를 하여 회장(최석주), 부회장, 총무, 평의장 외 여러 부장 중 덕육부장(정재하), 지육부장(김영철), 체육부장(정태선)을 두었다. 여기에서 대한제국의 '덕·체·지'가 '덕지체'로 나열 순서가 바뀐 것을 알 수 있다.

교육입국조서 발표 이후 같은 해 7월 2일 칙령 제136호로 성균관관제, 7월 19일 칙령 제145호로 소학교령, 7월 23일 학부령 제1호로 한성사범학교규칙, 한성사범학교부속소학교규정, 8월 12일 학부령 제2호 성균관경학과규칙, 제3호로 소학교교칙대강이 각각 공포(『관보』 1895.7.4; 『관보』 1895.7.22; 『관보』 1895.7.24; 『관보』 1895.8.15.)되었다. 이로써 전통적 유교 교육 대신 근대식 교육기관이 설치되어 근대 교육이 시작되었다.

대한제국기

을사조약과 통감부 설치를 겪은 이후 대한제국의 교육제도에도 일제의 간섭이 심화되었다. 1906년 8월 27일 칙령 제40호 학부직할학교및공립학교관제, 칙령 제41호 사범학교령, 칙령 제42호 고등학교령, 칙령 제43호 외국어학교령, 칙령 제44호로 보통학교령이 일제히 공포(『관보』 1906.8.31.)되고, 9월 1일부터 시행되었다.

1906년 8월 27일 학부령 제23호 보통학교령시행규칙(『관보』 1906.9.4.)에서 학교 설치 인가 요건을 규정했다. 제1조는, "공립보통학교를 설치코자 하는 때는 관찰사 부윤 혹 군수가 다음 사항을 갖춰 학부대신의 인가를 받음이라", 제2조는 "사립보통학교를 설치코자 하는 자는 다음 사항을 갖춰 학부대신의 인가를 받음이라"고 하여 모두 '인가' 사항으로 규정했다.

사립학교를 통해 국권회복을 위한 애국계몽운동이 전개되자 일제는, 그 탄압 법령으로서 1908년 사립학교령과 교과용도서검정규정을 시행토록 했다. 사립학교령은 칙령 제62호(『관보』 1908.9.1.)로 1908년 8월 26일 반포되고, 10월 1일부터 시행되었다. 주요 내용을 보면, 제6조에서는 교과용 도서로 학부 편찬, 학부대신 검정, 학부대신 인가 등 3종을 규정했다. 또 부칙 제17조에서 "기설한 사립학교는 그 설립인가를 받은 여부를 불문하고 모두 본령 시행일로부터 6개월 이내에 본령 규정에 준하여 학부대신의 인가를 받음이 가함"이라 하여 이미 설립 인가를 받은 기설 학교라도 새로 인가를 받도록 했다. 기설 학교 가운데 새로운 인가 과정에서 탈락시킬 수 있는 장치였다.

교과용도서검정규정은 학부령 제16호(『관보』 1908년.9.1.)로 1908년 8월 28일 제정되고, 반포일로부터 시행되었는데, 제2조에서 도서 검정 청원 절차를 규정했다.

사립학교령 시행에 따라 1909년 말까지 기설·신설 사립학교 2천 백여 교에 대해 설립 인가 처분을 마쳤다.[2] 이후 1910년도 말까지 합병 또는 폐교 등으로 폐지 신고를 한 것이 140여 교였고, 1910년도 말 현재 수는 보통학교·실업학교를 제하고 2천82교(그중 외국선교사 경영 사립학교는 780여 교)였다.

여기에 1911년 3월말 기준으로 사립 보통학교 43개, 사립 실업학교 6개를 더하면, 전체 사립학교 수는 2천130여 개다. 선교사 경영 학교를 제외하면 조선인 경영 사립학교는 1천350여 개였음을 알 수 있다. 이들 사립학교 수업연한은 4년제 보통학교에 미달하는 정도였을 것으로 보인다.

또 초등보통교육기관으로서 보통학교에 대한 국고보조금을 기준으로 관립, 갑종 공립, 을종 공립, 보조 지정, 사립의 5종으로 구분했다.[3] ① 관립은 학부의 직할에 속하는 것, ② 갑종 공립은 지방청의 경영에 속하여 경비의 대부분을 국고로부터 보조받는 것, ③ 을종 공립은 구 소학교령에 의해 설립된 것 중 보통학교령 시행 때 그 존속을 인정받음에 불과한 것으로서 국고로부터 소액의 보조를 줌에 그쳐 설비 내용이 본디부터 완전하지 않은 것, ④ 보조 지정은 학부로부터 특히 일본인 교원(본과 훈도 겸 교감), 조선인 교원(본과 부훈도) 각 1명을 배치하여 내용의 정리 개선을 꾀하고 그 급여를 국고로부터 보조받는 것이다. ⑤ 사립은 위 네 가지 중 어느 것에도 속하지 않는 것이다.

여수군 현내면에서는 김한승을 설립자로 하여 사립학교 설립 인가를 신청하고 1909년 10월 31일 인가를 받았다. 학교 이름은 사립 경명학교이고, 11월 19일 개교했다. 이것이 여수군 학교 창설의 남상이고, 당시 학교 생도는 77명이었다.

이후 1910년 6월 17일 학교조직을 변경하여 사립 여수보통학교로 개칭하고, 옛 좌수영성 내 서기청, 사령청과 성 밖 동·서 양 서재 부속지를 아울러 학교 재산으로 했다.[4]

경명'학교'에서 여수'보통학교'가 되었다는 것은 '4년제 정규' 학교가 되었다는 의미이다. 다음 지도는 『호좌수영지』에 실린 전라좌수영성도이다. 이 지도를 통해 좌수영성 안의 각 건물 이름과 배치를 알 수 있고, 성 밖의 교육시설(동서재, 서서재), 절, 사당의 위치를 확인할 수 있다.

전라좌수영성도(『호좌수영지(古9920-3)』) (규장각 자료)

앞에서 여수보통학교 시설로 언급된 건물의 위치를 알기 위해 『호좌수영지』를 부분 확대해 보면, 다음과 같다. 먼저 사령청은 좌수영의 동헌인 운주헌과 일직선으로 그은 선의 아래쪽에 있다. 또 동서재는 종고산 아래, 서서재는 연등천 건너 구봉산 아래에 있었다.

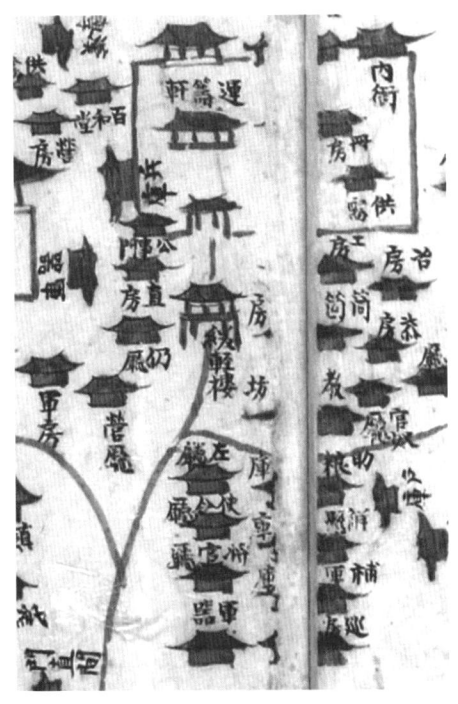 

사령청 위치(좌청과 장관청 사이)   서서재 위치(천교 건너)

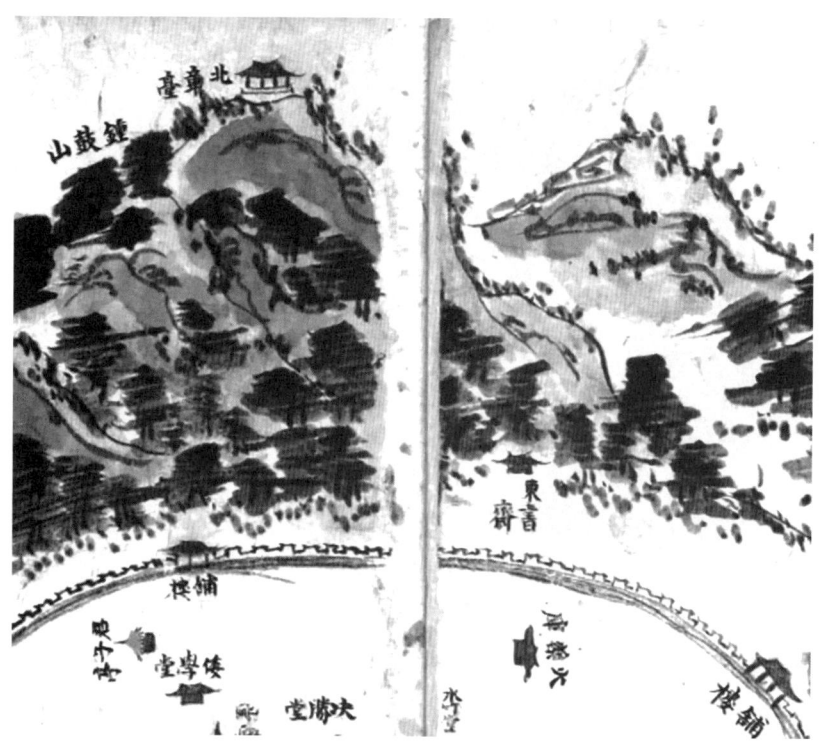

동서재 위치(화약고 북쪽 성벽 밖, 종고산 아래)

그에 앞서 1908년 봄 현내면에서 일본어에 정통한 연진현이 읍내 10여 명의 아동을 도제로 하여 일본어를 수업했다. 그해 가을에 여수군내 기로(耆老) 황의연, 곽경환이 지방 인민의 신사상 계발과 일본어 보급을 필요시하여 학교 설립의 논의를 주창하면서, 노인당 및 그 부속 토지 370여 두락을 학교에 기부할 것을 제창했다. 이에 당시 군수 서리 군주사 김한승이 각 면장과 협의하여 2천 환을 기부할 의논을 했다.

12월 군수 김종휴가 부임하여, 면민의 기부 권유를 폐하고 다시 군내 부유한 자에게 설득하여 천2백 환을 기부하게 하고 그 이자로써 교비를 유지했다. 이후 생도수가 점차 증가하여 교사 협애를 느껴 다시 군내 유지와 교사의 확장 수속을 하고, 노인당 및 부속 토지 및 기부금 천2백 환을 학교 기본재산으로 하고 사립학교 설립 인가 신청을 했던 것이다.

학부에 사립학교 설립 인가 신청 이전에도 현내면에는 미인가 학교가 존재하고 있었는데, 1909년에 김한영은 자신의 자제와 이웃 청년들을 교수 중 토지를 저당하여 얻은 빚으로 학교를 수리했고, 수리 과정에 군수도 참여(『대한매일신보』 1909.5.6; 『황성신문』 1909.7.18.)했다. 김한영이 교수한 학교와 연진현의 일본어 교육 학교는 다른 것으로 생각된다.

군수 김종휴 부임 이후 사립 보통학교 설립 추진 과정을, 신문 기사(『황성신문』, 1909.4.15; 『대한매일신보』, 1909.4.20.)를 통해 살펴보자. 1909년 4월 여수군수 김종휴와 군주사 김한승이 황의연, 곽경환과 함께 학교 설립 방침을 협의할 때 의무적 저금이 당연하다는 중론이 일어 금세 수백 환이 모였다.

이후 김한승은 학교 설립을 위해 제일 먼저 50환을 내놓았고, 김한영은 교과서를 모두 담당했으며, 황의연과 곽경환은 반대를 물리치고 여수군 노인당의 계답(契畓) 241두 5승락을 모두 학교 기본재산으로 만들고, 또 각각 그 가세에 따라 기부(『황성신문』, 1909.7.7.)했다. 교장을 곽경환으로, 교주를 김한승으로 하여 신청했던 학부 인가를 받은 이후 학도 백여 명이 일제히 단발(『황성신문』, 1910.1.18; 『대한매일신보』, 1910.1.22.)했다.

덕안면에서도 1910년 음력 2~3월경 사립 극명학교가 설립(『황성신문』, 1910.7.26.)되었다. 이 학교는 교장 정창현과 교감 정기주가 경비를 부담하고 교육하였는데, 두 사람이 그만 둔 이후 학교가 거의 폐지될 뻔했다. 이에 면장 남현복과 정보현·윤선운·이기완 등이 자금을 부담하여 다시 교육하게 했다.

2. 1910년대

조선인 교육

1911년 8월 23일, 칙령 제229호로 조선교육령(『朝鮮總督府官報』, 1911.9.1.)이 공포되어 11월 1일부터 시행(『朝鮮總督府官報』, 1911.10.20.)되었다. 조선에서 '조선인'의 교육은 이 조선교육령에 의한다는 것(제1조), 교육은 '교육에 관한 칙어'의 취지에 기하여 '충량한 국민을 육성'하는 것을 본의로 한다는 것(제2조), 교육은 보통교육, 실업교육, 전문교육으로 대별한다는 것(제4조), 보통교육은 "보통의 지식 기능을 주어 특히 국민 된 성격을 함양하고 국어를 보급하는 것을 목적으로 한다"는 것(제5조) 등을 주요 내용으로 하는 것이었다.

조선인만을 적용 대상으로 한 조선교육령에서 충량한 국민, 보통교육, 실업교육, 국어 보급 등이 핵심어이다. 일본 제국주의에 거역하지 않는 '국민' 육성을 목표로 보통교육과 실업교육에 치중하며, 일본어 보급을 하는 것이 조선총독부의 교육 방침이었다.

또 보통학교는 "아동에게 국민교육의 기초인 보통교육을 하는 바로서 신체의 발달에 유의하여 국어를 가르치고 덕육을 베풀며 국민 된 성격을 양성하고 그의 생활에 필수한 보통의 지식 기능을 주"며(제8조), 보통학교의 수업연한은 4년(제9조)으로 했다. 조선교육령의 보통학교 수업연한 4년은 대한제국기의 학령과 같았다.

보통학교를 5종으로 구분 정리하던 것도 2종으로 단순화했다.[5] 1911년도부터 보통학교에 대한 국고보조금은 일괄하여 지방비로 보급하여 각 도청으로 하여 그 안배를 조리케 할 방침으로써 신 학년과 함께 그 구별을 폐지하고, 공립·사립의 2종으로 한정했다. 종래의 갑종 공립과 보조 지정은 공립으로 하고, 을종 공립과 사립은 그 적량(適良)한 것을 공립으로 변경하고, 나머지는 사립으로서 존속케 하거나 혹은 폐교케 하는 것으로 하여 1911년 3월 그 취지를 각 도청에 통첩했다.

조선총독부는 1911년 10월 28일 제령 제12호 공립보통학교비용령(『조선총독부관보』, 1911.10.28. 호외)을 제정하고, 11월 1일부터 시행했다. 제2조 제2항에서는 "전항(임시은사금 이자, 향교재산 수입, 기본재산 수입, 수업료, 기부금, 국고보조금, 지방비보조금-인용자) 외 공립보통학교의 설립 유지에 필요한 비용은 학교 설립구역 내의 조선인의 부담으로 함"을 규정했다. 공립보통학교 유지 비용을 구역 내 조선인에게 부담시킨 것이다.

1911년 6월 16일 조선총독부고시 제174호(『朝鮮總督府官報』, 1911.6.16.)로써 6월 15일 공립보통학교 설치인가가 발표되었다. 당시 전남도내에서는 여수군 현내면 공립여수보통학교 외 6개 교(강진, 영광, 창평, 남평, 순천, 장흥)가 공립 인가를 받았다. 이에 사립 여수보통학교는 1911년 6월 15일 여수공립보통학교로 조직을 변경하여 7월 12일 개교식을 거행했다.

1912년 6월 3일에는 이른바 '칙어 등본 하사'가 있었다. 여기서 칙어는 앞에서 말한 일본의 교육칙어를 말한다. 1912년 11월 1일 객사(진남관) 및 우군관청의 건물 전부를 관유재산관리규정에 의해 대부받아 여수공립보통학교의 교사(校舍)로 삼았다.[6]

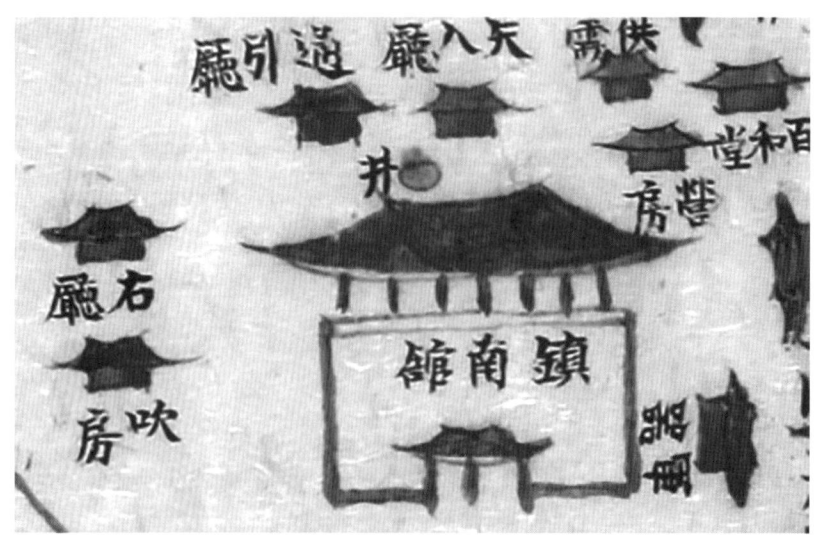

객사(진남관)와 우청

1912년 6월에는 여수공립보통학교의 학무위원으로 정관영, 장계원, 정완영, 김한영, 한문순, 김중우가 촉탁(『朝鮮總督府官報』1912.6.19.)되었다.

돌산군에도 돌산공립보통학교가 1911년 6월 30일 설립인가를 얻어 개교했다.[7] 1911년 7월 1일 조선총독부고시 제212호(『朝鮮總督府官報』1912.7.1.)로 6월 30일 돌산군 두남면에 돌산공립보통학교 설치 인가가 공포되었다. 이날 설치 인가를 받은 것은 전라북도의 8개 교와 전남의 2교, 모두 10개 교였다.

한편 1911년 10월 20일 조선총독부령 제114호로써 사립학교규칙(『朝鮮總督府官報』1911.10.20.)이 제정되어 1911년 11월 1일부터 시행되었다. 제1조는 "조선인을 교육하는 사립학교에 대해서는 특별한 규정 있는 것을 제한 외 본령에 의함"이라 하여 적용 범위를 밝혔고, 제2조는 "사립학교를 설치하고자 할 때는 다음 각호의 사항(목적, 명칭, 위치, 학칙, 교지 교사의 평면도 등)을 갖추어 조선총독의 인가를 받을 것"이라고 하여 인가에 필요한 서류를 나열하고, 학교 설립에 '조선총독의 인가'가 필요 요건임을 규정했다. 1908년의 학부대신 인가에서 조선총독의 인가로 변경된 것이다.

사립학교규칙에 따라 1912년 6월 20일 사립거문보통학교가 설립 인가를 받았다. 그 전신은 1905년 11월 16일 설립된 사립 낙영학교로서, 부지 342평, 건물 41평이었다.[8]

일본인 교육

통감부 설치 이후부터 조선인·일본인 분리 교육방침이 시행되었다. 학교 명칭에서 그 구분이 명확했다. 조선인은 보통학교·고등보통학교·여자고등보통학교, 일본인은 소학교·중학교·고등여학교 등으로 구분했다.

일본인 초등교육을 위한 소학교규칙은 1909년 2월 11일 제정되어 4월 1일부터 실시되었다. 사실상 조선에서의 일본인 학교 전체를 대상으로 한 첫 번째 일본인 교육 법령이었다.[9] 1912년 3월 28일 소학교규칙이 폐지되고 대신 조선공립소학교규칙이 제정되어 시행되었다.[10]

일본인 학교를 운영하는 주체는 학교조합이었다. 일제는 1909년 12월 27일 학교조합령을 제정하고 다음해 1월 1일부터 실시함으로써 학교조합을 설립, 운영하도록 하였다. 학교조합은 '관(官)의 감독을 받아 오로지 교육 사무를 처리하는 법인'조직으로서 일제 식민지기 동안 일본인 학교를 설립, 운영하였다. 학교조합이 설립, 운영한 학교는 소학교, 고등여학교, 실과고등여학교, 상업전수학교, 간이상업전수학교, 유치원 등 다양하였으나 그 중심 대상은 소학교였다. 일제 식민지기 동안 학교조합에서 설립한 학교 전체 중에서 소학교의 비중은 연평균 94% 정도였다.[11]

1911년 3월 조선총독부고시 제67호(『朝鮮總督府官報』1911.3.18.)를 통해 1911년 3월 16일 여수학교조합(지구 여수군 현내면) 설립이 인가되었다. 그에 따라 여수군 현내면에 일본인 학교를 설립할 수 있는 법적 근거가 마련되었다. 1914년 4월 현내면이 여수면으로 개칭되면서 1914년 9월 조선총독부고시 제453호로(『朝鮮總督府官報』 1914.10.5.) 9월 30일 여수학교조합 구역변경(지구 여수군 여수면)이 허가되었다. 대상 지역은 그대로인데, 명칭만 변경된 것이다.

여수학교조합(『麗水發展史』)

여수학교조합은 1911년 4월 창립되었다.[12] 이어 1911년 6월 29일 학교 설립인가를 얻어 7월 15일 전 경비소 자리 가옥에서 여수공립심상소학교가 개교되었다. 1912년 6월 6일 '칙어 등본 하사'가 있었고, 그해 12월 학교조합 사무소로 옮겼다. 1916년 5월 동상정에 교사부지 814평을 구해 교사 및 부속물을 신축하고, 9월에 이전했다. 1918년 11월에는 교실을 증축했다.[13]

1915년 4월 19일 여수공립심상소학교에 고등소학교 교과 병치 인가(『朝鮮總督府官報』 1915.4.21.)가 있었다. 여수 공립소학교는 1915년 4월 고등과를 병치한 이래 입학자가 두드러지게 증가하여 학동 80여 명을 수용하고 교사 협애로 교육상 불편을 느껴 교사 신축을 결정하고, 부지는 종포 도로 우측 성벽 부근으로 확정(『釜山日報』 1915.10.10)했다. 고소대 북쪽 기슭(현재의 동문로 40번지-인용자)에 2천여 평의 부지를 만들고 신축에 착수(『釜山日報』 1916.1.8.)했다. 학교조합은 여수공립소학교 증축 예산 5천800여 원 가운데 도청을 거쳐 총독부에 2천700원의 보조를 신청(『朝鮮時報』 1915.8.18.)했다.

여수공립소학교(『麗水發展史』)

한편 1915년 5월 17일 여수에서 지역 최초로 공립보통학교와 공립심상고등소학교의 제1회 조·일인 각 생도 연합운동회(『釜山日報』1915.5.26.)를 열었다. 오전 9시부터 개시하여 오후 6시까지 경기했다. 유기, 경주 등 약 50종을 행하고, 여흥으로 자전거 경주도 있었다.

섬 지역에는 어업을 위한 일본인 이주가 많았고, 그래서 일본인 학교가 설립되었다. 거문도와 남면의 안도였다. 1914년 6월 거문도학교조합이 설치되었고, 거문도공립심상고등소학교는 같은 해 10월 설립을 인가받아 1915년 1월 18일 개교했으며, 12월 11일 '칙어 등본 하사'를 받았다. 아동 증가에 따라 교사 협애를 느껴 1920년 5월 높고 마른 땅을 선정하여 교사를 신축했다. 정규 교과 외에 여자에게는 재봉과를 과하고 기타 직업교육을 시행했다.[14]

안도에서는 소학교 설치 이전에 1917년 4월 사립 안도의숙이 설치되었다. 1918년에 학교조합 설립을 신청하고, 1919년 12월에 인가되어 의숙의 전 재산을 조합에 이관하고 안도심상소학교를 설치했다. 1922년 8월 20일 '칙어 등본 하사'가 있었다.[15]

실업교육

여수군 소재 공립보통학교에 공립간이수산학교 부설의 건이 1917년 4월 17일부로 인가(『釜山日報』1917.4.21.)되었다. 4월 19일 조선총독부고시 제97호로써 1917년 4월 17일 여수공립보통학교에 여수공립간이수산학교의 부설 인가(『朝鮮總督府官報』1917.4.19.)가 공포되었다. 1개년 수업의 간이 수산학교로

서 경비 810원으로써 창립된 것이었다.[16]

1910년대의 여수공립간이수산학교(『麗水發展史』)

1920년 3월의 생도 모집 공고(『朝鮮總督府官報』 1920.3.13.)를 보면, 모집 인원은 30명으로 조선인 20명, 일본인 10명이었다. 입학 자격은 14세 이상 30세 미만으로서 조선인은 수업연한 4개년의 보통학교를, 일본인은 심상소학교를 졸업해야 했다.

3. 1920년대

3·1운동이 한창이던 1919년 일본 내각 수상은 조선총독부 정무총감에게 그 대처 방안 중 하나로 '교육에 피아 동일한 방침을 취할 것'이란 지시를 내렸다.[17] 그로부터 약 3년이 지난 1922년 2월 4일, 칙령 제19호(『朝鮮總督府官報』 1922.2.6.)로 조선교육령이 공포되었고, 1911년 조선교육령은 폐지되었다. 1911년 교육령과 비교하여 가장 큰 변화는, 보통교육의 수업연한을 6년으로(지역 정황에 따라 5년 또는 4년으로 할 수 있음) 하는 것이었다. 새 조선교육령은 1922년 4월 1일부터 시행되었다.

이어 2월 15일에 보통학교규정(『朝鮮總督府官報』 1922.2.15.)이 공포되었다. 그리하여 조선총독부는 학제 개편으로 조선인과 일본인 학생의 학교 수업연한을 장기적으로 일치시키는 조치를 시행했다. 그럼에도 학교 명칭에서는 여전히 민족별 구분을 유지했다.

조선인 교육

공립보통학교 증설: 3면 1교에서 1면 1교로

1920년 7월 29일 제령 제14호로 조선학교비령, 조선총독부령 제104호로 조선학교비령시행규칙이 각각 공포(『朝鮮總督府官報』 1920.7.29.호외)되고, 8월 23일 조선총독부령 제111호(『朝鮮總督府官報』 1920.8.23.)로 위 두 법령 시행일은 1920년 10월 1일로 정해졌다.

조선학교비령의 주요 조항을 보면, 조선인 교육에 관한 비용을 지변(支辨)하기 위해 부·군·도에 학교비를 설치하고, 학교비에 관한 사무는 부윤, 군수 또는 도사가 담임(제1조)한다는 것, 학교비는 부과금, 사용료, 보조금, 재산수입 기타 학교비에 속하는 수입으로써 이를 지변(제2조)케 한다는 것, 부과금은 부군도 내에 주소를 두거나 또는 토지 혹은 가옥을 소유한 조선인에게 이를 부과(제3조)한다는 것, 학교비에 관하여 부윤, 군수 또는 도사의 자문에 응하게 하기 위해 학교평의회(제9조 1항)를 둔다는 것, 학교평의회원의 정수는 면의 개수와 동수(제9조 3항)이며, 학교평의회원은 군에서는 군수가 임명(제11조)한다는 내용이 골자이다. 1910년대와 마찬가지로 조선인에게 부과금을 납부하게 했다.

1925년 3월 16일부터 3일간 여수학교조합에서 개최된 학교평의회 회의 내용(『매일신보』 1925.3.22.)을 잠깐 살펴보자. 참석 의원은 의장(군수) 백홍기, 최석주(여수), 이세준(쌍봉), 전병순(삼일), 정덕현(소라), 강동순(율촌), 서상화(화양), 김종림(돌산), 명창순(남), 김정식(삼산)으로 9개 면의 의원들이다. 화정면 평의회원이 빠졌는데, 결석인지 아니면 공석인지 알 수 없다.

회의에서는 먼저 1925년도 예산심의에 들어가, 경제계 부진과 재정 긴축으로 일체의 신규 사업은 중지한다는 원칙으로, 1925년도 기정 계획으로서 긴급시설을 요할 여수공보교의 1학급 증가, 교사 수선, 거문공보교의 운동장 확장과 부설 덕촌학교 부속 건물의 건축 계획, 여남공보교의 내용 충실을 꾀한다는 원안을 가결했다. 또 여남공보교 승격 당초의 면민 기부금 1천 원 회수의 건, 삼일공보교 증설 희망에 대한 그 면 협의원 전병순의 제의에 다수 의원의 찬동을 얻었다.

1910년대까지 여수군에는 2개의 공립보통학교가 설립되었다. 여수공보교와 돌산공보교가 그것이다. 3·1운동을 겪은 뒤 조선 사회를 뒤덮은 분위기 중 하나는 '교육열', '향학열'로 표현되는 학교 입학 희망자 폭증이었다. 이미 설립된 학교가 부족하여 조선총독부는 '3면 1교'를 내세웠으나, 면 3개에 공립학교 1개를 설치하는 것으로는 조선인의 교육열과 향학열을 감당할 수 없을 정도였다.

1920년대 후반 여수공립보통학교(『麗水發展史』)

1920년 한 신문에 실린 '물재'라는 필명의 다음 기고문(『매일신보』 1920.11.26.)에서 그 사실을 엿볼 수 있다. "최근 우리 조선인 측의 자제에 대한 교육열은 점차 날을 따라 더욱 왕성한 태도를 더하는 경향이 있으므로 오늘과 같은 상태로써 추이할진대, 지난번에 총독부에서 조선의 교육기관을 확장하기 위하여 특히 3면 1교의 제를 실시하기로 계획을 세워 금년도에 이미 100여 교를 증설하는 기운에 이르렀으나, 머지않아 2면 1교의 제를 실현치 않으면 도저히 이 급진상태에 있는 향학열을 응급 치료하기에 크게 곤란을 느낄 것"이란 내용이다.

그리하여 여수공보교는 여학생의 매년 증가에 따라 여자부 교실을 신축(『동아일보』 1922.3.17.)했다. 부지 80평, 목조 2교실, 건축비 5천460원으로, 땅 고르기 공사는 여수면 인민이 의무 부담으로 인부 800명이 부역으로 담당했다.

또 1920년대 초에 여수군 내에 2개의 공립보통학교가 추가로 신설되었다. 먼저 1920년 거문공립보통학교가 설립 인가(『매일신보』 1920.7.6.)를 받았다. 거문보통학교의 전신은 1912년 6월 20일 인가받은 사립거문보통학교였다. 사립에서 공립으로 전환된 것이다. 교지와 교사는 전 사립학교로부터 인계받아 같은 해 11월 3일 개교했는데, 수업연한 4년, 2학급이었다. 1924년 3월 15일 수업연한 6년으로 연장 인가를 받았다.[18]

1921년에는 소라면 덕양리에 소라공립보통학교가 6월 20일부로써 공립보통학교 설립 인가를 받아, 6월 21일 전라남도고시 제53호(『朝鮮總督府官報』 1921.8.26.)로 공포되었다. 1921년도 전남의 신설 보통학교 14개 중 11개 교의 인가가 6월 20일에 있었는데, 그중 하나가 여수군의 소라보통학교(『동아일보』 1921.6.24.)였다. 소라공립보통학교는 그해 9월 17일 창립되었는데, 4학급, 4년제였고, 1924년 보습과를 설치했으며, 1927년 6년제로 연장되면서 보습과는 폐지되었다.[19]

이로써 1921년까지 여수군 10개 면 가운데 여수·돌산·삼산·소라면에 각 1개씩, 모두 4개의 공립보통학교가 설립되어 '3면 1교'를 달성한 셈이었다. 그러나 당시 교육열이 '3면 1교'로써 충족될 리는 만무했다. 다른 지역에서도 추가로 학교 설립을 요청했다.

1924년에도 2개의 공립보통학교가 설립되었다. 4월 21일 조선총독부 전라남도고시 제39호(『朝鮮總督府官報』 1924.4.21.)를 통해 3월 25일 남면 우학리에 여남공립보통학교 설치 인가를 알렸다. 이 학교는 4월 1일 설립되었는데, 수업연한은 4년이었고, 운동장 평수는 천2백 평, 실습지로서 논 80평, 밭 3백 평, 어장 9백 평, 학교림 2만 70평, 교사 및 부속 건물 등 103평 남짓이었다.[20]

그에 앞서 같은 해 2월 10일부터 12일까지 개최된 여수군 학교평의회에 남면 주민들이 남면의 사립보통학교를 공립으로 경영해 줄 것을 요청했으나, 평의회가 안건으로 다루지 않자 남면에는 아무런 계책이 없다고 탄원위원(명창순, 김석두, 최윤규)을 파견(『동아일보』 1924.2.18)한 적이 있다. 결국 이 탄원이 받아진 것이다.

4월 28일 전라남도고시 제43호(『朝鮮總督府官報』 1924.4.30.)로 4월 1일 화양면 화동리에 공립보통학교 설치 인가를 고시했다. 화양공립보통학교는 같은 달 5일 개교했고, 6년제 3학급이었다.[21] 그에 앞서 화양면 화동리 이두표의 발기로 유지의 기부금 3천650원으로 교사를 건축하고, 기본금 6천574원으로 1923년 학교 설립 인가원을 신청(『조선일보』 1923.2.14.)했다. 이렇게 하여 1924년까지 여수군 10개 면 중 6개 면에 6개의 공립보통학교가 설립되었다.

1925년에는 삼일면에 공립보통학교가 설립되었다. 그에 앞서 1925년 초 전남지사(장헌식)가 시찰을 위해 여수 방문 때 여수군청은 요망사항(『매일신보』 1925.2.4.) 몇 건을 건의했는데, 그중 삼일면 사립보교를 공립으로 전환하는 것도 있었다. 또 그해 3월에 열린 여수군 학교평의회에서 삼일면에 공립보통학교 증설을 가결(『동아일보』 1925.3.26.)했다. 그해 7월의 학교평의회에서도, 삼일 공립보교 신설에 대한 세입출 추가 예산 기타 안건을 가결(『매일신보』 1925.7.19.)했다. 그 결과 9월에 중흥공립보통학교가 신설(『매일신보』 1925.9.17.)되어, 9월 1일 개교 예정이었으나, 교장 이하 직원 인선 관계로 지연되어 25일에 개교식을 거행(『매일신보』 1925.9.26.)했다.

중흥공립보통학교는 1925년 8월 15일 설립인가를 얻어 9월 25일 개교했는데. 수업연한 4년, 2학급이다. 교지는 1천129평, 교사 및 부속 건물은 90평, 직업교육의 설비로서는 벼농사 실습지 120평, 밭

422평, 뽕밭 319평이었다. 이 학교는 특이하게 1928년도부터 입학 기념으로 국기를 갖출 것을 조건으로 하여 입학을 허가하고 가정에서 게양하도록 했다.[22] 여기서 국기란 당연히 일본기이다.

1929년에는 율촌공립보통학교가 설립되었다. 1929년 10월 23일 인가되어 같은 날 전라남도고시 제203호(『朝鮮總督府官報』 1929.11.16.)로써 공포되었다. 위치는 율촌면 취적리였다. 이틀 후인 10월 25일 개교했다. 교지 2천969평, 교사는 높고 건조하여 공기의 유통이 좋은 곳에 건축되었다. 직업 교육의 설비로서 퇴비사, 농기구 보관소[농구사], 닭장[계사], 온상 등을 갖췄다.[23]

율촌공립보통학교(《麗水發展史》)

이때 학교 위치와 관련하여 분규가 일어났다. 애초에 취적리로 정해졌으나 1929년 9월 군수(藤谷作次郎)가 면장에게 장차 남조선철도 정거장(율촌역)이 세워질 사항리로 옮겨 지을 것을 지시했다. 이에 면장은 '자기 집 앞'에다가 건축공사를 시작했다. 그에 따라 면민들의 반발이 있었고, 면장 배척운동이 일어났던 것이다.

이렇게 하여 1929년까지 8개 면에 8개 공립학교가 설립되면서 여수 10개 면 가운데 학교 없는 면은 쌍봉면과 화정면, 이 2개 면이 남게 되었다.

사립보통학교

조선총독부가 설치되어 식민 통치를 시작한 지 20년이 다 된 1929년까지 여수군 내 10개 면에 공립학교 설치가 완료되지 않았다. 공립학교 설립이 지지부진함에 따라 공백은 사립학교가 메울 수밖에 없었다. 1911년의 사립학교규칙(제7조)에서는, 사립학교의 명칭에는 '사립'이라는 문자를 앞에 붙이도록 했다.

남면 금오도 우학리에서는 1920년에 사립보통학교를 설립했다. 1923년에는 1만여 원의 공사비를 들여 1천500평의 기지에 85평의 교사를 건축하고, 신 교사로 이전(『동아일보』 1923.5.26.)했다. 이후 면민의 생계 곤란으로 매년 6천 원의 경비 부담이 곤란하여 공립으로 전환해 줄 것을 도청과 군청 당국에 세 번이나 진정서를 제출하는 등 진정운동(『동아일보』 1924.2.18.)을 했다. 그 결과 1924년 여남공립보통학교로 전환되었다.

안도에서도 사립안도보통학교를 1922년 10월 설립했다.[24] 그에 앞서 1922년 봄에 안도의 김도상이 사립보통학교를 설립하려고 유지의 동정금 만여 원을 모아 교사를 건축했다. 당국에 사립보통학교 허가원을 제출하여 개학하고 남녀 학생 80명을 수용(『동아일보』 1923.3.8.)했다. 1922년 10월 3일에 허가를 얻어 1923년 6월에 생도 100여 명, 학급 4학급(『조선일보』 1923.6.7.)이었다.

돌산면 죽포리 유지들이 1921년 1월경에 교육 개량을 목적으로 돌산친목회를 조직하고, 3월 27일에 죽포리 구 서당 내에서 임시 개학(『동아일보』 1921.12.18.)했다. 학부형은 창립금 400원을 모아 교실 증축과 교사 초빙을 하여 9월 1일 낙성식과 개학식을 열었다. 사립죽포보통학교는 1923년 5월 수업연한 4년으로 설립 인가를 받았다.[25]

삼일면의 사립삼일보통학교는 1920년 삼일면 학교평의원 전병순과 면장 박정채 등의 발기로 1920년 설립 이래 수년 동안 경영 중 경비 문제로 공립으로 승격하려고 2,3년을 두고 군청에 교섭하였다가 실패했으나, 1925년 3월 16일 학교평의회를 기회로 공립으로 전환(『동아일보』 1925.3.23.)되었다. 이에 삼일면에서는 특히 5천여 원의 기부금을 자발적으로 모집하여 기본재산 토지를 제공(『매일신보』 1925.7.19.)했다.

1920년대 여수면에 4개의 사립학교가 설립되었으나, 남면 금오도와 삼일면의 사립학교가 1924년과 1925년에 각각 공립으로 전환되어 2개의 사립학교가 남게 되었다. 그 두 학교는 죽포보통학교와 안도보통학교이다.

1910~20년대 여수군의 보통학교 설립과정을 보면, 공·사립을 통틀어서 주목되는 사실이 있는데, 거문도와 안도에 일찍부터 학교가 설립되었다는 점이다. 거문도와 안도의 규모는 돌산도와 금오도에 비해 작은 편인데, 돌산도와 금오도에 못지않게 일찍부터 보통학교가 설립되었던 이유는 무엇일까. 그 이유 중 하나로 거문도와 안도에 일본인 소학교가 1910년대 초에 설립되었다는 점을 지적하고 싶다. 조선인들보다 인구가 적은 일본인들이 학교를 세워 그들 자녀들을 취학시키는 것을 보고, 일본인에게 지지 않겠다고 하는 마음을 불러일으키지 않았을까 하고 추측한다.

서당

학교로서 인가를 받지 못한 교육기관으로 서당이 있었다. 서당을 통제하기 위한 서당규칙이 1918년 2월 21일 조선총독부령 제18호(『朝鮮總督府官報』, 1918.2.21.)로 제정되어, 발포일부터 시행되었다. 서당규칙 제1조에는 "서당을 개설했을 때는 다음 각호의 사항(명칭, 위치, 학동의 정수, 교수용 서적명, 유지방법 등)을 갖추어 부윤, 군수 또는 도사에게 계출(신고-인용자)할 것"이라 하여 서당 설치는 '신고제'였다. 또 제5조는, 도장관이 서당의 폐쇄 또는 교사의 변경 기타 필요한 조치를 명할 수 있다고 규정했다. 도장관이 임의로 폐쇄 명령을 내릴 수 있도록 한 것이다. 그리고 제3조에는 서당의 명칭에는 '학교'에 유사한 문자를 쓸 수 없도록 했다.

이렇게 서당규칙에 따라 군수에게 신고하고, 근대 학문을 가르치는 서당을 전통적 서당과 구분하여 '개량서당'이라 불렀다. 소라면 복산리 개량서당 교사 이선우는 동리 구학 서당을 개량서당으로 변경하여 원근 학동을 소집하여 학과를 보통학교 규정과 동일하게 교수(『조선일보』, 1923.2.14.)했다. 이선우는 1919년 12월 유봉묵과 만세 시위를 계획하다가 체포되어 옥고를 치른 인물과 동일인으로 생각된다.

소라면 현천리에서는 정영선, 정경조, 임정모, 정익조 등이 단체로 발기하여 신학강습소를 현천리에 창립(『조선일보』, 1923.2.4.)하고 원근 동리 자제를 강습할 준비를 했다. 강습소의 명칭은 제일학원으로, 그 설립을 위해 10여 차례 협의를 거쳐 건축 재목과 일체 비용은 4인이 부담하기로 하고, 기본재산은 그 동리 3구역에 분배, 임치했던 동유 재산 토지 50여 두락으로 하기로 결의했다. 또 4인은 1천 500원을 들여 교사를 건축하고, 80여 명의 아동을 교육(『조선일보』, 1924.11.28; 『동아일보』, 1925.1.2.)했다. 1925년 1학기(9월 1일부터 시작-인용자)부터 교원으로 이선우, 김영두를 초빙했는데 학생 74명이었고, 다시 남녀 학생 40여 명에게 야학까지 교수(『조선일보』, 1925.12.6.)했다.

삼산면 초도는 호수 약 30호, 인구 약 2천 명의 섬으로, 1만 4천500원의 기본재산을 만들어 600평의 부지에 220평의 기와집 교사를 건축하고 1923년 9월 10일부터 초도개량서당이라는 간판을 붙이고, 개학(『동아일보』, 1924.1.15.)했다. 통학생은 80여 명인데, 사립 보통학교 승격을 위해 운동했다.

여수면의 여수예수교회 김영진은 연령 초과로 보통학교에 입학하지 못한 여자 40여 명을 모아 김영애의 지도로 매일 3~4시간 수업(『조선일보』, 1924.7.13.)했다. 또 여수면 석정동에 있는 예배당에서 무산 자녀를 위하여 창립한 영신여학원 원장(이영희)은, 1925년도 생도를 다음 구분에 따라 모집(『조선일보』, 1925.4.1.)했다. 갑조 보통학교 제3, 4학년 정도 여자 약간 명, 을조 보통학교 제2학년 정도 여자 약간 명, 병조 보통학교 제1학년 정도 여자 70명.

삼산면 거문도 동도리에 서당이 있어 보통학교 교과서에 의하여 교수했다. 1925년에 6천여 원으로 교사를 신축하고 교원을 고빙하여 80여 명의 아동을 수용(『조선일보』 1926.2.15.)했다. 재계의 부진으로 교사 건축 후 석 달이 못 되어 경비 곤란으로 폐문하게 되었다.

여수공립수산학교와 조·일인 공학 실업교육

전남도는 1917년 5월 1일 1개년 수업의 간이수산학교를 여수공립보통학교 내에 부설하여 개교했다. 직원은 겸무 교장 외에 전임 훈도 1명이었다. 이후 1920년대의 변화 과정은 다음과 같다.[26]

전남도 당국은 학교 내용 설비의 충실을 기할 필요를 느껴 1921년 4월 1일부터 수업연한을 2개년으로 고치고 그 경영을 도지방비로 옮겼다. 1만 5천6백여 원의 경비로써 같은 해 4월 교사를 동정 종포에 신축 이전하고, 12월에 숙직실 및 소사실을 증축했다. 동정 종포 약 7백 평 토지에 1922년 2월 15일부터 신축 기공하여, 3월 말일 준공하고, 4월 7일 낙성식을 거행(『동아일보』 1922.4.19.)했다. 동정 종포에 신축한 일이 자료에 따라 1921년 4월과 1922년으로 다른데, 아마 첫 번째 자료의 착오로 보인다. 또 그 위치가 지금 어디인지는 확인할 수 없으나, 현재의 중앙초등학교 부근으로 보인다.

1922년 2월 생도 모집부터 여수공립수산학교 명의로 변경(『朝鮮總督府官報』 1922.2.15.)되었다. '간이' 학교를 벗은 것이다. 모집 인원 약 40명 중 조선인 약 30명, 일본인 약 10명이었다.

1923년 7월에는 학칙 일부를 개정하여, 입학 자격을 6년제 보통학교 및 심상소학교 졸업 정도로 하고, 직원은 교유 4명, 어업교사 1명, 고원 1명으로 증원했다. 또 특히 실과교육 장려의 뜻으로써 통조림 기계를 설비했다.

1924년 3월에는 수업연한을 3년으로 연장하고, 학과목을 개정했으며, 전임 교장(주임관) 1명, 교유 5명으로 증원했다. 7월에 종래 교사는 확장의 여지가 없으므로 전 군민은 1만 3천여 원의 거액을 갹출하여 부지 4천3백여 평을 매수하고, 교사를 이전하면서, 교실 1개를 증축했다. 지방대표 유국준 김한승 등의 발기로 1만 5천 원의 기부금을 수합하여 토지 3천7백 평 매수 대금 8천 원, 지균비 1천 9백 원, 돌담비 1천6백 원, 교사 이축비 3천5백 원으로 예정(『조선일보』 1924.6.17.)되었다. 이전한 교사의 위치는 현재의 중앙초등학교 자리이다.

1927년도에는 경상비 2만 2천4백여 원 외에 건축비 1만 6천백여 원으로써 121평의 본관을 건축(『동아일보』 1928.3.10.)했다. 1927년 8월부터 수산학교 본관 신건축을 시작하여 1928년 2월 말일에 완성하고, 3월 4일 낙성식을 열었다. 또 설비비 4천2백여 원으로써 발동기 달린 연승어선 1척과 이과 기타 교재 기계 표본류를 설비했다. 또 종래의 교실을 도서실·이과교실·표본실·생도 대기실로 사용했다.

4. 1930년대

1929년 4월 조선교육령이 개정되고 이어서 6월 20일 보통학교규정이 개정(『朝鮮總督府官報』 1929.6.20.)되었다. 보통학교 규정은 소학교 규정과 함께 개정되었는데, 총독(山梨半造)은 같은 날 도지사 앞으로 훈령을 보내 그 취지를 알렸다. "이번의 규정 개정은 혹은 교과목의 변천에, 혹은 교칙의 개정에, 혹은 교과과정표 기타의 경정 등에 걸쳐있으나 그 본지로 하는 바는 필경 이 국가의 기대하는 바를 법규에 명시함으로써 금후 한층 그 목적의 관철에 다하고자 하는 것에 다름 아니다." 이때 교과목의 변경은 종래 선택 과목이었던 실업을 '직업'으로 개칭하고 또 이를 필수과목으로 하여 남녀 함께 이를 이수하게 한 것이다. 1929년 조선교육령 개정의 주요 내용은 '직업'의 필수 과목화였다.

조선인 교육

공립보통학교

1930년대 초 여수군 공립보통학교는, 각 면에 하나씩 모두 10개(『동아일보』 1934.4.19.)였다. 그 명칭과 설립 연도, 수업연한과 학급수는 다음 표와 같다.

명칭	연도	수업연한	학급수
여수	1910	6년	16
돌산	1910	6년	4
거문	1920	6년	3
소라	1921	6년	3
화양	1924	6년	3
여남	1924	4년	2
중흥	1925	4년	2
율촌	1929	4년	2
쌍봉	1930	4년	2
화정	1932	4년	2

1920년대까지 8개 면에 8개 공립보통학교가 설립되었는데, 1930년대에 들어 나머지 2개 면에 공립보통학교가 각각 설립됨으로써 '1면 1교'를 완성했다. 먼저 1930년 10월 9일 전라남도고시 제226호(『朝鮮總督府官報』 1930.10.20.)를 통해, 쌍봉면 학용리에 쌍봉공립보통학교 설치 인가가 10월 6일부로 있었음을 공지했다. 이어 1932년 3월 21일 전라남도고시 제56호(『朝鮮總督府官報』 1932.3.28.)로써 3월 16일부로 화정공립보통학교 설치 인가를 고시했다.

한편 1929년의 세계대공황의 여파는 식민지 조선에도 밀려왔다. 그 결과 학비가 부담되는 학생들도 많이 발생했다. 여수 공립보통학교에도 수업료 감하 조치가 있었는데, 1934년 6월부터 10개 공립보통학교 수업료 중 15전씩만 인하(『동아일보』 1934.5.29.)하기로 결정했다.

1면 1교가 완성될 때까지는 공립학교 설치 운동이 치열했으나, 1면 1교가 달성된 후에는 새로운 방향으로 운동이 전개되었다. 보다 더 많은 학생을 수용하기 위해 학급 증설과 학년 연장, 그리고 제2공립보통학교 설립이 그 방향이었다.

여수읍에서는 먼저 제2공보교 설립 주장이 있었다. 1932년 여수공직자대회에서 제2공보교 설치를 당국에 진정하기로 결의(『동아일보』 1932.9.25.)했다. 그러나 얼마 뒤에 여수 공직자 일부는 '민중의 총의를 배반'하여 제2공보 설치는 시기상조라며 여수공보교의 학급 증설(『동아일보』 1932.11.3.)을 들고 나섰다. 공보교는 행정규칙상 24학급까지는 증설할 수 있으니, 당시의 16학급을 24학급까지 연장시켜 놓은 뒤에 제2공보 설치를 주장하자는 이유에서였다.

그러던 것이 분교장 설치를 논의하려다가 결국 이전하는 것으로 결말(『동아일보』 1933.8.18.)지어졌다. 1933년 8월 14일 학무위원, 읍회의원, 군수, 읍장이 참석하여 전임 군수가 얻어온 8천600원의 보조금을 가지고 이전하기로 다수가결로 결정했다. 이 과정에서 동정 유지 20여 명이 군수에게 분교장 설치는 찬성이나 이전에는 반대한다는 뜻을 전달했고, 군수는 당장은 어려우나 필연코 이전해야 한다고 맞섰다.

1934년도에는 부지를 매수하고, 1935년도에는 교사를 신축(『조선일보』 1934.3.15.)하기로 했다. 총 경비는 3만 3백 원, 재원은 재산 매각대금, 도 보조, 관계 인민의 부담 등으로 충당하기로 했다. 관계 인민의 부담 총액은 약 7천5백 원가량인데, 그중 3천6백 원은 1934년도의 기부금으로 하여 부지 매입에 충당하기로 하고, 나머지 3천9백 원은 1935년도의 기채와 특별부과금을 신설하여 연부 상환으로 완제할 계획이었다. 기부금은 읍민의 호세할에 의해 지정 기부받는 것(『동아일보』 1934.3.13.)으로 하고, 책임자는 동정의 김경택, 서정 김한승으로 정했다.

이전할 장소는 읍내 서정 직물공장 근처로 내정하고, 토지를 매수하여 건축공사에 착수(『조선일보』 1934.6.24.)하기로 했다. 그러나 곧 면적 문제로 비판(『조선일보』 1934.7.7.)이 나왔다. 공립보통학교의 아동 수효가 천 명 이상이므로 7,8천 평 내지 만 평은 되어야 하는데, 겨우 5천 평으로 한정했다는 이유에서였다. 그러나 군수는 막연히 자신을 믿어달라며 비판을 모면하려고만 했다.

1935년 상반기에 신축 교사가 낙성되어 6월에 신 교사에 이전(『조선일보』 1935.6.20.)했다. 그런데 전체 이전은 아니고, 구 교사인 진남관과 신 교사, 양쪽에 나눠서 학생들을 교육했다.[27] 요즘 일부 대학에서 쓰고 있는 용어를 빌리자면, '복수 캠퍼스' 운영이었다. 구분의 기준이 무엇인지 확언할 수는 없지만, 아마 거주 지역에 따른 것이 아니었을까 짐작한다.

1937년 7월 5일 조선총독부 전라남도고시 제131호(『朝鮮總督府官報』 1937.8.11.)를 통해 6월 30일부로써 여수공립보통학교 부설 간이학교 설립 인가가 고시되었다. 위치는 여수읍 봉산리였다. 본전안오랑(대판시 주길구 거주, 여수읍 동정에 있는 주식회사 본전조면공장 사장)은, 1938년 5월 3일 당시 여수청년회 누상을 빌려 교수하고 있는 여수서정공립심상소학교 소속 간이소학교가 교사가 없이 곤경에 빠져 있다는 것을 듣고 3천 원을 기부(『조선일보』 1938.5.9.)했다. 그런데 이 간이소학교가 1937년 7월 인가된 부설 간이학교인지는 불분명하다.

남면 금오도의 여남공립보통학교는 1934년 3월 군청을 상대로 학급 증실 운동(『동아일보』 1934.3.7; 『조선일보』 1934.3.8.)을 벌였다. 이는 곧 학년 연장 운동이기도 했다. 4학급을 5학급으로 증급시켜달라는 진정이었다. 4학급밖에 되지 않음으로써 상급학교 지원자, 보통학교만 졸업하려는 사람, 졸업하고 취직을 하려는 사람에게 큰 불편과 손실이 있다고 주장했다. 또 증급 설비에 관한 비용은 전부 자담할 터이니 군 당국에서는 교사만 한 사람 파견해 달라고 했다.

여수 율촌공보교는 1938년부터 학년 연장, 학급 증설(『조선일보』 1938.3.20.)이 있었다. 종래 2학급 4학년제에서 1학급 증축, 6학년으로 연장이 인가되었다.

사립보통학교

1934년 여수군에서 당국의 보조를 받고 경영하는 사립학교는 소포, 안도, 덕촌, 손죽 등 5개 교(『동아일보』 1934.4.19.)였다. 그중 덕촌학교는 수업연한이 6년제였다.

1932년 화정면 개도리에 공립보통학교 설치 인가가 있었을 때, 백야도에서는 사립보통학교 설치 운동(『동아일보』 1932.6.14.)이 시작되었다. 백야리 학생이 개도리에서 유숙하지 않으면 통학이 곤란하다는 이유에서였다. 백야리에는 인가가 130호 이상이고, 오래 전 개량 서당을 두어 생도가 60여 명이었다. 수년 전부터 임봉규 외 4, 5인이 사립학교 설립인가 운동을 개시하고, 재원 등을 준비하여 1932년 4월 중에 인가원을 제출했으나, 서류에 불비한 점이 있다 하여 반려되었다.

이후 보통학교 유지 재원 액수가 법정 재원에 달하게 되어 10월 말에 다시 인가원을 제출(『동아일보』 1932.11.22.)했다. 그러나 인가는 바로 이뤄지지 않았다. 이후 1934년 4월 6일부로 인가(『조선일보』 1934.5.18; 『동아일보』 1934.5.27; 『조선일보』 1934.5.31; 『조선중앙일보』 1934.6.1.)를 받았다.

개량 서당

1929년 조선교육령이 개정된 이후 같은 해 6월 17일 조선총독부령 제55호로 서당규칙(『朝鮮總督府官報』 1929.6.17.)도 개정되어, 발포일부터 시행되었다. 개정 내용 중 중요한 것은, 이전에는 서당을 설립하고 군수에게 '사후 신고'하던 것을, 도지사의 '사전 인가'를 받도록 한 것이었다. 서당 설립이 보다 엄격해진 것이다.

같은 날 조선총독부훈령 제25호를 통해 도지사에게 훈령(『朝鮮總督府官報』 1929.6.17.)했다. 금후 서당의 지도 감독 상 유감 없기를 기할 것을 주문하며, 다음 사항에 유의하도록 했다. ① 서당의 개설 인가 신청 때 구신(具申)한 사항에 대해서는 그 조사를 주도하게 할 것, ② 서당과 학교, 강습회와의 구별에 유의할 것, ③ 서당의 설비 및 교육의 내용에 유의할 것, ④ 적당한 방법에 의해 국민도덕에 관한 사항을 주게 할 것, ⑤ 학동으로부터 비용을 징집하는 것은 지장 없지만, 이를 위해 부형의 부담을 무겁게 하지 않는 것에 유의할 것.

1932년경 여수군 내 서당수는 88개소, 직원 94명, 아동 남 1천804명, 여 33명, 계 1천837명이었다.[28] 이후 1934년 기준 여수군 내 개량 서당은 44곳, 학급 48개, 생도 남 1천910명, 여 55명(『동아일보』 1934.4.19.)이었다. 서당의 개수는 많이 줄었으나, 학생 수는 오히려 증가한 것이 눈에 띈다.

돌산군 율림리는 130여 호의 인구가 거주하고, 학령아동은 70여 명인데, 공보교는 20리, 죽포리 사립보교는 10리 반에 있었다. 이에 1932년 2월 10일 서당 인가를 받고, 서당 건축에 착수(『조선중앙일보』 1934.4.13.)했다.

여수읍 미평리 사립보성학원은 1920년대 후반 서당규칙에 의해 조재섭이 설립하고, 이선우가 원장이었다. 최초 10여 명에서 140명으로 늘었는데. 사립학교규칙에 의한 인가를 얻기 위한 준비 중에 폭풍우로 원사가 붕괴되어 여수청년회, 여수유학생회, 여수악우회 등이 재건을 위해 활동(『동아일보』 1932.8.9; 『동아일보』 1932.8.22.)했다.

일본인 교육

여수공립심상고등소학교

여수공립심상고등소학교는 소학교 아동 격증에 따라 교사 협애를 느끼게 되었다. 졸업생은 20명인데 비해 신입생 70여 명이라서 교사 증개축 필요가 생겼다. 이전 후보지로서 선정된 곳은 수산학교 뒤에 있는 남조선철도회사 시가지 계획 당시 기 매수지(『釜山日報』 1931.4.9.) 4천 평이었다. 1932년 10월 20일에는 기공 지진제(『釜山日報』 1932.10.22.)를 열었다. 그런데 자금 사정 때문이었는지, 기공식 이후 실제 건축으로는 이어지지 않았다.

2년 후에 여수학교조합이 총독부에 제출한 소학교 교사 신축자금 3만 9천 원 기채 건이 1934년 8월 25일부로 인가되어, 오래 지연되었던 신축 공사도 착수(『朝鮮新聞』 1934.9.1.)하게 되었다. 이어 1935년 실제 건축이 이뤄졌다.

그런데 이전 후보 장소는 '수산학교 뒤'에서 '역전 북측의 조망 좋은 고대'인 종고산 동쪽 산자락으로 변경되었다. 공사비 5만 원 남짓으로 죽본조 청부로 신축 낙성되어 이전한 후, 학교조합은 진영 봉안고의 이전과 제2기 공사인 구교사 일부의 이전에 착수(『釜山日報』 1935.7.14.)했다.

신 교사는 3층 1실, 2층 6실, 1층 8실(『釜山日報』 1935.7.23.)이었다. 또 구교사 약 75평을 이전하는 공사는 8월 21일 공사 입찰을 실시(『釜山日報』 1935.8.23.)했는데, 공사비 2천 280원으로 강도의일에게 낙찰되었고 공사기간은 10월 말일까지였다.

여수소학교는 1935년 10월 19일 낙성식(『釜山日報』 1935.10.6; 『朝鮮新聞』 1935.10.16.)을 거행했다. 총공사비는 10만 4천5백여 원, 철근콘크리트 벽돌조, 건평 562평이었다. 이튿날인 20일에는 운동장에서 축하 대운동회(『釜山日報』 1935.10.22.)를 개최했다.

여수학교조합은 1935년 3월 25일 조합회의(『釜山日報』 1935.3.29.)를 개최하여 ① 여수공립소학교 보습과 폐지에 관한 건, ② 수업료징수규정 개정에 관한 건, ③ 조합비결손처분에 관한 건을 심의하여 모두 원안대로 가결 확정했다. ①은 여학교가 없는 여수에서 보습과 설치의 필요에 따라 1929년 2개년의 과정으로 설치하여 당시는 약 30명의 생도를 입교시켰다. 이후 감소되어 1934년도 말에 3명이 되자 이를 폐지하고 고등과에 있는 정도의 과목을 넣어 교육을 행하고 매년 증가하고 있는 신 입학자 기타 학급 정리 등에 주력하기로 하고, 여수에 중학교와 여학교의 설치가 급무라는 데 공감했다.

학교조합회의원 총선거는 1935년 7월 14일 실시되었는데, 유권자수는 450명 가량으로, 전회에 비해 약 100명이 감소된 것이다. 조합비 체납자 약 90명으로, 체납처분 수속 중 당연 선거권 상실(『釜山日報』 1935.6.12.) 때문이었다.

조·일인 공학 수산학교

전라남도는 원래 3년제인 여수수산학교를 1932년도부터 2년제로 줄이기로 방침을 변경(『동아일보』 1932.3.15.)했다. 당국자는 "그 학교 졸업자로 하여금 좀 더 수산업에 적극적으로 진출하도록 하기 위하여 제조과, 어로과로 분류하여 철저히 교육할 방침"이라고 변명하였지만, 일반은 수산업종사노동양성소로 만들려 한다고 비난했다. 1929년 조선교육령 개정 주요 내용이 직업 과목의 필수화로, 실업 교육에 중점을 두었는데, 이 변경은 그와 같은 분위기 속에서 이뤄진 것이었다.

또 당시 수산학교 학생들이 사회주의 사상을 받아들여 독서회를 조직했다가 투옥되기도 했는데, 아마 그런 일을 막으려고 어업·수산 '기술'에 몰두하도록 학년을 단축한 것이 아닌지 의심된다.

이때 여수수산학교는 '실제적 교육을 할 목적'으로 학칙을 변경(『조선일보』 1932.3.31.)하고 4월 1일부터 실시했다. 그 내용을 보면, ① 수업연한 3년을 본과 2년, 연구과 1년으로, ② 수업연한 1년의 전수과(專修科)를 두고, 양식, 통조림, 가공, 해조(海藻)에 관한 간이한 기술을 수득(修得)케 함, ③ 입학자는 종래 연소자를 채용하였으나 17,8세 이상으로 채용함, ④ 본과를 어로, 제조의 2과로 함이었다.

5. 1938년 이후

1938년 3월 3일에 조선교육령이 개정(『朝鮮總督府官報』 1938.3.4.)되어 그해 4월 1일부터 시행되었다. 이 영의 시행으로 조선에 있는 보통학교, 고등보통학교 및 여자고등보통학교는 각각 소학교, 중학교 및 고등여학교로 변경되었다. 조선인과 일본인 학교를 구분하던 학교 명칭이 일본인 학교의 소학교, 중학교, 고등여학교로 통일된 것이다.[29]

앞에서 밝힌 대로, 3·1운동이 일어났을 때 일본 내각 수상은 조선총독부 정무총감에게 그 대처 방안 중 하나로 '교육에 피아 동일한 방침을 취할 것'이란 지시를 내린 적이 있다. 그리하여 조선총독부는 학제 개편으로 조선인과 일본인 학생의 학교 수업연한을 장기적으로 일치시키는 조치를 시행했다. 그럼에도 학교 명칭에서는 여전히 민족별 '구분'을 유지했다. 그런데, 거의 20년 만에 조선인·일본인 학교에 동일한 명칭을 사용하는 것으로 개정한 것이다. 그 방침을 꺾은 이유는 무엇일까.

조선교육령 공포와 같은 날 조선총독은 유고(『朝鮮總督府官報』 1938.3.4.)를 발하여 조선교육령 개정의 취지를 설명했다. 조선 통치의 목표는 진짜 황국신민 되는 본질에 철저하게 하는 데 있고, 교육에서는 국민 되는 연성을 기간으로 한다고 천명한 것이다.

이어 3월 16일 학무국장은 각도 내무부장회의에서 연설을 통해 조선교육령 개정 취지를 부언 설명했다. 조선인 학생으로 하여 황국신민이 되는 교육을 위해 조선교육령을 개정했다는 설명이다.[30] 총독의 유고와 학무국장의 설명에서 핵심어는 국체와 '황국신민'이다. 총독의 유고에 나오는 '국체 명징'은 남차랑 총독의 '5대 시정 강령'과 '3대 교육방침'에 공통으로 해당되는 항목이었다.

위의 조선교육령 개정 공포보다 열흘 앞선 1938년 2월 22일 칙령 제95호(『朝鮮總督府官報』 1938.2.26.)로 육군특별지원병령이 공포되어 4월 3일부터 시행되었다. 같은 날 총독은 훈시를 내렸는데, 총독의 훈시 내용을 통해 1938년 2월 하순과 3월 상순에 공포되고, 4월 1일과 3일부터 시행된 두 가지 법령 사이의 밀접한 관계를 알 수 있다. 육군특별지원병제 시행과 조선교육령 개정은 '안과 밖의 관계이자,

형상과 그림자 관계'였다. 1938년의 조선교육령 개정은 결국 지원병제의 효과를 극대화하기 위한 수단이었던 것이다.[31] 그래서 그 일환으로 조선인·일본인 학교 명칭 구분을 없앤 것이다.

조선인 교육

공립소학교

1910년대 초부터 1932년에 걸쳐 여수군에 설치된 10개의 보통학교는 1938년 4월 1일부터 모두 소학교로 개칭되었다. 그에 따라 여수읍의 여수공립보통학교는 여수서정공립소학교가 되었다. 여수읍 내 공립소학교가 둘이 되자 일본인 학교인 여수공립심상고등소학교는 여수동정공립심상고등소학교로 변경되었다. 이때부터 '동교·서교' 체제가 되었다.

그리고 1939년에 여수읍에는 두 번째 조선인 소학교가 설치되었다. 제2소학교는 1939년 5월 하순 인가받았는데, 교명은 여천심상소학교였다. 신입생은 남녀 80명을 모집하고, 6월 7일부터 동정 읍사무소 앞 청년회관 누상에서 개교식(『동아일보』 1939.4.14; 『釜山日報』 1939.6.9; 『동아일보』 1939.6.12; 『동아일보』 1939.6.16.)을 거행했다. 여수에 같은 성격의 기관이 이미 '여수' 명칭을 쓰고 있을 때, 대안으로 '여천'이란 명칭을 쓰는 일이 있었는데, 공공기관으로서는 1920년 여천금융조합에 이어 여천심상소학교가 두 번째 사례이다.

돌산면 우두리에서는 나상곤, 전진영, 서병현, 김종하, 김종진, 김태곤, 김병호 등이 1938년 봄부터 기금 1천300여 원을 모아 당국에 사립학교 인가신청을 제출했다. 서정소학교(옛 여수공립보통학교) 부속 간이학교로 개교될 것으로 전망(『동아일보』 1938.4.24.)되었으나, 이후 어떻게 되었는지 알 수 없다.

수년 전 사립학교로 설립된 거문도 덕촌소학교는 공립심상소학교로 승격되고, 학급도 증가하여 교사를 증축하고, 1939년 6월 15일 개교식(『동아일보』 1939.6.16.)을 열었다.

사립소학교

여수읍 서정 천일고무공장 사장 김영준은 경영난에 빠진 미평의 사립 보성학원을 인수하여, 1939년 사립학교 인가 신청을 받아 교사를 신축하고, 사립미평소학교를 설립했다.

1932년 여름 폭풍우로 보성학원 원사가 붕괴되어 모금운동이 일었을 때도 천일고무공장이 원사 재건을 위해 50원을 의연한 일(『동아일보』 1932.9.3.)이 있었다.

1939년 사립미평소학교 설립과정을 신문기사(『조선일보』 1939.4.5; 『조선일보』 1939.7.1; 『朝鮮新聞』 1939.7.20; 『동아일보』 1939.7.22.)를 통해 살펴보자.[32]

1939년 김영준은 읍내 미평리에 6년제 사립미평심상소학교를 단독으로 설립하겠다는 신청서를 여수군청을 통해 3월 26일 도 학무과에 제출했다. 김영준은 만일 인가된다면 그해에는 4학년까지만 수용하고, 이어 1940년과 1941년도에 걸쳐 6학년을 완성할 요량이었다. 도 학무과는 전남도 내에서 지금까지 단독으로 경영하는 소학교 성적이 좋지 못해, 이왕이면 설립 당초에 상당한 기본재산을 미리 내놓지 않으면 그대로 인가하기 어렵다고 답했다.

이후 6월 20일 6년제 사립소학교 인가가 나왔으므로 미리 사 두었던 미평리 역전 광장 기지 3천 평에 건물 건축비 등 총액 약 4만 원을 내고, 학교 경영비로 매년 5천 원씩 내어 단독 경영하기로 했다. 교사는 건평 200평, 콘크리트 벽돌 단층 건물 6학급으로 건축했다. 7월 18일에 가교사에서 개교식을 거행했다. 학생은 미평리, 왕십리, 오림리 등지에 거주하는 아동들이었고, 1940년도 학생은 모두 391명이었다.

김영준 기념비(최재성 촬영)

여수공립고등여학교

1938년 3월 여수공립고등여학교가 설립되었다. 그에 앞서 1920년대 초부터 여수에는 중학기성회가 조직되어 중등교육기관 설치를 요구하는 움직임이 일어났다.

1922년 여수 유지 12인의 발기로 8월 27일 여수고등보통학교기성회가 개최되었다. 기성회 총회에서 임원 선거를 하고, 그후 간부들은 매일 회합하며, 준비는 다 되었고, 문제는 허가뿐이라고 호언(『동아일보』 1922.8.25; 『동아일보』 1922.9.11; 『동아일보』 1923.4.8.)했다. 그러나 그 허가는 쉽지 않았다.

그로부터 16년이 지난 1938년 3월 30일 조선총독부고시 제280호(『朝鮮總督府官報』 1938.3.30.)를 통해 3월 26일부로 공립고등여학교 설립 인가가 발표되었다. 명칭은 여수공립고등여학교이고, 위치는 여수읍 동정인데, 당분간 여수공립심상고등소학교 내로 한다는 단서가 붙었다. 여수공립심상고등소학교란 1935년 종고산 동쪽 산기슭으로 이전한 일본인 소학교를 말한다.

수업연한 4년제의 1학급 50명 정원에 4월 28일 제1학년 55명의 입학을 허가하여 여수동정공립심상소학교 교사의 일부를 가교사로 하여 입학식 및 개교식을 거행(『동아일보』 1938.3.29; 『조선일보』 1938.3.31; 『釜山日報』 1938.4.9.)했다.[33] 이 학교는 조선인·일본인 공학이었던 것 같다.

1939년 말에 여수고등여학교는 수산학교 위의 공동묘지에 이전을 인가(『朝鮮新聞』1939.11.8.)받았다. 그 위치는 1932년 여수공립심상고등소학교가 교사를 이전하기로 결정하고 10월 20일에 기공 지진제를 지냈던 곳으로 보인다.

이후 신교사의 건설을 서둘렀지만, 전시체제기 부족한 자재 문제 등으로 공사가 순조롭지는 않았으나, 동정 수산학교 뒤 고지대에 건축했다. 1940년 12월 5일 신축 교사로 옮기고, 12월 22일 신교사 2층 강당에서 대학예회(『釜山日報』1940.12.25.)를 개최했다. [34]

조선인·일본인 공학 여수수산학교

1940년대 들어 여수수산학교는 동정 종포에서 봉산리로 이전했다. 이전할 곳은 여항매축조합이 매립한 부지 1만 평이었다. 1941년 3월 28일 이전 승격 인가를 받았다. [35]

6. 1941년 국민학교규정 시행 후

1941년 3월 31일 조선총독부령 제90호(『朝鮮總督府官報』1941.3.31.)로 국민학교규정이 공포되어 4월 1일부터 시행되었다. 이는 1941년 2월 28일 칙령 제148호로 일본에서 국민학교령이 공포되고, 1941년 3월 25일 칙령 제254호로 조선교육령이 개정된 후속 조치였다. 개정된 조선교육령은, '소학교'를 '국민학교'로 고친다는 것이 주요 내용(『朝鮮總督府官報』1941.3.31.)이다.

1941년 3월 개정된 조선교육령에 따라 여수군 내 모든 소학교 명칭은 국민학교로 변경되었다. 서정소학교는 서정공립국민학교로 개칭되었다. [36] 그리고 그 직전인 1940년도 말 학급수 29개, 남녀 생도수 1천965명이었다.

여수읍의 일본인 초등교육기관인 여수동정공립심상고등소학교는 동정공립국민학교로 개칭했다. [37] 이 학교를 통해 이뤄지던 일본인 교육은 해방 후 일본인이 그들 나라로 돌아가면서 종결되었다.

여수읍의 제2 조선인 공립소학교였던 여천심상소학교는 여천공립국민학교로 개칭되었다. [38] 또 1941년 10월에 고등여학교 인근으로 신축 이전했다. 1940년도(1, 2학년) 생도는 모두 146명이었다. 여천공립국민학교는 임시 교사에서 수업하다가 해방 이후 일본인들이 떠나고 빈 동정국민학교 자리로 들어갔다.

국민학교규정 시행 결과 조선어 과목은 폐지되었고, 조선어독본 교과서도 발행되지 않았다. 이제 조선어 사용은 금지되었고, 일본어 사용만 강제되었다.

이 대목에서 필자 선친의 경험담을 소개한다. 아버지는 그때 여수서정공립국민학교 재학생이었다.

그 학교에서는 월요일에 등교하면 담임교사가 학생들에게 카드 10장씩을 나눠줬다고 한다. 그리고 토요일 종례시간에 카드 검사를 했다. 10장보다 많이 갖고 있는 학생은 박수를 받고, 10장미만의 카드를 가진 학생은 매를 맞았다. 월요일부터 하교 후에 동네에서 친구들과 놀다가 무심코 우리말을 쓰면, 주변의 친구가 그것을 지적하며 카드를 뺏었기 때문에 생긴 일이었다. 학교 교사의 감시가 미치지 않는 곳에서는 친구에게 그 역할을 맡긴 것으로 인륜에 반하며 비교육적인 처사였다.

그로부터 2년 후인 1943년 3월 8일 칙령 제113호(『朝鮮總督府官報』 1943.3.18.)로 조선교육령이 다시 개정되었다. 이 개정은 1911년 8월 조선교육령이 제정, 공포된 이래 8회째의 개정이었는데, 이 개정의 의의에 대해 조선총독부는 "현하의 결전체제에 즉응하고, 황민 연성의 일관적 체제의 확립을 목표로 한 개정"이라고 선전했다.[39] 조선교육령 개정 취지에 따라 3월 27일 『조선총독부관보』 호외(『朝鮮總督府官報』 1943.3.27.)를 통해 각 학교규정도 일제히 제정, 공포되었다.

7. 일제의 식민지 교육 시혜론 비판

일본의 극우 세력은 1950년대부터 21세기에 들어서까지 일제의 식민 지배를 미화했다. 그 사례는 다음과 같은 것들이 있다.[40] 1953년 제3차 한일회담 당시 일본 대표 구보전관일랑(久保田貫一郞)은 "일본의 조선 통치는 조선인에게 은혜를 베푼 점"이 있다고 한 발언이 대표적이다.

식민지 근대화론 가운데 교육 분야에서 일제의 '시혜'를 반복, 강조한 발언으로는 다음의 것들이 있다. 1974년 전중각영(田中角榮) 수상은 "일본의 교육제도, 특히 의무교육제도 같이 지금까지도 지켜가는 훌륭한 것"이라고 했다. 1979년 일본 경단련(經團聯) 회장 앵전무(櫻田武)는 "한국의 눈부신 경제발전은 과거 일본 식민지시대의 훌륭한 교육 덕분", "36년간의 일본 통치의 공적"이라고 발언했다. 1986년 등미정행(藤尾正行) 문부상은 "기초적인 교육에 대해서도 일본은 많은 예산을 투여"했다고 주장했다. 그리고 1995년 강등융미(江藤隆美) 총무처장관은 "일본은 좋은 일도 했다. 고등농림학교를 세웠다. 서울에는 제국대학도 만들었다. 그러한 의미에서 교육수준을 높인 것이다. 기존에는 교육이라는 것이 전혀 없었으니까."라고 강변했다.

일본 극우세력은 일제의 교육을 강조하고 있지만, 여수의 각 학교 설립 과정에서 보았듯이 그 재산은 우리 민족으로부터 나온 것이 태반이었다. 1900년대 대한제국기부터 학교 설립을 위해 민간에서 토지 기부와 모금이 활발했다. 앞에서 살펴본 내용을 다시 정리하면 다음과 같다.

학교명	학교 재산
여수	기부금 천2백 환, 노인당의 계답(契畓) 241두 5승락(사립 경명학교)/ 옛 좌수영성 내 서기청, 사령청과 성 밖 동·서 양 서재 부속지(사립 여수보통학교)/ 객사(진남관) 및 우군관청의 건물 전부(1912년 여수공립보통학교의 교사)/ 기부금 3천6백 원(1934년도)
거문	부지 342평, 건물 41평(사립 낙영학교)
여남	1천500평의 기지에 85평의 교사(사립학교) 운동장 천2백 평, 실습지 논 80평, 밭 3백 평, 어장 9백 평, 학교림 2만 70평, 교사 및 부속 건물 등 103평
화양	기부금 3천650원으로 교사 건축, 기본금 6천574원
중흥	적립금 2천 원, 면내 유지 의연금 4천500여 원(1922년 사립학교)/ 교지 1천129평, 교사 및 부속 건물 90평, 벼농사 실습지 120평, 밭 422평, 뽕밭 319평/ 5천여 원의 기부금(1925년)
율촌	교지 2천969평

이것은 자료에서 밝혀진 것만 추린 것이다. 밝혀지지 않은 것까지 더한다면 그 규모는 더욱 커질 것이다. 1922년 여수보통학교 증설 과정에 여수면 인민 800명이 부역으로 땅 고르기 작업을 했던 것에서 알 수 있듯이, 노동력 무상 제공 사실은 드러나지 않은 기여이다. 1920년대 조선 전체 보통학교 증설 과정에 땅 있는 사람은 땅을, 돈 있는 사람은 돈을, 땅도 돈도 없는 사람은 노동력을 제공했다.

다음으로 학교 운영 비용도 조선인 부담이었다. 1911년 11월 1일부터 시행된 공립보통학교비용령에서는 "공립보통학교의 설립 유지에 필요한 비용은 학교 설립구역 내의 조선인의 부담으로 함"이라고 부담의 주체를 조선인으로 명시했다. 1920년 10월 1일부터 시행된 조선학교비령에서는 '부과금'이라 이름 붙이고, "부과금은 부군도 내에 주소를 두거나 또는 토지 혹은 가옥을 소유한 조선인에게 이를 부과함"이라 하여 여전히 조선인의 부담으로 규정했다.

그밖에 재학생 학부모는 수업료를 추가로 부담해야 했다. 그러나 수업료는 가계에 큰 부담이 되었다. 그래서 조선인 학생의 중도 퇴학도 많았다. 그 구체적 통계는 뒤의 학생 부분에서 확인할 수 있다.

위는 공립학교만의 상황이다. 사립학교에 들어가는 경비는 오로지 설립자·운영자의 부담이었다. 사립 미평학교의 사례에서 그것을 확연히 볼 수 있다. 아무런 지원도 하지 않으면서 총독부는 여러 간섭과 통제를 더했다.

결국 조선총독부가 조선인 교육에 투입한 것은 인건비 등 공립학교 운영 비용 일부였다. 조선인 교육을 위한 하드웨어 가운데 상당한 부분을 조선인의 부담으로 떠넘겼다. 1970년대 일본 수상이 자랑스럽게 내세웠던 의무교육제는 징병제의 반대급부로 1946년도부터 실시하기로 되어 있었다. 조선인들은 징병제라는 현물을 지출하고 의무교육제라는 약속어음을 받았으나 일제의 패망으로 부도 수표가 되고 말았던 것이다.

　소프트웨어에 해당하는 교육 내용이 조선인 교육에 도움이 될 리도 없었다. 교육의 주체였던 학생들이 스스로 식민지 노예교육 반대를 부르짖으며 대규모 학생운동을 전개했던 사실이 그것을 증명한다. 그마저도 태평양 전쟁이 확대되던 시기에 이르면 학생들은 공부 대신 학교 밖으로 쫓겨 육체노동에 시달려야 했다. 이제 더 이상 학교가 배움을 찾아온 학생들의 지식교육을 위한 공간이 아니었다.

　사정이 이러한데도 일본 극우세력은 교육에서 일제의 '시혜'를 내세운다. 우리 민족의 재산으로 생색을 내는 것이다. 그들의 일방적 주장을 그대로 되풀이하는 한국의 식민지 근대화론자들은 이런 사실을 알고서도 그런 주장을 따라 하는지 알 수 없다.

제국의 씨앗: 유럽의 세계 정복

3부

인간

01 인구

1. 전체 호수와 인구수

대한제국기

1900년 전후 대한제국기 여수군 호구수·인구수 정보를 알려주는 자료가 두 가지 있다. 모두 읍지인데, 하나는 1899년 자료이고, 하나는 1902년 자료이다. 그중 1899년 자료에서는 여수군의 호포 1천783호에서 그 단서를 찾을 수 있다.[1] 물론 이 수치가 당시 여수군 호수를 정확히 반영한 것은 아니다. 전체 인구 중 호포 납부 대상 호수만을 가리키는 것이다.

1902년 자료에서는 여수군 호수 2천567호, 인구 8천300명, 남 4천437명, 여 3천863명으로 비교적 상세한 수치를 담고 있다.[2] 호수는 3년 전에 비해 784호의 증가를 보여준다. 이는 실제로 외지 인구의 유입 등으로 인한 증가라고 보기는 어렵다. 토지에서 승총이 이뤄지듯이, 호수 파악에서도 이전에 파악하지 못했던 호수를 새로 발견한 결과라고 보는 것이 타당할 것이다.

제2대 여수군수 최정익은 대한제국 정부의 내부 회계국장 재임 중 1899년 8월 1일 여수군수에 임명(『관보』, 1899.8.7.)된 인물로, 군수 재직 중 은호(隱戶) 800호를 승총(陞總)하고, 1900년 4월 공전 1만 원을 탁지부에 가서 몸소 납부(『황성신문』 1900.3.15.)하려 했다. 증가한 784호는 승총한 은호를 가리키는 것일 것이다. 이 대목에서 중앙 부처의 회계국장을 신설한 군의 군수로 임명한 대한제국 정부의 의도를 짐작하게 된다.

1910년대

일제 식민지기에 들어선 1910년 12월 말 여수군과 돌산군의 호수와 인구를 보면 다음과 같다.[3]

구분			여수군	돌산군	합계
조선인	호수		7158	6630	1,3788
	인구	남	2,0714	1,6973	3,7687
		여	1,8919	1,6319	3,5238
일본인	호수		103	55	158
	인구	남	158	111	269
		여	125	76	201

호수와 인구수에서 볼 때, 조선인, 일본인 모두 여수군의 그것이 돌산군의 것보다 많다. 또 남녀별 인구면에서 여수군, 돌산군, 조선인, 일본인 모두 남자가 여자보다 많다. 범위를 좁혀 여수면에 한정해서 살펴보자. 여수면은 1910년 3월 가옥세 시행 '시가지'에 추가(『규장각일기』 1910.3.4.)되었다.

그리하여 위 통계자료 중 전남도내 12개 '주요 시가지'의 하나로 여수면의 인구 자료가 실렸다. 여수군 여수면의 인구는 조선인 3천70명, 일본인 275명, 청국인 4명, 합계 3천349명이었다.[4] 여수면 인구는 여수군 전체(3만 9천633명)의 1/10도 되지 않는 비중이었다. 여수면을 제외한 나머지 7개 면에 더 많은 인구가 분포했다. 반면 일본인은 여수·돌산군 전체 470명의 반수 이상이 여수면에 집중되어 있었다. 또 외국인 4명은 모두 청국인 남자로서 여수면에 거주했다.

그런데 여기서 여수면 인구는 훗날 2개 정, 10개 리 가운데 10개 리를 제외한 동·서정 인구만을 가리키는 것으로 봐야 할 것이다. 왜냐 하면, 앞에서 말한 '시가지'에는 10개 리 지역이 제외되었기 때문이다.

1910년대 중반 여수면내 호수와 인구수를 알 수 있는 자료가 있다. 1916년 11월 9일 여수면사무소가 주체가 되어 작성한 '전라남도 여수군 여수면내 지지조서'가 그것이다.[5] 먼저 동정을 보면 다음과 같다. 모두 21개 마을이다.

구분	수동	정동	재동	죽동	행동	지동	남동	장동	소동	죽전	후동
호수	11	31	18	18	30	31	39	75	15	-	8
인구	42	179	71	86	60	104	173	328	90	-	36

구분	아동	석성	예동	근동	내동	동천	석성	평동	연동	종포	합계
호수	38	21	21	18	12	17	10	12	32	120	577
인구	161	114	99	106	49	71	55	62	69	714	2669

위 표를 보면, 전체 동정 호수는 약 580호, 약 2천700명이 살고 있었다. 가장 많은 인구가 거주하는 곳은 종포인데, 조선인 밀집 거주지역이다. 전체의 27%로 1/4 이상이다. 다음 장동의 인구가 두 번째로 많은데, 이곳은 여수면의 중심가로 일본인 밀집 거주 지역이었다. 두 곳을 제외한 나머지 지역은 모두 200명 미만 거주했다. 죽전은 1명도 거주하지 않은 것이 이채롭다.

다음은 서정의 인구를 보자. 13개 마을로 구성되어 있다.

구분	종동	석정	천동	포동	상정	하정	석교리
호수	29	54	23	17	36	28	28
인구	158	246	127	87	191	144	149

구분	교동	추동	탕암	귀동	성동	연등	계
호수	38	19	19	58	27	42	418
인구	177	88	98	186	111	200	1962

서정에는 약 420호, 인구 천960여 명이 살고 있었다. 인구분포는 비교적 고르게 되어 있다. 그중 석정 인구가 가장 많으며 이어서 연등, 상정, 귀동, 교동, 종동 순이다.

동정과 서정을 합하면, 995호와 4천631명이다. 이는 6년 전인 1910년 여수면 인구 3천349명에 비해 1천282명 증가한 수치이다.

동·서정을 제외한 10개 리의 인구를 차례로 확인해 보자. 먼저 오림리(오림정)는 59호, 374명이다. 두 번째는 덕충리이다. 덕충리는 2개 마을로 구성되었다. 마을별로 보면 다음과 같다.

구분	덕대동(덕대)	와골(와동)	계
호수	57	28	85
인구	329	158	487

덕충리 2개 마을 중 덕대 인구가 와동 인구의 2배 이상으로 많다.

다음으로는 표 작성 편의상 2개 리씩 묶어서 보겠다. 세 번째와 네 번째는 봉산리와 신월리이다.

구분	봉산리				신월리		
	봉서리	봉강	국포리	계	신근정 (신근리)	봉양리	계
호수	136	8	34	178	135	35	170
인구	719	44	173	936	796	193	989

봉산리 가운데 봉서리(속칭 사철동)에 다수의 인구가 집중 거주하였다. 신월리에서는 신근리의 인구가 많다.

다섯 번째와 여섯 번째로 여서리와 문수리를 보자.

구분	여서리			문수리			
	텃골(기동)	한재리 (대치리)	계	소미리	허문리	소치리	계
호수	32	42	74	50	28	27	105
인구	187	232	419	264	157	171	592

여서리는 텃골과 한재리, 두 마을 사이에 크게 차이나지 않는 수준이다. 문수리에서는 소미리 인구가 가장 많고, 이어 소치리, 허문리의 순이다.

일곱 번째와 여덟 번째는 왕십리와 미평리이다.

구분	왕십리			미평리					
	용수리	문티리 (문치리)	계	복성골 (태성리)	죽림리	평지	양지리	신죽리 일부	계
호수	39	9	48	9	33	43	21	13	119
인구	214	48	262	53	184	208	125	62	632

왕십리에서는 용수리에 많은 인구가 거주했고, 왕십리에 편입된 신죽리(신대밭골) 일부에는 주민이 거주하지 않았다는 것을 알 수 있다. 이어 미평리를 보자. 원문에는 인구 합계가 642명으로 되어 있으나, 5개 마을 인구를 모두 더하면 실제로는 632명이다. 5개 마을 중 어느 곳에서 10명을 누락했거나, 아니면 계산 착오로 보인다. 미평리 중에서는 평지와 죽림리, 양지리의 인구가 약 82%로 대부분을 차

지한다.

아홉 번째와 열번째로 오천리와 만성리의 호수와 인구를 보자.

구분	오천리				만성리			
	오만리	중천리	모사금리 (모사리)	계	만평리	만중리	만흥리	계
호수	34	8	38	80	45	45	53	143
인구	220	52	240	512	275	206	281	762

오천리에서는 모사리와 오만리의 인구가 다수이다. 만성리를 보자. 만성리의 3개 마을 모두 200명 이상의 고른 분포를 보인다.

이상 여수면의 2개 정, 10개리의 인구를 종합하면, 동정은 2천 명 이상, 서정은 2천 명에 육박하고, 신월리와 봉산리는 900명 이상이다.

동정	서정	봉산	신월	여서	문수	오림	왕십	미평	오천	만성	덕충	계
577	418	178	170	74	105	59	48	119	80	143	85	2056
2669	1962	936	989	419	592	374	262	632	512	762	487	1,0596

이어 700명 이상은 만성리, 600명 이상은 미평리, 500명 이상은 문수리와 오천리, 400명 이상은 덕충리·여서리이다. 오림리와 왕십리는 300명 미만이다.

인구가 적은 오림리·왕십리·문수리·미평리는 바다를 끼고 있지 않은 내륙 지역이라는 공통점을 갖고 있다.

이상을 정리하면, 동·서정과 10개 리의 호수와 인구를 보면, 호수 2천56호, 인구 1만 596명이다.

1920년대

10년이 지난 1920년 12월 말 여수군 인구를 보자.[6]

조선인	호수		1,4069	일본인	호수		629
	인구	남	3,9804		인구	남	1377
		여	3,8907			여	992
		계	7,8711			계	2369

1914년에 돌산군이 여수군에 통폐합되었기 때문에, 위 표의 여수군 인구는 10년 전에는 돌산군 주민이었던 인구가 합쳐진 수치이다. 먼저 조선인은 호수(1만 3천788호)와 인구수(7만 2천925명)에서 약간의 증가(821호, 5786명)를 보였다. 반면 일본인의 그것은 몇 배 이상 대폭 증가한 것을 볼 수 있다. 호수는 약 4배, 인구는 5배 남짓 늘었기 때문이다.

또 조선인 남녀 인구수에서 여전히 남자가 여자보다 많지만, 그 차이는 10년 전 약 2천5백 명에서 천 명 미만으로 크게 줄었다. 그리고 여수면의 인구는 여전히 1/10에 미치지 못하지만, 10년 전에 비해 80% 이상 격증했다. 외국인으로 중국인은 여수군 전체 8호, 남 31명이고, 여수면에서는 7호 29명으로 역시 10년 전에 비해 많이 늘었고, 여수면 이외에도 2명이 거주하는 것으로 조사되었다.

이어 1920년대 중반 여수면 동정과 서정의 호수를 알려주는 자료(『매일신보』 1926.5.2.)가 있다. 그 자료를 통해 1926년경 호수를 표로 나타내면 다음과 같다.

구분	동정					서정				
	1구	2구	3구	4구	계	1구	2구	3구	4구	계
호수	173	346	174	157	850	233	129	122	63	547

이 표를 통해 알 수 있는 것은 우선 동정의 호수가 서정의 그것보다 여전히 훨씬 많다는 점이다. 또 동·서정 호수의 합은 1천397호로 1916년의 995호에 비해 402호가 증가했다.

국세조사를 통해 본 여수의 인구 추이

1925년 조선에서는 처음으로 국세조사라는 이름의 인구센서스가 시작되었다. 국세조사가 시행되기 이전의 인구 조사는 국세조사와 비교할 때, 정확도에서 떨어졌다. 그 이유는 다음과 같다.[7] 이전 통계연보에 수록된 인구수는 경찰서에서 외근 순사로 하여 6개월에 한 번씩 호구조사를 실시하고 그것을 모아서 합한 결과이다. 국세조사가 실시된 해의 인구를 통계연보의 호구조사 결과와 비교하면, 그 해만 유독 큰 폭의 인구 증가를 보였는데, 이는 보다 정확한 국세조사 결과를 반영했기 때문이었다.

그래서 1925년 이전의 인구통계는 그 수치를 절대적으로 맹신하기보다는 추세를 파악하는 데 중점을 두는 것이 좋다. 이제 국세조사가 시작되었던 1925년부터 1940년까지 15년간의 통계를 통해 추이를 살펴보자.[8]

여수군의 인구는 계속 증가 추세였다. 조선 전체 인구가 약 25% 증가할 때, 여수군의 인구는 그보다 곱절 늘었다. 그 결과 전남도 내에서 차지하는 비중도 매번 증가했다.

1925년 여수면의 인구는 여수군 전체의 17.5%를 차지했고, 여수군 인구는 전남도 내에서 4.4%를 차지했으며, 전남 인구는 조선 전체의 11.1%를 차지했다. 5년 후인 1930년에는 전남 인구 비중은 변화가 없고, 여수군의 인구는 도내에서 4.7%로 높아졌으며, 여수면 인구는 여수군 내에서 20.5%로 대폭 늘었다.

구분	1925	1930	1935	1940	증가율
여수면(읍)	1,6445	2,2469	2,8205	3,7813	130.0
여수면(읍)/여수군	(17.5)	(20.5)	(23.4)	(34.1)	
여수군	9,4015	10,9561	12,0443	14,1804	50.8
여수군/전남도	(4.4)	(4.7)	(4.8)	(5.4)	
전라남도	215,8513	233,2256	250,8346	263,8969	22.3
전남도/조선 전체	(11.1)	(11.1)	(11.0)	(10.8)	
조선 전체	1952,2945	2105,8305	2289,9038	2432,6327	24.6

이후 전남 인구가 조선 전체에서 차지하는 비중은 감소하는 추세였다. 조선 전체 인구 증가율(24.6%)보다 낮은 비율의 인구 증가율(22.3%) 때문이었다. 이는 출생률 외에 전남에서 유출된 인구가 많았기 때문일 것이다. 중일전쟁 이후 전시체제에 들어섬에 따라 강제 동원되어 일본이나 조선 내 다른 도로 배치된 노동자들이 많았던 결과였다.

여수군의 인구 증가율보다 더 큰 폭으로 늘어난 것은 여수면의 인구 증가율이었다. 1925년에 여수면의 인구는 여수군 인구의 17.5%였다. 5년 후에는 20.5%가 되었고, 1940년에는 3만 8천명에 육박하여 여수군 인구 가운데 1/3을 넘어섰다. 그리고 인구수뿐만 아니라 그 비중도 1925년에 비하여 15년 만에 배 이상 늘어났다. 특히 1935년에서 1940년 사이의 인구 증가율이 컸다.

출생에 따른 자연증가율만으로는 나올 수 없는 결과이고, 외지로부터의 인구 유입이 상당했음을 유추할 수 있는 현상이다. 여수면(읍) 인구의 격증에 따라 여수군의 인구도 전남이나 조선 전체의 평균 인구증가율을 2배 이상 웃도는 비율로 급증하여 1940년에는 조선전체에서 0.58%, 전남도내에서 5.4%를 차지하였다. 15년간 130%에 이르는 여수면(읍) 인구의 폭발적 증가는 그만큼 인구 면에서 도시화가 급속히 진전되었음을 의미한다.

당시 지방제도에서 투표권을 행사할 수 있는 유권자는 일정한 액수의 재산세를 납부한 자에 한정되었다. 따라서 그들은 유산계급에 속한 부류로 분류할 수 있다. 1931년 5월 읍회의원을 선출할 여수읍 유권자는 478명으로 파악(『釜山日報』1931.4.24.)되었다. 그 전해 10월 국세조사의 여수면 인구 약 2만 2천5백 명에 비해 2.1%에 해당하는 미미한 수치이다. 478명 가운데 조선인이 294명, 일본인이 184명으로 조선인이 110명 더 많았다. 또 조선인 중 시내인 동정·서정에 거주하는 사람과 외곽 촌락에 거주하는 사람이 각각 145명과 149명이었다.

1930년 직업별 인구 비중

다음은 직업별 인구 비중을 살펴보자. 그 내용은 1930년 국세조사 결과에서 찾을 수 있다. 조선 전체에서 직업별 인구수를 조사한 것은 1930년 조사가 유일하다.

당시 여수군 전체 호수는 2만 349호(인구 10만 9천561명)였다. 참고로 자료에는 '호' 대신 '세대'로 구분되어 있다. 1930년대 초 『동아일보』 경제부장을 지낸 김우평은, '세대'는 일본식 표현임을 지적했다. 그래서 필자는 세대 대신 '호'를 사용한다. 다음 표는 1930년 여수군 직업별(대분류) 본업 인구를 나타낸 것이다.[9]

구분	여수군			여수면		
	남	여	계	남	여	계
①농업	2,2555	2,3788	4,6343	2497	2025	4522
②수산업	4115	200	4315	481	20	501
③광업	4	–	4	1	–	1
④공업	2717	273	2990	1265	151	1416
⑤상업	1784	1596	3380	1160	776	1936
⑥교통업	832	10	842	316	9	325
⑦공무자유업	522	79	601	265	31	296
⑧가사사용인	109	718	827	–	124	124
⑨기타 유업	1079	646	1725	808	286	1094
소계	3,3717	2,7310	6,1027	6793	3422	1,0215
⑩무직	2,2490	2,6044	4,8534	4975	7279	1,2254
합계	5,6207	5,3354	10,9561	1,1768	1,0701	2,2469

직업은 모두 9가지(①농업~⑨기타 유업)로 분류되었다. 무직은 여수군 전체에서는 44.3%인데, 이 무직에는 어린이·노인 등 비경제인구도 포함되어 그 비중이 클 수밖에 없다. 그러나 여수면에는 실업자도

포함되어 있어 그보다 10.2% 포인트 많은 54.5%이다.

또 직업별로 볼 때, 여수군내 유업자 중 농업, 수산업, 상업, 공업 인구 비중은 각각 76%, 7.1%, 7.0%, 6.2%이다. 같은 직업의 여수면 내 비중은 각각 44.3%, 4.9%, 13.9%, 19.0%이다. 공업과 상업, 기타 유업 인구에서 여수면 인구 비중이 크다. 여수군 공업 인구의 47.4%, 상업 인구의 57.3%를 차지한다. 여수면이 여수군 내 상공 도회지로서의 역할을 담당하고 있었음을 알 수 있다. 반면 농업과 수산업 인구 비중은 작은 편이다.

가사 사용인 가운데 여성의 숫자가 많은 것이 주목된다. 이들은 조선인·일본인 부잣집 가정에 들어가 살면서 그 집안 여러 살림살이와 허드렛일에 종사하는 사람들이었다.

생산연령: 노동력 인구

총독부는 1935년 국세조사를 하여 결과를 정리하면서, 대체로 연령대를 5년 단위로 구분하였고, 이를 다시 유년, 생산연령, 노년자의 3계급으로 구분한 통계표를 작성했다. 유년은 14세 이하, 생산연령은 15~59세, 노년은 60세 이상이다. 조선 전체로 보면, 유년 40.6%, 생산연령 53.4%, 노년자 6.0%였고, 전라남도는 각각 41.6%, 52.2%, 6.2%였다. 여수는 각각 41.6%, 51.5%, 6.9%였다.[10] 여수의 유년 인구는 전라남도의 그것과 비중이 같고, 조선 전체에 비해 1% 포인트 정도 많았다. 다음 생산연령은 전라남도의 52.2%, 조선 전체의 53.4%에 비해 낮았다. 반면에 노년자의 비중은 조선 전체의 6%, 전남의 6.2% 보다 높은 6.9%였다. 정리하면, 여수의 유년과 노년자의 비중은 조선 전체보다 크고, 생산연령에 해당하는 사람은 더 적었다고 할 수 있다.

구분	성비	남자			여자		
		전체인구	15~59세	비율	전체인구	15~59세	비율
여수읍	107.13	1,4588	8131	55.7	1,3617	7421	54.5
쌍봉면	99.67	3580	1758	49.1	3592	1876	52.2
삼일면	99.25	5329	2662	50.0	5369	2758	51.4
소라면	99.56	4040	2013	49.8	4058	2109	52.0
율촌면	97.57	4384	2328	53.1	4493	2473	55.0
화양면	96.65	5997	2848	47.5	6205	3043	49.0
돌산면	101.61	7505	3645	48.6	7386	3628	49.1
남면	107.06	6245	3208	51.4	5833	2875	49.3
화정면	96.38	4183	1993	47.6	4340	2158	49.7

구분	성비	남자			여자		
		전체인구	15~59세	비율	전체인구	15~59세	비율
삼산면	99.73	4843	2589	53.5	4856	2548	52.5
군 전체	101.58	6,0694	3,1175	51.4	5,9749	3,0889	51.7
전 조선	103.79	1166,2657			1123,6381		

다음으로 인구 구성면에서 볼 때도 여수읍의 도시화 추세를 파악할 수 있다. 앞의 표는 1935년 여수군 각 읍면별 인구 정보를 담고 있는 것이다. 각 읍면별 성비와 15~59세 인구 비중을 보자.[11]

전체 인구 가운데 15~59세 인구를 보면, 여수군 전체에서 남자는 51.4%, 여자는 51.7%를 차지한다. 그러나 여수읍 지역은 그보다 높은 55.7%, 54.5%이다. 조선전체에서 같은 연령대의 비중이 53.4%임에 비춰보면, 여수읍은 남녀 모두 조선전체 통계수치 보다 약간 높은 특징이 있다.

여수군 전체 생산연령 평균 비율에 비해 낮은 곳은 남자는 쌍봉·삼일·소라·화양·돌산·화정면이고, 여자는 삼일·화양·돌산·남·화정면이다. 이 두 가지 지표가 중복되는 지역은 육지의 삼일·화양면과 섬지역의 돌산·화정면이다. 이 통계를 통해 유추할 수 있는 것은, 위 삼일·화양·돌산·화정면 지역의 남녀 생산연령 해당 인구가 여수읍으로 이주했을 가능성이다. 즉 여수읍에 생긴 공장 또는 공사장의 노동자로 여수읍 인근 면 지역 인구가 유입되었을 개연성이 높다. 여성은 고무공장과 조면공장의 노동자로, 남성은 건설 공사장 노동자로서이다.

반면 내륙의 율촌면과 섬 지역의 삼산면은 군 전체 생산연령 비중보다 크다. 이 사실은 여수읍으로 이주하는 대신 고향에 머무른 인구가 많았다는 추측을 가능케 한다. 그 이유 중 하나는 여수읍에서 멀리 떨어져 있다는 거리와 교통상의 이유이다. 율촌면은 여수군 면 중 육지에서는 여수읍에서 가장 먼 곳이고, 삼산면은 바닷길로 멀리 떨리진 곳이다. 두 번째는 현지에서 생업에 종사할 수 있는 여건과 관련 있을 것이다. 삼산면은 여수읍 다음으로 일본인 비중이 크고 그들이 비교적 큰 규모의 수산업을 영위하는 사람들이었다는 점을 볼 때 일본인 수산업자에게 고용되어 도시로 나가지 않아도 취업이 가능하다는 면도 있었을 것으로 보인다.

다음으로 도시지역의 남성 성비는 농촌지역의 그것에 비해 높은 특징이 있다. 여성 인구수를 100으로 볼 때 남성인구가 차지하는 비율을 나타내는 수치인 성비는 1935년 당시 조선 전체가 103.79이고, 경성 107.49, 평양 106.72, 부산 105.10, 목포 110.79, 광주 102.22, 신의주 130.87 등 도시지역의 수치가 높은 특징이 있다. 여수도 여수군 전체는 101.58이지만, 여수읍은 107.13으로 조선 전체 수치보다 높다.

공업화 진전에 따라 도시화가 가속되고 있던 1935년 여수읍 지역의 인구 구성면의 특징은 먼저, 남녀 모두 15세에서 59세까지 노동력 인구가 다소 높았다는 점이다. 농어촌지역에서 여수읍으로 이주한 사람들이 많았던 것으로 해석된다. 특히 성비로 볼 때 여성에 비해 남성 이주자의 비율이 훨씬 높았던 것으로 보인다.

도시화와 인구의 집중, 증가는 노동자 증가의 다른 표현이다. 1929년 5월 여수면에서는 노동으로 그날그날의 생애를 근근이 계속하는 자가 오륙백 명에 달했다는 보도(『동아일보』 1929.5.19.)가 있는데, 이는 농촌지역의 농지에서 유리된 농민이 도시로 이주하여 일용 노동자가 되었던 당시 사회상과 겹치는 장면이다.

노동자의 증가는 농촌으로부터의 유입 때문만은 아니었다. 위의 기사에 따르면, 1929년 5월 15일 여수에는 천오백 명의 중국 노동자가 들어왔다. 이들은 당시 진행되고 있던 여수-광주간 철도 부설공사에 투입되었다. 철도가 개통된 이후에는 여수읍내 각지에서 진행되고 있었던 도로 개설, 항만 매립, 신시가지 건설 등의 공사에 종사했을 것으로 보인다.

2. 세궁민과 토막민

세궁민

1910년대부터 조선 농촌에서는 중간층이라 할 수 있는 자작농가와 자작 겸 소작농가가 일관되게 줄어들었다. 식민지 지주제 발달의 결과였다. 그런 위에 1929년 발생한 세계대공황은 조선에도 막대한 타격을 가했다. 그 결과 조선에는 세궁민이라 불리는 계층이 광범하게 존재했다. 세궁민이란 세민과 궁민을 아울러 이르는 말로써, 세민은 "생활상 궁박은 심하나 근근이 생활하는 자"를, 궁민은 "궁박이 심하여 타인의 구제를 요하는 자"를 가리킨다.[12]

1934년 4월 말 현재 조사한 여수군 내 궁민 통계(『조선중앙일보』 1934.5.24.)를 보면, 다음과 같다. 총 호수 1만 9천632호에 총인구 10만 8천 532인(이는 1930년 국세조사 결과에 근사한 수치임-인용자) 가운데 춘궁기 식량이 없는 '절량' 상태에 있는 호수는 4천13호이고, 인구는 1만 8천147인이었으며, 그중 걸인도 566인이었다. 이를 읍·면별로 보면 다음과 같다.

읍·면	호수	인구
여수읍	1458	5804
쌍봉	129	606

읍·면	호수	인구
삼일	63	235
소라	762	3872
율촌	78	333
화양	279	1244
돌산	229	1107
남	542	2298
화정	442	1940
삼산	31	143
계	4013	1,7582

앞 기사의 인구수와 표의 합계 사이에는 561명의 오차가 있다. 그 오차는 걸인 566명의 기록에 가깝다. 이들 궁민과 걸인은 전체 인구의 16.7%에 해당한다. 다음으로 읍면별로 볼 때 여수읍의 궁민 숫자가 33%로 1/3 정도로 집중되었다. 이어서 소라면, 남면, 화정면, 화양면, 돌산면 순서로 많다.

비교를 위해 당시 순천군의 세궁민과 결식자 숫자를 보자. 1933년에 나온 순천발전사에는 "주민의 8할은 농업을 본업으로 하며 농업자의 6할 8푼은 순 소작농으로 대개 생계가 풍요롭지 않고, 특히 이들 소작농의 생활상황을 보면 빈곤자가 3할 8푼을 점하는 상태"[13]라고 소개되어 있다. 이 인용문의 순 소작농 6할 8푼은 1932년 소작 호수 비중(67.92%)을 가리키는 수치이다. 같은 자료에서 1933년 3월 말 기준 순천군의 세궁민·걸인 수와 위 여수군의 궁민·걸인수를 하나의 표로 나타내면 다음과 같다.

구분	여수군		순천군	
	호수	인구	호수	인구
세민	-	-	4450	2,1257
궁민	4013	1,7582	4855	2,2577
걸식	-	566	-	2105
계	-	-	9305	4,5939

순천군의 4만 6천 명에 육박하는 세궁민과 걸인의 존재는 1932년 순천 인구(12만 1천37명)의 38%에 달하는 어마어마한 비중이다. 결국 농촌 인구의 4할 정도는 극심한 생계난에 시달렸음을 짐작할 수 있다. 이들은 그야말로 '초근목피'로 겨우 연명하는 처지에 놓인 사람들이었다. 그러나 세궁민으로 분류되지 않은 소작농의 처지도 크게 나은 것은 아니었다.

또 여수군에는 궁민과 걸인의 통계만 있고, 세민의 규모는 확인할 수 없다. 그러나 순천의 세민의 수치에서 그 규모를 짐작할 수 있을 것이다. 세민과 궁민의 수치가 대체로 비슷했던 것이다.

다음으로 그 무렵 조선 전체의 세궁민 상태를 보자. 다음 표는 1930년에 조사된 조선에서 춘궁 상태에 있는 농민 호수이다.[14] 아래 표에서 도별로 2개의 줄이 있는데, 윗줄의 수치가 춘궁 농가 호수이고, 아랫줄은 각 도내 전체 농가 호수이다. 또 합계에서 두 번째 줄은 비율이다. 예를 들면 조선 전체 약 50만 3천 호의 자작 농가 중 17.6%에 해당하는 8만 8천여 농가가 춘궁 상태에 있다는 의미이다.

도명	자작농	자소작	소작농	계	비율
경기	2407	2,2233	9,7001	12,1641	54.3
	1,8436	6,6680	13,9022	22,4138	
충남	4438	2,4104	8,3764	11,2306	69.7
	1,4353	5,3352	9,3504	16,1209	
전북	3098	2,3191	11,0469	13,6758	62.2
	1,0798	5,4443	15,4469	21,9710	
전남	1,4721	5,2028	10,3588	17,0337	56.4
	6,3401	11,0896	12,7573	30,1870	
경북	1,3477	4,7129	8,4289	14,4895	42.1
	6,7484	13,0466	14,5949	34,3899	
경남	8354	3,3892	8,7626	12,9872	
	3,9327	9,1197	13,8686	26,9210	
황해	4159	2,2017	7,5511	10,1687	46.5
	3,4028	6,4844	11,9902	21,8774	
조선 전체	8,8359	31,7745	82,6603	123,2707	
	17.6	36.5	66.8	47.2	
	50,2883	86,9525	123,6696	260,9104	

위 표는 조선 13도 가운데, 춘궁 농가수 10만 이상의 7개 도만 표시한 것이다. 나머지 6개 도를 포함하여 춘궁 농가 비중이 큰 도 순서로 나열해 보면, 충남, 전북, 충북(57.5%), 전남, 경기, 황해, 경북 순이었다. 경남은 합계 숫자(26,9210인데, 자료에는 37,9209로 되어 있음-인용자)에 오류가 있어 제외했다. 대체로 삼남지방과 중부지방에 속하는 지역들임을 알 수 있다.

또 자작농, 자소작, 소작농으로 구분하여 살펴볼 때 소작농은 2/3 이상이 절량 농가였고, 자소작농은 1/3 이상에 달하며, 자작농도 1/6 이상이었다. 그리고 전체 농가 260여 만 호 가운데 반수에 가까운

123만여 호에 해당하는 수치였다.

이 조사에 따르면, 자작농 이하 소작농의 대다수는 봄철 4, 5월 보리 수확기 전에는 그 식량이 궁하여 농량과 농량 자금의 대부를 받거나 노동 노임으로써 식량을 구하는 상황에 있었다. 대출 또는 부업에 나서야 했다는 것이다.

당시 여수읍에는 취업을 위해 각지 실업자들이 가족을 데리고 왔으나, 일자리를 구하지 못해 걸인이 되거나 소금물로 연명하는 자(『조선일보』, 1932.5.28.)도 많았다.

토막민

노동을 위해 도시로 몰려든 사람들은 남의 땅에 토막을 짓고 생활했다. 그들을 일러 '토막민'이라 불렀다.[15] 1930년대 여수군에서는 여수읍 동정 연동에 토막민이 존재했다. 그들은 일자리를 찾아 '사방에서 적수공권으로 몰려 들어오는 의지할 곳 없는 극빈자들'(『조선일보』, 1931.11.15.)로 동정 연동 한 모퉁이에 토막 같은 것을 집이라고 지어 가엾이 의지해 왔다. 그것을 남조선철도회사 보선계에서 자기네 땅에 침입한다는 이유로 철망으로 좌우를 막아 출입을 못하게 했다.

또 남조선철도회사가 여수 신시가지를 건설할 때 편입시킨 동정 일대 중 숲거리[林街里]에서 살고 있는 토막살이 52호(2백여 명)가 있었다. 이 숲거리가 앞 기사의 연동인지는 불분명한데, 같은 곳이라면, 뒤의 기사를 통해 그 규모를 구체적으로 파악할 수 있다.

1936년 4월 남조선철도회사가 이들에 대하여 4월 15일부터 5월 15일까지 전부 철거하라고 명령을 발부(『조선중앙일보』, 1936.4.26.)했다. 이들은 여수읍의 알선으로 덕충리의 동유지(洞有地)인 종고산 뒤 왜골[倭洞] 일각으로 이거될 것이었다. 기간이 지난 5월 18일(『조선중앙일보』, 1936.5.21.) 경찰서 부장과 읍 직원들이 토막민 호주들을 모아 20일까지 철거하라고 위협하였고, 읍 직원은 남철회사에서 360원을 받아 가지고 52호에 3원부터 11원까지로 액수를 분등하여 이거비를 나눠주겠다고 말했다.

3. 재여 일본인

일제 식민지기 조선에 거주하던 일본인들을 가리켜 일반적으로 '재조 일본인'이라 부른다. 같은 방식으로 당시 여수에 거주했던 일본인들을 재여 일본인이라 칭하겠다.

여수에 일본인이 이주한 것은 러일전쟁기간 무렵인데, 1905년 거문도(당시 행정구역으로는 돌산군에 속함)에 20여 명의 일본인이 이주했다. 이들 일본인은 어업에 종사하던 자들로 1년 내내 상주했던 것은 아니었다. 이들은 식량을 휴대하고 와서 어업을 마치면 일본으로 돌아갔는데, 향천현(香川縣)과 산구현

(山口縣) 사람들이었다. 그후 1906년 목촌충태랑 일가가 이주하여 정착했다.

여수 내륙에서는 1907년 이전에 일본인 상인들이 와서 지세를 답사하고 돌아 간 적이 있었다. 그러다가 1906년 12월 여수우편취급소 소장 소천효조(小川孝造)가 주재한 것이 일본인 상주의 효시였다. 이후 1907년 봄 소천(小泉), 서천(西村), 금천(今川) 등 3명이 잡화점을 개업하고, 일본인 순사 2명이 주재하면서 일본인수가 점차 증가했다.[16)]

일제 식민지기 여수 거주 일본인수를 통계자료를 통해 작성한 것이 다음 표이다. 통계는 1906년부터 1942년 치까지 남아 있다.[17)]

년도	여수군		돌산군		
		여수면·읍		거문도	기타
1906	4		1		
1907	–		77		
1908	29		75		
1909	129		147		
1910	283	275	187	81	
1911	385	377	234		
1912	546	525	316		
1913		625			
1914	1109	714		통폐합	
1915	1326	854			
1916	1346	913			
1917	1637	1170			
1918	2397	1891			
1919	2582	2040			
1920	2369	1553			
1921	2228	1661			
1922	2336	1762			
1923	2431	1807			
1924	2323	1681			
1925	2107	1471	돌산면		
1926	2162	1599	32		
1927	2138	1579	37	360	

년도	여수군	여수면·읍	돌산군	거문도	기타
1928	2219	1632	37		
1929	2652	2018	37		남면
1930	3532	2885	41		134
1931	3830	3217	68		127
1932	3657	2945			144
1933	3222	2493			
1934	3259	2544			
1935	3481	2737			
1936	3727	3043			
1937	4088	3407			
1938	4137	3454			
1939	4310	3627			
1940	4291	3631			
1941	4160	3459			
1942	4262	3445			

 이 표를 보면, 여수는 1906년 말에 남자만 4명이었다가 1907년에는 없어졌고, 돌산군에는 같은 시기 1명에서 77명으로 대폭 증가했다. 당시 여수군은 여수반도의 내륙 지역으로만 이루어졌는데, 앞에서 본 바와 같이 관공리, 상인 등이 초기 이주인을 이루었고, 돌산군은 거문도, 안도, 나로도 등 섬지역이라 어업자가 주로 이주했던 상황을 반영한 것으로 생각된다.

 여수 지역에 일본인이 상주하기 시작한 1906년 말에 조선 전체의 일본인은 8만 1천754명이었다. 전국적으로 100명 이상 거주하는 일본인 다수 거주 지역은 60곳이었다. 그중 가장 많은 곳은 부산으로 1만 5천702명이었다. 이어 인천이 1만 2천937명이었고, 한성이 1만 1천724명으로 3위였는데, 용산 1천762명과 영등포 539명을 더하면 인천을 제치고 2위이다.

 당시 일본인 다수 거주 지역은 개항장 부근 일본인 거류지와 항·포구라는 특징이 있는데, 그때만 하더라도 여수는 일본인이 관심을 기울인 지역은 아니었다. 그러다가 1908년 무렵부터 여수의 일본인수는 크게 늘기 시작했다. 1914년의 여수군의 인구는 군 통합에 따라 종전 여수군, 돌산군 인구가 합쳐진 것이다.

1910년대 매년 크게 증가하던 여수군의 일본인 인구는 1919년 2천582명을 정점으로 이듬해 큰 폭으로 떨어졌다. 그것은 2천40명에서 1천553명으로 거의 5백 명 가까이 감소한 여수면 일본인 인구수 변동에 기인한다. 이 시기 여수면 일본인 인구가 격감한 이유는 정확히 알 수 없다.

같은 기간 조선 전체 일본인 인구는 34만 6천6백여 명에서 1천2백여 명 정도 증가한 34만 7천8백여 명이었고, 다른 지역도 대체로 증가 추세였다. 전남 도내에서는 목포부, 순천군 순천면, 제주도 제주면 등의 인구가 증가한 반면, 광주군 광주면, 나주군 영산포 지역의 인구는 감소했다. 경기도와 경상남도 주요 지역 인구 변동 추이를 보면, 인천부, 부산부, 마산부 등이 인구가 증가하였고, 경성부, 창원군 진해면, 통영군 통영면 등의 인구가 감소했으며, 전북에서는 군산부의 인구가 1천150명 감소했다. 이후에도 여수군의 일본인 인구는 여수면 인구의 증감에 비례하여 늘고 줄었다.

그러다가 통계 수치가 남아 있는 최후연도인 1942년에 여수군의 일본인 인구는 4천262명이었다. 1910년의 470명(당시 여수군 283명, 돌산군 187명)에서 9.1배 증가한 수치로서 조선 전체 거주 일본인수의 0.57%를 차지하는 비중이다. 1942년 조선 전체 일본인 인구는 75만 2천823명으로 1910년 17만 천543명에 비해 4.39배 늘었는데, 여수군의 일본인은 그보다 2배 이상 큰 비율로 증가한 것이었다.

1942년 여수군의 일본인은 조선 전체의 약 0.57%, 1/175 정도의 비중이었다. 당시 조선의 부·군·도의 숫자가 약 240개 정도였으니 평균 이상은 된 셈이다. 그러나 일본인은 대도시와 개항장에 집중 거주하여 나머지 지방에는 희박한 편이었다. 여수는 나머지 지방 중에서 4천 명 이상의 일본인이 거주하여 식민지로서 기능했던 지역이었다.

1900년 전후부터 1940년대에 이르기까지 여수 인구 추이와 양상에서 당시 식민 공간으로서의 특성을 살펴볼 수 있다.

02 농민과 농민운동

1. 농민

식민지기 조선은 여전히 농업이 주요 산업이었기 때문에 전체 인구의 다수를 차지하는 비중도 당연히 농민의 몫이었다. 그리고 그 비율은 80% 이상이었다. 여수군은 섬으로 이루어진 4개 면이 있었고, 육지의 6개 읍·면도 모두 바다에 접해 있어서 어업 종사자도 많았다. 그래서 농업 인구 구성비는 다른 지역에 비해 낮았다. 그렇더라도 농민이 다수를 차지한 것은 변함이 없었다.

1930년 국세조사에서는 직업별(대분류) 본업 인구를 조사했는데, 그중 여수군과 여수면의 농업 인구를 추출하면 다음과 같다.

구분	여수군			여수면		
	남	여	계	남	여	계
①농업	2,2555	2,3788	4,6343	2497	2025	4522
유직 소계	3,3717	2,7310	6,1027	6793	3422	1,0215
전체 합계	5,6197	5,3354	10,9551	1,1768	1,0701	2,2469

위 표를 보면, 농업 인구는 여수군·여수면 내 유업자(유직 소계) 중 각각 76%와 44.3% 이다.

토지 소유를 기준으로 농업인구를 구분하면, 자신이 소유한 토지를 남에게 빌려주는 지주, 자신이 소유하는 토지에서 농사를 짓는 자작농, 자작농이면서 지주의 토지도 빌려 농사짓는 자작 겸 소작농(자·소작), 자신이 소유한 토지가 없어 오로지 지주의 땅을 빌려 농사짓는 소작농으로 나눌 수 있다. 지주는 다시 스스로 농사를 짓는지 여부를 기준으로 두 가지로 나뉜다. 아예 농사를 짓지 않고 모든 토지를 모조리 소작 주는 지주와 일부의 토지는 자신이 경작하고, 나머지를 소작 주는 지주가 그것이다.

이제 1931년 말 여수군의 읍·면별로 지주, 자작, 자소작, 소작 농가를 살펴보면, 다음 표(『동아일보』 1933.3.30; 『조선일보』 1933.6.19.)와 같다. 합계는 인용자가 편의상 추가한 것이다. 1만 5천540호는 1930년 국세조사 결과 여수군 전체 호수 2만 349호의 4분의 3 정도 비중이다.

면별	지주	자작	자소작	소작	합계
여수읍	219	315	1135	463	2132
쌍봉	10	192	791	245	1238
삼일	12	93	1000	362	1467
소라	2	103	316	770	1191
율촌	4	82	811	370	1267
화양	8	540	694	671	1913
돌산	62	762	1562	88	2474
남	27	824	195	395	1441
화정	12	755	133	71	971
삼산	22	789	614	21	1446
계	378 (2.4)	4455 (28.7)	7251 (46.7)	3456 (22.2)	1,5540

위 표의 수치는 『동아일보』 기사를 따랐다. 기사에는 자작농 합계를 4천491호로 했으나, 10개 읍·면 합계는 4천445호로 36호의 오차가 있고, 소작농 합계를 3천356호라 했으나, 계산 결과 3천456호가 되어 100호의 오차가 있다.

또 『조선일보』 기사의 수치에도 차이가 있는 부분이 여럿 있다. 지주 가운데 남면 117호라 했으나, 그러면 지주 총수는 468호가 되어 합계 378호와 맞지 않아 27호가 맞는 것으로 보인다. 통계 원문의 한자 숫자 '二'를 기사로 옮기는 과정에서 '一一'로 표기한 것으로 보인다.

그리고 화양면의 자작 농가를 505호라고 했으나 그러면 자작농 합계 4천491호와 71호의 오차가 생긴다. 또 율촌면의 소작농 수치는 463호로, 소작농 합계는 3천356호로 되어 있으나, 463호로 하면, 소작농 합계는 3천356이 아니라 3천549가 된다. 이렇게 동아일보와 조선일보의 기사가 서로 다른 부분이 있다.

이제 다시 표로 돌아가 보자. 먼저 전체 농가 1만 5천540호 가운데 지주는 2.4%를 차지하는 378호이다. 그런데 그중 약 60%의 지주가 여수읍에 거주하고 있다. 부재지주가 많다는 것을 보여주는 수치이다. 논밭이 있는 농촌지역이 아니라 도시 지역에 사는 지주가 많다는 말이다. 특히 소라·율촌·화양면은 한 자릿수로 지주 호수가 적다.

두 번째 자작농은 29%를 차지한다. 그중 자작농 수가 많은 곳은 남·삼산·돌산·화정면 순으로, 자작농 상위 분포 지역은 모두 섬 지역이라는 특징이 있다. 섬 지역은 상대적으로 지주제가 덜 발달된 지역임을 보여주는 통계라 말할 수 있다.

셋째, 자소작농은 전체 절반에 가까운 7천2백여 호이다. 지역별 수치로 보면, 돌산면, 여수읍, 삼일면 순으로 많다. 자작농과 자소작농은 농촌 중간층이다. 1931년 여수군의 농촌 중간층은 75.4%로 넷 중 셋의 비중이다. 조선 전체 통계에 비해 중간층이 두터운 편이다.

넷째 소작 농가는 전체 농가의 1/5 이상인 3천3백여 호이다. 역시 조선 전체 통계에 비해 소작 농가 비중이 크게 작다.

이를 다시 지역별로 살펴보면, 전체 농가 호수 중 자작농 비율이 가장 높은 곳은 남·삼산·화정면이다. 모두 논농사보다는 밭농사가 발달한 섬 지역으로 밭농사에서는 논농사에서보다 식민지 지주제가 덜 발달되었기 때문에 이와 같은 결과를 보여주는 것이다.

다음으로 전체 농가 가운데 자소작농 비율이 가장 높은 곳은 여수읍, 쌍봉·삼일·율촌·화양·돌산면이다. 돌산면을 제외하고 모두 육지에 있는 면 지역이다.

자작농 비율과 자소작농 비중이 가장 큰 지역을 모두 합하면, 9개 읍·면이다. 10개 읍·면 중 유일하게 빠진 지역은 소라면이다.

소라면은 관내 농가 호수 중 소작농 비율이 가장 높은 유일한 지역이다. 이는 고뢰농장 소유 토지가 많은 곳으로 고뢰농장 소작인이 많았기 때문으로 보인다.

앞에 인용한 2개의 기사에서 1931년 말 통계를 1927년 말 기준과 비교했는데, 그 내용을 자세히 살펴보자. 자작농은 5천237호에서 1931년 말 현재 4천491호(표에서는 4천455호로 36호의 오차가 있음-인용자)로 14%(746호) 넘게 대폭 줄었다. 반면 자소작은 5천341호에서 7천251호로 36%(1천910호) 정도, 소작농은 2천872호에서 3천356호로 17%(484호) 정도 증가했다. 지주는 266호에서 378호로 112호 증가했다. 농민층의 양극 분해가 일어난 것이다.

4년간의 변화 사이에 세계대공황이란 사건이 있었다. 불황의 여파는 식민지 조선을 강타했다. 그 충격을 여수지역에서도 고스란히 받은 것이다. 자작농이 자소작농과 소작농으로 몰락한 것을 수치상으로 확인할 수 있기 때문이다.

1910년대 이래 농촌 중간층의 몰락과 하층민의 퇴적은 꾸준히 이어졌다. 1914년과 1928년을 비교해 보면, 조선 전체에서 지주는 1.8%에서 3.7%로 2배 정도 증가했다. 반면 소작농은 35.1%에서 44.9%로 10%가량 많게 증가했다. 그에 반해 중간층인 자작농과 자소작농은 63.1%(각각 22%와 41.1%)에서 50.3%(18.3%와 32%)로 대폭(12.8%) 감소했다.[1]

다시 세계대공황 이후인 1932년에 이르면, 자소작농 호수는 25.3%로 더 줄어들고, 소작농 호수는 52.8%로 크게 늘었다.[2] 전자는 15.8% 포인트 감소, 후자는 7.9% 포인트 증가이다. 특히 순소작농의 비율이 절반을 돌파했다. 불과 4년의 시차인데, 이런 엄청난 변화를 보인 것이다. 세계대공황의 여파는 이토록 가혹했다.

이어 10년 후인 1942년 통계를 보면, 소작농 53.8%, 자소작농 23.9%로 1932년보다 상황이 더 악화되었다.[3] 소작농은 1% 포인트 증가, 자소작농은 1.4% 포인트 증가였다. 조선 전체적으로 볼 때, 1932년 소작 관계 농가(자·소작농+소작농)는 78.1%, 1942년에는 77.7%로 전체의 3/4 이상이었다.

그 10년 동안 조선총독부는 농촌진흥사업이니, 자작농창정사업이니 요란하게 떠벌였으나 상황 반전을 이루기는커녕 도리어 상태 악화도 막지 못했던 것이다.

1931년 말 여수군의 소작관계농가는 68.6%로, 1932년 조선 전체 78.1%에 비해 10% 포인트 정도 그 비율이 낮다. 낮은 이유로는, 경지 면적 중 논의 비중이 작아 식민지 지주제가 덜 발달되었기 때문으로 생각하는 것이 타당할 것이다. 논농사가 발달한 인근 순천군은 여수군의 것은 말할 것도 없고, 조선 전체 평균보다 더 큰 비중을 차지하여 1932년에 92.21%, 1935년 84.46%였다.[4]

1914년과 1942년을 비교하면, 자소작농은 41.1%에서 23.9%로 감소하고, 순소작농은 35.1%에서 53.8%로 증가했다. 중간층의 감소, 하층민의 퇴적이 조선총독부 통치 기간 보여준 실적이다. 철저한 파탄이다. 그럼에도 불구하고 뉴라이트를 자처하는 자들은 이런 통계에는 눈 감은 채 '근대화'만 되뇔 뿐이다.

대지주

일제 식민지기 조선 사회의 주요 계급 구성원을 구분하자면, 크게 지주와 소작인, 자본가와 노동자로 나눌 수 있을 것이다. 1920년대 이후 사회적으로 크게 고양되었던 소작쟁의와 노동쟁의는 바로 이 네 계급 사이의 모순이었다.

그 가운데 먼저 지주에 대해 살펴보자. 1923년 12월 말 기준 전남도내 대지주를 조사한 결과(『조선일보』 1924.5.7.)는 다음과 같다. 100두락 이상 소유자는 4천76인, 300두락 이상 소유자는 673인, 500두락 이상 396인, 천 두락 이상 205인이었다. 또 2천 두락 이상 소유자는 65인이었는데, 여수 2인, 순천 3인, 광양 1인, 고흥 4인이었다. 5천 두락 이상은 21인, 1만 두락 이상은 15인이었는데, 후자의 15인 중 순천 1인, 목포 7인이었다.

2천 두락 이상 소유자 여수 2인은 고뢰농장과 김한승 일가가 아닐까 생각한다. 2천 두락은 1두락을 비옥한 땅 150평으로 잡을 때 30만 평, 보다 덜 비옥한 땅은 200평이라 했을 때 40만 평이다. 30만 평은 100정보이다.

1930년대에는 보다 광범위한 조사가 있었다. 장시원에 따르면, 1930년대 전 조선 13도에 걸쳐 30정보 이상 대지주의 수는 5천36명이고, 50정보 이상 소유자수는 2천832명이었다. 도별로 나눠서 보면, 30정보 이상 대지주는 경기(709호), 황해(663호), 전남(618호), 경남(549호)의 순으로 많다. 또 50정보 이상 대지주는 전남(390명, 조선인 264명, 일본인 126명), 경남(336명, 조선인 263명, 일본인 73명), 경기(328명, 조선인 280명, 일본인 48명), 전북(325명, 조선인 222명, 일본인 103명), 황해(310명, 조선인 260명, 일본인 50명)의 순이다.[5]

여수의 대지주가 누구였는지를 구체적으로 보자. 다음은 1930년대 초 여수 지역 토지를 소유한 30정보 이상 대지주 명단이다.[6]

소재지	논	밭	기타	계	주소	이름
여수 광양 구례 장흥	128	2	3	133	여수읍	김한승
여수 순천 광양	35	27	2	64	여수읍	김한성
여수 순천 광양	62	13		75	여수읍	김한영
여수 순천 광양	117	16		133	여수읍	박치일
여수	6	55		61	여수읍	本田安上郎
여수	38	28		66	여수읍	宮田甚次郎
여수 순천	10	22		32	여수읍	永岡茂市
여수 순천 광양	137	166		303	여수읍	주식회사 고뢰농장
여수	31	20	12	63	쌍봉면	곽재윤
여수 보성 광양 고흥	28	40	1	69	남면	명의순

소재지	논	밭	기타	계	주소	이름
여수 순천	54	21	16	91	화정면	조형민
순천 여수 곡성 광양	70	16	67	153	순천면	우규환
순천 여수 곡성 광양	53	21	57	131	순천면	우종환
순천 광양 여수 구례 보성	110	12	47	169	순천면	우기환
순천 여수	124	9	66	199	순천면	정권현
순천 여수 광양 보성	207	7	140	354	순천면	서병규
순천 여수	55	3	48	106	서면	김종주
순천 곡성 구례 광양 여수	283	11	109	403	황전면	박창서
순천 곡성 구례 광양 여수	76	4	54	134	황전면	박승직
순천 담양 곡성 구례 광양 여수 보성 고흥	825	47	255	1127	월등면	김종익
순천 보성 여수 고흥	233	46	15	294	별량면	최복철
고흥 순천 광주 여수	433	30	169	632	고흥면	김상향
보성 순천 여수 고흥	146	35	43	224	벌교면	박사철
보성 순천 고흥 여수	60	10	14	84	벌교면	박문협
보성 순천 광양 고흥 여수	359	72	46	477	벌교면	김병욱
화순 곡성 순천 여수 담양 보성	264	29	600	893	동복면	오자섭
순천 여수	40	16	25	81	순천읍	不藤篤郞
순천 여수	88	10	1	99	도사면	森谷米吉
보성 순천 광양 고흥 여수 장흥	963	99	38	1100	벌교면	주식회사 金谷상회
순천 여수 광양	155	16	77	248	진주군	조선토지 주식회사
순천 여수 광양	389	8	1	398	滋賀縣	滋賀鮮農 주식회사

  대지주 가운데 여수군에 주소를 둔 지주는 9명의 인물과 1개의 회사이다. 그중 여수읍이 아닌 지역 지주는 쌍봉면, 남면 거주이고, 나머지는 여수읍 거주이다. 여수읍의 조선인 지주는 모두 4명인데, 그 중 박치일을 제외하고, 3명 모두 김씨 일가이며, 이들은 형제간이다.[7]

  최대 소유 지주는 303정보의 고뢰농장이고, 개인 지주로서 최대 면적 소유자는 김한승과 박치일이다. 또 김한영·한승·한성 3형제는 모두 합하여 고뢰농장에 필적하는 272정보의 토지를 소유했다. 여수군 내 토지만 소유한 지주는 일본인 지주 2명과 쌍봉면의 곽재윤이다. 일본인 중 본전안상랑(本田安

上郎)은 본전안오랑(本田安五郎)의 오기로 보인다.

박치일은 1910년대 여수 서문 밖 교동에 살았는데, 매년 연말 돈과 곡식을 내어 빈궁한 자를 구휼한 일로 소개(『매일신보』 1914.6.27.)된 적도 있다.

다음으로 순천군에 주소를 둔 지주는 순천의 대지주 김종익을 비롯한 12명이다. 여수군에 주소를 둔 지주 수보다 2명이 더 많다. 김종익은 1920~30년대 '악지주'로 유명한 인물이다. 다음 보성군 벌교면이 4명, 고흥군 고흥면 1명, 화순군 동복면 1명이다. 동복면의 지주는 향리 출신의 대지주 오자섭이다. 이후 그의 토지는 아들 오건기에게로 상속되었다. 기타 전남도외 지주는 진주군과 일본에 주소를 둔 회사 둘이다.

여수군의 대지주 가운데 개인이 아닌 회사 지주로서 유일한 고뢰농장이 있다. 고뢰농장은 처음 여수지점으로 설치되었고, 나중에 주식회사로 설립되었다.

고뢰농장 창고(『麗水發展史』)

주식회사 고뢰농장은 1911년 4월 고뢰합명회사 여수지점으로 창설되었다가 1927년 1월 여수지점만을 분리, 독립해서 설립되었다.[8] 1927년의 등기 내용(『朝鮮總督府官報』 1927.3.8.)을 보면, 본점은 여수군 여수면 서정 1291번지였다. 또 목적은 농림업, 개간, 토지가옥 임대차 및 매매, 창고업, 비료판매 및 대리업이었다. 설립 연월일은 1927년 1월 20일, 자본총액은 120만 원이었다. 1주 금액은 5백 원이며 각 주에 대해 불입한 금액은 5백 원으로 회사 설립 시 자본을 모두 불입했다. 이 등기는 1927년 1월 22일에 이뤄졌다.

취체역은 부산부에 주소를 둔 복영정치랑(福永政治郞) 등 3명, 여수군에 주소를 둔 대총치삼랑(大塚治三郞) 등 2명, 이렇게 모두 5명으로 그중 복영정치랑이 대표 취체역, 대총치삼랑이 상무 취체역이었다. 또 부산부에 주소를 둔 나머지 2명은 고뢰정태랑(高瀨政太郞)과 고뢰평치랑(高瀨平治郞)이고, 여수군의 나머지 취체역은 십삼영삼(辻森榮三)이었으며, 그밖에 감사역 2명은 부산부의 복영가삼랑(福永喜三郞), 경성부의 강치정치랑(岡治定治郞)이었다.

이 회사의 1938년 말 현황을 보면, 대표 취체역만 고뢰정태랑으로 바뀌었을 뿐 본점 소재지, 영업 목적, 자본액 등은 변함이 없다.[9]

주철희는 여수의 고뢰농장이 1881년에 세워졌다고 썼다.[10] 한장경이 쓴 잡지 기사(『삼천리』 제15호, 1931.5)를 인용하여 그리 한 것이다. 한장경은 1932년의 토지겸병과 소작농의 증가(3)라는 신문 기사(『동아일보』 1932.8.30.)에서도, "1881년에 전남 여수에 고뢰농장이 창립되고 그 후 조선에 도래하여 농장을 경영하는 자가 점증하여"라고 그 주장을 반복하였다.

한장경이란 사람은 누구일까. 그의 약력을 잠깐 소개한다. 그는 함경도 출신으로 보인다. 1925년 11월 20일 함남기자동맹이 조직될 때, 집행위원 11인 중 1명으로 선임(『동아일보』 1925.11.24.)되었다. 같은 해 12월 29일 함흥노동동무회원들이 각 노동자를 직업별로 각각 동맹의 기관을 조직하기 위하여 조직위원회를 구성했는데, 그때 채규항, 도용호, 도관호 등 12명의 조직위원 중 한 사람으로 선임(『조선일보』 1926.1.4.)되었다. 1931년 1월 17일부터 전조선농민사는 대회를 개최하여 명칭을 전조선농민조합으로 고치고, 임원을 선임했는데 그는 부위원장 겸 조사 및 쟁의부장에 선임(『동아일보』 1931.1.20.)되었다. 1932년 2월 18일에 전조선농민조합은 중앙집행위원회를 개최하고, 안건으로 지방 순회의 건을 토의하여 호남지방에 한장경을 파견하기로 결정(『조선일보』 1932.2.20.; 『동아일보』 1932.2.20.)했다. 함경도 사정에 밝은 한장경이 어떻게 고뢰농장 정보를 알게 됐는지는 알 수 없다. 그러나 그가 파악하고 있던 여수 고뢰농장 정보는 사실과 다른 것이었다.

1881년에 여수에 고뢰농장이 설치되었다는 것은 신뢰할 수 없는 주장이다. 크게 두 가지 면에서 그렇다. 하나는 자료 인용상의 문제이고, 하나는 해석상의 문제이다. 자료 면에서 볼 때 한장경의 기사를 제외하고는 모두 1911년에 고뢰합명회사 여수지점으로 설치되었다고 기록하고 있다. 법적 효력을 갖는 등기부뿐만 아니라 당대 출판된 서적에서도 그렇다. 그런데 주철희는 이들 기록을 모두 배척하고, 오로지 잡지 기사의 한 구절만을 선택하여 이를 사실로 삼았는데, 그 이유는 무엇인가. 일본인 농장 설치 연대를 끌어 올려서 무슨 이득이 있을지 궁금하다.

왜 이렇게 30년을 소급하는 착오가 생겼을까? 1911년은 일본 연호로 명치44년이고, 1881년은 명치

14년인데, 한장경이 '明治四十四'를 '明治十四'로 오독하고 이를 다시 서기로 환산하여 1881년으로 한 것이 아닐까 짐작한다.

두 번째 해석상의 문제도 따져보자. 1881년이란 시점을 잘 살펴야 한다. 이때는 부산항 개항 후 5년이 지났고, 부산 외에 원산항 1개만 개항하고, 인천항은 아직 개항하지도 않은 상태였다. 또 임오년 7월 17일(양력 1882년 8월 30일)에 조선과 일본 사이에 수호조규 속약이 조인되기 전 해이다. 1882년의 이 속약 제1관에서 "부산, 원산, 인천의 각 항구의 통행 이정(里程)을 이제부터 사방 각 50리(조선의 이수)로 넓"힌다고 규정했다. 강화도조약에 따른 부산 개항 때의 '사방 각 10리'에서 늘어난 것인데, 여수에 고뢰농장이 창립되었다는 1881년 시점에는 '사방 각 10리'에 제한되어 일본인은 아직 법적으로 부산항 반경 10리를 벗어날 수 없는 처지였다. 물론 법을 위반하고 통행 이정을 벗어나 내륙에 들어가 거래하는 상인들도 있었다. 그러나 그것도 부산을 크게 벗어나 다른 도 관내까지 간 것은 아니다.

다음은 여수의 농지 비옥도 면에서 볼 때 그렇다. 앞에서 본 것처럼 여수는 논농사가 발달한 지역이 아니고, 비옥도 면에서도 다른 지역에 비해 열등하다. 조선의 개항장에 상륙한 선발대로서의 일본인이 조선의 농토에 눈독을 들인 곳은 부산·인천·목포·군산의 배후에 있는 낙동강, 한강, 영산강, 금강 유역의 비옥한 평야 지대였을 것이다. 김해평야, 김포평야, 나주평야, 호남평야 등이 그렇다. 이들 지역은 나중에 당연히 일본인 대지주의 손안에 들어가게 된다. 부산항에 상륙하여 부산을 거점으로 활동하던 일본인들은 당연히 김해평야에 그 눈길을 보냈을 것이다. 가까운 곳에 비옥한 토지를 두고 굳이 멀리, 비옥하지도 않은 여수 지역에 농장을 설치할 이유는 없다.

지주 모임

대총치삼랑 (《麗水發展史》)

1920년대 초 조선 사회는 소작쟁의가 광범위하게 전개되었다. 소작인들의 소작쟁의에 대응하기 위해 지주들은 지주 모임을 조직했다. 여수읍내에 있는 지주 80여 명도 각처의 소작운동을 보고서 지주회를 조직하기 위해 1923년 1월 30일 청년회관에서 발기총회 개최 계획(『동아일보』 1923.1.31.)을 세우고, 이어 여수군 지주 400여 명을 모아 총회를 열기로 했다.

이어 2월 5일 지주협의회(『조선일보』 1923.2.14; 『동아일보』 1923.2.14.)를 개최했다. 이 자리에서는 김한영이 석장(席長)으로 규약을 통과시키고, 다음 사항 20개 조를 인쇄하여 각 소작인에게 교부 시행할 것을 결의했다. 또 임원으로 김한영, 김한승, 대총치삼랑, 정태훈, 박치일, 정재하, 김한성이 선정되었다. 김한영 3형제, 고뢰농장의 대표, 박치일 등이 두루 포함되었다.

20개 조는 다음과 같다. ① 농사 개량, ② 농업 장려, ③ 농작물은 우량종으로 개량할 것, ④ 지세 공과금은 지주 부담, ⑤ 지세와 공과금의 증감이 있는 때는 지주와 소작인이 협의 귀정할 것, ⑥ 소작료는 전 수확의 반분할 것, ⑦ 두량은 공평을 위주할 것, ⑧ 볏짚은 전수 소작인에게 부여, ⑨ 소작료 운반은 20리까지 무료로 할 것(『조선일보』에는 '3리 이외는 지주가 부담할 것'으로 되어 있음-인용자), ⑩ 선임(船賃)은 폐지, ⑪ 무임 노동을 요구하지 말 것, ⑫ 소작인의 선물을 금할 것, ⑬ 지주 간평 때 술·담배를 폐지, ⑭ 소작권은 10개년으로 완정할 것(『조선일보』에는 '5년 또는 10년 이내는 이동하지 않되'로 보도됨-인용자). 과실 또는 매매에는 이 제한이 없음, ⑮ 천재 사변에 의하여 다액의 비용이 생길 때는 지주가 부담할 것, ⑯ 소작인 중 10두락 이상 경작자에 한하여 몇 두락 땅을 무농 근실자에게 분작케 할 것, ⑰ 곡물 건조 조제를 개선할 것, ⑱ 타조('타작'의 오식으로 보임-인용자) 때는 돌이 들어가지 않게 할 것, ⑲ 소작인이 사고로 인하여 비료를 충분히 못할 때는 지주가 무이자 대금하여 비료하게 하고, 가을 소작료 징수 때 원금으로 거둘 것, ⑳ 소작료 납부는 매년 11월부터 12월까지 할 것.

소작료·소작권 등에 관한 조항이 두루 열거되었다. 또 조선총독부가 대대적으로 추진한 산미증식계획 기간에 맞게 농사개량 장려사항도 빠짐없이 반영되었다.

여수군지주회는 같은 해 5월 여수군농회로 개칭(『동아일보』 1923.5.27.)되었다. 여수군지주회는 5월 22일 제4회 정기총회를 열고 회칙 개정의 건 등을 부의했다. 회칙개정은 여수군지주회 명칭을 여수농회로 고친 것이고, 임원 보결 선거를 행하여 회장 장기창, 부회장 송본순일(松本純一)을 선임했다.

회장·부회장인 장기창·송본순일은 각각 1923년 여수군수, 여수군 권업과장이었다. 당시 다른 지역에서도 군·도(島)농회가 신설되었는데, 이는 근거 법령이 없는 임의단체였다.[11] 군농회가 법적 단체가 된 것은 1926년 조선농회령의 시행과 함께였다. 조선농회령은 1926년 1월 25일 제령 제1호(『朝鮮總督府官報』 1926.1.25.)로 공포되어 1월 26일 조선총독부령 제6호(『朝鮮總督府官報』 1926.1.26.)로써 같은 해 3월 1일부터 시행되었다.

또 여수군농회의 시행사항은 다음과 같다. ① 지세 기타 공과금은 지주가 납세규정을 준수하고 소작인에게 전가치 말 것, ② 논의 소작료는 수확량의 절반 또는 절반 이내로 정할 것, ③ 소작인을 이유 없이 변경치 말고 영구소작을 하게 할 것, ④ 소작료를 기한 내에 납입하도록 힘써 행할 것, ⑤ 양잠 양계 및 새끼 꼬기, 가마니 짜기 등 부업의 실행을 기할 것, ⑥ 벼의 건조 조제에 관하여는 당국의 장려책에 응하여 베어 말리는 것은 적어도 5일 이상을 힘써 행할 것, ⑦ 건조 조제는 소작인에 대하여 소작료 사정 시 충분히 이를 주지케 해둘 것, ⑧ 건조 조제의 특수한 것 우량종의 소작에 대하여는 1할~2할의 범위 안에서 그 정도에 응하여 소작료를 줄일 것, ⑨ 소작료의 용기를 가마니로 할 것, ⑩ 무논 벼 종자는 우량종의 보급에 노력할 것, ⑪ 비료 농구 등의 구입, 기타 농사 장려에 관하여는 농회를 이용할 것, 소작인에 대하여 농회의 사업 등을 주시게 할 것, ⑫ 소작 벼 운반에 대하여 2리 이상을 요할 때는 상당한 비용을 지급할 것, ⑬ 계량에 대하여는 절대 공평을 위할 것.

이같은 농회에 대한 반대 운동도 있었다. 1923년 3월 순천·보성·고흥 3군의 일본인 지주들은, 농회가 지주에게는 아무런 필요도 없고, 다만 소작인을 위한 행정상의 편리를 위한 기관에 불과할 뿐이라고 하면서 관설 지주회 반대를 선언했다.[12]

같은 해 여수지주협회는 10월 1일 여수청년회관에서 임시협의회를 개최하고, 다음 각 항을 결의(『동아일보』1923.10.7.)했다. ① 소작료는 전 수확의 반분으로 할 것, ② 지세 공과금에 대하여 1922년도까지의 분은 소작인으로부터 영수하고, 1923년도부터는 지주가 부담, ③ 밭의 소작료에 대하여는 토질을 상중하로 나눠 상 1두락에 면화 13근, 중 1두락 10근, 하 1두락 9근의 예로 정하고, 만약 이를 벼로 받을 때는 상토 3두락에 나락 1석, 중토 4두락에 1석, 하토 5두락에 1석씩으로 할 것.

1923년 초에 지주회 모임을 주도했던 김한영 형제들은 지주회가 군농회로 개편되자, 1924년에는 소작인을 망라한 다른 모임을 조직했다. 이름 하여 갑자농회였고, 그 조직 과정(『동아일보』1924.1.28.)은 다음과 같다. 여수군의 거부인 김한영, 김한승, 김한성, 김한종은 '각처에 지주 소작간 분쟁이 대단함을 유감으로 여겨' 각지 대리인을 1월 22일 서정 김한성 집에 소집하고, '지주 소작 간 영구 친목을 꾀하며 호상 부조와 농사개량을 목적'으로 하여 갑자농회 창립총회를 열고 임원도 선정했다. 김한종은 김한영 6형제 중 다섯째였다. 1924년이 세차(간지)로 갑자년이었기에 이런 이름을 붙였던 것 같다.

김한영 형제들이 조직한 여수갑자농회는 소작인들에게 부담을 가중시키는 행동을 해서 비판(『조선일보』1924.4.10.)을 받았다. 기사에 따르면, 갑자농회는 자기의 소작을 망라하여 조합제로 성립한 것인데, 갑자농회의 규칙으로 각 소작에게 소작증서를 배부하고, 소작에게 계약을 받았다. 지주에게 가서 인쇄서류에 날인만 한 후 발급받은 인쇄물을 가져와서 글 아는 동리 사람에게 보이니, 소작료를 각 3할 증가한 소작증이었다. 이에 소작인들은 소작증을 전부 반납해 버렸다.

갑자농회는 1925년 2월 18일 제1회 품평회를 개최(『동아일보』1925.3.3.)했다. 1등은 소 한 마리, 기타 전부 농구로 등급에 의해 급여, 심사 불합격자라도 낫, 호미 등 1개씩을 주어 소작인에게 '호감'을 주었다. 이 대목에서 김한영 형제들의 행보에 『조선일보』와 『동아일보』의 보도 태도에 차이를 느낄 수 있다. 『조선일보』는 비판적, 『동아일보』는 호의적이라는 것이다. 『동아일보』의 호의적 보도 배경으로는 다음 사정을 염두에 둘 필요가 있다.

김한승의 형 김한영(1866년생)은 1920년 『동아일보』 여수지국 개설과 함께 지국장을 맡았고, 셋째 김한성은 1920년 8월 『동아일보』 여수지국에서 총무로서 그의 장형 김한영을 보좌하여 지국 운영에 참여했다.[13]

1945년 8·15해방은 농촌에도 큰 영향을 미쳤다. 이제 식민지 지주제를 해체하고, '경자유전' 원칙에 따라 농민에게 토지를 분배해야 할 과제를 맞게 된 것이다. 그리하여 2차에 걸쳐 농지가 분배되었다. 첫 번째는 일본인이 소유하던 토지를 대상으로 했다. 귀속농지라 불리던 일본인 개인·농장 지주가 가지고 있던 토지를 관리하기 위해 신한공사가 설립되었다. 이후 미군정은 1948년 3월 22일 법령 제173호로 중앙토지행정처를 설치하고, 귀속농지에 대한 농지개혁을 실시하였다.[14]

두 번째 농지개혁은 대한민국 정부 수립 이후 실시되었다. 한국인 지주 소유의 토지를 분배 대상으로 한 것이다. 이것은 1950년 4~6월에 실시되었다. 이는 '분배 농지 예정지 통지서' 배부 시점을 기준으로 한 것인데, 장상환에 따르면, 이 통지서는 1950년 3월 하순에서 4월 초순 사이에 배부되었다고 한다.[15] 1950년 여수시 거주 농지개혁 대상 지주 명단은 다음과 같다.[16]

주소	이름	논	밭	계(정보)	보상석수(정조, 석)
충무동	李千憲	21.3	3.8	25.1	691.5
공화동	池昌植	28.0	4.5	32.5	970.3

앞의 1930년 말 지주 명단과 비교할 때 일치하는 사람이 한 명도 없다. 그것은 20년 동안 토지 소유자가 변경되었기 때문이다. 해방 전에 소유자가 바뀐 경우도 있을 것이지만, 해방 이후 농지개혁을 앞두고 지주들이 팔아넘긴 경우도 많았다. 위의 이천헌은 이우헌(李又憲)의 오기 또는 가족관계로 보인다.

토지의 보상은 평년작의 150%였다. 위 두 사람의 보상액은 1정보 당 27~30석 사이이다. '정조'는 도정하지 않은 벼를 일컫는 말이다.

다음은 1953년 기준 귀속·일반농지 분배 상황이다.[17]

구분	시·군	농가 호수	면적(단보)			상환량(석)
			논	밭	계	
귀속 농지	여수시	927	231	309	540	4509
	여천군	6780	1,0037	4391	1,4428	4,3520
	계	7707	1,0268	4700	1,4968	4,8029

구분	시·군	농가 호수	면적(단보)			상환량(석)
			논	밭	계	
일반 농지	여수시	674	736	520	1410	4184
	여천군	4380	4377	2678	7055	2,4184
	계	5054	5113	3198	8465	2,8368

앞에서 살펴본 대로, 귀속농지는 일본인 소유 토지를 대상으로 한 것이고, 일반농지는 한국인 지주 소유 토지를 대상으로 분배된 토지이다. 농가 호수나 면적, 상환량에서 귀속농지 분이 일반농지 분에 비해 많고, 또 논이 밭에 비해 많다는 특징이 있다. 그중 고뢰농장의 토지가 큰 비중을 차지했을 것이다.

2. 소작인회와 소작쟁의

소작인회

소라면

1923년 1월 지주들이 지주 모임을 조직하던 무렵 소작인회도 조직되기 시작했다. 그 시작은 소라면 소작인회(『동아일보』, 1923.1.15; 『조선일보』, 1923.1.15.)였다. 1923년 1월 3일 소라면 정필현의 발기로 소작상조회(『동아일보』에는 소작상구회-인용자) 총회를 개최했다. 출석자는 835명이었고, 면내 지주도 다수 출석했다. 소작료가 단연 큰 문제였다. 지주는 5할을 주장하고, 소작인은 3할 5푼을 주장하여 팽팽히 맞섰다.

이때 대지주 정영태가 등단하여 이 모임은 오로지 소작인을 위하여 조직된 것이라 말하고, 지주 등의 종래 횡포하던 습관을 타파하지 않으면 불가하니 소작료는 전 수확의 4할로 정함이 적당하다고 성명했다. 이에 4할로 만장일치 가결되었고, 임원은 회장 정영규, 부회장 이기완이 선임되었다. 또 소라면을 8구로 나누어 1구에 평의원 1인, 간사원 1인씩 선정하여 사무를 집행케 했다. 이때 결의된 중요 사항은 다음과 같다.

① 소작료는 전 수확의 4할 이내로 할 것, ② 지세 및 공과금은 일체 지주의 부담으로 할 것, ③ 소작권을 이동할 때는 지주가 본회와 협의 시행할 것, ④ 소작료 1리 이상의 운반비는 지주가 부담하고, 1리 이내에는 소작인의 의무로 할 것, ⑤ 제언, 보 방비는 1원 이내는 소작인이 부담하고, 1원 이상을 요할 때는 지주의 부담으로 할 것.

그밖에 사항(『동아일보』, 1923.1.22.)도 있다. 두량은 공평을 주장하기 위해 두개(斗槪)를 사용, 소작료 감정은 본회 평의원과 지주가 입회하여 결정, 지주와 소작인 간 결정된 소작료 외 잡비용은 일체 금지, 지주는 소작인의 사고가 있는 때에 권리를 이전하려면 본회 중으로 통지, 마름과 대리인이 소작인 편에 대하여 부정한 행위가 있는 때는 본회에서 이를 개체(改替)할 일 등이다.

여기서 두개(斗槪)란 우리말로 '평미레'를 이르는 것인데, 되를 될 때 고봉을 깎아내기 위해 사용하는 막대기를 말한다. 지주는 평미레 없이 고봉으로 받으려 하고, 소작인은 평미레를 사용하기를 원했던 것인데, 결정된 것은 평미레 사용이었다. 소작인의 요구대로 결정된 것이다.

소라면의 소작상조회는 면내 지주도 다수 참석했고, 소작료 4할 결정에 지주 정영태의 역할이 컸다는 점이 특색이다. 아마도 정씨 집성촌의 존재가 그 배경에서 작용하지 않았나 추측된다. 지주와 소작인 간의 이해관계보다 혈연 의식이 주요하게 작용한 것으로 보인다. 소작인 중에는 정씨 집안사람도 있었을 것이기 때문이다.

삼일면

비슷한 시기 삼일면에서도 소작인 모임(『조선일보』 1923.1.20; 『동아일보』 1923.1.20.)이 만들어졌다. 삼일면 중흥리 부근에 있는 소작인 480여 명은 '소작제도의 개혁운동을 하고자' 1923년 1월 5일에 소작인대회를 열고 소작대회를 조직했다. 각 지주에게 아래와 같은 사항을 교섭하기로 결의하고, 회장을 전병순(『동아일보』・『조선일보』 모두 김병순으로 표기했으나, 나중 기사로 볼 때 전병순의 오기-인용자), 부회장을 박정채로 선정했다. 또 삼일면 내를 11구역으로 나누어 1구에 평의원 1인, 간사 1인, 서기 1인씩을 두어 추수할 때 임원이 타작마당에 입회하여 '공평히' 소작료를 결정케 하기로 했다.

교섭 사항은 다음과 같다. ① 지세, 공과금을 지주가 부담할 일, ② 소작료는 아래와 같이 정할 일. 가. 논 1두락[斗落]에 대하여 수확 두 섬 닷 말 이상에는 한 섬씩, 나. 두 섬 닷 말('이하'-인용자)로 열 닷 말 이상에는 일곱 말씩, 다. 열 닷 말 이하로 열 말까지는 닷 말씩, 라. 열 말 이하 세 말 이하로는 한 말씩, ③ 소작권을 이동할 때는 소작회와 협의한 후에 실행할 일.

삼일면 소작인회 모임은 그 명칭을 '노농공제회'로 하여 조직하고, 지주에 대한 사항과 소작인에 대한 사항 등 다음 사항을 결의(『동아일보』 1923.2.1.)했다. 먼저 지주에 대한 사항이다. ① 토지에 대한 제 공과금은 지주가 부담, ② 토지에 대한 소작료는 전 수확의 10분의 4로 함, ③ 토질이 좋지 않은 토지에 대해서는 입모상 분반(分半)하되, 볏짚은 소작인의 소득으로 비료에 충당케 할 것, ④ 관개 수도, 제언 방축 등 대규모의 공사비는 지주가 부담, ⑤ 비료에 대해서는 소작인의 자발적인 이외에는 지주가 부담, ⑥ 소작료 운반임은 1리 이외의 거리에서는 지주가 부담, ⑦ 종래의 9두 1석을 10두 1석으로 거둘 것, ⑧ 지주 마름이 소작료 징수 시 다액의 숙박비는 지주가 부담, ⑨ 지주가 본회의 규칙을 호의적으로 이행할 것.

다음 소작인에 대한 사항이다. ① 볍씨는 반드시 개량종으로 선택하여 곤충 피해, 시드는 피해를 피하게 할 것, ② 소작료는 반드시 맑은 날 2일 이상 건조 또는 돌이 없는 것으로 납부, ③ 토지에 상당한 비료를 충분히 주어 수확의 증가를 꾀할 것, ④ 관개 수도, 제언 방축 등 소규모의 공사비는 소작인이 부담, ⑤ 소작료는 지주가 정한 기일 내에 흠축(欠縮)이 없게 납부, ⑥ 지주 마름의 소작료 징수 시 소액의 숙박비는 소작인이 부담, ⑦ 본회의 규칙을 각근(恪勤) 준행.

또 선임된 임원은 다음과 같다. 회장 전병순, 부회장 주종근, 총무 배관호, 평의부장 민영보, 간사부장 김형두, 저축부장 김봉근, 권업부장 김보여, 표창부장 서내흠, 서기부장 주치규, 회계부장 김한승 외 51명의 각 부원.

이들 임원에는 지주가 많이 포함되었던 것으로 보인다. 같은 시기 신문 기사(『조선일보』 1923.2.13.)에 '지주의 각성'이란 제목으로 삼일면 월내리 전병순, 전병혁, 배관호는 전해 각 소작인에게 받은 지세금을 전부 내어주었다는 내용이 있다. 전병순과 배관호는 삼일면 노농공제회의 회장과 총무를 맡은 인물로, 노농공제회의 지주에 대한 사항 ①항 '공과금 지주 부담' 원칙에 따라 그 전해 소작인에게 징수한 지세금을 돌려주었던 것이다. 여기서 회계부장 김한승이 주목되는데, 여수의 대지주 김한승과는 동명이인으로 보인다.

삼일면 노농공제회는 이듬해인 1924년 4월 1일에 총회를 개최(『조선일보』 1924.4.17.)했다. 이 자리에서 임시의장 전병순의 사회로, 악지주인 여수 읍내 김한영 외 16인과 악 마름인 정택주 외 4인을 대상으로 그들의 무리한 행동과 기타 여러 가지 횡포한 행동을 일일이 성토했다. 또 임원으로 상무집행위원 주순협, 이상규, 이종태 외 8인을 선임했다. 그리고 다음의 결의 사항을 정했다. ① 지주의 무리한 계약에 일체 불응할 일, ② 면내 어느 구역에서든지 문제가 발생하는 때에는 회원은 일제히 후원할 일, ③ 소작료는 4할 이내로 할 일, ④ 두량은 반드시 두개를 사용케 할 일, ⑤ 소작료 운반은 1리 이내로 할 일.

율촌면

율촌면에서도 1924년 6월 8일 면사무소에서 소작동맹회 총회가 개최(『조선일보』 1924.6.14.)되었다. 이 자리에서 회장 박응래, 부회장 주동길, 서기 위계현, 박동석을 선임하고, 다음 사항을 결의했다. ① 소작권 박탈당한 건은 교섭위원이 철저히 교섭 해결하되, 만일 해결에 순종치 않을 때는 공동 경작하게 할 것, ② 지주배의 무리한 요구에는 응하지 말 것, ③ 회비는 위원들이 각 회원에게 출장 징수하기로 할 것.

5개 면 연합회

소작인 모임은 소라면과 삼일면, 율촌면에만 있었던 것은 아니었다. 다음 기사를 통해, 5개 면에 소작인회가 있었음을 알 수 있다. 각 면 소작인회는 연합대회를 개최하고, 연합회를 조직했다. 1923년 1월 21일 소라면 공립보통학교 내에서 여수군 5면 소작연합대회(『조선일보』 1923.2.7; 『동아일보』 1923.2.15.)가 열렸다.

율촌면·화양면·삼일면·소라면·쌍봉면 등으로 여수반도에 있는 6개 면 중 여수면을 제외한 나머지 5개 면으로 구성되었다. 여수면은 농업이 비교적 덜 발달하여 농가 호수도 다른 면에 비해 적은 곳이기 때문에 제외된 것으로 보인다. 출석인은 천여 명이었고, 선임된 임원으로 회장 전병순, 부회장 김익수, 총무 정영규, 부총무 김원배, 평의원 이기완, 주지순, 서상규, 주정환, 서상은, 서기 황상진이었다.

결의사항은 ① 1922년도 중에 1923년도 경작할 지세금으로 소작인에게 미리 징수한 지주에게는 돌려주기를 청구, ② 1923년도부터 소작료는 전 수확의 4할 이내로 실행.

5개 면 소작연합회가 만들어진 후 여수군청을 상대로 진정 운동이 일어났다. 1월 30일에 여수군 소작연합회회장 전병순이 여수군청에 진정서를 제기(『조선일보』 1923.2.5.)했다. 여수 지주 김한승이 1922년도 소작료 징수 때 소라면 소작회장(정영규)의 요구로 평미레를 사용하자 전년도 1석 180근이 125근으로 줄었다. 그동안 고봉으로 55근을 추가 징수해 왔던 것이다.

이에 소작연합회는 이를 근거로 "군 당국에서 지주 소작간 우호적으로 신속히 해결시켜 달라"고 진정했다. 모든 지주들이 고봉 대신 평미레를 사용하도록 군 당국이 조치하기를 요구한 것이다. 그뒤 아무런 해결 처분이 없자 2월 5일에 다시 제2회 진정서를 제출(『동아일보』 1923.2.17.)했다. 진정활동의 귀추는 어떻게 되었는지 확인할 수 없다.

지역연합

소작인회는 여수군을 넘어 인근 지역을 포함한 지역 연합 조직으로 나아갔다. 1923년 2월 28일 순천군 환선정에서 여수, 순천, 광양, 보성 각 군 농민 대표자의 주최로 남선농민연맹회 총회(『조선일보』 1923.3.5; 『동아일보』 1923.3.10.)가 개최되었다. 이 자리에서 선임된 임원은 다음과 같다. 서무부 위원 이영민, 최석주, 이창수, 박준홍, 선전부 위원 박병두, 정진무, 전병순, 김기수, 서병기, 조사부 위원 김완근, 이기완, 김원배, 임태유, 김영숙, 이길홍, 김익수, 박준수.

임원 중 최석주, 전병순, 이기완, 김원배, 김익수 등이 여수군 출신 인물이었다. 최석주는 1909년 여수군 주사에 임명(『황성신문』 1909.8.19.)된 적이 있어, 대지주 김한승과 비슷한 시기, 비슷한 경력을 가진 인물이다.

그리고 다음 사항을 결의했다. ① 소작료는 각 군을 공통하여 전 수확의 4할 이내로 할 것, ② 지세와 공과금은 지주가 부담(1922년도부터), ③ 군에서 원만 해결 불능한 일은 도 당국에 진정하여 낙착을 얻을 것.

그러나 이때의 소작인회는 순전히 소작인들만으로 조직된 단체는 아니었다. 이 모임을 주도했던 간부들은 지역 유지에 해당하는 사람들이 다수였기 때문이다.

소작쟁의

3·1운동에 참여했던 각 주체는 그들이 처해 있는 여러 방면에서 그들의 권익을 옹호하기 위한 여러 투쟁을 벌였다. 그리하여 1920년대는 소작쟁의, 노동쟁의, 청년·학생 운동, 여성운동, 형평운동 등이 거세게 타올랐다. 조선총독부 경무국에서 조사한 바에 따르면, 조선의 소작쟁의는 1920년부터 일어나기 시작했다. 1923년부터 연도별 소작쟁의 건수를 보면, 다음 표와 같다.[18]

구분	1923	1924	1925	1926	1927	1928	1929	1930	1931
경무국	176	164	11	17	22	20	36	93	
식산국			204	198	275	1590	423	726	667

조선총독부 조사는 두 가지 통계가 있다. 경무국 조사 자료와 식산국 조사 자료가 그것이다. 두 자료가 다른 것은 경무국 조사는 경찰의 주의를 끌게 된 비교적 큰 쟁의만 조사한 것이고, 식산국 조사는 비교적 작은 것까지 포함했기 때문이다. 1924년까지는 식산국 조사가 없다.

편의상 1920~22년의 통계는 위 표에서 생략했는데, 매년 건수를 보면, 1920년 15건, 1921년 27건, 1922년 24건이다. 그러다가 경무국 조사에 따르더라도, 1923년부터 100건 이상 발생으로 대폭 증가하기 시작했다. 1925년부터는 200건을 넘겼고, 1928년에는 1천600건에 육박했다. 이후에도 수백 건을 유지했다.

1920년대 들어 조선 전체적으로 소작쟁의가 발생하고 폭증한 이유는 무엇인가. 다음 표를 통해 그 이유를 알아보자. 다음은 1920년부터 1927년까지 발생한 소작쟁의를 대상으로 연도별 원인별로 구분한 표인데, 경무국 조사 자료이다.[19]

구분	1920	1921	1922	1923	1924	1925	1926	1927
소작권 이동	1	4	8	117	126	1	4	11

구분	1920	1921	1922	1923	1924	1925	1926	1927
소작료 고율	6	9	5	30	22	5	4	1
지세 공과금	3	2	2	11	5	-	1	2
소작권 소송	-	-	1	-	-	-	-	-
부당작료 반환	1	1	-	1	2	-	-	1
소작료 운반	1	-	-	2	-	-	-	1
지주와의 악감정	1	2	1	-	-	1	-	1
사정 불만	1	6	1	6	2	-	6	4
지세 반환요구	-	-	-	2	-	-	-	-
기타	2	3	6	7	7	4	2	1
계	16	27	24	176	164	11	17	22

위 표를 보면, 소작권·소작료 문제가 가장 많은 비중을 차지함을 알 수 있다. 위 표에는 포함되지 않았지만, 앞의 표에서 1930년과 1931년의 식산국 조사 726건과 667건 중에서도 소작권 문제가 각각 489건(67%), 281건(42%)으로 제1위이고, 고율 소작료 문제는 134건(18.5%), 126건(18.9%)으로 2위이다.[20] 그밖에 지세 공과금 문제, 소작료 사정 불만 등도 주요 원인 중 하나이다.

소작권 이동 반대

이제 소작쟁의 원인별 사례를 하나하나 톺아보자. 먼저 소작권 이동 문제이다. 소라면 일대 지주들이 소작권을 이동시키고, 작인들에게 돈을 받았다. 그중 순천군 일본인 지주 답수(畓水)와 그의 마름 덕양리 이 아무개는 전답 60여 두락 경작권을 이동하면서 전년 소작료를 증수하지 못한 것을 빙자하고 논 1두락에 5원과 4원씩, 밭은 2원과 1원 50전을 받아 소작인들의 지탄(『조선일보』 1932.4.24.)의 대상이 되었다. 답수유지조(畓水留之助)는 자하선농주식회사 전무취체역(1921), 순천금융조합 감사(1933), 순천극장 취체역(1939)을 지낸 인물이다.[21]

다음은 여수공립보통학교와 광양 소작인 사이의 법적 분쟁 사례(『조선일보』 1933.5.10.)이다. 광양군 소작인 김완근은 여수공립보통학교의 학교답 3두락을 경작하고 있었으나, 여수군청이 소작 계약의 보증인 유권자 2명을 세우고, 보증인의 인감증명 첨부를 요구했다. 이에 김완근이 불응하자 여수군청은 소작권을 이동하였고, 김완근은 광주지방법원에 조정을 신청했다.

다음 작권 이동에 따른 구 작인과 신 작인의 충돌 사례이다. 율촌면 월산리 토지 7두락을 둘러싼 충돌(『동아일보』 1934.5.31.)이다. 소유주는 순천군 정권현이었으나 1933년 여수군 서정 박치일이 매입하여 소작권이 소작인 조화리 지봉수에서 면서기 주계복에게로 이동했다. 지봉수는 신 지주 박치일에게 애원한 결과 율촌면과 주재소도 주계복에게 지봉수와 분작하도록 권했으나, 주계복은 인부를 시켜 지봉수 부부를 폭행하여 고소를 당했다.

소라면 덕양리에 사는 윤기홍의 사례(『조선일보』 1939.4.5.)도 있다. 그는 여수읍 동정 임금향의 소유 토지를 수년간 경작했다. 1939년에 이르러 소라면 덕양리 원성재, 이후근 2명이 소작권을 얻어 경작을 하려고 4월 1일에 처음 논을 갈고 있을 때 윤기홍과 아들들, 세 부자가 이후근을 공격하여 상해를 입혔다.

소작권 이동에 따라 스스로 목숨을 끊은 사람(『동아일보』 1934.6.8.)도 있다. 광양군 진월면 신아리 소작인(70세)이 여수 읍내 지주의 토지 8두락을 수십 년 전부터 소작했는데, 1934년 봄 그 토지가 진월면 지원리의 아무개에게 팔려 소작권이 이동됨에 따라 새 지주에게 세 차례나 찾아가 사정했으나 뜻을 이루지 못하자 자결했다.

소작료 인하 요구

다음으로 소작쟁의 원인 중 두 번째로 많은 고율 소작료 문제를 보자. 그중 김한승의 사례(『동아일보』 1923.1.20.)이다. 김한승은 1923년 1월 10일경에 화양면 용주리에 나와서 소작료를 받았다. 소라면 소작회원들이 소작료 두량할 때는 반드시 평미레를 사용할 것을 요구했고, 김한승도 마지못해 평미레를 사용했더니, 그 전의 소작료 한 섬 180여 근이 125근으로 줄었다. 이에 소작연합회에서 여수군청에 진정을 제기하기도 했다.

다음은 순천 지주 김씨 사례(『조선일보』 1932.12.1.)이다. 여수군 율촌면에 토지를 둔 '순천 백만장자' 김 아무개는 가뭄 피해가 많았음에도 소작료는 예년과 같이 정하고, 또 평미레를 사용하지 않고 지주 측의 마음대로 고봉으로 받았다. 이에 작인들은 소작료 납부를 거부했다. 여기서 순천 백만장자 김 아무개는 김종익을 지칭하는 것으로 보인다. 그의 아버지 김학모, 김종익의 동생 김종필을 포함하여 3부자는 모두 당시 소작인에게 가혹한 '악지주'로 불렸다.

불납동맹

소작료가 과다하여 소작인들이 불납동맹을 결의한 경우(『동아일보』 1923.10.30.)도 있다. 지주는 여수, 소작인은 광양군의 사례이다. 1923년 10월 23일 광양군 옥룡면에서 농민 200여 명이 모여 임시 대회를 개최했다. 소작료를 무리하게 징수한 지주와 그 징수량을 보면, 순천 박승림, 서병규, 김병옥, 구례 김종현, 광양 홍경련, 일본인 금곡일이(金谷一二)는 5할 이상을 남집했고, 여수 부호 김한승, 박치일은 5할 이상을 남집하고도 욕심이 부족하여 논 두락마다 세금 명목으로 2, 3두씩 더 징수했다고 성토했다. 그리고 다음과 같은 사항을 결의했다. ① 8명의 지주에 대하여 소작료를 공평히 재조정해 주지 않으면 소작료 불납동맹을 실행할 것, ② 소작료 두량은 소작인이 거주하는 동리에 소작인을 입회하여 두량을 공평히 하고 소작료 납부에 대하여 1리 이내 지정 장소에 납부할 것.

고뢰농장 소작쟁의

다음은 여수군의 대지주 고뢰농장을 상대로 일으킨 소작쟁의이다. 1931년 11월 소라면과 화양면 사이에 있는 간척지 고뢰농장을 상대로 하여 소라면 관기리·현천리·죽림리, 화양면 창무리의 소작인 80여 명이 소작료 감하를 요구하며 쟁의(『조선일보』 1931.11.24.)를 일으켰다. 소작인 80명은 소라면 관기리에 있는 고뢰농장 출장소에 가서 서택(西澤) 농감을 면회하고 다음과 같은 요구조건을 제시했다. ① 금년 심한 재앙으로 수확이 전년보다 못하므로 본년도 소작료 4할을 감소할 것, ② 가마니 대금 반을 농장에서 각 소작인들에게 지불할 것, ③ 금후로 소작권의 이동이 없게 할 것. 그러나 농감이 거절했으므로 소작인들은 대표를 선정하여 본점에 직접 진정하기로 하고 해산했다.

고뢰농장 사무소(『麗水發展史』)

고뢰농장 소작인들이 소작쟁의를 일으킨 가장 큰 원인은 소작료 부담 때문이었다. 고뢰농장은 전년보다 수확이 감소되었음에도 불구하고 평당 계산으로 소작료를 대폭 증가시켰다. 현천리 정수영은 전년 소작료가 7두이던 것이 거의 30두, 정영필은 전년의 3석이 8석 6두로 3~4배 가까이 폭증한 것이다.

또 관기리 김성문이 농장에서 받은 통지서에는 1필에 소작료 7두씩이 정해져 있었는데, 농사가 제일 잘 되었다는 1필의 것을 먼저 타작해 보니 전부 5두밖에 되지 않았다. 이에 농장 요구대로 납부하면 1필에 2두씩 빚을 내어야 가능하게 되어 나머지 전부는 그대로 베어 타작도 하지 않고 농장 출장소에 그대로 다 갖다 주었다.

이후 11월 16일 소작인 대표 8명은 고뢰농장 본점을 찾아갔다. 그들은 30여 리를 도보로 걸어 요구 조건을 적은 진정서 1통을 제출(『조선일보』, 1931.11.27.)했다. 그 요구 조건은 앞 관기리 출장소에 제출한 것과 동일하다. 고뢰농장을 상대로 한 이 소작쟁의는 이후 어떻게 처리되었는지 더 이상의 보도가 없어 알 수 없다.

지세 공과금 전가 반대

소작쟁의 원인 중 세 번째는 지세 공과금 문제이다. 지세와 공과금은 원래 지주가 부담하는 것이나 악덕 지주들은 소작인의 어쩔 수 없는 처지를 악용하여 이를 소작인에게 떠넘겼다. 1924년 광양군 옥곡면 소작회는 악지주와 불량 마름에게 경고문을 발송(『조선일보』, 1924.6.4.)했는데, 해당 지주는 11명이었다. 해당 지주는 지세 공과금을 반환하기로 승낙서까지 제출하고 수차 독촉해도 반환하지 않은 악지주와 대리인이었다. 여수군 대상 지주와 부당하게 전가한 지세 금액은 지주 김은필(불량 대리 정무환) 지세 28원 30전, 지주 정태훈(불량 대리 배광표) 지세 21원 20전이었다.

1930년대에도 지세 부담을 전가하는 지주들의 행태(『조선일보』, 1932.1.25.)는 지속되었다. 여수의 몇몇 지주는 일찍이 대세에 순응하여 지세는 지주가 부담해 왔으나, 아무개 지주만은 독특히 작인들에게 부담시켰다. 특히 1931년은 가뭄, 바람 재해를 거듭한 흉년임에도 소작료는 작료대로 가혹히 받는 데다가 지세까지 부담시켰고, 만일 지세를 내지 않으면 '작권을 이동한다는 유일의 상투 수단'을 써서 소작인들을 괴롭혔다.

소작료 운반비 징수 반대

그밖에 소작료 운반비 관련 사례이다. 김한승은 1923년 1월 10일경에 화양면 용주리에서 소작료를 받을 때 선비(船費)와 조합계(組合禊)를 추가 징수(『동아일보』, 1923.1.20.)했다. 김한승이 소작료 1석에 선비라는 명목의 벼 1두, 조합계라는 명목의 벼 1두를 전례에 의해 받으려 하니 소라면 소작회원들이 선비, 조합계 등의 명목으로 벼 한 말씩 받던 것을 폐지하라고 요구했고, 4, 5일간 서로 승강이하다가 김한승이 선비와 조합계를 폐지했다. 여기서 선비는 여수면 거주 김한승이 화양면에서 거둔 소작료를 배를 통해 여수면까지 운반하는 과정에서 발생한 운임을 소작인에게 전가하면서 붙인 명목의 비용으로 보인다.

남조선철도회사와 소작인 사이의 갈등

다음은 남조선철도회사와 소작인 사이의 갈등이다. 남철회사는 1928년경 약 25만 평의 토지를 사들이면서, 그 토지를 다른 곳에 이용(시가지 건설)하는 날까지는 무료로 소작하도록 각서를 작성하여 당시 농민회 회장 정재완에게 교부하였다. 그리하여 1933년까지 무료 소작하고 있었는데, 회사에서는 돌연 그해 소작료부터 징수하려 하므로 3백여 소작인들은 반대(『동아일보』 1933.8.16.)했다.

1934년에도 남선철도회사는 소유지 소작 해제와 소작료 납부를 요구(『조선일보』 1934.11.9.)했다. 이에 대해 여수역장은, 농지령 실시로 인하여 그대로 소작관계를 계속하게 된다면 3년 이내에는 계약을 해제할 수 없게 된다는 것, 소작료 징수는 순연히 소작 관리에 관한 비용에 충당하기 위함이라고 말했다.

3. 여수면 신시가지 계획지 토지소유 농민들의 토지 강제 매각 반대 투쟁

1928년

남조선철도회사는 광려선 철도 부설, 신항 축항을 계기로 그 인근 지역을 신시가지로 개발하고자 했다. 싼 가격에 매입하여 도로와 수도 시설을 갖춘 후 비싼 가격에 팔아 막대한 시세 차익을 챙기려는 심산이었다. 그러나 그 과정에서 철도회사 측의 계획대로 순탄하게 진행된 것은 아니고, 일부 땅 주인들은 끝끝내 토지 양도를 거절했다.

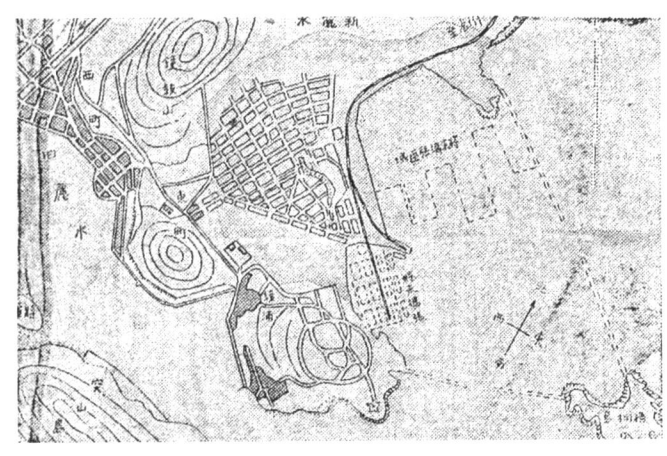

신시가지 계획도(『釜山日報』 1931.4.26.)

『조선일보』 여수지국 기자는 4회에 걸쳐 '여수 동부 경지 매수가격 문제'(『조선일보』 1929.2.26; 2.27; 2.28; 3.1.)를 다뤘다. 그 내용을 요약하면, 다음과 같다.

남철회사 사장은 1927년 봄부터 수차 여수 방문 시 정거장 기지로 서정의 일부를 유리하게 생각하였다. 그러다 동쪽 경작지에 눈독을 들이게 되었다. 이 계획을 제안한 자는 여수군수(藤谷作次郞)였다. 1928년 1월 중에 군수 독단으로 군청 재무과에서 동정 지적도 전부를 등사하여 도지사(석진형)의 승인을 얻은 후 도평의원 조선인 김한승과 일본인 정길신을 동경에 파견시켜 근진 사장을 제1회로 방문하

등곡직차랑(『麗水發展史』)

고 정거장 건설지를 동정으로 정하고, 신시가 건설을 제안했다.

그후 시가지 건설 용지 매수를 위해 알선위원회라는 것을 조직했다. 이 회는 '관공직사를 고문으로, 관공청을 배경으로 삼아 부당하게도 저렴한 가격에 매수'하기 위한 모임이었다. 1928년 7월에 개최된 알선위원회에서는 시가 건설 용지 매수의 방책을 강구하면서 지주들의 의견 청취 없이 자의적으로 평당 가격을 1원 50전이라고 정하였다.

이에 1차 반대 투쟁이 일어났다. 주민들은 알선위원의 부당한 행위와 무리한 가격결정을 비난 공격하는 선언서와 성명서를 발표하기에 이르렀다. 남철회사는 원래 평낭 1원 미만이면 전부를 매수할 수 있다는 여수군 측(여수군수, 김한승과 정길신 등)의 권유를 믿고 착수하려 했던 것인데, 그보다 50전 높고, 지주들의 반대 투쟁이 일어나는 것을 보고 근진 사장은 크게 분개하여 여수에 있던 측량반 전부를 철수시키고, 여수와 순천 간 철도는 부설치 않겠다고 했다. 일종의 '벼랑 끝 전술'이었다.

이에 알선위원은 여수선 중지 선언에 대경실색하여 군수 외 김한승과 정길신 등 10여 위원이 동경에 가서 제2회 면담을 했다. 그리하여 3만 평 무상기부, 29만 304평에 대해 40만 5천 원으로 협정했다. 이 협정은 9월 13일 체결되었는데, 이를 다룬 다른 기사(『朝鮮新聞』 1928.9.15.)에서는 여수군이 기부할 정거장 부지는 2만 평, 기타 용지는 27만 300평(40만 5천 원), 지상 물건·농작물 등 매수비 2만 5천 원이라고 보도했다.

11월 중순 재무주임 사택에서 군 고원과 회사 직원이 회합하여 지주 개인별로 가격 산출을 계산했다. 이후 일반 지주에게 "○월 ○일부터 매수에 착수"하니 팔러오라는 것과, "토지가격의 산정액이 ○백○십○원"이니 가금(價金)을 찾아가라는 내용의 통지서를 우편으로 발송했다. 일반지주들은 우편물을 반송했다. 지주들의 반대가 심하자 군수는 군청 직원 중 관련 지주들을 모아 "지방 발전의 대복리"라고 강변하며, 토지 매도증을 나눠주었다. 이 토지 매도증은 2전짜리 인지가 첨부된 위임장과 1매의 매도증이었다.

영세 지주들로 구성된 농민회는 관권의 위협 속에 침묵한 태도로 '상당한 시가'라는 것만 요구했다. 경찰 당국은 호출장을 보내 농민회 위원 전부를 불러 놓고 "일반 지주들의 요망하는 가격만은 당국도 인정한다. 그러나 매수 측에서 기정 가격 외에는 더 증가할 의사가 없는즉 3, 4일 내로 회사 측과 타협 불능이면 단체는 해산을 명령할 것이다."고 위협을 가했다.

위 내용을 보면, 토지가격이 주요 문제였다. 당초 회사 측에서 제시한 토지 표준가격은 다음(『동아일보

1929.1.1.)과 같다. 시가 지역 중 도로(원문에는 '도'로 표기-인용자), 하수구를 제한 지역에는 평당 논 1원, 밭 50전, 대지 2원 50전, 임야 45전, 정거장 용지를 제한 철도 용지로 굴토하는 시가지에 대한 도로 또는 수구(水溝)에 요할 지역은 법정 지가의 3배, 즉 평당 평균 논 55전 9리, 밭 25전 9리, 대지 72전 7리, 임야 25전 5리이다. 또 정거장 부지 2만 평은 지방에서 기부해달라고 요구했다.

여기서 법정 지가라는 것은 1914년도에 총독부 토지조사국에서 그때의 지가로 사정된 지가(『조선일보』 1930.5.9.)를 말한다. 그러나 17년이 지난 1931년에는 지가가 크게 상승하여 법정 지가의 수십 배 되는 상황이었다.

다음으로 알선위원회가 제시한 가격이 있다. 알선위원회의 표준가격은 논, 밭, 대지, 임야, 묘지를 통틀어 평당 2원 50전, 택지 또는 토지는 평당 3원으로 하고 지상 장애물 이전에 대하여 따로 정하기로 했다. 그러나 알선회 측은 남철회사원과 교섭하여 평당 2원씩으로 내정하고, 각 소지주에게는 1원 50전으로 결정되었다고 선전하다가 다시 평당 1원으로 떨어졌다고 거짓말(『동아일보』, 1929.1.1.)했다.

당시 여수의 토지 매매가격 사례(『조선일보』, 1929.2.28.)를 보자. 1923년도에 일본 삼정 소유 여수수산학교 기지를 매수할 때 당시 평당 5원 이상씩이었는데, 그것도 군수와 면장이 힘들여 교섭한 결과였다. 또 돌산 우두리에서는 해면 매립 시 취토지로 평당 3원 50전 이상의 가격으로 매수했다. 그리고 1928년 봄 북향 산 밑 척박하면서 시가지와 떨어져 있는 토지도 우편국장, 금융조합 이사 등의 사택 및 조선탁주제조장 기지로 평당 6원 이상에 매입한 사실이 있다.

그 과정에 토지를 판 사람들은 어떤 상태가 되었을까. 1929년 5월경 신시가 건설 용지 30여만 평 중 20여만 평은 이미 매매가 이뤄졌다. 50~60두락의 소유자와 5~6두락의 소유자의 상황(『조선일보』 1929.5.10.)은 엇갈렸다. 자작농 이상의 토지 소유자는 50~60두락의 토지를 팔아서 궁촌 한산한 지대에 60~70두락의 토지를 살 수 있었으나, 자작농 이하의 소농가는 5~6두락의 토지를 팔아서 졸지에 대토를 잡으려 하나 여수 부근의 땅값은 폭등하여 이왕 판값으로는 3분의 1도 살 수 없고, 팔려는 땅도 없어 주저하다가 돈을 써버리고 파산 상태에 빠졌다.

당시 남철회사나 알선위원들이 제시한 토지가격은 너무나 현실과 동떨어진 헐가였다. 가옥의 보상금으로 당시 '아무리 퇴락해도 명색이 가옥이면' 1칸의 시가가 20~30원 이상이었으나, 그들이 보상하겠다는 금액은 시가지 인접 가옥도 대지 평당 3~4원 미만으로 산정(『조선일보』, 1929.2.28.)했다.

알선위원회는 법정 지가의 4배 혹은 5배로써 관권의 위력만 빌려 수용하려는 움직임을 보였으나, 법정 지가의 4~5배란 가액은 비전 박토(밭 아닌 척박한 땅의 뜻으로 쓴 것으로 보임-인용자)의 시가 10분의 1도 되지 않고, 또 남철회사가 암암리에 기정 가격 외 7~8원을 더 지불하고 매수하던 가격에 비하여도 10분의 1도 안 되는 것(『조선일보』, 1930.5.9.)이었다.

다음으로 알선위원회에 대해 알아보자. 철도용토지매수알선위원회(『동아일보』, 1929.1.1.)는 여수면장 유국준이 위원장이 되고, 여수군수와 경찰서장과 당시 도평위원이자 남조선철도주식회사의 주주 김한승, 주주 정길신 등이 각각 중심 위원이 되어 활동한 단체(『조선일보』, 1928.11.5; 『조선일보』, 1928.12.31.)였다. 구성원 자체가 농민의 이익보다는 철도회사 측의 이익을 대변하는 자들로써 채워진 것이다.

그들은 남조선철도회사 사장과의 제2차 면담 당사자(『동아일보』, 1928.9.16.)들이다. 여수선 중지 선언에 깜짝 놀란 여수 관민 유지 10여 명이 사장에게 직접 담판하려고 동경으로 건너가서 9월 11일에 사장과 회견하고 타협했다. 그 결과 철도 부설 공사도 불일간 착수하기로 하고, ① 2만 평은 정거장 용지로 회사에 기부, ② 27만 3백 평은 40만 5천 원으로 매수, ③ 기타 보상비로 2만 5천 원을 지방에 제공이란 내용을 협정했다. 앞의 기사와 비교하여 평수에 약간의 차이가 있다.

알선위원들은 결정 가격이 벽촌 토지의 2배가 되니, 어서 매도하고 외촌의 지가가 오르기 전에 2배 이상을 매수하면 큰 이익일 것이라는 감언이설과 매도치 않으면 도저히 견딜 수 없을 것이라는 위협 공갈로 토지 매도증에다가 억지로 날인(『조선일보』, 1929.2.28.)하도록 했다.

1929년

1929년 봄, 광려선과 여수 신항 호안공사 기공식은 2월 중에 있었으나 용지 대금도 지불하지 않고, 기공 승낙만으로 기공하려다가 일반 지주의 반대로 선로 공사는 중지하고, 축항 공사도 청부 문제로 거의 중지된 상태(『조선일보』, 1929.5.10.)였다.

그간 토지매수알선위원회가 관공서를 배경으로 지주들에게 팔지 않는 땅은 도로로 만드느니, 토취장으로 하느니 또는 토지수용령을 쓰느니 하여 위협과 강제의 수단 방법을 써서 팔도록 했다. 그런데 지정 구역 안에서 사사로 매매할 때는 회사에서 주는 가격보다 4원씩이 높은 것을 보고 이미 판 사람은 후회하고, 아직 팔지 않은 사람들은 더욱 팔지 않겠다고 했다. 그러자 지주들을 일일이 찾아다니며 사사 매매를 하지 못하도록 간섭(『조선일보』, 1929.7.7.)했다.

남철회사는 두 가지 방향의 반응을 보였다. 각각 회유와 무단 사용(『조선일보』, 1929.7.7; 『조선일보』, 1929.7.8)이었다. 지주들에게 가격을 좀 더 주겠다면서 먼저 판 사람들의 불평이 있을 것이니 공사나 먼저 한 후에 오른 가격을 줄 터이니 기공 승낙서에 도장이나 찍으라고 권하기도 하고, 선로에 들어간 토지 지주에게 가혹한 폭행과 위협을 가하며 지주의 승낙도 없이 강제로 남의 토지를 사용했다. 예를 들면, 매도 승낙도 없는 여수면 동정 연동 박순옥, 수장동 김치운, 종포 박종백의 전답에 침입하여 아무 말도 없이 임의로 공사를 하여서 농사도 못 짓게 하는 일이 벌어졌다.

제2차 농민대회

토지를 강제로 매도당한 세농민 대중은 일찍이 조직해 두었던 농민회 제2차 대회를 7월 11일 동정 삼림(『동아일보』에서는 숲정[藪亭]-인용자)에서 개최(『조선일보』 1929.7.17; 『동아일보』 1929.7.16.)했다.

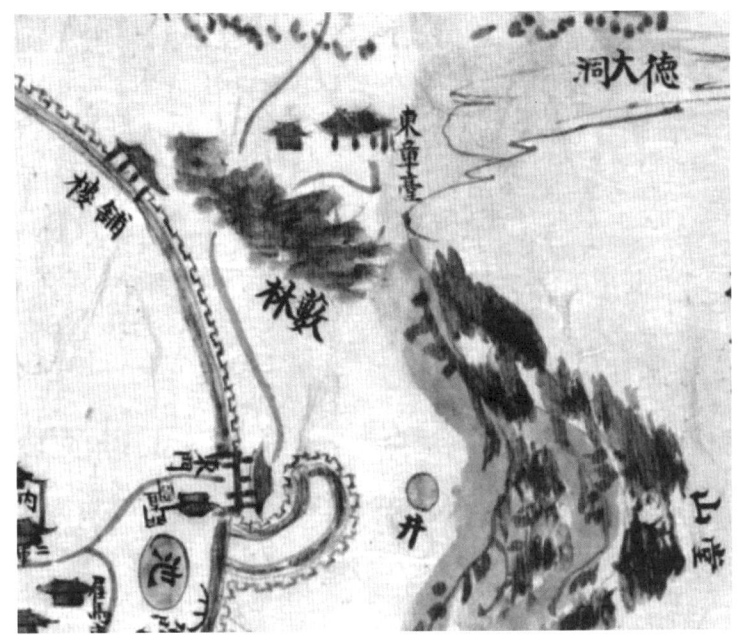

수림 · 숲정[藪亭](『호좌수영지』)

수림은 위 지도에서 보는 것처럼 동문과 포루(동북) 사이 성 밖에 있었다. 좌수영 성벽이 동쪽에서 북쪽으로 꺾어지는 곳에 (동북) 포루가 있었고, 그 포루 밖이 수림이다. 이곳은 종고산에서 흘러내린 산줄기가 흙산으로 이어지는 중간 지역이다. 지금의 관문6길 일대로 추정된다.

이미 토지를 매도한 농민들은 매도 당시 만일 이후에 수용령도 없이 개인에게 매수하면서 지정가격 이상을 지불하게 되는 경우에는 동일한 가격을 지불해 달라는 요구조건으로 서면계약 혹은 구두 서약을 엄정히 한 적이 있었다.

그런데 이후 회사 측에서는 간접으로 고가로 사사 매매를 시켜서 회사의 토지로 만들고, 직접으로 회사 측에서 지정가격보다 평당 2~3원을 더 지불하고 매수한 사실이 폭로되었으므로 이미 판 지주들은 매도 당시의 서약을 이행하라고 회사에 요구하기 위하여 집합한 것이다. 이때 위원 및 간사를 선정한 후 제반 결의사항은 위원회에다 일임하고 해산했다. 이후 80여 농민들은 경찰서와 군청에 쇄도하여 억울한 사정을 호소했다. 이때의 위원과 간사 명단은 다음과 같다. 위원장 조내환, 위원 최석주, 정봉효, 임준홍, 김학운, 조종섭, 정남태, 최경식, 김현수, 유재성, 주원석, 진송래, 김몽암, 간사 최덕현,

김두실, 김홍두, 강■명, 조기용.

이틀 후인 7월 13일 오전 동정 공회당에서 농민대회 위원회가 개최(『조선일보』 1929.7.17.)되었다. 이틀 전 농민대회에서 위원회에 일임한 결의사항을 정하기 위해서였다. 이때 결의사항은 다음과 같다. ① 강제 매도당한 토지의 명기장(名寄帳) 작성의 건, ① 당일 오후 2시에 개최되는 남철 회사 용지 매수 알선위원회의 결의 여하에 의하여 도에 진정 또는 군수 및 알선위원회의 불신임안 제출의 건, ① 여수 청년회로 하여 본회 지지 요구의 건, ① 차회 대회 소집의 건.

이에 맞서 같은 날인 13일 알선위원회의가 여수면사무소에서 비밀리에 개회(『조선일보』 1929.7.17.)되었다. 경관이 입회하고, 고문 등곡 군수 이하 위원, 모사들이 전부 출석했다. 경관은 기자에게 "자기네들의 강구책을 대중에게 미리 공포되면 일하여 가는 데 장해가 있을 듯하다"는 구실로 방청을 거절했다.

제3차 농민대회

7월 16일 오전 10시경 동정 공회당에서 제3차 농민대회(『조선일보』 1929.7.22.)를 열었다. 남철회사가 증액 매입을 하고서는 그 사실을 부인함에 따라 수백 명 남짓 세농들이 격분하여 농민대회를 개최한 것이다. 그들은 남철 지배인을 회견하고 항쟁키로 만장일치 가결한 후, 남철회사 마당 안에 쇄도하고, 지배인 관야를 만났다. 지배인은 "만일 사세가 불리하면 사업이라도 중지하겠다. 결코 회(사-인용자)에서는 당신네들의 요구에는 응하지 못할 것이다."라고 맞섰다. 이미 사장이 한 차례 썼던 벼랑 끝 전술을 직원이 본받아 '사업 중단' 운운하며 위협한 것이다.

남철 회사에서 별 성과를 거두지 못한 농민들은 알선위원장을 찾아 여수면사무소로 갔다. 철도매수 알선위원회 위원장 유국준 명의로 작성된 각서를 가지고 면장과 면담했으나, 그것도 성과를 거두지 못했다. 다시 군수를 찾아갔다가 만나지 못한 농민들은 임시사무소에서 위원회를 개최했다.

1920년대 후반 여수면사무소(『麗水發展史』)

1920년대 후반 여수군청(『麗水發展史』)

이튿날인 17일 오전 40여 농민이 또 여수군청에 쇄도하여 등곡 군수와 회견(『조선일보』 1929.7.24.)하여 남철회사 태도를 말하고 군수의 책임을 물었다. 군수 역시 "남철도 국가 사업인즉 국가사업에 공헌하는 정신으로 개인의 이손 관계만 명백히 하지 말고, 회사 측 사정도 좀 보아야 하겠다 하며 만일 이렇게 소동이 계속되면 사업이라도 중지하겠다."고 엄포를 놓았다. 이쯤 되면 '사업 중지'가 농민 협박의 무기인 셈이다.

7월 21일 아침 7시에 농민회 대표 3인은 부사옥여관에서 남철회사 전무취체역인 별부를 회견(『조선일보』 1929.7.26.)했다. 전무취체역이 여수 방문할 때 잘 교섭하여 원만한 해결을 보여주겠다던 알선위원회가 전무가 온 지 3일이 지나도록 아무런 교섭이 없기 때문에 직접 찾아간 것이다.

그러나 그는 "냉연한 태도와 거만한 어조로 싱글싱글 웃으며" "모순된 말과 무자격한 말과 무책임한 말로써 처음부터 끝까지 자꾸 반복"하여 농민들은 실망하고 나왔다. 그는 이 자리에서, 남철을 계획한 것은 조선총독의 부탁에 의한 것, 알선위원회는 지주를 위한 단체, 남철 직원의 토지 매수와 증서 교부 행위는 개인 행위로서 회사에서는 모르는 일이라고 말했다.

농민회 측의 활동에 대응하여 알선위원회도 회의를 열었다. 7월 20일, 21일 철야 양일간 서정 요리옥 산해루에서 알선위원회 회의(『조선일보』 1929.7.26.)가 개최된 것이다. 회의 결과 21일 밤 겨우 의견이 종합되었는데, 내용은 다음과 같다. 회사에서 지정가격 이상의 증액으로 토지를 매수한 사실은 도저히 변명치 못할 것이다. 그러면 당초의 각서라든지 증서 같은 것에는 동일한 증액을 지불하지 않을 수 없을 것, 22일 농민회 대표와 알선위원이 회합하여 토의해서 만일 농민회에서 남철 용지 중 아직 매수되지 못한 토지 5만여 평을 매수시켜 준다면 그 증액을 지불하겠다는 조건부로 해결의 길을 찾자고 의견 일치를 보았다.

제4차 농민대회

7월 22일 오전 10시에 동정 삼림에서 제4차 농민대회(『조선일보』 1929.7.28.)가 열렸다. 최후의 태도 여하를 결의코자 하는 중에 알선위원회에서 그날 오후 농민회 간부 3인과 같이 최후 태도를 결정하자고 통첩이 와서 다음 사항을 결의했다. ① 위원 개선 및 보선, ① 남조선철도회사에 서면 제출, ① 서기 2인 선정, ① 각 신문사 및 지국에 본회 진상 무루(無漏) 속보(續報) 교섭.

이때 정남태·김헌수·유재성·주원석·김학운·신송래를 위원에서 해임했다. 그리고 알선위원회와의 회동에서 아무런 효과를 보지 못하여 곧 제5차 대회를 개최하기로 했다.

이후 제5차 농민대회 개최 기사는 찾아볼 수 없다. 다만 알선위원회 위원장 유국준이 사임하고, 후임이 임명되었다는 것과 여수에 있던 남철사무소가 8월 10일경에 보성으로 이전한다는 기사(『조선일보』 1929.8.7.)가 있다.

또 "관계 지주들은 지주회란 것을 조직하고 회사 측과 일대 알력을 일으켜 대항쟁을 하여 나오던 중에 지주회의 내부에 괴이한 불상사가 발생하여 와해가 되자 (중략) 그 외 여러 가지 조건으로서 서약서 같은 것을 교환하고 전부를 암암리에서 끝을 맺으려던 기만정책이 사실상 폭로되고 보니 지정가격에 매도한 지주들은 다시 농민회란 것을 조직하고"(『조선일보』, 1930.3.14.)라는 기사를 통해 최초에는 지주회가 만들어졌다가 내부 '불상사'로 와해되고 이후 다시 농민회가 조직되었다는 사정만 확인할 수 있을 뿐이다.

그리고 이 기사에 따르면, 이전 '지주회'는 끝내 매각하지 않은 농민 위주의 모임이었던 반면, 새로 조직된 '농민회'는 지정가격에 매도한 지주들의 모임으로, 그 성격이 변한 것으로 보인다.

땅 주인들의 개인적 반발

이렇게 농민대회가 집중적으로 개최되던 시기에 땅 주인들 가운데 일부는 남철회사나 공사 청부업체를 상대로 개인적 반발(『조선일보』, 1929.7.8.)을 나타내기도 했다.

여수면 동정의 최씨 부인은 기공 승낙도 안 해준 자기의 토지에 공사를 시작하였으므로 남철회사에 가서 이의를 말했다. 그러자 그것은 청부업자의 소행이니 청부업자에게 말하라 하므로 청부업자 가등조에게 말하니 "우리는 일정한 기한을 정하여 공사를 청부하였는데, 기한 안에 마치지 못하면 늦어진 날수 하루에 대하여 2천 원씩 벌금을 배상하게 되므로 일개인의 사정으로 하여금 공사에 장래를 끼칠 수는 없는 터이니, 지주 마음대로 여하한 수단이든지 해보라"고 하면서 불순한 말씨로 지주에게 위협을 가했다. 이에 부득이하여 1929년 6월 25일에 가등조를 걸어 광주지방법원 순천지청에 소유권침해 손해 배상 청구서를 제출했다.

여수군 동정 김치운은 남철 사원이 여러 차례 와서 기공 승낙을 해달라는 것을 절대 거절했다. 그럼에도 불구하고 토지를 사용하였으므로 회사에 가서 이의를 말했다. 그러자 사원 장재후가 구두로 승낙 받았기에 사용하였다 하는 애매한 소리로 우물쭈물했다. 김치운은 회사원을 걸어 고소를 하겠다고 했다.

여수면 덕충리 사는 하귀암의 토지가 선로에 들어갔다. 이에 승낙 없는 토지니 침입치 말라고 표목까지 세웠다. 그러나 이미 곡식을 심어 놓은 땅에다가 공사를 시작하였으므로 청부업자에게 자기 땅엔 공사를 중지해 달라고 요구했다. 그러자 "이런 대공사에서는 개인 사정은 볼 수 없다. 만일 중지시킨다 하면 손해 배상을 청구하겠다" 하며 패설을 했다. 이에 하귀암도 "그러면 나는 내 권리로 중지시키겠다" 하면서 공사장에 누워서 중지를 시키니 "흙 구루마로 갈아 죽여도 상관없다"고 하면서 폭행을 시작했다. 이후 7월 2일에 회사의 지정 가액 외에 평당 1원씩을 더 받고 매도했다.

원청회사(남철)와 하청회사(가등조)가 얼마나 개인의 소유권을 무시하였고, 또 어느 정도로 막무가내였는지를 여실히 확인할 수 있는 사례들이다.

1930년

회사 편 인사들의 시민대회

1930년 여수시민대회가 준비(『朝鮮新聞』 1930.3.10; 『매일신보』 1930.3.13.)되었다. 위원은 전형위원에 의해 면협의회의원, 도평의원, 학교조합회의원, 구장, 정총대, 실업협회 상무위원, 학교협의원의 7단체로부터 위원 각 1명을 선출하기로 했다. 그 결과 다음과 같이 임원 등이 전해졌다. 위원장 대총치삼랑, 부위원장 정길신, 유국준, 위원 정재익, 평야좌시, 김한승, 송본정량, 금목무일랑, 박상래, 기본정일, 이봉규, 박기용, 고문 강구 군수, 전전 면장, 최곡 전 군수, 좌좌목 식은, 후원 소천 釜山日報, 유촌 광주일보, 중산 朝鮮新聞.

여기서 礒本政一은 礎本政一의, 전 군수 최곡(最谷)은 등곡(藤谷)의 오기이다. 또 알선위원회에서 활동했던 유국준, 김한승, 정길신 등이 다시 등장했다.

학교조합 관리자 정길신의 격문에 응해 모인 지방 공직자 30여 명이, 시민대회 위원장 및 간사를 선임하고, 대회의 준비 진행은 간사회에 일임(『朝鮮新聞』 1930.3.15.)했다.

이후 시민대회 개최 전제로서 각 정(町) 구(區)에서 부분회를 열고 협의(『朝鮮新聞』 1930.3.29.)에 나섰다. 1930년 3월 26일 일본인 측은 거의 협의를 마치고, 대회 위원장에게 결의문을 보냈다. 읍내 각 정 가운데 서상정의 결의문 내용을 보면, 불매 지주에 대해서는 대회의 결의로써 상당 협정가격으로 매도할 것을 극력 권유한다는 것 등 4개 항이었다.

회사가 직접 나서는 대신 간접 방식으로 주로 일본인 민간인들로 하여 조선인 토지주에게 압박을 가하는 행태였다.

농민회 대표들의 진정

1930년 4월 여수 농민들은 총독부를 상대로 직접 진정에 나섰다. 이미 팔았던 지주들에게 나중 차액 보상을 하기로 해 놓고, 최근 회사 측이 남은 5만여 평에 대해 토지 매수를 재개하여 암암리에 평당 7~8원으로 매수하고, 그 이전 약속을 지키지 않았기 때문(《중외일보》 1930.4.22; 《조선일보》 1930.4.21; 《조선일보』1930.4.22;《조선일보》1930.4.23.)이었다.

농민회 대표 3인(조내환, 최석주, 정봉효)은 4월 14일 여수를 출발하여 '천여 리를 걸어서' 19일에 경성에 도착했다. 이어 총독부, 철도국 등 관계 당국에 진정했다. 도착 즉시 총독부에서 총독대리로 비서관을 만나고, 철도국장을 면담했으며, 21일에는 총독부 경무국을 방문했다.

토지수용공고

농민회 대표들이 경성에 도착한 당일 공교롭게도 토지수용공고가 『관보』에 게재(『朝鮮總督府官報』 1930.4.19.)되었다. 『관보』 내용을 보면, 기업자는 남조선철도주식회사이고, 사업의 종류는 철도 부설 및 정거장 및 운수, 보선 종사원 주재소 신설이다. 또 수용할 토지의 세목은 여수면 덕충리, 동정이었다.

토지수용령 발동에 따라 남철회사는 다시 공격적으로 토지 매수에 착수(《조선일보》1930.5.9.)했다. 그들은 철도 용지와 역 용지 동정 19필과 덕충리 12필에 대해 토지수용령 제8조에 의해 서면으로써 협의한다는 서신을 배달증명으로 우송했다. 철도 용지 표준가액이라 하여 역 용지는 법정 지가의 5배, 선로는 4배로 매도 승낙을 해달라는 것으로, 이전과 달라진 것이 없는 염가에 몰수하려는 것이었다.

토지수용령에 대해 김경택은 다음과 같은 반응(『동아일보』1931.3.1.)을 보였다. 회사 측은 계획적 행위로 수용령에 부당한 지대까지 편입시켜 신청했고, 전남도 당국은 총독의 위신에 관계가 있다 하여 사업 인정 구역 지대에는 모두 몇 평씩이라도 수용함이 가하다 하여 도에 접수된 신청서를 수차 변경시켜 결국은 수용령 구역에 편입했다. 그런데 남철회사에서 재결 맡은 지대 일부분을 여수면에서 경영에 착수하고 있으니 '이상 막심'한 일이고, 회사 측에서 토지 소유자들과 평당 4원 30전씩의 매매계약이 있었음을 알고도 도에서는 평당 1원 40~50전씩의 가격으로 재결하였으므로 무성의한 재결이라는 내용이다.

토지수용령 시행 이후 지주들 거의 전부는 시가의 2배 이상으로 청구하니 협의 가능성이 있으면 회답을 해 달라는 서면을 내용증명으로 전부 발송(『조선일보』1930.5.9.)했다.

토지수용공고 관보

1931년

토지수용령이 발동된 이후에도 문제는 남아 있었다. 미리 토지를 싼 가격에 처분한 농민들이 요구한 증액 지급이 이뤄지지 않았기 때문이다. 이에 1931년 4월 19일 지방 순시 중인 정무총감이 여수 부사옥 여관에 투숙한 것을 기화로 지방 농민회원 수백 명이 여관에 쇄도하여 총감에게 진정(『동아일보』 1931.4.23.)하려 했다.

그러나 경관의 제지로 뜻을 이루지 못했다. 농민들은 평당 1원 40~50전씩 계약했으나, 일본인에게는 5원 내지 6원으로 지불했으니, 조선인에게도 증액 지불을 요구하면서 군, 도, 총독부에 진정했으나 별무소득이라며, 농민회 대표(최석주, 정봉효)가 비서관과 면담하고, 진정서를 제출했다.

부사옥여관(『釜山日報』 1935.8.26.)

이후 남철회사는 여수 주민들을 적대적으로(『조선일보』 1931.11.15.) 대했다. 1931년 봄 동정 연동 토막민의 토막에 대해 남철회사 보선계는 자기네 땅에 침입한다는 이유로 철망으로 좌우를 막아 통행을 금지했다. 그런 행위는 남철회사 소유지뿐만 아니라 사유지에서도 일어났다. 미 매수지인 개인 소유 전답의 농로가 지적도면에 없다는 구실로 교통을 차단해 농번기에 농사까지 못 짓게 한 것이다. 이에 주민 백여 명은 11월 9일 정오에 남철 보선계 사무소에 쇄도하여 다시 주임(荒川)을 면회하고 정상을 진정(『조선일보』 1931.11.17.)했다.

여수읍의 처사도 이해할 수 없는 것이었다. 여수역에서 여수 중심지에 이르는 도로 공사를 하면서 도로 보상금은 지불하지 않고, 수익세 납부만 요구했기 때문(『조선일보』 1932.2.9; 『동아일보』 1932.2.17.)이다. 토지 사용에 대한 승낙 없이 강제로 공사를 진행하고서, 도로가 완성된 지 이미 오래였으나 정당한 대금을 지불치 않고 수익세만 독촉하므로 지주 김경택, 김홍식, 등현(登賢), 편강 등은 토지 1평 가격 8원 이상과 전년 1년 동안 사용하지 못한 손해로 평당 30전씩 읍 당국에 청구하기로 했다. '간선도로 부지 관계 지주'인 본정 편강면, 동정 김경택, 서정 정남태 등 65명은 승낙 없이 토지 임의 수용을 이유로 평당 9원부터 30여 원까지의 대금과 1년간 소작료 환산 대금 평당 30원씩의 계산 청구서를 읍 당국에 제출했다.

간선도로변 수익세 부과(『동아일보』, 1932.2.17; 『동아일보』, 1932.2.20.)는 1932년 1월에 이뤄졌다. 1월 22일 읍회에서 간선도로변 평당 7전 9리 3모씩의 수익세 부과를 결정하고, 1월 27일 고지서를 발부했으며, 2월 16일 독촉서를 발부했는데, 독촉 수수료가 부가되었다.

간선도로 건설로 그 부근 토지 가격이 등귀했으니 도로에서 20칸 이내의 토지에 평균 18원의 가격을 예정하고 1원 40전 2리 3모라는 수익세를 부과하면서, 도로용지는 평균 2원의 가격으로 찾아가라는 통지(『조선일보』, 1932.3.11.)도 있었다. 세금 부과 기준인 토지가격은 18원으로 예정하면서, 보상 가격은 그보다 거의 10분의 1에 불과한 2원을 책정한 것이다. 이율배반적 행태였다.

남철회사의 토지 헐가 매수 과정에서 활동한 인물 가운데 한 명인 정재완에 대해 1934년 『매일신보』 편집국장이었던 유광렬은 '농촌순례기' 기사에서 다음과 같이 그를 높이 평가(『매일신보』, 1934.12.10.)했다. "여수에서 조선인 사회에 있으며 만장의 기염을 토하는 분" "연전에 남철이 물정 모르는 여수의 소지주를 헐가 매수하려 할 때에 수백 명 지주를 결속하여 싸운 것은 유명한 이야기", "남철로 하여금 여수에 그 사람이 있음을 알게 하였다." 등. 찬양 일색이다.

앞에서 1920년대 말 광려선 철도 부설 과정에서 조선인 김한승과 일본인 정길신의 역할이 컸다는 자료(부산일보, 여수읍십년사, 김계유)를 본 적이 있다. 그런데 이는 침소봉대되었거나 아니면 고의로 왜곡되었을 개연성이 있다. 그 이유는 다음과 같다.

정길신(『京城日報』1930.12.25.)

정길신·김한승 등이 동경의 근진 사장을 찾아가 면담한 것은 세 차례로 확인된다. 첫 번째는 1927년 4월경에 있었다. 전남도 토목과장이 정길신, 김한승 등과 함께 동경의 근진 사장을 만난 것이다. 앞에서 본 것처럼 이때는 조선총독부로부터 이미 철도 부설 면허 조치가 취해졌기 때문에 후순위를 선순위로 바꿀만한 시간적 여유도 없었다.

두 번째는 1928년 초의 일이다. 여수군수(藤谷作次郎)는, 1928년 1월 중에 도평의원 조선인 김한승과 일본인 정길신을 동경에 파견하여 근진 사장을 방문하고 정거장 건설지를 동정으로 정하고, 신시가지 건설을 제안했다. 신시가 건설이 여수를 위한 일이라 포장했지만, 결국 사익을 위한 일이기도 했다.

세 번째는 1928년 9월의 일로 토지 매입이 여의치 않자 벼랑 끝 전술로 내던진 여수선 중지 선언에 깜짝 놀란 여수의 관공리와 유력자 일행이 사장에게 직접 담판하려고 동경으로 건너가서 11일에 사장과 회견하고 타협했다. 철저히 남철회사 측에 유리한 조건이었다.

남조선철도주식회사가 신시가지 조성을 위해 토지를 강제로 매수하려 할 때 남철회사 주주이기도 했던 정길신·김한승 등 알선위원들이 여수 농민들의 이익 대신 자신들의 이익을 위해 철도회사 측에서 활동했다. 이 일로 여수 지역민 사이에 그들의 인식이 크게 나빠졌다. 그 인식을 만회하기 위한 장치의 하나로 철도 부설 과정의 공로를 만들어 낸 것이 아닐까. 그 '공로' 창조 원천은 부산의 일본인 신문이었는데, 당시 민간 신문 발행 과정에서 광고비는 광고주와 신문사 사이의 유착 관계를 만드는 촉매제가 아니었을까.

신시가지 조성과 관련하여 한 가지 덧붙여 둘 사실이 있다. 신시가지가 조성되기 이전에 그곳에는 "수백 호의 가옥과 오륙천 백골의 혼백이 묻혀있는 분묘지"(『조선일보』 1929.2.27.)가 있었다. 수치에서 과장이 있을 수 있지만, 수많은 가옥과 분묘가 있었다는 사실은 변함이 없다. 그렇다면 신시가지 조성으로 그 많던 가옥과 분묘는 철거되고, 이장되었을 것이다. 철거된 가옥의 사람들은 어디로 이주했고, 그 분묘들은 어디로 이장되었을까. 여수에서 '개발'의 이름으로 대규모 주민 이산을 초래한 첫 번째 사례일 것이다.

03
노동자와 노동운동

1. 노동자

노동자 규모와 노동 분야

1930년 국세조사 결과 여수군 직업별(대분류) 본업 인구 중 공업 인구는 다음과 같다.[1]

구분	여수군			여수면		
	남	여	계	남	여	계
공업	2717	273	2990	1265	151	1416
유직 소계	3,3717	2,7310	6,1027	6793	3422	1,0215

여수군 전체 직업 있는 사람 중 공업 인구는 4.9%로 전체 인구의 1/20 수준이다. 여수면은 13.9%로 사정이 다르다. 공업 인구 비중이 더 크다. 또 여수군 전체 공업 인구 중 여수면 공업 인구는 절반 가까이 된다. 여수면이 도회지로서의 성격을 갖고 있음을 보여주는 지표이다.

그러나 공업 인구를 구체적으로 살펴보면, 토공이 1천533명으로, 반 이상을 차지한다. 공장 노동자 비중은 작고, 건설 노동자가 다수를 차지한 것이다. 여수의 공장 공업 수준이 아직 유치함을 반영한 결과이다. 공업 인구는 토공 이외 기타 수많은 업종에 골고루 분포하고 있는데, 전통적 가내 수공업이 광범위하게 잔존하고 있다.

여수의 노동자 상황은 이후에도 크게 달라지지 않았다. '여수 일기자' 명의로 작성된 1933년 기사(『동아일보』, 1933.1.22.)에 따르면, '5천 이상의 실직 대중과 수백 명의 노동자를 가진' 여수에 실직자와 노동자의 이익을 대표하며 장래를 보증해 주는 단체와 조직이 하나도 없는 형편이었다. 노동 방면으로는 '정미에 운송 운수방면 노동자와 어업 자유노동자가 다수'였다.

또 1934년 11월 기사(『조선중앙일보』, 1934.11.8.)를 보면, 여수항의 노동자수는 5백여 명인데, 부두 노동은 각 기선회사와 운송회조부의 하역을 주로 하는 노동자였다. 전속 노동자수는, 여항운수회사, 공성정미소, 본전조면공장, 대판상선회사, 여수어업주식회사, 연정회조부 등에 매일 평균 170~180명에 불과하고, 나머지 3백여 명은 부두의 유동 노동자였다. 또 전속 노동자는 1일 수입이 35전에서 50전의 노임으로, 오전 6시부터 오후 6시까지 12시간 노동에 종사했다. 유동 노동자 3백여 명은 오전 6시부터 오후 7시까지 13시간 동안 평균 20전의 노임을 벌기도 쉽지 않았다. 또 1929년도부터 1933년까지 5년간 인구수 추이를 보면, 매년 크게 증가하다가 1933년 말에 600여 명 정도 인구가 격감한 것은 시가지 축조, 기타의 공사에 노동을 위하여 왕래하던 노동자가 공사 완료 후 다른 지역으로 떠났기 때문이었다.

여수의 공장 노동자로는 천일고무 직공이 대표적이다. 천일고무공장이 세워진 1932년 봄 기준 직공은 100여 명(『조선일보』, 1932.3.15.)이었다. 그해 가을 직공수는 크게 늘었다. 전 조선 각지에서 경영 중인 고무공업계가 원료 폭등으로 인하여 사업 부진을 겪고 있으나, 천일고무 공장만은 나날이 확장했다. 그리고 남녀 직공 4백여 명 외에 직공을 더 모집하고 있으며, 주야 작업을 겸행(『매일신보』, 1932.10.20.)하는 중이었다.

1933년 초에도 천일고무공장은 '전남 여수항에서 주야를 불문하고 기계 소리가 끊이지 않는' 공장이었는데, 남녀 직공 5백여 명(『매일신보』, 1933.2.14.)을 수용하여 매일 8천여 족을 생산했다. 1935년 4월 29일 체육대회 때는 직공이 600여 명(『동아일보』, 1935.5.3.)에 달했다.

100여 명에서 시작하여 400여 명, 500여 명, 600여 명, 이렇게 꾸준히 증가했다. 1933년 말 조선 전체에서 종업원 2백 명 이상 고용한 조선인 공장이 모두 8개였음을 비춰볼 때 천일고무공장의 노동자 규모는 상당히 컸다.

한편 거문도 출신으로 외지에서 노동자 생활을 하는 인구도 많았다. 1923년의 기사(『동아일보』, 1923.11.2.)를 보면, 당시 거문도는 소산물이 인구에 비해 적어 일상생활에 곤란이 있기 때문에 각 지방에 흩어져 노동하는 자가 수백 명이라 했다. 그중 일본 대판에서 노동하는 동포 86명은 생활 곤란을 돌보지 않고 자녀 교육을 위해 고향에 있는 거문보통학교에 생도용 운동구 1개를 사서 보냈다.

중국인 노동자

1929년 남조선철도회사가 광려선 철도 부설과 신항 축항 공사 기공식을 한 이후 여수에는 중국 노동자 '천여 명 상륙설'(『조선일보』, 1929.5.10.)이 유포되었다. 그 소문은 곧 사실로 판명되었다. 당시 여수항에만 노동자 오륙백 명인 상태였는데, 5월 14~15일경 중국 천진으로부터 도곡(島谷)기선회사의 춘일환(春日丸)이란 상선을 타고 중국인 손윤각(孫倫閣)의 인솔로 중국 노동자 1천200명이 상륙했다. 공사 청부업 가등조 사무소에서 불러온 것이었다.

여수노동조합은 긴급회의를 열고, 대책을 강구(『동아일보』, 1929.5.19.; 『소선일보』, 1929.5.23.)했다. 5월 31일 여수군 노동조합 조합장 정재익과 이사 김관평이 경찰서장을 방문하여 중국노동자 문제를 협의(『동아일보』, 1929.6.3.)했다. 서장은 앞으로 중국 노동자 입항을 절대 불허하겠다고 약속했다.

이들 중국인 노동자는 쿨리[고력(苦力)]라고 불리는 저임금의 노동자들이었다. 철도공사를 청부한 가등조는 중국인 노동자 대략 2천 명을 1인당 1년 임금 50원에 책정하고 여수와 보성 사이 철도 공사에 사용하여 전남에 일대 문제(『중외일보』, 1930.1.30.)가 되었다. 중국인 노동자들은 1930년 음력 세말이 박두하여 가등조에서 임금 9만 원의 현금을 받아서 1월 20일 오후 8시경 도(都)감독 최예당(崔禮堂)의 인솔로 신농환(信農丸, 6천150톤)이라는 배로 대련으로 출발했고, 설 명절을 보낸 후 다시 돌아와 공사에 착수하기로 했다.

노동자 처지

1920년대 여수항 토건 노동자의 처지는 매우 열악했다. 한여름 벌레 때문에 노숙하는 '노동자 피서객'(『조선일보』, 1927.7.27.)을 통해 그 사정을 엿볼 수 있다. 종일 흙 수레 뒤를 따르던 노동자들은 밤에는 모기, 빈대, 벼룩 때문에 여수 해안통 길바닥으로 몰려나와 노숙했다. '주정꾼의 발길에 채여가면서도 피곤한 코를 고는 노동자 피서객'이 하룻밤에 200여 명이었다.

당시 해안통은 동정과 서정에 있었다. 동정 해안통은 남문 밖 매립지에서 종포까지 이어진 신설 도로를 가리켰다. 동정 해안통에는 본전 조면회사, 본전 정미소 등이 있었다. 지금은 사라졌지만, 과거 삼양사 여수공장이 있던 도로이다. 또 서정 해안통은 지금의 동문로 1번지 CU 여수진남점 남쪽에서 시작하여 진남상가길 37번지 구 동양당한약방 남쪽과 서쪽을 거쳐 진남상가길과 충무1길 14번지로 이어지는 도로이다. 1970~80년대 시민극장, 주택은행 여수지점(현재 여수농협 충무지점) 등 건물이 접해 있는 도로이다.

1928년과 1929년은 연달아 가뭄 피해가 심했다. 흉년으로 추수 후에도 곡가가 폭등했다. 이에 질 나쁜 외미를 섞은 쌀 한 되에 42전은 하루 4,50전의 임금을 받는 노동자들에게는 그날 생활을 계속하기가 어려운 수준이었다(『조선일보』 1929.10.21.).

1929년 세계 대공황을 겪은 이후 노동자들의 생계는 더 힘들어졌다. 임금 삭감 때문이었다. 자본가들은 임금 삭감을 통해 경영 위기 부담을 노동자에게 전가하였다. 1932년 초 물가 3할~5할 폭등한 상태에서, 여수 시내 수천 명 노동자의 임금을 보면, 부두나 정미소 노동자는 하루 50전~70전, 기타 가두 노동자는 하루 20전에서 45전 정도의 저임금(『동아일보』 1932.1.18.)이었다.

1937년 총독부 사회과는 조선 각지에 있는 노동자의 합숙소인 함바[반장(飯場)]의 식대를 조사(『매일신보』 1937.2.23.)했다. 조사 결과 1인 1일 경성 39전, 여수·초량(부산) 35전, 평양 55전, 청진 43전~50전이었다. 여수·초량(부산)이 최저이다. 총독부는 노동자의 저축 장려, 경제적 향상 도모를 위해서는 35전 정도가 적당하다고 보았다. 또 각 토목 출장소 관내 함바 수는 경성 4동(120인 수용), 인천 4동(80인), 여수 5동(250인), 초량 20동(1천200인) 등이었다.

2. 노동단체

여수노동친목회

여수의 노동단체는 1924년 4월 조직(『동아일보』 1924.4.9; 『조선일보』 1924.4.11.)되었다. 그 주체는 여수의 지방 유지들로, 그들은 여수노동친목회를 조직하기 위하여 4월 5일(음력 3월 2일) 동정 수정에서 창립총회를 개최했다. 노동자 스스로 조직한 단체가 아니라 지역 '유지'들이 조직한 단체임이 주목된다.

이 자리에서 임시의장 유계준 사회로, 다음과 같은 사항을 결의했다. ① 규칙 통과, ② 임원 선거, ③ 회원 모집 방침, ④ 각 면 노동 상황 조사, ⑤ 각 지방 노동단체와 친목할 것, ⑥ 노동자금 조정의 건, ⑦ 노동자 대우에 관한 건, ⑧ 노동시간 정리의 건, ⑨ 실업 노동자 구호의 건 결정.

임원으로는 회장 유계준, 부회장 최석주, 총무 김운택, 부장 5인(서무부 김우현, 교육부 정문식, 재무부 장상렬, 사교부 이종수, 조사부 겸 선전위원 연진모, 김익수, 정완영, 김병순), 서기 2인(김정수, 조종희), 평의원 20인(김경원, 이영준, 김상임 외 19인, 합하면 22인이 됨-인용자)을 선임했다. 또 ④의 조사를 위해 조사위원이 출장하여 일일이 조사할 것, ⑧을 위해서는 매일 8시간 이외의 노동을 금할 것을 정했다.

이어 4월 14일 동정 동각(洞閣)에서 임원회를 개최하고, 부회장 최석주의 사회로 다음 사항을 결정(『동아일보』 1924.4.18.)했다. ① 4월 17일 경성에서 개최하는 전조선노동총동맹에 출석, ② 회무를 한층 확장하기 위해 각 구를 정하고 간사원을 배치, ③ 간사원 배치구는 동외정, 동상정, 동하정, 종포, 장동, 서내정, 서상정, 서하정, 봉산리, 덕충리의 10구로 함, ④ 간사원 책임에 관한 건, ⑤ 임원 개선, ⑥ 정기총회 개최 건.

여수노동친목회는 이듬해인 1925년 4월 20일 경성 장곡천정에서 개최된 전조선민중운동자대회에 참가(『조선일보』 1925.4.20.)했다. 이 행사를 위해 6~7일 전부터 각지 대표자 모여들었다. 이 행사에 참가하는 여수지역 단체는 다음의 것들이었다. 여수노동친목회, 여수소작회연맹회, 소라면소작회, 율촌면소작인동맹회, 삼일면노농회.

또 여수노동친목회는 1924년 4월 1일부터 회의 일부 사업으로 노동야학회를 개설(『조선일보』 1924.6.15; 『조선일보』 1924.10.1.)했다. 야학회는 동정 동각(洞閣)에서 개시되어 학생 60여 명이었으며, 교사는 정재익, 안상현, 박기용이었고, 교장 정봉영, 교감 김우현, 학감 최석주는 교사 신축을 위해 분주했다.

여수에 노동친목회가 결성될 1920년대 전반에 조선 각지에도 지역별로 많은 노동단체가 조직되었다. 당시 노동조합의 성격을 김경일은 다음과 같이 정리했다.[2] 선각적 지식인과 지역 유지들이 주도하여 지역 내 노동자를 망라하여 위로부터 조직되었다. 또 노동자와 농민을 구분하지 않고 일하는 사람들 전체를 노동자로 파악했다.

여수노동조합

1929년 3월 13일에 김관평의 발기로 김봉완 외 8인이 남조선철도회사를 배경으로 노동조합 기성회를 조직(『조선일보』 1929.3.29.)했다. 이어 19일 오전 동정 우시장 아래에서 창립대회를 개최하여 가입자에 한하여 입회금 40전 납부 후 입장케 했다. 마침 장날(음력 2월 9일)이라 560여 명의 다수가 참석했다. 제반 사항을 토의하고, 조합의 이사와 서기는 월급을 주어 운영하기로 작정했다. 조합의 강령은 "우리의 노동조합은 근검으로써 생활 안정을 목적함"이었고, 임원으로는 고문 유국준, 조합장 박상래, 이사 김관평, 평의원 이선명, 김한성, 유한수, 김재성, 김여종, 정재익, 김봉완, 곽우연, 유봉목, 김학운, 김정평을 선임했다.

이 모임을 주도한 김관평은 김한승의 3남이고, 김한성은 김한영 6형제 중 셋째이며, 김정평은 김한영의 3남이었음을 통해 이 조합도 순 노동자 조직이라기보다는 '유지 중심'의 성격을 갖고 있었음을 짐작할 수 있다.

3월 25일 동정 임시사무소에서 평의회 준비회가 개최(『동아일보』 1929.3.29.)되었다. 이사 김관평의 기성회 경과보고, 평의원 및 고문의 증치 토의 등이 있었다. 창립대회에서 피선된 평의원 외 정회원(순노동

자) 중 11인, 특별회원(유지) 중 1인의 후보자를 정하고, 고문은 10인 이상을 선정하기로 결정했으나, 발표는 평의원회 통과 이후로 보류했다.

이튿날인 3월 26일 평의원회가 여수 동정 임시사무소에서 개최(『동아일보』, 1929.3.31.)되었다. 평의회 의장 이선명, 서기(미정), 회원 도감독 유한수 등의 임원 선정을 마치고, 조합 경비는 특별회원의 매월 30전씩의 의연금과 정회원의 매월 수입의 5푼씩 의무 납부로 충당하기로 했다.

여수노동조합의 주요 활동은 중국 노동자 문제 대처였다. 5월 중순 중국 노동자 천2백여 명 상륙으로 조선인들은 동요하기 시작했다. 그들은 남철 공사 시작으로 소작까지 빼앗기고 철도 공사 노동을 기대하던 사람들이었다. "땅 팔으라고 권유할 때는 품팔이 좋다더니, (땅을-인용자) 사고 나서는 중국 노동자를 불러왔다"(『조선일보』, 1929.5.23.)는 불만이 고조되었다.

이에 5월 31일 조합장 정재익, 이사 김관평이 경찰서장을 방문, 협의(『동아일보』, 1929.6.3.)했다. 이 자리에서 서장은, 중국 노동자를 700명 허락했으나 800명이 된 것은 밥 짓는 자, 의사, 기타 심부름꾼 100명이 늘었기 때문이라고 변명하면서, 앞으로 중국 노동자 입항을 절대 불허하겠다고 답했다.

한편 비슷한 시기 율촌에서도 노동조합 임시 대회가 개최(『동아일보』, 1929.5.8.)되었다. 1929년 5월 2일 조화리 여홍학교에서 90여 조합원이 임시 집행부 호선을 하고, 임시 대회를 개최했다. 이 자리에는 순천노동연합회에서 파견한 이해명의 축사도 있었다.

결의 사항은 ① 각 산업별 노동자 임금의 건, ② 남조선철도회사 대 노동자의 건이었다. 특히 ② 안건은 이 임시 대회 개최 배경을 짐작케 한다. 남조선철도회사 철도 공사에서 율촌지역 노동자들이 적극 참여하겠다는 의지를 보여주는 조항이라고 볼 수 있다. 또 개선된 임원으로는 위원장에 조일환, 위원에 주지순, 김원배, 조영진 외 10인이 선임되었다. 조일환은 이후 1936년부터 1939년 사이에 율촌면장 자리에 있었던 인물이다.

3. 노동운동

여수 신항 축항 공사장 파업

당시 노동운동을 포함한 사회운동에 대한 보도는 자유롭지 않았다. 일제 경찰이 보도를 통제했기 때문이었다. 경찰의 조사가 끝나고 검찰로 송치를 할 때 수사 결과를 발표하면 그때 보도가 이루어졌다. 따라서 당시 신문에 보도된 사건은 빙산의 일부분일 뿐이었다. 그래서 신문을 통해 당시 사회운동의 전모를 파악하는 것은 불가능하다. 다만 보도 내용을 통해 단편만을 엿볼 수 있을 뿐이다. 그 일부를 다음에서 소개한다.

광려선 철도 개통과 관련연락선 취항을 약 한 달 앞둔 1930년 11월 신항 축항 공사장 파업이 발생(『동아일보』 1930.12.5.)했다. 11월 28일 공사 청부자 가등조의 임금 미지불, 기타 공사비 손해 문제로 노동자 1천9백여 명이 동맹 파업을 일으킨 것이었다. 노동자 대부분은 원래 여수노동조합원들이었는데, 그들은 전해부터 가등조 하청업자 아비류(阿比留), 길전(吉田), 유봉목 외 몇 명의 재하청업자에 속한 인부들이었고, 가등조와 하청업자 사이에 알력이 생겨 동맹 파업에 나선 것이었다. 파업단 측에서는 조항을 결의하고 교섭에 대한 전 책임을 경성 조선토공조합 본부에 일임했다. 이에 조선토공조합 상무이사(新納乾大)와 간부(二藤三之助), 고문 변호사(原剛) 등이 여수로 출장하여 활동했다.

29일에는 여수노동조합 사무소에서 신납건대 사회로 다음과 같은 부서를 결정했다. 총무 (여수) 아비류명(阿比留明), (보성) 길전팔랑, 교섭위원장 (경성) 신납건대, 이등삼지조, 통제위원장 (여수) 유봉목, 위원 삼포충부, 후등자숙, 회계 겸 서기 웅곡양일.

30일에 여수노동조합 사무소에서 파업단들의 기숙을 담임하고 있는 음식점업자들 50여 명이 집합했다. 유봉목의 사회로 기숙하고 있는 인부들의 식비에 대한 토의를 하고, 파업단 간부들에게 보내는 다음과 같은 요구조건을 결의했다. ① 휴업 중 각 식당 인원수에 상당한 식료품을 공급, ① 휴업 중이라도 식대는 제하고 인부 1인당 40전씩의 소사비(小使費) 지불, ① 휴업 해제 후에는 상용 인부 임금은 최하로 1인당 80전씩을 지불, ① 임금 지불기일은 매월 3회로 정할 것, ① 허가 없는 중국인들의 쿨리는 사용치 말 것, ① 이상의 조항 외 세세한 것은 일체 여수노동조합에 일임.

이후 12월 8일 여수노동조합 이사 유봉목 외 여러 명의 간부들은 남철회사 전무취체역(별부)과 여항운수주식회사 사장(山東淸)을 만나 교섭(『동아일보』 1930.12.23.)했다. 남철 여수역과 연락선 부두에서 사용할 인부로 노동조합원을 사용하라는 내용이었다.

천일고무 직공

1932년 9월 23일 천일고무공장 직공과 직공 감독 사이에 충돌(『동아일보』 1932.10.1.)이 일어났다. 평소 직공 사이에는 직공 감독의 단속이 너무 가혹하다는 비난이 있었다. 이날 감독이 구타를 당하고, 직공 몇 사람이 연설하여 자신들의 처지를 호소했다. 경찰이 출동하여 직공 4~5명을 체포했다.

1937년에는 천일고무공장 직공 출신 청년이 부산에서 음독 자살을 시도(『조선일보』 1937.4.11.)했다. 4월 8일 부산부 조선미창회사 창고 앞에 신음하는 청년이 발견되었다. 그의 이름은 왕재도(26세)였고, 품안에 '경찰서장 전'이란 유서가 나왔다. 왕재도는 1932년 가을에 여수 천일고무공장 직공으로 일급 75

전씩을 받아 네 가족이 생활했다. 그러다 1936년 가을 실수로 기계에 손가락이 절단되었고, 회사로부터 70원의 위자료를 받고 쫓겨나 부산으로 간 것이었다. 그는 '손가락이 전혀 없으므로' 다른 노동도 할 수 없어 비관하여 양잿물을 마신 것이었다. 유서에는 "내가 죽은 후라도 경찰서장의 힘으로 나를 병신으로 만들어서 쫓아낸 원망스러운 공장주에게 복수를 해 달라"는 내용이 적혀 있었다.

일야정미소 파업

1933년 2월 17일부터 덕충리에 있는 일야정미소 직공 박종래 외 40여 명은 동맹 파업(『조선일보』 1933.2.21; 『동아일보』 1933.2.22.)을 벌였다. 아침 6시부터 저녁 8시까지 14시간 노동하고도 임금은 일당 40~45전에 불과하다며 다른 곳과 같이 60~70전으로 인상할 것을 요구했다. 임금을 올려주지 않으면 절대로 업무에 복귀할 수 없다는 태도로 파업을 진행했다. 그러던 중 송병호가 이튿날인 18일부터 단독으로 일하는 것을 발견하고 여러 명이 송병호를 구타했다. 경찰은 박종래, 이도삼을 검거했다가 당일 석방했다.

운수노동자 파업

1933년 8월 18일 여항운수조합 운반 노동자 24명이 동맹 파업(『동아일보』 1933.8.22.)을 벌였다. 앞선 13일에 노동자 34명이 협의하여 회사 측에 1장의 탄원서를 제출했다. 탄원 내용은 1930년 12월 이후 현재까지 운반 노동자들의 적립금 액수를 공명정대히 발표하고, 도변 감독의 부정행위를 조사하라는 요구였다. 이에 회사는 14일 임연홍 외 8명에 대해 직무 불충실 사유로 해고 명령을 내렸고, 이에 24명이 동맹 파업을 일으킨 것이었다.

여수적색노조 건설 준비 사건

1930년대의 노동운동은 비합법 형태로 이행되었다. 혁명적 노동조합(적색 노조)운동은 이 시기 비합법 형태의 노동운동이었다.[3] 여수적색노조 건설 준비는 정충조와 이창수의 주도로 이뤄졌다. 그 내용을 보면, 다음과 같다.[4]

조직명	강령 및 운동방침	구성원	주요 활동
여수적색노동조합 준비회(1932.7)	사유재산제도를 부인하는 공산주의사회 실현을 목적	정충조, 김용환, 박채영, 여운종, 주원석, 장평완, 이창수, 오우홍	이창수 장평완 간의 감정 대립으로 표면상 결사를 해체
여수적색노동조합 건설준비회(1932.7)	위와 같음	하순철, 조병섭, 문석, 이창희	김석훈을 여항운수회사에 취업시켜 활동하게 함

소라면 현천리에 원적을 둔 정충조는 경성 보성전문학교 3학년에 재학하다가 중퇴하고, 귀향하여 여수적색노동조합 조직자로 활동했다. 이후 검거를 피해 부산에 잠입하여 각 공장을 중심 삼아 맹활동하다가, 신변 위험을 알고 대구 시외 정적암에 잠입하여 활동했다. 이후 경북 경찰부원에게 검거되어 전남 경찰부로 압송되었다. 치안유지법 위반, 출판법 위반 죄명으로 광주 검사국에 송치(『동아일보』, 1935.1.28; 『조선일보』, 1935.4.7; 『동아일보』, 1935.4.8.)되었다.

여수경찰서는 전남도 경찰부의 지휘를 받아 비상소집을 하여 약 1백 명의 혐의자를 검거하여 7개월을 두고 취조했다. 검사국 송치 후 13명의 예심이 종결되었다. 그들은 국제적색노동조합 테제에 의해 여수천일공장과 정미공장 직공, 어업노동자 등 각 층을 망라하여 2~3차 파업을 단행(『매일신보』, 1935.5.31; 『조선일보』, 1935.5.31; 『동아일보』, 1935.6.1.)했다는 혐의에서였다.

그때 기소된 13명의 명단은 다음과 같다. 여수읍 서정 이창수(50) 김용환(29) 여운종(25) 박채영(27) 장평완(27), 동정 오우홍(23) 주원석(31), 조치원읍 동리 김영균(37), 돌산면 죽포리 김인식(26), 영암군 영암면 장암리 문석(21), 나주군 영산면 영산리 김석훈(30), 영암면 망호리 이창희(25), 소라면 정충조(27).

이들은 여수를 중심으로 여수보통학교와 수산학교에 '불온문'을 선전하며 동맹휴학을 선동하고 청년계급과 노동자를 연결하여 노동조합을 결성하였으며, 철도종업원, 어업노동자, 공장 등에서 부분적으로 동지 획득에 노력하고, 여수천일고무공장을 재삼 소요케 하고, 1933년에는 조선 전체적 운동단체에 연결하여 비밀리에 음모를 계획한 것이라는 혐의(『매일신보』, 1935.5.31.)를 받았다.

이들 13명은 치안유지법 위반으로 1935년 5월 광주법원 예심에서 유죄로 결정되고, 공판에 회부되어 5월 22일부터 제1회 공판(『매일신보』, 1936.5.9; 『매일신보』, 1936.5.24.)을 진행했다. 1년 후인 1936년 6월 11일 오전 결심 재판이 열려, 검사의 구형(『매일신보』, 1936.6.14.)이 있었다. 6월 29일 재판장이 판결 선고(『매일신보』, 1936.7.2.)했는데, 최고 징역 5년이었다. 정충조는 1940년 7월 15일 만 5년의 복역을 마치고 출옥, 자택으로 귀환(『매일신보』, 1940.7.23.)했다.

위 13명 중 독립유공자 포상을 받은 인물은 2025년 3월 현재 5명으로 그들의 명단과 선고 형량, 서훈 여부(서훈 연도, 훈격)는 다음과 같다.[5]

이름	본적	선고 형량	서훈 연도와 훈격
이창수	여수읍 서정	징역 2년 6개월	
김용환	여수읍 서정	징역 5년	1990 애족장

이름	본적	선고 형량	서훈 연도와 훈격
여운종	여수읍 서정	징역 5년	
박채영	여수읍 서정	징역 2년	
장평완	여수읍 서정	징역 2년	2007 건국포장
오우홍	여수읍 동정	징역 2년	2006 애족장
주원석	여수읍 동정	징역 1년 6개월	
김영균	조치원읍 동리	징역 2년	
김인식	돌산면 죽포리	징역 2년 집행유예 4년	2008 애족장
문석	영암군 영암면 장암리	징역 1년 6개월	
김석훈	나주군 영산면 영산리	징역 2년 집행유예 4년	
이창희	영암군 영암면 망호리	징역 8개월 집행유예 3년	2006 건국포장
정충조	소라면 현천리	징역 5년	

식민지기 노동 운동은 노동자와 지식인의 제국주의 반대 투쟁이었다. 일본 제국주의의 식민 지배로부터 민족의 해방을 목표로 싸운 것이다. 독립유공자 포상은 그 헌신에 대한 보상이다.

04
어민과 어민운동

1. 어업 인구

식민지기 여수군의 수산업 인구는 어느 정도였을까. 그 의문에 답을 찾기 위해 먼저 1925년 여수군 수산업자의 개요를 보면, 다음과 같다.[1]

구분	전업	종업	소계	겸업	합계
조선인	1026	1510	2536	2751	5287
일본인	236	390	626	147	773
합계	1262	1900	3162	2898	6060

위 표를 보면, 수산업자는 조선인 5천287호, 일본인 773호, 합계 6천60호로 여수군 전체 호수의 40%에 달했다. 그중 전업자는 오로지 어업만 하는 호수이고, 겸업은 다른 산업(대부분 농업)을 겸하는 호수이며, 종업은 남에게 고용되어 어업 활동에 종사하는 호수이다. 조선인은 겸업이 가장 많고, 전업 호수가 가장 적다.

이어 1930년 국세조사 결과 여수군 직업별(대분류) 수산업 본업 인구는 다음과 같다.[2]

구분	여수군			여수면		
	남	여	계	남	여	계
수산업	4115	200	4315	481	20	501
유직 소계	3,3717	2,7310	6,1027	6793	3422	1,0215

위 표에서, 여수군 내 유업자 중 수산업 인구 비중은 7.1%이고, 같은 직업의 여수면 내 비중은 4.9% 이다. 위 수치는 '본업' 인구이므로 1925년의 통계에서 포함했던 '겸업'을 제외한 수치라고 봐야 할 것 이다. 그 수치는 3천162호였다. 그런데 5년 후인 1930년에는 4천315명이 되었으므로 1천100명 이상 증가한 것이다. 이로 미뤄 수산업 인구는 증가 추세에 있었다고 추측할 수 있다.

위 통계를 '소분류'를 통해 보다 상세히 살펴보면, 다음과 같다. 위 수산업 인구는 전원 '어업에 종사 하는 자'였다. 어획 또는 양식에 종사한다는 의미로, 수산물을 가공하는 '제조업자'는 없다는 말이다. 그중 어업주는 391명이고, 어로 노무자가 3천634명(그중 해녀 101명)이며, 어업 수조(手助) 287명, 어로 기술자 3명이었다.

어업 종사자 중 84%에 달하는 압도적 다수가 어로 '노무자'였다. 어업주에게 고용되어 임금을 받는 사람들이란 의미이다. 또 여성 어업 인구 200명 중 절반이 넘는 101명은 해녀였다. 이들 역시 어로 노 무자에 속했다. 어업 수조(手助)는 보조 역할을 하는 존재로 어로 노무자보다 더 열악한 처지에 있었다.

일본인 어민

일본인 어민은 한반도에 정착하여 이주어촌을 건설하고 어업에 종사한 사람들이다. 여수에는 먼저 거문도에 일본인 이주어촌이 건설되었다.[3] 1906년 4월 목촌충태랑(木村忠太郎) 가족이 처음 정착했고, 이후 1909년에서 1910년 사이에 목촌충태랑 여동생들의 가족도 거문도에 이주했다.

여수반도에서 일본인 이주어촌 형성은, 1912년 9월 부산을 근거로 하던 애지(愛知)현 타뢰(打瀬)망 업자 도변여삼랑(渡邊與三郎) 등 여섯 가족 26명이 6척의 배에 나누어 타고 여수로 이주한 것이 효시 였다.[4] 당시 여수항에 수산업 종사자는 3호에 불과했으나 이들의 이주로 수산업 인구가 부쩍 늘어나 게 되었다.

이후 1915년 8월 여수 거주 애지현 어업 종사자 33명의 청원에 따라 애지현 수산조합연합회는 1916 년 애지현비를 보조받아 여수면 동정 종포에 이주어촌을 건설했다. 종포의 토지 433평을 매수하고

1917년 10월 건축에 착수하여 1918년 5월에 준공식을 거행하고 24호를 수용했다. 그리하여 이들 이외 종포에 거주하고 있던 애지현 어업자의 지역을 합하여 애지현 이주어촌이라 불리게 되었다. [5]

1916년에 광도현(廣島縣)은 50호의 이주어촌을, 애지현은 30호의 이주어촌을 신설할 목적으로 준비 중(『釜山日報』 1916.6.8.)이었다. 광도 출신 전판연차(田坂延次)도 1915년에 이주 어촌 설치 필요를 느껴 1916년 광도현 당국에 교섭하였다. 그 결과 동정에 14호, 봉산리에 8호 등 광도현 이주어촌도 형성되었다. [6]

이후에도 일본 광도현에서 '어촌 불황 타개를 위해' 어민의 해외 이주를 장려했다. 광도현에서 조선 연해 출어를 장려하여 1918년 이후 15년 계획으로 경남과 전남을 조사구역으로 하고 통영과 여수에 100호씩의 이주어촌 설치를 기획하여 일부의 건축을 종료하고 이주 어민이 도항(『동아일보』 1922.5.24.)하기에 이르렀다. 또 여러 가지 직접 보호가 필요하다고 하여 광도현 수산시험선 광도환을 5월부터 11월까지 멸치 어장의 탐험, 여러 탐험, 시험을 위해 총독부에 시험조사 시행 승인을 제출하고, 총독부에서 이를 승인했다. 그 결과 경남 통영에 30호, 여수에 40호를 이주(『조선중앙일보』 1934.12.6.)시켰다.

그리하여 1918년 기준으로 여수군 일본인 이주어촌의 가족 수는 남자 26명, 여자 44명이었으나, 1927년에는 남자 106인, 여자 86인으로 늘었다. [7]

이주 대신 출장 어업을 하는 어민(『동아일보』 1924.2.8.)도 있었다. 그들은 식민지화 이후 특히 현저했는데, 매년 봄철부터 가을철까지 어업에 종사했다. 출장 어업자는 출어 지방에 따라 각각 단체를 조직하여 어획물의 처리 운반 및 물자의 공급, 기타 제반 시설을 위해 조직적으로 활동했다. 향천현 조선출어조합 조합원 약 30명이 거문도를 근거지로 하여 출장 어업에 종사했다.

어업조합원

어업조합의 조합원은 조합 구역에 따라 수백 명에서 2천~3천 명에 달했다. 1940년대 돌산어업조합 조합원수는 돌산면 일원에 거주하는 2천 명이었다고 하며,[8] 안도어업조합 조합원은 316명인데, 어업자 280명, 제조업자 20명, 기타 16명으로 구성돼 있었다. [9]

조합원이 아닌 경우 불이익을 받았다. "조합이 향유하는 제6종 면허어업권의 어장구역 내에 입어할 수 있는 자는 종래 입어 관행 있는 자에 한하고, 이때 조합은 조합원 총회 결의에 의해 지방장관의 인가를 받아 입어료를 징수"한다는 규정(어업조합규약례 제30조) 때문이었다.

이 규정에 따라 어업조합에 가입하지 않은 어업자(비조합원) 가운데 전부터 계속 어획을 하던 자만이 입어료를 내고 그 어장 구역 안에서 조업을 할 수 있었다. 비조합원 중 이전부터 계속 어로 활동에 종사한 사람에게는 입어료라는 비용을 물게 하고, 이주하였거나 새로 어민이 된 자는 그런 대우 자체도 받을 수 없도록 한 것이었다.

여기서 어업조합의 임원들 면면을 보기로 하자. 1924년 설립 인가를 받은 여수어업조합의 임원은 1925년 2월 15일 도지사 인가(『釜山日報』 1925.3.12.)를 받았다. 그 명단은 다음과 같다. 조합장 김한승, 부조합장 소천제, 이사 평야좌시, 감사 유국준, 안등목지조, 평의원 도변여삼랑, 김재민, 병두만시, 김용선, 이대순, 이준현이다.

조합장 김한승은 금융조합장을 지낸 적이 있고, 소천제는 1913년 여수해만에서 키조개를 발견하고 수산 교사를 지낸 인물이다. 평야좌시, 안등목지조, 도변여삼랑은 1912년 여섯 가족 26명이 6척의 배에 나누어 타고 여수로 이주한 애지현 타뢰망 업자 출신들 가운데 3명이다. 유국준은 여수면장을 지낸 인물이다.

1930년대 말 1940년대에 걸쳐 여수어업조합 임원은 다음과 같이 변경되었다. 조합장 노천봉, 감사 도변여삼랑, 안등목지조, 의본정일의 임기만료에 따라 1938년 3월 31일 조합장 노천봉, 감사 평야좌시, 의본정일, 이관우가 취임(『朝鮮總督府官報』 1938.5.24.)했다.

2년 후인 1940년 3월 31일에는 감사 3명의 임기가 만료되어 2월 25일 총대회에서 후임을 선임하고, 5월 13일 도지사 인가에 따라 3명이 취임했다. '창씨개명'에 따라 조합장 노천봉은 무전길공으로, 감사 이관우는 송본관우로 등기(『朝鮮總督府官報』 1940.9.9; 『朝鮮總督府官報』 1940.9.24.)했다. 조합장은 1941년 7월 23일 중임했다. 또 감사 송본관우 사망에 따라 그 후임으로 국본수경이 1942년 5월 18일 취임했다. 감사 3명은 1944년 7월 29일에 중임했다.

조합장 노천봉은 1923년부터 1929년까지 여수군의 '속'으로 있었다. 1933년부터는 여수국자주식회사 감사, 1939년에는 전무취체역 경력이 있는 인물이었다.

다음은 임명직인 이사와 부이사를 보자. 1925년 2월 15일 도지사 인가를 받은 시점의 여수어업조합 이사는 평야좌시였다. 여수어업조합은 '면'을 조합구역으로 하는 '을'종 조합이었기 때문에 도지사가 임명하는 이사가 존재했다. 이후 1930년 등기를 보면, 이사는 여수면 동정 635번지의 좌등빈(佐藤彬)이었다.

1935년에는 이사로 심산권일랑(深山權一郎)이 임명되었다. 그는 언론에 '다년 경험', '수완' 있는 인물로 소개(『釜山日報』 1935.8.26; 『木浦新報』 1935.10.29.)되었다.

2년 후 이사 심산권일랑은 1937년 7월 5일 면직되고, 후임에 목촌정일이 임명되었다. 목촌정일은 1937년 9월 20일 면직되고, 후임에 정경수가 임명되었으나 그도 1937년 12월 18일 면직되어, 후임에 소천제가 임명되었다. 한 해에 3명의 이사가 바뀐 것이다. 소천제가 임기 중 사망함에 따라 1943년 1월 15일 임용사랑이 이사에 취임했다. 부이사로는 1941년 11월 25일 김곡완기(조선인 김씨가 창씨 과정에서 원래 성에 한 글자를 덧붙여 창씨하는 경우 발음은 '금' 대신 '김'으로 표기함-필자, 이하 같음)가 취임했다가 1944년 6월 30일 부이사 김곡완기가 퇴임하고, 후임에 강원정상이 취임했다.

그밖에 남면 안도어업조합 겸 심장리어업조합 이사 송석말송이 1936년 3월 착임했다가 1939년 9월 14일 영광어업조합 이사로 '영전'하고, 후임 이사로서 완도군 소안도어업조합 이사 김영현이 취임(『釜山日報』1939.9.19.)했다.

1939년과 1940년 1월에는 여수지역 어업조합 조합장과 이사 명의의 광고가 게재되었다. 1939년 1월에는 돌산어업조합 이사 전석영 광고(『京城日報』1939.1.15.)가 실렸고, 1940년 1월 광고(『京城日報』1940.1.5.)는 남면어업조합 조합장 명의순, 이사 오정규, 화월어업조합 조합장 조민, 이사 고홍기, 옥정어업조합 조합장 임봉규, 이사 전석영, 거문도어업조합 조합장 신대중, 이사 김세린 명의로 게재되었다.

명의순은 1930~40년대 명창순이 대표였던 여수물산주식회사의 취체역을 지냈고, 남면에 어업권을 가지고 있었다. 임봉규도 여수물산주식회사의 감사를 지냈다. 또 위 2년의 광고를 통해 돌산어업조합 이사 전석영이 1년 후에는 옥정어업조합 이사로 옮긴 것을 알 수 있다.

어업조합의 조합장과 감사 등 임원은 비상근으로 대체로 지역 유지로 불리는 사람들이 취임했다. 반면 '지정' 조합의 이사는 상근직으로 '전문' 관리인이라 할 수 있는 이들이 임명되었다. 이 점은 당시 금융조합과 같았다.

2. 어민 운동

3·1운동 참여

여수 어민들의 집단행동은 1919년 3·1운동 참여에서 찾아볼 수 있다. (4월 1일 이후-인용자) 야간을 이용해서는 남·돌산·화정·삼산면 등에서 해변에 불을 피워놓고 만세를 불렀다. 그리고 일부 어선은 태극기를 달고 독립 만세를 부르며 일본 어선을 향하여, "우리나라가 독립이 되었으니 너희들은 빨리 너의 나라로 돌아가라."고 고함을 쳤다. [10]

거문도 어장 독점 반대 투쟁

1926년 3월 5일 예전부터 내려오던 공동어장 중 가장 이익이 많은 삼치 어장 몇 군데를 거문도의 전 전역태(前田力太)가 독점하고자 당국에 허가원을 제출(『조선일보』1926.3.13.)했다. 이에 어민 수천 명이 면사무소 앞에 모여 전전역태를 둘러싸고 "수천 명 섬사람의 생명을 빼앗으려는 독사 같은 전전역태야! 우리를 살릴 터이냐 죽일 터이냐"하고 고함을 지르며 항의했다. 이때 마침 도 수산과 기수와 여수군 수산기수가 출장하여 어업 장소를 측량하고 있었는데, 어민들은 이들에게도 진정했다.

그 이후 사정은 알 수 없으나 전전역태의 어업 면허 허가는 『관보』에서 검색되지 않는 것으로 보아 허가되지 않은 것으로 보인다.

상도어업조합 합병 반대운동

1930년 4월 30일 설립 인가를 받은 상도어업조합은 남면 두라·횡간·화태도 어민들을 조합원으로 하여 설립되었다. 이후 1933년 7월 금오도어업조합과 합병하여 남면어업조합이 되었는데, 이사 박남하와 조합원 사이에 조합 합동문제로 분규를 거듭했다.

1932년 7월 18일 이른 아침부터 남면 상도 어업자 40여 명이 여수군청 앞에 쇄도(『매일신보』, 1932.7.22.)했다. 설립 이후 성적이 괜찮은 상도어업조합을 6월 18일 조합 총대들의 결의로써 금오도어업조합에 합병하게 되었으므로 도의 결재 전에 군 당국이 1차 진상 조사에 나설 것을 요망해서였다.

이후 해가 바뀌어 1933년 5월 7일 화태리 거주 조합원 일동은 상도어업조합 내에서 조합원대회를 개최하고 합동은 조합원 이익에 배치되고, 이사 독단으로 처리한 것이라며 이사 불신임안을 결의하고, 박종대 이하 백여 조합원은 탈퇴원을 연서 제출(『동아일보』, 1933.5.12.)했다. 조합원들은 또 이사 박남하의 부정 사건을 폭로했다. 이에 5월 20일 여수경찰서 사법주임과 고등계 주임이 부하들을 인솔하고 경비선으로 현장에 출동(『조선일보』, 1933.5.23.)했다.

조합원들은 5월 26일에 다시 대회를 소집하고 탈퇴한 조합원의 의무 저금을 반환하라는 요구를 했고, 이사 박남하는 후일로만 미루고 확실한 답변이 없었다(『동아일보』, 1933.5.30.). 그 과정에서 조합원 중 90여 명이 결속하여 유리창 등을 파손하고, 폭행했다는 사유로 조합원 수십 명이 경찰의 취조(『조선일보』, 1933.6.6.; 『釜山日報』, 1933.5.30.; 『釜山日報』, 1933.6.1.; 『釜山日報』, 1933.6.2.)를 받았다. 이후 '조합원에게는 하등 이렇다 할만한 범죄행위가 없으므로' 6월 8일 1건 서류만 검사국으로 송치되었고, 나머지 조합원 27명은 전부 석방(『조선일보』, 1933.6.11.)되었다. 순천지청은 27명의 피고 중 불기소 4명을 제한 외 23명에 대해 박우연에게 최고 벌금 100원을 비롯하여 최하 40원의 판결을 선고(『조선일보』, 1933.8.7.)했다. 결국 어업조합 합병은 이루어졌다.

금오도 어장 양도 소송

1934년 남면 심장리 최윤규 외 7명이 송화식 변호사를 대리인으로 하여 대장덕광(大場德光)을 상대로 어장을 양도하라는 소송을 광주지방법원에 제기(『동아일보』 1934.5.29.)했다. 이들 어민 8명은 1925년 3월 4일에 대장덕광이 점유한 어장 2개소(전남면허 제873호와 전남면허 제5호)를 7천5백 원에 매수하기로 하고, 그 대금은 3개년 연부로 상환하기로 했다. 또 당시 대장덕광이 출원 중이었던 2개소의 어장 면허 시에는 앞의 어장 하나(제5호)를 포기하고, 새 어장 2개소를 주기로 계약했다. 그후 최윤규 등은 계약대로 7천5백 원을 3개년 동안 상환하고, 제5호 어장도 포기했으나 대장덕광은 새로 받은 면허 2개 중 1개소만을 양도하여 제소한 것이었다.

대장덕광은 남면 안도리를 주소로 하여 1920년 8월 27일 여수군 남면 심장리에 제1종 대부망 어업 면허(『朝鮮總督府官報』 1920.9.16.)를 받은 적이 있다. 또 1921년 면허번호 제7873호의 변경 허가(『朝鮮總督府官報』 1921.9.30.)를 받았다. 어업종류는 제3종, 어업 및 어구 명칭은 지예망어업 지예망, 어장 위치는 남면 심장리 앞바다, 변경 내용은 1921년 8월 4일 자로 어장 구역, 어업 시기를 4월부터 12월로 변경하고, 채포물 종류를 멸치, 공미리로 변경한다는 것이었다.

여기서 당시 어업 면허 제도를 살펴보자. 조선총독부가 설치된 이후 1911년 6월 3일 제령 제6호(『朝鮮總督府官報』 1911.6.3.)로 어업령이 공포되었다. 어업령 공포와 같은 날 조선총독부령 제67호로 어업령시행규칙도 공포되었다. 어업령과 시행규칙은 1912년 4월 1일부터 시행(『朝鮮總督府官報』 1912.2.23.)되었다. 어업령과 어업령시행규칙에서도 대한제국기와 같이 어업의 종류를 세 가지로 분류, 규정하였다. 면허어업, 허가어업, 계출어업이 그것이다.

대한제국 어업법의 '신고'어업이 일본어 '계출'어업으로 바뀐 것이다. 어업의 종류는 어업법에 비해 늘어났다. 면허어업은 6종, 허가어업은 9종, 계출어업은 3종이 되었다. 또 면허어업 6종 중 제1종은 "일정한 수면에 어구를 건설 또는 부설하고 일정한 어기간 이를 정치하여 하는 어업"을 말하고, 제3종은 "해빈 일정한 장소에서 일정한 어기간 반복하여 어망을 끌어올리거나 또는 예기(曳寄)하여 하는 어업"을 말한다. 대장덕광이 1920년 면허받은 것은 제1종, 1921년 변경 허가를 받은 것은 제3종에 속하는 면허어업이었다.

위 신문 기사의 면허번호 제873호는 제7873의 오기로 보인다. 1921년에 변경 허가를 받았으니 원 면허는 그 이전에 받았음을 알 수 있고, 대장덕광은 어업 면허권을 10년 이상 소유했음도 알 수 있다. 당시 어업권의 존속 기간은 10년 이내였으나, 단서 조항에 어업권자의 신청에 의해 갱신할 수 있다(어업령 제6조)고 했으므로 이 단서 조항에 의해 갱신하였을 것으로 보인다.

또 전남면허 제5호는 1921년 10월 9일에 받은 것(『朝鮮總督府官報』 1921.11.29.)이다. 이때 대장덕광의 주소는 남면 심장리였고, 어업 명칭은 낙망(落網) 어업, 어구 명칭은 표망(瓢網, 물고기를 그물 속으로 유도하여 나오지 못하도록 하여 잡는 정치망의 하나-인용자), 어장 위치는 심장리 앞바다였다. 채포물 종류는 멸치, 갈치, 조기이고, 어업 시기는 3월부터 12월까지이며, 어업권 존속 기간은 10년이었다.

이 소송의 결과는 알 수 없다. 다만 대장덕광은 이후에도 그 세력을 유지한 것으로 봐서 소송으로 입은 타격은 크지 않은 것으로 보인다. 1938년 6월 6일 전남도내 각 군 수산업 관계자들이 모여 전남도 수산회 의원 15명을 선거했는데, 대장덕광은 여수·순천·광양·곡성·구례를 구역으로 하는 제5구의 수산회 의원으로 선출(『조선일보』 1938.6.10.)되었던 것이다.

화양어업조합원의 조합 위치 변경 진정

1940년 화양어업조합 조합원이 어업조합 사무소 위치를 변경하라는 진정 운동(『동아일보』 1940.4.23.)을 벌였다. 당시 화양어업조합의 사무소는 면사무소 소재지인 나진리에 있었다. 이에 조합들은 해산물의 중심 지대인 당두리 등지에 둘 것을 요구했다.

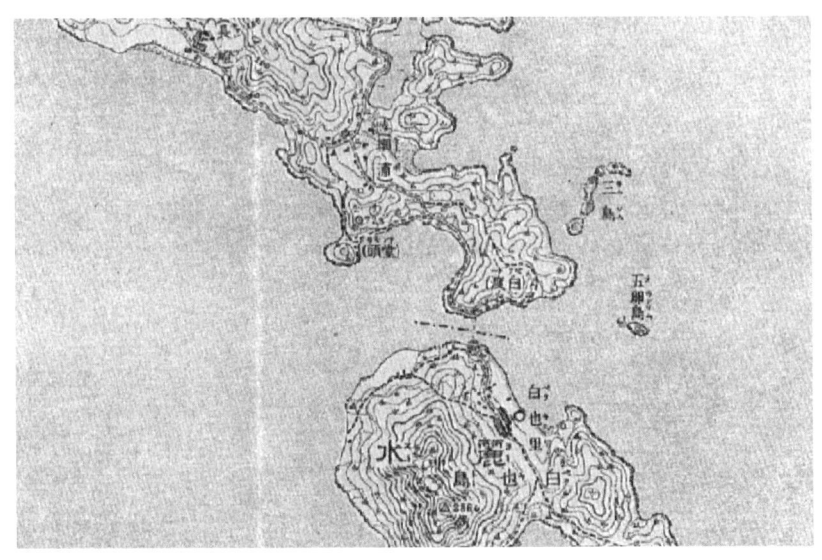

화양면 당두(지도의 중심 지점)(1910년대 지도)

이유는 조합원이 산물을 가지고 조합을 가려면 날씨가 약간만 불순하더라도 여러 날을 요하게 되는 현상이 생기고, 이로 인해 생기는 손실이 적지 않다는 것이었다.

이에 화양어업조합 이외 다른 어업조합(화정면의 옥정어업조합을 지칭하는 듯-인용자)에서 중심 지대에 항상

모선(母船)을 띄워놓고 모든 이익을 빼앗아 간다고 조합원들은 주장했다. 그리하여 조합 총대 김학용 외 400여 명이 여수군수와 경찰서장에게 진정했다. 그들이 제시한 근거는 전년도 구역별 발생 산액인데, 다음과 같다.

구역	조합원수	어선 척수	총생산액
이목	122	38	3,6531.05
장수	122	20	1,1700.00
안포	106	37	2,7000.00
서촌	96	-	200.00
나진	28	4	400.00
용주	55	-	500.00
이천	32	10	7000.00
옥적	50	4	2500.00

구역별로 보면, 나진리와 같이 화양면 동쪽 해안 가막만에 접한 구역은 안포·용주 정도이고, 서쪽 해안 여자만에 접한 구역은 이목·서촌·이천·옥적이며, 장수는 남쪽 해안에 접해 있다. '당두리 등지'로 조합 사무소 위치를 변경하자는 것으로 봤을 때, 이 요구는 장수 지역 조합원들이 여자만에 접한 구역의 어민들과 함께 벌인 일로 보인다. 여자만의 조합원들도 나진리보다는 당두리에 사무소가 있는 것이 거리 면에서 훨씬 단축되는 것이었다.

이 진정은 화양면의 동쪽과 서쪽 해안 마을의 이해 대립에서 나온 상황이고, 결국 1943년 10월 27일 주된 사무소를 화양면 안포리 329번지의 2로 이전하고, 1944년 2월 10일 등기(『朝鮮總督府官報』 1944.3.28.)했다. 그 위치는 앞 지도에 보이는 당두 근처로 조합원들의 요구가 받아들여진 것이다.

그리고 위 주소를 현재 지도에서 찾아보면, 화양면 세포당머리길 국립수산과학원 남해수산연구소 인근이다. 애초 나진리에서 화양면 남쪽 백야도가 바로 보이는 곳으로 이전한 것이었다. 또 1943년 10월 27일은 화양어업조합의 감사 중 궁본창모, 평본동헌이 퇴임하고, 신산삼영(최삼영)이 중임하였으며, 산본광수(화양면 장수리 891)와 김본재화(안포리 515)가 새로 감사에 취임한 날이기도 하다.

여기서 간과할 수 없는 것은, 1920년대 이래 조선 사회 전역에서 벌어졌던 공공기관 유치운동으로 한 지역 내에서 다시 '소지역주의'가 팽배해졌고, 그에 따른 갈등도 상당했다는 사실이다. 화양면에서도 어업조합 위치를 두고 동쪽 지역과 다른 지역 간 대립이 있었음을 확인할 수 있다.

05
상인, 그리고 시장 쟁탈전

1. 상인

상업에 종사한 사람들은 어느 정도였을까. 다음과 같이 1915년 여수군 읍내시의 정보에서 상인 규모를 파악할 수 있다.[1]

시장명	여수군 읍내시
개시일	4, 9일
화물 수요구역	여수면, 쌍봉면, 삼일면, 두남면
화물 공급구역	여수면, 쌍봉면, 삼일면, 두남면, 순천읍내, 광양읍내
출장 상인수	최다 200, 최소 100, 보통 150
출장 구매자	최다 1000, 최소 400, 보통 700

여수 읍내시는 여수면 뿐만 아니라 쌍봉면, 삼일면, 두남면(돌산면)의 주민들까지 이용하는 장시였음을 확인할 수 있다. 상품도 이들 지역 외에 순천, 광양의 생산품까지 공급되었다. 그리고 장날이면 많게는 200명의 상인과 천 명의 구매자가 몰리고, 보통은 상인 150명, 구매자 700명 정도가 장을 찾았다.

이후 1923년 상황을 보면, 다음과 같다.[2] 여수시장에 일정히 정해진 상인으로서는 6, 7명에 불과하지만, 개시 당일에는 관내 각 상인 및 농부 등이 출장하고 계절에 따라 그 수에 증감이 있지만, 통상 약 550명가량이었다. 상품으로는 일반적으로 조선인의 일용품이 많고, 채소, 기타 농작물은 농부 등의 자작품으로서 구매자가 약 천 200명가량 출장했다. 또 3호 시장으로서 사설시장이었던 어시장은 매일 2회, 거래가 행해졌다. 어시장 출장 상인은 1일 평균 60명가량이었다.

전통시장에는 '장꾼'이라는 존재가 있었다. 스스로 판매자이면서 구매자인 사람들이다. 대체로 농민들로서 그들이 수확한 농산물을 가지고 장에 가서 그것을 판매한 다음, 판매 대금으로 그들에게 필요한 물품을 구입하여 귀가했다.

1927년 여수면의 상권을 기자는 다음과 같이 보도(『동아일보』 1927.4.13.)했다. 전 시가를 통하여 그 상권이란 잡화는 일본인, 주단·포목은 중국인 수중에 있다. 조선인 경영으로 굴지할 만한 것으로 잡화는 정근모 상점, 주단·포목은 강석주, 이기헌 상점이다. 그러나 동일한 품질에 동일한 가격이라도 조선인 점포의 상품은 열품시하고, 장날이면 일본인 점포만 대성황을 이뤄 기자의 눈에는 '한심한 바'였다.

1928년과 1929년은 연달아 가뭄 피해가 심했다. 흉년으로 추수 후에도 곡가가 폭등(『조선일보』 1929.10.21.)했다. 이에 간상배들은 쌀값을 무리하게 올리며, 값싸고 질 나쁜 외래 안남미 같은 것을 섞어서 파는 자가 많았다. 또 자본가들, 정미업자들도 쌀을 매점매석하고, 좋지 않은 쌀 한 되에 42전을 받았다. 당시 여수 노동자 하루 품삯이 40~50전이었으므로 쌀 한 되 가격은 노동자 하루 품삯에 해당하는 고가였다.

보다 정확한 상업인구는 1930년 국세조사 결과 여수군 직업별(대분류) 본업 인구를 통해 확인할 수 있다. 그 수치는 다음과 같다.[3]

구분	여수군			여수면		
	남	여	계	남	여	계
상업	1784	1596	3380	1160	776	1936
유직 소계	3,3717	2,7310	6,1027	6793	3422	1,0215

여수군 내 유업자 중 상업 인구 비중은 5.5%이고, 같은 직업의 여수면 내 비중은 19.0%이다. 또 여수면 상업 인구가 여수군 상업 인구 가운데 57%를 차지하는 다수이다. 여수군 상인 가운데 반 이상이 여수면에 집중되었던 것이다.

위 통계에서 여수군 상업 인구를 보다 상세히 살펴보면, 물품판매업주 978명, 점원 등 153명, 상업

보조[수조(手助)] 447명, 노점·행상 등 690명, 여관·하숙업주 109명, 요리점·음식점 업주 172명, 지배인[番頭]·호객꾼[홍引] 317명, 요리인 83명, 예기 58명, 하녀[女中] 190명, 이발사·미용사 42명이었다.

물품 판매 업주와 노점·행상이 상업 인구의 거의 절반을 차지했다. 업주(물품판매업주, 여관·하숙업주, 요리점·음식점 업주)를 보면, 천259명으로 전체의 3분의 1을 약간 넘는 수준이다. 이어 보조 역할을 하는 상업 수조도 전체 상업 인구의 13%에 달했다. 나머지는 대부분 고용된 존재였음을 알 수 있다.

여수 음식업자들의 요금 인상 결의

여수항내 여인숙 및 음식점 영업자 일동은 1924년 10월 18일에 동정 여인숙업자 유명준 집에 모여 협의(『조선일보』, 1924.10.26.)했다. 그들은 여수군이 다른 군에 비해 주세가 과다하고, 최근 이르러 각종 물가가 폭등되었다면서 요금을 인상하기로 결정했다. 탁주 1잔 4전을 6전으로, 소주 1잔 8전을 10전으로, 보통식 1식에 20전을 30전으로 결의했다. 또 이를 영업자 일동에게 일제히 단행키 위해 이동채, 유영준, 유한수, 이영준 등을 집행위원으로 선임했다.

여수상무조합

1931년 4월 4일 석천사에서 여수읍 조선인 상인들만 300여 명이 모여 여수시장 문제를 토의한 후 상무조합을 창립(『동아일보』, 1931.4.7.)하였다. 이 조합은, 그동안 시장 위치 문제로 당국에 누차 진정하였으나, 아무런 회답이 없으므로 "더한층 단결하여 철저히 운동하려는 목적으로 형식만 조합으로 명칭한 것"이었다. 임원 명단은 다음과 같은데, 모두 동정 사람들이었다. 조합장 유국준, 부조합장 유한수, 이사 정재완.

2. 동·서 시장 '쟁탈전'

1930년대에는 동정과 서정에 시장이 있었다. 종래 '동정과 서정 중앙'인 남문 밖에 있었는데, '시가지의 정돈과 지방 발전상' 이를 동정으로 이전하고 면의 관할로 운영(『동아일보』, 1929.2.20.)되고 있었다. 이때의 동정 시장은 본정에서 종포통으로 이어지는 도로변에 있었고, 이곳은 1990년대에도 있었던 동시장 위치였을 것이다.

그러다가 남조선철도에서 이 일대를 매수하여 시장을 이전하게 되었다. 1931년에 3년 기한으로 개인 토지를 빌려 서정으로 임시 이전(『동아일보』, 1932.3.9;『조선일보』, 1932.3.25;『조선일보』, 1932.4.7.)했다. 이후 동정 주민들은 시장을 다시 동정으로 이전할 것을 촉구하고, 서정 주민들은 그대로 서정에 있기를 주장하여 시장 '쟁탈전'이 있었으나, 여수읍 당국은 동정과 서정에 두 개의 시장을 두는 것으로 결정(『조선일보』 1933.2.21.)했다. 이후 1933년 8월 20일 신시장이 개장(『조선일보』 1933.7.31; 『동아일보』 1933.8.16.)되었는데, 이때의 신시장은 동정 시장이다. 동정 시장의 위치는 일본인 소학교 공사장 인근이다.

여수면의 시장 문제는 1929년 초부터 불거지기 시작했다. 시장 위치 변경 문제로 1929년 2월 16일 서정 대표자 수 명의 발기로 서정 동각에 집합하여 서정 정민대회(『동아일보』 1929.2.20.)가 열렸다. 이들은 정거장 및 약 50만 평가량 되는 신시가를 동정에 건설하면 서정은 한산한 벽지가 될 것이라고 주장하고, 결의사항 4건을 결정했다.

결의사항은 다음과 같다. ① (시장) 위치는 반드시 서정에 둘 것, ② 서정 고뢰 매축지를 장소로 지정한다면 약 3천 평을 매수하되 대금은 전 시장 매도금으로 지불, ③ 교섭위원은 김한성 외 15인 선정, ④ 교섭위원 중 정태선, 이봉규, 김관평, 정효현을 집행위원으로 선정하고, 집행위원 4인이 문제 해결까지 정민 대표로 활동. 이어 여수면에 교섭했으나 당국자가 회피하므로 진정서를 만들어 정민의 날인을 받아 도지사에게 직접 발송(『동아일보』 1929.3.31.)했다.

1931년

동정과 서정 주민 사이의 시장 쟁탈전은 2년 후에 다시 불이 붙었다. 1931년에는 2월 4일부터 동정과 서정에서 각각 오륙백 명의 노동자들이 주야 불문하고 경쟁적으로 시장 후보지에 공사를 진행했다. 이때 여수면은 동정에 3천여 평의 평지가 없어서 서정으로 임시 이전하기로 결정한 상태(『동아일보』 1931.2.8.)였다. 2월 6일(음력 12월 19일)은 여수 장날이었는데, 동, 서 두 장소에서 장이 열렸다(『동아일보』 1931.2.9.). 서정 임시시장은 면에서 결정한 장소이고, 동정시장은 동정 민간에서 강경히 주장하는 장소였다.

2월 24일에는 동정 주민 7백여 명이 여수군청에 쇄도(『동아일보』 1931.2.28.)했다. 여수 시찰에 나선 전남도 내무부장에게 진정하기 위해서였다. 이들의 진정 사항 주요 내용은 다음과 같다. ① 현재 거주하는 조선인 인구가 서정보다 동정이 배 이상 다수인 것, ① 동정 주민들은 대부분이 빈민인 동시 시장이 존재하므로 생활을 유지하던 것, ① 동정 주민들은 다수가 철도회사와 면영 신시가에 자기들의 생명에 관한 부지와 건물까지 본의에 없는 매각을 당한 것, ① 과거 동정에 시장이 있을 때는 서정까지의 시장이었으나, 현재 서정으로 이거한 후 동정에는 사람 그림자도 구경할 수 없는 것, ① 동정 주민들이 제공하여 시장 공사를 중지당한 위치가 부적당할 때는 수산학교 부근에 평면지로 적당한 위치를 교섭, 제공할 것.

3월 11일에는 동정 시민과 서정 일부 시민을 합한 천여 명이 연서하여 전남지사에게 진정서를 발송

(『동아일보』 1931.3.17.)했다. 내용은, 면 당국이 "동정 부근에 남철 정거장이 있다"고 하나 외부에서 시장 보러오는 사람들이 모두 미평역에서 내려버림으로써 동정과 중정에는 사람 그림자도 구경할 수 없다는 것과 기존에 진정했던 내용을 반복한 것이었다. 여수면 밖의 장꾼들이 여수장에 가려면 여수역에서 내린 다음 걸어서 서정시장까지 가는 것보다 미평역에서 내려서 가는 것이 시간과 경비 면에서 유리했을 것이다.

4월 4일에는 여수읍 조선인 상인들 300여 명이 모여 상무조합을 창립하였다. 이 조합은 동정 인사들 중심으로 만들어진 단체였다.

1932년

1931년 4월 여수면이 여수읍으로 되었다. 여수읍의 시장 문제는 1932년 봄에 다시 시작되었다. 3월 12일 공회당에서 시민회(『조선일보』 1932.3.18.)가 개최되었다. 이 자리에서는 시장 문제는 시장 입지를 먼저 정하기 전에는 매각을 반대한다는 서면이 제출되었다. 동정 구시장은 읍영 시가지를 정리하기 위해 임시로 빌린 것인데, 여수읍에서 시장까지 포함하여 매각하려 하여 이에 반대한 것이었다.

3월 20일 밤 시민 유력자와 읍회 의원 등이 비밀회의(『조선일보』 1932.3.25.)를 개최했다. 이 자리에서는 읍회 의원 중 정모, 김모 둘을 22일 읍 당국에 파견하여 시장은 동정으로 정하되 그 경비는 내년도 예산에 편성할 것은 교섭하고, 요구 불응 시 내년도 예산안 전부를 통과시키지 않을 작정이었다. 여기서 김 아무개는 김경택일 것이다.

3월 29일 여수읍회가 개회되어 시장 문제(『조선일보』 1932.4.7.)를 다루었다. 이날 읍회의에는 정원 14명 중 2명(박윤래·이우헌)이 결석하고, 12명이 출석했다. 김경택, 송본(松本) 의원 등 8명 연서로 긴급 동의안을 상정했다. 동의안 내용은 동정에 있던 시장 내 읍영 시가지 정리를 위해 시장을 서정으로 이전한 것이었으나, 공사가 완료된 지금 약속대로 서정('동정'이라야 맞음-인용자)으로 이전하되 그에 대한 경비도 예산에 편입하라는 것이었다.

이에 대해 '서정 신시장에 절대 유리해진 관계를 가진' 대총(大塚治三郎) 의원은, "금후에 의논하여도 넉넉할 것"할 것이라며 동의안 처리에 반대했다. 이종완 의원은 시장을 두 곳으로 나눠 빈민들로 하여금 생계를 이어가게 하라고 주장했다. 김경택, 송본, 무전(武田) 의원은 개인 영리를 위해서는 서정에 두는 것은 절대 불가하니 동정으로 이전하는 것이 가하고, 14명 중 8명 이상이 서명 날인함은 벌써 결정된 것이어서 장시간 논의할 필요가 없다고 주장했다. 이에 의장(읍장)은 채결을 선언했다. 다수결로 동의안이 통과된 것이다.

여수읍회에서의 통과는 즉각 서정 주민들의 반발을 불렀다. 4월 1일 여수 신시장(서정시장)에서 서정 시민 5백여 명이 회합하여, 대회를 개최(『조선일보』 1932.4.8.)했다. 이들은 주목할 사항(군수 및 읍장에게 질문의 건 등)을 토의했다. 또 신 시장은 재작년에 동정으로부터 이전한 이후 108호의 가옥을 건축한 것인데, 오늘날 읍의회에서는 하등 대책이 없이 동정으로 이전키로 결정했다고 성토하고, 항쟁키 위해 위원 15인을 선정했다. 시민대회를 마친 후 상전(上田) 집에서 위원회를 개최하고, 장시간 토의를 벌였다. 또 끝까지 항쟁키 위해 고문 5명을 선정했다. 고문 5명은 김한승, 대총치삼랑, 야촌희구치(野村喜久治), 노천봉, 상전감병위(上田勘兵衛)이다. 상전감병위는 상전주조장 주인이다.

이후 위원 15인은 읍장을 면담(『조선일보』 1932.4.10.)했다. 읍장은, 읍회에서 결정은 되었으나 아직은 이전이 되는 것도 아니고, 이전을 할 때는 도지사의 인가로 좌우되는 것이므로 자기는 이에 대한 의사도 말할 수 없다고 답변했다. 이에 다시 대표대회를 개최하고, 먼저 시민 1천5백여 명의 연서로 도지사에게 진정서를 보내고, 김한승, 대총치삼랑을 도당국에 보내 교섭하기로 결정했다.

1933년

여수 시장 위치 문제는 1933년 초에 재연되었다. 전 해 읍회에서 8명 연서 동의안 통과 이후 아무런 움직임 없는 데 대한 동정 주민들의 불만이 가시화한 것이다. 1월 16일 오후 2시경 시장 이전 문제를 토의키 위하여 동정 1,2,3,4구장, 시장이전문제촉진회 대표 다수, 그 외 시민 유력자 등이 참가하여 정총대(町總代)회(『조선일보』 1933.1.24.)를 열었다.

그들은 서정으로의 시장 이전은 공사 완료까지라는 조건부로 임시 이전한 것이라고 전제하고, 공사가 완료된 지 이미 해를 거듭한 오늘날에도 여전히 그대로라고 비난했다. 그리하여 동정의 정총대 일동은 각 읍의원들을 방문하고 읍회의를 개최하여 속히 문제를 해결할 것을 교섭하고, 읍 당국자에게도 질문키로 하되 만일 그래도 시장을 동정으로 이전하지 않고 시일을 천연할 시는 전시민대회를 개최하여 당국자의 무능을 규탄할 예정이라고 밝혔다.

당시 기자는, 여수읍 당국이 시장 기지를 공사 중인 동정소학교 부근 남철 소유 토지 3천 평을 교섭하여 결정해 둔 지가 벌써 오래이나 시장을 속히 이전치 않고 시일을 끈다고 파악(『조선일보』 1933.2.5.)했다. 그리고 그 이유로, 20만 원 부채를 정리하지 못해 수년 동안 묵혀있는 읍영 시가지를 대재벌 남철에 넘겨야 하는데, 전 시민이 절대 반대하고, 읍회의에서도 남철회사는 물론 이 회사에 관계만 있는 자에게도 매각하지 말자는 것을 결정한 상태이므로, 읍 당국은 시장 이전 문제를 천연시키면서 시가지는 어떠한 곳에 매각하더라도 상관이 없다 할 때까지 기회를 기다리는 중이라고 보았다.

2월 16일 동정 유지대회(『동아일보』 1933.2.21.)가 열렸다. 군수와 읍장을 초빙하여 시장을 '수터'('수산'의 오식으로 보임-인용자) 학교 뒤에 설치하기를 권고하려 했으나 군수와 읍장이 참석하지 않아 군청과 읍 당국에 진정하기로 했다.

동정 주민들의 움직임은 또다시 서정 주민들을 격동시켰다. 서정 주민들은 2월 17일 서정 동회당(洞會堂)에 모여 대책을 협의하고, 오후 5시에 수십 명이 읍사무소에 쇄도하여 전날 동정 정민대회에서 시장 이전을 언명했느냐고 읍장에게 질문했다. 읍장은 전혀 사실이 아니라고 부인(『조선일보』 1933.2.21.; 『동아일보』 1933.2.21.)했다. 읍장의 답변은 서정 주민들을 안심시켰다.

아울러 여수읍 당국은, 시장기지는 공사 중인 동정소학교 부근의 남철 소유지 3천여 평을 빌리기로 약속이 성립되어 있다며, 동경에 있는 근진(根津) 사장에게서 서류만 도착된다면 정식으로 발표할 터(『조선일보』 1933.2.21.)라고 했다. 또 시장 기지를 정리하는 데는 동정 주민들이 공사비 4천 원과 부역 인부 3천여 명을 내놓아야 하고, 시장은 결국 동·서정에 나누어 두기로 내정되었다고 했다. 이에 동정 주민들은 공사비와 인부를 내지 않겠다고 거부했다.

2월 23일경 서정 주민은 김한승 등 대표를 선정하여 도지사를 방문하여 그들의 뜻을 진정하고, 3월 2일경 서정시민대회(『동아일보』 1933.3.7.)를 개최했다. 서정시장에서 천여 명이 모여 시장이전방지회를 조직하고, 정효현 외 2명의 대표를 선정하여 군청과 읍 당국을 찾아 질문했다.

4월 17일 임시 읍회에서 시장을 동·서 양쪽에 두기로 결정(『동아일보』 1933.4.25.)했다. 장은 4일, 14일, 24일은 서정에서, 9일, 19일, 29일은 동정에서 열기로 했다. 이로써 동서 시장 쟁탈전은 막을 내렸다. 서정 주민들이 서정으로 이전하기를 주장한 지 4년여 만이고, 서정으로 임시 이전한 지 2년여 만이었다.

동정 시장은 8월에 개시(『조선일보』 1933.7.31; 『조선일보』 1933.8.10.)했다. 이에 맞춰 운동회도 개최되었다. 시장은 8월 20일(음력 6월 29일) 열기로 했고, 여수상무조합은 18일부터 여수역 철도운동장에서 정구·축구·씨름·육상 경기를 개최하기로 했다. 앞에서 본 것처럼 여수상무조합은 동정 사람들을 주체로 하여 동정에 시장을 재설치하는 운동을 하기 위해 조직된 것이었기에, 이처럼 기념행사를 개최한 것이었다. 이 동시장은 1940년대 기록에 따르면, 서시장이 정기시장이었던 반해, 상설시장이었다.

1920~30년대 조선 전체적으로 학교, 기관(금융조합·우편국), 시장 등의 위치를 두고 지역 내에서 분규가 자주 발생했다. 군 내에서는 면과 면, 면 내에서는 리와 리 주민 사이에 벌어진 일이었다. 3·1운동 참여를 통해 자각한 조선 민중이, 그 이전에 비해 약간 확보된 집회·결사 자유의 분위기에 맞춰 자신들의 이익을 위해 목소리를 내기 시작했던 것이다. 이 이익 앞에서는 조선인과 일본인 사이의 민족 구분은 없었다. 식민지였기에 가능한 일이었다.

06
면민들의 투쟁

1. 여수면 외곽 8개 리 주민의 지정면 편입 반대

일제 식민지기 조선 사회는 3·1운동을 기준으로 그 이전과 그 이후로 나눌 수 있다. 3·1운동은 일제로부터 약간의 후퇴를 이끌어냈다. 아주 제한적인 범위 안에서 약간의 숨통이 트인 것이다.

이러한 분위기에서 대중들은 다양한 목소리를 내기 시작했다. 새로운 물결은 식민지 수도 경성에서 천 리나 떨어져 있는 여수에도 밀려왔다. 그리하여 청년회·농민회·노동회 등 여러 단체가 조직되고, 농민운동, 노동운동, 청년·학생운동도 일어났다. 그밖에도 일부 면에서는 면민대회가 열려 면민들의 주장을 전했다.

1923년 4월 1일 여수면이 지정면이 되었다. 당시 여수면은 '시가지'로 분류되는 동정·서정과 그 인근 10개 리로 구성되었다. 지정면이 되자 '보통면'으로 있을 때에 비해 부가세가 늘어났다. 이에 덕충리, 봉산리를 제외한 8개 리 주민들은 과중한 부과를 부담할 수 없다고 다시 보통면으로 변경시켜 달라 요구(『매일신보』 1927.3.29.)를 하게 되었다.

먼저 1926년 11월 15일과 1927년 2월 10일 두 번에 걸쳐 조선 총독과 도지사에게 각각 진정서를 제출했다. 이에 군수가 8개 리 구장을 소집하고, 양해를 구했으나 8개 리 구장은 동맹 사직했다. 또 2월 17일에 면민대회를 개최하고, 8개 리가 보통면이 되지 못하면 그 연도 1기 호세 부가 기타 세금 일체를 불납할 것을 결의하고, 8개 리 출신 면협의원(농촌 거주) 사직을 권고하며, 총독과 도지사에게 진정서를 제출했다. 8개 리는 다음과 같다.

신월리(신근리 봉양리)
여서리(기동 대치리)
문수리(소미리 허문리 소치리)
오림리(오림리)
왕십리(문치리 신죽리 일부 용수리)
미평리(태성리 죽림리 평지 양지리 신죽리 일부)
만성리(만평리 만중리 만흥리)
오천리(중천리 모사리 오만리)

그러나 이 운동은 성공하지 못했다. 이 8개 리만 여수면에서 제외하여 새로운 면을 만들거나 이웃 면에 붙일 수도, 또 여수면을 지정면과 보통면으로 분할할 수도 없었기 때문이다. 이후 8개 리 주민들의 반응은 기사에 소개되지 않았다.

2. 1924년~1925년 남면의 면장 배척운동

면민대회 개최: 명창순 파의 면장 공격

1924년 남면에서 면장민선운동 면민대회(『시대일보』 1924.6.29; 『조선일보』 1924.6.30.)가 열렸다. 결원 중인 면장 후임을 두고 여러 차례 면민대회를 열고 민선운동을 개시한 것이다.

여기서 한 가지 미리 언급할 것이 있다. 면장 민선 운동이라 할 때, 그 민선을 오늘날 보통선거로 생각해서는 안 된다는 사실이다. 당시 식민지 조선은 말할 것도 없고, 일본 제국 전체를 통틀어 보통선거가 실시되지 않았다. 또 민선 운동을 벌였던 면민들 역시 지금의 보통선거를 염두에 둔 것은 아니었다. 그들은 '보통선거'라는 존재가 있는 줄도 몰랐을 것이다.

당시의 면장 민선이라는 것은 면내 유력자가 선호하는 인물을 내세우고, 그것을 임명권자인 군수가 면장으로 임명하는 방식을 말하는 것이다. 면민들의 의사를 받아들여 임명하는 방식으로 생각하기 쉽지만, 그렇지 않았던 것이다. 면내 유력자가 자신의 영향력을 발휘하여 면민들을 동원하고, 그것을 면민들의 의사로 포장하여 군수에게 내세우는 방식이었다.

그러나 여수군 당국에서는 그것을 무시하고 후임 면장을 임명했다. 이에 6월 21일에 제3회 면민대회를 우학리 마을 서당 수정(藪亭)에서 열고 다음 사항을 결의했다. ① 지난 5월 23일 제2회 면민대회에서 서약한 사항을 절대로 준수할 것, ② 여수군수의 불신임안을 제출할 것, ③ 면장 개선할 목적으로써 위원부를 조직할 것, ④ 관선 면장에 대하여 도, 군, 면에 불신임원 또는 질문을 행하기로 하고, 수속 일체는 위원부에 일임하여 처리케 할 것, ⑤ 위원은 이 대회에서 선거함, ⑥ 매월 2회 이상 위원회를 열고 관선 면장 김석두를 성토할 것, ⑦ 군 당국에서는 면장을 개선치 않으면 관선 면장 축출 운동을 개시할 것.

1924년 초까지의 전임 면장은 명창순, 후임 면장은 김석두였다. 이 대회는 신임 면장 김석두를 겨냥한 것이었다.

이어 6월 23일 남면에서는 구장 및 면협의원 회의를 개최코자 하였으나 관선 면장 김석두를 배척하고, 면협의원 10명 중 1명, 각 구장 9명 중 1명 외는 전부 결석하여 회의가 중지(『시대일보』, 1924.6.29.)되었다. 한편 남면장 민선운동 위원부는 24일 정오 위원회를 개최하여 경찰관 입회 하에 관선 면장 김석두에 대한 불신임을 성토(『시대일보』, 1924.6.29.)했다.

이에 여수군청과 여수경찰서가 나섰다(『조선일보』, 1924.7.7.). 6월 27일 여수군 서무과장 외 직원이 남면에 출장하여 면민대회 위원 일동을 회집하고 신임면장(金錫斗) 배척운동 이유를 물었다. 그들은 "신임 면장은 공익심이 없는 까닭으로 민선을 주장하노라"고 답했다. 29일 경찰서장과 사법경부 이외 고등계원까지 출동하여 남면 일대를 순시하여 면장 민선운동에 대한 민정을 탐문했다. 민선운동 위원은 전임 면장 명창순을 비롯하여 김현백, 나윤기, 이민룡이었다.

남면 면장 민선운동은 전 면장 명창순과 현 면장 김석두 간의 다툼이었다. 명창순은 1919년부터 24년까지, 또 1928년~29년에 남면장을 지냈다. 김석두는 그 사이인 1925년~26년에 남면장을 지냈다.

이 두 사람은 1921년 7월 30일 남면 청년회 창립총회(『동아일보』, 1921.9.18.)에서 회장 명창순, 부회장 김석두로 나란히 임원이 되었다. 또 1924년 2월 10일부터 12일까지 개최된 여수군 학교평의회에 남면 주민들이 남면의 사립보통학교를 공립으로 경영해 줄 것을 요청했으나, 평의회가 남면에는 아무런 계책이 없다며 탄원위원(명창순, 김석두, 최윤규)을 선정하고, 파견할 때(『동아일보』, 1924.2.18.) 탄원위원으로 같이 활동하기도 한 사이였다.

그해 가을에 다시 면장 불신임안이 도 당국에 제출(『시대일보』, 1924.10.10.)되었다. 불신임 사유는, 김 면장의 무단결근, 조퇴의 빈번, 지세 공과금 등을 친소에 의해 차등, 아동 교육기관에 대한 기부금의 불납 충고, 면역소 신재지(소재지의 오기-인용자)로서 거리가 요원한 주민에게 이전하겠다 하는 것은 민심의 사취적 행위, 면리원 등 채용에 친소와 일반 사회적 불신임자를 채용하는 것이었다.

남면민대회: 김석두 파의 반격

1924년 12월에는 남면 면민대회(『매일신보』 1924.12.19.)가 개최되었다. 이 대회에서는 강령으로 다음과 같이 세 가지를 내걸었다. ① 우리는 공존공영의 정신 하에서 면민의 향상 복리를 꾀함, ② 우리는 편성(偏性)을 제거하고 민의에 수종하여 면의 질서를 유지하고 면의 번영을 꾀함, ③ 우리는 본 면의 발전을 저해하고 일반 민의를 무시하며 평화를 교란하는 자를 철저히 성토함.

다음으로 남면민대회규칙을 다음과 같이 정했다. 제1조 본회의 명칭은 남면민대회라 칭함, 제2조 본회의 목적은 본 면민의 친목 단결을 꾀하고 문화를 선전하여 면민의 행복을 증진케 함, 제3조 본회의 사무소는 임시 안도에 둠, 제4조 본회의 회체는 위원제로 하고 그 위원 수는 8인으로 정함, 제5조 본회의 집회의 종류는 정기총회, 임시총회, 위원회 등이 있고, 정기총회는 연 1회, 임시총회는 특별한 사고로 총회의 필요가 있는 때에 위원만 회집하는 요지로 개회할 수 있음, 제6조 본회의 집회는 어느 때를 물론하고 회원의 반수 이상의 출석이 아니면 그 회의 결의사항은 효력이 없는 것으로 함, 제7조 위원 선거는 정기총회에서 이를 행하고 보선은 위원회에 이를 위임함, 제8조 본 회칙에 대하여 이에 해당한 명문(明文)이 없을 때는 통상 회칙에 의하여 이를 집행할 수 있으며 회원의 3분의 2 이상의 찬성에 의해 이를 제가(除加)할 수 있음.

이 면민대회는 그 사무소를 임시 안도에 둔다(제3조)고 했는데, 안도는 김석두의 거주지 심장리에 인접한 곳이므로 이 단체는 김석두를 지지하는 모임으로 보인다. 그러면 강령 세 번째 "본 면의 발전을 저해하고 일반 민의를 무시하며 평화를 교란하는 자를 철저히 성토함."은 명창순을 겨냥한 것이다.

양측의 갈등은 결국 폭력 사태(『매일신보』 1925.4.28.)를 낳았다. 4월 24일 오전 10시경 신 면장 김석두의 장남 김용규는 구 면장 명창순을 읍내 구 시장터에서 만나자 그 부친 면장 취임에 저해를 하였다고 싸움을 일으켜 피차에 격투까지 생겼고, 명창순은 경찰서에 고소를 제기했다.

명창순을 비판하는 논조의 기사

명창순을 지지하는 세력과 김석두를 지지하는 세력은 양 파로 나뉘어 각자 선전에 나섰다. 이에 신문 보도도 두 가지 경향을 보인다. 먼저 명창순을 비판하는 논조의 기사(『조선일보』 1924.12.10.)이다. 명창순은 자기 형편에 의하여 해임을 당하고, 김석두가 새로 취임한 후에 신임 면장을 질시하여 면민을 선동하여 배척 운동을 해보려 했으나 면민들이 응하지 않아 다시 소작인과 채무자를 선동했으나 효과가 없었다. 몇 사람은 가을 제2기 호세를 면사무소에 납부하지 않고 기한이 경과되었다. 군청에서 출장하여 미납한 사람에게 차압하여, 이에 명창순을 원망한다는 기사이다.

또 하나는 가슴을 어루만진다는 뜻의 '무흉생(撫胸生)'이라는 필명의 독자 투고(『동아일보』 1924.12.22.)이다. 그는 "모든 것이 우월한 지위에 있는 자본배는 민중운동이라는 가장을 쓰고 자기의 사감을 발달하며 자기의 허세를 확장시키려 한다."고 전제했다. 이어서 원래 남면에 공고한 세력을 가진 현 면장 김석두와 중년에 신출한 세력가 전 면장 명창순이 대치하고 있다고 보고, 명창순이 면장의 의자를 내놓게 됨에 자기의 가장 친숙한 당시 회계원 안정혁을 면장의 의자에 앉혀 자기의 세력을 부식하려고 백방으로 운동해 왔으나 시세 불리하여 다년의 적이던 현 면장 김석두가 안정혁을 제치고 면장의 의자를 점령하게 되었다고 표현했다. 그리하여 명창순은 터무니없는 기사를 한편 신문에 내며, 한편 자기의 세력 범위에 있는 무산자를 농락하여 면 행정에 반대하며 호별할을 체납하여 김석두 면장을 어렵게 하며 군수를 비난하는 등 각 방면으로 자못 극렬한 노력을 한다고 비판했다.

'종고산인'이라는 필명의 독자 투고(『조선일보』 1925.2.14.)도 있다. 그는 남면 면장 배척운동을 '남면 봉직전쟁'으로 이름 붙여 당대 중국 봉천·직예 군벌(장작림 대 오패부) 간 전쟁에 비유했다. 이어서 "저 문제의 중심인물 등을 제군은 기억하는가. 살인범이 아니면 도박 또는 어업범으로 다소의 속수금(束修金)을 제공하고 상당한 전과 출신으로 금오도 토지 국·민유 해결 당시 재결 통지를 비밀에 부치고 염가로 매토(買土)하여 졸부가 되고도 공로자로 자처하고, 우민을 유인하여 기념비를 세우게 하며, 학교의 설립을 표방하고 고혈을 착취하여 납뢰(納賂) 충복(充腹)하며, 수산학교 기부금을 횡취(橫取) 소비하고 안연(晏然) 부지(不知)하며, 민선을 가식(假飾)하고 관선을 쟁탈코자 일본인 고문을 두고 당국에 아부코자 하다가 목적을 미달하여 반기를 든 자이다."라고 명창순을 극렬히 비난했다.

'남면인'이라는 독자는 『매일신보』 '개방난'에 '혼란한 여수 절도(絶島)'라는 글을 기고(『매일신보』 1925.4.4.)했다. 그는 "문화정치가 한 번 실시된 뒤로 우리 여수에도 별별 일이 차차 생기게 되었다. 지금 이것을 간단히 소개하여 세상 사람의 비판을 기다리는 동시에 당국 관헌에게 바라는 바 있다."고 하여 세상 사람의 비판과 당국 관헌에 바란다는 투고 목적을 밝혔다.

계속해서 전년 5월경부터 남면장 후임자 경쟁문제가 생겼으며, 아홉 동리 중 여섯 동리가 신임 면장 옹호파, 세 동리는 반대파라고 보았다. 그리하여 피차 반목 중으로, 1년이 가까이 되도록 해결이 되지 않고, (신 면장-인용자) 반대파인 금오도의 민심이 날로 악화하여 무정부 상태에 있다고 했다. 이는 '도민 중 오륙 명에 불과한 소위 유력자의 지배' 압박으로 다수가 취집하여 면사무소에 돌입하여 면장과 서기에게 사직하라고 공갈 협박이 십 수 차인데, 반대운동에 들지 않는다고 남의 거주를 금지하여 타처로 내쫓고, 도중에 관공리를 보고 욕설과 폭행하기를 상사로 하고 있으며, 관공리에게는 음식물까지 팔지 않기로 동맹을 실시하고, 면 경비, 학교 기부금을 납부하지 못하게 방해하고 있다고 비판했다. 역시 명창순 파를 겨냥한 내용이었다.

명창순을 지지하는 기사

반대로 명창순을 지지하는 모 유력자의 말(『조선일보』 1924.12.16.)도 실렸다. 그는, 구 면장 명창순이 사임할 때에 면회계원으로 인민의 신망이 높은 안정혁을 후보로 추천하여 민선까지 되었으나, 아무 경험도 없고 다만 친일파로 유명한 신 면장 김석두가 면장을 운동하여 군수는 결국 김석두를 임명하였고, 이에 면민들이 이를 반대하여 배척 운동까지 발생하게 되었다고 주장했다. 그동안 군청과 경찰의 허다한 압박이 있었으며, 김석두가 면장이 되면 일본인의 편의를 많이 주겠으므로 일본인도 김석두를 원조하고, 군수는 암암리에 반대하는 민중을 해하려는 사실이 있어서 군수 불신임까지 총독부에 제출했다고 덧붙였다.

명창순은 여수 지역 언론이 자신에게 호의적이지 않자, 멀리 보성지국 기자를 불러다 자신의 주장만을 일방적으로 싣게 했다. 그 내용(『조선일보』 1925.1.28.)은 다음과 같다. 면민 측은 면 직원 일동과 6동리 구장과 면협의원 일동이 동맹 사직을 하고, 면경비(전년 2기 호별할) 불납동맹을 하였으며, 군청 측은 면민 수백 호에 대해 재산차압을 했고, 면 공립보통학교도 거의 휴학 상태라고 전했다.

또 명창순을 일러 '면민의 구주 전 면장'이라 지칭하고, 명창순을 칭송했다. 금오도의 토지를 국유지로 편입하게 될 때 주민 중 명창순, 안정혁 두 사람은 일반 주민들과 협동하여 민활히 교섭하여 천신만고로 국유를 민유로 해결케 되어서 그때부터 일반 주민은 두 사람을 구주같이 믿고 지낸다고 했다. 또 두 사람은 근 10년간 면장과 회계원으로 재직하면서 학교를 설립하고, 명창순은 전년 봄에 사립학교를 공립학교로 인가를 얻던 날 면장 사직을 단행하고, 면민의 의사에 의해 안정혁을 면장 후보로 추천했다고 했다.

반면 신 면장 김석두에 대해서는 다음과 같은 여러 가지 죄악이 있다고 열거했다. ① 김석두는 다만 재산은 있으나 상식과 신망이 없어 공적으로나 사적으로나 모두 면장 될 자격이 없는 자, ② 그는 앞의 두 사람과 같은 공로가 없을 뿐 아니라 도리어 과거의 모든 사업에 방해하던 자, ③ 그는 일본인의 주선과 옹호로써 면장을 얻고자 하여 일본인의 주구가 되므로 장래에 미약하나마 조선인의 어업 등 모든 이권을 보호할 성의가 없는 자, ④ 그는 현재 면사무소 있는 금오도가 남면의 중심지임에도 불구하고 일본인이 많이 거주하고 순사주재소가 있는 안도리에 면사무소를 이전코자 하는 야심이 있는 자,

⑤ 그는 자기의 접근한 안도리 사립학교가 있으므로 남면 전체에 관계되는 여남공립보통학교에는 성의가 없는 자.

여기서 ③~⑤로써 김석두를 비난한 근거는 실제로 일어나지 않았고, 기자가 일방적으로 앞으로 그럴 것이라 지레짐작한 사유들만 열거되어 있다. 명창순 파의 주장을 일방적으로 되풀이하여 기사화한 것이라 볼 수 있다.

또 군수 불신임의 이유를 다음과 같이 나열했다. ① 대다수 민중의 의사를 무시하고 몇 개의 일본인의 사정을 돌아보아 고압적 관권으로 부적임자로써 면장을 임명한 일, ② 군수는 김석두 면장을 옹호할 목적으로 당초부터 면장배척운동에 보조를 같이하는 화태, 횡간, 두라 세 동리의 환심을 사고 반동을 일으키기 위해 이상 세 동리의 학교비 부담을 아니 내어도 관계없다고 하여 남면 전체 아동교육기관인 여남공립학교의 기본재산을 동요케 한 일, ③ 학교가 공립 인가된 지 1년이 지나도 교장을 임명치 아니하여 학교로 하여금 가위 휴학 상태에 이르게 한 일, ④ 군수는 이 사건이 발생 후 남면에 출장하여 인민에게 설유할 때 "그대들이 만일 김면장 배척을 고집하면 학교를 폐지하고 남면을 다른 면에 합병하여 버리며 경관을 항상 면사무소에 둔치하든지 하겠다."고 위협을 하여 한 사람의 면장을 옹호키 위하여 수백 명의 아동교육을 초개같이 아는 일.

양측의 화해를 촉구하는 기고문

이와 같은 양파의 선전전 속에 둘 사이의 갈등을 그만두라는 독자 기고문도 있었다. 이병생(利病生)은, '남면 신구면장에게'(『동아일보』 1925.1.3.)라는 제목으로 남면에 발생한 신구 면장의 지위 쟁탈전은 당초 개인 간 사감에 발원되었다 할지라도 문제의 주체가 공적 기관에 관련되므로 그 여파는 직접 민중 휴척에 영향함이 다대하다고 하고, "군들아, 사적 감정은 갑자 구년과 함께 왕사로 보내고, 을축 신춘의 공적 행복을 맞이하라."고 촉구했다.

또 유체생(流涕生)도 '남면 동포에게'(『동아일보』 1925.1.18.)라는 제목으로 신구 면장의 지위 쟁탈전은 "작년 5월 이후 금일까지 분규를 더한 결과 민중에게 어떤 수확이 있었는가. 일반 사회로부터 구파니 신파니 하는 별명을 얻게 됨은 남면 유사 이래 일대 오점이 되었을 뿐"이라고 지적하고, 각자의 신생명을 개척하도록 대동단결함이 실로 남면을 위하는 근본책이 아닐까 한다고 제안했다.

진상조사 결과

사태가 발생한 지 1년 뒤 『조선일보』는 1925년 4월 '남면 분규의 진상'(『조선일보』 1925.4.15.)이란 제목으로 이 문제를 크게 다뤘다. 기사에 따르면, 남면은 세 구역(㈎ 우학, 유송, 두모, ㈏ 심장, 안도, 연도, ㈐ 화태, 두라, 횡우; 횡간의 오식-인용자)으로 나눌 수 있다.

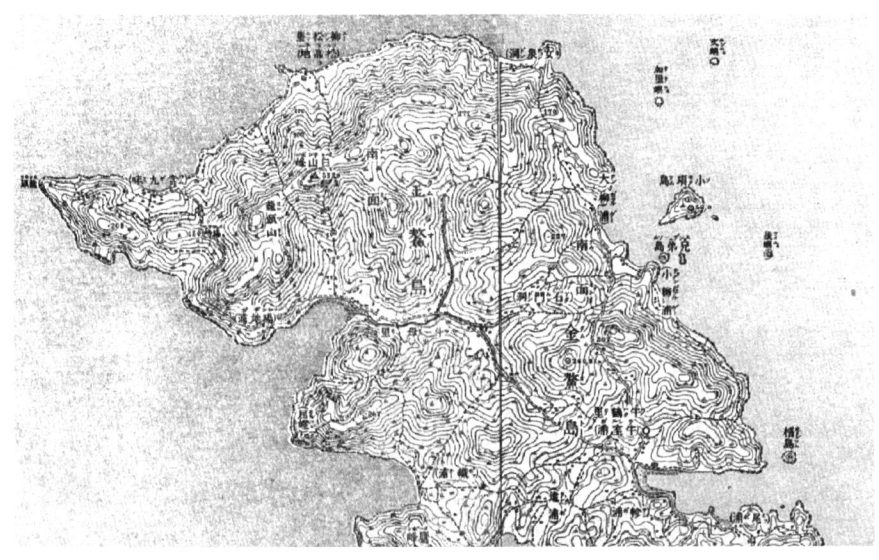

㈎ 우학, 유송, 두모 마을(1910년대 지도, 이하 같음)

그런데 "재래로 면민의 촌락적 관념이 격렬하여 서로 반목과 적대"가 있었다. 전에도 화태도민의 분면운동, 안도 도민의 학교독립 운동의 사건 등이 그 예이다. 화태도민의 분면 운동이란, 1923년 5월경 금오도 우학리에 있는 남면사무소가 화태도민에게 거리상 멀어, 보다 가까운 군내리에 면사무소가 있는 돌산면으로의 편입을 진정한 운동(『동아일보』 1923.5.22.)을 말한다. 또 1922년 10월 3일 허가를 받아 안도에 사립안도보통학교가 설립되었다.

㈎에 속한 우학리 출생의 명창순은 10여 년을 남면 사무를 보아오다가 자기 사정으로 작년 5월경 사직하고, 면회계원 안정혁을 천거하여 면장이 된 후, 남면에 대한 종래의 권리와 세력은 여전히 공고했다.

㈎촌락(㈏의 오기-인용자)에서 심장리에 사는 김석두를 면장으로 추천한 후 명창순은 김석두의 활동을 방지하려고 면민대회를 열었으나, ㈏촌락에서는 절대 반대, ㈐촌락에서는 방관하여 뜻을 이루지 못하고, 군수가 출장하여 일반 여론을 존중하여 김석두를 임명했다. 이에 명창순은 공공연히 면서기의 총사직 선동, 면비 불납동맹 조직, 민립위원회 조직을 통해 공과금을 징수하고 도 당국과 총독부에 진정서를 제출하였으며, 각종 신문에 군수와 김석두를 공격하고, 보복수단으로 여남학교 기부금을 못 내

게 저해하여 학교가 휴업상태에 이르게 했다.

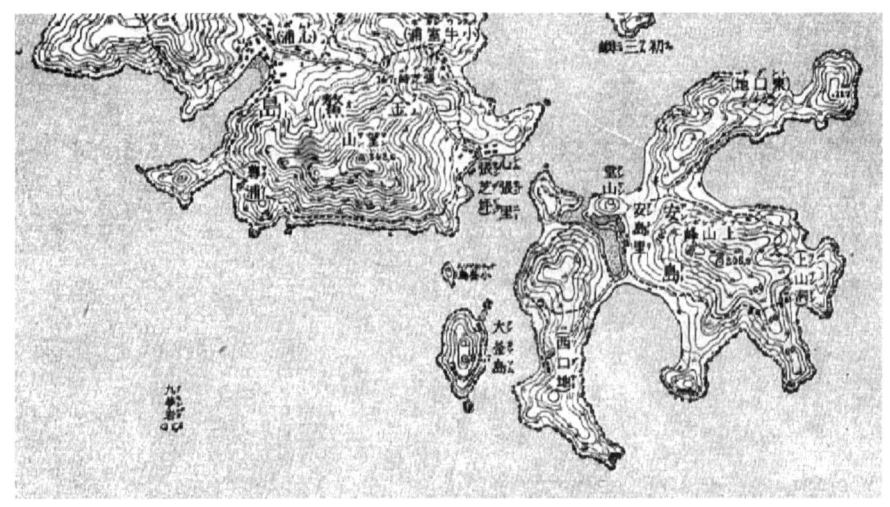

(나) 심장리, 안도 마을[연도(소리도)는 편의상 생략]

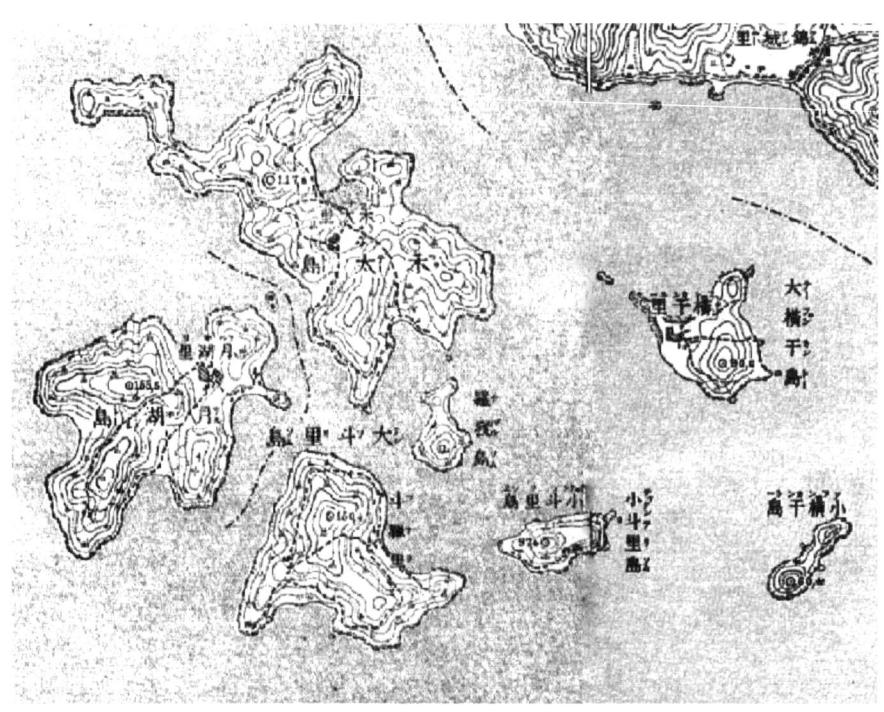

(다) 남면 화태, 두라, 횡간도(월호도는 화정면)

각 면장들은 연명하여 명창순에게 경고문을 발송하고, 면민대회가 열려 성토연설이 있었다. 경찰은 공금 불법징수와 학교 운동비에 부정혐의가 있어 명창순 가택을 수색하고, 군청은 면비 불납동맹자에게 재산 차압을 시작했다.

기자단은 후원회를 중지하고, 지방청년회 및 노동조합, 사상단체는 중재위원회를 조직하여 다음과 같이 결의했다. ① 남면 소요는 부락의 경쟁에 관한 사건이니 이를 전 면민의 뜻으로 간주할 수 없음, ② 김 면장과 백 군수에 대한 배척사실을 조사함에 하등 근거가 없으니 이를 부인함, ③ 명·김 양파에게 무조건 화해를 요구할 것, ④ 면서기로는 그 면 출생자를 채용케 할 것, ⑤ 여남학교 문제는 어떠한 수단과 방법을 취하더라도 공립으로 유지함에 하등 난관이 없도록 철저히 원조할 것.

그러나 명창순은 완강한 태도로써 조선청년총동맹 집행위원과 신문지국 운영 최창순 등을 불러다가 사실을 조사한다는 형식을 빌어 명창순은 남면 인민의 구주라고 찬양하는 기사(『조선일보』 1925년 1월 28일 보성지국 기사)를 싣게 했다. 그 기사에서는 남면 우학리의 국유로 편입된 토지를 민유로 변경케 함이 당시 면장 명창순의 활동에서 됨이라 하였으나, 불복 신청, 반항 등으로 구류와 구타, 갖은 형벌을 받은 사람이 따로 있음에도 명창순은 거기에서 어부지리를 얻기 위해 민유 결재 통지서를 비밀에 부치고, 그 토지를 염가로 사들여 자기의 사리를 채우고도 소위 기념비에다 도리어 자기의 성명을 대서 특필하여 공로자로 자처한 것이며, 그밖에 여러 '온당치 못한 사실'이 발로되어 면민과 일반 사회에서 비난과 공격이 절정에 이르렀다고 한다.

관련 일본인

한편 독자 독경생(讀經生)은 '여수 하태(下駄)군에게 계함'(『조선일보』, 1925.4.29.)이란 글을 투고했다. 하태는 일본 말로 '게타'인데 일본인의 나막신을 뜻하며, 당시 조선인이 일본인을 멸시하는 뜻에서 사용한 용어이다. 여기서 그 일본인을 '남면 봉직전쟁의 심포군 참모장'이라 불렀다. 심포는 앞의 지도(내)에서 보듯이, 심장리와 우학리 중간에 위치한 곳이며, 심포와 장지리를 합하여 심장리라 하였다. 그러므로 여기서 심포군이라 함은 김석두와 그 지지자를 가리킨다. 김석두 지지 세력의 '참모장'으로 불린 일본인은 누구일까. 위 기고문에서 그 단서를 찾아보자.

"연전 본 군청 재직 당시 심포리 지예망 면허 어업권을 탈취코자 하는 음모로 전 면허자 조군과 부락민을 이간 충돌케 하여 조군에게 무수한 공포를 느끼게 한 후 이면으로 조군을 설복하여 그 권리를 염가 매수하여 관직을 사퇴하고, 심포리에서 면허어업에 종사하여 매년 막대한 이득을 얻은 결과 누만의 재산을 축적한 자가 아닌가. 또 어부지리를 얻고자 전과가 있는 무뢰배를 교사 선동시켜 부락 간 쟁투를 계속케 하여".

여수군청 재직과 퇴직, 지예망 면허어업권을 가진 조아무개와 마을 사람 사이를 이간, 조아무개의 어업권을 염가 매수, 퇴직 후 심포리에서 면허어업에 종사하여 수만 원의 재산 축적, 전과자를 교사하여 마을 간 쟁투 선동 등을 한 인물로 묘사되어 있다. 남면 거주 일본인 어업자 중 군청 근무 경력자를 찾으면 되지만, 쉽지 않다. 그래서 '연전'이란 단어에서 기사 작성 시점 10년을 한정했다. 1915년 이래 여수군청 직원록에서 일본인을 추리면 다음과 같다. 직원록은 매년 1월 1일 기준으로 작성되었다. 1915년은 마침 여수군과 돌산군이 통합한 이듬해이기도 하다.

연도	재직자	퇴직자
1915	군서기 樋口正毅 新澤治一郎 額田一二	
1916	군시기 樋口正毅 新澤治一郎 額田一二	
1917	군서기 樋口正毅 新澤治一郎 瀧川一利 額田一二	
1918	군서기 樋口正毅 橋本克己 瀧川一利	新澤治一郎
1919	군서기 樋口正毅 橋本克己 瀧川一利	
1920	군서기 樋口正毅 吉利用文 酒井修一 瀧川一利 大西朋重	橋本克己
1921	군속 堤伊六 吉利用文 伊藤三好 大西明重 河野軍三	樋口正毅 酒井修一 瀧川一利
1922	군속 提伊六 泊龜作 後藤猛 河野軍三 佐佐木啓市/ 기수 宗像熊次 澤虎吉 尾辻忠 中里市四郎	吉利用文 伊藤三好 大西明重
1923	군속 牛島熊記 松尾親造 松木純一 佐佐木啓一 本田里二 井手尾末彦/ 기수 宗像態次 尾山善藏 尾辻忠 長野房吉 定兼孝之	提伊六 泊龜作 後藤猛 河野軍三 澤虎吉 中里市四郎
1924	군속 牛島熊記 佐佐木啓市 本田里二 松本純一 松尾親造 井手尾末彦/ 기수 尾山善藏 馬場俊一郎 長野房吉 定兼孝之 石川孝二郎	宗像態次 尾辻忠
1925	군속 伏見猛 西原通次郎 北原重平 井手尾末彦 江田敏夫/ 기수 吉田重治 馬場俊一郎 內村佐市	牛島熊記 佐佐木啓市 本田里二 松本純一 松尾親造 尾山善藏 長野房吉 定兼孝之 石川孝二郎
1926	군속 伏見孟 西原通次郎 北原重平 井手尾末彦 江田敏夫/ 기수 吉田重治 馬場俊一郎 內村佐市 山內數雄	

여수군청 재직 후 퇴직한 자들 가운데 그 이후에도 관직에 있었던 자들을 추려 그들의 행로를 추적하면 다음과 같다.

신택치일랑 1918년 순천군, 1919년 이후 고흥군
교본극기 1932년 이후 평북도청 기수, 평양세무감독국 기수
통구정의 1938년 이후 심상소학교, 초등학교 훈도

주정수일 1922년 이후 전매국

농천일리 1921년 담양군 이후 계속 관직

길리용문 1921년 순천군, 1922년 이후 전매국

이등삼호 1922년 전매국, 1923년 나주군

대서명중 1929년 전남도 내무부, 이후 전남 도내

박구작 1923년 무안군 이후 계속 관직

후등맹 1923년 전매국 대구전매지국 속 겸 광양군 속

하야군삼 1923년 전남 내무부 토목과 이후 계속 관직

택호길 1923년 이후 고흥군, 보성군(검)

송미친조 1925년 전남도 재무부 이후 계속 관직

미십충 1924년 강진군 이후 계속 관직

미산선장 1924년 순천군, 1925년 제주도

우도웅기 1925년 광주군 이후 계속 관직

좌좌목계시 1925년 장성군 이후 계속 관직

본전리이 1925년 순천군 이후 계속 관직

장야방길 1925년 구례군 이후 계속 관직

석천효이랑 1925년 강진군

    이들이 퇴직 후 남면에 가서 어업에 종사했을 개연성은 없으므로, 이들을 제외하면 다음의 5명이 남는다. 액전일이, 제이육, 중리시사랑, 송본순일, 정겸효지. 이 5명 중 중리시사랑은 여수군청 재직 시 '여수미곡대두 및 가마니검사소'에서 근무하여 어업과는 그 경력이 멀다. 그래서 나머지 4명이 가장 유력한 용의자이다. 또 직원 외에 군수도 생각해 볼 수 있으나, 1910년부터 1927년 사이에 여수군에는 일본인이 군수로 임명된 적이 없다.

    그밖에 남면에 여러 어업면허를 갖고 있었던 어업 유력자 대장덕광도 그 후보 중 한 명으로 볼 수 있다. 그는 1917년 10월 시행한 전라남도 판임관 견습시험 합격자로 공고(12월 20일자, 『朝鮮總督府官報』 1917.12.22.)된 적이 있다. 임관과 같은 해에 사직했다면, 직원록에는 실리지 않았을 것이다. 판임관 견습시험 합격 이후 어디에서 임관했는지는 알 수 없다. 만약 여수군청이었다면 가능성이 높아진다.

    남면의 명창순 파와 김석두 파의 쟁투는 명창순 파의 승리로 귀결된 것으로 보인다. 명창순이 지원한 안정혁 대신 김석두를 면장으로 임명했던 군수 백홍기는 그해 자리에서 물러나 순천군수로 이동했다. 또 김석두는 1925년과 1926년 시점에만 남면장이었고, 1927년 김광선을 거쳐 1928년 시점에는 명

창순이 면장에 복귀했다. 이후 1930년 시점에는 명창순 파의 안정혁이 면장이 되었다. 그는 1940년 시점까지 면장이었다('창씨제'가 시행된 1940년에는 안본정혁).

3. 율촌면민대회

1929년 면장 정봉재 제1차 배척 운동

1929년 1월 30일 율촌면민 60여 명이 면사무소 소재지 조화리 동청(洞廳, 공회당)에 모여 면장 정봉재에게 재교섭을 해서 이전 약속을 이행하게 하고, 불응한다면 적극적 행동을 취하기로 결의(『동아일보』 1929.2.4; 『조선일보』 1929.2.12; 『조선일보』 1929.2.16.)했다. 면민들이 이렇게 나온 이유는 정봉재가 면장이 되기 전에 한 약속을 면장이 되고 난 뒤에 지키지 않고, 그 약속마저 부정했기 때문이었다. 정봉재의 약속은 무엇이었을까.

전년 5월에 정봉재가 면 회계 서기로 있을 당시 면민 유지들에게 제안했다. 그 제안은 면장 유정렬은 연로하여 면 시정에 무능하므로 보통학교와 금융기관도 없고, 지방 발전이 잘 되지 못하니 지방발전기성회를 조직하여 면장 유정렬을 물러나게 하고 회계원인 자신이 면장이 되도록 운동해 주기를 바란다는 내용이었다. 그리고 자신이 면장이 되면 자신은 월급 없이 명예직으로 면장을 하고, 보통학교와 기관도 설치할 것이며, 보통학교 설립에 천 원을 부담하고, 면장 운동비로 일체 자신이 지출하겠다는 약속이었다.

면민들은 그 말을 믿고 지방발전기성회를 조직하고, 정봉재에게 면장 운동비로 먼저 90원을 받아서 운동한 결과 유정렬은 사직하고, 전년 12월 16일부로 정봉재가 면장이 되었다. 그런데 그후 정봉재의 태도가 돌변하여 기성회 위원들과의 약속을 완전 부인하므로 면민들은 분개하여 면장 배척 운동에 나선 것이었다.

그 과정에서 조화리의 박승문이 정봉재를 상대로 소송을 제기(『조선일보』 1929.2.16.)하기도 했다. 면민대회 진행 과정에 면장이 박승문에게 '무지한 욕설로 무고히 명예를 훼손'하여 박승문은 1월 중에 명예훼손 및 모욕죄로 여수경찰서에 정봉재를 고소했다. 그런데 정봉재에게 욕설 당한 박승문보다 면민이 더욱 분개했다고 한다. 여기서 박승문은 앞에서 살펴본 바와 같이, 1926년 가을부터 율촌면 조화리에 문을 연 여순정미소의 주임 박승문과 같은 인물로 보인다.

1929년 1~2월의 정봉재 배척 운동은 곧 해결(『동아일보』 1929.2.26.)되었다. 정봉재가 면민대회의 요구인 "공립보통학교 설치에 대하여 1천 원 기부"와 그 밖의 2,3 조건대로 절대 이행하겠다고 하여 그대로 넘어간 것이다.

　1929년 9월에 공립보통학교 위치 문제가 불거져 면민들의 운동(『조선일보』 1929.9.15.)이 다시 시작되었다. 원인 제공자는 군수였다. 율촌면에서는 수년 전부터 율촌면 유지들의 발기로 보통학교기성회를 조직하고, 기성금을 모집 중이었으나, 수년 동안 가뭄으로 기성금 징수를 중지한 상태였다. 1929년도 여수군 예산에 의하여 공립보통학교를 설립하게 되어, 면민에게 과다한 부과를 부담시키므로 하필 이러한 흉년에 설립하느냐고 불평이 많던 차에 위치가 문제 되었다. 원래 학교 위치를 여순간 도로 근방에 두기로 하되, 율촌면 중앙지대인 취적리에 두기로 면민과 면장의 의견이 일치되어 면장이 당국에 보고하고 당국에서도 그렇게 승인한 상태였다.

　그런데 돌연히 여수군수(藤谷作次郎)가 면장 정봉재를 호출하여 학교 위치를 사항리에 세우라고 명령했다. 사항리는 장차 남조선철도 사항정거장이 들어설 곳이라는 이유에서였다. 면장은, 사항리는 율촌면에서 제일 벽지이고, (순천군과 경계 지역이라-인용자) 거기에 학교를 둔다는 것은 순천군에 두는 것이 되고 여수군에 둔다고 볼 수 없다고 군수의 의견에 의혹을 품고 돌아왔다.

　면민들은 사항리에 학교를 두려면 순천으로 가서 기성회비를 징수하라고 하며 징수 중이던 기성금도 징수하지 못하게 되고 자못 여론이 비등했다. 그러던 중 면장의 태도까지 돌변하여 면민에게 "상부의 명령이니 나로서는 어떻게 하겠느냐"고 하면서 학교 위치를 사항리로 승인했다. 면민들은 군수의 독단행위에 분개하여 도청에 사실 진상을 보고하고 진정 운동에 나섰다.

　보통학교 설립 위치에 대한 일반 면민 간의 불평은 면민대회(『조선일보』 1930.1.10.)로 이어졌다. 면장이 면민들의 여론, 도와 군에서 지정하여 준 위치를 변경하여 율촌면의 모퉁이이며 교통이 불편한 자기 집 앞에다가 건축공사를 시작했다 하여 면민은 분개했고, 취적청년회는 면민대회를 개최하고 학교 기지를 다시 정하기를 요구했다.

1931년 면장 정봉재 제2차 배척 운동

　1931년 제2차 면장 배척 운동(『조선일보』 1931.10.13.)이 일어났다. 면민대회 주도 세력은 조화리 조일환과 각 동리 대표 40여 명이었다. 이유는 전일의 약속을 지키지 않고, 가장리의 동리산(洞里山)인 수암산을 면장 직권으로 율촌면 나병원에 판 사실이 발각되었기 때문이었다. 전일의 약속이란 율촌공보에 돈 천 원 기부하겠다는 것이었고, 수암산 매도 사건은 월산리 주영하 등의 소유 산판 32정보 매도 시 인감 부정 사용이었다. 면민들은 수차 대회를 개최하고, 주영하는 여수서에 고소를 제기했다.

　정봉재는 기자에게 다음과 같이 말했다(『동아일보』 1931.11.17). 1천 원을 학교에 기부하겠다고 언명한 바가 없고, 도로 문제와 주영하 등의 산판 매도 시 인감 내어주고 백여 원의 금전 사취로 고소하였다는 말은 들었으나, 자신의 사복을 채운 것이 아니다. 약속 부정과 개인 책임 모면성 발언이었다.

정봉재는 1932년 중에 면장 자리에서 물러났다. 직원록에는, 1929~32년간 율촌면장으로 기재되어 있고, 1933년 시점부터는 강동순이 율촌면장이었다. 또 면민대회 주도자 중 한 명인 조일환(1940년에는 산내일환)은 1936년 시점부터 율촌면장이 되었다.

1935년 면장 강동순 배척 운동

율촌면장 강동순의 공금 횡령이 탄로되어 또다시 면민들이 움직였다(『조선일보』, 1935.1.27: 『매일신보』, 1935.1.31.). 면장이 적지 않은 공금을 써버렸다고 하여 1935년 1월 7일 유재영 등 4명이 면장에게 질문한 적이 있다. 그러다가 다시 군청과 도청에 진정하려고 면민의 서명날인을 받게 되었다. 이에 1월 18일 군청의 고송(高松) 내무주임과 면 행정계 등 일행이 율촌면에 출장하여 사무검열에 나섰다. 횡령 내용을 보면, 면내 조영금에게 호세 20원을 영수하여 군청에 납부하지 않고 자전거를 구입했던 일, 전해 '조선신궁봉찬회 기부금'과 '남선 수해의연금'을 모집하여 약간 액은 군으로 납입하고, 그 후 수입금액은 영수직원들이 소비해 버린 일이다.

그런데 이 사건에 대한 내무주임은 다음과 발언했다. "금번 사건에서 특히 불쾌를 느끼게 된 것은 사건이 내부 곧 부하 직원 간에서 폭로되었다는 것 (중략) 평온한 가운데 이에 선처함이 가하거늘 동료 간에서 이것을 적발하여 평지에 파란을 일으킴은 보통 도덕의 관념으로 보나 사무 통제상으로 보나 극히 유감된 것입니다". 사건의 본질을 호도하고, 비리 사실을 폭로한 내부 고발자에게 비난의 화살을 돌리고 있다는 점에서 문제가 상당히 많다. 당시 식민 통치기구의 행정 난맥상을 여실히 보여주는 것이라 할 수 있다.

이후 면장 배척운동은 점점 맹렬해졌는데, 한편에서는 면장을 옹호하는 일파까지 생겨 군청에 진정하는 데 열중(『조선일보』 1935.2.8.)했다고 한다. 강동순은 1935년 중에 사직했다. 그리고 그 후임은 조일환이 임명되었다.

4. 소라면민대회

1922년 면장 연진모 공금횡령사건과 면장 민선운동

1918년 중에 소라면장에 임명되었던 연진모가 공금을 횡령하고 허무한 도장을 사용했다 하여 면민대표 황상진이 고발하여 1922년 말에 여수경찰서와 순천검사국에서 조사 중(『조선일보』 1922.12.4.)이었다. 1923년 시점에는 소라면장 자리는 임우균으로 교체되어 연진모는 1922년 말에 사직한 것으로 보인다.

소라면장이 횡령 사건으로 퇴직하자 면민들은 면장 민선을 청원하고, 결국 구장, 면협의원 동맹 사직을 결의(『동아일보』, 1923.2.23.)했다. 연진모 면장 후임에 대해 면민 다수가 당국에 후임 면장은 민선으로 해달라고 수차 청원했다. 그러나 또다시 관선 면장이 부임(1922년 12월 말 발령이 있었을 것으로 보임-인용자)하게 되자 1923년 2월 22일 밤 구장과 면협의원 16명은 동맹 사직을 결의했고, 군 당국은 복직하기를 권유했다.

1931~32년 면장 신현평 배척 운동

소라면의 면민운동은 10여 년 후인 1931년에 재연되었다. 1931년 8월 9일 오전 9시 소라면민 십 수 명이 면사무소를 포위하고 면사무소 신축 기부금 모집에 반대하는 모임을 열고, 오후 2시경에는 소라면 현천리 정충조 집에서 각 동리 대표 50여 명(『동아일보』, 1931.8.11; 『조선일보』, 1931.8.19.)이 모였다. 소라면민들은 약 4년 전부터 면사무소를 신축하기로 계획하고 기본금을 1년에 몇 백 원씩을 저축하여 1931년까지 2천580원을 저축했다. 면장 신현평은 천2백여 원을 더 증가하여서 벽돌 양옥 2층으로 하자 주장하고 면 유력자 측에서는 절대 반대하던 중 면민 대회가 열린 것이다.

이후 면민 대표 정보현 외 13인은 신현평을 고소(『조선일보』, 1931.10.6; 『동아일보』, 1931.10.19.)했다. 그 과정은 다음과 같다. 신현평은 순사 출신으로 면장이 되어서도 면민 대하기를 "일체 전제적 관료식으로 전횡"했다. 신현평은 1914년 10월 25일 전남도 경무부장으로부터 정근 증서를 받은 순사보 25명(『朝鮮總督府官報』, 1914.12.19.) 중 1명이었다.

면사무소 신축비로 적립된 것이 2천580원이 있는데도, 그는 면민에게 매호 1원 20전씩 1천200원의 대금을 또 증가 부과하려 했다. 면민은 9월 초에 현천리에서 면민대회를 개최한 후 면민 대표로 정보현 외 13인을 선정했다. 대표자들은 그 이튿날 면사무소에 모여 면민의 뜻을 전달했는데, 경관도 입회한 자리였다. 대표자가 말을 다 하기도 전에 신현평은 돌연히 일어나면서 호령으로 "너희들을 다 칼로 배를 찔러 죽이겠다"고 위협했다. 대표자들은 할 수 없이 모두 퇴장하고, 9월 27일 순천검사국에 강제 부과하려는 것과 폭언으로 공민권을 해친다는 것 등 죄목으로 고소한 것이다. 그리고 이어서 총독부, 도청, 군청, 경찰서에 진정서를 제출했다.

이후 10월경에는 소라면 내에 면장 배척 분위기가 가득했고, 면장은 자신의 신변 보호를 위한 활동(『조선일보』, 1931.10.9.)에 적극적이었다. 면장은 각 방면에 자기 신변을 옹호하는 갖은 운동을 적극적으로 하였고, 면민들은 습격하자는 말, 축출하자는 말, 불신임안을 내자는 말, 당국에 다시 진정하여 당국의 처치를 촉성하자는 말로 의견이 분분했다.

그러던 중 면장 옹호파에서 부정한 행위를 저질렀다. 신현평을 위해 진정서의 연명 날인을 받던 중 '사기적 날인'을 받은 것이 발각(『조선일보』, 1931.10.14.)되었다. 면장 옹호파가 복산리 구장 정성모를 시켜서 도장을 받던 중 오두환 등 8인에게는 면작계 서류라고 속이고 날인을 받은 것이 탄로 나서 율촌면 경찰관주재소가 10월 6일부터 취조에 착수한 것이었다.

이후 면민의 반대가 더욱 격렬해져서 과거의 허물을 열거하여 또 여수군청과 조선총독부에 진정서를 제출(『조선일보』, 1931.10.29.)했다. 그중 하나는 그해 봄에 율촌면 죽림리에서 애림계(愛林契) 총회를 하다가 면장이 갑자기 "소라면 백성을 매일 100명씩은 법률로 검거하겠다"고 위협했다. 또 하나는 그해 춘추기 호세 조정에서 등급이 고르지 못한 것 때문에 춘추 합 50여 명의 체납자를 내게 됨으로써 면비에 거액의 미징수를 내어서 면에 막대한 손해를 냈다는 이유였다.

소라면민들은 또다시 신현평에 대한 불신임안을 제출하고, 광주지방법원에 고소할 준비(『조선일보』, 1931.11.26.)를 했다. 면민들은 수개월 동안 감독관청에서 아무런 제재가 없어 신현평이 면민에게 더욱 무리한 행동을 감행한다고 보고 이기용 외 5백여 명의 연서로 면장 불신임안을 작성하여 11월 16일 감독자인 여수군수와 당사자인 면장에게 각각 제출하고, 광주지방법원에 고소를 제기할 준비를 했다.

1931년에 일어난 면장 신현평 배척 운동은 해결되지 못하고 해를 넘겨 1932년을 맞았다. 면장 배척 운동이 재연되었는데, 원인은 부역 과중과 강제 기부(『동아일보』, 1932.1.31.)였다. 또 군수(鈴木)가 부임한 후 사건의 내부를 조사하고자 1월 25일에 면장 배척파 유지대표 10여 명을 군청 회의실로 불러 분규 내용을 일일이 탐문(『조선일보』, 1932.2.2.)했다. 군수는 민속히 선처하겠다고 선언했다.

3월에는 소라공립보통학교 문제로 여수군청 주최 회의를 개최했으나, 면민들이 회의를 거부하여 회의는 무산(『釜山日報』, 1932.3.14.)되었다. 여수군청 서무주임이 출장하여 3월 6일 소라공립보통학교 경영 곤란으로 면과 유지를 망라하여 학교후원회를 조직하고자 했다. 면과 유지 50여 명에게 학교에 집합할 것을 전달했으나 출석자는 겨우 5명에 불과했다. 면장 배척이 교육 문제에까지 파급된 것이었다.

당시 일본인 발행 신문은 기사(『釜山日報』, 1932.5.26.)를 통해 면장 배척 운동을 백안시했다. "신 면장 조치의 선악 여부는 불문하여 존중하지 않고 철저적 반대"만 한다고 비판하면서, 소라면에서는 일반적으로 감독관청의 영단을 기대하고 있는 모양이라고 전했다.

소라면민들의 운동은 성공하지 못했다. 일제 통치 권력이 신현평을 끝까지 비호했기 때문이다. 1910년대부터 순사보로서 '견마지로'를 다하며 경력을 쌓아 일제 식민 통치에 누구보다 철저히 역할을 수행할 신현평을 면민의 뜻에 따라 내칠 식민 권력이 아니었기 때문이다. 1929년 중에 소라면장으로 임명되었을 신현평은 1942년 시점까지[1940년부터 42년 시점까지 평산신차(平山申次)] 소라면장 자리에 있었다. 소라면장 자리에 있으면서 농업금융을 통해 농민들에게 큰 영향력을 행사하는 소라금융조합의 감사와 조합장도 지냈다.

소라면사무소(《麗水發展史》)

5. 면장 민선 운동, 면장 배척 운동의 성격

통감부는 대한제국 정부에 강제하여 한국인의 언론·출판·집회·결사의 자유를 억압하는 수단으로 작용할 여러 법률들(보안법, 출판법, 신문지법)을 만들게 했다.

1907년 7월 27일 법률 제2호(『관보』 1907.7.29.)로 반포(반포일부터 시행)된 보안법의 주요 조항은 다음과 같다. 내부대신은 안녕질서를 유지하기 위하여 필요한 경우에 결사의 해산을 명할 수 있음(제1조), 경찰관은 안녕질서를 유지하기 위하여 필요한 경우에 집회 또는 다중의 운동 혹은 군집을 제한 금지 또는 해산할 수 있음(제2조), 경찰관은 가로나 기타 공개한 처소에서 문서 도화의 게시와 분포와 낭독 또는 언어와 형용과 기타의 작위를 하여 안녕질서를 문란할 우려가 있음으로 인정할 때는 그 금지를 명할 수 있음(제4조), 내부대신은 정치에 관하여 불온한 동작을 행할 우려가 있음으로 인정한 자에 대하여 그 거주 처소에서 퇴거를 명하고 또 1개년 이내의 기간을 지정하여 일정한 지역 내에 범입함을 금지할 수 있음(제5조) 등.

내부대신과 경찰관이 집회·결사의 자유를 제한할 수 있다는 것이 골자이다. 일제는 이 보안법을 무기로 대한제국기 국권 회복을 위해 결성되었던 단체를 해산시키고, 식민지기에는 항일 단체 결성을 막았다.

다음으로 언론·출판의 자유를 구속했다. 그 수단 가운데 하나였던 신문지법은 1907년 7월 24일 법률 제5호(『관보』 1907.7.27.)로써 반포(반포일부터 시행)되었다. 그 주요 내용은 다음과 같다. 신문지를 발행하고자 하는 자는 발행지를 관할하는 관찰사(경성에서는 경무사)를 경유하여 내부대신에게 청원하여 허가를 받을 것(제1조), 신문지는 매회 발행에 앞서 내부 및 그 관할 관청에 각 2부를 납부해야 함(제10조), 황실의 존엄을 모독하거나 국헌을 문란하거나 혹 국제 교의를 저해할 사항을 기재할 수 없음(제11조), 기밀에 관한 관청의 문서 및 의사(議事)는 당해 관청의 허가를 받지 않으면 상략(詳略)을 불구하고 기재할 수 없음. 특수한 사항에 관하여 당해 관청에서 기재를 금지한 때도 또한 같음(제12조), 범죄를 곡비(曲庇)하거나 또는 형사 피고인 혹 범죄인을 구호하거나 또는 상■을 위하는 사항을 기재할 수 없음(제13조), 공판에 이부 이전 만약 공개하지 않은 재판 사건을 기재할 수 없음(제14조) 등. 신문지법은 언론 통제를 위한 법이었다.

출판의 자유를 억압한 것은 출판법이었는데, 이는 1909년 2월 23일 법률 제6호(『관보』 1909.2.26.)로써 반포되었다. 시행일 규정은 없으나, 앞의 두 법이 반포일부터 시행되었으니, 이것도 마찬가지라고 생각한다. 주요 내용은 다음과 같다. 문서 도화를 출판코자 하는 때는 저작자 또는 그 상속자와 발행자가 연인(連印)하여 고본(稿本)을 붙여 지방장관(한성부에서는 경시총감으로 함)을 경유하여 내부대신에게 허가를 신청해야 함(제2조), 제2조의 허가를 얻어 문서와 도화를 출판한 때에는 즉시 제본 2부를 내부에 납부해야 함(제5조), 허가를 얻지 않고 출판한 저작자, 발행자 또는 다음 구별에 의해 처단함(제11조) 등.

출판법 제정 이후 1909년 5월 5일 내부대신 박제순은 내부고시 제27호(『관보』 1909.5.7.)로 출판법에 근거하여 첫 번째 발매 반포 금지 조치를 내렸다. "치안을 방해함으로 인정하였기에 출판법 제16조에 의해 출판물의 발매 반포를 금지"한다고 한 것이다. 출판법 제16조는 앞 출판법의 부칙에 있는 조항으로 "내부대신은 본법 시행 전 이미 출판한 저작물로 안녕 질서를 방해하거나 또는 풍속을 괴란할 우려가 있을 것으로 인정한 경우에는 그 발매 또는 반포를 금지하고, 또 그 각판, 인본을 압수할 수 있음"이라는 내용이다.

발매 반포 금지 조치를 받은 출판물은 越南亡國史(현채), 월남망국수(이상익), 20세기 조선론(김대희), 유년필지 권1·권2(현채), 유년필독 석의 상·하(현채), 중등교과 동국사략 상·하(현채), 금수회의록(안국선), 우순소리(윤치호)이다.

이렇게 시작된 언론·출판 통제 법령은 1930년대에도 여전히 유효하여 일본인에게는 인가제인 신문

지규칙을 적용하고, 조선인에게는 허가제인 신문지법을 적용하여 민족 차별적으로 시행되었다.[1] 출판법도 '여전히 1자도 첨삭되지 않고 현행'되고 있었는데, 사상관계 범죄에 가장 많이 적용되는 것 중 첫 번째였다.[2]

대한제국기의 언론·출판·집회·결사의 자유를 억압하는 법령이 유효하게 살아있었던 환경 속에서 일어난 3·1운동은 일제로부터 약간의 후퇴를 이끌어냈다. 아주 제한적인 범위 안에서 약간의 숨통이 트인 것이다. 그리하여 많은 결사체가 만들어졌다. 또 3종의 한글 신문 발행이 허용되었다. 그러나 집회 자리에는 '임검'이라는 경찰의 감시가 따라붙었고, 신문·잡지에는 역시 '검열'이라는 통제책이 수반되었다.

1922~23년 여수군 소라면에서 있었던 면장 민선 운동에 대해 『동아일보』는 사설(1923.2.24.)에서 "민선을 주장하여 청원했으나 불용되자 구장과 면협의원이 연맹 사직"했다고 하여 주요하게 다뤘다. 또 여수시사 1권에서는 면장 민선 요구를 '항일운동'으로 평가했다.[3]

그러나 면장 민선운동 또는 면장 배척운동으로 전개된 면민들의 투쟁은 민족운동의 성격을 찾기 어렵다는 것이 한규무의 연구 결과이다.[4] 그의 연구에 따르면, 1921~39년간 조선 전체에서 322건의 면장 민선 또는 면장 배척 운동이 있었고, 경남이 76건으로 가장 많았다.

또 면장 배척운동과 민선운동에는 면협의원이 참여한 경우도 있다. 면협의원은 면내 유지에 해당하는 사람들로 농촌에서는 지주, 도시에서는 기업주들이 주로 맡는 자리였다. 지주나 기업주는 식민권력과 대립할 수 없는 사람들이었다. 기본적으로 항일을 할 수 없는 사람들이다. 게다가 일본인 면협의원이 면장 민선운동 또는 면장 배척운동에 참여하기도 했다. 그런 운동을 항일운동으로 평가하는 것은 넌센스이다.

1920년대 초 민족주의 진영 안에서는 1900년대 대한제국기에 있었던 실력양성운동이 다시 전개되었다. 경제적 실력 양성을 위한 물산장려운동, 교육적 실력 양성을 목표로 한 민립대학 설립 운동이 그것이다. 그러나 이 운동은 곧 시들해졌다.

그 결과 민족주의 진영은 두 방향으로 분화되었다. 하나는 독립을 포기하지 않고 일제와 타협하지 않는 세력을 이루었다. 이들을 일반적으로 민족주의 좌파로 분류한다. 이들은 1920년대 민족협동전선운동에 참여하여 사회주의자들과 신간회를 만들었다.

다른 하나는 일제와 타협적 태도를 보이며 독립을 포기한 집단이다. 이들을 민족주의 우파로 일컫는다. 이들은 자치운동을 벌였다. 또 친일 조선인들은 참정권 청원운동을 벌이고, 내정 독립론을 펼쳤다. 이들에 대해 신채호는 조선혁명선언에서 다음과 같이 설파했다.

내정 독립이나 참정권이나 자치를 운동하는 자가 누구이냐?

너희들이 '동양평화' '한국독립보전' 등을 담보한 맹약이 먹도 마르지 않아 삼천리강토를 집어먹던 역사를 잊었느냐? '조선인민 생명 재산 자유 보호' '조선인민 행복증진' 등을 명확히 밝힌 선언이 땅에 떨어지지 않아 2천만의 생명이 지옥에 빠지던 실제를 못 보느냐? 3·1운동 이후에 강도 일본이 또 우리의 독립운동을 완화시키려고 송병준·민원식 등 1,2 매국노를 시켜 이따위 미친 주장을 부름이니 이에 부화하는 자가 맹인이 아니면 어찌 간악한 도적이 아니냐?

설혹 강도 일본이 과연 관대한 도량이 있어 시원하게 이들의 요구를 허락한다 하자. 소위 내정 독립을 찾고 각종 이권을 찾지 못하면 조선민족은 일반의 아귀(餓鬼)가 될 뿐이 아니냐? 참정권을 획득한다 하자. 자국의 무산계급의 혈액까지 착취하는 자본주의 강도국의 식민지 인민이 되어 몇 개 노예 대의사의 선출로 어찌 아사(餓死)의 화를 구하겠느냐? 자치를 얻는다 하자. 그 몇 종의 자리임을 물론하고 일본이 그 강도적 침략주의의 간판인 '제국'이란 명칭이 존재한 이상에는 그 부속 하에 있는 조선인민이 어찌 구구한 자치의 허명으로써 민족적 생존을 유지하겠느냐?[5]

일본이 내정 독립, 참정권, 자치를 허용한다 해도 우리민족에게는 아무런 소용이 없고, 오직 독립만이 우리민족의 유일한 살길이라는 일갈이었다.

1920년대 초 면장 민선 운동은 일제의 식민 통치를 전제로 한 운동이다. 일제 통치 기구는 건드리지 않고, 다만 말단 행정관리인 면장만을 자신들의 입맛에 맞는 사람으로 고르고 싶다는 욕망을 드러낸 운동이다.

1920년대 선거제가 있기는 했다. 부와 지정면의 협의회원 선거가 그것이다. 그러나 투표권은 일정한 재산세를 납부할 수 있는 일부의 자산가에 국한되었다. 1930년 기준 여수면 인구 약 2만 2천5백 명 가운데 유권자는 478명이었다. 전체 인구의 2.1% 수준이었던 것이다. 이런 선거제가 과연 민의를 대변한 것인가.

또 여수군에서는 10개 면 가운데 여수면만이 지정면이었고, 나머지 9개 면은 보통면이었다. 여수면에서만 선거제였고, 9개 면에서는 임명제였다는 말이다. 의결 기구도 아닌 단지 자문기구일 뿐인 면협의회원 선거도 이럴진대 집행 기구인 면장을 고르는 데 보통면에서 선거제는 있을 수 없는 일이었다.

설혹 면장 민선이 성사된다 해도 대다수 민중들은 소외될 존재였다. 그런 상황에서 면장 직선제가 무슨 의미가 있을까. 임명제보다 나은 점은 무엇일까. 면장 민선 운동도 결국 허울뿐인 자치운동의 범주에 속한다고 할 수 있다.

07 자본가와 상공단체

1. 자본가

자본가는 일반적으로 기업주이고, 식민지 조선의 기업주 중 상당수는 지주 출신이다. 지주로서 받아들인 지대를 산업자본으로 전환시키는 경우가 많았다. 1920년대는 회사령 철폐에 따라 대체로 조선인 자본가의 기업 설립이 활발했지만, 식료품 제조업이나 섬유공업, 고무공업 정도에 머물렀다.

1920년대 여수의 공업 사정도 마찬가지였다. 당시 기자(『동아일보』 1927.4.13.)가 볼 때, 자본주 측의 공업 사상 결핍으로 아직 공산품으로서 볼만한 것이 없었다. 1927년 여수의 공장 중 조선인 경영의 것으로 굴지할 만한 것은 조면공장 1개, 정미공장 3개 정도였다. '金'조면공장(김재성), 정영선 정미소, 공성 정미소(이우헌), 여순정미소(주임 박승문)가 그것이다.

1920년대 이후 여수에서 활동했던 기업인 가운데 대표적인 인물들을 뽑아 보면 다음 표와 같다.[1]

이름	경력
金漢永	1920년 8월 『동아일보』 여수지국장, 1937.4 조일직물공업사 대표
金漢昇	1910 여수지방금융조합장, 1921 여수금융조합장, 1925 여수기업주식회사 이사, 1929 순천기물주식회사 감사역, 1933.4 순천산업주식회사 감사역, 1937 여수자동차(주) 이사

이름	경력
金漢星	1920.8 『동아일보』 여수지국 총무
金寅枰	1930.12~1932.2 『동아일보』 여수지국 고문, 1934.6 여수읍 부읍장
金正枰	1932.1 여수국자주식회사 취체역, 1935.11 조일직물공업사 사원
明昌淳	1932.1 여수국자주식회사 취체역, 1933.4 여수수우주식회사 대표, 여수물산주식회사 대표취체역, 여수국자주식회사 취체역 사장, 1942.9 순천토지건물주식회사 지배인, 여수물산주식회사 대표취체역, 여수토지건물주식회사 취체역
李又憲	1936 공성정미소 대표, 1936.12 여수자동차주식회사 감사역
金景澤	1933.4 여수물산주식회사 취체역, 전남제빙주식회사 감사역, 1940 종산상회 사원
趙丁燮	1933.4 여수물산주식회사 감사역, 여수국자주식회사 전무취체역, 1942.9 여수물산주식회사 감사역, 1942.9 여수토지건물주식회사 취체역
金英俊	1935.11 합명회사 조일직물공업사 대표, 1939.11 여수면포주식회사 대표, 1942.9 주식회사 本田상점 취체역, 여수자동차주식회사 감사역, 종산상회 사원, 흥아고무공업주식회사(부산부 범일정) 취체역, 여수부동산주식회사 취체역, 1943.1 주식회사 서울護謨工社 취체역
政吉信	1920년대 전남수산회사, 흥양수산회사, 전남제빙회사 3회사의 상무취체역, 1933.4 여항운수주식회사 감사역, 황양기선주식회사 전무, 1942.9 순천토지건물주식회사지배인 1942.9 여수토지건물주식회사 취체역
大塚治三郞	高瀬농장 전무
高瀬政太郞	1927.1 주식회사 高瀬농장 취체역, 1940 高瀬농장 대표취체역 사장
本田安五郞	1935.7 주식회사 本田繰綿工場 사장
本田孝一	1942.9 주식회사 本田상점 대표취체역사장, 中村기선주식회사 대표취체역 사장, 대화식품공장 취체역, 여수조선철공소 취체역, 여수토지건물주식회사 취체역
山本謙三	1942.9 종산상회 사원, 남선물산가공주식회사 대표취체역
礒本政一	1933.4 여수국자주식회사 감사역, 1942.9 여수기선주식회사 취체역, 여수국자주식회사 취체역 사장, 여수국자주식회사 대표, 여수선구유한회사 대표취체역

이들 기업인은 다음과 같이 네 가지 부류로 나눌 수 있다. ① 토착 조선인, ② 이주 조선인, ③ 여수 거주 일본인, ④ 외래 일본인 등이다. 먼저 토착 조선인 가운데 대표적인 인물은 김한영, 김한승 형제와 그 일가이다. 이들의 가계를 살펴보면 다음과 같다.[2]

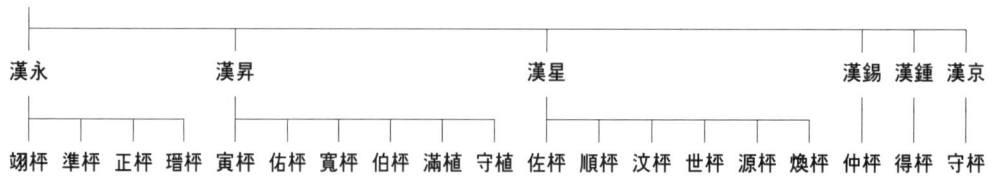

이 집안에서 가장 왕성한 활동을 벌인 인물은 6형제 중 둘째인 김한승(1869~1950)이었다. 1910년부터 금융조합장, 기업체 이사와 감사 등을 두루 역임했고, 일제 통치기관의 자문기구에도 1910년대부터 지속적으로 참여했다.

김한승의 형 김한영(1866년생)은 1920년 『동아일보』 여수지국 개설과 함께 지국장을 맡았고, 1930년대 중후반부터 조일직물공업사 대표사원으로 경영에 참여했다. 셋째 김한성은 1920년 8월 『동아일보』 여수지국에서 총무로서 그의 장형 김한영을 보좌하여 지국 운영에 참여했다.

김한영의 3남 김정평은 조일직물공업사 사원이었다. 김한승의 장남 인평은 『동아일보』 여수지국 고문을 지내다가 여수읍 부읍장에 임명되었다.

1943년 서울고무공사(護謨工社, 경성부 신설정) 대표취체역 김좌평은 김한성의 장남과 동일 인물로 보인다. 여수를 연고로 한 기업인 김영준이 같은 시기, 같은 회사에서 취체역을 했기 때문에 대표 취체역 김좌평도 여수 출신일 개연성이 있다.

김한영의 차남 준평은 조선총독부 판사를 지냈다. 김한승의 차남 우평은 1921년 『동아일보』 여수지국 기자로 잠시 일했고, 미국 유학을 마치고 돌아와 1930년대 『동아일보』 경제부장을 역임했다. 정부 수립 이후에는 외자구매처장, 부흥부 장관, 국회 민의원 의원을 지냈다.

그밖에 남면 우학리 출신의 명창순과 공성정미소를 운영했던 이우헌 역시 여수의 토착 조선인 기업가였다. 훗날 1963년 공화당 국회의원에 당선되었다.

다음 이주 조선인의 대표자는 김영준이다. 그는 앞에서 살펴본 대로 일본 고베에서 고무 원료 배합 기술을 배워 부산에서 고무공장을 열었다가 1932년 여수에 천일고무공장을 세운 이후 여수의 대표적 기업가로 성장하였다. 고무공장에서 원료 배합 기술의 중요성은 김동인의 단편 소설(《배회》)에 잘 나타나 있다.[3] 평양의 동원고무공장주 김동원의 동생이었던 김동인은 형의 공장 사정이나 고무공장의 공정을 잘 알았고, 원료 배합 기술의 중요성도 파악하고 있었을 것이다. 그래서 그 경험이 소설 속에 생생히 묘사된 것이다.

1932년 초 여수 천일고무공장주는 노동자에게 가혹한 요구를 하기도 했다. 당시 불황을 맞아 많은 노동자가 공장 취직을 원하고 있었는데, 이를 기화로 공장주는 신입 직공 1명당 '공구대' 명목으로 5원씩을 징수(『조선일보』, 1932.3.6; 『동아일보』, 1932.3.9.)했다. 일당은 10~20전이었으므로 5원은 노동자의 1~2개월 치 임금에 해당하는 거금이었다.

여수거주 일본인 가운데 가장 왕성한 활동을 벌인 자는 정길신(政吉信)이다. 일본 녹아도현 출신[4]인 그는 1924년부터 여수에 거주하면서 수산업 기업에서 임원으로 활동했고, 이후 여수에서 일어난 크고

작은 일에 관여하지 않은 적이 거의 없었다.

외래 일본인의 대표자는 고뢰정태랑(高瀨政太郎)과 본전안오랑(本田安五郞)이다. 이들은 각각 부산과 마산을 근거지로 대규모 기업을 경영하면서 여수에서 각각 농장과 조면공장을 운영했다.

이들 네 부류의 기업인들은 경제단체 활동에도 적극적이었다. 1935년 6월 2일 여수상공회 제1회 정기총회(『동아일보』 1935.6.5.)에서는 김영준, 김정평, 정길신(政吉信), 본전효일(本田孝一) 등이 평의원에 당선되었다. 이어 1938년 2월 8일 도령 제24호에 의해 여수상공회가 설립되었는데, 4월 30일 실시된 선거(『동아일보』 1938.5.3.)에서 정길신이 회장에, 이우헌 등이 부회장에, 김영준 등이 상의원에 당선되었다.

이어 1939년 1월 19일 정길신이 회장을 사임하여 4월 1일 김영준이 여수상공회장에 취임했다.[5] 1940년에는 여수상공회가 여수상공회의소로 전환되면서 김영준이 초대 회두가 되었다.[6]

김영준은 또 1938년 6월 조선실업구락부의 회원(유지2급)으로 가입했는데, 이때 그의 직책은 남선고무조합 이사장이었다.[7] 김영준은 해방 후인 1946년 10월에 재창립된 여수상공회의소에서도 초대 회두를 맡았으며, 같은 해에 창립된 전라남도상공회의소의 초대 회두를 겸하였다. 그리고 1947년과 48년에는 전용순, 이세현, 최순주, 김용완, 김지태 등과 함께 조선상공회의소 부회두였다.

이들 기업인들은 여수상공회와 여수상공회의소 등 경제단체에 참여하여 활동하며 공통의 경제적 이익을 위해 공동보조를 취했다.

일제 식민지기 지방의 지주, 자본가는 일제 식민권력과 긴밀한 유대를 맺고 있었는데, 그 매개체는 일제의 자문기구 참여였다. 그들은 자문기구 참여를 통해 일종의 '정경유착' 관계를 형성했다. 자문기구 참여는 경제적 이권 보장과 관련이 깊었다. 자문기구 가운데 최상급은 조선총독부 중추원이었다. 일제 시기 여수에서 중추원 참의에 임명된 자는 김한승이 유일했다. 그는 1932년 6월 2일부터 1935년 6월 1일까지 만 3년간 중추원 참의(『朝鮮總督府官報』 1932.6.8; 1935.6.3.)로 활동했다.

중추원 다음은 도평의회원, 도회의원이었다. 김한승은 1920년, 1924년, 1927년 세 차례에 걸쳐 도평의회원(『朝鮮總督府官報』 1921.1.14;『매일신보』 1924.4.6; 1927.4.3.)이 되었고, 김한승을 이어 1930년 3월 명창순이 도평의회원(『중외일보』 1930.3.28.)이 되었다. 1937년 5월 10일 전남도회 의원 선거(『朝鮮總督府官報』 1937.7.6.) 결과 이우헌, 조천섭이 당선되었다.

정길신은 면협의원을 지내고, 관선 도평의회원을 두 번 역임했으며, 1933년 민선 도회의원에 당선되었는데, 이처럼 그는 1920년대 이래 여수지역의 대표적 일본인 세력가였다.[8] 김경택(1898년생)은 1931년 읍회 의원으로 당선되었고, 명창순은 그의 고향인 남면에서 오랫동안 면장으로 활동했다.

2. 상공단체

공직자대회 결의와 여수상공회 설립 준비

1932년 9월 1일 여수경찰서 연무장에서 공직자대회(『매일신보』, 1932.9.5; 『동아일보』, 1932.9.5.)가 개최되었다. 정길신(관선 도의원), 명창순(민선 도의원), 대총치삼랑(大塚治三郞, 고뢰농장 전무) 등의 발기로 열린 것이다. 장내에는 여수군수·여수읍장 등을 비롯한 공직자가 출석했다. 먼저 발기인 측에서 '대여수의 급속한 실현을 촉진하기 위하여 본 대회를 열게 되었다'는 취지를 간단히 설명했다. 이어 정길신이 좌장으로 추천이 되어 다음과 같이 모두 11개 항을 결의했다.

① 여수항 방파제 축조의 건, ② 여수의 쌀 매상 장소 지정의 건, ③ 여수시내에 제2공보교 설립의 건, ④ 거문도 및 안도 매축의 건, ⑤ 전남어업조합회 여수출장소로 장흥 고흥 광양 3군 김[해의(海衣)]공동판매소 실행 촉진의 건, ⑥ 여수에 수산창고 설치의 건, ⑦ 관려연락선 항로의 국비보조 교부의 건, ⑧ 저리자금융통을 받아 토목사업(궁민구제) 시행의 건, ⑨ 나병원 이전의 건, ⑩ 실과여학교 설립의 건, ⑪ 상공회 설립의 건 등. 상공회 설립이 안건 중 하나였다.

이상을 만장일치로 전부 관계 당국에 진정 요망하기로 결의한 후 실행방법에 대하여 정길신 명창순 대총 송본 유촌(有村) 김한승 김경택 이우헌 정재익 등 위원을 선정하여 일체 행위를 위임하기로 결정하였다.

이후 10월 16일 오후 1시에 시내 유력 상공업자 정길신 외 수십 명이 읍회의실에 집합하여 구체안을 토의 결정하고 규약을 수정했다. 실행위원 정길신 대총 송본 등은 제반 준비 활동을 하다가 목적을 관철키 위하여 전남도와 총독부에까지 진정할 계획(『매일신보』, 1932.10.20.)을 세웠다. 또 이듬해인 1933년 2월 28일 시내 수산회사에서 정길신 외 위원들이 회합하여 제반 준비에 대하여 토의하고, 각 방면의 회원 신청을 접수(『매일신보』, 1933.3.7.)했다.

1934년에는 5월에 창립 준비간담회가 열렸다. 『동아일보』 기사(1934.5.18.)는, 창립총회가 1934년 5월 11일 여수금융조합에서 개최되었다고 짤막하게 보도했다.

그에 반해 일본어 신문인 목포신문에 그 상황이 상세히 보도(『木浦新報』, 1934.5.14.)되었는데, '창립 총회'가 아니고, '준비 간담회' 수준이었다. 그 내용을 보면, '여수 다년의 현안인 상공회 설립을 구체화할 준비 간담회가 11일 오후 9시부터 여천금융조합 누상에서 열려 군수, 서장 이하 관민 유지 50명이 출석했고, 강구(江口) 읍장이 주최자로서 개회 인사를 했으며, 결국 상공회의 명칭으로 설립할 것을 만장일치로 가결했다. 또 구체적 안은 위원을 뽑아 연구하게 하고 강구 읍장을 위원장으로 추대하여 다음

34명을 위원으로 선정했다.

일본인 측 동상정 산천(山川), 동정 금천(今川) 편강(片岡) 강본(岡本), 영정 재등(齋藤) 송본(松本) 하기(河崎) 병두(兵頭), 서정1정목 팔목(八木), 서정2정목 상전(上田) 지전(池田) 본전(本田), 중정 청목(靑木) 산본(山本) 무전(武田), 서상정 하원(下原) 중산(中山), 동정 덕전(德田) 유하(柳下) 소천(小川), 동대정 통구(樋口) 백석(白石) 평산(平山), 욱정 산본(山本), 애생정 평야(平野) 내어당(內御堂), 조선인 측 김경택 이종완 이우헌 정재익 김정상 박충래 정재정 노천봉. 여기서 박충래는 박윤래의, 정재정은 정재완의 오기일 것이다.

이어 5월 19일 서정 무진회사 2층에서 창립위원회(『조선중앙일보』, 1934.5.24.)가 개최되었다. 의장(읍장)의 개회사가 있은 후 상공회 회칙안의 주지를 설명하고, 회원 가입은 회비제로 하며 5월 말일까지 신청케 하기로 결의했다.

이상을 보면, 1932년 9월 여수공직자대회에서 상공회 설립을 결의하고, 조선인과 일본인 몇 명으로써 실행위원을 선정하여 상공회 설립 준비를 위임시켰다. 그 결과 1934년 5월에는 창립 준비간담회, 창립위원회가 연달아 개최되었다. 그 과정을 보면, 관측의 적극 주도가 주목된다. 여수 상공회 설립이 공직자대회 안건으로 채택되고, 군수·경찰서장·읍장 등이 모임에 참석했으며, 창립 준비간담회와 창립위원회가 여수읍장 주최로 개최된 것에서 그것을 알 수 있다. 순수한 민간 '상공' 단체라기보다는 반관(半官) 반민(半民) 성격을 갖고 있는 단체임을 엿볼 수 있는 대목이고, 그들의 활동 방향과 내용을 예측할 수 있는 복선으로 간주할만한 지점이다.

창립과 임원 개선(改選)

상원영차랑상점(『麗水發展史』)

우여곡절 끝에 1934년 6월 24일에 여수상공회가 창립된 것으로 보인다. '방금 회원을 모집 중인데 벌써 250인이 가입했고, 6월 24일에 공회당에서 창립회 개최 예정'이라는 하루 전 신문기사(『조선일보』, 1934.6.23.)를 통해 그것을 짐작할 수 있다.

창립 모임에서는 정길신과 상원영차랑(上原永次郎)을 각각 회두와 부회두로 선출했다. 그러나 이들은 무슨 이유에서인지, 각각 그 역원 직을 수락할 수 없다고 절대로 사절(『조선일보』 1934.7.7.)했다. 정길신은 이에 대해 "자기로서 달리 책임이 많으므로 회수(會首-인용자)의 책임을 다할 수 없어서 그리된 것"이라면서 "재삼 요청함으로 다시 한 번 고려해 보기로 하였습니다."라고 하여 사절 의사를 번복할 수 있음을 시사했다.

1년 후인 1935년 6월 2일에 여수상공회 제1회 정기총회(『동아일보』 1935.6.5.)가 열렸다. 이때 당선된 평의원은 다음과 같다. 이문헌 장재후 김상룡 김정수 김영준 김정평 정태양(丁台陽) 본전효일 하기구삼랑 금천오백장(今川五百藏) 유촌문일(有村文一) 내어당겸이(內御堂謙二) 유하익차랑(柳下益次郎) 소로관오(小路寬吾) 편강의(片岡議) 정길신 통구복시(樋口福市) 강선희 등. 여기서 이문헌(李文憲)은 이우헌(李又憲)의, 정태양(丁台陽)은 정태식(丁台湜)의 오기인 듯하다.

중일전쟁이 발발한 이후 1937년 10월 18일 조선총독부 전라남도령 제24호(『朝鮮總督府官報』 1937.11.25.)로 전라남도상공회규칙이 시행되었다. 전라남도상공회규칙이 시행된 후 1938년 2월 8일 여수상공회가 재설립(재인가-인용자)되었고, 4월 30일에는 여수상공회 선거가 새로 실시되었다. 이 선거에서 정길신이 회장에, 이우헌과 의본이 부회장에, 김영준·하기삼·내어당·송본 등이 상의원에, 감사에 정태식과 편강의가 당선(『동아일보』 1938.5.3.)되었다.

1939년 1월 19일 정길신이 회장을 사임하여 4월 1일 김영준이 여수상공회장에 취임했다. 이때 임원진을 보면,⁹⁾ 회장 김영준, 부회장 하기구삼랑(河崎龜三郎) 본전효일(本田孝一), 고문 마장수장(馬場秀藏) 하야익일(河野益一) 정길신, 이사 좌등진부(佐藤鎭夫), 상의원 삼여육(森與六) 송본정량(松本政良) 내어당겸이(內御堂鎌二) 명창순 실복장(室福藏), 감사원 정태식(丁台湜) 길전양(吉田穰)이었다.

편강의(『麗水發展史』)

그리고 회원수는 156명이었는데 회원들의 직업별 수를 보면, ① 곡물·비료상 9, ② 해산업 17, ③ 주·장유 양조(酒醬油釀造) 4, ④ 일용 식료·잡화 4, ⑤ 잡화·화장품상 7, ⑥ 오복상(吳服商) 4, ⑦ 포목상 11, ⑧ 양복상 2, ⑨ 고무신 4, ⑩ 과자·일용잡화 8, ⑪ 약종상 5, ⑫ 문방구·인쇄 5, ⑬ 선구·어구(船具漁具) 5, ⑭ 광유(鑛油) 2, ⑮ 철물 5, ⑯ 토목·건축 3, ⑰ 재목 4, ⑱ 기계·철공 4, ⑲ 가구·지물 4, ⑳ 금융 2, ㉑ 운수·창고 9, ㉒ 여관 7, ㉓ 요리·음식점 6, ㉔ 남루(襤褸) 1, ㉕ 골동 1, ㉖ 시계·귀금속 2, ㉗ 라디오·미싱·축음기 4, ㉘ 중개·주선 1, ㉙ 전당포 1, ㉚ 석탄상 1, ㉛ 사진 1, ㉜ 면화 1, ㉝ 다다미업(疊業) 1, ㉞ 조선 1, ㉟ 도기 2, 기타 8명이었다.

실복장상점(『麗水發展史』)

진정 활동

여수상공회의 활동으로는 진정 활동이 주목되며, 다음과 같이 세 가지 사례가 발견된다. 먼저 1936년 4월 1일 여수상공회장 병두(兵頭) 일행 5인은, 총독부와 철도국을 방문하고 "여수선이 국철이 된 이후로 화차 취급 하역이 환성(丸星)에 독점된 관계로 운임 등의 부담이 많고 또 하역에 불편한 바가 있어서 방법 개량에 대하여 고려가 있어 달라"고 진정(『조선중앙일보』 1936.4.3.)했다.

두 번째로 같은 해 11월에 전남 각지의 요망에 대한 의안을 심의할 제16회 전남실업연합대회가 6~7일 양일간 개최될 때, 여수상공회가 제출한 안건(『매일신보』 1936.11.5.)은, 관려연락선 개선에 관한 건, 여수-박다(博多) 간 항로 개설에 관한 건, 상공학교 설치에 관한 건, 여수항 하역자금[荷役資] 통제에 관한 건 등이었다.

세 번째는 1939년 5월 31일, '제2 부산을 목표로 건설에 매진하고 있는 산업경제 약진 상공도시 여수'로서 부산 여수 간 직통전화 가설을 위해 경성 체신국장, 부산체신분장 국장, 여수우편국장에게 진정(『동아일보』 1939.6.7.)한 일이다.

여수상공회의소로의 개편

1941년 3월 25일 조선상공회의소령에 의해 여수상공회의소 설립이 인가(조선총독부 고시 제364호, 『朝鮮總督府官報』 1941.3.28.)되었다. 지구는 전라남도 여수군 여수읍 일원으로 하고, 사무소 소재지는 전라남도 여수군 여수읍 동정 981번지였다.

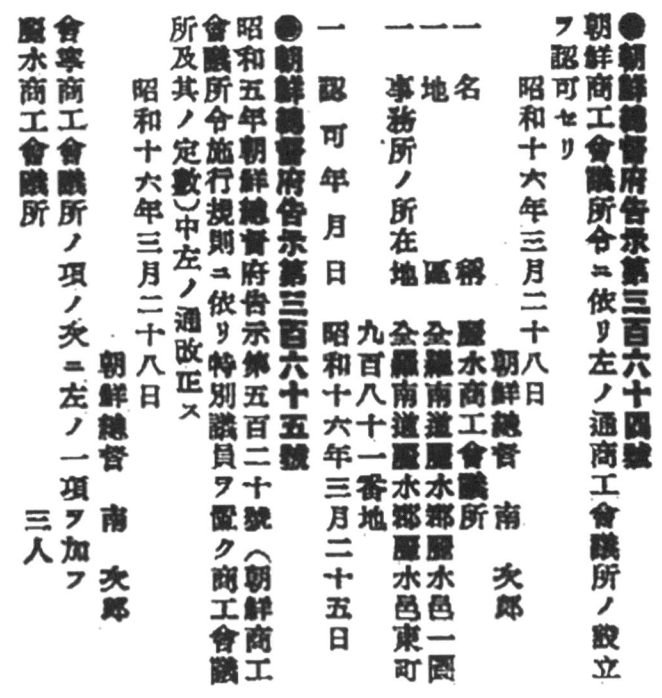

여수상공회의소 설립인가 관보

설립 인가 관련 조치로서 1930년 조선총독부고시 제520호(조선상공회의소령 시행규칙에 의해 특별의원을 둘 상공회의소 및 그 정수) 중 개정(조선총독부 고시 제365호)도 같은 날 이뤄졌는데, 회령상공회의소 다음에 여수상공회의소를 두고, 특별의원 정수를 3명으로 한다는 내용이었다.

여수상공회가 여수상공회의소로 전환되면서 김영준이 초대 회두가 되었다. 이를 두고, 상공회의소 측에서는, "여수에는 당시 일상(日商)들이 상권을 지배하였음에도 김영준의 인물과 활동력에 눌려 초대 회두에는 김영준을 취임케 하였"다고 기록했으나,[10] 다소 과장이 섞여 있는 것으로 보인다.

3. 여수상공회의 인적 구성

상공회 설립 전

여수상공회와 관련된 인물들의 명단을 살펴보자. 먼저 1932년 9월 여수공직자대회 이후 11개 항을 진정하며 그 실행방법을 위임하기 위해 선정된 실행위원 명단이다. 그 명단은 다음과 같다. 정길신 명창순 대총 송본 유촌 김한승 김경택 이우헌 정재익.

다음으로는 1934년 5월 11일 상공회 설립을 구체화할 준비간담회에서 선정된 창립준비위원 명단인데, 위원장 강구 읍장 외 34명이다. 조선인은 8명인데, 김경택, 이종완, 이우헌, 정재익, 김정상, 박충래, 정재정, 노천봉이다. 위의 명단 가운데 중복자는 김경택 이우헌 정재익이다. 또 위원장을 제외하고도 일본인이 26명으로 압도적 다수이다. 일본인은 '씨'만이 밝혀져 있어 이름을 추정하고 전후 약력을 소개하면 다음 표와 같다.[11]

지역	추정 씨명	전후 이력
동상정	山川十郞	시계점
동정	今川五百藏	소방조 부조두/ 1912년 국유미간지 대부허가 (『朝鮮總督府官報』1912.5.27.)
	片岡議	1931년 읍회선거 차점자
	岡本鶴松	
	德田	
	柳下盆次郞	
	小川	
榮町	齋藤紋之助	순천무진 여수지점 전무
	松本政良	전남토목건축합자회사 해산 청산인 (『朝鮮總督府官報』1938.9.8.)
	河崎龜三郞	
	兵頭萬市	잠수기어업 사장
서정1정목	八木	
서정2정목	上田載憲	1912년 국유미간지 대부허가/ 학교조합 관리자
	池田	
	本田孝一	
仲町	靑木岩吉	소방조 1부장/여수청과배급주식회사 감사역 (『朝鮮總督府官報』1942.1.8.)
	山本	
	武田眞一	금물점/여수조선철공소 취체역 (『朝鮮總督府官報』1942.2.10.)
서상정	下原新藏	소방조두/여수토지건물주식회사 취체역 (『朝鮮總督府官報』1943.9.4.)
	中山袁滿	합자회사 여수공영사 설립허가 (『朝鮮總督府官報』1920.2.19.)
東台町	樋口福市	흥양수산주식회사 감사역 (『朝鮮總督府官報』1938.3.22.)
	白石正輔	
	平山	

지역	추정 씨명	전후 이력
旭町	山本謙三	본전조면공장 지배인
愛生町	平野佐市	소방조 2부장/여수어업조합 감사 (『朝鮮總督府官報』 1938.5.24.)
	內御堂謙二	여수조선 철공소

   1932년 실행위원과 1934년 창립준비위원 가운데 다수는 1931년 5월 여수읍회의원 당선자와 중복된다. 여수읍회 의원 당선자 14명은 이우헌 노천봉 전중천길(田中淺吉) 유국준 김경택 의본정일 정재익 무전진일 도변여삼랑 대총치삼랑 이종완 남지옥(南至屋) 박충래 송본정량(득표순)이고, 차점자는 편강의(『매일신보』 1931.5.25.)였다. 여기서 박충래는 박윤래의 오기이다.

   그런데, 1933년 3월 29일 여수읍회 제4일 2독회 보도 기사에는 읍회 의원 이름이 이문헌 노천봉 송본 박총래 대총 김경택으로 소개(『매일신보』 1933.4.2.)되어 있어, 이 명단에서 이문헌은 이우헌의, 박총래는 박윤래의 오기임을 알 수 있다.

   1930년 6월 15일 순천군청 회의실에서 열린 '경전선철도속성연합기성회'에 참석한 여수 대표는 정길신, 중산원만, 백석정보, 김한승, 유촌문일(『매일신보』 1930.6.19.)이었고, 1931년 5월 21일 실시될 읍회 의원 선거에서 정길신, 김한승, 유촌문일 3인이 입회인에 내정(『매일신보』 1931.5.20.)되었는데, 이를 통해 당시 여수지역 대표적 유지 명단을 파악할 수 있다.

여수상공회 설립 후

   1934년 6월경 열린 여수상공회 창립회에서 회두와 부회두로서 각각 정길신과 상원영차랑이 당선되었다. 이어 1년 후인 1935년 여수상공회 제1회 정기총회에서는 조선인 8명, 일본인 10명이 평의원으로 당선되었다. 전남도령 공포 이후 새로 인가받은 여수상공회의 1938년 4월 30일 실시 선거에서는 정길신이 회장에, 이우헌과 의본이 부회장에, 김영준 하기 삼 내어당 송본 등이 상의원에, 감사에 정태식 편강이 당선되었다. 1939년 정길신이 회장을 사임하고 김영준이 회장에 취임할 때 임원진을 보면, 회장 김영준, 부회장 하기구삼랑 본전효일 등이었다.

   이들 기업인들은 상공단체를 매개로 하여 여수의 도시화 과정, 즉 철도 개통, 도로 개설, 항만 매립, 신시가지 건설 등 사회간접자본 확충 과정에서 진정위원이 되어 일제 권력과 대기업을 상대로 청원활동을 하거나 여수토지건물주식회사 등을 통한 기업 경영을 하면서 주도적으로 활동했다.

08
금융조합 조합원과 임원

1. 조합원

여수에 거주했던 인물로 '근대적' 금융기관과 처음 거래한 사람은 1908년 순천지방금융조합에 조합원으로 가입했던 13명이다. 13명의 주소는 현내면 12명, 율산면(세동) 1명이다. 율산면이란 없던 지명인데, 당시 이사가 구산면을 오기했을 개연성을 앞에서 밝힌 바 있다.

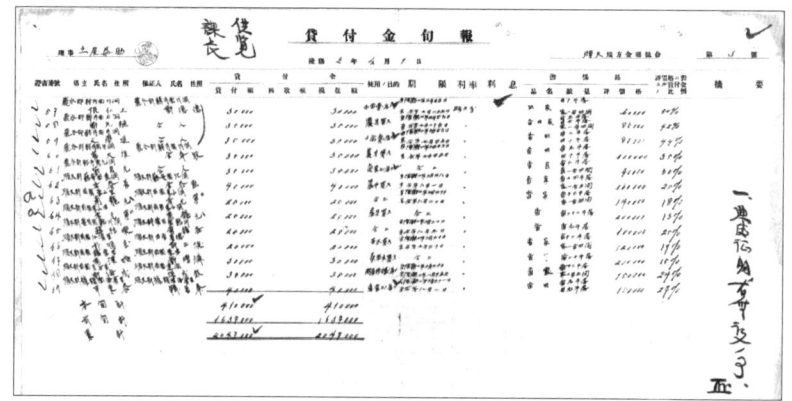

순천지방금융조합 대부금순보(규장각 소장)

1908년 4월 1일 작성된 대부금순보[1]를 통해 여수 지역민의 금융조합 거래 상황을 살펴보자. 대출은 3월 25일과 26일에 걸쳐 이루어졌다.

이것을 식별하기 쉽게 둘로 나눠 확대하면 다음과 같다.

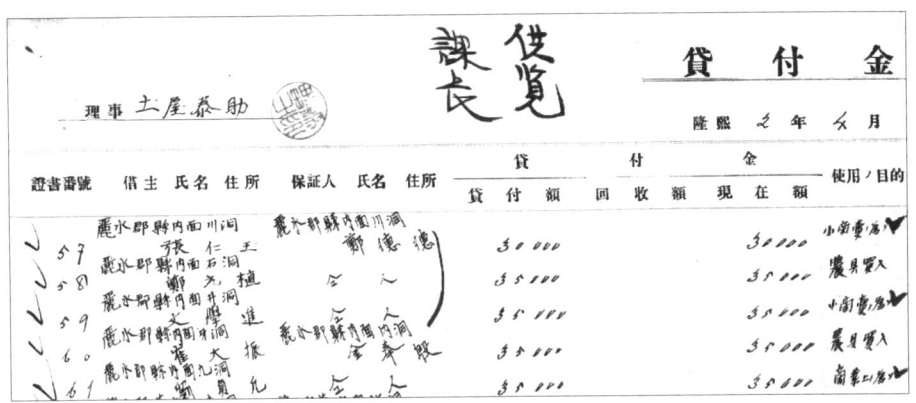

대부금순보에 보이는 여수민의 대출실적(일부)

위의 원문을 이해하기 쉽게 글로 나타내면 다음 표와 같다.

증서번호	차주 씨명 주소	보증인 씨명 주소	대부액	사용의 목적
57	현내면 천동 장인옥	현내면 천동 정덕덕	30	소상매
58	현내면 석동 정원식	동인	35	농구 매입
59	현내면 정동 문학진	동인	35	소상매
60	현내면 아동 최대진	현내면 내동 김봉은	35	농구 매입
61	현내면 구동 유정윤	동인	35	상업상

기한	이율	담보품			비율
		품명	수량	평가액	
3.25~7.25	일보 6전	전, 가	10두락, 4칸	60	50
3.26~7.26	〃	답, 전, 가	5두락, 6두락, 4칸	85	42
3.26~7.25	〃	답, 전	3두락, 10두락	80	44
3.26~7.25	〃	답, 전	5두락, 10두락	100	35
3.26~7.25	〃	답, 가	3두락, 4칸	70	50

양식의 항목과 다른 부분은 '비율'인데, 이 부분은 '평가액에 대한 대부금의 비례'로 적힌 것을 필자가 편의상 비율로 표시한 것이다.

장인옥은 순천지방금융조합에서는 57번째, 여수군에서는 첫 번째 이용자였다. 위 대부금순보에 나타난 장인옥의 기록을 통해 지방금융조합 대출 활동의 한 단면을 보기로 한다. 장인옥의 주소는 현내면 천동이고, 같은 면 같은 동의 정덕덕(鄭德德)을 보증인으로 내세웠다. 그런데 '덕덕'이란 이름은 생소하여 이사가 기재할 때 착오였을 것으로 의심된다. 이 보증인은 장인옥 외에 현내면 석동의 정원식, 현내면 정동의 문학진 두 사람의 대출에도 보증을 섰다.

장인옥은 30원을 대출했다. 사용 목적은 소상매(小商賣)를 위한 상업자금이었다. 대출 기간은 1908년 3월 25일부터 7월 25일까지 4개월이었다. 이자율은 일보 6전이다. 담보품은 밭과 집인데, 밭 10두락이고 집 1동 4칸이며 평가액은 60원으로 평가액의 50%인 30원을 대출받은 것이다. 여수의 두 번째와 세 번째 대출자인 정원식과 문학진의 용도도 각각 농기구 매입, 소상매였다.

이후에도 4월 2일, 5월 6일, 5월 18일, 이렇게 세 차례 더 대출이 있었다. 나머지 대부 내용을 더 소개하면 다음과 같다.

증서번호	차주 씨명 주소	보증인 씨명 주소	대부액	사용의 목적
72	현내면 평동 정평진	현내면 평동 임춘경	30	납세
73	현내면 예동 정세윤	현내면 내동 정덕언	20	상매
74	현내면 근동 임양균	현내면 평동 임춘경	20	동상
75	현내면 평동 임춘경	현내면 내동 정덕언	30	농구 매입
76	현내면 정동 김윤길	현내면 내동 정덕언	25	동상
77	현내면 연동 임경묵	현내면 정동 김윤길	25	동상

기한	이율	담보품			비율
		품명	수량	평가액	
4.2~8.1	일보 6전	답	14두락	85	35
4.2~8.1	〃	답, 전, 가	4두락, 6두락, 4칸	40	50
동상	〃	답, 전, 가	5두락, 3두락, 4칸	50	40
동상	〃	답, 가	15두락, 3칸	100	30
동상	〃	답, 전, 가	4두락, 8두락, 4칸	60	41
동상	〃	답	13두락	80	31

증서번호	차주 씨명 주소	보증인 씨명 주소	대부액	사용의 목적
83	현내면 평지리 유국현	동면 동리 김천문	30	우 매입

기한	이율	담보품			비율
		품명	수량	평가액	
5.6~8.13	일보 6전	답, 전	3두락, 8두락	62	48

적요 이식 지불기한 매월 말일, 면장 이장 증명 붙임

증서번호	차주 씨명 주소	보증인 씨명 주소	대부액	사용의 목적
84	율산면 세동 유흥규	율산면 세동 이영삼	40	농우 매입

기한	이율	담보품			비율
		품명	수량	평가액	
5.18~8.26		가, 전	2채 6칸, 10두락	100	40

적요 면장 이장 증명 있음. 이식 지불기간은 월말

위에서 살펴본 13명의 거주지와 명단은 다음과 같다. 먼저 현내면에서는 천동 장인옥, 석동 정원식, 정동 문학진, 아동 최대진, 구동 유정윤, 평동 정평진, 예동 정세윤, 근동 임양균, 평동 임춘경, 정동 김윤길, 연동 임경묵, 평지리 유국현이고, 구산면에서는 세동 유흥규이다.

또 위에서 본 것처럼 이들의 부동산 평가액이 기재되어 있어 조합원의 자산 상태를 간접적으로 알 수 있다. 여수군 거주 조합원 13명의 것을 정리하면 다음 표와 같다.

평가액	40	50	60	62	70	80	85	100	계
사람수	1	1	2	1	1	2	2	3	13

여수군의 최고액 100원은 세 사람(최대진, 임춘경, 유흥규)에 대한 것인데, 각각 논 5두락과 밭 10두락, 논 15두락과 집 1채 3칸, 집 2채 6칸과 밭 10두락에 대한 것이다. 또 최저액인 40원은 1건(정세윤)인데, 논 4두락, 밭 6두락, 집 1채 4칸에 대한 것이다. 그런데 여기서 순천군과 여수군의 부동산 평가액에 차등이 있음을 발견하게 된다.

예를 들면 순천군의 110원 2건은 각각 논 9두락과 밭 4두락, 논 10두락과 집 1채 3칸에 대한 것인데, 순천군에서는 논 10두락과 집 1채 3칸이 110원의 평가를 받은 데 비해, 여수군에서는 논 15두락과 집 1채 3칸이 100원의 평가를 받았다. 여수군의 조합원은 순천군의 조합원에 비해 논 5두락을 더 담보로 내놓았지만, 부동산 담보물 가격은 오히려 10원 적게 평가받았다. 이는 여수군의 논이 순천군의 논보다 생산성이 떨어졌을 가능성을 반영하는 것이다. 순천은 대체로 논농사가 발달한 지역이다. 그렇더라도 이상을 통해 알 수 있는 것은 상당수 조합원이 일정한 규모의 자산을 보유한 상태였다. 자작농 이상에 속하는 사람들이 조합원이었다는 의미이다.

1910년대부터 1920년대 중반에 이르기까지 금융조합 조합원수의 추이는 여수지방금융조합(1920년 이후 여천금융조합)의 사례를 통해 알 수 있는데, 그 내용은 다음 표와 같다.[2]

연도	조합원수	연도	조합원수	연도	조합원수
1911	405	1917	312	1923	739
1912	473	1918	463	1924	709
1913	493	1919	769	1925	702
1914	135	1920	587	1926	655
1915	157	1921	641		
1916	212	1922	671		

1910년 설립 인가를 받고, 1911년 영업을 개시한 여수지방금융조합은 위 표에서 보는 것처럼, 405명의 조합원으로 출발했다. 이후 2년간 증가 추세를 보이다가 1914년 대폭 감소했다. 이는 지방금융조합령의 조합원 자격 요건 강화에 따라 전국적으로 2만여 명의 조합원이 탈퇴 당한 여파였다. 이후 1919년까지 다시 증가 추세를 보였으나 1920년 도시금융조합이 설립되면서 200여 명 가까이 감소했다. 다시 매년 완만한 증가세를 보였으나 1924년 이래 답보 상태에 있었고, 1926년 돌산금융조합이 설립되어 조합구역이 쪼개지고, 조합원이 신설 조합으로 이동하면서 다시 감소세로 반전되었다.

1930년대에 들어와 조합원이 대폭 늘어나 1932년 말에는 조합원수 2천332명이었고,[3] 1934년에는 약 3천 명이었다.[4] 이는 1929년 개최된 금융조합 중앙대회에서 '조합원 3할 증용' 방침을 표방한 결과였다. 일제는 '3할 증용'을 위해 1929년부터 1933년까지 5개년 간 계획을 수립했는데, 조선 전체 농가호수의 약 30%인 89만 5천 명을 목표(『동아일보』 1933.3.13.)로 하였다. 이로 인해 이전에 비해 조합원으로 가입하는 일이 쉬워졌다.

그리하여 '이 시기 조합원이 되는 원인은 거의 채무를 지기 위함에 있고, 저축이나 예금을 하고자 조합원이 되는 일은 거의 없는 현상'(『동아일보』 1934.9.28.)이 되어 채무를 통해 생활자금을 조달해야 할 경제적 여유가 없는 계층도 조합원이 될 수 있었다. 이는 1937년 당시 여천금융조합 '조합원의 생활은 대체로 양호하지 않다'[5]는 상황을 통해 확인할 수 있다.

조선금융조합연합회는 1933년부터는 '5할 포용'을, 1938년부터는 '8할 포용'을, 그리고 1943년부터는 '전호 포용'을 내세워 5년마다 목표를 늘리며 조합원 증모를 적극 추진했는데, 1933년에는 농촌진흥운동에, 1938년부터는 전시통제 시책에 부응한 것이었다. 1940년대 전반 여천금융조합의 조합원수 추이를 보면 다음과 같다.[6] 괄호 안은 식산계원수이다.

연도	가구 및 조합원수				개인비율
	호수	조합원수			
		개인	식산계	계	
1940	1,1455	3608	26	3634	31
1944	1,2455	4251	73(4699)	4324	

여천금융조합 조합원은 1940년대에는 4천 명대까지 늘었다. 1944년에는 전체 가구 가운데 약 1/3 수준이었다. 73개의 식산계에는 4천699명의 계원이 있었고, 식산계는 다시 금융조합의 조합원에 가입하여 결국 식산계원은 간접적으로 금융조합원이 되는 구조였다.

한편 여수군 여수읍에는 도시금융조합도 하나 설립되어 활동했다. 도시금융조합의 설립과 활동의 배경에는 조선인·일본인 상공업자의 존재가 자리 잡고 있었다.

여수에서는 영강무일(永岡茂一) 외 53명이 '도시금융조합' 설립인가신청을 하여 여수군 여수면을 조합구역으로 하는 여수금융조합이 1920년 4월 조선총독부로부터 인가를 받았다. 초대 조합장은 본전웅

여천금융조합(《麗水發展史》)

길(本田熊吉), 초대 이사는 전중천길(田中淺吉)이 선임되었다. 이처럼 여수금융조합에는 일본인이 큰 영향력을 행사할 여건을 갖추고 있었다.

1940년도 말(1941년 3월 말) 여수금융조합의 조합원은 1천349명으로 전체 7천511호의 18%였고, 1944년도 말에 이르면 1천851명으로 전체 8천153호의 23%였다.[7] 이 시기 일본인수를 보면, 1940년 말 여수군의 일본인은 994호, 4천291명이었는데,[8] 이들 중 상당수가 여수읍에 거주하여 여수읍에는 808호, 3천631명이었다.[9]

2. 임원

창설 이래 여수지역 촌락금융조합의 역대 조합장과 감사를 정리하면 다음 표와 같다.[10]

조합	조합장 및 감사
여천	조합장: 金漢昇(1910), 鄭基柱(1920), 鄭泰勳(1923), 崔敬明(1933), 金完植(1936)
여천	감 사: 郭採善(쌍봉면), 柳貞烈(율촌면), 朱鳳彩(삼일면) (1920)
돌산	조합장: 盧鳳洙(1926), 金才燮, 金相連(1933)
돌산	감 사: 金鍾林(돌산면), 明昌淳(남면), 林泰진(화정면) (1926)
소라	조합장: 鄭琫在(1934), 申鉉平(1938)

먼저 여수지방금융조합의 초대 조합장 김한승은 여수군 주사로서 여수군수 서리를 지냈다.[11] 1920년대 이후에도 촌락금융조합 조합장과 감사는 조선총독부 권력과 가까운 사람이 많았다. 면장 출신 조합장은 여천금융조합 김완식, 돌산금융조합의 노봉수와 김상련, 소라금융조합의 정봉재와 신현평이 있다.

그중 김완식의 약력은 다음과 같다. 1904년 12월 29일생, 여수공립간이수산학교 1919년 졸업, 1922년 여수군에서 근무, 1929년 전남 지방 서기, 1935년 화양면장, 1936년 5월 여천금융조합장 선임.[12]

또 돌산금융조합의 김상련은 1918년 5월 돌산면서기, 1921년 10월 면회계원, 1931년 4월 면장을 거쳐 1933년 4월 조합장에 추대되었다.[13]

소라금융조합의 정봉재는 면장, 여천금융조합 평의원, 율촌면 소방조두, 여수군농회 상의원, 여수 삼림조합 통상의원을 역임하고, 1934년 10월 소라금조 설립준비위원을 거쳐 창립 후 조합장이 되었다.[14] 신현평은 1926년 3월 설정된 여수면작 비료구입계의 소라면 덕양리 계장이었고,[15] 1933년에는 소라면장이었다.

감사 가운데 면장 출신자는 1920년 여천금융조합으로 개칭 시의 유정렬, 돌산금융조합의 명창순(남면장), 임태진(화정면장) 등이 있다. 유정렬은 1915년 소라면장, 1926년 율촌면장이었다.

1910년대 군수의 자문 역할을 했던 군 참사 출신도 있다. 여수지방금융조합의 김한승과 돌산금융조합의 감사 김재섭·김종림은 여수군 참사 경력이 있는데, 1915년 4월 김재섭이 의원 해직되고, 6월 김종림이 군참사에 임명(『朝鮮總督府官報』 1915.4.16; 1915.6.9.)되었다. 김재섭은 1907년 순천지방위원회 설립 시 돌산군 출신으로서 지방위원에 임명되기도 했다.[16]

1915년 '시정5주년 조선물산공진회'에서 표창을 받은 경력(『朝鮮總督府官報』 1915.11.3.)이 있는 사람들이 많다는 것도 주목되는 점이다. 정기주는 '농업-육지면'으로 공진회에서 금패를, 최경명과 곽채선은 은패를 수상했다. 또 김재섭은 '수산물-대해라(袋海蘿)'로 포장(褒狀)을 받았는데, 이는 김재섭이 수산업 부문의 유력자임을 보여주는 것이다.

그밖에 최경명은 1915년 여수군 화양면 보은식림조합장으로서 화양면 나진리 천마산 30정보에 대해 국유임야 대부허가(『朝鮮總督府官報』 1915.9.17.)를 받았던 적이 있고, 김종림은 1912년 돌산공립보통학교 학무위원에 촉탁(『朝鮮總督府官報』 1912.2.29.)되었다.

곽채선은 여수지역에서 초창기부터 금융조합에 관여한 인물이었다. 그는 조선신사명감에 소개되어 있다. 곽채선은 개국476년(1867년) 생으로 1911년 당시 현내면 하정리에 거주하였고, 지방금융조합원이 주요 경력이었다.[17] 1910년 설립된 여수지방금융조합의 초대 조합장 김한승의 소개란에 조합장 경력이 없는 것으로 봐서 여기서의 지방금융조합원이란 경력은 여수지방금융조합 설립 이전 순천지방금융조합의 조합원을 가리키는 것으로 보인다.

식민지기 촌락금융조합의 조합장과 감사에는 지역 유지들이 취임했다. 이는 금융조합을 매개로 한 또 하나의 새로운 지역 질서가 수립된 것을 의미했다. 그들은 식민권력과 일반 조합원인 조선 농민들 사이에서 농민에 대한 일제의 통제를 매개하면서 조합 임원 자리를 이용하여 자신들의 이권을 관철하였다.

다음으로 1920년 설립된 도시금융조합에는 어떤 인물들이 조합 경영에 참여했는지 살펴보기로 하자. 역대 조합장과 1920년대 이사, 그리고 감사, 평의원을 보면 다음 표와 같다.[18]

구분	조합 경영진
조합장	本田熊吉(1920) 김한승(1921) 鄭在盇(1933) 김한승 朴太源
이사	田中淺吉(1920) 小路寬吾(1920.6) 山本立太郎(1921) 白石敬親(1922) 下原新藏(1924)
감사	樋口福市 · 木內豊地(1922)/ 下原新藏 片岡勉 金景澤 兪國瀘(1933)

구분	조합 경영진
평의원	上原永次郎 渡邊與三郎 室福藏 李洪祚 曺啓煥 郭採基 李斗憲

위 명단 중 감사의 유국로(兪國瀘)는 여수면장 출신의 유국준의 오기일 가능성이 있다. 도시금융조합의 경영진은 기업인 출신이 많다. 도시의 성격상 상공업자, 자본가 등이 많이 거주하기 때문이다. 여수지역 도시금융조합의 경영진 가운데 기업체 경력이 있는 사람들만을 추출하여 그 경력을 정리하면 다음 표와 같다.[19]

이름	주요 기업 경력
本田熊吉	山本조면공장 주임(1914.8), 합자회사 여수공영사 사원(1921), 1927말 현재 학교조합관리자, 면협의회원, 군농회 특별회원, 양계조합장, 신사 총대, 흥양수산주식회사 취체역
김한승	여수기업회사 취체역, 순천기물주식회사 감사역(1929), 순천산업주식회사 감사역(1933), 여수자동차(주) 이사(1937)
田中淺吉	합자회사 여수공영사 사원(1921), 여수기업회사 취체역, 전남제빙주식회사 취체역(1936), 순천무진주식회사 취체역(1939)
小路寬吾	합자회사 여수공영사 사원(1921), 주식회사 本田상점 감사역(1939)
下原新藏	여수토지건물주식회사 취체역(1943)
樋口福市	여수기업회사 감사역, 1926년 여수해산물상조합 이사
金景澤	여수물산주식회사 취체역, 전남제빙주식회사 감사역, 합자회사 종산상회 유한책임사원(1937), 여수국자주식회사 전무취체역
上原永次郎	합자회사 여수공영사 사원(1921), 穀友운송주식회사 대표취체역(1938), 순천무진주식회사 취체역(1939)
渡邊與三郎	여수토지건물주식회사 취체역(1943)
室福藏	여수船具유한회사 취체역(1941), 전남船用品배급주식회사 지배인(1943)
郭採基	여수군식료잡화소매상업조합 감사(1942)

조선총독이 임명하는 촌락조합의 이사와는 달리 도시조합의 이사는 1929년 조합령 개정 이전까지는 모두 조합원 총회에서 선출하는 자리였다. 따라서 이사도 그 지역에서 활동하던 경제인 출신이 많았다.

여수에서는 1920년대 활동한 사람들 가운데 여수 기업회사(起業會社) 임원 출신이 많다. 여수기업회사는 항만준설기성회(회장 田坂延次)로 출발했다. 기성회는 항만 준설을 위해 직접 총독부를 상대로 진정 활동을 벌이다가 이후 기업회사(사장 本鄕元榮)를 조직했다.[20] 목내풍지(木內豊地)가 전무취체역,

김한승, 전중천길(田中淺吉)이 취체역, 통구복시(樋口福市)가 감사역이었다.

또 여수의 김한승이 지역의 대표적 기업인으로 활동했는데, 김한승은 1920년대 이래 해방 시까지 여러 기업체의 설립과 운영에 관여했다.

여수금융조합 초대 조합장 본전웅길은 조선총독부로부터 막대한 이권을 얻기도 했는데, 본전웅길은 1929년 6월 논으로 만들기 위해 화양면 서촌리·옥적리의 해면 34만 8천 평의 매립 허가(『朝鮮總督府官報』 1929.7.1.)를 받았다.

본업이 상업으로 보이는 자들도 있는데, 통구복시는 여수해산물상조합 이사인 것으로 보아 해산물상이었던 것 같고, 곽채기는 식료잡화소매상업조합 감사 직함에서 식료잡화상이었던 것으로 보인다.

도시조합의 경영진 가운데 일제의 자문기구 참여 경력이 있는 자들도 있는데, 김한승은 여수와 순천의 유일한 중추원 참의였고, 여수조합의 감사 김경택은 1933년 5월 10일 전남도회 의원 선거에 당선되었다.

금융조합 조합원수의 증대과정은 한편으로 조합원 자격의 강하(降下) 과정이기도 했다. 초기에는 담보물로 저당할 수 있는 부동산을 소유한 사람들만이 조합원이었으나, 1930년대 이후에는 '조합원 증용' 정책에 따라 소작농까지도 조합원이 되었다. 또 조합에는 조합장과 감사 등 임원이 있었는데, 지역 유지들이 그 자리를 차지했다. 금융조합을 매개로 새로운 지역 질서가 수립된 것이었고, 이로써 일제의 식민정책이 조선의 지역사회 속에 그만큼 강력하고, 깊숙이 침투할 수 있게 된 것이다.

여수읍에 설립된 도시금융조합은 농촌지역과는 달리 도시화를 배경으로 한 것이었다. 도시지역은 민족별로 볼 때, 일본인이 농촌지역에 비해 상대적으로 많이 거주했다. 또 직업별로 보면, 상공업에 종사하는 사람들이 많았다. 조선인·일본인 상공업자들은 민족 구분 없이 이해관계를 같이하는 경우가 많았다. 그리하여 그들은 그들의 이해와 직접 관련 있는 도시금융조합의 조합원이 되고, 나아가 조합장, 감사, 이사(1929년 금융조합령 개정 이전까지), 평의원 등 임원에 취임했다. 그리고 금융조합 임원 경력은 그들의 지위를 유지하고, 그들의 이익을 키우는 데 도움이 되었다.

09
청년·학생과 청년·학생운동

1. 청년회

1920년대

3·1운동 이후 청년·학생, 농민·노동자, 여성 등 각 주체별 자각을 통해 단체를 조직하고, 여러 부문에서 대중운동을 활발히 일으켰던 사정은 이미 앞에서 밝힌 바와 같다. 그 분위기는 여수에도 밀려들어 여수군에서도 청년회 조직 움직임이 일어났다. 먼저 1920년 7월 여수면의 상황(『매일신보』 1920.7.27; 『매일신보』 1920.8.6.)이다.

김한성, 김영철, 정태선, 박병섭, 김백평, 최석주 외 30여 명의 발기로 회원 모집에 진력하면서 7월 20일 동정 동사무소에서 조직 방법을 협의하고, 여수 향교 명륜당에서 총회를 열기로 정했다. 목적은 옛것을 바꾸어 새로운 것으로 나아감[혁구취신(革舊就新)], 덕지체 수양, 구습 개량, 돈독히 화목하고 벗을 사랑함[돈목애우(敦睦愛友)]이었다.

이어 7월 24일 오후 2시에 김한승 외 34명의 발기로 향교 명륜당 내에서 여수청년회 창립총회를 개최했다. 출석 인원이 400여 명에 달했다. 임시회장이 본회 목적인 덕지체 삼육을 발전 향상코자 한다는 취지와 본회 경과보고를 설명한 후 임원을 선거했다. 선거 결과 회장 최석주, 부회장 정태훈, 총무 서정두, 평의장 박상래, 외교부장 연진현, 덕육부장 정재하, 지육부장 김영철, 체육부장 정태선, 위생부장 우명범, 재무부장 박병섭, 이사 김한승, 찬성부장 장재영, 문예부장 진장롱이 선출 가결되었다. 이날 모금액은 김한성의 500원을 비롯하여 총액이 7천 원에 달했다.

그에 앞서 1910년대에도 '여수청년회'란 명칭의 단체가 있었다. 그런데 이는 일본인 단체였다. 1916년에는 회장(樋口)을 비롯하여 회원 30여 명이었는데, 12월 15일 정례회의를 14일로 앞당겨 재향군인분회와 합병 개회(『釜山日報』, 1916.12.15.)하고, 여흥으로서 검격, 상박[일본 씨름-인용자], 살마(薩摩) 비파 등을 개최했다. 그러나 이후 일본인 청년회 기사는 찾아볼 수 없다. 또 여수재향군인분회는 1916년 그해 4월 3일 식수 행사 날 장군도에 벚나무를 심은 단체이다.

1920년 7월 24일 창립총회를 거쳐 조직된 여수청년회는 몇 가지 활동을 벌였다. 먼저 창립된 다음 달인 8월 10일 여수지방청년회 지육부(부장 김영철) 주최로 공립보통학교 내에서 강연회(『동아일보』 1920.8.17.)를 개최했다. 청중은 4백여 명으로 큰 성황을 보였고, 연사는 김익평, 정재황, 장용태, 김윤평, 김관두였다.

1922년 3월 20일에는 여수청년회 임원회를 열고, 여수공보교 미취학 아동 구제 문제를 강구하기 위한 논의 끝에 구제회(『동아일보』 1922.4.19.)를 조직하기로 했다. 여수공보교 미취학 아동 구제 문제란 여수공립보통학교 입학 지원자에 비해 입학자가 소수이고, 나머지 다수는 탈락하는 현실(모집 인원 120명, 지원자 300여 명)에서 탈락자를 어떻게 구제할까 하는 문제였다. 조직하기로 결정한 구제회의 유지 방법을 다음과 같이 정했다. ① 입학 지원자 300여 명 중 120명을 제한 외 전부를 수용 교수, ② 경비는 연 2천 원으로 예정하여 1천300원은 회원인 학부형 및 유지의 회비로써, 나머지는 청년회의 부담으로, ③ 교실은 보통학교 부속 수산학교의 구 교사를 차용, ④ 교원은 도지사에게 신청하여 중학교 출신자를 빙용, ⑤ 정도는 보통학교와 동일하게 한다는 내용이었다.

그러나 그해 1년은 그렇다 하더라도, 과연 이같은 일을 매년 지속할 수 있을지는 의문이다. 공교육 영역에서 감당하지 못하는 재정 문제를 장기적이고 지속적으로 민간 영역에서 부담할 수는 없었을 것이기 때문이다.

여수청년회는 이후 두드러진 활동을 하지 않았다. 대신 여수군 내 유지 청년의 주최로 1925년 2월 4일 동아일보사 여수지국에서 독서회 창립총회(『동아일보』 1925.2.15.)를 개최했다. 총무는 정영선, 편집은 안종호였다.

'유야무야 상태로 침체되어 있던' 여수청년회는 1925년에 이르러 8월에 다시 총회(『동아일보』 1925.8.21.

『조선일보』 1925.8.28.)를 열었다. 8월 13일은 제6회 정기 총회 날이었는데, 참석률이 저조하여 겨우 개회했다. 참석한 회원의 결의에 따라 위원 대표 황종순이 회칙 제16조(총회원의 반수 이상 출석이 아니면 개회 불가)를 무효로 하고 개회를 선언했다. 또 15일에는 부흥총회를 열고, 24일에 향교에서 임시총회를 개최했다. 신·구 회원 100여 명이 출석하여 다음과 같이 신임 임원을 선출했다. 위원장 정원식, 사회부장 정두범, 지육부장 안종호, 위생부장 김계수, 체육부장 정경수, 회계부장 박태원. 부원으로는 김두학, 김건숙, 강태봉을 선임했다.

여수면을 제외한 다른 면에서도 청년회가 조직되었다. 남면청년회는 1921년 7월 30일 창립(『동아일보』 1921.9.18.)되었다. 안정혁, 서병호 등의 발기로 보통학교에서 창립총회를 개최하고, 임원을 선정했다. 회장 명창순, 부회장 김석두, 총무 안정혁, 서기 문영순 오정규, 기타 각 부상 등이었다. 명칭순, 김석두, 안정혁은 모두 이후 남면장이 되는 인물들로, 20년대 중반 남면장 배척 운동 과정에 운동의 주체와 상대로 맞서게 된다.

화정청년회는 1922년 1월 14일 창립(『동아일보』 1922.2.18.)되었다. 개도리 조형민, 정원모, 조정진의 발기로 면내 청년의 동의를 얻어 화정청년회를 창립했다. 임원 선거를 통해, 회장 조형민, 부회장 정원횡, 총무 조정진, 간사 강찬주, 교풍부장 강영선, 교육부장 정석두 등을 선임했다. 사업계획은 먼저 화정면내에 사립학교 신설을 목표로 하고, 비용은 개도리 1개년 해산물 중 3~4천 원의 생산을 학교에 기부하여 설비에 충용하도록 하는 것이었다.

삼일면청년회는 학교설립을 목표로 활동했다. 청년회는 1922년 1월부터 노력하여 적립금 2천 원을 모으고, 면내 유지 의연금 4천500여 원을 얻어 5월 중순부터 중흥리에 교사를 건축 중, 준공되어 11월 15일에 개교식을 거행(『동아일보』 1922.11.28.; 『조선일보』 1923.2.14.)했다.

돌산청년회는 회관에서 노동야학을 개최(『조선일보』 1924.12.16.; 『동아일보』 1925.1.14.)했다. 1924년 12월 1일 개학하여 120여 명이 참여하였고, 1월에는 학생이 남녀 80여 명이었다.

쌍봉면에서는 1927년 9월 6일 쌍봉면 쌍봉학교에서 유지 청년 박재한, 강재익, 이해권 외 발기로 쌍봉청년회(『동아일보』 1927.9.17.)를 조직했다. 회원은 60여 명이었고, 그날 선임된 임원은 회장 박재한, 부회장 강재익, 덕육부장 서형배, 이선우, 권업부 유기종, 서기 이해권이었다. 여기서의 이선우는 3·1운동에 참여했던 인물과 동일인인지는 불분명하다.

여수면을 비롯하여 화정면, 삼일면, 돌산면에 조직되어 활동했던 청년회의 관심사는 교육이었다. 교육을 통한 민족의 실력 양성을 목표로 했기 때문이다. 이는 1900년대 대한제국기 애국계몽운동과 양상이 비슷한 것이고, 1920년대 초반 민립대학 설립 운동이 전개된 배경과 일맥상통하는 일이다.

또 1920년대 초 여수면 여수청년회의 활동이 유야무야 상태였던 것처럼, 조선 내 청년회 활동은 오래 지속되지 않았다. 그 이유는 청년회 안팎의 문제 때문이었다. 먼저 밖의 문제는 조선총독부의 대응이었다.[1] 3·1운동을 겪기는 조선인들만이 아니라 조선총독부도 마찬가지였다. 그들로서는 3·1운동 같은 일이 재발하지 않도록 해야 했다. 특히 청년들 모임에는 더욱더 그럴 수밖에 없었다. 그들은 청년회가 그들이 바라는 '건전한' 테두리 밖으로 나가지 않도록 하는 데 온 힘을 기울였다.

두 번째는 청년회 내부 문제인데, 1923년 이후 청년운동이 분화되었다.[2] 1923년 3월에 서울에서 전조선청년당대회가 개최되었는데, 이 대회에서 '온화파'와 '강경파'의 대립 양상이 벌어졌고, 이 대회를 계기로 청년운동의 중심 세력이 무산계급운동으로 집중되었다.

여수청년회는 위 두 가지 문제 가운데 두 번째 문제로 영향 받은 일은 거의 없지 않았을까 생각한다. 구성원 가운데 이념 문제로 충돌을 벌일 성향의 인물들은 발견되지 않는다. 그러면 일제 통치 당국의 간섭 문제와 그 외에 재정 문제도 활동 저하의 원인 가운데 하나로 작용했을 것으로 보인다. 여수공보교 미취학 아동 구제를 위해 매년 청년회가 700원씩을 분담하기로 했는데, 이 금액은 청년회에 큰 부담이 되었을 것이기 때문이다.

1930년대

1930년 3월 29일 여수공보교 강당에서 여수청년회 임시총회(『중외일보』, 1930.4.3.)가 개최되었다. 토의 사항은 ① 임원 개선(신임 위원은 정재완, 이용순, 김수옥, 유봉목, 주원석 5인), ① 기금 정리(기금 중 대부금 5백 원과 토지 매도 대금 511원은 2개월 이내 정리, 신임 위원에게 인계), ① 청년회관 신축(기금 정리되는 동시 곧 건축)이었다.

1931년 5월 2일에는 제13회 정기 총회가 보통학교 강당에서 개최(『동아일보』, 1931.5.8.)되었다. 이날 결의 사항은 ① 기지는 전 위원들이 일반결의 전에 매수한 동정 194평으로 결정, ① 회관 건축에 대해서는 3천600원 예산(기채는 불허)으로 반양식 2층 기와집으로, 건평은 50평으로 할 것, ① 미취학 아동 구제에 대하여는 회관 건축 완료 시까지 신임 위원들에게 구체 방침을 강구케 할 것, ① 임원 개선에 대하여는 전 위원들로 중임케 하고 결원 1인만 김홍식으로 보선, ① 회관 기지는 정재완 외 9인 명의로 등기 등이었다.

그해 여름 청년회관이 낙성되었다. 이에 낙성식 기념 음악회가 여수악우회 주최로 7월 25일부터 영관에서 개회(『조선일보』, 1931.7.30.)되었다. 청중은 '무려' 천여 명이었고, "향토 악사들의 숨은 천재와 외지 유학생의 모던적 댄스는 일반 청중을 도취시켜 박수갈채는 장내를 진동"케 했다. 회관 신축 낙성식은 8월 내 거행할 터(『조선일보』, 1931.8.27.)였다.

최근에 찍은 옛 청년회관 건물(최재성 촬영)

또 회관 신축 후 첫 사업으로 미취학 아동 구제를 위해 야학 경영을 준비(『동아일보』 1931.10.11.)했다. 인가 수속의 책임위원 선정을 마치고, 10월 말까지 입학 지원서를 접수했다.

여수소년회

한편 여수청년회와 별개로 여수소년회(『조선일보』 1933.1.29.)도 활동했다. 소년회는 1932년 11월부터 노동야학을 시작하여 남녀 학생 70여 명을 교육했다. 또 음력 설(1월 26일-인용자)을 맞아 걸인들에게 쌀을 나눠 주었다. 거리에서 허덕이는 사람들로 하여금 한 그릇 밥이라도 따뜻이 지어 먹이겠다는 생각으로 그 전부터 꽃을 만들어 판 13원 35전으로 쌀을 사서 1월 24일(음력 12월 29일-인용자) 오후 3시경 서정 신시장 부근에서 남녀 걸인 40여 명을 모아 놓고, 소년 지도자 김금동(22)이 '의미심장한' 설명을 하고 전부 나눠주었다. 이튿날인 25일에는 순천에 가서 백미 서 말 닷 되를 걸인들에게 분급하기로 했다.

2. 학생

학생 수

1920년대와 1930년대 초 여수군 내 학생 수를 알려주는 세 가지 자료가 있다. 1924년·1925년과 1932년의 신문 기사(『조선일보』 1924.7.4; 『매일신보』 1925.7.6; 『조선일보』 1932.2.6.)이다. 이를 표로써 나타내면 다음과 같다.

민족	학교		1924년		1925년 생도수			1931년도 생도수		
			학급	생도	남	여	계	남	여	계
조선	공립 보통 학교	여수	11	865	701	182	883	715	240	955
		경명학교	1	44						
		돌산	4	201	210	13	223	141	23	164
		거문	4	207	173	35	208	122	44	166
		덕촌학교	2	57	37		37			
		소라	4	218	133	4	137	162	13	175
		화양	3	137	183	9	192	113	3	116
		여남	3	194	89	10	283	117	3	119
		중흥						106	7	113
		율촌						102	3	105
		쌍봉						93	5	98
		소계	32	1923	1526	253	1779	1671	341	2011
	사립 보교	안도	3	79	58	2	60			
		죽포	4	66	94	8	102			
		삼일	4	187	130	4	134			
		소계	11	332	282	14	296			
	보교 합계		43	2255	1808	267	2075			
	서당(개량 포함)		78	2059						
일본	소학교	여수	7	279						
		거문도	1	51						
		안도	1	14						
		소계	9	344						
공학	여수수산학교		3	80	80		80			
	소계		3	80	80		80			
	합계			4738						

먼저 1924년 상황을 보면, 조선인의 6개 공립보통학교와 2개의 부설학교를 더해서 모두 32학급, 1천923명의 학생이 있었다. 또 사립보통학교는 11학급 332명이다. 합하여 보통학교 학생은 2천255명이다. 그밖에 비정규 학교인 서당도 78개에 2천59명의 생도가 있었다. 이로써 조선인 학생은 4천3백여 명이었다.

일본인 소학교는 3개 교, 9개 학급, 344명이다. 여수면에 있었던 여수보통학교와 여수소학교를 비교하면, 보통학교는 학급당 78.6명의 학생, 소학교는 39.9명의 학생으로 조선인 보통학교의 학급당 학생 수는 일본인의 거의 2배에 가까웠다. 학습 환경이 더 나빴다는 뜻이다. 여기서 학급은 교실 수로 해석되는데, 여수보통학교는 학생 수에 비해 부족한 교실 수 문제를 해결하기 위해 2부제 수업을 실시했다.

다음으로 1920년대 중반 두 해를 비교하면, 조선인 학생 수는 그 전해에 비해 180명이 줄었다. 약 8%에 해당하는 수치이다. 그중 여수공립보통학교는 부설 경명학교를 더하여 909명에서 883명으로 26명이 감소했다. 여남공보교는 1924년 공립이 되었으나, 면민들의 투쟁 와중에 교육이 정상적으로 이뤄지지 않아 하나둘 자퇴하였기 때문에 95명(『조선일보』 1925.2.17.)이나 크게 줄었다. 또 신문 기사의 오류가 아니라면, 소라공보교의 감소가 두드러져 81명 줄었다. 사립학교에서는 삼일보교 학생이 53명 줄었다. 반면 학생 수가 증가한 곳도 있다. 돌산공보교는 22명, 화양공보교는 55명, 사립 죽포보교는 36명 늘었다.

다시 1931년도와 비교해 보자. 공립보통학교 학생 수는 6년 만에 232명 늘었다. 중흥·율촌·쌍봉, 세 학교 증설이 있었기 때문이다. 그런데 증가한 중흥공보교 학생 수는, 사립 삼일보교 학생 수가 공립으로 전환된 수치이다. 이전 사립학교 학생이 공립으로 편입된 것이다. 그래서 그만큼 사립 보교 학생 수에서 제외된 것이다. 기설 학교 중 또 여수·소라공보교 학생 수가 늘었다. 특히 여수공립보통학교 학생 수는 계속 증가 추세에 있었다. 그래도 매년 입학 경쟁이 치열했다. 또 여수·소라공보교를 제외하고 나머지 보교(돌산·거문·화양·여남)에서는 모두 학생 수가 줄었다.

1920~30년대 조선 내에서 학생수가 줄어든 것은 자퇴·퇴학 때문이었다. 치열한 경쟁을 뚫고 어렵게 입학한 학교를 왜 그만두었을까. 그 대답은 경제 사정이다. 1912년부터 1929년까지 조선 전체 공립보통학교에서 퇴학한 학생 수는 72만 8천418명이었는데, 이는 같은 기간 입학한 147만 5천779명의 49.4%, 즉 절반가량을 차지하는 수치였다. 반면 졸업자는 42만 5천728명으로 입학자의 28.8% 수준이었다. 또 퇴학자 수는 졸업자 수의 1.7배 정도이다.[3]

이를 두고 이여성·김세용의 『숫자조선연구 제1집』에서는 "민족적 경제적 빈곤과 돈이 아니면 배울 수 없는 현대교육제도의 모순성을 여실히 말하는 것"이라 지적했다.[4] 이 책의 교육 부분은 김세용(필명 철구생)이 집필[5]했기 때문에 이 평가는 김세용의 것이다.

'1면 1교'가 완성된 직후인 1933년 여수군 10개 공립보통학교와 5개 사립학교의 전체 학생수는 3천 811명이었고, 이는 당시 학령 아동수 1만 4천460명의 26%(『동아일보』 1933.4.16.)였다. 1930년대 전반에도 학령 아동의 4분의 1 수준만 수용할 수 있는 형편이었다. 나머지 75%는 비정규 학교인 서당 또는 야학에서 단기간 공부할 수 있었는데, 그 수도 제한적이어서 대다수 청년·소년은 배움의 기회 없이 노동

현장 또는 길거리로 내몰리는 실정이었다.

입학난

1920~30년대 조선 사회에서 풍미했던 또 하나의 단어는 입학난이다. 경쟁이 치열해서 입학하기 어렵다는 말이다. 여수면의 여수공립보통학교 입학난은 1920년대 초부터 1930년대 말까지 꾸준히 기사에 소개되었다. 1923년에는 신입생 모집 수가 240명인데, 3월 10일까지 출원자가 3백 명으로 정원을 초과했고, 원서 접수 마감 기일까지 4백 명을 예상하여 과잉 학생이 '일대 문제'(『동아일보』 1923.3.22.)가 된다고 기자는 걱정했다. 여기서 모집 정원 240명은, 이후 다른 기사를 볼 때, 140명의 오기일 수 있다.

1930년에도 여수보통학교는 매년 생도 130~140명씩 모집하는데, 지원자는 300명가량씩이라 일반 사회에서 크게 '우려'하고 있다고 보도(『조선일보』 1930.3.25.)했다. 또 다른 기사(『조선일보』 1930.3.31.)에서는, 여수공립보통학교 그해 지원자 남녀 3백여 명 중에 어린이들에게 구술시험을 치러서 남자 126명과 여자 32명밖에 입학 못 하고, 나머지 절반은 불허가했다. 이에 부형들은 학교 당국에 대하여 "다 같은 아이들로 누구 자식은 입학을 시키고, 왜 나의 자식은 입학을 안 시켜주느냐"는 항의, 또는 싸움까지 하려고 덤벼드는 사람들도 많았으므로 학교 안에는 '살풍경'이라고 전했다.

1933년에도 신입생 2백 명 모집 예정에 지원 아동수는 4백 명인데, 이는 3만여 인구의 여수읍에 보통학교가 1개뿐이라 발생하는 문제라 보고, 문제 해결책은 제2공보교 설치라는 기사(『조선일보』 1933.2.18.)가 나왔다.

1930년대 말인 1939년에는 지원자가 무려 800여 명이었는데, 학교에서 수험생 785명을 엄선하여 전형하고, 그 결과 남자 212명, 여자 130명, 합 342명의 입학을 허가하여 나머지 450명은 '방황'하게 된다고 소개(『동아일보』 1939.3.21.)했다.

입학난은 보통학교만의 문제는 아니었다. 1932년 여수수산학교 입학시험은 4월에 3일간 있었는데, 모집 인원은 어로과 20명, 제조과 10명, 계 30명에 불과하나 지원자는 127명(『釜山日報』 1932.4.19.)이었다.

관보 기사(『朝鮮總督府官報』 1928.5.31.)를 통해 수산학교 지원자와 입학자를 상세히 보자. 1928년 모집 정원은 35명이었는데, 지원자는 일본인 2명, 조선인 70명이었다. 일본인은 소학교를 거친 자가 2명이었고, 조선인은 보통학교를 거친 자가 34명, 기타 9명이었다. 연령을 보면, 조선인은 12.08~21.08세, 평균 16.02세였고, 일본인은 14.00~14.08세, 평균 14.04세였다. 조선인이 일본인에 비해 평균 2세 정도 많은 편이었다. 입학자 35명을 보면, 일본인은 2명 지원에 2명 입학으로 입학률 100%, 조선인은 33명 입학으로 61.42%(70명 중 33명은 47.14%임, 70명의 61.42%가 되려면 입학자는 43명이어야 함-인용자)였다.

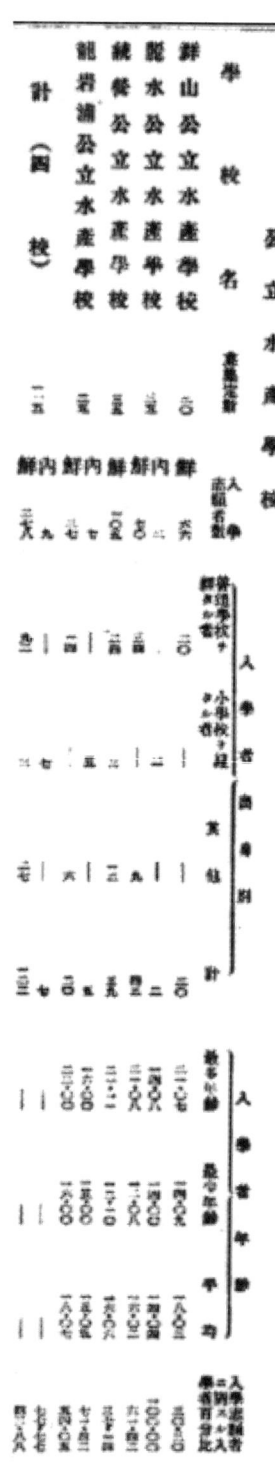

입학자 통계(관보)

여수공립수산학교

모집정수		35	
입학지원자수		조선	일본
		70	2
입학자 출신별	보통학교를 거친 자	34	–
	소학교를 거친자	–	2
	기타	9	–
	계	43	2
입학자 연령	최다 연령	21.08	14.08
	최소 연령	12.08	14.00
	평균	16.02	14.04
입학지원자에 대한 입학자 백분비		61.42	100.00

이후 1941년도 수산학교 입학지원자는 269명이었고, 그중 100명이 입학했다.[6]

그러나 여수면의 입학난과는 달리 삼산면의 거문보통학교는 겨울방학을 이용하여 남녀 생도 30명이 장촌·덕촌·죽촌·유촌 4리에 순회하여 교육의 취지를 선전하여 입학 권장 활동(『동아일보』 1924.1.12.)을 하기도 했다.

여수공보교 입학난 대책-입학금 징수로 재원 확충

높은 경쟁률로 인해 비롯된 입학난을 해결하기 위해서는 학교 시설을 늘려 지원자를 모두 받아들이면 된다. 그러나 현실은 그렇게 쉽지 않았다. 조선총독부의 교육재정 부족이 가장 큰 이유였다. 그래서 여수군, 학교평의회, 여수공보교가 대책을 세울 수밖에 없었다.

1932년 1월 19일 여수공립보통학교에서는 동교 학급증설위원회(『조선일보』 1932.1.24.)가 개최되었다. 당일 토의 사항은 신입생 210명에 대하여 한 사람에게 입학금으로 5원씩을 받아 경비에 충당하자는 것이었다. 문제 되는 것은 일률로 5원을 받자는 편과 호세 등급별로 배정하자는 양론으로 장시간 토의하다가 결국 일률로 하자는 것이 결정되었다.

입학생 1명당 5원씩의 입학금은 당시 조선인 학부모들에게는 엄청난 부담이 되는 금액이었다. 그러나 그렇게 모아진 입학금으로 해소할 수 있는 입학난의 범위는 극히 제한적이었다. 다음 기사(『동아일보』 1932.2.23.)는 그 문제를 지적하고 있다.

여수읍의 1931년 조선인 호수는 4천 호로, 1호당 학령 아동 1명씩 잡을 때, 4천 명의 학령아동이 있는 셈이다. 그러나 당국의 1면 1교제에 제한되어 1개소의 보통학교에 15학급으로 전 학생 8백 명 수용에 불과하다. 전년 봄 입학기에 학부형들이 누차 대회를 소집하여 학급연장 진정 운동을 벌였으나 무산되었다. 그후 유력자들을 망라하여 학급연장후원회를 조직하고, 전년 신입생 245명에게 1인당 5원씩의 입학금을 영수하여 겨우 1학급을 연장하고, 예년 모집 정수에서 남녀 76명의 증원을 보았다. 그해 200명 모집 정원에 5원씩 입학금을 받고, 이렇게 다음 해까지 실행해야 겨우 16학급(3년간에 1학급 연장)이 완성되는 것이다. 반면에 무산자들은 입학의 가망이 전혀 없다. 여수읍 호적계 등에서 조사(아마 재산세 부과 대상 호수 조사인 듯함-인용자)한 바 무산자 남녀 아동은 390여 명이다.

입학생에게 5원씩 입학금을 징수하기로 한 후에도 1932년도에, 천신만고 끝에 5원을 변통하여 학교 당국에 납부하고, 입학 지원하였으나 교사의 불비, 학급의 부족으로 남녀 학생 200명 모집에, 204명만을 입학시키는 데(『조선일보』 1932.3.30.) 그쳤다.

세계 대공황 이후 학생들의 형편

1931년 여수군 9개 공립보통학교 수업료는 1931년 4월 1일부터 조정액이 1만 2천880원 90전이었으나, 12월 말까지 9개월 동안에 아동의 월사금 미수액이 1천243원 80전으로 거의 10%에 달했다. 미수액은 매년 증가했는데, 특히 1930년의 풍년 기근과 1931년의 가뭄·홍수로 인한 농촌의 피폐 현상을 여실히 증명(『조선일보』 1932.3.25.)하는 것이었다.

대공황기 경제 사정 악화는 일본인에게도 영향을 미쳤다. 여수소학교 교장이 결식아동이 있다는 사실을 알고, 1932년 6월 19일 점심시간에 전교생의 도시락 검사를 했는데, 도시락을 지참하지 않은 학생이 15명, 지참자 중에도 거친 밥에 소금을 가져온 애들이 다수(『釜山日報』 1932.6.23.)였다.

졸업 후 진로

1929년 3월 22일과 23일에 각각 여수공립보통학교와 여수소학교에서 졸업증서 수여식(『釜山日報』 1929.3.26.)이 있었다. 졸업생수와 진로를 보면, 보통학교는 남 124명, 여 31명 중 동경 유학 2명, 경성 유학 1명, 수산학교 입학 10명, 여자고등보통학교 입학 2명이 있었다. 여수소학교는 심상과 32명, 고등과 18명이 졸업했다. 그중 심상과에서 광주중학에 1명, 목포고녀에 2명, 마산고녀에 2명, 광도 충해고녀에 1명, 합계 6명이 상급학교에 진학했고, 고등과에서는 경성사범에 1명, 부산제2상업에 1명, 부산실습여학교에 1명이 진학했다.

여수보통학교 졸업생 155명 중 모두 15명이 진학하여 진학률은 9.7%이고, 여수소학교 졸업생 50명 중 9명이 진학하여 진학률은 18%이다. 두말할 것도 없이 일본인 진학률이 조선인 진학률에 비해 높다.

다시 1932년도 여수소학교 졸업생 진로(『釜山日報』 1933.2.8.)를 보면, 다음과 같다. 심상과 59명, 고등과 24명, 여자보습 4명, 합 87명이 졸업했다.

진로는 심상과 남 36명 중 실업 종사 2명을 제외하고, 나머지 34명은 전부 상급학교에 진학하고, 여 23명 중 가업 종사 3명을 제외하고, 20명은 상급학교에 진학했다. 고등과 남 11명 중에서는 가업 4명, 다른 일 견습 3명, 상급학교 진학 4명이었고, 여 13명 중 가업 6명, 나머지 7명은 장래 직업부인으로서의 수업(간호부 3명, 결발 2명, 미싱 1명, 기타 1명)에 종사했다. 심상과 졸업생은 주로 상급학교에 진학했으나, 고등과 졸업생의 진학률은 저조한 편이었다. 특히 여성에게 그 현상이 심하여 일본인 사회 내에서도 남녀 차별 현상이 있었다고 판단할 수 있다.

다음으로 수산학교 졸업생을 보자. 1928년 졸업생은 23명(『朝鮮總督府官報』 1928.5.19.)인데, 관공서 취직 2명, 학교 교원 6명, 회사 등 취업 8명, 가업종사 7명이었다. 1929년 졸업생 26명(『釜山日報』

1929.3.26.) 중 3명은 정강현 소진수산학교에, 1명은 도근현립 수산학교에 유학했다.

졸업 후 진로(관보)

1934년에는 구제(3개년) 양식·제조·어로 3과 24명, 신제(분과 2개년) 어로 4명, 제조과 20명, 합계 48명이 졸업(『朝鮮新聞』1934.3.23; 『釜山日報』1934.3.25.)했다. 1932년에 이미 학칙을 변경하여 3년제를 2년제로 단축하였다. 그들의 진로는, 일본 상급학교 입학 6명, 양식회사 3명, 학교 교원 5명, 통조림공장 11명, 어업조합 7명, 유지경화유 공장 6명, 백화점 1명, 수산시험장 2명, 수산회 2명, 자영 2명, 미정 4명이었다.

3. 교원

1920년대 여수군 내 학생운동은 교원을 상대로 하는 경우가 많았다. 당시 여수군의 교원 상황을 보겠다. 1930년대 초 여수군 조선인의 교육상황(『조선일보』1932.2.6.)을 보면, 1읍 9면에 공립보통학교가 9개이고, 교원이 모두 38명이었다. 1932년 3월 인가된 화정공립보통학교는 아직 설립 전이라 반영되어 있지 않다. 학교별 교원 수는 다음과 같다.

교명	여수	돌산	거문	소라	화양	여남	중흥	율촌	쌍봉	계
교원	17	4	3	3	3	2	2	2	2	38

위 표는 9개 보통학교 교원 수만 제시한 것이고, 당시 교원 가운데 누락된 수치는 사립 보통학교 교원 수와 비정규 학교인 서당의 교원 수, 조일인 공학 실업학교였던 여수수산학교 교원 수이다. 그밖에 일본인 소학교 교원도 있었다.

그 가운데 여수공립보통학교 교원의 행태(『조선일보』, 1932.5.31.)를 보면, 교육적이지 않았다. 1932년 여수공립보통학교에서는 학생들에게 월사금 독촉이 너무도 심했고, 돈을 가져오지 않으면 수업시간임에도 불구하고 추방하기가 예사였으며, 어린이들을 벌까지 세웠다. 이에 학부형들이 군수를 방문하여 항의한 결과 군수는 교장에게 주의를 시켜 그러한 폐단이 없게 하여주겠다고 하였으나 아무런 효과가 없이 5월 26일에도 수십 명의 생도를 쫓아냈다.

그보다 더 큰 문제도 있었다. 역시 여수공립보통학교에서 있었던 일로 문제를 일으킨 주체는 교장(『동아일보』, 1924.4.28.)이었다. 1924년 4월 교장 소로일지조(小蘆一之助)는 5학년 생도 1명을 자기 마음에 맞지 않는다고 퇴학 처분을 내렸고, 부형은 분개하여 그 학교 학무위원, 유지들과 힘을 합하여 학무 당국자에게 처분을 요청했다.

그 내용을 자세히 보면(『조선일보』, 1924.5.4; 『시대일보』, 1924.5.6.), 다음과 같다. 교장은 소라면 현천리 정효조 학생에게 무리하게 퇴학 명령을 내렸다. 정효조는 현천리의 제일학원이라는 학교에서 4학년을 졸업하고, 1924년 4월 1일에 공립보통학교에 입학하여 약 15일 동안 출석했다. 그러나 교장은 입학이 되지 않았다고 답변했다. 정효조의 당숙 정영선이 교장에게 이유를 물으니, 학생의 부친이 제일학원 원장이기에 곽소채기(郭小采基)를 그 학원 선생으로 써달라고 하였더니 듣지 않으므로 "나도 그만한 능력은 있다 하여 학생을 퇴학하게 한 것"이라고 답변했다. 정영선은 "너 같은 놈이 교장이라니 너는 매를 맞아야하겠다"하고 의자를 집어 한번 때렸고, 이에 풍파가 일어났다. 교장이 자신의 청탁을 들어주지 않았다고 학생을 보복 퇴학시킨 것이다.

5월 13일에 학무위원회가 개최되어 교장 문제를 심리(『시대일보』, 1924.5.17.)했다. 이때 교장 말이 정영선의 말과 다르므로 음력 5월 5일(단오, 양력 6월 6일-인용자) 봄 운동회 때 여러 학교 생도와 학부형이 모인 장소에서 두 사람을 불러 질문한 후 교장이 잘못한 일이면 여수학교에는 영원히 있지 못할 것이고, 정영선이 잘못한 것이면 상당한 처단을 하기로 결정했다.

그 사이 부형이 도지사에게 진술서를 제출했는데, 5월 29일 정영선이 도지사를 방문하고 답변을 요구(『동아일보』, 1924.6.13.)했다. 도지사는 진술서는 곧 학무과장의 상당한 처리가 있을 것이라면서, 이런 사건은 군수가 감독 책임자인데, 도에까지 몸소 왔느냐 운운하므로 돌아갔다. 정영선은 6월 5일에 여수 군수를 방문했으나 군수는, 인정상 너무 박절하므로 전근이나 사면을 시킬 수 없고, 오직 퇴학생을 다시 입학시킨 후 화해하는 것이 양호하다고 답변하여 정영선은 더욱 분개했다.

6월 6일 봄 운동회에서 정영선은 어떠한 방법으로 실행할 것이냐고 물으니 학무위원들은 그 같은 결의를 한 적이 없다고 부인(『시대일보』, 1924.6.14.)했다. 이후 문제가 어떻게 진전되고 해결되었는지는 알 수 없다. 다만 교장 소로일지조는 1925년 영광공립보통학교 교장인 것이 확인되어, 1924년 중에 전근되었다. 학생 정효조가 재입학되었는지는 알 수 없으나, 그렇게 되었을 것으로 추측된다.

1926년에는 여수 학부형대회에서 여수공립보통학교 교원들의 문제점을 나열하고, 퇴직·면직 등을 요구한 일(『조선일보』, 1926.4.8.)이 있었다. 4월 신학기 들어 2일 여수향교에서 학부형대회 창립총회가 열렸다. 이 자리에서 6인 연명으로 여수보통학교의 부정사건 조사보고가 있어 부정과 실태 사건을 일일이 적발 성토하였다. 결의 사항에서는 상량(相良) 교장과 같은 교원을 철두철미하게 성토하며 교장과 교원의 면직, 기타 3, 4의 중대한 사항을 결의하고, 그 결의 사항과 요망 조건을 군 당국에 진정하기로 결의하였다. 또 성토의 선후책과 구축의 교섭을 16인의 집행위원에게 전임키로 하였다.

집행위원회는 서정 동각(洞閣)에서 3일부터 4일까지 2일간 개회하고, 대회의 결의와 같이 학교 당국의 죄악 13조를 열거한 성토문 작성과 선후 대항책을 강구하였다. 작성된 성토문을 5일 학교 당국과 군 당국에 발송하였다. 군 당국에는 학부형 대회의 요망 조건을 제출하여 정확한 회답을 9일까지로 구하였다. 요구 조건은 다음과 같다. ① 상량 교장의 퇴직, ② 교원 백태현의 면직, ③ 2부 교수의 복구, ④ 수업료는 군 당국에서 직접 아동 보호자에게 징수할 것, ⑤ 운동 회비 결산은 군수가 직접 대리로 보고할 것, ⑥ 북리(北里), 농천(瀧川) 양 교원의 소행을 조사하여 상당 처분할 것.

위 요구 조건을 통해 유추해 볼 때, 부정 비리 행위는 수업료 징수 과정, 그리고 운동회비 결산 과정에서 발생한 '횡령' 등이 아닐까 하며, 교원 문제는 교장, 일본인 훈도 2명, 조선인 촉탁교원 1명과 관련된 것으로 보인다.

1926년의 교원 이름을 확인해보면, 교장은 상량매웅(相良梅雄), 훈도는 농천현웅(瀧川顯雄), 북리송랑(北里松郎), 교원촉탁은 백태현이었다. 그런데 1927년에는 상량매웅, 농천현웅, 백태현이 명단에 없다. 배척된 4명 중 3명이 이후 자리에서 물러난 것이다. 또 북리송랑도 1928년 명단에는 없다. 이로써 학부형대회에서 배척한 4명이 모두 사라졌다.

1939년 전시체제기에 여수읍내 공사립 초중등 6개 학교 교사들이 모여 여수읍 교외훈육연맹(『釜山

日報』1939.11.5.)을 조직했다. 11월 3일 명치절에 여수읍내 소재 중초등학교 6교 교원들이 여수공립고등여학교에서 여수읍 교외훈육연맹의 창립총회를 개최했다. 이 "6개 교를 일환으로 하여 각 생도 아동의 훈육 철저와 교원 상호의 친목 연락의 강화 및 각 학교 생도 아동 상호간의 융화를 꾀하여 이상적 교육의 완벽을 기하기 위"한다는 명목이었다.

가맹 학교는 여수공립수산학교, 고등여학교, 동정심상고등소학교, 서정심상소학교, 여천공립심상소학교, 미평사립심상소학교였고, 고문 및 역원을 보면, 고문은 여수군수 원곡슬지조, 경찰서장 송목구마, 학교조합관리자 다전의일, 사립미평소학교 설립자 김영준으로 하고, 이사장은 여수군주재 도시학 천야미성으로 하며, 기타 각 교를 통하여 이사와 간사 약간 명을 두었다.

연맹규약은 다음과 같다. ① 여수읍에 있는 중초등학교는 교외에서 생도 아동 훈육의 철저를 기하고 아울러 교원 상호의 친목 연락을 꾀하기 위해 연맹을 조직함, ① 본 연맹은 여수읍 교외훈육연맹이라 칭함, ① 본 연맹 사업수행은 가맹 각 학교 전 직원이 이를 담당함, ① 본 연맹은 그 목적을 달성하기 위해 다음 사항을 행함.

행하는 사항은 지도, 감독, 조사로 구분했는데, 먼저 지도는 또 수양, 단련, 봉사로 나누어 ① 수양은 신사참배, 강연회, 영화회, 음악회 등, ② 단련은 체육회, 원족 등, ③ 봉사는 국방봉사, 사회봉사, 근로봉사 등이었다.

두 번째 감독은 ① 복장, 태도, 행동 등, ② 언어, 사상, ③ 집회 및 다수 출입 장소에서 풍기, ④ 야간외출, ⑤ 남녀생도간의 풍기, ⑥ 카페, 음식점 등의 출입, ⑦ 극장, 활동사진관 등의 출입, ⑧ 기차 통학이다.

마지막 조사는 ① 서점, 음식점, 간행물, 지방적 각종 행사, 생도아동의 생활상태 등의 조사, ② 강연, 영화, 흥행물 기타 이에 유사한 것 등의 선택이었다.

4. 청년·학생운동

1919년 만세시위 시도

1919년 12월 20일 장날을 이용해 시위를 벌이려던 유봉목·이선우 등 19명이 하루 전날인 12월 19일에 체포되고 태극기 120개가 압수(『매일신보』 1919.12.22; 『매일신보』 1920.1.13.)되었다.

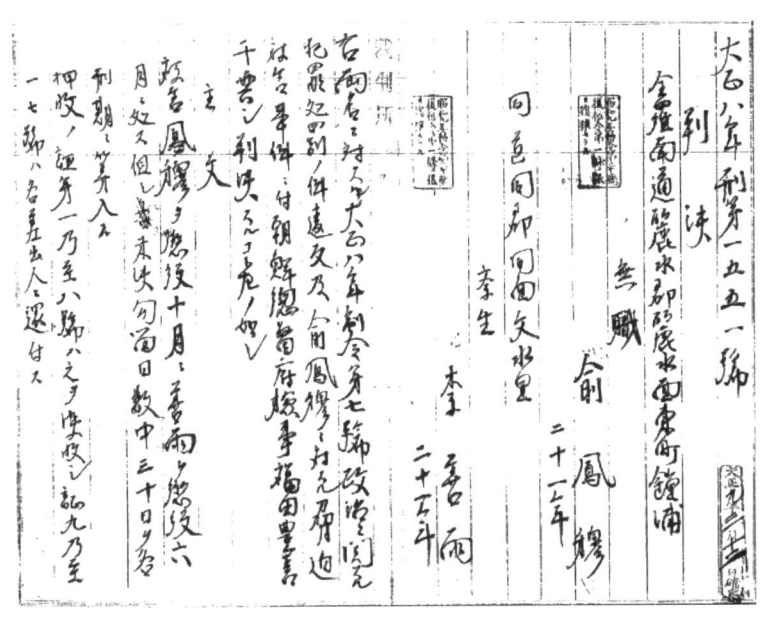

유봉목, 이선우 판결문(국가기록원)

유봉목은 여수간이수산학교 생도 이선우와 더불어 김동렬·하재학·유성회·유병옥·김계봉 등과 17일 밤 수산학교 기숙사에서 시위를 계획했다. 그 방법으로 이선우는 여수보통학교·수산학교 생도와 졸업생 중 의사가 공고한 자를 선정하여 위친계 가입을 권유하기로 했다. 18일 밤 유봉목·이선우는 종포 박종종 집에 하재학 외 39명을 모아 시위 계획을 알리고 동의를 얻었다.

19일 덕충리 김여진 집 생도복습소에서 태극기를 만들던 중 사전에 발각되어 무산되었다.[7] 유봉목은 '대정(大正) 8년 제령(制令) 제7호 위반'으로 징역 10월형을 선고받아 1년여 옥살이를 했다. 1990년에 건국훈장 애족장을 추서 받았다. 이선우도 같은 명목으로 징역 6월을 선고받아 옥고를 치렀고, 2010년에 대통령표창을 추서 받았다. 이 일을 주도한 유봉목은 여수수산학교 생도가 아니었지만, 이선우 등은 수산학교 생도들이었다.

1930년 여수보통학교 내 격문 살포

이 일은 학교라는 공간을 배경으로 해서 일어난 일이었지만, 학생운동의 범주에는 속하지 않는다. 주동 인물이 학생이 아니었기 때문이다.

여수읍 서정 무직 김용환, 여수읍 서정 무직 여운종 두 청년은 광주학생운동이 들불처럼 확산되던 1930년 1월 여수보통학교 구내에 격문을 살포하였다가 체포되어 '건조물 침입, 보안법 위반'으로 처벌(『중외일보』, 1930.2.14; 『중외일보』, 1930.2.15; 『중외일보』, 1930.3.14; 『중외일보』, 1930.3.17.)되었다.

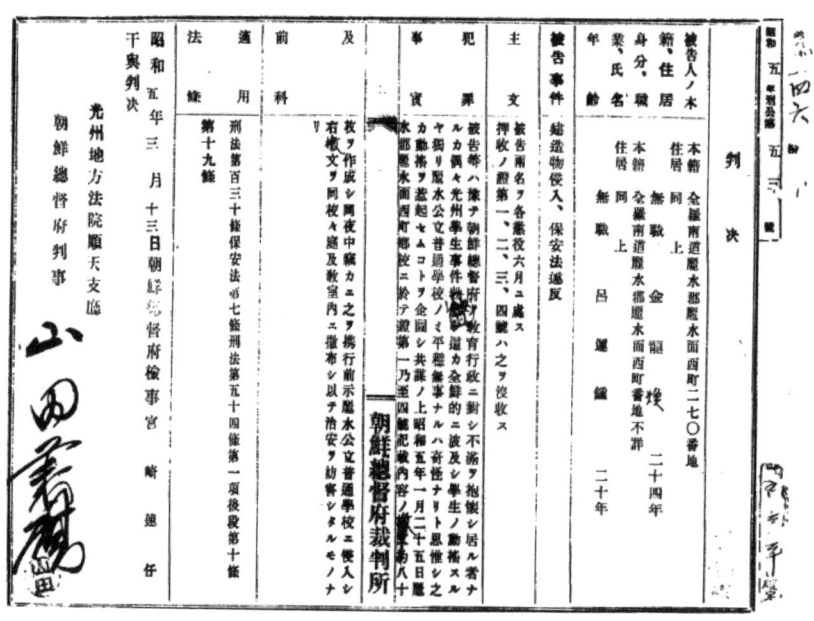

김용환, 여운종의 판결문(국가기록원)

판결문[8])에 따르면, 이들은 전부터 조선총독부의 교육행정에 대해 불만을 품어오던 중, 마침 광주학생사건이 조선 전체로 파급되는 중에 홀로 여수공립보통학교만 평온 무사함은 기괴하다고 생각했다. 이에 그 동요를 야기할 것을 기도하여 공모 후 1930년 1월 25일 여수군 여수면 서정 향교에서 격문 80매를 작성하여 밤중에 몰래 들어가 보통학교 교정과 교실에 살포했다. 김용환과 여운종은 3월 13일 징역 6개월을 선고받았다. 김용환은 1990년에 건국훈장 애족장을 추서 받았다.

1930년 삼산면 동도리 만세 사건

이 사건(『조선일보』, 1930.8.2; 『조선일보』, 1930.8.9; 『조선일보』, 1930.8.10.)은 학생운동이라 할 수는 없는 일종의 해프닝이었다고 할 수 있다. 그러나 그 파급은 상당했다.

삼산면 동도리의 노동야학원이 1930년 5월 초에 사립보통학교로 인가되자 동도리소년회는 그것을 축하하기 위한 자리에서 만세를 불렀다. 동도리소년회는 5월 5일 어린이날을 기념하기 위하여 중앙본부로부터 기념 삐라를 청구해두고 마침 비가 내려 그날은 모이지 못하고 그 후 9일에 모여 유쾌히 놀다가 노동야학원으로 돌아왔다. 그리고 "동도리 노동야학 승격만세"와 "사립보통학교 만세"를 3창한 일이 있었다. 그때 근처에서 주류 제조장을 건축하던 모 일본인들이 승격만세 소리를 듣고 신경과민에 삼산면 주재소에 밀고를 한 차에, 전북 정읍의 보천교 포교도 김 아무개도 자기의 포교운동에 방해하였다는 감정으로 사실무근한 'ㅇㅇ('독립'으로 보임-인용자)만세를 고창'했다고 무고했다.

이에 주재소는 즉시 여수본서로 급보를 하여 본서에서 급거 출동했다. 1930년 7월 10일에 여수서에서 고등계 서원이 급히 출장하여 삼산면 덕촌리 노동야학회 사무소와 교사의 가택까지 수색하고, 서적 기타 서신, 문서 같은 것을 압수하였으며, 삼산면 거문공립보통학교 훈도 김보물, 노동야학 선생 이효동, 면서기 원종상을 검속하여 본서로 압송했다.

또 17일에는 동도리 박채순을 검속하고, 고등계 주임과 형사 박귀환이 함남 원산에까지 급거 출장하여 원종상의 친형 원정상을 원산으로부터 23일에 검속하여 온 후 24일 밤에 검속 중이던 박채순은 임시 석방했다. 8월 4일에는 광주경찰서 고등계 형사대가 돌연 광주 명치정 5정목에 있는 오완기 정미소에 근무 중인 최풍룡을 체포하고 가택수색 후 여수경찰서로 압송했다.

그런데 위와 같이 '독립' 만세가 아님이 밝혀짐으로써 모두 석방했다. 그리고는 각 단체와 노동야학은 전부 철폐 해산을 명했다. 그러나 일이 그것으로 마무리된 것은 아니었다.

이후 1931년 6월 원정상·원종상·김보물·이효동·최풍룡·김귀문·임종호·조용옥·이성순·유재성 등 10명은 치안유지법 위반, 불경죄, 출판법 위반, 1919년 제령 제7호 위반, 보안법 위반 등의 명목으로 조사를 받고, 그들 중 일부는 기소되었다. 승격 만세 사건의 여파가 뜻하지 않은 방향으로 번져 결국 결사사건을 낳은 것이다.

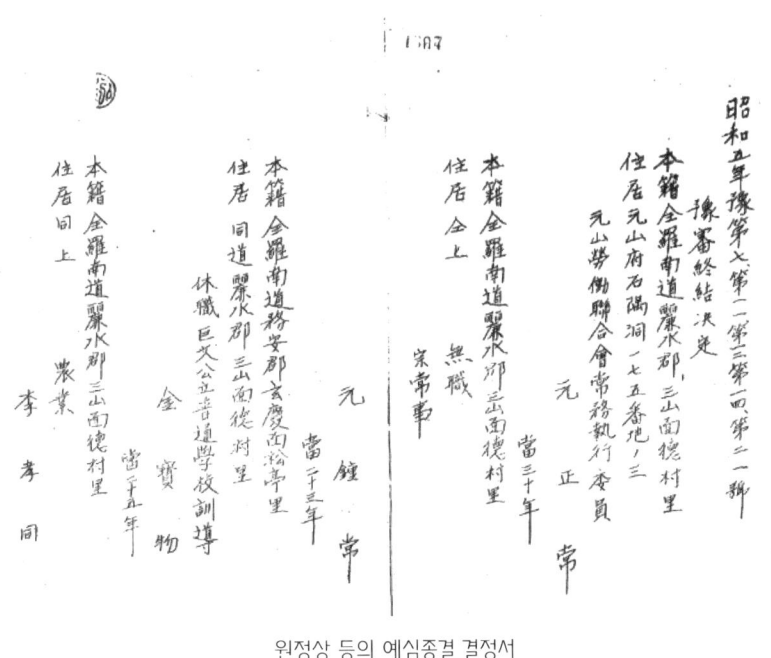

원정상 등의 예심종결 결정서

원정상은 감옥에서 나온 후에 거문도 청년사회에서 여전히 지도적인 위치에 있었다. 청년단의 단장으로 활동했지만, 그 청년단은 전시체제기 일제 침략전쟁에 협력했다.

수산학교 학생운동

1923년 6월

수산학교 생도 일동은 1923년 6월 12일 교장 임용사랑(林勇四郞)이 자격이 없다고 동맹휴교하고, 도청 당국에 대하여 교장 교체, 2년의 연한을 5년으로, 관립으로 경영할 것을 요구(『동아일보』 1923.6.14.)했다. 6월 15일에 학교 당국자와 유지 일동은 학교조합으로 생도 일동을 불러 "이번 일은 일선 유지로부터 기성회를 조직하여 내년에는 실현이 될 터이니 안심하고 등교하라"고 권유(『동아일보』 1923.6.17.)했다. 이에 학생들은 이 사건을 전부 지방 유지에게 맡기고 6월 18일부터 출석했다. 그러면서 학생 측은 "만일 지방 유지 측에서 이를 등한히 하는 때에는 다시 철저한 운동을 개시"(『동아일보』 1923.6.22.)하겠다고 엄포를 놓았다.

여수공립수산학교(『麗水發展史』)

1925년 9월

학교 창립 이래 제2차 동맹휴교(『釜山日報』 1925.9.2.)가 있었다. 2년생 전부 18명 중 15명이 담임 교유 이택준길(伊澤俊吉)에 대한 불평에서 진정서를 제출하고 9월 1일 시업식에 불참하고 동맹 휴교했다.

전교생도 2학년생들의 행동에 공명하여 동맹 휴교했다. 제3학년생 25명도 2일부터 전부 등교하지 않았고, 1학년생 43명도 맹휴하려는 형세(『釜山日報』 1925.9.3.)였다.

주임인 교장 강풍(岡豊)은 배를 싫어하는 2, 3명의 생도가 있음에도, 강제로 어로 실습을 하도록 했다. 이에 이들이 배 타고 나갈 때 승선을 거부하자, 담임 교유 이택준길이 손으로 구타(『釜山日報』 1925.9.8.)했다. 학생들은 선생의 비행을 열거하여 관청과 단체에 발송(『조선일보』 1925.9.7.)했다.

학교 당국은 졸업생을 통해 금후로는 절대 이택 교유를 학교에 두지 않을 것이니 속히 등교하라고 권유했다. 그러나 학생 측은 조건에 대한 증서를 해달라고 요구했고, 학교 당국은 학교 위신상 그 요구는 응하지 못하겠다고 하여 서로 대치(『동아일보』 1925.9.14.)했다. 9월 5일에 도청에서 시천(市川) 시학이 와서 실지조사에 착수했다. 학생 측에서는 퇴학 처분을 당하는 희생자가 있을까 염려하고, 학교 측에서는 졸업생을 시켜 학생과 선생(이택) 간에 화해를 하게 하여 7일부터 전부 등교(『釜山日報』 1925.9.9.; 『동아일보』 1925.9.19.)했다.

1930년 1월

1929년 11월 3일 광주에서 일어난 학생들의 항일 운동은 1930년 1, 2월에 전 조선으로 번져 나갔다. 여수의 학생들도 마찬가지였다.

1930년 1월 21일 여수 수산학교에서 학생들이 모여 격문을 살포하고, 시위운동을 일으키고자 준비하다가 경찰에게 발각되었다. 경찰은 23일 밤에 학생 8명을 경찰서로 연행하여 취조했다. 남은 학생들이 분개하여 교장에게 항의하고, 경관들은 학교 부근에서 엄중 경계(『중외일보』 1930.1.26.)했다.

또 여수경찰은 학생 수 명의 가택을 수색, 검색하고 취조했으나, 아무런 물적 증거를 발견하지 못했다. 이에 주요 혐의 있는 학생 3명만 남겨두고, 나머지는 석방했다. 2학년생들은 27일 교장에게 남은 학생들이 석방되기까지는 동맹 휴교한다고 선언했다. 학교 측은 2년생 11명, 1년생 9명을 퇴학 처분하고, 2년생 8명, 1년생 3명을 무기정학 처분했다. 『조선일보』 기사에서는 2년생 퇴학 3명, 정학 6명이라 했다.

이에 1년생도 분개하여 2학년과 같이 동맹 휴학했다. 경찰은 배후 책동 혐의로 『조선일보』 지국 기자 1명을 검속했다. 학생들의 맹휴 조건은 ① 금번 퇴학시킨 생도, 무기 정학시킨 생도를 전부 복교시킬 것, ② 경찰서에 피검거된 생도를 전부 석방시킬 것이었다. 학교는 30일부터 휴교(『중외일보』 1930.1.30.; 『京城日報』 1930.2.1.; 『조선일보』 1930.2.3.)에 들어갔다. 이 일이 이후 어떻게 귀결되었는지는 확인할 수 없다.

1930년 11월 동맹휴교

11월 11일 수산학교 동맹휴교가 재발(『조선일보』 1930.11.15.)되었다. 발단은 교유 조종응의 문제였다. 3일 전인 11월 8일 교수시간에 조종응은 교수도 하지 않고 잘못도 안 한 2년생 전부를 사무실로 불러 함부로 꾸짖고 학교 다니지 말라고 협박했다. 10일에는 또 1학년생들이 교실 내에서 발을 굴렀다는 구실로 사무실로 하나씩 불러 조종응과 임용(林勇) 교유가 문초했다.

이에 11일 2년생 일동은 책보를 싸서 나와 버렸다. 학교는 경찰서 고등계에 전화하여 응원을 구하고, 경찰은 사복형사, 정복 순사를 시켜 생도들의 행동을 엿보았다. 생도들은 학교 당국의 태도에 불만을 느끼고, 이 기회를 이용하여 무자격한 교유들을 배척하자는 뜻으로 동맹휴교를 단행했다. 1년생과 3년생은 12일에 여전히 등교하였으나, 그들도 이 기회를 이용하여 학교 당국에 대한 혁신을 철저히 운동키로 결의하여 교장에게 진정서를 제출하고 전교가 동맹휴교를 단행했다. 그들의 요구조건은 다음과 같았다.

① 조종응: 요리옥을 잘 출입하며, 더욱 음주하고 교수하므로 배척, ① 임용사랑: 교원다운 자격이 없고 노예적 교수를 하므로 배척, ① 촌상차랑(村上次郎, 다른 자료에는 村上二郎으로 되어 있음, 그런데 둘 다 일본어 발음은 같음-인용자): 위와 같음, ① 이택준길: 너무 오만하여 생도를 무시하고, 학과 차별로 교수 성의가 부족하므로 배척, ① 김○○ 조수: 물(기사에 '物'로 되어 있으나 문맥상 '水'가 맞을 것 같음-인용자)산학교 제조 조수에는 부적하므로 배척, ① 교수시간에 무리한 취조를 폐할 것, ① 노예적 교수도 폐할 것 외 3항.

이를 정리하면, 교유 4명과 조교 배척, 그리고 노예 교육 거부였다. '노예 교육 거부'는 당시 학생들의 보편적 요구 조건이었다. 또 임용사랑과 이택준길은 각각 1923년과 1925년에 이미 학생들에게 배척된 적이 있다. 그럼에도 꾸준히 교유 자리에 눌러 앉아 있다가 다시 배척 대상이 되었다. 1930년 7월 1일 기준으로 수산학교 교유는 6명이었는데, 그중 4명이 학생들에게 배척받은 것이다. 나머지 2명은 산전정만(山田政滿, 교유, 학교장 사무취급), 목원광(木原壙)이었다.

이 사건 이후 배척받은 4명의 교유를 직원록에서 찾아보면, 조종응과 임용사랑은 1930년 시점까지만 여수수산학교 교유로 되어 있어, 이 사건 이후 바로 그만둔 것으로 보인다. 또 촌상이랑은 1932년 시점까지, 이택준길은 1936년 시점까지 여수수산학교 교유로 되어 있어 이후에도 계속 교유 자리에 있었다.

김인덕에 따르면, 11월의 수산학교 동맹휴교는 그에 앞서 독서회를 통해 조직화되어 있던 학생들이 전교생을 선동하여 반일 동맹휴학 투쟁을 벌인 일이었다. 그리고 여도현의 지도로 마르크스주의 독서회를 통해 학습한 윤경현, 이용기 등이 이 동맹휴교를 주도했다.[9] 또 여수의 독서회는 다음과 같이 2

차에 걸쳐 조직되었다.[10]

조직명칭	강령 및 운동방침	구성원	주요 활동
여수독서회 (제1차, 1929.8)	사유재산제도를 부인하는 공산주의 사회 실현을 목적	여도현, 김용환, 여운종, 김양식, 박병림, 박채영	1930년 1월까지 20여 회 회합
여수독서회 (제2차, 1930.2)		김영균, 박채영, 강동주, 최준문, 장평완, 오우홍, 김인식	1930.5 김영균, 이강렬, 김학풍 등과 서울에서 독서회 조직 1930.7 이기순, 이기동 외 10명 여수군 삼산면에서 신간회 조직준비회를 조직

여수수산학교생이 동맹휴교에 나서자, 여수경찰서는 선동 혐의로 『조선일보』 기자 주원석을 검속하고, 『조선일보』 지국을 수색하였으며, 맹휴생 중 주모자로 지목된 생도 16명을 연행하여 취조했다. 이에 전교생도 일제히 경찰에 쇄도하여 같은 처분을 받기를 요구하며 현장을 떠나지 않고 소란(『조선일보』 1930.11.16.) 행위를 벌었다. 여수경찰서는 12월에 일부를 순천지청 검사국에 송국하고, 일부는 계속 경찰서에 유치(『동아일보』 1930.12.10.)했다.

1931년 9월 4일 여수수산학교 학생의 비밀결사 독서회 사건의 윤경현 등 14명을 피고로 한 '치안유지법 위반' 공판(『조선일보』 1931.9.6.)이 광주지방법원에서 열렸는데, 윤경현과 이용기에게는 징역 2년, 나머지 12명에는 3년간 집행유예가 선고되었다.[11] 14명의 본적, 1심 선고 형량, 서훈 여부(서훈 연도, 훈격)를 표로 나타내면 다음과 같다.

이름	본적	1심 선고 형량	서훈 연도와 훈격
윤경현	강진군 대구면 마량리	징역 2년	1990 애족장
이용기	여수군 여수읍 동정	징역 2년	
정학조	장흥군 장흥면 덕정리	징역 1년반 집행유예 3년	2005 대통령표창
백인렬	여수군 여수읍 여서리	징역 1년반 집행유예 3년	2005 대통령표창
조병호	완도군 군외면 영풍리	징역 1년반 집행유예 3년	
오놀보	완도군 고금면 덕동리	징역 1년 집행유예 3년	2000 대통령표창
곽재석	여수군 여수읍 동정	징역 1년 집행유예 3년	2005 대통령표창
김봉칠	제주군 정의면 신산리	징역 1년 집행유예 3년	
진자미	여수군 여수읍 동정	징역 1년 집행유예 3년	2005 대통령표창
김낭호	완도군 고금면 농상리	징역 1년 집행유예 3년	
정보한	여수군 여수읍 서정	징역 1년 집행유예 3년	2005 대통령표창

이름	본적	1심 선고 형량	서훈 연도와 훈격
박창래	여수군 화양면 나진리	징역 1년 집행유예 3년	2019 대통령표창
김재곤	여수군 여수읍 동정	징역 1년 집행유예 3년	2020 건국포장
차용헌	완도군 청산면 상동리	징역 1년 집행유예 3년	2022 건국포장

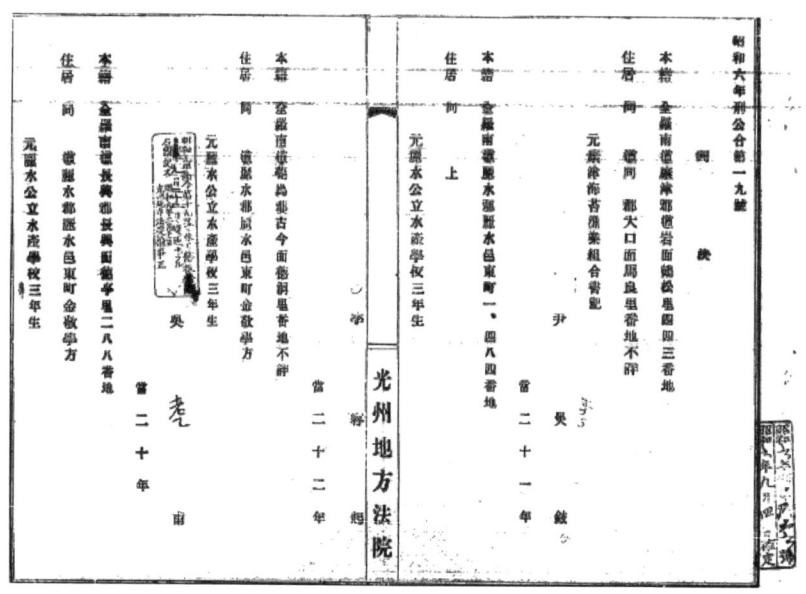

윤경현 등의 광주지법 판결문(국가기록원)

보통학교 학생운동

1925년 여남공립보통학교 학생들의 등교 거부

남면 금오도에 있는 여남공립보통학교 학생 전부가 동맹휴학을 선언하고 2월 6일부터 일제히 등교 거부(『조선일보』, 1925.2.17.)했다. 원래 사립학교였다가 1924년 4월에 공립으로 인가되었으나 교장이 임명되지 않고 종래에 재근하던 무자격 교원 2명만으로 교수하였기 때문이었다. 그동안 300명의 학생 중 반수 이상이 하나씩 둘씩 자퇴하여 수효가 크게 줄었다.

졸업할 4학년 생도들은 교장도 없는 학교에서 자격 없는 선생에게 졸업증서를 받는 것보다 차라리 그만두는 것이 낫겠다는 이유로 당국을 원망하고, 다른 학년까지 공명되어 일동이 동맹휴학을 단행한 것이었다. 군 당국에서는, 남면 주민이 군수가 임명한 신 면장 반대 투쟁을 벌이는 것을 가증스럽게 여겨 학교를 폐지 또는 이전케 하겠다고 면민을 위협하고 교장 임명에 성의를 보이지 않았다. 또 학부형 측에서는 당국의 태도에 분개하여 각기 자제를 그 학교에 보내지 않기로 결속한 것이었다.

1928년 여수공립보통학교 학생들의 등교 거부

학교장 통정정기(筒井精記)는 3월 9일 제4학년 2부에 재학하는 강선봉(14세)이 장난을 한다 하여 발로 차고 밟고 하는 등 난타했다. 이에 '무서운 교장'에게 배울 수 없다고 이튿날부터 4학년생 일동은 등교를 거부(『동아일보』 1928.3.13.)했다. 통정정기는 1929년 시점에도 교장으로 그대로 있었으므로 학생들의 요구는 받아들여지지 않았다는 것을 확인할 수 있다.

1932년 5월 소라공립보통학교 학생들의 동맹휴교

여수 소라공보 5, 6학년 생도 일동 60여 명이 5월 24일 동맹휴학(『조선일보』 1932.5.26.)에 들어갔다. 이 기사에서는 초등학교 동맹휴학은 여수군에서는 '처음 있는 일'이라고 보도했으나, 등교 거부는 앞에서 소개한 두 사례가 있었다.

동맹휴교 원인은 몇 가지(『조선일보』 1932.5.29.) 있었다. ① 전남도로부터 선발된 지도 학교라는 것을 빙자하여 학교 당국자는 학생들에게 학과는 등한시하고, 실습에만 주력케 하여 학생들은 피곤을 견디기 어려운 것, ② 장래 상급학교에 갈 학생에게는 특별히 복습을 시켜주기는커녕 5, 6학년 담임인 교장이 교수할 때에도 무성의하게 실외로 나가서 돌아다니는 것, ③ 교장이 생도를 대할 때 가장 불친절한 태도로 대한다는 것, ④ 학생들이 집에 돌아와서는 과로로 복습을 못한다는 것 등.

이런 원인을 들어 학생들은 그 전날 도학무과장과 여수군수에게 "이러한 교장 밑에서는 절대로 교수를 받을 수 없으니, 다른 교장으로 갈아 달라"는 진정서를 제출하고, 24일 오전 9시에 이르러 김생연·전기정·이명윤, 세 명의 학생이 교장에 대하여 설명을 한 후 학생 일동은 동맹 휴학한 것이다. 급보를 접한 경찰은 즉시 출동하여 주모 학생들을 불러 설유했다. 1932년 4월 1일 시점에 소라공립보통학교 교장은 홍본건사(弘本建司)였다.

당시 『조선일보』 기자는 교장과 학생 대표를 각각 면담했는데, 교장은 "학생들에게는 절대로 지지 않겠소."라고 했고, 학생은 "우리의 요구인 교장을 갈아주지 않을 때는 절대로 글을 배우지 않겠습니다."고 답했다.

여수군 서무주임이 출장하여 학교 당국자와 밀의하여 학생들의 요구를 일축하고, 26일에 전부를 등교케 하고 주도 학생 11명에게 무기정학 처분(『조선일보』 1932.5.31.)을 내렸다. 정학 처분을 받은 학생들은 6학년생 김생연·전기정·이명윤·장영실·박상선·이기풍·주동열·박우암, 5학년생 오진영·남천규·박종한이었다.

당시 학생들은 "집에서는 하루에 좁쌀밥 두 끼니도 변변히 먹지 못하는 형편인데, 학교에서는 직업

교육이라는 이름으로 매일 2, 3시간씩의 노동을 시키니 힘이 자라지 못하여 감당치 못하겠다"(『조선일보』 1932.6.18.)고 했다.

그로부터 2주쯤 뒤인 6월 10일 나주군 왕곡보통학교에서도 5학년생들이 학교에서는 노동만 시킨다는 이유로 등교를 거부했다. 소라공립보통학교 학생들과 같은 이유에서였다.

이에 대하여 전라남도 학무과장은 기자에게 "조선 민중은 아직까지 직업교육에 대한 이해가 부족할 뿐 아니라 농민이 좁쌀밥을 먹고는 노동할 수가 없다고 하니 이런 호강스러운 말이 있겠습니까? 소라·왕곡 두 학교에서 몇 개 분자의 선동으로 조금 말썽이 되었었으나 그 즉시 무사히 해결되어 버렸소이다."라고 말했다.

1929년 조선교육령, 보통학교규정, 소학교규정이 개정되고, 교과목이 변경되었다. 1929년 조선교육령 개정의 주요 내용은 직업 과목의 필수였다. 이런 배경에서 수업 시간에 '실습'이란 명목으로 노동을 강제하다가 생긴 문제였다. 일본정부와 조선총독부의 교육 방침이 그런 형편에서 학교, 군청, 도청 당국은 학생들의 요구를 수용할 수 없었을 것이다.

1920년대 이래 학생운동의 기저에는 일제의 식민지 노예 교육 반대라는 논리를 깔고 있었다. 일제의 교육 내용과 교육 방식이 우리 교육의 본류가 될 수 없음을 당대 주체들이 몸소 보여준 것이다.

10 동원된 사람들

1. 정신동원

성덕 태자당

일제는 1931년 9월 중국 동북지방을 침략('만주사변')하여 1945년까지 이어진 '15년 전쟁'의 막을 열었다. 그 직후 여수에는 일본의 성덕 태자당이 만들어졌다. 일본 문화의 기초를 만들었다는 성덕(聖德) 태자를 봉안하여 '건국의 대정신을 발휘'(『朝鮮時報』 1931.9.19: 『朝鮮新聞』 1931.10.16.)케 한다는 명목이었다.

조선본부 이사 아무개는 태자전 건설 주창자인 산천일이(山川一二)를 남선지부장으로 추천하여 산천은 여수에 남선지부를 설치하고, 전남북 관내 봉찬회 사무소를 관할했다. 임원은 지부장 산천일이(山川一二), 부지부장 정상복칠(井上福七), 고문 정길신(政吉信), 대총치삼랑(大塚治三郞), 김한승 등이었다. 여수읍 서정 정토종(淨土

태자당(《麗水發展史》)

宗) 보은사 경내에 태자봉안전을 건축하고, 1931년 9월 22일 태자봉안회를 개최했다. 주로 일본인들이 석권하고 있는 자리에 조선인 김한승이 고문에 위촉된 것이 주목된다.

국방의회

일제의 침략전쟁에 호응하여 '국방의회'라는 단체가 전국적으로 조직되었다. 이 단체는 조선인에게 '국방의식'을 보급하여 일제의 침략전쟁을 지지하도록 선전·선동 활동을 벌이고, 아울러 일제의 침략전쟁을 물적으로 지원하도록 헌금·헌납운동을 전개했다.

여수에서도 1933년 9월 16일 여수읍 서정 영관에서 위원장 정길신(政吉信)의 사회로 창립총회(『釜山日報』 1933.9.21; 『매일신보』 1933.9.23.)를 열어 회장, 부회장 등 임원을 선출했다. 조선인 임원으로는 부읍장 이종민이 부회장 2명 중 1명으로 선임되었다. 이어 '만주사변 제2주년'인 9월 18일 동정심상소학교에 남녀 학생 2천여 명을 모아 국방의회 발회식을 거행했다. 폐식 후에는 악대를 앞세우고 시가행진을 벌였다.

군사후원회

1937년 중일전쟁 직후에는 군사후원회가 조직되었다. 7월 22일 여수공회당에 관민 유지 50여 명이 회합하여 중국 관내와 만주에 있는 장병과 가족의 위문 및 후원을 목적으로 한 후원회(『매일신보』 1937.7.28.)를 조직했다. 회장은 여수군수, 부회장은 여수경찰서장, 평의원은 이우헌 외 14명, 간사는 좌등진부(佐藤鎭夫) 외 2명이었다.

국민정신총동원연맹

중일전쟁 발발 1주년이 되는 1938년 7월에는 조선총독부 학무국이 중심이 되어 '국민정신총동원연맹'을 조직하였다. 이 연맹의 총재는 육군대신을 지낸 천도의지(川島義之)였고, 하부조직으로 각 도, 부·군, 읍·면, 동·리 등 지방연맹과 관공서, 학교, 은행, 회사 등 직장연맹이 있었다. 그리고 그 산하에는 10호 단위의 애국반이 있었는데, 연맹 창설 6개월 만인 1939년 1월까지 전국에 35만의 애국반이 조직되었으며 그 반원은 465만 명이었다.

1939년 9월 25일 국민정신총동원 여수군연맹 주최로 군청 회의실에서 연맹 역원 회합(『釜山日報』 1939.9.29.)이 있었다. 먼저 궁성요배, 전몰 군인 군속의 영령에 대한 1분간 묵도, 이사장 김영준의 인사를 거쳐, 비상시 국민생활의 쇄신, 애국반장 협의회 개최, 애국저축 실행, 연맹기구 정비, 가뭄 극복 실시 등 각 요항을 협의했다.

생활 쇄신 실행방법으로서 거친 밥 및 절주, 금연, 연회 감소 및 2차 모임 폐지, 술잔 주고받기 폐지, 쌀 절약을 기하기 위해 7분도 이하 또는 배아미 사용, 혼식과 대용식의 상용 등을 정했다. 또 그것의 철저를 기하기 위해 연맹 기구를 통하여 말초기관에 지령 또는 읍면연맹 역원, 관공서, 회사, 은행, 대상점 등 지식계급의 집합, 기타 정·동·리·부락 연맹, 애국반의 반원 회합 자리를 만들도록 했다.

다음으로 여수읍연맹 활동 사례를 보자. 국민정신총동원 여수읍연맹은 읍과 각 정연맹기 및 각 애국반기를 새로 만들기로 결정하고, 조선연맹을 통해 268매를 주문(『釜山日報』 1939.9.16.)했다. 이를 통해 당시 여수군 내 연맹과 애국반 숫자가 268개임을 알 수 있다.

1940년 8월 신축 이전한 여수읍사무소(『麗水邑拾年史』)

또 여수읍연맹은 매월 1일 흥아봉공일을 한층 구체화하기 위해 향후의 실시 항목을 정하고 실행하여 '흥아 대업을 익찬하고 더욱 강력 일본 건설에 정진'할 것을 결의(『釜山日報』 1939.9.29.)했다. 향후의 실시 항목은, 여명에 기상하여 궁성을 요배하고 신사를 참배할 것, 힘써 걸을 것, 특히 긴장하여 평소보다 1시간 이상 근무를 연장할 것, 복장과 식사는 특히 질소로 할 것(특히 식미는 7분도 미를 쓸 것), 술과 담배는 끊을 것, 이날에 절약한 돈은 반드시 저금할 것 등이다. '힘써 걸을 것'이란 교통수단을 이용하지 말고 걸어 다니라는 말이다. 차비도 아끼고 건강도 지킨다는 명목에서 그렇게 강조한 것이다.

여수읍연맹은 이 운동의 기구를 더욱 강화하여 그 완벽을 기하기 위해 전에 육군특별지원자훈련소 수료 입영 후 제대한 여수읍 봉산리 문성채를 연맹추진 대원으로 지정하여 향후 애국반의 중견으로서 활동(『釜山日報』 1939.9.30.)하도록 했다. 또 여수읍연맹은 1939년 11월 '정신작흥주간'을 이용하여 가뭄 극복 및 절미운동의 철저 강화를 꾀하기 위해 부락연맹의 예회 개최를 계획(『釜山日報』 1939.11.11.)했다.

그 일정을 보면, 다음과 같다.

11월 11일 오전 1시부터 서정 동각에서 서정 제1구~제4구연맹, 오후 7시부터 덕충리 동각에서 덕충리연맹, 12일 정오부터 동정 노인당에서 동정 제1구~제4구연맹, 13일 종포에서 종포연맹, 오후 7시부터 미평리 양지이사장 집에서 미평 양지리연맹 예회.

돌산면 우두리연맹은 제2연맹까지 조직(『釜山日報』1939.11.1.)되었다. 그 지역유지들이 11월 1일 우두리 하정(河井) 농장에서 여수군 돌산면 우두리 국민정신총동원우두리 제2연맹 결성식을 성대히 개최했다.

다음은 애국반 사례이다. 여수서정공립심상소학교는 1938년 11월 국민정신총동원조선연맹의 취지에 따라 연맹규약을 설정(『釜山日報』1939.6.9.)하고, 교장이 이사장, 전 직원이 이사가 되어, 각 학급에 애국반을 설치했으며 급장을 반장, 부급장을 부반장으로 삼았다. 또 '국민정신총동원여수서정공립소학교연맹'이라 쓴 연맹기, '애국반'이라 쓴 반기를 갖춰 연맹기는 교장실에, 반기는 각 교실에 세워두고 분열식, 시가행진 때 가지고 가도록 했다. 연맹규약 중 중요 내용을 보면, "본 연맹은 국민정신총동원여수서정공립심상소학교연맹으로 칭함", "본 연맹은 내선일체, 거국일치, 국민정신총동원의 취지 달성으로써 목적으로 함", "본 연맹은 여수서정공립심상소학교의 직원 및 재적 아동으로써 조직함" 등이다.

일제는 1937년 9월부터 매월 6일을 애국일(1939년 8월부터는 흥아봉공일)로 지정하여 조선인들에게 정신운동, 소비 절약, 국채 응모 등 전시협력 운동을 강요하였다. 이어 1940년 10월에는 국민정신총동원연맹의 명칭이 '국민총력조선연맹'으로 변경되었고, 총재도 조선총독이 직접 맡았다.

여수읍은 시가지 미화를 위해 매월 1일 및 15일의 흥아봉공일(『釜山日報』1940.4.25.)을 이용했다. 그날 오전 6시 사이렌으로 읍사무소의 전 직원이 출동하여 이를 3반으로 나눠 반장에 부읍장(김광인평, 김한승의 장남 김인평의 일본 이름-인용자), 서무주임(좌등), 재무주임(목교)이 맡아 반원을 지도 독려하기로 했는데, 시내를 3구로 나눠 그 담당구역 내 각 호에 일제히 지선 도로, 하수구 기타의 소제를 독려했다.

황국신민서사

조선총독부는 중일전쟁 이후인 1937년 10월 4일 '황국신민서사'를 제정했다. 이는 남차랑(南次郎) 총독의 지시에 따라 만들어진 것으로 성인용과 아동용의 두 종류가 있었는데, 전국에 배포하여 항상 휴대하게 했고, 각급 학교에서는 아침마다, 그리고 모든 행사 때마다 큰소리로 제창토록 했으며, 심지어는 결혼식 때도 주례자와 신랑, 신부, 하객이 기립하여 이를 암송토록 했다.

여수의용단은 1940년 '기원2600년 기념사업'으로서 여수신사 예정지에 공사비 약 천5백 원으로써

'황국신민의 서사탑' 건설을 계획(『釜山日報』 1940.4.9.)했다. 또 단원의 '적성(赤誠)'을 영구히 기념하기 위해 황국신민의 서사를 각자 반지 백지에 정서하고, 이를 서사탑 안에 전부 넣기로 했다.

신사참배

1930년대 중반부터는 조선인에게 신사(神社·神祠) 참배를 강요했다.

여수에는 이미 1910년대에 금(도)비라[金(刀)比羅] 신사(神祠)가 고소대에 세워졌다. 고소대는 원래 전라좌수영성의 부속 시설이었는데, 그 자리에 1918년 6월 18일 금비라신사 본전이 건축되어, 그 날짜로 조선총독부로부터 신사창립 허가(『朝鮮總督府官報』 1918.6.21.)를 받았다. 1922년 10월에는 배전(拜殿)이 건축되었다.[1]

금비라신사(『麗水發展史』)

이후 1930년대 중후반에 여수군 내 각 면에도 신사가 건립되었다. 1935년 5월 31일 여수군 소라면에 다하(多賀) 신사 건립 허가(『朝鮮總督府官報』 1935.6.4.)를 시작으로 1939년 3월 4일에 여러 곳의 신명(神明) 신사(神祠) 설립 허가(『朝鮮總督府官報』 1939.3.10.)가 있었다. 여수군 율촌면 조일환 외, 화정면 고재문 외, 화양면 김정식 외, 쌍봉면 민용식 외, 돌산면 김상련 외, 소라면 신현평 외, 삼일면 배동식 외 등의 출원에 따른 것이었다. 이름이 명기된 출원자들은 모두 1939년 당시의 면장들이다.

1939년 3월 23일에는 남면에 2개의 신명 신사 설립이 허가(『朝鮮總督府官報』 1939.3.21.)되었다. 이례적으로 남면 내 2곳에 신사 설립 허가가 된 것인데, 위치는 금오도와 안도인 듯하다. 황암회 외, 안정혁 외 출원의 후속 조치였다. 이중 안정혁은 당시 남면장이었다.

1941년 10월 10일 삼산면에 목촌광태랑 외 출원 신사 설립이 허가(『朝鮮總督府官報』 1941.10.16.)됨으로써 여수읍을 제외한 나머지 9개 면에 모두 신명 신사 설립이 완료되었다. 1939년 3월에 여수군 각 면장들이 일제히 출원하여 신사 설립 허가를 받은 사실로 볼 때, 이는 여수군에만 한정된 일은 아니었을 것으로 보인다. 조선 전체에 일제히 시행된 것으로 봐야 할 것이다.

여수읍에서는 1930년부터 신사(神祠)를 신사(神社)로 승격시키는 운동이 추진되었고, 그에 따라 마침내 1940년에 신사(神社)가 설립되었다. 1938년 말 총독부는 신사 건립을 적극 장려하고, 총독부 내무국에서 조사(『조선일보』 1938.12.15; 『동아일보』 1938.12.15.)했는데, 1939년 중 건립 계획이 있는 신사는 여수를 포함해 충남·강원·경북·충북·전남 등은 각 2곳, 경기·함남·함북 등은 각 1곳이었다.

1939년에는 건설 예정지(『釜山日報』 1939.3.3.)를 정했다. 위치는 종고산 동남쪽 여과지(濾過池) 오른쪽 위였다. 조선총독부는 8월 15일 여수읍 진좌 신명신사 폐지와 여수신사 창립을 허가(『朝鮮總督府官報』 1939.8.18.)했다. 신사(神祠)를 신사(神社)로 승격하고, 종고산 남쪽 기슭으로 이전하며, 8만 수천 원의 공사비로 경역을 확장 정비했고, 8월 15일 총독부의 창립 허가 지령(『釜山日報』 1939.8.18.)이 있었다. 이어 1940년 11월 16일 여수신사 이전 개축이 허가(『朝鮮總督府官報』 1940.11.21.)되었다.

신사참배 사례를 보자. 1937년 11월 9일 여수읍에서 '(중국) 태원 함락 축하 관민 학생 총동원'(『동아일보』 1937.11.12.) 신사참배와 기행렬이 있었고, 밤에는 제등행렬과 가장행렬이 있었다. 1938년 4월 25일 동부 전남 80여 교회를 관할하는 예수교 순천노회는 구례교회에서 제22회 정기총회(『동아일보』 1938.4.29.)를 개최하여 광주·여수·순천·곡성·구례·광양·보성·고흥 등에서 목사 14명, 장로 20명이 참석했다. 순천노회장 김상두 목사가 교회의 신사참배를 제안하여, 만장일치 원안 채택되었다. 전남 예수교 신도 신사참배의 효시로, 다음날 구례신사에 참배할 것, 지원병제도와 교육령 개정에 관해 요로 당국에 축전할 것 등도 같이 결의했다.

참배 장소 외 용도로 신사가 이용된 사례도 있다. 1939년에는 심한 가뭄으로 여수군이 6월 14일 여수신사에서 기우제(『동아일보』 1939.6.17.)를 거행했다. 대한제국 시기에는 종고산, 구봉산, 영취산과 바닷가 유왕암 등 여수군 내 자연적인 지형의 지점에서 기우제를 지냈는데, 이때에 와서는 인공적인 장소에서 일본 귀신에 제사 지내는 곳에서 기우제를 지내게 된 것이다. 일본 귀신과 미신의 조선 내 토착화·보편화 현상이라 할 것이다.

또 같은 해 7월 7일 여수신사에서 '성전2주년 기념식'(『동아일보』 1939.9.7.)을 거행했는데, 관민 천여 명이 참석했다. 1939년 9월 24일 농산어민보국일 당일 여수신사 대전에서 보국식(『釜山日報』 1939.9.26.)을 거행하고, 종료 후 바로 전원 분반으로 신사 경내 및 참도의 청소 작업을 벌였다.

1939년 8월 중과 1940년 1월 중 여수의 신사 참배자수(『釜山日報』 1939.9.5; 『釜山日報』 1940.2.4.)를 각각 보면, 다음 표와 같은데, 그 수가 대폭 증가 추세에 있는 것을 확인할 수 있다.

구분		1939.8		1940.1	
		일본인	조선인	일본인	조선인
일반	남	4185	1125	8785	2197
	여	4121	1195	7658	2255
학생	남	4830	7950	1,3602	1,3854
	여	4780	8050	1,2715	1,3895
계	남	9015	9075	2,2405	1,6051
	여	8901	9245	2,0373	1,6150

위 표에서 특히 조선인 학생 생도의 참배자 수가 단연 많은 것을 볼 수 있는데, 신문 기사에서는 이를 '학교 당국에서 경신 교육에 무게를 두고 있는 결과'라고 평가했다.

여수 신사참배 외에 일본에 있는 신궁 참배도 있었다. 1940년 여수공립고등여학교는 '기원2600년 기념행사'의 하나로 '참궁단'을 조직(『釜山日報』 1940.4.23.)했다. 3년생의 강원(橿原) 신궁, 이세(伊勢) 신궁 참배 및 각지 견학 여행을 계획하고, 두 교유의 인솔로 4월 20일 오후 관려연락선 창복환으로 일행 44명이 출발했다. 두 신궁을 참배하고, 동경, 경도, 대판, 일광, 궁도, 내량, 기타 명소를 견학하고 5월 3일 여수 귀착 일정이었다.

창씨와 개명

조선총독부는 1940년에는 조선인의 성을 없애는 '창씨제'를 강제 시행하였다. 신고제인 창씨는 호주가 부청이나 읍·면사무소의 호적계에 '씨 설정계'(창씨 신고서)를 제출하기만 하면 되는 것이지만, 허가제인 개명은 관할 법원에 개명 허가신청서를 제출하여 법원으로부터 허가를 받아야 했다. 개명 허가를 받은 이후에는 다시 부청이나 읍·면사무소의 호적계에 그 사실을 신고하여 호적 정정 절차를 밟았다. 둘 사이의 차이를 표로 나타내면 다음과 같다.[2]

구분	창씨	개명
방법	신고(호주가 신고서를 관청에 제출)	허가(법원의 허가 필요)
제출처	부청 또는 읍·면사무소의 호적계	관할 법원
기한	6개월 한시(1940.2.11~8.10)	없음
수수료	없음	건당 50전

조선총독부 공식 발표 자료에 따르면, 기간 내에 창씨 신고를 마친 호적 수는 전체의 80.5%에 해당

하는 약 323만 개의 호적[3], 창씨 인구수는 전체 조선인의 약 75%인 1천7백60여만 명이었다. 참고로 창씨 신고와 별도로 1940년 2월 11일부터 10월 31까지 '개명' 신청 건수는 전체 조선인수의 1/10도 안 되는 187만여 건이었다.[4]

1940년에 실시되었던 '창씨개명'은 조선총독부가 조선인의 '성명' 제도를 일본식 '씨명' 제도로 강제 전환한 것인데, 앞에서 본 것처럼 두 가지는 서로 다른 제도이므로 '개명'을 분리하여 '창씨'제로 표현해야 옳다.

여수에서는 3월 말까지 28건의 창씨 신고가 있었고, 개명은 33건(『釜山日報』 1940.4.9.)이었다. 5월 14일 여수 유림은 집단 창씨를 결의(『매일신보』 1940.6.12.)했는데, 총회에 모인 유림 71명이 6월 말일까지 창씨하기로 했다.

좌담회 개최와 '생산력 확충작전'에 호응

시국 인식 좌담회도 개최되었다. 1939년 중일전쟁 발발 만 2주년이 되는 7월 7일까지 전남도경찰부에서 각서를 통해 시국 인식의 좌담회를 개최한 것이 2만 8천 180회, 참가 연인원수는 127만 216명이었는데, 256만 도민의 5할에 달하는 수치였다. 여수경찰서에서 개최한 좌담회(『매일신보』 1939.7.16.)는 691회, 동원 인원 2만 8천 543명이었다.

여수경찰서(《麗水發展史》)

어민을 대상으로 정신 동원한 사례도 있다. 1943년 '결전하 생산력 확충 작전에 호응'한다는 명목으로 '어업인으로서 어선 어구의 애호심을 앙양함과 동시에 고도의 능률을 거둘 기술의 연마 또는 유사시 재해에 대비할 사건의 미연 방지의 훈련 등을 기'하여 7월 31일부터 8월 6일까지 1주일간 '어선 어구 애호주간'이 설정되어 여수군 하 각 어업조합이 주최가 되어 관내 어업자를 총동원하여 '취지 달성'을 기하고, 각종 행사를 전개(『매일신보』 1943.7.31.)했다.

2. 병력 동원

지원병

전시동원체제는 1937년 중일전쟁 이후 더욱 강화되었다. 일제는 중일전쟁 발발 이후 전쟁 수행을 위한 물자와 인력 동원을 위해 1938년 5월 '국가총동원법'을 조선에 적용하였다. 인력 동원은 병력과 노동력을 대상으로 했고, 병력 동원은 다시 지원병제와 징병제를 통해 달성되었다. 먼저 지원병제를 보면, 육군특별지원병제는 중일전쟁 이후 1938년 4월 실시되었고, 태평양전쟁기에는 1943년 8월 1일 해군특별지원병제가, 같은 해 10월 학도지원병제가 연달아 시행되었다.

1938년 3월 22일 칙령 제95호(『朝鮮總督府官報』 1938.2.26.)로 육군특별지원병령이 발포되어 4월 3일부터 시행되었다. 4월 3일은 일본이 축일 가운데 하나로 정한 신무천황제 날이고, 또 1911년부터는 나무 심는 날이기도 했다.

그런데 이 제도가 공식 발표되기 전부터 지원병 신청이 시작되었다. 1938년 1월 하순 전남 각지에서 청소년들이 각지 헌병대 또는 경찰서 등에 출두하여 지원병을 청원했다. 22일까지의 총수는 52명이었는데, 각 부·군·도별로 보면, 광주 25명, 목포 6명, 여수와 순천 각 5명 등(『조선일보』 1938.1.24.)이었다. 또 1월 28일까지 여수군 22명(김인배, 이세목, 김봉길, 정윤수, 김창복, 임종훈, 김두옥, 안두선, 김홍수, 오인탁, 박우리순, 유영록, 손용환, 최석근, 임학조, 김의환, 문성채, 최덕성, 이행계, 정인훈, 장종철, 김정규)이 지원 신청(『京城日報』 1938.2.1.)했다.

지원병제 시행을 열흘 앞둔 3월 24일 여수경찰서는 무덕관에 관하 각 면장과 주재소 수석을 불러 모아 조선인 지원병제도 실시에 관해 협의를 개최(『釜山日報』 1938.3.29.)하여 그 취지 철저를 기했다.

4월 3일 지원병제 시행에 따라 지원자는 소할 경찰서에 정식 신청하게 되었다. 4월 3일 첫날 소라면 덕양리 유석영(22세) 외 수 명이 여수경찰서에 출두하여 지원 수속을 하고, 5일 오전 중에는 7명(『釜山日報』 1938.4.7.)에 달했다. 지원 기일은 10일까지인데, 지원 수속 서류는 이력서, 지원서, 신체검사서, 재산조서의 4통이었다.

그해 연말에 제2회 육군병지원자훈련소 후기생의 전형 시험이 전남도에서 실시(『朝鮮新聞』

1938.12.10.)되었다. 화정면의 강유현, 삼산면의 김낙제, 여수읍의 문성채, 삼산면의 강영현이 합격하여, 12월 2일부로 합격 통지를 받고, 입소했다. 여수읍의 문성채는 1월 28일까지 신청했던 22명 가운데 1명이었다. 또 제1기 입소 훈련생 여수 출신 유문석은 훈련소 졸업 후 회령부대에 입대하여 당시 군무에 복무하고 있었다.

1939년 전남 특별지원병은 1월 30일 현재 총수는 638명이었고, 2월 10일 마감(『조선일보』, 1939.2.6.)했다. 부·군별로 보면, 진도 165, 영암 86, 해남 79, 순천 61, 담양 44, 목포 22, 보성 18, 함평·광주·여수 각 13명 등이었다.

지원병제 시행 3년째인 1940년 2월 20일 현재 여수군 내 지원자는 306명(『釜山日報』, 1940.2.22.)이었다. 율촌면 신풍리 문봉수는 1월 22일 혈서 지원했고, 2월 15일 여수읍 동정 유영두(20)는 국기에 "나는 일본의 군인 지원을 했습니다. 나는 여수읍내의 유영두입니다"라고 혈서로 써서 지원했으며, 율촌면 신풍리의 김삼백(19)은 손수건에 일장기 혈서를 했다.

여수 출생 육군 통역생 김수인(金守仁)은 1938년 길전(吉田)부대가 상해(上海)에 상륙하자 곧 그 부대에 종속하여 활동하고 있었는데, 2월 28일에 길전 부대장이 남 총독에게 김수인의 '조선사람으로 아름다운 활동을 격찬'(『조선일보』, 1939.3.1.)하는 내용의 편지를 보내기도 했다.

1943년 일본 정국신사에 합사된 여수인(『매일신보』, 1943.3.24.)도 있다. 4월에 정국신사 임시대제에서 새로 합사하기로 된 것이 1만 9천9백87주로 24일 『관보』에 공시 발표되었는데, 그중 조선 관계인은 74명이고, 여수군 삼산면 출신 수수(水手) 박성국도 있었다. 조선 관계인이란 조선인 또는 조선 출신 일본인을 가리키는 것으로 짐작되고, '수수'는 해군 관련 보직이나 명칭으로 보인다.

1943년 4월에는 육군항공병학교 지원 합격자 발표(『매일신보』, 1943.4.10.)가 있었다. 여수읍에 주소를 둔 인물은 다음 3명이다.

기산병남(杞山秉男)	여수읍 동정시장 구내, 기산통수(杞山通守)의 독자, 여수수산학교 3학년 재학 중, 소학교시대부터 비행기를 동경하여 비행사 되기를 원함
벽성양복(碧城良福)	여수읍 서정, 벽성철석(碧城澈奭)의 5남, 서정국민학교 고등과 2년 재학 중
강본순(江本洵)	여수읍 남양정, 강본금웅(江本金雄)의 장남, 청년훈련소 재소 중

위 3명 가운데 벽성양복은 서정국민학교 재학 중이었으므로 조선인이 확실해 보인다. '벽성'은 해주의 별칭이므로 최·정·오 등 해주를 본관으로 하는 성씨일 것으로 보인다. 또 기산병남도 이름으로 볼

때 조선인으로 의심되는데, 조선인이라면 '기계(杞溪)' 유(兪) 씨일 가능성이 있다.

1943년 9월 20일 '항공기념일'을 맞아 '향토방문 비행의 날' 행사(『매일신보』 1943.9.18; 『매일신보』 1943.9.21.)가 있었다. 율촌면 신풍리 본적 이천양웅(利川良雄)이 주인공인데, 3세 때 부친 작고, 편모와 형의 손에서 양육, 8세 때 복강의 아저씨 이천구웅(利川龜雄)에게 가서 소학교 고등과를 졸업, 야간 중학을 다니면서 전년 비행학교 입학 경력을 갖고 있었다.

대도호(大刀浩) 비행학교 재학생이었던 그는, 20일 10시 25분 율촌면에 날아와서 3번 선회 후 남쪽으로 갔다. 율촌국민학교에는 전교 학동들이 비행기 모양으로 도열한 후 일장기를 흔들어 환영했다. 기사 중 신포리(新浦里) 출신, 형 종선(綜善), 추석 아버지 성묘, 땅속에 잠든 아버지, 이런 말들로 미루어 조선인으로 추측된다. 그렇다면 이천을 본관으로 하는 서씨가 아닐까 추측된다.

1943년 7월 27일에는 칙령 제608호(『朝鮮總督府官報』 1943.8.4.)로 해군특별지원병령이 발포되어 8월 1일부터 시행되었다.

징병

태평양전쟁의 막바지인 1944년에 일제는 마침내 징병제를 실시하였다. 1936년 남차랑(南次郎) 총독 부임 이후 실시된 '황민화정책'은 궁극적으로 이 징병제 실시를 목표한 것이었다. 징병제의 실시로 1923년 12월 1일 이후 출생자는 거의 전원 징집되어 패전 때까지 약 20만 명의 조선 청년이 일제의 침략전쟁에 병력으로 동원되었다.

징병제는 1942년 5월 9일 발표(『매일신보』 1942.5.10.)되었다. 총독부 경무국 경무과장이 정보국 발표와 총독 담화를 읽으면서 발표했는데, 내용은 "징병제를 실시하고, 1944년도부터 이를 징병할 수 있도록 준비"한다는 것이었다. 이어 5월 11일부 총독부훈령 제24호(『매일신보』 1942.5.12.)로써 조선총독부징병제시행준비위원회규정이 발포되었다.

징병제는 의무교육제와 깊은 관련이 있다. 의무교육제는 같은 해 12월 5일 결정(『매일신보』 1942.12.6.)되었다. 12월 5일 제1회 교육심의위원회가 개최되어 학무국이 제출한 의안을 심의, 결정했는데, 1946년부터 시행한다는 내용이었다. 그러나 1946년 이전에 일제가 패망함으로써 의무교육제는 실시되지 않았다.

1941년의 조선교육령 개정과 국민학교제도의 실시, 1942년 징병제 시행 결정, 국민 기초교육 의무제의 실시 결정, 1943년 조선교육령 개정과 각 학교규정 제정은 모두 하나의 고리로 연결된 것이었다.

개정 병역법은 8월 1일부터 실시되고, 징모구는 육군성령으로 발표되어 10월 1일부터 실시(『매일신보』

1943.8.31.)되었다. 여수가 포함된 병사구와 징모구는, 광주병사구(전남)-제1징모구(곡성 구례 광양 여수 순천)이었다.

여수에서 징병된 조선인의 사례는 찾을 수 없다. 그러나 당시 1944년에 만 20세가 되는 1924년생이 첫 징병 검사 대상이 되었다. 1924년생 조선인 청년들은 모두 합격하였으므로 "묻지 마라 갑자생"이란 말이 전해온다.

또 여수 출신 일본인 전사자 기사가 있다. 1943년 '남방전선'에서 전사한 여수읍 서정 출신의 대총치삼랑의 장남 해군 소좌 대총예차랑(大塚禮次郎, 26)의 해군 합동위령제는 6월 30일 일본 오(吳)에서 집행(『매일신보』 1943.7.4.)되었다. 여수군에서는 7월 5일 군민 장의를 집행하기로 했다.

1945년에 여수읍 욱정 출신 안전승(安田昇) 해군 중위가 가미가제 특별공격대[時宗隊] 일원으로 레이테 만에 있는 함선을 공격하여 대형 수송선 9척을 격침·대파하고 전사(『매일신보』 1945.6.6; 6.9.)했다. 그는 여수동정국민학교를 거쳐 경성사범을 졸업했다. 1943년 9월에 해군예비사관학교를 졸업하고 입대했다. 1944년 5월에 소위로 임관하고 중위로 진급하여 특공대가 되었다.

전시 총동원체제기의 강제동원에서 가장 중요한 인력은 전투병이 될 청년들이었다. 일제는 처음에 조선인 청년에게 무기를 지급했을 때 그들이 일본을 향해 등을 돌리는 상황을 염려하여 전투병 동원은 꺼렸다. 그러나 전황이 다급해지자 마침내 조선인 청년들을 병력으로 동원하였다. 병력동원은 1938년 '육군특별지원병령'을 통해 지원병제도를 실시하는 것으로 시작하였다. 이 시기에 지원한 사람은 1만 8천여 명이며, 이들은 농촌의 피폐로 살길을 찾아 지원한 소작농민들의 아들들이 대부분이었다. 이어 태평양전쟁 이후인 1943년에는 '해군특별지원병령'이 공포되었고, 학도지원병제도가 시행되어 4천5백여 명의 전문학교 및 대학교 학생들이 전쟁터에 보내졌다. 그리고 마침내 징병제 시행으로 만 20세의 모든 조선인 청년들이 병력으로 동원된 것이다.

3. 노동력 동원

노동자동원

식민지 조선에서는 모집, 관 알선, 징용, 근로보국, 정신대 등의 명목으로 수많은 조선인이 침략전쟁에 동원되었다. 1937년 중국침략 전에는 '모집'의 이름으로 조선의 값싼 노동력을 일본의 토목공사장·광산에서 이용하였는데, 이 노동력은 식민지지주제 발달과 함께 농촌에서 쫓겨난 농민이 대다수였다. 중일전쟁 개시 이후 국가총동원법에 따른 노동력 수급 정책이 시행되면서 계획적인 노동력 동원이 시작되었다. 법령으로는 기업 주체 '모집'이었으나 실상은 관 주도의 계획적 동원으로 각 기업의 신청에 따라 총독부는 각 도와 군에 인원을 '할당'하여, 면에서는 경찰의 협력을 얻어 노동자를 행정적으로 강제 동원하였고, 심야와 새벽에 남자가 있는 가정집을 급습하거나 논밭에서 일하고 있는 사람들을 강제로 트럭에 실어 가기도 했다.

1939년 남양청으로부터 총독부에 알선을 의뢰한 노동자 5백 명 중에 전남도에 할당된 것은 82명(『매일신보』 1939.2.4.)이었다. 이에 광산군 21명을 비롯하여, 나주 여수 장흥 보성 화순에서 각 10명 내외씩 모집하기로 했다.

중일전쟁 발발 2주년이 되는 1939년 7월 7일 칙령 제451호로써 국민징용령이 공포되고, 조선에서는 10월 1일부터 시행(『朝鮮總督府官報』 1939.9.30.)되었다. 주요 내용을 보면, 국가총동원법 제4조의 규정에 터하여 제국신민의 징용은 별도로 정한 것을 제한 외는 본령이 정한 바에 의함(제1조), 징용은 특별한 사유 있는 경우 외 직업소개소의 직업 소개 기타 모집의 방법에 의해 소요 인원을 얻지 못한 경우에 한하여 이를 행하는 것으로 함(제2조), 징용은 국민직업능력신고령에 의한 요 신고자에 한하여 이를 행함. 단 징용 중 요 신고자 되지 못함에 이른 자를 계속 징용할 필요 있는 경우는 이 제한에 있지 않음(제3조) 등이다.

이어 9월 30일 조선총독부령 제164호로써 국민징용령시행세칙이 제정되고 10월 1일부터 시행(『朝鮮總督府官報』 1939.9.30.)되었다. 국민징용령과 국민징용령시행세칙은 이후 전황의 추이에 따라 문구가 추가되는 형식으로 몇 차례 개정되었다.

최근 징용을 두고 '강제 징용'이라고 부르는 사례도 있는데, '징'이라는 글자에 이미 강제성이 담겨 있기 때문에 동어 반복적인 표현이다. 징병을 강제 징병이라 부르지 않는 것과 마찬가지 이치이다.

일본의 '생산 전열에 나서서 전력 증강에 정신(挺身)'할 '조선 노무자의 동원 배치'가 시행되었다. 일본으로 떠나기 전 노무자로서 가져야 할 자질을 갖추는 것은, 배치되는 생산 공장에서 일본의 산업 전사들과 함께 오직 증산에 매진할 수 있게 하는 준비 행동이 되는 것이라는 명목이었다. 이에 1944년 총독부는 도항 기지인 부산과 여수 두 곳에 '산업 전사의 집'을 건설하기로 하고, 일본으로 가는 노무자를 수용하여 '규율 있는 단체적 훈련'을 시켜서 보내기로 방침을 결정(『매일신보』 1944.5.11.)했다.

총경비 3백만 원으로 두 곳에 1천6백 명을 수용할 수 있도록 제1회 공사(150만 원)를 5월 말에 착수하여 준공 시 '반도노무자훈련소' 간판을 내걸기로 했다. 이 훈련소가 완성되면 동원된 노동자들이 배를 타기 전 체류하는 동안 숙소가 없어 생긴 곤란도 해소될 것으로 예상되었다.

조선송출근로자연성협회는 1944년 가을부터 여수와 부산 두 곳에 근로연성소 설치를 준비했다. 여수연성소가 준공되어 1월 15일 전남도 광공부장(김창영) 등 전남도 간부가 임석하여 개소식(『매일신보』 1945.1.15.)을 진행했다. 연성소는 일본에 동원되어 가는 노동자들에게 주로 근로 관념과 단체훈련 등 '철저한 연성'을 하여 '훌륭한 산업전사'로서 직장과 공장, 사업장에 보내기 위해 만들어졌다.

관려연락선이 출발했던 여수항은 강제 동원에 이용되었다. 박래현(충북 괴산, 1927년생)은 1943년 3~4월경 일본 신내천현 일본강관주식회사 학견제철소에 동원되었는데, 서울에서 기차를 타고 여수에 내려 1박하고, 관려연락선으로 일본에 갔다.[5] 또 김백환(충남 서산, 1919년)은 1945년 신석현 전기화학공업 청해공장에 동원되었다가 해방 후 하관에서 밀선으로 여수에 도착하여 귀향했다.[6]

이렇게 해서 동원된 노동자들은 조선과 일본 내 탄갱·광산·토목공사장·군수공장 등에서 노동했다. 그들 대부분이 특별한 기술이 필요 없고 위험에 노출되어 있는 노동 현장에 투입되어 많은 사상자가 생겼다. 1939년부터 1945년까지 전쟁 수행을 위한 노동력으로 강제 동원된 조선인의 수는 자료에 따라 113만 명에서 150여만 명에 이른다. 1910년경 약 1천 명에 달하였던 재일 조선인은 1940년 119만 명이 되었고, 1945년에는 200만 명을 초과하기에 이르렀는데, 이처럼 전쟁 말기에 재일 조선인이 급증한 것은 조선인 인력을 강제 동원한 결과이다.

한편 1939년 11월 국민정신총동원 여수읍연맹은 각 정연맹과 애국반을 총동원하여 각 정 근로봉사대를 조직하고, 15일부터 윤번제로 매일 여수신사 예정지 지균 공사의 근로봉사 작업에 종사(『釜山日報』 1939.11.10.)하게 했다.

1941년 11월 21일 칙령 제995호로 국민근로보국협력령이 공포되어 공포일부터 시행되었고, 12월 1일에는 조선총독부령 제313호로 국민근로보국협력령시행규칙이 발포되어 그날부터 시행(『朝鮮總督府官報』 1941.12.1.)되었다.

1943년 6월에는 보리 베기와 모심기에 동원된 사례(『매일신보』 1943.6.14.)가 있다. 여수상공회의소는 '연성'과 노무의 1석 2조를 꾀하고자 20일 시내 각 상점 정기 공휴일을 이용하여 종업원 백여 명의 노동력으로 모심기에 나섰다. 또 여수수산교생 전부는 보리 베기 봉사에 동원되어 "증산의 결의와 미영 격멸의 결의를 한층 더 굳게 하였다."

또 일본 정부는 1943년 9월 '여자근로동원 촉진에 관한 건'을 발표하여 여자정신근로대를 결성하게 했다.[7] 그에 따라 '12세에서 40세까지의 조선 여성'을 강제로 동원했다. 이들은 일본과 조선 내의 군수공장에 집단 수용되어 군수품 생산에 동원되었는데, 조선인 여자정신대의 일부는 중국과 남양 지방의 전투지구에 보내져 '일본군 사기 진작을 위한' 성노예 생활을 강요받았다. 성노예 징발은 이미 1938년 초 전쟁 확대와 함께 본격화되었다. 이때 일제는 일본군이 주둔한 모든 지역에 '군 위안소'를 설치하고 조선으로부터 '위안부'(성노예)를 강제 동원하였다. 그 방법은 철저히 폭력에 의한 강제 동원이었고, 그 수는 적게는 8만, 많게는 20만으로 추정되고 있다.

학생 동원

여수읍의 개량서당인 미평학원 생도들이 1938년 7월에 여러 노동에 동원(『매일신보』, 1938.8.7.)되었다. 28일에는 생도 92명이 운동장 확장공사에 동원되었다. 29일에는 출정군인 화강정(花岡靖)의 집에 가서 과수원과 주택 부근의 제초를 돕고, 퇴비를 제조하기 위해 잡초 6백 관을 기증했다. 30일에는 106명이 총출동하여 미평역전 도로 기타의 제초 주선 등을 행했다.

학생들이 보국전을 만들어 경작한 사례(『釜山日報』, 1938.10.21.)도 있다. 1938년 가을 율촌심상소학교 율촌면 산수리 방면부장 5년생 유용문이 운동장 한 모퉁이에 자신의 방면 아동 전부를 모아 취지를 알렸다. 5월 15일 아침 유용문이 직원실에 가서, 마을 부형에게 말하고 밭을 빌려 이미 1개소는 지난 일요일에 개간을 시작했다고 보고했다. 수익금은 국방헌금과 애국 저금을 하겠다고 했다.

이 일을 '학교 자치회' 간부 아동이 알고 바로 학교 자치회에 말하여 계획 입안 결과를 교장에게 보고하여 각 마을에 보국전을 설정했다. 대상은 각 방면별 17방면으로, 논 87평, 밭 943평, 1마을 20평부터 122평이었다. 착수는 5월 13일부터 6월 6일까지였고, 콩을 심고, 생산물은 학생 스스로 판매 실습했다. 판매금의 일부는 국방헌금, 일부는 애국 저금했다. 1마을 봉사로서 퇴비를 제조하고, 각 방면 모두 토요일마다 방과 후 방면부장 지휘로 각 마을의 도로수선, 청소 작업을 하고 겸하여 잡초, 쓰레기, 지푸라기 등을 수집하여 이를 일정한 곳에 퇴적했다. 또 여가를 이용하여 녹초 기타 퇴비 재료를 채집하고 모아서 퇴비 제조를 하고 '자급자족의 정신'으로써 보국전에 썼다. 학교 직원도 방면별로 분담하여 지도하고 종자와 기타를 알선했다.

1939년 7월 21일부터 열흘 동안 매일 6시간씩 전남도 내 14개 중등 남녀학교 생도 연인원 1만 9천 명을 동원했다. 여수군에서는 여수고등여학교생의 신사 봉사 작업과 기타, 여수수산학교 생도의 항만 매립공사 동원(『매일신보』, 1939.7.20.)이 있었다.

1941년 7월에 '목탄의 자급자족을 기하고 있는' 전남도는 중등학교 생도들을 '제탄진(製炭陣)'에 참가시켜 21일부터 10일간 근로봉사(『朝鮮新聞』, 1941.7.4.)를 실시했다. 여수수산학교는 삼일면에서 목탄 태우기에 종사했다. 이때 같이 각지에서 동원된 학교는 강진농학교, 순천농업학교, 목포상업학교, 제주농학교였다.

이후 1944년 10월 30일 관보(『朝鮮總督府官報』, 1944.10.30.)에는 '학도근로령'과 '학도근로령시행규칙'

이 나란히 게재되었다. 전자는 8월 22일 칙령 제518호로 이 공포되고, 공포일부터 시행되었다. 후자는 10월 30일 조선총독부령 제360호로 공포되어 그날부터 시행되었다.

전남 도내 국민학교를 졸업한 소녀들로 조직된 여자정신대는 1944년 5월과 1945년에 동원(『매일신보』 1945.2.26.)되었다. 1944년에는 조선에서 처음으로 나고야 항공기 제작 공장에 동원되었고, 1945년 2월에는 광주 목포 순천 나주 여수 등 5개 지방의 국민학교 상급생과 졸업생들은 제2차의 여자정신대원으로서 27일에 부산현(富山縣)에 있는 공장으로 출발하게 되었다.

여성 노동력 동원과 함께 강제된 것은 몸뻬 착용이었다. 1941년 11월 전남도는 도내 여학교 생도들에게 일제히 몸뻬를 제복으로 착용하도록 결정(『매일신보』 1941.11.16.)했다. 학교총력대가 결성되어 여학교 생도들의 '활발한 활동'을 요하게 되어 전남도 학무과에서 관내 각 여학교에 통첩하여 학교 총력대원 활동 때는 반드시 전부 몸뻬를 착용토록 했다. 광주의 욱·대화 두 고등여학교와 목포·여수·순천 각 고등여학교 등 천250명과 영산포·순천 두 실과여학교 생도 180명이 대상이었다.

4. 자금 동원

자금을 동원한 사례는 만주사변 이후 만주에 주둔한 일본군에게 '위문금'으로서 보낸 일이 있다. 1933년 2월 여수보통학교 아동 1천13명이 '혹한의 만주에서 근무하는' 황군에 위문금으로 1인당 2전씩, 교원도 전부 봉급 1월분 백분의 1일씩 갹출(『釜山日報』 1933.2.22.)했다. 아동분 32원 24전, 직원 18명분 9원 87전, 합 33원 11전을 여수헌병분주소에 가지고 가서 군에 전해줄 것을 의뢰했다.

1934년 순천실과여학교는 "북만주에 주재하는 황군의 곤고를 생각하여" 가을 운동회 때 관람 유지로부터 모집한 위문금 8원 57전을 헌금하기로 하고, 그 송금 취급을 여수헌병분주소장 앞으로 신청(『釜山日報』 1934.12.4.)했다.

1937년 중일전쟁 직후부터 성금 헌금이 줄을 이었다. 1937년 7월 삼일면 중흥리 지도부락원 안기준 외 여러 명은 "황군이 동아의 평화를 위하여 북지(중국 북부를 말함-인용자) 또는 상해에서 비상한 활동을 하고 있는 정경을 듣고 우리들만 안락한 생활을 할 수 없다"하여 한 달 남짓 쌀을 절약하여 일금 10원을 만들어 면장을 통해 헌금했다. 삼일면 중흥리 부인단체에서도 날품삯을 모은 돈 5원 65전을 황군을 위하여 헌금해 달라고 면장에게 전달(『매일신보』 1937.8.25.)했다.

그해 11월 28일 여수 서정 고등과 1년생 암기정부는 여수헌병분주소에 출두하여 2원에 자신이 일장기를 혈서한 손수건에 서면을 첨부하여 '재중국 장병 위문의 일조'로 제출(『釜山日報』 1937.12.4.)했다. 2원은 평소 심부름 값 등으로 받은 것을 모은 것이라 했다. 여기서 서정은 학교 이름보다는 거주지를 가리키는 것으로 보인다. 여수공립보통학교가 서정소학교로 개칭된 것은 1938년 4월의 일이다. 또 조선인이 창씨해야 했던 것은 1940년의 일이었고, 일본인은 여수공립보통학교가 아닌 공립소학교에 재학했다.

또 돌산면 문명학원 생도 일동은 '시국을 깊이 인식하여' 여가를 이용하여 솔잎 줍기, 물고기 낚시 등으로 얻은 합계 돈 4원 20전을 헌금하고자 여수헌병분주재소에 신청(『釜山日報』 1937.12.16.)했다. 또 중일전쟁 이래 '북중국 제일선에서 많은 무훈을 표하여 분투를 계속하고 있는' 여수 서정 중강상점 전 사무원 좌백일의 처 여팔천혜는 바느질 등으로 모은 돈 5원을 여수신사 조영비로, 국방헌금으로서 5원을 글을 첨부하여 여수헌병분주소에 신청(『釜山日報』 1937.12.21.)했다.

1938년에 여수 서정에서 음식점을 열고 있던 이맹례(66)는 자식 없는 연로한 몸으로 영세한 영업을 하면서, 매일 조금씩 모아 20원을 국방헌금으로서 3월 1일 여수경찰서에 제출(『釜山日報』 1938.3.4.)했다. 같은 해 10월 여수 출신으로 동경에 거주하는 김용두(죽촌시랑)는 토목 운반 청부 등의 사업을 경영하고, 협화회 지도원으로 활동하며, 전쟁 발발 후 국방헌금과 위문품 모집에 '솔선 궁행'했다. 여수군수 이하 각 읍면장 일본 시찰 때 그의 향리인 삼일면에 신사 건립 소리를 듣고 건설비 자금으로 100원을 기부(『釜山日報』 1938.10.27.)했다. 협화회는 일본에 있던 친일 협력단체이다.

11월에는 여수시장에서 과일 행상하는 모자(여수 서정 706, 모 김월엽, 자 황공선)가 전년 1월경부터 장날마다 1전씩 매일 저금하여 저금통 전부 1전 동화로 4원 38전을 '국방기금으로 국가를 위해 유익하게 써 달라'는 글과 함께 11월 19일 여수경찰서에 기탁(『釜山日報』 1938.11.21.)했다.

1939년에 상전안효(여수읍 서정 124)는 응소 귀향 때 20원을 군수품 헌납자금으로서 여수군군사후원연맹에 제출했고, 대곡길차랑(여수읍 서정 359-9)은 5월 27일 해군 기념일에 즈음하여 50원을 해군 휼병금으로서 여수군군사후원연맹에 납부(『釜山日報』 1939.6.2.)했다.

그해 10월 15일 여수군 돌산군 문묘에서는 추계 석전제를 거행하고, 돌산면 순사주재소 수석 마정부장 주최 시국좌담회(『朝鮮新聞』 1939.10.22.)를 열었다. 그 자리에서 육군특별지원병의 활동 상황에 대한 이야기, 유림단 자제로서 '제일선에서 활약하여 반 중의 모범병으로서 명예의' 강유현의 근황을 들었다.

문묘 직원(直員) 조향민(조형민의 오기-인용자)은 유림단의 명예로서 크게 기할 바가 있다며 그 회합 석상에서 위문금의 갹출을 발기하여 즉석에서 16원 10전을 모아 송금 방법을 관계 당국에 신청했다. 이 행위는 돌산, 화정, 남면의 관계 유지로 일반에게 '총후의 미담으로서 찬양'될 일이었다. 앞에서 본 것처럼, 강유현은 화정면 출신으로 제2회 육군병지원자훈련소 후기생 전형에 합격한 인물이었다.

10 동원된 사람들   **447**

여수군 유림단도 그해 12월 500원을 국방헌금으로, 500원을 방공협회 지부자금으로, 300원을 결핵예방협회 사업비로 기부(『朝鮮新聞』 1939.12.5.)했다.

1940년 여수읍내 소재 각 사원, 포교소는 예년과 같이 1월 초순부터 2월 초순까지 약 1개월간 밤마다 혹한 수행으로 삼베 바지 하나, 맨발로 지냈다. 이때 화엄종 중도묘관은 희사금 중 30원을, 진언종 오전정서는 10원을 국방헌금으로서 헌납(『釜山日報』 1940.2.16.)했다. 또 여수읍 동정 김운택은 자신의 환갑잔치를 폐지하고 50원을 국방헌금으로서 헌납할 것을 읍사무소 좌등 서무주임 앞으로 제출(『釜山日報』 1940.2.17.)했다.

1941년 여수군 화양면 나진리 화성양조업 이한순(李漢洵, 일본이름 國本重光)은, 4월 7일 화양면장을 방문하여 금일봉을 내놓고, 분배를 의뢰(『매일신보』 1941.4.13.)했다. '국본'은 전주 이씨 일부 집안이 새로 창설한 일본식 '씨'였다. 이한순의 금일봉은 화양공립국민학교와 나진공립국민학교에 각 100원, 국민총력화양면연맹과 화양경방단에 각 50원, 화양공립국민학교 부설 용주간이학교에 30원, 나진개량서당에 15원으로 나뉘어졌는데, 그 금액 합계는 345원이었다.

여수군 내 최대 금액 기부자는 김영준(일본이름 김곡영준)이다. 그는 1941년 12월 19일 일본 육해군의 군용기 자금으로 10만 3천 원을 헌납하기로 하고(『朝鮮新聞』 1941.12.22.), 1942년 1월 14일 조선군 애국부에 애국기 헌납자금으로 5만 3천 원을 기탁(『매일신보』 1942.1.16.)했다. 나머지 5만 원 완납 여부는 확인할 수 없다.

여수군청 통계(『朝鮮時報』 1939.3.17.)에 따르면, 중일전쟁 발발 이래 자금 동원 액수는 다음과 같다. 1938년 말 현재로는 3만 6천964원 42전, 황군 위문대 수 2천651대[주머니-인용자], 시가 3천416원이었고, 1939년 1월 말 현재 국방휼병 등 기부금 157원 14전, 2월 말 현재 104원 19전이었다.

저금을 취급하는 기관이 저축을 장려한 사례도 있다. 저금을 통해 모인 자금은 전쟁 비용으로 지출되었다. 여수우편국은 1940년 '기원 2600년' 기념사업으로서, 또 시국 하 저축 보국의 실적을 거양하기 위해서 대대적 기념저금을 장려(『釜山日報』 1940.2.9.)했다.

장려 기간은 2월 10일부터 23일까지 14일간이고, 장려 방법은 다음과 같다. ① 현재 저금 예입자에 대해 그 저금통장으로써 이 기념 저금을 하도록 장려하고, 수면 상태에 있는 통장 소지자에 대해서는 특히 차제 부활 예입 장려, ② 신규저금에 대해서는 될수록 거치저금 등

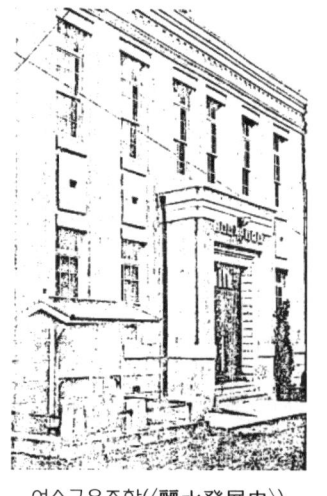

여수금융조합(《麗水發展史》)

항구성 있는 것을 장려, ③ 1936년 2월 실시한 황기2600년 목표의 기념 저금은 대개 1940년 2월 그 거치기간이 만료되므로 이들에 대해 특수 사정 있는 것 외에 그 거치기간의 연장을 종용하여 계속 이 저금으로 예입 장려, ④ 기념저금통장 및 기타 특히 예입 신청 있는 통장에 대해서는 별도 송부한 종이로 만든 마크를 그 저금통장 표면 상부 좌측에 붙일 것, ⑤ 이 주간 중 예입자에 대해서는 저금통장 그 예입 금액 기재 아래 불출고란에 기념인장(색은 자색 또는 적색)을 눌러 찍기 등이다.

여수금융조합도 1944년 1월 1일 오전 6~8시 계원이 여수신사 대전에 출동하여, 초예(初詣)하러 온 인사들에게 신전 저축을 장려하고, '대조 봉대일'인 8일에도 8~9시에 신전 저축을 접수(『釜山日報』 1944.1.5.)했다.

5. 물자 동원

물자 동원은 식량, 부식, 원료, 기타 물자 등을 대상으로 했다. 식량은 공출이란 방법을 통해 이뤄졌다.

1943년 6월에는 보리를 대상으로 했다. 그해 여수군 보리 수확은 평년작이 예상되었는데, 그해는 수확 즉시 공출이란 '전격적 방법'으로 실시(『매일신보』 1943.6.7.)되었다. 공출 요항은 각 부락연맹을 단위로 하여 시행하고, 할당 공출명령은 군에서 부락 이사장, 생산자라는 순서를 밟아 통지하게 했다. 공출액은 전부 부락으로 집하하고, 전도금 지불은 공출 전 5할, 부락 집하 날 3할, 공출 완료 인정되는 때 잔여금액 지불 방식이었다.

1944년 1월 4일 9시 30분부터 여수신사 대전에서 여수군 미곡 공출 완료 봉고제 및 증산 선서식이 거행되었다. 또 그날 오후에는 1943년 산미 공출 우량읍면에 대한 선장(選獎) 및 공로자 표창식(『釜山日報』 1944.1.5; 1.9.)이 있었다.

표창식 내용을 보면, 도지사가 주체가 된 읍면 선장 대상(경찰관, 읍면직원)과 여수군수가 주체가 된 부락연맹 이사장 선장 대상(개인)이 있었다. 도지사가 주체가 된 읍면 선장 대상 읍·면은 율촌면, 화양면, 삼일면, 쌍봉면, 여수읍이었다. 이들 공적자 명단은 다음과 같다.

구분	명단
경찰관	율촌주재소 고로미길 김광철, 삼일주재소 중전무칠랑 ■ 전일남, 소라주재소 등정삼회, 미평주재소 상리영웅, 쌍봉주재소 대야품시, 화양주재소 환본가일랑 ■ 산정
읍면직원	율촌면 화전광랑 향산춘 ■ 신무정의, 화양면 김전무길 고본용기, 삼일면 양 ■ 천일 대산 ■ 철, 쌍봉면 김촌상조 신정가칠, 여수읍 서원두만 이 ■ ■ 수, 소라면 유지 ■ 김전안홍

구분	명단
개인	율촌면 가장구 유희■, 봉전리 옥전무■, 조화리 2구 김정동■, 화양면 화동리 신농대원, 나진리 김촌성래, 서촌리 궁본좌근, 삼일면 화■리[화치리일 것으로 보임-인용자] 1구 주원창식, 월하리 1구 학산충차랑, 월내리 2구 ■원숭부, 월내리 3구 김전정수, 쌍봉면 선원리 임문택

위 명단 중 화양면 화동리 신농대원에서 신농(神農)은 당시 진주 강씨 일부 집안에서 창설한 씨였으므로 원래 강씨였을 것이다. 화양면은 진주 강씨들이 널리 거주하던 곳이기도 하다. 삼일면 화치리 주원창식의 주원(朱元)은 주 씨들의 창씨인 듯하다. 화치리도 주씨들의 집성촌 가운데 하나이다.

한편 여수군 삼산면 거문도의 덕촌청년단(대표 원정상)원 일동은 1939년 '기원절'을 당하여 부식으로 김을 헌납(『매일신보』 1939.2.28; 『朝鮮新聞』 1939.2.28.)했다. '우리들을 대표하여 활약하고 있는 지원병들'에게 위문품을 보내자 하고 근로보국에 출동하여 얻은 건암 해태(마른 돌김) 1천 2백 장과 선어 약 20관을 편지와 함께 총독부 지원병훈련소로 보냈다. 이에 훈련소에서는 '크게 감격하여' 바로 교관이 생도 일동에게 그 취지를 전하고, 조속히 반찬으로 제공했다.

식량 다음 동원한 것은 물자이다. 일제는 부족한 물자를 보충하기 위해 폐품 회수를 장려했다. 그에 따라 1939년 6월 여수군 군내 각 학교, 관공서, 공공단체, 각 가정에 폐품 회수 보국회(『동아일보』 1939.6.29.)를 조직하고, 매월 10일에 폐품 수집원을 순방시켜 수집하도록 했다.

1943년에는 "미영 격쇄는 먼저 가정의 광맥을 채굴하자"는 슬로건으로 금속류 비상 회수운동이 시작되었다. 이에 여수군·읍연맹은 군 할당 목표를 돌파하기 위해 총기능을 동원하여 치열한 회수 운동(『매일신보』 1943.8.23.)을 전개했다. 여수읍에 할당된 진유 식기류[놋그릇]는 그 양이 4천342관으로, 읍연맹에서는 회수 할당량을 각 정에 적당히 안배, 정(町) 이사장·애국반장과 긴밀히 연락하여 '각 정의 명예를 이 회수 운동에 내걸고 활발한 활동'을 벌었다.

그 결과 궁정·욱정·본정1정목·서정5정목·산수정·길야정 등에서 할당량을 돌파하여 '총후국민으로서 애국심을 피력 솔선시범'했다. 그러나 아직 읍 목표량의 7할 회수란 '부진 상황'이었다. 읍 당국은 '최후의 1기'까지 목표 수량 돌파를 기하고 이 회수 운동을 계속, 공출을 피하는 가정 인사를 닦달하며 전폭적 협력을 강요했다.

부족한 연료난을 타개하고자 송진 채취를 독려(『釜山日報』 1940.2.4.)하기도 했다. 1939년 12월 17일부터 1940년 1월 말일까지 여수군 내 애림계, 학교 생도 등이 채취한 송진이 327관 460돈이었고, 그 금액은 1천20원 95전이었다. 여수군청은 1근에 50전의 가격으로 매수되도록 알선했다.

이 과정에서 남다른 공적을 세운 몇 사람의 사례가 '미담'으로 소개(『매일신보』 1944.2.19.)되었다. 이를 살펴보면, 궁정의 이사장(新原晶太)은 정 할당량의 통지를 받자 병든 아내가 있음에도 불구하고 동분서주하여, 목표량 돌파의 제1착이 되었다. 공출 대금을 헌금한 이들도 있다. 서정3정목의 일출정(日出亭) 주인(高山巖)은 조선 전래의 식기와 제기 수십여 관을 공출하고, 그 대금 30원 40전을 또 국방헌금으로, 서정3정목에서 음식점을 경영하는 배상해도 공출대금 13원 95전을 국방헌금으로, 동문정 17반의 포산중웅(苞山重雄)은 식기류 16킬로그램 공출 대금 9원 59전을 헌납했다. 공출 대금을 헌납했다는 것은 물자와 대금을 모두 헌납했다는 뜻이다. 일단 물자를 공출로 납부하고, 그 대금을 또 헌금했던 것이다.

조선소가 있었던 여수에서는 조선소에서 건조한 배도 주요 동원 물자였다. 1944년 2월 16일 소기 총독은 신항 시찰 후 우두리의 중촌(中村)조선소와 빈곡(濱谷)조선소를 시찰하여 조속한 건조를 다그쳤다. 이에 '조선 전사'(조선소 노동자-인용자)들은 하루바삐 한 척이라도 속히 만들어 전선으로 보내자는 결의를 해야 했다.

물자를 동원하는 데는 군인들에게 보내는 위문대와 위문문도 한몫했다. 국민정신총동원여수군연맹은 2월 11일 '기원절' 행사(『釜山日報』 1940.2.22.)로서 제일선 황군 장병에게 위문대 및 위문문을 발송하기로 정하고, 애국부인회원 및 여수공립고등여학교 생도들로 하여 위문대 200개를 만들어 공립고등여학교 생도와 서정·여천 양 소학교 생도들의 위문문을 붙여 발송했다.

물자 동원은 물자 결핍을 불러왔다. 그리하여 '갱생 활용'을 장려했는데, "실전 즉응의 의복 간소화는 결전의 하나다"라는 표어를 내건 여수상공회의소는 사치적 의료와 신조품을 일절 억제하고, 각 가정의 사장품을 갱생 활용하여 의료품의 결전 생활을 실행하기 위해 1943년 8월 3일부터 10일간 진남관에서 의료갱생 강습회(『매일신보』 1943.8.7.)를 개최했는데, 50여 명의 주부가 동원되었다.

물자 결핍은 또 물자 배급제 실시로 이어졌다. 일제는 생활필수품에 종합통장제(『매일신보』 1945.6.4.)를 실시했는데, 여수읍 당국도 1945년 6월 1일부터 실시하기로 정하고 새 통장은 이미 반원들에게 배부했다. 새 통장으로 살 수 있는 물건은 식량·사탕가루·된장·간장·두부·채소·생선과 기타 임시물자 등이었다. 이때 기준도 변경되었다. 종래에는 '문화 정도에 의한 배급률' 기준이었으나 이를 철폐하고, '호별세 등급과 가족수를 참작한 배급률'로 바꾼 것이다.

6. 친일반민족행위

2005년 5월 대통령 소속 친일반민족행위진상규명위원회(약칭 '반민규명위')가 출범했다. 일제강점하 반민족행위 진상규명에 관한 특별법(법률 제7361호, 2005.1.27.) 제정과 시행에 따른 것이었다. 반민규명위는 1949년 반민특위 활동이 강제 종료된 지 56년 만에 조직된 것으로 '제2의 반민특위'라는 기대를 받으며 출범했다.

그에 앞서 1948년 정부 수립 직후 제헌 국회가 반민족행위처벌법(약칭 '반민법')을 제정하고, 반민족행위특별조사위원회(약칭 '반민특위')를 설치하면서 일제 잔재 청산 작업의 일환으로 친일 반민족 행위자 조사 작업이 시작되었다. 그러나 대통령 이승만이 사주한 경찰의 반민특위 습격 사건(6·6사건) 등 반대 세력의 대대적 저항으로 조기 중단되면서 일제 잔재 청산을 위한 첫 시도는 무산되었다.

반민특위와 반민규명위는 공통점과 차이점이 있다. 공통점은 친일반민족행위 진상규명을 위해 국회가 특별법을 제정하고, 그 특별법에 따라 정부 기관의 하나로 위원회가 조직되었다는 점이다. 입법부와 행정부가 나서서 한 일이라는 뜻이다.

차이점은 첫째 반민특위는 처벌을 목적으로 했기 때문에 생존자만 조사 대상이 되었다. 그래서 '을사5적' 등 '매국노'에 속하는 자들도 이미 사망하여 조사할 수 없었다. 그러나 반민규명위는 대상자가 거의 사망한 이후에 착수했기 때문에 활동 목적은 처벌이 아니라, 진상의 규명이었다. 그래서 사망자도 포함하여 조사했다.

반민규명위는 4년 반의 활동을 마치며 2009년 11월, 1천6명의 친일반민족행위를 담은 보고서[8]를 세상에 내놓았다. 이 1천6명은 정부 기관이 결정했기 때문에 한국 정부 공인 반민족행위자이다.

이 1천6명 가운데 여수 출신 인물은 2명이다. 조선총독부 중추원 참의를 지낸 김한승과 조선총독부 판사 경력이 있는 김준평이다. 이 두 사람은 같은 집안의 중부(仲父)와 조카 사이이다. 김한승은 위 특별법 제2조 제9호(조선총독부 중추원 부의장·고문 또는 참의로 활동한 행위), 김준평은 특별법 제2조 제15호(판사·검사 또는 사법관리로서 무고한 우리민족 구성원을 감금·고문·학대하는 등 탄압에 적극 앞장선 행위)에 따라 1천6명에 포함된 것이다.

역시 2009년 11월, 이번에는 민간기구인 친일인명사전편찬위원회가 친일인명사전 전 3권을 발행했다. 이 사전에 수록된 인물은 4천수백 명이고, 그 가운데 여수 출신은 4명이다. 앞의 2명에 김우평과 김영준이 더해진 것이다. 그들의 명단과 약력, 그리고 친일반민족행위 개요를 보면, 다음과 같다.[9]

이름	약력과 친일반민족행위
김한승 (1869~1950)	조선총독부 중추원 참의 1910년 여수지방금융조합 조합장, 1921년 여수금융조합 조합장 1920년·1924년·1927년 전남도평의회원, 1932년부터 1935년까지 중추원의 참의, 1938년 '황군 위문시' 작성, 기고
김우평 (1898~1967)	만주국 이사관·사무관 미국 콜롬비아대학 대학원 경제과 졸업, 1927년 동아일보사 입사, 1932년 『동아일보』 경제부장 1935년 만주국 재정부 촉탁, 1936년 11월 재정부 세무사 사무관, 1937년 7월 경제부 대신관방 자료과장(이사관)

이름	약력과 친일반민족행위
김준평 (1904~?)	조선총독부 판사 1928년 경도제국대학 법학부 졸업, 재학 중 고등문관시험 사법과 합격, 1928년 4월 조선총독부 사법관시보, 1928년 12월 판사, 1931년 10월 대구복심법원 판사, 1935년 7월 경성복심법원 판사, 1941년 3월 평양지방법원 부장판사
김영준 (1900~1948)	국방금품 헌납자, 촉탁보호사 1940년 4월 광주보호관찰소 촉탁보호사, 조선임전보국단 발기인, 1941년 7월 방공통신용 경찰전용전화가설비 1만원, 1942년 9월 감수포장, 1941년 12월 군용기 여수 김영준호 1대 구입비 10만 3천 원 헌납 결정, 1942년 1월 5만 3천 원 기부

위 4명을 구체적으로 살펴보자. 먼저 김한승이 참의로 활동했던 조선총독부 중추원은 조선총독의 자문 기구였다. 중추원은 "상당한 자산을 갖고 있고, 학식 신망이 있으며 총독정치의 취지를 잘 이해하고 있는 자"들로 구성되었다.[10] 1920년대 이후 중추원 참의 임기는 3년이고, 정원은 65명이었다.[11] 1920년대부터 해방 때까지 전라남도의 중추원 참의는 김한승과 더불어 목포의 현기봉과 광주의 현준호 부자, 광주부의 박봉주·김신석, 목포부의 김상섭·차남진, 해남군의 윤정현, 고흥군의 김정태·김상형, 장성군의 심선택 등이다. 이 가운데 김한승과 임기가 겹치는 이는 현준호이다. 이후 김한승은 1949년 반민특위 조사를 받았으나 풀려나 1950년에 사망했다.

다음 김우평은 김한승의 차남이다. 그는 일제가 세운 괴뢰 '만주국'에서 이사관·사무관 등 행정 관료를 지낸 일로 친일인명사전에 등재되었다. 동아일보사에 계속 있었더라면, 친일인명사전에 등재되지 않았을 텐데 왜 만주국에 갔는지 의문이다. 김우평은 4월 혁명 직후 민주당 후보로 여천군에서 국회의원으로 당선되었고, 제2공화국에서 부흥부 장관을 지냈다.

김준평은 김한영의 차남으로, 김우평의 사촌 동생이고, 김한승의 조카이다. 김한승의 형이자 김우평의 백부 김한영이 김준평의 아버지이다. 김준평은 일제의 고등문관시험(사법과)에 합격하여 조선총독부 판사로 임용되었고, 당시 조선인으로서는 드물게 부장판사까지 승진했다. 6·25전쟁 중 납북되었다고 전해진다. 위 세 사람은 여수 토착 가문의 한집안 사람들이다.

나머지 한 명은 외지에서 여수로 이주한 사람이다. 김영준은 그 유명한 천일고무 공장주인데, 국방금품 헌납자, 촉탁보호사로서 친일인명사전에 올랐다. 촉탁보호사는 전향한 조선인 사상범을 감시하는 보호관찰소에 소속된 인물들이었다. 또 1941년 12월 19일 일본 육해군의 군용기 자금으로 10만 3천 원을 헌납(『朝鮮新聞』 1941.12.22.)하기로 하고, 1942년에 5만 3천 원, 방공통신용 경찰전용전화 가설 비용으로 1만 원이란 거금을 기부했다. 헌납하기로 했던 10만 3천 원 중 나머지 5만 원을 추가로 냈는지는 확인되지 않는다.

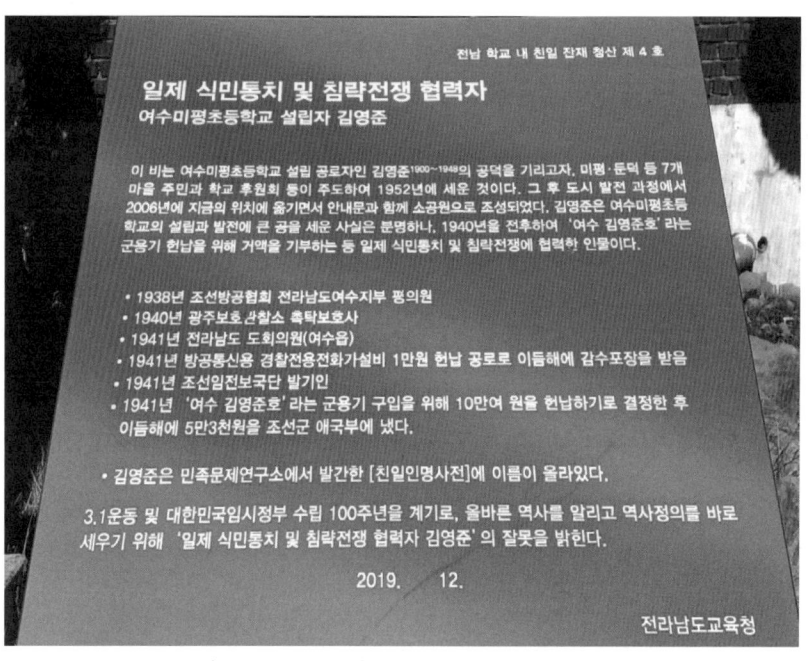
미평초등학교 앞 김영준의 친일반민족행위 설명판(최재성 촬영)

    그가 헌납한 전쟁 자금이 10만 원을 넘었다는 것이 확인되었더라면, 반민규명위 보고서에 수록된 인물은 1천6명이 아닌, 1천7명이 되었을 것이다. 특별법 제2조 제14호(일본 제국주의의 전쟁 수행을 돕기 위하여 군수품 제조업체를 운영하거나 대통령령이 정하는 규모 이상의 금품을 헌납한 행위)에 해당할 수 있었기 때문이다.

    그러나 특별법의 시행령인 일제강점하 반민족행위 진상규명에 관한 특별법 시행령(대통령령 제18854호, 2005.5.31.) 제2조에서 "일제강점하 반민족행위 진상규명에 관한 특별법 제2조 제14호에서 '대통령령이 정하는 규모 이상의 금품'이라 함은 헌납 당시의 화폐 단위로 10만 원 이상인 금품을 말한다."고 하여 10만 원 이상 헌금만 친일반민족행위로 규정했다. 김영준의 헌납금으로 확인된 금액은 10만 원에 미달하여 특별법 제14조가 적용되지 않았다. 그래서 김영준은 반민규명위의 보고서에 포함되지 않았던 것이다.

    해방 이후에도 전남상공회의소 회두, 조선상공회의소 부회두 등 경제인으로 왕성한 활동을 계속했던 김영준은 1948년 10월 여수를 찾았다가 마침 여순사건을 만나 죽음을 당했다. 여수 사람들이 그를 '친일파'로 기억하고 있었기 때문이었다.

    우리 사회에는 친일 문제에 관대한 사람들이 많다. 그 논리는 이렇다. 첫째는 당대 조선인 모두 일제 정책에 협력하며 살았기 때문에 그 중 친일 행위자만을 따로 가리는 것이 무의미하다는 주장이 있다. 적극성과 소극성, 또는 자발·주체성과 수동성, 지속성과 단발성 등을 구분하지 않는 주장이다. 스스로 나서서 적극적으로 오랫동안 일제를 위한 일에 주도적으로 나선 사람과 마지못해 따랐던 사람이 어떻게 같다는 말인가.

두 번째는 공과를 같이 봐야 한다는 주장이다. 그러면서 '과'로서 친일을 지적하면, 거꾸로 '공'만을 강조한다. 같이 봐야 한다면서 행동은 앞뒤 다른 경우가 많다. 특히 반공과 관련하여 군인인 경우에 이런 경향이 강하다. 일제 군 경력을 갖고 정부 수립 후 국군에 편입되어 6·25전쟁에서 '전공'을 세운 인물을 현창하는 경우이다. 역시 전공만 현양할 뿐 일제의 군 경력을 애써 부정한다. 주장과 행동이 이율배반적이다. 역사 해석에서 객관화가 이뤄지지 않은 것이다.

세 번째는 과거는 과거일 뿐이고, 미래를 더 중시해야 한다는 목소리다. 그러나 과거는 현재를 낳은 원인으로서 현재에 이어져 있는 것이고, 보다 나은 미래를 위해서도 과거의 반성은 필수적이다. 덮어놓는다고 능사는 아니다. 과거의 잘못된 역사를 반성해야 미래에 그런 잘못을 되풀이하지 않는 것이다.

책말미에

20세기 한국사는 우여곡절이 많았다. 식민, 해방, 분단, 전쟁, 폐허, 독재, 경제 성장, 민주화 등이 이어졌다. 대한제국이 '광무개혁'을 통해 근대 자본주의 국가로의 발전을 지향했지만, 일제의 군사적·정치적·경제적 침략을 받아 결국 그들의 식민지가 되었다. 일제는 조선총독부를 설치하고 식민지 조선을 직접 통치했다. 그 과정에서 국내와 해외를 막론하고 한민족은 거센 저항을 벌였다. 민족해방투쟁을 끊임없이 전개한 것이다.

특히 국내에서 3·1운동을 계기로 대중의 각성이 일어나 농민·어민·노동자·여성·청년·학생·백정 등을 망라한 각 주체는 그들 영역에서 갖가지 투쟁을 펼쳤다. 한민족의 독립운동과 더불어 연합국이 일본과 전쟁을 벌인 결과 일본 제국주의는 패배했다. 전쟁이 끝났지만, 한민족은 즉각 독립을 성취하지 못했다. 세계 양대 강대국 군대가 분할 점령하여 군정을 실시했기 때문이었다.

3년의 외세 군정이 끝난 후 2개의 분단 정부가 수립되었다. 그러나 곧바로 전쟁이 일어났고 숱한 희생을 치렀지만, 분단은 고착되었다. 전쟁은 참혹한 피해를 낳았다. 가공할 만한 인명피해는 말할 것도 없고, 민가·학교와 농지·공장 등 산업시설은 폐허로 변했다. 전쟁 이후 남북은 적대적 공존 관계를 형성하여 각각 강력한 1인 독재 체제를 구축했다. 독재 상태의 국가체제는 일제 말 전시총동원체제기의 그것을 그대로 모방, 답습했다. 일제로부터 해방은 되었지만, 국가체제는 일제의 유산이 그대로 유지된 것이다. 정권은 단절 대신 계승을 선택했다. 그런 면에서 식민지기 역사는 단절 대신 연속이었다.

군국주의적 국가체제는 연속되었으나, 일제 식민체제의 단절 '열망'도 전승되었다. 남한의 민주 세력은 3·1운동 이래의 항일 독립운동, 그리고 3·1운동을 겪으며 각성한 대중들의 투쟁을 계승하였다. 그들은 정부 수립 이후 짧았던 제2공화국 시기를 제외하고, 제1공화국부터 이어진 독재체제, 특히 제3공화국부터 제5공화국까지 계속된 군부독재 체제에 맞서 40년에 걸쳐 치열하고 고난에 찬 반독재 민주화 투쟁을 벌였다.

20세기 한국사를 되돌아볼 때 '획시기적' 사건이 많았다. 그 이전과 이후의 사회가 크게 변화된 사건을 이름이다. 그중 하나는 3·1운동이다. 앞에서 언급했듯이 3·1운동은 비록 '독립'이라는 목표를 달성하지는 못했지만, 일제로부터 일정한 후퇴를 이끌어내서 부분적이나마 '열린 공간'을 만들었다. 또 3·1운동 과정에 각성을 일으킨 대중은 그 열린 공간을 이용해 다방면에 걸친 민중운동을 전개했다. 소작쟁의, 노동쟁의, 학생운동 등이 그 대표적 운동이다. 그리고 '민족해방'이라는 지상 목표를 포기하지 않고 끈질기게 투쟁을 벌여나갔다. 특히 1920~30년대의 소작쟁의는 정부 수립 이후 농지개혁을 이끌었다. 농지개혁 이후 소작쟁의라는 말은 사라졌다.

20세기 전반기 한민족의 각성을 대표하는 사건이 3·1운동이라면, 20세기 후반에 그런 역할을 한 사건은 6월 항쟁이었다. 1987년 6월 항쟁 역시 독재정권 아래 오랫동안 숨죽이며 살고 있던 대중으로 하여금 각기 자신의 영역에서 주체적으로 권리를 찾도록 만들었다. 6월 항쟁이 있던 다음 달인 7월부터 9월까지 전국에 걸쳐 대규모로 전개되었던 7·8·9월 노동자 대투쟁이 그 서막이었다. 농민들도 수세 철폐, 추곡 수매가 인상, 외국 농산물 수입 개방 반대 등을 외치며 투쟁을 벌였다. 노동자·농민의 궐기는 마치 1920년대를 보는 듯했다.

그러나 역사는 단순하게 반복되지 않는다. 겉으로는 비슷해 보이나 내용을 보면, 질적 성장을 내포하고 있다. 20시기 후반 독재체제 아래서 펼쳐진 민주화 투쟁 과정에서 숙성된 시민의식은, 제국주의 시대의 억압과 통제 속의 그것과는 확연한 차이를 보였다. 이 점에서 볼 때 우리는 또 제국주의 시대와 단절을 이루었다고 평가할 수 있다.

결국 20세기 후반기 한국사는 일본 제국주의 시대로부터의 연속과 단절의 과정이었다고 볼 수 있다. 일본의 극우세력과 국내 극우세력이 공통으로 바탕으로 깔고 있는 논리는 전범국가의 논리, 가해자의 논리이다. 또 이는 일제 군국주의 잔재이기도 하다. 이 점에서 역사 해석의 주체화와 객관화를 명심하지 않을 수 없다. 역사를 주체적으로, 그리고 객관적으로 해석할 때, 그 평가의 중요한 준거 가운데 하나는 인류 보편의 건전한 양식이다. 건전한 보편의 양식이란, 유사 이래 인류가 온갖 역경과 시행착오, 그리고 전쟁을 통한 자멸의 과정을 겪으면서 터득하고 온축해 온 자산이다.

최근 우리 사회에는 일제 군국주의 잔재인 전체주의자(파시스트)들이 창궐하여 대중을 세뇌·선동(그들 말로는 '계몽')하고 있다. 인류 보편의 건전한 양식에서 일탈하여 '함께 넘어지고 함께 망하는 길'로 빠지자는 것이다. 참으로 우려하고 경계해야 할 일이다. 해방 이후 80년 동안 식민(군국주의)을 극복하고, 민주주의를 확립하고자 지난하게 힘써왔던 소중한 역사가 퇴보하고 있다. '공무도하가'의 마지막 구절처럼 장차 어떻게 할 것인가[장내공하(將柰公何)].

현재 우리 사회를 돌아볼 때, 다음과 같은 질문을 스스로 던지게 된다. 제국의 시간으로부터, 식민의 공간과 인간으로부터 우리 사회는 완전히 벗어났는가?

미주

1부 1장 태양력 시행

1) 국사편찬위원회, 『한국사 40』, 국사편찬위원회, 2000, 145~309쪽.
2) 井上亮, 『熱風の日本史』, 日本經濟新聞出版社, 2014, 35쪽.
3) 나카츠카 아키라 지음, 박맹수 옮김, 『1894년, 경복궁을 점령하라!』, 푸른역사, 2002.
4) 井上亮, 앞의 책, 30쪽.
5) 위의 책, 32~33쪽.
6) 위의 책, 33쪽.

1부 2장 연도제

1) 국사편찬위원회, 『한국사 40』, 국사편찬위원회, 2000, 239쪽.
2) 국사편찬위원회, 『한국사 39』, 국사편찬위원회, 1999, 353쪽.
3) 위의 책, 354~367쪽.
4) 국사편찬위원회, 『한국사 38』, 국사편찬위원회, 1999, 407쪽.
5) 『朝鮮總督府施政年報』(1910년), 조선총독부, 1912, 76쪽.
6) 조선총독부 재무국, 『朝鮮金融事項參考書』, 조선경제협회, 1923, 286쪽.
7) 宇垣一成, 〈道制의 施行에 際하여〉, 『조선』185, 조선총독부, 1933.3, 1쪽.

1부 3장 양력과 세차의 일치

1) 『동아일보 사설선집 권1』, 동아일보사, 1984, 138쪽.

1부 4장 기념일

* 최재성, 〈신체 규율을 위한 개화기 교과서의 정신 규율〉(『글로벌코리안연구』 5, 청암대학교 재일코리안연구소, 2019)에서 부분 발췌하였음.

1) 井上亮, 앞의 책, 32쪽.
2) 학부 편집국 신간, 『신정심상소학 권3』, 건양원년(1896년), 1쪽.
3) 위의 책, 23쪽.
4) 학부 편찬, 『보통학교 학도용 국어독본 권3』, 1907년 발행, 55~57쪽.
5) 학부 편찬, 『보통학교 학도용 국어독본 권4』, 1907년 발행, 1909년 5판, 47~49쪽.
6) 대한국민교육회, 『초등소학 권6』, 1906년 10월, 대한국민교육회장판, 1쪽.
7) 대한국민교육회, 『초등소학 권8』, 1907년 11월, 대한국민교육회 3판, 15쪽.

8) 현채, 『신찬초등소학 권4』, 일한인쇄주식회사 인쇄, 1909년 발행, 62쪽.
9) 위의 책, 13~15쪽.
10) 위의 책, 46~47쪽.
11) 井上亮, 앞의 책, 32쪽.
12) 조선총독부 편찬, 『정정 보통학교 학도용 조선어독본 권3』, 1913년 5판, 58~60쪽.
13) 조선총독부 편찬, 『정정 보통학교 학도용 조선어독본 권2』, 1913년 4판, 41~43쪽.

1부 5장 식목일

1) 조선총독부, 『보통학교 조선어독본 권3』, 1923년 번각 발행.

1부 6장 양력 장날

1) 『전라남도 여수군읍지』(규10803), 1899.
2) 麗水會儒所 편, 『여수읍지』(규10795), 會儒所開刊, 1902.
3) 조선지지자료조사위원회, 『朝鮮地誌資料』(全羅南道 3-1), 임시토지조사국, 1919, 363쪽.
4) 박찬승·김민석·최은진·양지혜 역주, 『국역 조선총독부 30년사 하』, 민속원, 2019, 1270쪽.

1부 8장 오포

1) 세계테마기행 - 셰익스피어 문화기행 제2부, 교육방송 2018년 5월 26일 방영.
2) 川岸文三郎, 〈총력운동은 이것이다〉, 『신시대』 1권 2호, 1941.2, 21쪽(최규진, 〈전시체제기 '멸사봉공'의 신체, 일본정신과 무도(武道)〉, 『인력동원과 신체관리의 동학(動學)』, 선인, 2022, 198쪽 재인용).

1부 10장 시간관념

* 최재성, 〈신체 규율을 위한 개화기 교과서의 정신 규율〉(『글로벌코리안연구』 5, 청암대학교 재일코리안연구소, 2019)에서 부분 발췌하였음.

1) 학부 편집국 신간, 『신정심상소학 권1』, 1896, 4~5쪽.
2) 학부 편찬, 『보통학교 학도용 국어독본 권2』, 1907년 발행, 1910년 6판, 4~6쪽.
3) 위의 책, 31~32쪽.
4) 대한국민교육회, 『초등소학 권2』, 대한국민교육회 장판(藏板) 1906, 30~31쪽.
5) 현채, 『신찬초등소학 권2』, 보성사 인쇄, 1909년 발행, 1913년 재판 발행, 23~25쪽.
6) 위의 책, 25~27쪽.
7) 현채, 『신찬초등소학 권4』, 8~9쪽.
8) 위의 책, 64쪽.
9) 학부 편집국 신간, 『국민소학독본』, 1895, 12~13쪽.
10) 학부 편집국 신간, 『신정심상소학 권2』, 1896, 24~25쪽.
11) 『보통학교 학도용 국어독본 권3』, 1907, 16~22쪽.
12) 현채, 『신찬초등소학 권3』, 일한인쇄주식회사 인쇄, 1909년 발행, 1913년 재판 발행, 37쪽.
13) 위의 책, 38~39쪽.
14) 위의 책, 39~40쪽.
15) 『국민소학독본』, 33~34쪽.
16) 대한국민교육회, 『초등소학 권5』, 대한국민교육회 장판 1906, 30~31쪽.

17) 현채, 『신찬초등소학 권6』, 일한인쇄주식회사 인쇄, 1909, 61쪽.
18) 학부 편찬, 『보통학교 학도용 국어독본 권5』, 1908년 발행, 1909년 3판, 49~50쪽.
19) 휘문의숙 편찬, 『고등소학독본 권1』, 1906, 21~22쪽.
20) 위의 책, 23쪽.
21) 위의 책, 43~44쪽.
22) 위의 책, 64쪽.
23) 대한국민교육회, 『초등소학 권2』, 30~31쪽.
24) 박정동 저, 『초등수신』, 동문사, 1909, 46쪽.
25) 휘문의숙 편집부 편찬, 『고등소학 수신서』, 휘문관, 1908, 65쪽.
26) 노병희, 『녀자 소학 수신서』, 박문서관, 1909, 47~48쪽.
27) 시간에 따른 규칙적인 생활 강조에 대해서는 최규진, 〈우승열패의 역사인식과 '문명화'의 길〉, 『사총』79, 2013, 135~139쪽 참조.
28) 현채, 〈幼年必讀凡例〉, 『유년필독』, 1907년 5월 5일, 1쪽.
29) 대한국민교육회, 『초등소학 권2』, 10~11쪽.

2부 1장 여수의 지역 범위

* 최재성, 〈일제의 식민통치와 식민도시로서의 여수〉(『여수시사 제1권』, 여수시사편찬위원회, 2010, 317~321쪽)에서 부분 발췌하였음.

1) 『여수시사 제1권』, 여수시사편찬위원회, 2010, 158~164쪽.
2) 순천시사편찬위원회, 『순천시사 정치·사회편』, 순천시사편찬위원회, 1997, 15쪽.
3) 우승완, 『천 년 순천의 근대기 도시 이야기』, 묘책, 2023.
4) 우승완·김행범·이석배, 〈일제강점기 여수의 도시 특성 변화에 관한 연구〉, 『도시설계』제12권 제5호, 한국도시설계학회, 2011.10.
5) 『전라남도 여수군읍지』(규10803).
6) 『여수읍지』(규10795).
7) 朝鮮總督府, 『明治四十四年朝鮮各道ニ於ケル優良面調査』, 朝鮮總督府, 1911, 1~19쪽.
8) 越智唯七, 『新舊對照朝鮮全道府郡面里洞名稱一覽』, 중앙시장, 1917, 388쪽.
9) 齋藤實, 〈地方制度改正에就하야〉, 『朝鮮』, 朝鮮總督府, 1930년 5월 1일.
10) 多田義一, 『麗水邑拾年史』, 여수읍, 1942, 7쪽.
11) 『마을 유래지』, 여수문화원, 1993, 217쪽.
12) 『여수시 마을 유래지 제1권』, 여수시문화원, 2021, 329~330쪽.

2부 2장 간척, 공간의 확장

1) 조선총독부 내무국 토목과, 『朝鮮港灣要覽』, 1931, 60쪽.
2) 김계유, 『여수여천발전사』, 반도문화사, 1988, 504~505쪽.
3) 위의 책, 503~504쪽.
4) 위의 책, 507~508쪽.
5) 朝鮮總督府內務局, 『朝鮮港灣要覽』(1931), 朝鮮總督府內務局土木課, 1931.
6) 朝鮮總督府土地改良部, 『昭和二年三月朝鮮의 土地改良事業』, 1927, 78쪽.
7) 朝鮮總督府土地改良部, 『昭和三年十一月朝鮮의 土地改良事業』, 1928, 89·92쪽.

8) 片岡議 編, 『麗水發展史』, 片岡商店, 1928, 123~124쪽.
9) 前原一喜, 『朝鮮港灣之事情』, 조선운수주식회사, 1936, 121쪽.
10) 위의 자료, 120쪽.
11) 김계유, 앞의 책, 290쪽.
12) 오횡묵, 『여수군총쇄록』.
13) 김영호, 「전라남도지 여수군 초략」, 전남 나주군 나주면 송월리 도지간소, 1924; 나도우, 「전라남도지 여수군편」, 추원당, 1926.
14) 『여수읍지』(규10795).
15) 「전라남도지 여수군 초략」; 「전라남도지 여수군편」.
16) 『여수읍지』(규10795).
17) 차상찬, 〈전라남도 답사기〉, 『개벽』 제63호, 1925년 11월, 110쪽.
18) 노승석 번역, 『난중일기』 여해, 2014, 63쪽.

2부 3장 논밭과 농업

1) 『전라남도 여수군읍지』(규10803).
2) 『여수읍지』(규10795).
3) 이영학, 〈농업생산력의 발달과 지주제의 변동〉, 『한국사9』, 한길사, 233쪽.
4) 『朝鮮總督府統計年報』(1911년도), 1913, 부록 6~7쪽.
5) 『麗水發展史』(1928), 10쪽.
6) 허수열, 『개발없는 개발』, 은행나무, 2005, 55~56쪽.
7) 조석곤, 〈토지조사사업과 식민지지주제〉, 『한국사13』, 한길사, 1994, 230쪽.
8) 위 논문, 206~223쪽.
9) 위 논문, 235~236쪽.
10) 박문규, 〈토지조사사업의 특질-반봉건적 토지소유제의 창출과정에 관한 분석〉(오미일 편, 『식민지시대 사회성격과 농업문제』, 풀빛, 1991, 143쪽). 이 글은 원래 박문규가 〈農村社會分化의 起點으로서의 土地調査事業에 就て〉라는 제목으로 1933년 12월 경성제대 법문학회 발행 논집 朝鮮社會經濟史研究에 발표했던 것이다.
11) 久間健一, 『朝鮮農業の近代的樣相』, 西ケ原刊行會, 1935, 2~3쪽.
12) 장시원, 〈산미증식계획과 농업구조의 변화〉, 『한길사13』, 1994, 240·246쪽.
13) 위 논문, 275~288쪽.
14) 광주상공회의소, 『전남산업개황 4287년판』, 동해당, 1954, 77쪽.
15) 최재성, 〈20세기 순천 지역의 농촌 권력 이동과 농업경제 구조 변화〉, 『남도문화연구』44, 남도문화연구소, 2021, 557쪽.
16) 『施政三十年史』, 조선총독부, 1940, 35~36쪽.
17) 〈早神力稻栽培ノ成績〉, 『朝鮮總督府月報』 제2권 제2호, 1912.2, 11~17쪽.
18) 김도형, 〈일제의 농업기술 기구와 식민지 농업지배〉, 국민대 박사학위논문, 1995, 32쪽.
19) 문정창, 『한국농촌단체사』, 일조각, 1961.
20) 『朝鮮彙報 地方號』, 1917.10, 9쪽.
21) 『朝鮮彙報 地方號』, 1918.9, 31쪽.
22) 『麗水發展史』(1928), 10쪽.
23) 위의 책, 11쪽.
24) 『朝鮮總督府統計年報』(1911년도), 부록 19~20쪽.

25) 多田義一, 『麗水邑拾年史』, 여수읍, 1942, 10쪽.
26) 『麗水發展史』(1928), 101쪽.
27) 위의 책, 102쪽.
28) 片岡議 編, 〈麗水發展史〉, 『南鐵沿線史』, 片岡商店, 1933, 53쪽.
29) 〈麗水發展史〉(1933), 54쪽.
30) 『여수시사 제1권』.
31) 『朝鮮彙報 地方號』, 1918년 8월, 14~16쪽.
32) 〈麗水發展史〉(1933), 11쪽.
33) 『朝鮮總督府統計年報』(1911년도), 부록 81~82쪽.
34) 『麗水發展史』(1928), 133쪽.
35) 위의 책, 9쪽.
36) 片岡議 編, 〈順天發展史〉, 『南鐵沿線史』, 片岡商店, 1933, 16쪽.
37) 『麗水發展史』(1928), 124쪽.
38) 『麗水邑拾年史』, 11쪽.

2부 4장 바다와 어업, 수산업

* 어업법 부분은 최재성, 〈1910~20년대 일제의 어업조합 방침과 운영〉(『사림』 47, 수선사학회, 2014)과 최재성, 〈1930~40년대 어업조합의 활동 – 전남지역 사례를 중심으로 –〉(『사학연구』 108, 한국사학회, 2012)에서 부분 발췌. 여수지역 어업조합 부분은 최재성, 〈20세기 전반기 전남 동부 연안(여수·광양)의 어업조합〉(제3회 전국해양문화학자대회 발표 자료, 2012.8.3)에서 발췌하였음.

1) 『여수시사 제1권』, 190쪽.
2) 주철희, 〈고초도 위치 비정에 대한 재검토〉, 『한일관계사연구』 41, 한일관계사학회, 2012, 147쪽.
3) 정부재정고문본부, 『韓國水産行政及經濟』, 韓國政府財政顧問本部, 1904, 3~5쪽.
4) 이영학, 〈통감부의 어업 이민 장려와 어업법 제정〉, 『한국학연구』 제52집, 473~477쪽.
5) 『朝鮮總督府施政年報』(1911년도), 330쪽.
6) 김문식·한창호·최태호·권두영·차병권, 『일제의 경제침탈사』, 민중서관, 1971, 356~358쪽.
7) 정부재정고문본부, 앞의 자료, 72~74쪽.
8) 나카무라 히토시 씀, 정희선 옮김, 『한국 거문도의 일본 마을』, 여수해양문화연구소, 2011, 69~73쪽.
9) 『麗水發展史』(1928), 114쪽.
10) 위의 책, 115쪽.
11) 위의 책, 121쪽.
12) 위의 책, 116쪽.
13) 통감관방 문서과, 『第一次統監府統計年報』 1907, 165~166쪽.
14) 〈麗水發展史〉(1933), 111쪽.
15) 片岡議 편찬, 『寶庫の全南』, 片岡商店, 1913, 180쪽
16) 『麗水發展史』(1928), 23쪽.
17) 〈麗水發展史〉(1933), 45~46쪽.
18) 『麗水邑拾年史』, 14~15쪽.
19) 김계유, 앞의 책, 446~448쪽.
20) 김계유, 위의 책, 448쪽.

21) 『麗水邑拾年史』, 14~15쪽.
22) 〈麗水發展史〉(1933), 51쪽.
23) 위의 책, 111쪽.
24) 위의 책, 110쪽.
25) 사단법인 조선어업조합중앙회 편, 『朝鮮漁業組合要覽』(1942년도), 1942, 417쪽.
26) 여박동, 〈일제시대 어업조합의 성립과 변천–거문도어업조합을 주심으로–〉, 『일본학연보』 5, 1993.
27) 여박동, 위 논문, 21쪽; 여박동, 〈일제하 통영·거제지역의 일본인 이주어촌형성과 어업조합〉, 『일본학지』 14, 1994, 74~75쪽.
28) 金敬浩, 〈日帝時代의 水産金融에 관한 硏究〉, 『論文集』 10, 1981, 438쪽.
29) 『朝鮮漁業組合要覽』(1942년도), 225쪽.
30) 위의 자료, 419~420쪽.
31) 최정윤, 〈일제시대 부산어업조합의 설립과 활동〉, 『수산연구』 28, 2008, 38~39쪽.
32) 『朝鮮漁業組合要覽』(1942년도), 268~269쪽.
33) 위의 자료, 239~240쪽.
34) 위의 자료, 243쪽.
35) 위의 자료, 292쪽.
36) 위의 자료, 242쪽.
37) 金敬浩, 앞 논문, 422~434쪽.
38) 『朝鮮漁業組合要覽』(1942년도), 269쪽.
39) 위의 자료, 240쪽.

2부 5장 시장과 상업

1) 『전라남도 여수군읍지』(규10803).
2) 『寶庫の全南』, 180쪽.
3) 김윤식, 『雲養集』 卷一 詩○昇平館集 10번째 시.
4) 조선총독부 서무부 조사과, 『朝鮮の市場』, 조선총독부, 1924, 38~39쪽.
5) 『여수읍지』(규10795), 7쪽.
6) 『호좌영사례책』(한고朝76–50), 168쪽.
7) 『朝鮮地誌資料』(全羅南道 3–1), 119쪽
8) 위의 자료, 120쪽.
9) 위의 자료, 120쪽.
10) 『여수읍지』(규10795), 7쪽.
11) 허영란, 『일제시기 장시 연구』, 역사비평사, 2009, 78~79쪽.
12) 『朝鮮地誌資料』(全羅南道 3–1), 363쪽.
13) 善生永助, 〈시장세에 관한 고찰〉, 『조선』 106, 1926.8, 46쪽.
14) 『朝鮮の市場』, 85~86쪽.
15) 허영란, 앞의 책, 55쪽
16) 『寶庫の全南』, 180쪽.
17) 『朝鮮の市場』, 38~39쪽.
18) 조선급만주사 편찬, 『最新朝鮮地志中篇』, 조선급만주사 출판부, 1918, 175쪽.
19) 『朝鮮の市場』, 353~355쪽.

20) 善生永助, 〈조선의 시장분포 상황〉, 『조선』 97, 조선총독부, 1925.11, 40쪽.
21) 『朝鮮の市場』, 568~569쪽.
22) 『麗水邑拾年史』, 41쪽.
23) 『麗水發展史』(1928), 110~111쪽.
24) 〈麗水發展史〉(1933)의 본문과 광고면에서 추출.
25) 『麗水邑拾年史』, 7쪽.
26) 송찬섭 · 최규진, 『근현대 속의 한국』, 한국방송통신대학교출판문화원, 2018, 242~245쪽.

2부 6장 공장과 공업
* 최재성, 〈1930년대 여수지역의 공업화와 그 전후의 변화〉(『대동문화연구』 67, 2009)에서 부분 발췌하였음.

1) 국사편찬위원회 국정도서편찬위원회, 『고등학교 국사』, 교학사, 2007, 180~181쪽.
2) 김한종 외 5인, 『고등학교 한국근현대사』, 금성출판사, 2010, 159쪽.
3) 도면회 외 7인, 『고등학교 한국사』, 비상교육, 2015, 275쪽.
4) 왕현종 외 6인, 『고등학교 한국사』, 두산동아, 2014, 215쪽.
5) 『朝鮮總督府統計年報』(1915년도), 부록 62~63쪽.
6) 『朝鮮銀行會社要錄』(1921년), 142쪽.
7) 〈麗水發展史〉(1933), 121쪽.
8) 伊藤正愨, 『昭和十三年十二月末日現在 朝鮮會社表』, 京城商工會議所, 1939.
9) 『朝鮮銀行會社要錄』(1942.9).
10) 『朝鮮總督府統計年報』(1915년도), 부록 80~81쪽.
11) 『朝鮮銀行會社要錄』(1942.9).
12) 『朝鮮總督府統計年報』(1915년도), 부록 36~37쪽.
13) 『朝鮮工業協會會報』 1, 조선공업협회, 1930.11, 4~9쪽.
14) 『朝鮮工業協會會報』 6, 조선공업협회, 1931.9, 6쪽.
15) 『朝鮮工業協會會報』 27, 조선공업협회, 1935.3, 15쪽; 伊藤正愨, 앞의 자료, 29쪽.
16) 『朝鮮工業協會會報』 30, 조선공업협회, 1935.9, 33쪽.
17) 『朝鮮銀行會社要錄』(1940.8), 150쪽.
18) 『朝鮮銀行會社要錄』(1929.3), 139쪽.
19) 『朝鮮銀行會社要錄』(1940.8), 143~144쪽.
20) 『朝鮮總督府統計年報』(해당연도).
21) 『朝鮮銀行會社要錄』(1937.4), 170쪽.
22) 『朝鮮銀行會社要錄』(1940.8), 536쪽.
23) 이승렬, 〈일제하 조선인 고무공업자본〉, 『역사와 현실』 3, 1990, 223쪽.
24) 『昭和三年會員名簿』, 釜山商業會議所, 1928, 131쪽.
25) 『朝鮮工業協會會報』 21, 조선공업협회, 1934.3, 8~9쪽.
26) 『朝鮮工業協會會報』 12, 조선공업협회, 1932.9, 11쪽.
27) 〈성공자순방기 여수천일고무공장 김영준씨를 찾아서〉, 『호남평론』 2권1호, 호남평론사, 1936.1, 93쪽.
28) 위의 자료, 93쪽.
29) 여수여천향토지편찬위원회, 『여수여천향토지』, 1982, 1156쪽.
30) 『朝鮮工業協會會報』 30, 조선공업협회, 1935.9, 36쪽.

31) 이승렬, 앞 논문, 252쪽.
32) 이승렬, 앞 논문, 263~264쪽.
33) 이승렬, 앞 논문, 262쪽, 각주 143 참조.
34) 허수열, 〈식민지경제구조의 변화와 민족자본의 동향〉, 『한국사14』, 한길사, 1994, 113쪽.
35) 『朝鮮銀行會社要錄』(1931.3), 424쪽.
36) 위의 자료, 403쪽.
37) 『朝鮮銀行會社要錄』(1933.4), 326쪽.
38) 『朝鮮總督府統計年報』(해당연도).
39) 김하기, 『식민지소년』, 도서출판 청년사, 2007, 182쪽.
40) 伊藤正慤, 앞의 자료.
41) 『朝鮮銀行會社要錄』(1942.9).
42) 淵上福之助, 『朝鮮と三州人』, 鹿兒島新聞京城支局, 1933, 282쪽.
43) 『朝鮮工業協會會報』 7, 조선공업협회, 1931.11, 3쪽.
44) 『朝鮮工業協會會報』 72, 조선공업협회, 1939.6, 2쪽.
45) 『朝鮮銀行會社要錄』(1940.8), 136쪽, 『朝鮮銀行會社要錄』(1942.9), 105쪽.
46) 『朝鮮銀行會社要錄』(1931.3), 166쪽.
47) 『朝鮮總督府統計年報』(해당연도).
48) 〈麗水發展史〉(1933), 120~121쪽.
49) 小林英夫, 〈1930년대 조선 '공업화' 정책의 전개과정〉, 『한국근대경제사연구』, 사계절, 1983.
50) 伊藤正慤, 앞의 자료, 361~362쪽.
51) 川合彰武, 〈朝鮮の工業分布とその將來〉, 『朝鮮工業協會會報』 76, 조선공업협회, 1939.10, 4~7쪽.
52) 위의 자료, 2~4쪽.
53) 『朝鮮銀行會社要錄』(1942.9).

2부 7장 길과 철도
* 최재성, 〈1930년대 여수지역의 공업화와 그 전후의 변화〉(『대동문화연구』 67, 2009)에서 부분 발췌하였음.

1) 『朝鮮總督府統計年報』(1915년도), 조선총독부, 1917, 363쪽.
2) 조선총독부, 『朝鮮』 202, 조선총독부, 1932.3, 139쪽.
3) 정재정, 『일제침략과 한국철도(1892~1945)』, 서울대학교출판부, 1999, 113쪽.
4) 위의 책, 148쪽.
5) 위의 책, 149쪽.
6) 위의 책, 151쪽.
7) 정안기, 1930년대 〈남조선철도(주)〉의 경영사 연구, 『경영사연구』 제38집 제2호(통권 106호), (사)한국경영사학회, 2023.5, 7~8쪽.
8) 김계유, 앞의 책, 521~522쪽.
9) 정안기, 앞 논문, 11쪽.
10) 『麗水邑拾年史』, 48쪽.
11) 이여성·김세용, 『숫자조선연구 제2집』, 세광사, 1931, 132~136쪽.
12) 『朝鮮銀行會社組合要錄』(1933년).
13) 조선총독부, 『朝鮮』 188, 조선총독부, 1931.1, 266쪽.

14) 『朝鮮港灣之事情』(1936), 123쪽.
15) 이여성·김세용, 앞의 책, 120~121쪽.
16) 윤치호 저, 김상태 역, 『윤치호일기』 역사비평사, 1998, 286쪽.
17) 이여성·김세용, 앞의 책, 148~149쪽.
18) 정재정, 앞의 책, 56쪽.

2부 8장 항만과 해운
* 최재성, 〈20세기 여수항 개항에 이르는 과정과 그 의미〉(『남도문화연구』46, 남도문화연구소, 2022)를 토대로 보완함.

1) 김계유, 앞의 책, 450~451쪽.
2) 조선총독부 토목부, 『朝鮮の港灣』, 1923, 12~16쪽.
3) 조선총독부 내무국 토목과 항만계, 『朝鮮の港灣』, 1925, 5쪽.
4) 『朝鮮の港灣』(1925), 5~6쪽.
5) 〈麗水發展史〉(1933), 51쪽.
6) 『朝鮮貿易史』, 朝鮮貿易協會, 1943, 149~150쪽.
7) 위의 자료, 166~167쪽.
8) 위의 자료, 172~173쪽.
9) 『朝鮮港灣之事情』(1936), 131~132쪽.
10) 『조선』159, 조선총독부, 1931.1.15., 153쪽.
11) 『朝鮮』200, 조선총독부, 1932.1.1., 190쪽
12) 『朝鮮港灣之事情』(1936), 129쪽.
13) 위의 자료, 104·120쪽.
14) 위의 자료, 119쪽.

2부 9장 식민지 금융기관
* 최재성, 〈일제강점기 식민지 금융기관의 활동과 여수, 순천 지역의 변화〉(『한국사학보』 39, 고려사학회, 2010)를 토대로 보완함.

1) 최재성, 『식민지조선의 사회경제와 금융조합』, 경인문화사, 2006.
2) 『麗水邑拾年史』, 28쪽
3) 『第三次統監府統計年報』(1908년도), 391~393쪽.
4) 藤澤淸次郞 編, 『朝鮮金融組合と人物』, 大陸民友社, 1937, 531쪽.
5) 『財政整理報告 제4회』, 329~330쪽.
6) 〈順天地方金融組合貸付金旬報〉(규26490).
7) 최재성, 〈地方金融組合 設立初期 活動에 관한 硏究-1907, 1908年 貸付金旬報 分析을 中心으로-〉, 성균관대 대학원 사학과 석사학위논문, 1996년 2월.
8) 『第三次統監府統計年報』(1908년도), 371~372쪽.
9) 『麗水發展史』(1928), 96쪽.
10) 풀빛 편집부 편, 조용범·박현채 감수, 『경제학 사전』, 풀빛, 1990, 601쪽.
11) 정병욱, 『한국근대금융연구』, 역사비평사, 2004.
12) 『麗水發展史』(1928), 94쪽.
13) 위의 책, 94쪽; 〈麗水發展史〉(1933), 99쪽.

14) 〈昭和四年度産米増殖計劃土地改良事業資金關係書〉『국가기록원 문서철(88-11)』, 140~168쪽.
15) 위의 자료, 530쪽.
16) 위의 자료, 336쪽.
17) 위의 자료, 375쪽.
18) 〈昭和六年度朝鮮産米増殖計劃土地改良低利資金關係書〉『국가기록원 문서철(88-17)』, 490쪽.
19) 위의 자료, 664쪽.
20) 위의 자료, 674쪽.
21) 『麗水發展史』(1928), 123~124쪽.
22) 〈麗水發展史〉(1933), 118~119쪽.
23) 『第三回金融組合年鑑』(1936년), 조선금융조합연합회, 1936, 59, 94~98쪽.
24) 『第一回金融組合年鑑』(1934년), 조선금융조합연합회, 1934, 178~181쪽.
25) 『第三回金融組合年鑑』(1936년), 94~98쪽.
26) 여천시문화원, 『마을 由來誌』, 1998, 110~110쪽.
27) 『昭和十二年三月農山漁村振興功績者名鑑』, 朝鮮總督府, 1937, 114~116쪽.
28) 여천시문화원, 앞의 책, 59쪽.
29) 김영희, 『일제시대 농촌통제정책 연구』, 경인문화사, 152~153쪽.
30) 농협중앙회, 『한국농업금융사』, 농업협동조합중앙회, 80~81쪽.
31) 朝鮮金融組合聯合會調査課, 『朝鮮金融組合統計年報』(1940~1945년도).
32) 『國民貯蓄造成運動に關する資料』, 31~32쪽.
33) 농협중앙회, 앞의 책, 93~94쪽.
34) 『半島の光』50(1942.1), 5쪽.
35) 정병욱, 앞의 책, 168~176쪽 참조.
36) 최재성, 앞의 책, 144~152쪽.

2부 10장 학교와 교육

1) 최재성, 〈개화기 교과서에 투영된 신체 규율〉, 『한국독립운동사연구』 67, 한국독립운동사연구소, 2019, 240·244쪽.
2) 『朝鮮總督府施政年報』(1910년도), 356~357쪽.
3) 위의 자료, 344~345쪽.
4) 〈麗水發展史〉(1933), 84~85쪽.
5) 『朝鮮總督府施政年報』(1910년도), 345쪽.
6) 〈麗水發展史〉(1933), 85쪽.
7) 위의 책, 91~92쪽.
8) 위의 책, 90~91쪽.
9) 조미은, 〈일제강점기 재조선 일본인 학교와 학교조합 연구〉, 성균관대 사학과 박사학위논문, 2010, 21쪽.
10) 위 논문, 33쪽.
11) 위 논문, 88쪽.
12) 〈麗水發展史〉(1933), 93쪽.
13) 위의 책, 81~82쪽.
14) 위의 책, 82~83쪽, 93~94쪽.
15) 위의 책, 83쪽.

16) 『조선』 183, 조선총독부, 1930.8.1, 71쪽.
17) 임경석, 〈3·1운동과 일제의 조선지배정책의 변화 – 만세시위운동에 대한 일제의 대응방식을 중심으로 –〉, 『일제식민통치연구1』, 백산서당, 1999, 236쪽.
18) 〈麗水發展史〉(1933), 90~91쪽.
19) 위의 책, 85쪽.
20) 위의 책, 85쪽.
21) 위의 책, 88쪽.
22) 위의 책, 86~87쪽.
23) 위의 책, 86쪽.
24) 위의 책, 92쪽.
25) 위의 책, 92쪽.
26) 『조선』 183, 71~72쪽; 『매일신보』 1925.5.12.
27) 『麗水邑拾年史』, 37쪽.
28) 〈麗水發展史〉(1933), 92~93쪽.
29) 鹽原, 〈朝鮮敎育令の改正に就て〉, 『朝鮮』 275, 조선총독부, 1938.4, 12쪽.
30) 『施政三十年史』, 조선총독부, 1940, 781~784쪽.
31) 위의 자료, 803쪽.
32) 『麗水邑拾年史』, 39쪽.
33) 위의 책, 35~36쪽.
34) 위의 책, 36쪽.
35) 위의 책, 35쪽.
36) 『麗水邑拾年史』, 37쪽.
37) 위의 책, 36쪽.
38) 위의 책, 38~39쪽.
39) 『朝鮮』 335, 조선총독부, 1943.4, 78쪽.
40) 최재성, 〈서평: 일본인 학자, 한국의 뉴라이트를 겨누다-『일본학자가 본 식민지 근대화론』, 도리우미 유타카, 지식산업사, 2019-〉, 『동북아역사논총』 66, 동북아역사재단, 2019, 261~262쪽.

3부 1장 인구

* 최재성, 〈1930년대 여수지역의 공업화와 그 전후의 변화〉(『대동문화연구』 67, 2009)에서 부분 발췌하였음.

1) 『전라남도 여수군읍지』(규10803).
2) 『여수읍지』(규10795).
3) 『朝鮮總督府統計年報』(1910년도), 66~67쪽.
4) 위의 자료, 122쪽.
5) 〈전라남도 여수군 여수면내 지지조서〉, 여수면사무소, 1916.11.9.
6) 『朝鮮總督府統計年報』(1920년도), 50~51쪽, 62~63쪽.
7) 이홍락, 〈식민지기의 사회구조〉, 『한국사 14』, 한길사, 1994, 143~144쪽.
8) 『大正十四年十月一日現在簡易國勢調査結果表』, 朝鮮總督府, 1926; 『昭和五年朝鮮國勢調査報告第五卷 統計表』, 朝鮮總督府, 1934; 『昭和十年朝鮮國勢調査報告統計表』, 朝鮮總督府, 1937; 『朝鮮昭和十五年國勢調査結果要約』, 朝鮮總督府, 1944; 『朝鮮總督府統計年報』(1940년도), 朝鮮總督府.

9) 『昭和五年朝鮮國勢調査報告第五卷 統計表』.
10) 『昭和十年朝鮮國勢調査報告 全鮮編 結果表及記述報文』, 조선총독부, 1937.
11) 『昭和十年朝鮮國勢調査報告 統計表』, 10~11쪽.
12) 강만길, 『일제시대 빈민생활사 연구』, 창작사, 1987, 77쪽.
13) 〈順天發展史〉(1933), 4쪽.
14) 『朝鮮社會事業』, 제12권 4월호, 재단법인 조선사회사업협회, 1934.4, 66~67쪽.
15) 강만길, 앞의 책, 제3장 참조.
16) 『麗水發展史』(1928), 110쪽.
17) 『朝鮮總督府統計年報』(해당연도).

3부 2장 농민과 농민운동

1) 朝鮮總督府殖産局, 『朝鮮の農業事情』, 1921, 21쪽; 朝鮮總督府殖産局, 『朝鮮の農業事情』, 1930, 25~26쪽.
2) 허수열, 『일제초기 조선의 농업』, 한길사, 2011, 354쪽.
3) 최재성, 〈이여성의 1930년대 초 농업문제 인식〉, 『한국독립운동사연구』 제57집, 한국독립운동사연구소, 2017, 209~210쪽.
4) 최재성, 〈20세기 순천 지역의 농촌 권력 이동과 농업경제 구조 변화〉, 『남도문화연구』, 2021.
5) 장시원, 〈식민지하 조선인대지주 범주에 관한 연구〉, 『한국 근대 농촌사회와 농민운동』, 열음사, 1988, 232쪽.
6) 한국농촌경제연구원, 『농지개혁시 피분배지주 및 일제하 대지주 명부』, 1985, 190~210쪽.
7) 『영광김씨 문경공파보 권지3』 건산평화파 여수.
8) 〈麗水發展史〉(1933), 118~119쪽.
9) 伊藤正愨, 앞의 자료, 233쪽.
10) 주철희, 『일제강점기 여수를 말한다』, 흐름, 2015, 39~41쪽.
11) 문정창, 『한국농촌단체사』, 일조각, 1961, 44쪽.
12) 大和和明, 〈1920년대 전반기의 한국 농민운동-전라남도 순천군의 사례를 중심으로-〉, 『항일농민운동연구』, 동녘, 1984, 149쪽.
13) 최재성, 앞 논문, 2009, 159쪽.
14) 유일환, 〈한국의 농지개혁 '후속조치' 연구 - 농업금융·협동조합·농촌지도 입법과정(1945~1958)을 중심으로〉, 서강대학교 대학원 박사학위논문, 2022, 37쪽.
15) 장상환, 〈농지개혁과 한국자본주의 발전〉, 『경제발전연구』 제6권 제1호, 한국경제발전학회, 2000, 145쪽.
16) 한국농촌경제연구원, 앞의 자료, 190~210쪽.
17) 광주상공회의소, 『전남산업개황 4287년판』, 동해당, 1954, 105·107쪽.
18) 이여성·김세용, 『숫자조선연구 제4집』, 세광사, 1933, 86~87쪽.
19) 위의 책, 93~94쪽.
20) 위의 책, 97~98쪽.
21) 최재성, 〈일제강점기 식민지 금융기관의 활동과 여수, 순천 지역의 변화〉, 248~249쪽.

3부 3장 노동자와 노동운동

1) 『昭和五年朝鮮國勢調査報告第五卷 統計表』.
2) 김경일, 『노동운동』, 독립기념관 한국독립운동사연구소, 2008, 90~91쪽.
3) 김경일, 위의 책, 215~221쪽.
4) 김인덕, 〈여수의 항일민족운동〉, 『여수시사 제1권』, 여수시사편찬위원회, 2010, 349~350쪽.

5) 국가보훈부 홈페이지.

3부 4장 어민과 어민운동
1) 『麗水發展史』(1928), 23쪽.
2) 『昭和五年朝鮮國勢調査報告第五卷 統計表』.
3) 나카무라 히토시 씀, 정희선 옮김, 앞의 책, 69~73쪽.
4) 『麗水發展史』(1928), 114쪽.
5) 위의 책, 115쪽.
6) 위의 책, 121쪽.
7) 위의 책, 116쪽.
8) 『朝鮮漁業組合要覽』(1942년도), 241쪽.
9) 위의 자료, 243~244쪽.
10) 독립운동사편찬위원회, 『독립운동사 제3권: 삼일운동사(하)』, 독립유공자 사업기금 운용위원회, 1971, 596쪽; 김진호·박이준·박철규, 『국내3·1운동Ⅱ-남부』, 독립기념관 한국독립운동사연구소, 2009, 210쪽.

3부 5장 상인, 그리고 시장 쟁탈전
1) 조선총독부 서무부 조사과, 『朝鮮の市場』, 조선총독부, 1924, 38~39쪽.
2) 위의 자료, 568~569쪽.
3) 『昭和五年朝鮮國勢調査報告第五卷 統計表』.

3부 6장 면민들의 투쟁
1) 이여성·김세용, 『숫자조선연구 제1집』, 120쪽.
2) 위의 책, 143~145쪽.
3) 『여수시사 제1권』, 319쪽.
4) 한규무, 〈1920~30년대 경남지역 면장배척운동의 전개와 성격〉, 『한국민족운동사연구』 68, 한국민족운동사학회, 2011; 한규무, 〈1920-30년대 강원지역 면장배척·유임·민선운동의 전개와 성격〉, 『인문과학연구』 제37집, 강원대학교 인문과학연구소, 2013.
5) 단재신채호전집편찬위원회, 『단재신채호전집 제8권 독립운동』, 독립기념관 한국독립운동사연구소, 2008, 893쪽.

3부 7장 자본가와 상공단체
* 최재성, 〈1930년대 여수상공회의 설립과 인적 구성〉(서강대학교 토대연구팀 학술대회 2016.6.17.)과 〈1930년대 여수지역의 공업화와 그 전후의 변화〉(『대동문화연구』 67, 2009)를 토대로 작성함.

1) 『朝鮮銀行會社要錄』(해당연도판).
2) 『靈光金氏 文敬公派譜 卷之3 巾山平化派 麗水』.
3) 김동인, 〈배회〉.
4) 淵上福之助, 앞의 자료, 282쪽.
5) 『昭和十四年十月全鮮商工團體現勢調査』, 조선상공회의소, 1939, 52~53쪽.
6) 『상공회의소 구십년사 상권』, 대한서울상공회의소, 1976, 255~256쪽; 『상공회의소 백년사』, 대한상공회의소, 1984, 107쪽.
7) 『朝鮮實業俱樂部會報』(1938.8).
8) 〈麗水發展史〉(1933), 125쪽.

9) 『昭和十四年十月全鮮商工團體現勢調査』, 조선상공회의소, 1939, 52~53쪽.
10) 『상공회의소 구십년사 상권』, 255~256쪽; 『상공회의소 백년사』, 107쪽.
11) 별도 주석 없는 이력에 대해서는, 〈麗水發展史〉(1933) 참조.

3부 8장 금융조합 조합원과 임원

* 최재성, 〈일제강점기 식민지 금융기관의 활동과 여수, 순천 지역의 변화〉(『한국사학보』 39, 고려사학회, 2010)를 바탕으로 보완함.

1) 〈順天地方金融組合貸付金旬報〉(규26490).
2) 『麗水發展史』(1928), 97~98쪽.
3) 〈麗水發展史〉(1933), 100~101쪽.
4) 阿部薰, 『朝鮮金融組合大觀』, 民衆時論社, 1935, 66쪽.
5) 藤澤淸次郎 編, 앞의 책, 83쪽.
6) 朝鮮金融組合聯合會調査課, 『朝鮮金融組合統計年報』(해당연도).
7) 위의 자료.
8) 『朝鮮總督府統計年報』(1940년도), 18쪽.
9) 위의 자료, 34쪽.
10) 『朝鮮總督府官報』(해당일자); 〈麗水發展史〉(1933).
11) 牧山耕藏 編, 『朝鮮紳士名鑑』, 日本電報通信社京城支局, 1911, 211쪽.
12) 藤澤淸次郎 編, 앞의 책, 83~84쪽.
13) 위의 책, 326쪽).
14) 위의 책, 377쪽.
15) 『麗水發展史』(1928), 165~166쪽.
16) 『財務週報』(1907.8).
17) 牧山耕藏 編, 앞의 책, 185쪽.
18) 『朝鮮總督府官報』(해당일자); 〈麗水發展史〉(1933).
19) 〈朝鮮銀行會社要錄〉(해당연도); 『朝鮮總督府官報』(해당일자).
20) 『麗水發展史』(1928), 122쪽.

3부 9장 청년, 학생과 청년·학생운동

1) 박철하, 『청년운동』, 독립기념관 한국독립운동사연구소, 2009, 29~31쪽.
2) 위의 책, 38~47쪽.
3) 이여성·김세용, 『숫자조선연구 제1집』, 93쪽.
4) 위의 책, 101쪽.
5) 최재성, 〈『數字朝鮮研究』의 體裁와 내용 분석〉, 『사림』 44, 수선사학회, 2013, 207~290쪽.
6) 『麗水邑拾年史』, 35쪽.
7) 〈大正八年刑第一五五一號〉(국가기록원); 김진호·박이준·박철규, 『국내3·1운동Ⅱ-남부』, 독립기념관 한국독립운동사연구소, 2009, 210~211쪽.
8) 〈昭和五年刑公第五三號〉(국가기록원)
9) 김인덕, 앞 논문, 346~347쪽.
10) 위 논문, 349쪽.

11) 〈昭和六年刑公合第十九號〉(국가기록원).

3부 10장 동원된 사람들

* 최재성, 〈일제의 식민통치와 식민도시로서의 여수〉(『여수시사 제1권』, 여수시사편찬위원회, 2010, 330~335쪽)를 바탕으로 보완하였음.

1) 『麗水發展史』(1928), 85쪽.
2) 최재성, 〈'창씨개명'과 친일 조선인의 협력〉, 『한국독립운동사연구』 37, 한국독립운동사연구소, 2010, 345~346쪽.
3) 『思想彙報』 25, 고등법원 검사국 사상부, 1940.12.
4) 『朝鮮』 305, 조선총독부, 1940.10.1.
5) 국무총리실소속 일제강점하강제동원피해진상규명위원회 조사1과, 『가긴 어딜가? 헌병이 총 들고 지키는데』, 국무총리실소속 일제강점하강제동원피해진상규명위원회, 2006, 129~134쪽.
6) 위의 책, 230~251쪽.
7) 정신대문제실무대책반, 『일제하 군위안부 실태조사 중간보고서』, 1992, 37~38쪽(국사편찬위원회 한국사데이터베이스 주제별 연표에서 재인용).
8) 『친일반민족행위진상규명보고서』, 친일반민족행위진상규명위원회, 2009.
9) 친일인명사전편찬위원회, 『친일인명사전』, 민족문제연구소, 2009.
10) 김윤정, 『조선총독부 중추원 연구』, 경인문화사, 2011, 35쪽.
11) 위의 책, 33쪽.

이미지출처

* 편강의(片岡議)의 여수발전사에 수록된 사진을 많이 인용했다. 그러나 원본이 아닌 사본이라 해상도가 많이 떨어진다. 그렇더라도 필요한 사진이라 생각하여 재사용하였으므로 독자 여러분의 양해를 바랄 뿐이다. 그 밖의 이미지 출처는 다음과 같다.(자료 소장처 또는 자료별)

1. 국사편찬위원회
   비서원일기, 규장각일기, 관보(조선왕조), 관보(대한제국), 조선총독부관보, 1910년대 지도, 동아일보, 시대일보

2. 국립중앙도서관
   대한매일신보, 황성신문, 매일신보, 부산일보, 경성일보, 호남신문, 교과서, 조선휘보 지방호, 조선항만요람, 여수발전사 (1928/1933)

3. 서울대학교 규장각 한국학연구원
   호좌수영지, 전라남도 여수군읍지, 여수읍지, 순천지방금융조합 대부금순보

4. 국가기록원
   여수면 동정 원도, 매립준공도, 판결문, 예심종결 결정서, 미군정청관보, 관보(대한민국), 국무회의 회의록

5. 여수시사: 『여수시사 제5권』, 여수시사편찬위원회, 2010

6. 조선일보: 조선일보사 뉴스라이브러리